LIA FÁIL

LIA FÁIL

Irisleabar Gaedilge Ollscoile na hÉireann

Ar n-a cur i n-eagar leir an gCraoibín
(Dubglar de h-Íde)

Published by

Ollscoil na hÉireann
National University of Ireland

2013

First published 1925-1932
by *Ollscoil na hÉireann* National University of Ireland
49 Merrion Square
Dublin 2

Facsimile reproduction published 2013
by *Ollscoil na hÉireann* National University of Ireland
49 Merrion Square
Dublin 2

www.nui.ie
© National University of Ireland

ISBN 978 0 901510 56 3

All rights reserved. No part of this publication may be reproduced, stored in a retrieval system, or transmitted in any form or by any means electronic, mechanical, photocopying, recording or otherwise without the prior permission of the publisher.

Disclaimer
Great care has been taken in compiling and proofreading the material in this book, and we regret any errors that may have inadvertently occurred. Neither NUI nor the Editor assume any responsibility for such errors, omissions or inaccuracies.

Designed and typeset by Origin Design.
Printed by Dundalgan Press, (W. Tempest) Ltd., Dundalk.

Clár *Lia Fáil* (2013)

Editor's Foreword. Liam Mac Mathúna	vii
Acknowledgement	viii
Réamhrá. Seán Ó Coileáin	ix
Copy of minutes from meeting of the Faculty of Celtic Studies, UCD, on 9 November 1921	xxiii
Douglas Hyde, first President of Ireland: Background and early development of the office of Head of State, 1922-45. Maurice Manning	xxv
Contributors' Biographies	xxxviii

Cuid I	1
Dr. Adam Boyd Simpson	*Frontispiece*
Leathanach teidil	3
Roimh-Rádh	5
Purgadóir Phádraig Naomhtha Treasa Condún	7
Táin Bó Geanainn. Mairéad Ní Ghráda	55
An Agallamh Bheag. An Craoibhín	85
Dhá Thaidhbhreadh do chum Aodh Mac Domhnaill. Roimh-rádh. Éamonn O Tuathail	114
Haistí Hó agus Tóghbháil Oidhche. id.	117
Fáilte Pheadair Uí Ghealacáin. id.	126
De Febre Efemera, nó An Liaigh i nEirinn i n-Allod (I.) Úna de Bhulbh	132

Cuid II	137
Leathanach teidil	139
Clár Uimhir I agus Uimhir II	141
Spiritus Guidonis. Caitilín Ní Mhaolchróin	143
Eachtra na gConnachtach. An Craoibhín	165
Bodach na mBrístí Gorma (ó Chondae Mhuighe Eó) id.	173
Bodach na mBrístí Gorma (ó Chondae na Gaillimhe) id.	178
Athrú na bhFocal. Tomás Ó Máille	189
Beann agus Bunnán. An Craoibhín	195
Tráchtas gearr ar an réamh-fhocal "fa" agus faoi. Tomás Ó Ceóinín	197
An t-Amadán Mór. Roimhrádh. An Craoibhín	203
An t-Amadán Mór, an Téx. Toirdhealbhach Ó Rabhartaigh.	206
An Liaigh i n-Éirinn i n-allod (II.). Úna De Bhulbh.	241

Cuid III	247
Leathanach teidil	249
Clár Uimhir III	251
Metempsychosis nó ath-ioncholnughadh i gCondae Roscomáin. An Craoibhín	253
Tagra na Muice agus an chléire. An Craoibhín	258
Seilg Chruachain. An Craoibhín	274
Agallamh idir an Anam agus an Corp. S. Pádraig Ó Dómhnaill, M.A., M.Litt. Celt. (An Bráthair Bearchán)	287
Cuireadh Mhaoil Uí Mhananáin ar Fhionn Mac Cumhaill agus Fianaibh Éirionn. An Craoibhín ⁊ T. Ó Caomhánaigh	337
An Liaigh i n-Éirinn a n-Allód Uimh. III. Úna de Bhulf	365
An Bhreasaíl. Séamus Ó Caomhánaigh	376
Cuid IV	391
Leathanach teidil	393
Clár Uimhir III agus Uimhir IV	395
Prosodia na Gaedhilge. An Croabhín	397
Aguisín I	425
Do II	428
Do III	432
Uiliog Ó Céirín. Tadhg Ó Donncadha	434
Samhlaoid ar scríbhinn Uiliog Uí Chéirín	*Facing page* 440
Séipéilín Ghallarais. Seumas Ó Caomhánaig	446
An Síoguidhe Rómánach. An Craobhín	453
Tuireamh na hEireann. An Craobhín	470
An Liagh i n-Éirinn a n-Allód Uim. IV. Úna de Bhulf	493

Editor's Foreword

Lia Fáil was originally published by National University of Ireland between 1925 and 1932, and appeared in four parts. This facsimile reproduction involved the scanning of the original material to produce one complete volume, with the addition of some ancillary text at the beginning.

Format

The body of this book is set out in five main sections, the four original volumes of *Lia Fáil*, and the introductory texts that precede them. An individual table of contents appears before each volume (except for volume I, where its contents appear in conjunction with the contents of volume II), and a new table of contents is included at the beginning of the book. This new listing of contents reproduces the individual tables of contents as originally printed, as well as the new supplementary texts.

To achieve a true and accurate reproduction of the journals, we have kept the original page numbers of the volumes. Parts I and II were paginated continuously (originally pages i to 234), as were parts III and IV (originally pages 1 to 270). We have also included a new pagination system, encompassing both sets of page numbers and the supplementary material at the beginning of the book, reflected by the number in square brackets positioned at the bottom of the page, aligned to the outside. This new pagination system is reflected in the contents pages at the beginning of the book.

Acknowledgement

I am grateful to those who have contributed to this project, particularly Professor Seán Ó Coileáin and Dr Maurice Manning, whose introductory essays give an insight into *Lia Fáil* and Douglas Hyde. I wish to acknowledge the contribution of the NUI Registrar, Dr Attracta Halpin, and Mr Neil Brennan who oversaw the publication and helped coordinate the preparation and completion of the project.

Liam Mac Mathúna

Réamhrá

B'fhada riamh lorg ar iris a dhéanfadh cúram de scoláireacht na Nua-Ghaeilge mar a bhí á dhéanamh cheana sa tSean-Ghaeilge, iris a bheadh ar comhchéim léinn agus gradaim le leithéidí *Revue Celtique, Zeitschrift für celtische Philologie* agus *Ériu*. Ní hamhlaidh a bhí col ar leithligh ag aon cheann de na hirisí sin le nithe a bhainfeadh le Nua-Ghaeilge, go háirithe ag *Ériu*, 'The Journal of the School of Irish Learning, Dublin', a bhí á chur amach go tráthrialta ón mbliain 1904 agus dhá aiste go raibh toirt agus tathag iontu ag an Aimhirgíneach sna huimhreacha tosaigh: 'Analogy in the verbal system of Modern Irish' agus 'The future tense in Modern Irish'.[1] Ach tuigeadh a n-aghaidh a bheith siar amach ar an seanatheanga agus ar an seanalitríocht, agus pé glacadh a bheadh acu leis an Nua-Ghaeilge, ó aimsir fhilí na scol anuas, mar abhar cóir ná beadh glacadh go deo léi mar ghnáth-theanga chumarsáide. Sidé mar a labhair an t-eagarthóir, Tomás Ó Raithile, sa Réamhfhocal a chuir sé le *Gadelica*, 'A Journal of Modern-Irish Studies', ar an ngá a bhí leis an 'bpáipéar léigheanta' nua a bhí sé ar tí a sholáthar:

> Is fada atá dianghábhadh le páipéar léigheanta ná beadh d'fheidhm air acht cabhrughadh leis an ndream atá ag taghdáil agus ag díoghluim i bpáirc na Nua-Ghaedhilge. 'Sé gnó a chuireann GADELICA roimhe ná saothrughadh dár nGaedhilg-ne, mar deintí agus mar atáthar fós ag déanamh [sic; leg. a dhéanamh] ar son na Sean-Ghaedhilge in *Ériu*, agus san *Zeitschrift für Celtische Philologie* agus san *Revue Celtique*. Is mór agus is fairsing an pháirc í le díoghluim inti. Is mó go mór a bhfuil de leitridheacht ar faghail sa Nua-Ghaedhilg (abair ó 1600 go dtí 1850), ná sa Mheadhon-Ghaedhilg is sa tSean-Ghaedhilg; agus 'na dhiaidh san is fíor-bheag ar cuireadh i gcló dhe fós, acht a urmhór ag liathadh is ag lobhadh i láimhscríbhníbh i gcómhnuidhe. Ní fuláir na bliadhnta a

---

1 *Ériu* 1/ii (1904), 139-52; *Ériu* 2 (1905), 36-48.

thabhairt ag obair go dúthrachtach dá gcur san i gcló; agus ní miste a rá ná beidh eólas cruinn againn ar leitridheacht na Nua-Ghaedhilge go dtí go mbeidh an saothrughadh soin déanta.[2]

Ach dá fheabhas í mar iris *Gadelica*, agus meas i gcónaí ag scoláirí uirthi, níor mhair sí ach bliain 'cheal oiread síntiús agus a choimeádfadh sa tsiúl níosa shia í (6s. 6d. in aghaidh na bliana an táille) agus is ar an bhfear eagair a thit sé cuid mhór de na fiacha a lean í a ghlanadh. Má b'é a haon aige é is cosúil nárbh é an turas deireanach é. Níor chás do labhairt go seanabhlastúil na blianta ina dhiaidh sin ar a leithéid de chúram; *Measgra Dánta* an leabhar áirithe an turas seo, agus tar éis do buíochas a ghabháil le Coláiste na Tríonóide as costais na clódóireachta a mhaolú níorbh é a dhearúd gan a chur leis (agus frása iata ar leith déanta d'aon ghnó aige de 'to my cost', mar mhaithe leis an mbéim, shamhlóinn): 'Without such aid this book would have had to remain unpublished, for experience has taught me, to my cost, that, in the Ireland of today, the demand for books of this kind is very small indeed.'[3]

Bhí teipthe roimhe sin ar *Irisleabhar na Gaedhilge* ar an gcuma chéanna. Torna, an t-eagarthóir is déanaí a bhí air, fear cumtha na feartlaoi: 'I mbliadhain a 1909, ar an Árdfheis, do socruigheadh ar stad den Irisleabhar toisc a chostasaighe do bhí, agus an t-airgead ag dul i ngannchúis ar an gConnradh. I mí na Lughnasa, 1909, tháinig an uimhir dheireanach amach (Iml. XIX, Uimh. 227).'[4] Ach bhí dul chun cinn mór déanta ón am a tosnaíodh ar an iris a chur amach seacht mbliana fichead roimhe sin, mí na Samhna 1882, más féidir iontaoibh a thabhairt le tuairim Thorna:

> Um an bhliadhain 1882, an bhliadhain nur cuireadh 'Irisleabhar na Gaedhilge' ar bun, is dóigh liom gurab um an dtacasan ba luige agus ba thruaighmhéilighe a bhí cás na Gaedhilge i nÉirinn. Gan amhras do bhí mórchuid daoine ann agus neart aca ar an dteanga do labhairt; acht

---

2 *Gadelica* 1/i (1912), [2].
3 Thomas F. O'Rahilly, ed., *Measgra Dánta* (Cork: Cork University Press, 1927), [ii].
4 E. M. Ní Chiaragáin, *Index do Irisleabhar na Gaedhilge 1882–1909* (Baile Átha Cliath, Faoi Chomhartha na dTrí gCoinneal, 1935), xi.

dob fhírbheag an dream a bhí ábalta ar a léigheadh, nó ar a scríobhadh.
Má bhí leathchéad duine i nÉirinn go léir an uair sin go raibh léigheadh
agus scríobhadh na Gaedhilge aca san chló ghaedhlach, déarfainn gurbh
é an t-iomlán é. Ní raibh aon cheapadóireacht á dhéanamh inntí acht
fírbheagán filidheachta san Ghaedhealtacht, a bhí maith go leór ina háit
dúthchais, acht ná cuirfidhe suim inntí i n-aonáit eile.⁵

Cé go raibh cuid mhaith de na scoláirí céanna ag soláthar don dá iris,
ar iad a thógaint le chéile níor mhór a admháil ná raibh aon bhreith ag
Irisleabhar na Gaedhilge ar *Gadelica* i gcúrsaí léinn, a bhuíochas san go
háirithe ar Thomás Ó Raithile: an caighdeán a bhí leagtha sios aige do
féin sa léirmheas aige ar *Two Arthurian Romances* Macalister san uimhir
dheireanach den *Irisleabhar*, sin é gur lean sé leis i *Gadelica*. Cé nách é is
túisce a bheartaigh ar an mbadhbóireacht nó an sciolladóireacht léannta
mar chur chuige⁶ – agus b'fhiú tráchtas dochtúireachta ann féin é mar
scéal – níl amhras ná gur thug sé an modh oibre sin chun foirfeachta i
saol na Gaeilge. Dá dhéineacht a bhí sé ar Macalister, níor fhág sé thíos
ná thuas ar Ris[t]eard Ó Foghludha (Fiachra Éilgeach) é mar gheall ar an
ionramháil a bhí déanta aige ar *Cúirt an Mheadhon Oidhche*; ní bheadh sé
sásta gan an leagan den ainm a bhíodh air de shíor is de ghnáth a bhaint
den eagarthóir agus 'Mr. Foley' a thabhairt air tríd síos le holc air, agus an
íde chéanna a thabhairt do Phiaras Béaslaí, a chuir aiste réamhrách leis an
eagrán, gur dhein 'Mr. Pierce Beasley' sa léirmheas de. Agus maidir leis an
bpictiúir brollaigh a bhí leis an leabhar, ceann de dhá phortráid a bhí curtha
i gcló ar pháipéar nuachta:

> The characters in the Cúirt whom the illustrations are intended to
> represent, should, one would think, be obvious to any reader; but Mr.
> Foley takes the sketch of Merriman's *seanduine suarach*, and after
> having it touched up and somewhat rejuvenated, and adorned with a
> kind of fictitious signature, he places it in the frontispiece to his edition

---

5   Ibid., vii.
6   Samhlaoidí breátha ar an *odium gadelicum* san tugtha ag Mícheál Briody, 'The
    lexicographical contention of Mícheál Ó hIceadha and Pádraig Ó Duinnín', in Pádraigín
    Riggs, ed., *Dinneen and the Dictionary 1904-2004* (London: Irish Texts Society, 2005),
    14-50; agus ag Seán Ua Súilleabháin, 'Standish Hayes O'Grady', in Liam P. Ó Murchú, ed.,
    Caithréim Thoirdhealbhaigh: Reassessments (London: Irish Texts Society, 2012), 77-98.

as a more or less genuine attempt to sketch the features of Merriman himself. When such an extraordinary mistake could be perpetrated, one is left wondering why the logical thing was not done and the sketch of the maiden litigant not reproduced as 'Mrs. Merriman'.[7]

Ach ní hiad na fir mhóra a bhaineas an fómhar i gcónaí. Maol guala gan bhráthair agus is maoile fós nuair a bhíonn an bráthair curtha chun siúil d'aon ghnó agus an dá thaobh míbhuíoch go maith dá chéile. Duine de chineál eile ar fad Dubhglas de h-Íde, An Craoibhín Aoibhinn, tabhairt suas an duine uasail a bheith air, is dócha, agus mianach an duine uasail ina theannta san. Ní déarfadh éinne – ná ní rithfeadh sé leis féin a rá go deo – gur scoláire mór é, agus gan an Ghaeilge labhartha féin ar a thoil ar fad aige. Ach fear ab ea é a bhí ábalta ar dhaoine a thabhairt leis agus gur mó an chomaoin atá curtha ar shaol na Gaeilge agus ar léann na Gaeilge féin aige ná mar atá ag scoláirí ba sheacht mó ná é. D'éirigh leis Tomás Ó Raithile féin a thabhairt leis, agus an tAimhirgíneach chomh maith leis, mar atá léirithe ag Liam Mac Mathúna san aiste bhreá aige ar 'Douglas Hyde the Scholar',[8] agus is cosúil meas agus cion a bheith ag cách eile leis air. Níorbh aon iontas, dá réir sin, gur air a beartaíodh mar eagarthóir ar an irisleabhar nua.

Ón uair nár cuireadh dáta leis an gcéad dá uimhir de *Lia Fáil* is deacair a rá go cruinn cathain a tosnaíodh ar é a chur amach. (1930 atá le Uimhir 3 agus 1932 le Uimhir 4.) Is é adeir Liam Mac Mathúna: 'The year 1926 saw him commence the editing of a new journal entitled *Lia Fáil*',[9] ach 1924 atá curtha ag R. I. Best leis na haistí sa chéad uimhir, leithéidí 'Purgadóir Phádraig Naomhtha' ag Treasa Condún, 'Táin Bó Geanainn' curtha in eagar ag Máiréad Ní Ghráda agus 'An Agallamh Bheag' cóirithe ag an gCraoibhín féin.[10] Ar a shon gur 'Dublin 1926-32' atá in áit eile sa *Bibliography* leis an saothar ina iomláine,[11] ní foláir liom, ón uair go bhfuil 1924 curtha sios do

---

7 *Gadelica* 1/iii (1913), 203.
8 Liam Mac Mathúna, 'Douglas Hyde the scholar', in Pádraig Ó Macháin, ed., *The Book of the O'Conor Don* (Dublin: Dublin Institute for Advanced Studies, 2010), 191-225 (193, 217).
9 Ibid., 217.
10 R. I. Best, *Bibliography of Irish Philology and Manuscript Literature, Publications 1913–1941* (Dublin: Dublin Institute for Advanced Studies, 1942), míreanna 2035, 2335 agus 1186.
11 Ibid., mír 4.

na haistí aonair aige, nó dá bhformhór,[12] nó bhí tuairim éigin aige an chéad uimhir a bheith sroichte go dtí an Leabharlann Náisiúnta i gcaitheamh na bliana san. Níl aon amhras ná go rabhthas tosnaithe go maith ar an obair fé Dheireadh Fómhair 1924, mar ar an gceathrú lá fichead den mí sin tháinig Seanad Ollscoil na hÉireann le chéile, agus tá an méid seo sna miontuairiscí a ghabhann leis an gcruinniú san; fé ghnó an Chláraitheora atá:

> The Registrar reported...Inquiry from Dr. Douglas Hyde with reference to the amount of money available out of the Adam Boyd Simpson Bequest for the purpose of the publication of a Journal for Irish Studies, of which he has been appointed editor by the Professors and Lecturers in Irish. The first number of the Journal will be ready shortly for publication.

Bliain ón lá san bhí an chéad uimhir ar an saol, mar go bhfuil an cuntas seo sna miontuairiscí ar imeachtaí an chruinnithe a tionóladh ar an dtríú lá fichead de Dheireadh Fómhair 1925:

> The Registrar reported that he had received from Professor Douglas Hyde a copy of *Lia Fáil* the Irish Journal, the cost of which is borne by the Adam Boyd Simpson Bequest.
> The Senate decided that, when the design of the cover of the Journal had been altered to introduce the Seal of the University, Professor Hyde should be requested to supply sufficient copies for distribution amongst the members of Senate.[13]

Fé mar a tharla, níor buaileadh Séala na hOllscoile ar an gclúdach riamh; caitheadh a bheith sásta len é bheith ar an leathanach teidil laistigh. (Ní raibh dearadh an chlúdaigh thar moladh beirte, go deimhin: an pictiúir de rud éigin i bhfoirm bloc coincréite ní móide go meabhródh sé an Lia Fáil ná Teamhair na Rí d'éinne ach don té a tharraing.)

---

12 Níl aon trácht ar an aiste ag Éamonn Ó Tuathail, 'Dhá thaidhreadh do chúm Aodh Mhac Domhnaill', sa *Bibliography* pé bun a bhí len í a fhágaint ar lár, maran le dearúd é. Ach mar a chífear ar ball i gcás an dá aiste ag Séamus Caomhánach, is deacair léamh go cruinn ar an mbrí a bhí ag Best agus ag a chomrádaithe le 'Philology and Manuscript Literature'.

13 Gabhaim buíochas le Cláraitheoir Ollscoil na hÉireann atá fé láthair ann, Dr. Attracta Halpin, as na taifid seo a chur ar fáil dom.

Is é mar a chuir an Craoibhín an iris i láthair:

> Tá an *Lia Fáil* seo d'á chur amach le h-airgead d'fhág an Dochtúir-léighis Ádhamh Búiteach Mac Sim nó Mac Siomóin (i mBéarla Dr. Adam Boyd Simpson), na dhiaidh, mar bhronntanas do'n Ollsgoil Náisiúnta, chum na Gaedhilge do shaothrughadh. Do mheas Bord na Stuidéar agus an Seanad nár bhfearr slighe air a gcaithfí an t-airgead sin 'ná ar Irisleabhar chum stuidéaraí Gaedhilge do chur ar aghaidh. Rinneadh fear-eagair dhíom-sa, agus do thoirbhir mé an chéad-uimhir seo ar fad do phrós na Nuadh-Ghaedhilge, nár cuireadh i gcló riamh, agus do sgríbhinnibh nach bhfuil eólas ag duine as an gcéad orra.[14]

Leantar de chraobh choibhneasa an Dr. Adam Boyd Simpson a ríomh ar an dá thaobh siar amach, comhartha ar a thábhachtaí a bhí an tabharthas agus ar an mbuíochas go léir a bhí ag Ollscoil na hÉireann agus ag an eagarthóir araon ar an té a bhronn. Ná níor ídigh *Lia Fáil* glan amach é: i bhfad uaidh, mar nuair a bhí deireadh fadó le *Lia Fáil* agus *Éigse* tagtha ina áit earrach na bliana 1939 bhí mar fhógra ar chlúdach na hathirise 'Published (with the aid of the Adam Boyd Simpson Bequest) for the National University of Ireland', agus baineann an Ollscoil feidhm i gcónaí as an gciste chun Comhaltacht Iardhochtúireachta i Léann na Gaeilge nó sa Léann Ceilteach a mhaoiniú ó am go chéile.

Níorbh é an cur chuige céanna a bhí ag an gCraoibhín agus a bhí ag Tomás Ó Raithile. Is fada go labharfadh Mac Í Raithile mar seo mar gheall ar an dá aiste thosaigh, le saontacht seachas le seirfean, á admháil gur cuireadh mórán de na nótaí a ghaibh leis an gcéad cheann i gcló i gan fhios do, mar nár mheas sé gá a bheith leo, agus ná raibh ann ach gur éirigh leis breith in am ar an gceann eile chun ná raghadh an saothar agus an iris ó smacht air.

---

14 *Lia Fáil*, Uimhir 1, [i].

Do sgríobh Treasa Condún an céad cheann aca i gcomhair céime an M.A....Tá mórán de na nótaibh, agus *variae lectiones*, nár ghádh a gcur síos ann so, acht do chuir an clódóir i gcló iad go h-iomlán a gan fhios dúinn. Dá gcuirthí i gcló an dara ceann, Táin Bó Geanainn, ar an nós céadna, ní bhéadh teóra leis an méid *variae lectiones* agus nótaí do bhéadh ag bun gach leathanaigh. Ní'l anois ann acht na cinn is tábhachtaighe,...[15]

Amaitéarachas glan, déarfá ar an gcéad fhéachaint, ach b'fhéidir nárbh fhearr an róghairmiúlacht. Níorbh iad na piardaí ba mhó go raibh éileamh orthu ach orthu súd a bhí i dtosach a ndreise. As tráchtais M.A. a cuireadh le chéile féna stiúir féin a baineadh na haistí go léir sa chéad uimhir, má fhágaimid 'An Agallamh Bheag' i leataoibh go fóill. Rud éagsúil ab ea an uair sin é scoláirí óga a bheith á gcothú ar an gcuma seo, go mórmhór scoláirí ban. B'éachtach an t-abhar misnigh dóibh é, ní foláir, toradh a saothair a fheiscint i gcló in irisleabhar léinn mar seo, cé gurbh é ba dhóigh leat ar an slí go ndeineann sé iad a bhuíochasú agus iad á gcur i láthair aige gur mhó go mór an chomaoin a bhí curtha acu san ar an ollamh agus ar an bhfear eagair:

> Budh mhaith liom anois m'fhíor-bhuidheachas do chur i gcéill do Threasa Condún, Máiréad Ní Ghráda, Éamonn Ó Tuathail agus Úna de Bhulbh ar son chomh fial flaitheamhail agus thugadar dam a gcuid sgríbhinní, agus chomh fóghanta agus do chuidigheadar liom insan leabhar so.[16]

Ní hiontas iad a dhul chun cinn go maith a gceathrar sa Ghaeilge ina dhiaidh sin, cé nách é an léann ach an drámaíocht a leanfadh Máiréad Ní Ghráda. Bhí an 'Agallamh idir an anam agus an corp' cóirithe ag Seán Pádraig Ó Domhnaill (An Bráthair Bearchán) agus réamhrá 'fada foghlumtha' i mBéarla aige leis, ach nuair nárbh fhéidir leis an réamhrá a

15 Ibid., [ii].
16 Ibid.

chiorrú agus Gaeilge a chur air mar a theastaigh, mar go raibh an tsláinte teipthe fén am san air, níor mhór don gCraoibhín féin tabhairt fé agus gan de chreidiúint uaidh ach an dearúd a chur ina leith féin; is é an mac léinn atá 'fial flaitheamhail' arís:

> Acht thug sé cead damh-sa go fial flaitheamhail toradh a mhór-shaothair do chur síos go hathchomair agus go gearr i nGaedhilg. Rinne mise sin chomh maith agus d'fhéadas...acht ní'l an cúigeadh cuid d'á stuidéar féin ann so, agus tá faitcheas orm gur ab amhlaidh do mhilleas an innsint do bhí aige-sean.[17]

N'fheadar cad a thug ar an gCraoibhín an mana *Nil de vivis nisi verum* a roghnú le cur ar an bpláta i mbrollach a chuid leabhar nuair is léir a róchineáltacht le beo is le marbh araon i gcónaí riamh.

Scoláire eile a chuir sé chun treafa ab ea Séamus Caomhánach (Ó Caomhánaigh) go raibh aistí aige in Uimhir 3 agus Uimhir 4. Cuid den dtráchtas M.A. aige sa Choláiste Ollscoile ab ea eagar a chur ar sheanascéal óna cheantar féin, Iarthar Duibhneach, dar teideal 'Séipéilín Ghallarais'.[18] (Beachtú ar na litreacha b - o agus t - u mar atáid i bhfoclóir mór an Duinnínigh an chuid eile de; seanúdair Dhún Chaoin ba mhó a thug cúnamh do san obair sin, an méid ná raibh aige óna mhuintir féin as a óige.) D'aithin an Craoibhín láithreach cé bhí aige, an té go ndéarfadh an sárscoláire M. A. O'Brien mar gheall air i litir theistiméireachta níos déanaí: 'It would of course be presumptuous on my part to speak of Mr. Kavanagh's knowledge of Modern Irish as he is well known to possess an unique mastery of it'.[19] Agus gan céim an mháistir a bheith curtha de go fóill aige, chuir an Craoibhín ag obair ar scéal eile ón ndúthaigh chéanna é, 'An Bhreasaíl'. Ach ní hamhlaidh a chuir sé ordú ar an mac léinn – gur mhó de 'charaid' aige é, mar ba ghnách – ach, mar adeir sé le barr cúirtéise:

---

17 Ibid., Uimhir 3, 37.
18 Ibid., Uimhir 4, 188-94. Tá dearúd beag ar Liam Mac Mathúna (op. cit., n.8) anseo: ní hé an Craoibhín a chuir 'Séipéilín Ghallarais' in eagar mar atá ráite aige (lch 219) ach Séamus.
19 As 'leitir iarratais, cáilidheachtaí agus teastasaí ó Shéamus Caomhánach' ag cur isteach ar an 'Ollúnacht le Teangthacha Ceilteacha agus Fileolaíocht Cheilteach, Coláiste Ollscoile, Corcaigh', 1945, lch 11.

D'iarr mé ar mo charaid Séamas Ó Caomhánaigh an sgéal so le Pádraig Ferritér do chur i n-eagar, ⁊ nótaí ⁊ míniú do chur leis, óir ní heól dam aon duine eile a bhfuil an méid céadna eólais aige ar nósannaibh ar dhaoinibh agus ar chanamhain na tíre sin, agus atá aige-sean. Tá sé ag obair fá láthair go díreach ar na rudaibh céadna, ⁊ do chuir sé mé féin ⁊ lucht léighte *Lia Fáil* fá chomaoin mhóir leis an obair atá déanta aige ar an sgéal so.[20]

Nuair a chuimhníonn tú ar a laighead oibre a bhí déanta ar an gcanúint go dtí san,[21] ar na dintiúirí thar barr a bhí ag Séamus chun na hoibre agus ar na nótaí luachmhara teangan atá curtha aige leis an dá scéal, b'ait leat gan 'An Bhreasaíl' ná 'Séipéilín Ghallarais' a bheith luaite ag Best; níl de thagairt sa *Bibliography* aige do shaothar an scoláire seo i gcaitheamh na tréimhse 1913-1941 ach don pháirt a ghlac sé in *Irisches Lexicon* Hessen, saothar tur athláimhe go bhfuil an clúmh liath anois is le fada air, nuair is beo i gcónaí don léamh atá déanta anseo aige ar an oidhreacht dúchais a bhí tugtha leis gan mhaisle gan mháchail aige. Sa tslí nách iad na hirisí léinn amháin go raibh a n-aghaidh siar ach na húdair a bhí ag soláthar dóibh agus ag comhaireamh a raibh iontu.

As Ls. XVI de chuid lámhscríbhinní Phádraig Feiritéar a baineadh an dá scéal. Is ar an gCraoibhín is mó atá a bhuíochas an cnuasach lámhscríbhinní seo a bheith thar n-ais in Éirinn, nó a bheith ar marthain féin, mar atá luaite aige, go neataiseach geall leis, sa réamhrá le 'An Bhreasaíl':

An fear neamh-choitcheannta Pádraig Ferritér do sgríobh an sgéal, rugadh é i n-iarthar Chondae Chiarraidhe, san mbliadhain 1856, agus fuair se bás i nAmerica, i Chicago, 1924. D'fhág sé a chuid láimhsgríbhinní agam-sa le tabhairt do Choláiste na hOllsgoile i mBaile-Átha-Cliath. Ocht sgríbhinní déag ar fhichid d'fhág sé agam. Ní'l i gcuid de na sgríbhinnibh

---

20 *Lia Fáil*, Uimhir 3, 126-38 (126).
21 Sin é an t-am díreach go raibh M. L. Sjoestedt ag gabháil dá cuid taighde féin – agus cabhair mhaith a fháil aici ó Sheán an Chóta, deartháir le Séamus – go raibh mar thoradh air *Phonétique d'un parler irlandais de Kerry* (Paris, [1931]) agus *Description d'un parler irlandais de Kerry* (Paris, 1938).

seo acht leabhra beaga, acht tá timcheall fiche ceann aca mór go leór.
Orra-san atá leabhar do sgríobh sé féin a bhfuil ocht gcéad dán ann
tarraingte ar sgríbhínnibh eile. Rinne mo chara Eibhlín ní Ógáin clár
díobh, agus tá siad go léir san gcoláiste anois.[22]

Ní cuirfí aon nath sa mhéid sin, b'fhéidir, mar bhí fáil fós go flúirseach ar
lámhscríbhinní den sórt seo suas is anuas le céad blian ó shin agus gan
aon mheas puinn go minic orthu. Féach, mar shampla, an cuntas ag an
gCraoibhín sa *Literary History of Ireland* aige ar an gcuma go dtáinig trí
cinn eile díobh ina sheilbh; ag tagairt don dream óg deir sé 'they allow their
beautiful Irish manuscripts to rot' agus mar fhianaise air sin: 'A friend
of mine travelling in the County Clare sent me three Irish MSS. the other
day, which he found the children tearing to pieces on the floor. One of
these, about one hundred years old, contained a saga called the "Love of
Dubhlacha for Mongán," which M. d'Arbois de Jubainville had searched the
libraries of Europe for in vain.'[23]

Nuair a tháinig sé chomh fada le heagar a chur ar 'An Agallamh Bheag'
(mar a bhí baistithe ag W. M. Hennessy fadó ar an leagan áirithe sin den
scéal), ní hamháin go raibh fáil aige ar an insint i Leabhar Leasa Móir agus
i lámhscríbhinn Rennes, a bhí bronnta ag 'mo shean-chara Maxwell Close'
ar an Acadamh Ríoga, ach bhí chomh maith aige 'sgríbhinn thug Mac
Giolla Phádraig, tighearna Bhaile-an-Chaisleáin i n-Osruidhe dham'.[24] I gcás
'Eachtra na gConnachtach' bhí teacht aige ar an aon lámhscríbhinn amháin
den scéal ab eol do a bheith ann – bhí sí ar iasacht aige féin seacht mbliana
fichead roimhe sin ó Dháithí Coimín – agus é ábalta ar chuntas a thabhairt
ar a himeachtaí ó thosach deireadh nó gur bhain sí an Leabharlann
Náisiúnta, amach mar a raibh sí fen dtráth go raibh sé ag gabháil don obair
eagarthóireachta seo.[25] I measc na gcóipeanna den dán go samhlaíonn sé
'metempsychosis' leis, bhí ceann a bhí déanta aige as 'láimhsgríbhinn do

---

22 *Lia Fáil*, Uimhir 3, 126. Maidir leis an té gur leis na lámhscríbhinní seo, féach Seán Ó Sé, 'Pádraig Feiritéar (1856-1924): a shaol agus a shaothar', *Journal of the Kerry Archaeological Society*, No. 3 (1970), 116-30.
23 Douglas Hyde, *A Literary History of Ireland* (1899; new edition with introduction by Brian Ó Cuív, London, New York: Ernest Benn Limited, 1967), 634-5. Cuntas eile mar sin, a thagrann d'eachtra a thit amach timpeall ar Chill Airne taca an ama seo, deireadh an naoú céad déag, ag Seósamh Ó Conchubhair, 'An rud a bhí romham', *Béaloideas* XV (1945)[1946], 102-26 (108).
24 *Lia Fáil*, Uimhir 1, 79.
25 Ibid., Uimhir 2, 153.

bhí ag mo charaid Dáithi Coimín' agus teacht aige ar chóip eile a bhí 'ag mo charaid an t-ollamh Riobard Macalastair'.[26] Rithfeadh sé leat gur mhar a chéile aige, geall leis, na lámhscríbhinní agus na faisnéiseoirí béil, bhíodar chomh tiubh san fós ina thimpeall, ach gur aithin sé, dá líonmhaireacht a bhíodar go fóill, an baol a bhí orthu ar an dá thaobh agus nár mhór iad a theasargan láithreach.

Is follas aidhm a bheith aige ar an iris ar fad a bheith i nGaeilge idir cheirt chroiceann, cé gur scaoil sé leis an dtráchtaireacht Bhéarla ag Úna de Bhulf/Bhulbh (Winifred Wulff) ar na tráchtais leighis tríd síos. Bhí sé le maíomh aige féin i gcás 'An Agallamh Bheag' go raibh dlí nua á chur ar bun aige mar gurbh é an chéad uair ag éinne é seanascéal mar é a chur i nGaeilge na haimsire seo:

> Cuirim amach anois an téx as leabhar Liosmór, beag-nach trian dé, agus cuirim nuadh-Ghaedhilg ar gach eile [?= dara] leathanach. Creidim gurab í seo an chéad-uair do foillsigheadh sgéal i nGaedhilg ársa nach raibh riamh i gcló roimhe sin, agus aistriughadh Nuadh-Ghaedhilge i n-áit Béarla air.[27]

Ba mhaith ann é an t-eagrán seo, cé nár chríochnaigh sé riamh é, nó gur ghaibh Nessa Ní Shéaghdha an bóthar céanna arís sa bhliain 1942 agus thug an chreidiúint a bhí tuillte aige do mar fhear cinn sraithe. Gabhann buíochas chomh maith leis as lámhscríbhinn le Samuel Bryson a bhí aige a thabhairt 'go fial ar iasacht dom agus mé ag ullmhú an téaxa so', caint a theaspáineann ná raibh stadta aige den óige a mholadh idir an dá linn.[28]

Ní raibh a oiread san nuaíochta sa dá dhán ón seachtú haois déag a chuir sé in eagar, 'An Síoguidhe Románach' [sic] agus 'Tuireamh na hÉireann'. Bhí an Síogaí curtha in eagar céad blian roimhe sin go cruinn ag Hardiman in *Irish Minstrelsy*, II, 306-39, agus is ar an iarracht san a bhunaigh an

---

26 Ibid., Uimhir 3, [3].
27 Ibid., Uimhir 1, 79. Tugann sé Mícheál Óg Ó Longáin mar údar le 'Leabhar Liosmór', an leagan den ainm atá aige. Ach is áirithe gur leagan eile a bhíonn ag Mícheál Óg sna trí cinn de lámhscríbhinní (M 15, M 16, M 17) a bhreac sé do Sheán Ó Murchú, Easpag Chorcaí, mar a dtugtar 'Leabhar Leasa Móire' tríd síos ar an eiseamláir a bhí aige, e.g., 'Iarna tharrang a scinleabhar meamruim air a tucthar Leabhar Leasa Móire...le Mícheál Óg Ó Longáin ', M 17, lch 341i (Pádraig Ó Fiannachta, *Lámhscríbhinní Gaeilge Choláiste Phádraig, Má Nuad*, Clár, Fascúl II (Má Nuad: Cuallacht Choilm Cille, 1965), 41-9 (48). Deir Seán Ua Súilleabháin liom go mbíodh 'Leasa Móire' coitianta mar ghinideach sa ghnáthchaint chomh maith.
28 Nessa Ní Shéaghdha, eag., *Agallamh na Seanórach*, Imleabhar a 1 (Baile Átha Cliath: Oifig an tSoláthair, 1942), xxi.

Craoibhín a eagrán féin, cé go raibh sé ag tarraingt as lámhscríbhinní eile chomh maith, mar nár mhór leis leagan Hardiman 'do leasughadh i n-áiteachaibh as na sgríbhinnibh eile, chum na línte do dhéanamh aníos binne, níos so-sgannuighthe, nó níos so-thuigseanaighe'.[29] Ní mar seo a chuirfeadh eagarthóir fadaraíonach gairmiúil roimhe a dhéanamh, ná ní mar seo a chuirfeadh sé in úil é féin, agus is lúide fós ár n-iontaoibh as gan é bheith ina údar ar an gcanúint. Is é toradh na hoibre gur mó de chuimhniú míos ar shaothar Hardiman é ná de shaothar bunaidh ag an gCraoibhín féin.

B'é an scéal céanna aige é i gcás 'Tuireamh na hÉireann' a bhí curtha amach ag Mártain Ó Braonáin sa bhliain 1855. Sin é a bhí ag an gCraoibhín mar bhuntéacs ach go raibh teacht aige ar lámhscríbhinní, ceann a bhí ina sheilbh féin agus cúpla ceann eile a bhí fachta aige ó chairde leis ina measc, a lig do é a cheartú mar a d'oir do a dhéanamh. B'é ba dhóigh leat ar deireadh, áfach, gur chuige a bhí sé abhar léitheoireachta ar fónamh a chur ar fáil seachas buneagarthóireacht a bheith déanta aige, is é sin le rá gurbh é meon an díograiseora a bhí in uachtar den turas seo seachas meon an scoláire: toisc é bheith as cló chomh fada gur 'fiú é an dán d'ath-chur i gcló anois, agus téacs chomh ceart agus is féidir liom do thabhairt don léightheóir'.[30] Pé ar domhan é, níl aon bheann a thuilleadh againn ar leaganacha *Lia Fáil*, mar go bhfuil an dá aiste mheadarachta seo curtha in eagar ag Sisile Ní Raithile i measc na *Five Seventeenth-Century Political Poems* a chóirigh sí gan cháim don Institiúid Ard-Léinn (1952). Maidir leis na hamhráin agus na ceathrúna le Uiliog Ó Céirín a chóirigh Tadhg Ó Donnchadha (Torna) san uimhir chéanna de *Lia Fáil*, níor ghá d'éinne gabháil go dtí an saothar arís ina dhiaidh á leasú, mar gur tuigeadh agus go dtuigtear é a bheith ina mháistir ar a cheird.[31]

Braitheann tú aistí is údair ag tarraingt ó chéile mar a chaithfeadh a bheith in iris dá leithéid seo go bhfuil ón ollamh thuas go dtí an mac

---

29 *Lia Fáil*, Uimhir 4, 196.
30 Ibid., 214
31 Tá curtha go mór leis an eolas atá againn ar Uiliog/Uileag Ó Céirín agus a mhuintir ó shin, dar ndóigh: féach Seán Ó Duinnshléibhe, eag., *Párlimint na bhFíodóirí* (Indreabhán, Conamara: An Clóchomhar/Cló Iar-Chonnacht, 2011), mar a bhfuil eagar curtha ar 'Freagra Uileag Uí Chéirín ar Dháth do Barra ó Charraig Thuathail ar an bParliament réimhráite'. Tugtar aitheantas agus creidiúint mar is cóir don saothar mór atá déanta sa ghort seo ag Pádraig de Brún le leathchéad blian anuas sa leabhar seo, 43-5, 392-3.

léinn thíos ann, ón dtéacs meánaoiseach go dtí an béaloideas agus ón dteangeolaíocht go dtí an scéal Fiannaíochta nó Artúraíochta. Mheasfá ná raibh Tomás Ó Máille ar a shocracht ar fad sa chomhluadar áirithe seo, ach súil mhianach thar n-ais ar *Gadelica* aige, áit nár ghá dho leathscéal a ghabháil ná a mhíniú cad chuige go raibh sé: 'Ó cuireadh deireadh le "Gadelica" a bhíodh ar bun ag an Ollamh Ó Raithile, níl faice eoluis dá chur i dtoll a chéile ar na hathruighthe a tháinig is na focla ón Meadhon go dtí 'n Nua-Ghaedhilg. Le tosach nua a dhéanamh air sin déanaim tagairt do na focla seo leanas...'[32] Ní mór ná go raibh sé ina uathadh agus ina aonar chomh fada leis an ngnó san mar ní mór eile an plé sa *Lia Fáil* ar stair ná ar shanas na bhfocal: dhá aiste, sin a raibh, ceann ag an gCraoibhín á chaitheamh mar thuairim gur ón bhfocal 'beann' (= 'adharc chun séidte' etc.) a tháinig 'bunnán', ainm an éin san amhrán gur leis a thosnaíonn sé - cé ná fuil aon mhíniú aige ar conas a dhéanfadh consan leathan den gconsan caol tosaigh, ná é ag cur aon tinnis air, is cosúil   agus ceann eile ag Tomás Ó Ceóinín dar teideal 'Tráchtas geárr ar an réamh-fhocal *fa, faoi*'.[33]

San am go dtáinig deireadh le *Lia Fáil* sa bhliain 1932 bhí tonn mhaith dá aois caite ag an gCraoibhín. Bhí sé éirithe as an gcathaoir sa Choláiste agus gan baint mar a bhíodh le mic léinn ná le tráchtais níos mó aige, ná an bhaint chéanna aige le Ollscoil na hÉireann féin gur féna scáth a bhí an t-irisleabhar á fhoilsiú. Rud eile fós, bhí an Cumann le Béaloideas Éireann curtha ar bun ón mbliain 1927 agus an Craoibhín go maith chun tosaigh i measc lucht a bhunaithe: é ina chathaoirleach ar na cruinnithe a bheartaigh air, agus ní túisce ar an bhfód é ná é ceaptha ina chisteoir.[34] An t-abhar suime ba mhó riamh aige, an seanchas béil, bhí iris an Chumainn, *Béaloideas*, ag freastal go féichiúnta air ó mheitheamh an tsamhraidh 1927 amach. Go deimhin, tar éis focal misnigh agus comhairle ón bhfear eagair, Séamus Ó Duilearga, is é an Craoibhín a sholáthraigh an chéad aiste, 'Sgéal faoi Ó Flaithbheartaigh' agus aistriú lena chois.[35] A chara, C. M. Hodgson,

---

32 *Lia Fáil*, Uimhir 2, 177.
33 Ibid., 183-4; 185-90.
34 Féach Aindrias Ó Mumhneacháin, 'An Cumann le Béaloideas Éireann 1972-77', *Béaloideas* 45-7 (1977-1979), 1-5.
35 *Béaloideas*, 1/i (Meitheamh 1927), [7]-12.

a bhreac síos ó thionónta dá dheartháir féin é, díreach mar a bhí déanta aige le 'Eachtra na gConnachtach' a bhí curtha in eagar ag an gCraoibhín i *Lia Fáil*. Bhí sé ó aiste go haiste nó go raibh sé cinn díobh ar fad aige sa chéad imleabhar, .i. cheithre uimhir, de *Béaloideas*, gan an chuid eile a bhac, ná níor tháinig aon mhaolú ina dhiaidh sin air go ceann i bhfad. Déarfá nár bheag san do mar chaoi foilsithe.

Agus maidir le taobh na heagarthóireachta den scéal, agus an dul chun cinn a bhí déanta agus á dhéanamh i scoláireacht na Gaeilge, ní foláir nó tuigeadh do go raibh brainsí móra tábhachtacha ná raibh aige mar a oirfeadh agus gurbh fhearr ligint do dhuine éigin eile iad a thabhairt le chéile in irisleabhar léinn. Gearóid Ó Murchadha an té sin agus *Éigse* an t-irisleabhar áirithe go bhfuil freastal leanúnach á dhéanamh aige ar léann na Nua-Ghaeilge, i mBéarla agus i nGaeilge, le cheithre bliana déag is trí fichid anuas. Is iad na heagarthóirí eile atá tar éis a bheith ar *Éigse* ó shin Brian Ó Cuív, Tomás Ó Concheanainn (Ó Con Cheanainn), Pádraig A. Breatnach agus Liam Mac Mathúna. Ollamh i gColáiste Ollscoile Bhaile Átha Cliath, Coláiste de chuid Ollscoil na hÉireann, ab ea gach duine díobh.

B'ea, leis, Dubhglas de h-Íde, An Craoibhín Aoibhinn, nách miste a rá ina thaoibh gurb é a chuir tús leis an obair seo. Ná ní miste a chuid sin den obair a bheith ar fáil arís thar n-ais ar nós na coda eile go léir.

Seán Ó Coileáin

A meeting of the Celtic Faculty was held at 4 p.m, on November 9 1921, at Earlsfort Terrace, Dr Coffey in the chair. There were also present Dr Bergin, Dr Macalister, Miss Hayden, Dr Hyde and Miss O Farrelly.

The meeting was called specially to consider and report to the General Board of Studies "as to the best use in connection with the Irish language to be made of the bequest of the late Dr Adam Boyd Simpson".

It was agreed to recommend that the money should remain as a whole, and that it should be used in assisting the publication of works of research, which possibly might take the form of an Irish language Journal of Research. This was proposed by Dr Bergin seconded by Dr Hyde and carried unanimously.

Dubhglas de h-Íde
An Craoibhín

Minutes of the meeting of the Faculty of Celtic Studies, UCD, held on 9 November 1921 in the handwriting of Dr Denis J. Coffey, President of UCD 1908-1940. The minutes of the meeting were signed by Dr Coffey. The signatures reproduced here are taken from the minutes of other meetings of the Faculty chaired by Douglas Hyde and signed by him – either as Dubhglas de h-Íde or simply An Craoibhín.
© NUI Archives.

Douglas Hyde, First President of Ireland: Background and early development of the office of Head of State, 1922-45

Of primary interest in this volume is the contribution and reputation of Douglas Hyde as a scholar, which is considered by Seán Ó Coileáin in his introduction. The reputation has robustly withstood the passage and pressures of time and the vagaries of revisionism. The assessment of Professor Gerard Murphy, written as an obituary in 1949 still stands:

> Those who did not know Douglas Hyde intimately have always thought of him as a great man. And they are right. Those who knew him intimately loved him, but in his lifetime they tended to smile at his weaknesses rather than to admire his greatness. Only now that he is dead are they beginning to realise how great he really was.[1]

Or in the words of Liam Mac Mathúna:

> To me it seems clear that the scholar and the man were one – as a scholar Douglas Hyde was a great man.[2]

And yet, in the public mind today it is probable he is best remembered as Ireland's first president. Little is remembered of the detail of that presidency other than the sense of an elderly, kindly man who impacted little on the public life of war-time Ireland and confined himself to a minimalist performance of his ceremonial and formal roles.

The presidency is now seventy-five years old. Michael D. Higgins is our ninth President. The nature of the presidency, its profile and the public expectations of it have changed dramatically, if not always substantially, over the past twenty-five years, yet it can be argued that the model of the

---

1 Gerard Murphy, 'Douglas Hyde, 1860-1949', *Studies: An Irish Quarterly Review*, Volume 38 (1949), 275-81.
2 Liam Mac Mathúna, 'Douglas Hyde the scholar', in Pádraig Ó Macháin (ed.). *The Book of the O'Conor Don*, (Dublin: Dublin Institute for Advanced Studies, 2010), 225.

office laid down by Douglas Hyde survived almost unchanged for the first fifty years of the office. Hyde's presidency was the defining presidency until comparatively recently.

The constitutional model, defining the role and powers of the President, has not changed since the enactment of Bunreacht na hÉireann. What has changed has been the explicit and largely successful efforts of the most recent Presidents to energise the office, to seek new areas of influence, to champion selected policy issues, to give moral leadership and indeed to espouse issues which may lead to conflict with the government or other powerful interests.

Such a presidency was not envisaged by Eamon de Valera when he drew up Bunreacht na hÉireann. De Valera envisaged a President who would take precedence over all other citizens, who could be directly elected and would have a small number of discretionary powers. But it was never even remotely contemplated that the office would be an alternative focus of power or would act as a rival to the government of the day. Almost all of the prescribed presidential functions were to be exercised on the advice of the government. For example, the President could not leave the country without the approval of the government. In addition, the presidential nominating process was firmly in the control of the major political parties and there was a clear expectation that the office would be essentially ceremonial and firmly above party politics.

The only real surprises at the time were perhaps the absolute right of the President in his own discretion to refuse to dissolve Dáil Éireann at the request of a Taoiseach who 'has ceased to retain the support of a majority in Dáil Éireann'[3] and the right of the President to refer a bill to the Supreme Court before signing it into law. Neither of these powers was seen as ever likely to prove controversial, which as it turns out was wrong.

---

3 *Bunreacht na hÉireann*, Article 13 2 2°.

De Valera's attitude to the shaping of the office of head of state was influenced by two key factors. The first of these was that a constitution that was republican in all but name and gave primacy to the legislature within the constitution required a republican head of state which was strong on status but devoid of any significant executive function. Effectively this meant a constitutional figurehead. In fact the only truly surprising aspect of his preferred model was the provision for a direct popular election to an office designed to have no real or independent power. Under most other models the President would have been selected by some form of electoral college.

A second major factor in designing the office was de Valera's attitude to the head of state under the Free State constitution. Under the Anglo-Irish Treaty the Free State was a dominion and the government was obliged to accept the King as head of state, something that de Valera, and indeed many from all parties, strongly resented. In accordance with practice in the other dominions, the King's representative in the Free State was the governor-general. The presence of a governor-general was potentially a huge embarrassment and the government sought to lessen the impact by trying successfully to ensure that the person appointed would be Irish. This was a major departure from the practice in other dominions where the governor-general was either a British citizen or from another dominion.

The government succeeded in having the veteran nationalist, Tim Healy, appointed. From the outset his was a controversial choice, not helped by widespread bitter memories of his role in the Parnell split. The office had been filled in great haste at one of the most bitter stages in the civil war and had not been properly thought through. With the intention that the office would eventually be phased out, the government expected Healy to play a modest and limited role.

However, Healy had different ideas. He proclaimed his role in rather more exalted terms believing he had many of the prerogatives of the King, including an understanding that he would hold office for life. His behaviour in asserting his version of the role greatly tried the patience of the government; he was personally offensive to opposition politicians, in particular to de Valera, and had taken to speaking in public of 'my' ministers. The government had a problem, Tim Healy's view of the office was very different to theirs. The lack of constitutional clarity meant it had to assert the ascendancy of the elected government and to render the office of head of state as conformable to modern democratic practice as possible. The government, three years into Healy's term of office, decided that the term of office would in fact be for five years, and not for life, as Healy had understood it. An angry Healy had no option but to agree. At the end of his five years he stepped down, leaving office at the end of 1927.[4]

The government wanted to ensure that the role of governor-general would be purely formal, modest and non-provocative, better to accommodate domestic politics and longer-term constitutional aspirations. Tim Healy had not been that man but they had every expectation that his successor would be. James McNeill had had a distinguished career in the Indian civil service, and was a brother of Eoin MacNeill (they used different spellings of MacNeill/McNeill). On his return to Ireland in 1915, he had been a Sinn Féin activist. He had also been a member of the committee which drew up the 1922 constitution and in 1923 was appointed the first High Commissioner of the Irish Free State in London. In 1928 he was chosen by the government to succeed Healy. Unlike in 1922 however, there was no question of any involvement or veto from Britain and McNeill accepted the appointment without any great personal enthusiasm.

His first four years in office were uneventful. The government had been progressively reducing the role of governor-general, a process

---

4   Frank Callanan, *T. M. Healy*, (Cork: Cork University Press, 1996), 596-9.

greatly helped by the reforms in dominion status agreed by the imperial conferences of the 1920s. By this stage the only real function of the office was the signing of bills into law. McNeill did not see it as part of his job to refer legislation to the courts, stayed scrupulously out of party politics 'ensuring his role was largely social and low key'.[5]

All changed when Fianna Fáil came to power in 1932. Fianna Fáil had made clear its antipathy to the governor-generalship and its determination to reduce its role still further and ultimately to abolish it. Dan Breen was quoted as saying that he had 'not shot at Lord French (the Viceroy) to have him replaced by James McNeill'.[6] McNeill found himself on the receiving end of a number of ministerial snubs mainly centring on the Eucharistic Congress. Unlike Healy, McNeill had no desire to be confrontational but events unfolded rapidly, dramatically and publicly. McNeill would have been prepared to resign but felt, with justification, that the government had put him in a situation where he had to force the Executive Council to remove him. This it did and he relinquished office on 31 October 1932.

The general view at this stage was that the office would be abolished. However, shortly after the government announcement of the dismissal of McNeill, the Irish High Commission in London issued a statement to the effect that 'His Majesty, the King, on the advice of the Executive Council of the Irish Free State has appointed Domhnall Ó Buachalla to the office of Governor-General of the Irish Free State'.[7]

The announcement came as a complete surprise, firstly because the decision to retain the office was unexpected but also because of the person selected. Domhnall Ó Buachalla, a former Fianna Fáil T.D. was a shopkeeper from Maynooth, a respected but little known politician, noted mainly for his Irish language enthusiasm.

---

5 Donal O'Sullivan, *The Irish Free State and its Senate: A Study in Contemporary Politics*, (London: Faber and Faber, 1940), 93.
6 Dan Breen to author (1967).
7 Donal O'Sullivan, op. cit., 294.

De Valera had felt it necessary to retain the office to ensure legislation could be signed into law, but otherwise Ó Buachalla's role was to become as inconspicuous as possible. The title of governor-general was replaced by An Seanascal (Chief Steward), he was provided with a modest house in a Dublin suburb rather than live in the Viceregal Lodge. He cycled rather than use an official car. He refused to receive deputations or accept addresses of welcome; he did not host receptions, never appeared at official functions and was rarely seen in public. In effect, the office of the governor-general had ceased to exist and finally in 1936, with the abdication of Edward VII, it was abolished.[8]

By this stage de Valera's draft constitution was well under way. He had clear ideas that what he wanted would be a constitutional figurehead, strong on ceremonial but lacking in any political or executive power. Articles 12-14 of the constitution made this clear. With a small number of exceptions – the right to refuse dissolution of government and to refer bills to the Supreme Court – all powers were to be exercised on the advice of the government. Clearly, the office was to be very different to what Tim Healy had visualised, but significantly, more substantial than that experienced by Domhnall Ó Buachalla. Its great strength would be that it would be founded on the will of the people, expressed either directly or through the Oireachtas. While its place within the constitution would be its underpinning strength, the office would not be seen as static but would be shaped by the personality and performance of its early holders.

So who would this first President be? There was no machinery in place and no precedents to guide the selection process but it was clear that only Fianna Fáil and Fine Gael were in a position to nominate a candidate. However, after four draining general elections and one referendum over the previous six years, neither party had any great enthusiasm for an election to an, as yet, unestablished office with no real power. An 'agreed' candidate was needed and to that end de Valera convened a meeting of

---

8 Ibid., 291-4.

leadership figures from the two main parties. Although the Lord Mayor of Dublin, Alfie Byrne, had indicated his willingness to be the 'agreed' candidate he was not on the list of the six names proposed. On the Fianna Fáil list were the former Vice-President of the Executive Council, Sean T. O'Kelly; the Ceann Comhairle of the Dáil, Frank Fahey and the Chief Justice, Conor Maguire. Fine Gael proposed Dr. Richard Hayes, a medical doctor, historian, film censor and member of the Royal Irish Academy; Judge Cahir Davitt, son of Michael Davitt and Professor Denis Coffey, President of University College Dublin. Agreement could not be reached on any of these nominations and it was at this point that the leader of Fine Gael, W. T. Cosgrave, suggested the name of Douglas Hyde, who had recently been nominated by de Valera to be a Taoiseach's nominee to the new Seanad Éireann.[9] There was immediate agreement and on 21 April 1938, Hyde was requested to accept the nomination. The Labour party, which had not been part of the earlier consultation, signified its approval. Hyde agreed (there was no other candidate) and was declared elected, unopposed, on 4 May 1938.

Hyde's nomination was widely welcomed. He was seventy-eight years of age, and apart from some scattered disapproval from some Catholic groups on the basis of his membership of the Church of Ireland it was a popular decision. Daniel Corkery saw Hyde as 'the ideal of a writer from an ascendancy background who had come to identify with the people'[10] while the normally astringent Donal O'Sullivan wrote:

> No happier choice could well be imagined. For a period of half a century Douglas Hyde avoided all political entanglements, has steadily pursued with single minded endeavour his self appointed task of rescuing the Irish language from oblivion. If anyone is deserving of the highest honour the State can bestow, it is he. Moreover, he is no scholarly recluse, but a genial man of the world whom it is easy to love and impossible to dislike; and, as is the case with most educated men who

---

9   Information from Liam T. Cosgrave (December 2012).
10 Quoted in Patrick Maume, 'Douglas Hyde' *Dictionary of Irish Biography* (Cambridge: Royal Irish Academy and Cambridge University Press, 2009), Volume 4, 879-83.

know the Irish language thoroughly, his devotion to it has never made him intolerant. There is the added fact that as Dr Hyde is not of the faith of the majority his unopposed election to the presidency offered a salutary object lesson in religious toleration.[11]

Hyde was inaugurated as first President of Ireland on 25 June 1938. On the morning of that day the Taoiseach and Roman Catholic members of the Oireachtas attended mass in the pro-Cathedral while the President-elect and Protestant members attended the service in St Patrick's Cathedral. The installation ceremony, simple and dignified took place in St Patrick's Hall in Dublin Castle. Hyde subscribed to the declaration of fealty prescribed by the constitution and entered office. De Valera, with a touch of hyperbole, told him 'in you we greet the successor of our rightful princes'.[12]

It is worth noting that Hyde's election was widely reported and well received overseas, with special emphasis on the fact of a Protestant President in a country renowned for its Catholicity. Joseph Walshe, Secretary of the Department of External Affairs, writing to de Valera on 2 June from Cairo commented that 'all the hundreds of papers in Egypt in various languages gave this appointment great publicity'.[13]

Hyde entered the presidency with virtually no political experience. He had fought hard to keep politics out of the Gaelic League of which he was the first President, elected in 1893. As Patrick Maume has written, 'his presidency of the League was marked by a series of balancing acts aimed at keeping the League from being torn apart by rival political and linguistic factions'. He resigned the League's presidency in 1915 after an ardfheis vote to make it a specifically nationalist organisation. Hyde believed that the move would discourage well disposed unionists from joining, a view later shared by Eoin MacNeill.[14]

---

11 Donal O'Sullivan, op. cit., 573.
12 Patrick Maume, op. cit., 882.
13 *Documents on Irish Foreign Policy, 1937-39*, (Dublin: Royal Irish Academy, 2006), Volume 5, 310.
14 Patrick Maume, op. cit., 882.

He did have an opportunity to enter politics in 1904 when John Redmond offered him a nationalist seat at Westminster but he refused. In 1925 he was co-opted to the Free State Senate but lost his seat in the subsequent popular election. It was the first and only nationwide election with an electorate of 1.3 million, 19 seats and 76 candidates. The turnout was less than 25 per cent and Hyde did miserably, getting just 1721 votes close to the bottom of the poll. It has been suggested that he was the victim of a smear campaign against Protestant Senators who had voted for a procedural motion to allow a debate on divorce. Hyde declared his vote was misrepresented and that he opposed divorce. One way or the other, it probably made little difference and suggested that in spite of his lifetime's work for the Irish language he was little known in the country.[15]

After the inauguration came the job of making a reality of the new and uncharted role. The first question was that of residence. The constitution (article 12) stipulated that the President 'shall have an official residence in or near the city of Dublin'. The Viceregal Lodge, vacant since the departure of James McNeill, was the obvious choice. It was officially renamed Áras an Uachtaráin and Hyde quickly took up residence. It was not a particularly cheerful or comfortable residence. Its stock of furniture had been depleted over the years in part due to the custom that departing viceroys were permitted to take some furniture with them. Tim Healy, in the belief that he would be there for life, had added some furniture and fittings and also provided some vines for the glasshouse. Otherwise little had been done by way of refurbishment, nor would there be in the tenure of Hyde.

As for the duties and work practices of the new President a 'temporary presidential commission' had been in place in the months prior to the selection of Hyde. Preliminary work had been done on what exactly the new President might do and how he might do it. The senior member of this commission, Michael McDunphy, was appointed as Secretary to

---

15 Donal O'Sullivan, op. cit., 155.

the President and he was the person who did most to shape the new office. McDunphy was a talented and experienced civil servant. He had been Assistant Secretary to the Executive Council from 1922 to 1937, had assisted in drafting the new constitution and then moved on to this new position. In his private life he was an adventurous man, being both an alpine climber and an airman but as a civil servant he was careful and cautious, almost to extremes. His view of the role and indeed the public behaviour of the President was within the narrowest confines of the constitution. In 1945 he published a book, *The President of Ireland: his powers functions and duties. A summary of the powers, functions, duties, privileges and disabilities of the President under the Constitution*.[16] The book was a summary of the practices, which had evolved under Hyde, and not surprisingly, heavily emphasised the negative aspects or 'disabilities' as McDunphy had called them. This book became the standard guide to the role and behaviour of subsequent Presidents much to the frustration of Erskine Childers and Cearbhall Ó Dálaigh who felt it to be unduly and unreasonably restrictive. Neither was in office long enough to effect real change and it was not until the presidency of Patrick Hillery that there was any real loosening up and broadening of the role.[17]

Apart from the fact that McDunphy's attitude to the role was unduly proprietorial, he had real problems in persuading Hyde to conform to his version of what was proper. Hyde was a settled seventy-eight year old, neither particularly organised nor wishing to be. As a scholar, a professor at UCD and as a country squire, he had always been his own boss and found it difficult to adhere to protocols and schedules. It was McDunphy's job to design the President's timetable and work schedule, to write his speeches, to decide whom he would meet and what he would say. There was no doubt but that McDunphy held the upper hand and it was he who effectively shaped the way Hyde lived out his presidency and laid down the precedents for his successors.

---

16 Michael McDunphy, *The President of Ireland: his powers functions and duties. A summary of the powers, functions, duties, privileges and disabilities of the President under the Constitution*, (Dublin: Browne and Nolan Limited, 1945).
17 Patrick Hillery to author (June, 1992).

Hyde was dealt two major personal blows at the outset of his presidency. On 31 December 1938, his wife Lucy died after a long illness. It had been a long, at times strained (because of her dislike of country living) but essentially happy marriage. Her role as official hostess, while not a particularly demanding one, was then taken up by Hyde's sister, Annette. In April 1940, the President suffered a stroke. From this point on he was confined to a wheelchair, thus limiting his mobility. In addition, the restrictions of wartime greatly reduced social and political activity and curtailed the President's public appearances to the minimum necessary.

A rare glimpse of the working milieu in which the President operated can be found in an External Affairs minute from 18th August, 1938, by Pádraig Ó Cinnéide on a proposed radio broadcast by Hyde to the 1939 New York World Fair:

> Mr McDunphy spoke to me and said he had some doubt as to whether the occasion was of sufficient importance to justify a broadcast in which the President would take part but he asked me to have a further word [...] I spoke to the Taoiseach again today and he said that while he did not wish to press the point at all he felt that on the whole the balance was in favour of the President participating in the broadcast. He thought however that the President's contribution should be very short and should be confined to something in the nature of a greeting. I communicated these views to Mr McDunphy verbally today.[18]

The broadcast took place but a striking feature of it was that the President was the one person who was not consulted in the preparatory discussions. And such, it would seem was the approach taken on most other issues.

The only real controversy generated by Hyde centred on his attendance at an international soccer match in November 1938. Hyde was a patron of

---

18 Documents on Foreign Policy, op. cit., 883.

the GAA and his attendance prompted the President of the GAA, Padraig McNamee, to have him expelled for breaching the GAA rule prohibiting attendance at a 'foreign' game. De Valera was strongly critical of the GAA action as indeed was public opinion.

However, there was one issue which arose and had it been known would have generated great controversy and might have damaged the perception of Hyde's presidency. State papers released in 2005 reveal that Hyde had visited the German Ambassador, Dr Eduard Hempel, at his residence in Dún Laoghaire to extend condolences on the death of Adolf Hitler. The visit took place on 3 May 1945, the day after news of Hitler's death began to emerge, and in spite of details of the Holocaust beginning to surface. De Valera's visit, as head of government, was widely and hostilely reported whereas Hyde's visit, as head of state, was not reported at all, presumably because his office did not inform the press. Hyde, like de Valera, had absolutely no Nazi sympathies and both were acting on the advice of their senior officials on what constituted proper diplomatic protocol. The irony was that de Valera, the shrewdest of politicians found himself embroiled in controversy while the 'non political' Hyde escaped scot free![19]

Hyde was not a busy President but he did take his few discretionary powers seriously if discreetly. He established important precedents by referring controversial legislation to the Supreme Court for rulings on its constitutionality and insisted on taking advice from his staff (though curiously not from the Council of State) before granting de Valera dissolution of the Dáil when he called a 'snap' election in 1944.[20]

Hyde's presidency ended in 1945 and he did not seek a second term. He died on 13 July 1949 and was buried at Frenchpark.

---

19 Patrick Maume, op. cit., 883.
20 Ibid.

His presidency had been a modest one in every sense, but it was appropriate to its time in Irish history, proved deeply popular and was a unifying force at a time of great political division. It established, in a lasting way, the essential characteristics of the office and laid down foundations that have endured. Patrick Maume sums it up well:

> This outwardly simple man was a complex blend of Ireland's traditions; those who chose him to symbolise the new state wrought better than they knew.[21]

Maurice Manning

---

21 Ibid.

Contributors

Seán Ó Coileáin

Ollamh Emeritus le Nua-Ghaeilge, Coláiste na hOllscoile, Corcaigh, agus ball d'Acadamh Ríoga na hÉireann. Ollamh le Léann Éireannach/Léann na Gaeilge in Ollscoil Harvard tráth.

Tar éis dó an bhunchéim agus céim an mháistir a bhaint i gCorcaigh, ghnóthaigh Staidéaracht Taistil Ollscoil na hÉireann agus chláraigh in Ollscoil Harvard sa bhliain 1968. Bhí de sheans leis an tOllamh John V. Kelleher a bheith mar mháistir agus mar oide múinte i stair agus i litríocht na hÉireann ansan aige agus an tOllamh Albert B. Lord mar cheann comhairle aige mar le gach ar bhain leis an gcumadóireacht bhéil.

Chuaigh a dteagsasc agus a sampla siúd i gcion go mór ar a shaothar féin ar ball, gach aon ní ón léamh aige ar a ngabhann de litríocht agus de sheanchas le Guaire (ábhar an tráchtais dochtúireachta thall aige) go dtí Caoineadh Airt Uí Laoghaire. Fear eile gur mhór aige a phearsa agus a éirim agus gur deineadh dlúthchara de in imeacht na haimsire ab ea Seán Ó Ríordáin; rug an leabhar aige ar shaol agus ar shaothar an Ríordánaigh an phríomhdhuais liteartha a mhaoinigh an Foras Cultúrtha Gael-Mheirceánach sa bhliain 1984. I measc nithe eile go bhfuil spéis leanúnach aige iontu tá litríocht an Bhlascaoid agus chóirigh eagrán nua de *An tOileánach* (Baile Átha Cliath: Cló Talbóid, 2001).

É ina bhall de Sheanad Ollscoil na hÉireann 1992-2012.

Maurice Manning

Maurice Manning DLitt, MRIA, was elected Chancellor of the National University of Ireland on March 12, 2009. Dr Manning is the fifth Chancellor of the University since its establishment in 1908. He has been a member of the NUI Senate for twenty-seven years, having been elected on the graduate panel in every election since 1982; he served on the Governing Authority of UCD from 1979 to 2008; he spent much of his academic career in the Department of Politics at UCD.

He has published widely on modern Irish politics and history. He is currently Adjunct Professor in the School of Politics and International Relations at UCD and also Chair of the Publishing Committee of the Institute of Public Administration.

Dr Manning has served in both Dáil and Seanad Éireann from 1981 to 2002 and during that time he was a member of the New Ireland Forum, and the British-Irish Inter-Parliamentary Body. He was both leader of Seanad Éireann and Leader of the Opposition in that House. Maurice Manning has also been President of the Irish Human Rights Commission and was Chair of the European Group of National Human Rights Institutions from 2005 to 2011.

Liam Mac Mathúna

Liam Mac Mathúna is Professor of Irish and Head of the UCD School of Irish, Celtic Studies, Irish Folklore and Linguistics. He is a graduate of University College Dublin and NUI, and was awarded a doctorate by Innsbruck University. He taught Celtic languages at Uppsala University before being appointed a lecturer in Irish in St Patrick's College, Drumcondra, Dublin, where he served as Registrar from 1995 to 2006.

He is currently Chair of Coiste Léann na Gaeilge, Royal Irish Academy, and Editor of *Éigse: A Journal of Irish Studies*, published by NUI. His publications include articles on the vocabulary, literature and culture of Irish, a critical edition of An tAthair Peadar Ua Laoghaire's novel, *Séadna*, and *Béarla sa Ghaeilge*, a monograph study of Irish/English literary code-mixing, 1600-1900. He is currently engaged in research on the Ó Neachtain circle in eighteenth-century Dublin and its contribution to the rise of modernity in Irish.

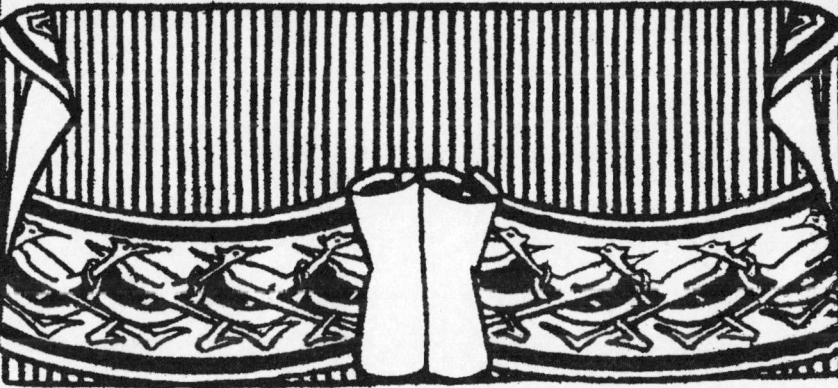

lia Fáil

DR. ADAM BOYD SIMPSON

E FIDEICOMMISSO ADAM BOYD SIMPSON
Medici.

2/6

Comluċt Oiṁeaċais na hÉireann, Ceor.
89 Sráiṁ Talbóiṁ i mbaile Áṫa Cliaṫ
11 Sráiṁ Pádraig i gCorcaiġ.

ROIṁ-RÁḊ

Tá an lia fáil seo ḋ'á ċur amaċ le h-airgead ḋ'fág an Doċtúir-léiġis Áḋaṁ Búiteaċ Mac Sim nó Mac Siomóin (i mBéarla Dr. Adam Boyd Simpson), na ḋiaiḋ, mar bronntanas ḋo'n Ollsgoil Náisiúnta, ċum na Gaeḋilge ḋo ṡaoṫruġaḋ. Do ṁeas Bord na Stuiḋéar agus an Seanaḋ nár ḃfearr sliġe air a gcaiṫfí an t-airgead sin 'ná ar Irisleaḃar ċum stuiḋéaraí Gaeḋilge ḋo ċur ar aġaiḋ. Rinneaḋ fear-eagair ḋíom-sa, agus ḋo ṫoirḃir mé an ċéaḋ-uiṁir seo ar faḋ ḋo ṗrós na Nuaḋ-Ġaeḋilge, nár cuireaḋ i gcló riaṁ, agus ḋo sgríḃinniḃ naċ ḃfuil eólas ag ḋuine as an gcéaḋ orra.

Do ṡíolraiġ an Doċtúir fial tug an t-airgead so ḋúinn, ó ṡean-ḃunaḋ Éireannaċ, na Simpsons ón gCeirḋeaḋ (nó Keady) i dTír-Eoġain. Níor féaḋas mórán ḋ'á ḋtuairisg fáġail. Aoḋ Mac Sim nó Simpson ḋo b'ainm ḋ'á ṡean-aṫair mór, ḋo ċóṁnuiġ ag an gCéirḋeaḋ, agus bí mac aige sin, fear ḋe ṁóirṡeisear, ar b'ainm ḋó Riobard. Do pós an Riobard so Máire ḋe Ġórdún ó Ṁullaċ-teine timċeall na bliaḋna, 1793. Fuair seisean bás san mbliaḋain 1829. Bí mac ag an ḃfear so, Seumas Górdún Simpson, ḋo pós Sorċa ḋe Búite nó Boyd, ó Ḃaile-Áta-Cliaṫ, san mbliaḋain 1828, agus ḋo fuair bás san mbliaḋain 1845. Do h-aḋlacaḋ é ag Cloċar mac nḊaiṁin i gconḋae Tír Eoġain. Do ṁair a ḃean go ḋtí 1862. Ba ṁac ḋo'n lánaṁain seo an Doċtúir Áḋaṁ Búiteaċ. Rugaḋ é an 30aḋ Márta san mbliaḋain 1836, agus fuair sé bás Márta 5, 1913, ag Birmingham i Sacsana. Níor pósaḋ riaṁ é. Is cosṁail gur ḋe ṡíol Albanaċ na Simpsons. Tugtar go minic i n-Albain McKim ar mac Sim, agus is ionann Búiteaċ (nó Boyd) agus "fear as Oileán Búite nó Bute." Bí aiṫne maiṫ agam an Doċtúir ḋe Búite (nó Boyd) i mBéal-Feirste ḋo bí 'na ċaraiḋ ṁór ḋo'n Gaeḋilg agus ḋo ċuiḋiġ léi go fial. Fuair seisean bás bliaḋanta ó ṡoin, aċt ní féaḋaim a ráḋ anois an raiḃ sé gaolaċ leis an Doċtúir Áḋaṁ Búiteaċ Simpson.

Do bí Seumas Górdún Simpson, aṫair an Doċtúra, 'na feilméar láidir agus neart talṁan aige. Do ċóṁnuiġ sé i n-aice le Cloċar mac-nḊaiṁin i dTír-Eoġain, aċt táinig a ḃean Sorċa ḋe Búite ó Ḃaile Áta Cliaṫ. Ní raiḃ aon easḃaiḋ airgid ar ċeaċtar aca. Do bí cúigear cloinne aca, beirt mac agus triúr inġean. Níor pósaḋ aċt aon inġean

[5]

amháin, agus fuair sise bás gan clainn. Fuair an ceatrar eile bás gan pósad. Rinneadh doctúir-leigis de'n tríomhad mac, Ádam Dúiteach. Cuaid sé go Sacsana agus is dóig gur ann sin do cait sé an cuid is mó d'á shaogal. Do teip orm fágail amach an raib sé gaolach leis an bfear do bunaig Ospuidéal Simpson.

Ar éigin d'éirig liom an dealb gréine seo d'fágail. Is soiléir gur tógad an dealb nuair bí sé 'na fear óg. Dubrad liom nach raib aon ceann eile aige, agus nár cuir sé aon tsuim in a leitéid.

Anois, focal nó dó i dtaoib na dtráctas atá insan leabar so. Do sgríob Treasa Condún an céad ceann aca i gcómair céime an M.A., tar éis dul fa'n sgrúdugad di. Tá mórán de na nótaib, agus variae lectiones, nár fád a gcur síos ann so, act do cuir an clódóir i gcló iad go h-iomlán a gan fios dúinn. Dá gcuirtí i gcló an dara ceann, Táin bó Geanainn, ar an nós céadna, ní béad teóra leis an méid variae lectiones agus notaí do béad ag bun gach leatanaig. Ní'l anois ann act na cinn is tábachtaige, cuid aca do cuir an t-eagartóir Máiréad Ní Grada féin síos, agus cuid eile do cuir mise leó tar éis dul dam tríd an dá láimsgríbinn. Insan tríomhad ceann rinne mé féin iarracht ar nuad-Gaedilg do cur ar Gaedilg Meadonaig nach bfacaid solas an lae go dtí anois. Insan gceatramhad tráctas, tá dá píosa próis, agus dánta measgta triota, do sgríobad le Midech, i n-aimsir ár sean-aitreach féin. Do baineadh é seo as cruinniugad do rinne Éamonn Ó Tuatail ar son Céime an M.A., agus do cuir sé an méid seo dé i n-eagar dam i gcómair an Lia Fáil. Do cuir Úna de Bulb an giota beag De Febre efemera i n-eagar as Láimsgríbinn atá sna King's Inns do casad uirri nuair bí sí ag obair ar sean-meamram eile ar son an M.A. Tá Cumann na Sgríbeann Gaedilge ag dul an tráctas eile seo do cur i gcló di.

Bud mait liom anois m'fíor-buideachas do cur i gcéill do Treasa Condún, Máiréad Ní Grada, Éamonn Ó Tuatail agus Úna de Bulb ar son com fial flaiteamail agus tugadar dam a gcuid sgríbinní, agus com fógánta agus do cuidigeadar liom insan leabar so. Bud mait liom mo buideachas do tabairt do m' sean-dalta Pádraig Tarrant mar an gceadna do cuidig liom le h-obair an clóbuailte.

An Craoibín.

PuRṠADÓIR PÁDRAIṠ NAOṀĊA
TREASA ConDún Do Sṡríoḃ.

RÉAṀ-RÁD
I
na Láiṁscríḃne

Siḋ iad na Láiṁscríḃne 'n-a ḃfuil an Tuarascḃáil ar Puṙṡadóir Pádraiṡ le fáṡail ionnta : 23 L24, 24 A13, 23 M50, 23 M24. 1 n-Acadaiṁ Ríoṡaṁail na h-Éireann ḋóiḃ ṡo léir.

Aṡ scríoḃaḋ an trácta so ḋom, ḃí Láiṁscríḃinn 23 L24 mar ḃun-téax aṡam. Cuireas Láiṁscríḃinn 24 A13 1 ṡcompráid léi cóṁ mait aṡus d'féadas é. Uaireanta, nuair a ṁeasas ṡurḃ fearrde an téax é, leanas ḋul Láiṁscríḃne 24 A13 1 n-ineaḋ ḋul Láiṁscríḃne 23 L24. Cuireas na Láiṁscríḃne eile, 1.e., 23 M50, aṡus 23 M24, 1 ṡcompráid le 23 L24 anois is arís.

Ḃa ṁait liom anois tuairisc éiṡin a taḃairt ar na Láiṁscríḃniḃ.

23 L24. Tá cur síos ar an Láiṁscríḃinn seo le fáṡail ins na leaḃraiḃ nótaí 67-72. 'Na teannta san. áṁ, do ċuir Eoṡan Ó Coṁraiḋe síos uirri in " H. and S., Vol. I., p. 128." Aṡ so mar aḋeir :
" No. 61—small, thick quarto paper, pp. 577. This is a miscellany of 577 written pages, with one page of contents, not numbered, consisting chiefly of songs and poems. It was transcribed between the years 1766 and 1769—both included by Dermot O' Mulqueen, of the County of Clare, for Andrew MacMahon (of I believe, Six Mile Bridge, in the same county). This book is neatly written and in perfect preservation. The compiler of this catalogue remembers having seen Mr. Mulqueen about the year 1808, being then a very old and venerable-looking man." . . . Page 499 to page 538. A religious legend, entitled: "Puṙṡattóir Páttruic, aṡus suiṡeaṁ ar a ḃeit 1 n-Éirinn," 1.e., " The Purgatory of Saint Patrick and its existence in Ireland proved." Tá teidil na Láiṁscríḃne seo aṡus cuid de'n téax scríoḃta tré ḋearṡ.

24 A13. Tá cur síos ar an Láiṁscríḃinn seo le fáṡail ins na leaḃraiḃ nótaí 86-7. Ḋo ḃ'é Josep Ó Lonṡáin[1] do scríoḃ

[1] Féaċ leat " Míċeál Óṡ Ó Lonṡáin " (Journal of the Ivernian Society Vol. I., No. 4).

[7]

í, 1 ₅cóir John Windele, Esq., Blair Castle, Cork, sa mbliadain d'aois an Tigearna 1847. Tá an scríbneóireact ₅o mait ann. Seo mar a cuirtear síos ar an scríbneóir ins na leabraib nótaí : " The Scribe was a member of a great family of Irish Scribes and Scholars." 23 M50. Tá tuairisc ar an láimscríbinn seo le fágail (1) ins na leabraib nótaí 49-54 (2) 1 ₅Clár " H. and S.," 352. Do cuiread le céile i'dir 1740-47 í. Seo mar a cuirtear síos uirri ins na leabraib nótaí : " Scribe John Murphy[1] (na Ráitíneac) Place Carrignavar (Co. Cork), Former Owners The name Laurence Shea, is written on page 138." Seo mar a cuirtear síos uirri in " H. and S." :

" Page 204 to page 217—contains a popular religious legend, known as the " Soldier's Purgatory or Penance in St. Patrick's Purgatory in Lough Derg.' . . . . This is followed at page 241 by a short English extract, from the work of Mathew Paris[2], containing an account of the above-mentioned Soldier and Patrick's Purgatory." Tá roinnt leatanac 1 n-easnam ar an dtuarascbáil ar purgadóir Padraig atá sa láimscríbinn seo.

23 M24. Tá cur síos ar an láimscríbinn seo le fágail 1 leabar nótaí 60. Do réir an leabair nótaí do scríobad san naomad aois déag í. Dob' é Éamonn Ó Ragallaig? do scríob í. Tá an méid seo leanas le feiscint 1 dtosac na láimscríbne : " A small book, 76 pages, quarto, M.S. containing copies of pieces, poetry and prose, of considerable antiquity: in which is an account of ' St. Patrick's Purgatory in Lough Derg ' (imperfect at the end)." Tá cuid de'n " Tuarascbáil " sgríobta fá dó agus níor cuiread aon deire léi.

Tá cóip eile de'n Tuarascbáil seo ar purgadóir padraig le fágail, eadon, 1 leabarlainn Coláiste na Tríonóide. H.6.23 an láimscríbinn 'na bfuil sí. Seo mar a cuirtear síos uirti 1 ₅Clár na Scríbinn :

" 1712 . . . . A.D. 1821. H.6.23 . . . page 24 narrative begins. It follows the Latin version, as in Messingham's ' Florilegium Insulae Sanctorum . . . . Scribe Michael O'Crigain, poor hand, written February 19th, 1821." Ní raib sé d'uain agam an láimscríbinn seo do cur 1 ₅compráid leis na láimscríbnib eile. D'éirig liom, ám, formór an téax atá i " Florilegium Insulae Sanctorum " do cur 1 ₅compráid le 23 L24.

[1] féac leat " Dánta Seáin na Ráitíneac," Taog Ó Donncada do cuir 1 n-eagar.
[2] féac leat " Dic. Nat. Biography."

[8]

II

" Magni Patris sunt miranda merita Patricii
Cui Dominus ostendit locum Purgatorii
Quo viventes se expurgent delinquentes filii."[1]

" Innis ᴅɑṁ," ɑʀꜱɑ 'n ᴅeiꜱ̇ꜱ̇ioḃɑl ꜱɑ "Sꜱ̇ɑ́ᴛɑ́n Spioʀɑᴅɑ́lᴛɑ,"[2] " cʀéɑᴅ iꜱ ciɑll ᴅo Puʀꜱ̇ɑᴅóiʀ Nɑoṁ Pɑ́ᴅʀuiꜱ̇." Aꜱ̇uꜱ ᴅ'ꜰʀeɑꜱ̇ɑiʀ ɑn Mɑ́iꜱ̇iꜱᴛiʀ ɑꜱ̇uꜱ ᴅuḃ-ɑiʀᴛ : " Sꜱ̇ʀíoḃᴛɑʀ ɑꜱ̇ Vicensius Beluasinsis ɑꜱ̇uꜱ ɑꜱ̇ St. Anthoin . . . . ᴛɑʀ éiꜱ Pɑᴅʀuiꜱ̇ Nɑoṁᴛɑ ᴅo ᴛimpóᴅ luᴄᴛ nɑ ḣéiʀionn uile ᴅo ᴄum ɑn Cʀeiᴅiṁ lenɑ ᴛeɑꜱ̇uꜱꜱ̇ ɑꜱ̇uꜱ lenɑ ꜱ̇eɑnmóiʀ, ᴅo ḃí ɑn nɑ́iꜱiún ꜱin coṁ ḃɑʀḃɑʀᴅɑ ᴅoᴄeɑnꜱɑiᴅ ɑꜱ̇uꜱ ꜱin, ꜱ̇uʀɑḃ ɑʀ éiꜱ̇in ᴅo Cʀeiᴅeɑᴅɑʀ ꜱ̇o ʀɑiḃ cʀuɑᴅ-ḃʀeiᴛeɑṁnuꜱ Dé le ᴛeɑᴄᴛ oʀʀɑ, no ꜰóꜱ piɑnᴛɑ iꜰꜰʀinn no Puʀꜱ̇ɑᴅóʀɑ ; ꜱ̇iᴅeɑᴅ, ᴅo ꜱ̇uiᴅ ɑn Nɑoṁ Uiɑ ꜱ̇o ᴅúᴛʀɑᴄᴛɑᴄ̇ ionnuꜱ ꜱ̇o ᴛᴛɑiꜱḃeɑnɑᴅ ᴅóiḃ ᴛʀé ꜱ̇níoṁ ɑn ní ᴅo ꜱ̇eɑnmóiʀ ᴅóiḃ ó ḃeul, ɑꜱ̇uꜱ ᴅo ʀinne iomɑᴅ uʀnuiᴅᴛe ɑꜱ̇uꜱ ᴛʀoiꜱꜱ̇ᴛe leiꜱ ɑn inᴛinn ᴄéɑᴅnɑ, ɑꜱ̇uꜱ ᴅɑ́ ḃʀíꜱ̇ ꜱin ᴅ'ꜰoillꜱiꜱ̇ Diɑ é ꜰéin ᴅó ꜰɑ ᴅeóiꜱ̇, ɑꜱ̇uꜱ ᴛuꜱ̇ leɑḃɑʀ ɑn ᴛꜱoiꜱꜱ̇éɑl ɑꜱ̇uꜱ ɑn ḃɑᴄɑll ᴅó inɑ lɑ́iṁ, ɑꜱ̇uꜱ nɑ ᴅiɑiꜱ̇ ꜱin ʀuꜱ̇ leiꜱ é ꜱ̇o ꜰɑꜱɑᴄ̇, ɑꜱ̇uꜱ ᴅo ᴛɑiꜱḃeɑ́in uɑiṁ ᴅó ʀiꜱ ɑn mḃɑᴄɑll, ɑꜱ̇ ʀɑ́ᴅ leiꜱ, " ꜱ̇e ḃe ɑʀ ḃiᴛ ʀɑᴄuꜱ ɑꜱᴛeɑᴄ̇ ꜱɑn uɑiṁ-ꜱi le cʀeiᴅeɑṁ ꜰiʀe ɑꜱ̇uꜱ le ḣɑiᴛʀeɑᴄuꜱ ᴅionꜱ̇ṁɑ́lɑ inɑ ṗeɑᴄɑiᴅ ɑʀ ꜰeɑᴅ ceiᴛʀe n-uɑiʀe ḃꜰioᴄioᴅ, ꜱ̇lɑnꜰɑiᴅeɑʀ é ón uile ṗéin ᴅliꜱ̇ᴛeɑʀ ɑʀ ꜱon peɑᴄɑiᴅ,"[3] ɑꜱ̇uꜱ iɑʀ nᴅol ɑꜱᴛeɑᴄ̇ ᴅóiḃ ɑʀɑon ɑꜱ̇uꜱ ɑmɑᴄ̇ ɑꜱ ɑn uɑiṁ ᴄéɑᴅnɑ, ní ḣé ɑṁɑ́in ꜱ̇o ḃꜰɑᴄɑᴅɑʀ nɑ piɑnᴛɑ ᴅliꜱ̇ᴛeɑʀ ᴅonɑ ᴅʀoᴄ-ᴅɑoine ɑᴄᴛ ꜰóꜱ ɑn ꜱ̇lóiʀ ɑ ᴅliꜱ̇ᴛeɑʀ ᴅonɑ ꜰiʀeɑnɑiḃ, ɑꜱ̇uꜱ ɑnnꜱin ᴅo ꜱ̇ꜱ̇ɑʀ Diɑ le Pɑᴅ[ʀ]uiꜱ̇ ɑꜱ̇uꜱ ᴅ'ꜰɑiꜱ̇ lɑ́n ᴅo ꜱ̇ólɑ́ꜱ é, ɑꜱ̇uꜱ ᴅo ᴄuiʀ ᴛeɑmpɑll ꜱuɑꜱ ꜱɑn ɑ́iᴛ ᴄéɑᴅnɑ, ɑꜱ̇uꜱ mɑnɑiꜱ̇ ᴅ'oʀᴅ St. Angus : ᴅo ᴄoiṁᴅɑᴄ̇ ɑꜱ̇uꜱ ᴅo ᴄoiṁéɑᴅ nɑ ḣɑ́iᴛe ᴄéɑᴅnɑ ɑꜱ̇uꜱ ᴛuꜱ̇ eoᴄɑʀ nɑ ḣuɑṁɑ ᴅon Pʀiᴅeóiʀ, ionnuꜱ nɑᴄ ʀɑᴄɑᴅ ɑonᴅuine ɑꜱᴛeɑᴄ̇ ꜱɑn uɑ[i]ṁ ɑᴄᴛ lenɑ ᴄeɑᴅ, ɑꜱ̇uꜱ ᴅo ᴄuɑiᴅ móʀɑ́n ɑꜱᴛeɑᴄ̇ ꜱɑn uɑiṁ ᴄéɑᴅnɑ ᴅo ᴅeɑʀḃuꜱ le ꜰiʀinne ꜱ̇o ḃꜰɑᴄɑᴅɑʀ ꜰéin móʀɑ́n ᴅo neiᴛiḃ uɑᴛḃɑꜱɑᴄ̇, mɑʀ ᴅo ḃiɑᴅ ɑnmɑnnɑ ᴅɑ́ ḃpiɑnɑᴅ le ḣiomɑᴅ ɑꜱ̇uꜱ le ḣéxɑṁlɑᴄᴛ ꜱ̇ɑᴄ ᴅóᴄɑṁɑl, ɑꜱ̇uꜱ ᴅo ᴄuiʀ Pɑᴅʀuiꜱ̇ Nɑoṁᴛɑ ᴅ'ꜰiɑᴄɑiḃ nɑ neiᴛe ᴄéɑᴅnɑ

---

[1] " Vetus Antiphona, quam Ecclesia Hibernia grato, laetoque animo concinebat in laudem Dei et Sancti Patricii." F. Insulæ Sanctorum.

[2] ꜰéɑᴄ leɑᴛ "iʀiꜱleɑḃɑʀ nɑ ꜱ̇ɑeᴅilꜱ̇e," mí nɑ noᴅlɑꜱ̇ 1900.

[3] " Quisquis veraciter pœnitens, et in fide constans hanc speluncam ingressus fuerit, et spatio unius diei, ac noctis moram in ea fecerit, ab omnibus purgabitur peccatis, quibus in tota vita sua Deum offendit : atque per illam transiens non solum tormenta malorum, sed si in fide constanter perseveraverit, videbit et gaudia beatorum." Florilegium Insulæ Sanctorum.

do sgríobad san Teampall, agus mar do conarc an poball na neite sin, do creideadar na neite do seanmóir an Naoṁ Pádruig diob ar Ifrionn agus ar Purgadóir, agus do bríg go nglantar anmanna na muinntire téid san uaiṁ óna bpeacaigiḃ agus ón péin a dligtear ar a son, goirtear Purgadóir Naoṁ Pádruig (dá ngoirtear a ńéirinn Loċ Dearg) don áit ċéadna,¹ agus as sin is iontuigte gur orduig Dia 'n-iomad Purgadórac ar an talaṁ do cum na n-anmann do glanad."

Sin é an míniugad atá ag an Máigistir sa "Sgátán Spioradálta" ar Purgadóir Pádraig Naoṁta. Tá an sgéal céadna le págail i n-a lán áiteanna eile, cóṁ mait.

Bí bainnt ag naoiṁ eile seaċas Apstal Mór na héireann le Loċ Dearg. Deaḃrócad an sgéal gur cuaid naoṁ arb' ainm do Daḃeoc cun cóṁnuigte ann 'sa mbliadain 490 nó mar sin. Seo mar a cuirtear síos ar an naoṁ so i ḃfelire na Naoṁ nÉrennaċ²:—

"Calendis Ianuarii. Daḃheocc Locha Geircc i nUlltoib. Is an ccenn toir don loċ sin atá Purgadoir Pátraicc, acus oilen Daḃeocc, mar a ḃfuil mainistir ina raḋatar canánaig, ar an ccenn tiar don loċ céona sin. Acus as uaid ainmnigter Termon Daḃeocc ar gaċ taoḃ don loċ sin a duḃramar. Ionann é acus Mobeoc Ghlinne Geirg ata 24 Iulii, as mac do Rig Bretan .i. Bracáin Mac Bracameoc, acus Dina ingen Rig Saxan a mátair," etc.

"Nono. Cal. Augustí. Mobeocc, Thermainn, Abb. Rí Bretan, .i. Bracán, mac Braċameoc a atair acus atair Mogoróicc Srutra; acus Dina, ingen Rig Saxan a mátair. Adeir Cuimin Coindeire isin dan dar aḃ tús: "Carais Pátraicc Puirt Maċa," go ngnataigeḋ a cenn do síorċur a ccuite no a bpoll uisge. Ag so mar adeir:—

"Carais Mobeócc buadac,
Do réir senad na sruite,
An trat do toirneoh a ceann,
Toicreḋ a cenn sa cuite."

Ní fuláir nó cuaid a lán naoṁ eile go Loċ Dearg, cóṁ mait. Ní'l 'fios ac ag Dia na Glóire féin cia méid naoṁ atá ag feiteaṁ leis an Aiseirge ar "oileán na naoṁ."

Do gluais suim aimsire. Táinig na Loċlannaig go hÉirinn. Deineadar léirsgrios ar eaglaisiḃ agus ar ṁainistriḃ agus ar sgoileanaiḃ. 'Sé is dóiċige gur

---

¹ "Quoniam ibi homines à peccatis purgantur, locus ipse Purgatorium S. Patricii nominatur; locus autem Ecclesiæ Reglis dicitur." F. Insulæ Sanctorum.
² Féaċ leat "Martyrologium Dungallense."

tugadar cuairt ar Loc Dearg. Cimíd i nAnnála Ríogachta Éireann an méid seo leanas :—" 836. Ceatla Loca nEirne do díbgeant la Gallaib."
I ndiaig 1014 do cuaid gac aon níd cun suaimnis. Táinig bráitre d'órd Naom Aguistín anall go hÉirinn agus tógadar mainistir nua ar Loc Dearg. Cuireadar gac gnó creidim ar siubal airís ann, fé comairce na n-Aspol Naomta Peadar agus Pól. D'fanadar i seilb na háite ó'n dara h-aois déag go dtí an seactmad aois déag. Ní rabadar díomaoin an faid a bíodar ann. Deineadar "Oileán na Naom" do saotrugad agus do cur. Tá a rian le feiscint ann fós.

III
AN RIDIRE EOGAN

" Mitid damsa triall tar tuinn
Go leaca dub an tailginn,
Mar bfuil casáin géara crúaide
Lán do staide fuil-ruaide."

Bí saigdiúir áirite, darb' ainm dó Eogan, i n-arm Stiabna, eadon, Rí Sasana. Éireannac ab' ead Eogan, do réir deallraim. Táinig sé, lá, ag triall ar an Ríg agus d'iarr sé cead a cos air. Má iarr bí an cead le fágail aige.

Táinig Eogan anall go hÉirinn. Nuair a bí tamall caitte aige 'n-a ceanntar féin, do tosnuig sé ar beit ag dul siar 'n-a aigne ar a saogal. Ní raib a macnam gan torad. Táinig fuat fíocmar aige d'á peacaidib. Siúd ag triall ar an Easbog é. Dein sé an faoistin mait. Annsan ní sásócad an saogal é gan é dul go Purgadóir Padraig cun go ndéanad sé leoirgníom diongmáil cun Dé.

Sa mbliadain d'aois an Tigearna 1153 tug an Ridire Eogan agaid ar Loc Dearg, agus leitreaca ó'n Easbog aige do Prior na háite. Ba gearr an moill air an Purgadóir do baint amac agus na leitreaca a tabairt do'n Prior. Cóm luat agus do léig an Prior na leitreaca, do rug sé Eogan i naonfeact leis go dtí an Séipéal. Dein an Ridire macánta troogad ar fead cúig lá déag. Annsan dubairt an Prior an t-Aifreann agus do tug an Corp naomta do'n tSaigdiúir. Nuair a bí an méid sin

[1] 23 M46 R.I.A. féac leat Aguisin.

déanta aige, Cuaid Eogan, agus na manaig i n-aonfeact leis, go dtí uaim an Purgadóra¹. Tug an Prior cómairle a leasa do'n tsaigdiúir annsan, agus níord' é a dearmad gan uisce coisreactta do caiteam air.

Do cuaid Eogan isteac san uaim. An faid a bí sé inntí taisbeánadar na diabail duba aníos ó Ifreann iad féin dó. Deineadar níos mó 'ná san. Do rugadar leo ó áit pianamail go háit pianamail eile é. Connaic sé na daoine bocta agus iad 'á gcéasad agus 'á bpianad ag na deamnaid. Nuair a connaic sé an méid sin, táinig eagla agus alltact air. Ba dóbair cailleamaint ar a misneac. D'é b'fada leis an bfear boct go mbead sé sgarta leo. Tug Dia neart dó, ám, an fód do seasam go calma cróda mar a déanfad saigdiúir Críost. I ndeire na dála d'imtig na diabail uaid. Ba mór an fuascailt é! Annsan isead do taisbeánad an Parrtas saogalta dó. Cuaid an radarc tré na croide. D'fanfad sé ann go deó ag féacaint air agus ag déanam iongna de dá leigtí dó é. Níor leigead.

Tar éis teact amac as an bpurgadóir d'Eogan, cuaid sé ar turas go Jerusalem. Annsan táinig sé tar n-ais go Sasana agus do bein sé seirbís airís do'n Ríg.

Do tárla go raib manac, an uair sin, i Sasana. Gervasius ab' ainm dó. Ba mian leis mainistir do cur ar bun i nÉirinn. D'iarr sé cead, d'á brig sin, ar Ríg na hÉireann é sin do déanam agus do fuair. Annsan cuir sé manac d'á muintir, Dard' ainm dó Gilbert², agus cualact leis, ag triall ar Stiadna. Ní raib aon gaoluinn ag Gilbert ná ag na manacaid eile a bí 'na teannta. D'á brig sin, d'iarr an Rí ar Eogan dul go hÉirinn i n-aonfeact leo agus beit 'na fear teangan aca. Cóm mait do bein.

Do cuiread an mainistir ar bun.³ Tugadar na Manaig dá bliadain go leit ag déanam seirbíse do Dia innti. I rit na haimsire sin, d'iarr Gilbert ar Eogan tuarasgabáil ar Purgadóir Pádraig do tabairt dó. Do tug.

---

[1] " Every priest and every man
Went with hym yn processoun;
And as lowde as they myghte crye,
For hym they songe the letanye,
And browte hym fayre ynto the entre,
Ther as Syr Owayne wolde be."—O'Connor, p. 85.

[2] féac leat "Dictionary of National Biography."

[3] " The monastery here referred to may have been Mellifont, the first Cistercian foundation in Ireland, and it is not improbable that these Noram monks from Louth in Lincoln, gave County Louth its name." See " Journal of Nat. Lit. Society of Ireland, 1916."

Tamall na ḋiaiḋ san ḋ'innis Gilbert an sgéal tríḋ
sios ḋo Henricus Salteriensis. Ḋo ċuir Henricus sios
i laiḋin é. Ḃa ġearr go raiḃ macsaṁla ḋe'n sgéal le
fáġail i ḃfurṁór ḋe sna mainistreaċaiḃ. Cuireaḋ mórán
teangan ar sgéal an Riḋire Eoġain, ḋo réir mar a scríoḃ
Henricus i laiḋin é. Ḋo ċuir Matthew Paris 'na
"Chronica Majora" é. Sa mḃliaḋain ḋ'aois an Tiġearna
1624 ḋo cuireaḋ "Florilegium Insulae Sanctorum"
i gcló. Ḃí "Tractatus de Purgatorio Patricii" ann.

IV
Clū loca ḋeirg

"En Irlande, si est un leus
Ke jûr et nuit art come feus,
K'um apele le purgatore
Sainz Patrix e est tens encore
Ke s'il i vient ankunes gens,
Ki ne seient bien repentanz,
Tantost est raviz e perduz
K'um ne set k'il est devenuz."[1] . . . .

Ḋo tarraing sgéal an riḋire, fé mar a ḃí sé
ag Henricus Salteriensis, súile na hEorpa ar
Ṗurgaḋóir Ṗáḋraig. Ní raiḃ aon tseó aċ a ḋtáinig
ḋe ḋaoiniḃ iasaċta go Loċ Ḋearg ó'n ḋtríomaḋ aois
ḋéag. Ḃ'faḋa í a gcuairt, ó'n ḃfrainnc, ó'n Eaḋáil,
ó'n Ungáir, ó'n Spáin, ó'n Eilḃéis, ó'n ḋTír-fó-tuinn.
Ḃa mór an obair ḋóiḃ teaċt go Purgaḋóir Ṗáḋraig agus
a ḋeaċraċt a ḃí an t-aistear an uair sin. Na huaisle
móra is iaḋ is mó ḋo ċáinig.

Ṫáinig "Raymond, the haughty Count de Rhodes,
Leading a costly train,
Yet praying pardon for his sins
In penance and in pain."[2]
Spáineaċ uasal aḋ' eaḋ Raymond Viscount de Perelhos
et de Rhodes. Ṫáinig sé go Loċ Ḋearg sa mḃliaḋain
1397. Fuair sé a lán oiliṫreaċ ó ṫíortaiḃ eile ann roimis.
Ċuaiḋ ḋuine aca isteaċ san uaiṁ i n-aonfeaċt leis, eaḋon,
"Anglus Eques Taresi Dominus." Ag teaċt go
hEirinn ḋo Raymond, fuair sé, ó Ríġ Sasana ceaḋ a
ḃeurfaḋ slán é. Tá an "safe conduct" so le feiscint
fós tall i Sasana.

[1] "Gautier de Metz, dans son 'Image du monde,' écrite en 1245, et don
la vogue fut des plus considérables." Féaċ leat "Le Voyage du Puys Sainct
Patrix" leaṫanaċ a 49, agus l. a 54-55.
[2] Féaċ leat "St. Patrick's Purgatory," by Margaret Gibbons.

Táinig Le Sire de Beaujeu go dtí an Purgadóir idir 1300 agus 1350. Duine uasal Franncac ab' eadh é siud. Bí an fuil uasal ann, an fuil ríogda. Táinig Franncac eile, ridire, go dtí Loc Dearg sa mbliadain 1516. Seo mar do cuir na ceitre Máigistride síos air:
"1516—Caislén sliccig do gabáil lá hua nDomhnaill aod ócc mac aoda ruaid iar mbeit atáid fada ina feccmais. As amlaid arríct lais a gabáil, Ridire Franncac do tocht dia oilitre co purgattóir Patraicc for Loc Gercc, Ro gab do saigid i Domhnaill acc dol agus acc teact cco ffuair onóir, agus airmhidin tiodlaicte, agus tabartais, agus do rónsat aontaid agus caradrad ré aroile, agus Ro tingeall an Ridire sin long ar a mbiad gonnada móra do cor do ṡaigid uí Domhnaill iar na clos dó go raibe an caislén sin Sliccig accá iomcosnam fris. Ro comaill éiccin an Ridire an ní sin uair do riact an long co cuan na cceall mbeacc."

Táinig beirt Eadáileac go Loc Dearg sa mbliadain 1358. Malatesta Ungarus ab' ainm do duine aca agus Nicholas De Beccarus ab' ainm do'n duine eile. Tá na teistiméireacta a fuaradar ó'n dtríomad Eobard le feiscint fós. Táinig ceannuide Eadáileac ó Florens go dtí an Purgadóir sa mbliadain 1411. Do réir deallraim, cuir a lán Eadáileac ó Florens fúta i nÉirinn san gcúigmad aois déag.

Sa mbliadain 1446, táinig Conrad De Scharnachthal, Ridire ó'n Eilbéis, go Loc Dearg. Táinig a lán daoine eile cóm mait. Mar adubart ceana, ní raib aon tseó ac a dtáinig de daoinib iasacta go hÉirinn ó'n dtríomad aois déag.[1]

V
PURGADÓIR PÁDRAIG I LITRIDEACT NA hEÓRPA

"A fragment fallen from ancient time
It floateth there unchanged."[2]

Tá inniste agam ceana conus mar do scríob Henricus Salteriensis sgéal Eogain. Má scríob, ba gearr go raib macsamla de, i Laidin nó i dteangain éigin eile, le fágail i ngac aon mainistir ar fuid na hEórpa, beag nac. Ní miste a rád ná go raib "stracad na failme" ar an

---

[1] Féac leat "St. Patrick's Purgatory," by Rev. St. John Seymoúr. Tempest, Dundalk, 1918.
[2] Darcy M'Gee.

Sgéal. D'eactac an cion agus an báið le nar glacað é. Ní téigeað caiteam air ac é ður ó duine go duine. Do cuir lucc léiginn na heórpa ana-suim ar fað i sgéal Eogain. Do cum Marie de France[1] dán air san ocríomað aois déag. "Espurgatoire Seint Patriz" ba teideal do'n dán. Ní raið ann, ám, ac aistriú ón laidin. Tá dá leaðar Franncaca san R.I.A. "Le Voyage Du Puys Sainct Patrix" is teideal do ceann aca, agus "Histoire De la Vie et Du Purgatoire de S. Patrice" is teidiol do'n ceann eile. Leaðair ana-suimeamla ar fað iseað iað. Tá cur síos sa céað ceann aca ar sgéal Eogain agus ar na "Developpements de la Légende." Cuireas an dá leaðar so i gcompráið leis an láimscríði n annso agus annsúð.

Dein Shakespeare[2] agus Rabalais, agus daoine eile ba liosða d'áiream, tagairt do Purgadóir Pádraig 'na gcuið leaðar. Deirtear nárð' foláir nó gur léig Dante sgéal Eogain sar ar cúm sé a dán. 'Sé deir Denis Florence M'Carthy ná : "It is not too much to say that without it the Divina Comedia of Dante would never have taken the form it did." Is téir go raið eolas as Ariosto ar an bPurgadóir. Deineann sé tagairt dó 'n-a "Orlando Furioso" mar seo :
   "E vide Ibernia fabulosa, dove
   Il santo vecchiarel fece la cava,
   In che tanta mercè par che si trove,
   Che l'uom vi purga ogni sua colpa prava."[3]

Do cúm Calderon, an file Spáinneac ba mó cáil le n-a linn féin, dráma diaða ar Purgadóir Pádraig. Tá cur síos air sa del leaðar úð "Le Voyage Du Puys Sainct Patrix."

Tá ana-cuið láimscríðinn agus leaðar ann 'n-a bfuil cur síos ar Purgadóir Pádraig. Do síolruig, dar ndóig, a lán scéal ó'n bun-scéal do scríoð Henricus Salteriensis. Cá r' b'iongnað san? Do rug gac oilitreac aðaile leis a tuairisg féin ar an bPurgadóir. Maran cuireað leis an ocuairisg ní baogal gur baineað uaiti.

Tá a lán dán[4] i ngaoluinn ar an bPurgadóir. Do

---
[1] Féac leat "Catholic Encyclopædia."
[2] "St. Patrick and Purgatory Island," by Henderson, féac "Journal of National Literary Society of Ireland," Vol. II., Part I., p. 49.
[3] Canto X., Stanzas 91-92.
[4] Fuaireas dánta ar Purgadóir Pádraig i leaðarlainn Coláiste na Tríonóide H.4.4. An láimscríðinn 'na bfuaireas iað. Tá ceann aca le fágáil ar l. a 86. Is mar seo a tosnuigeann sé : "Loc Dearg aón roga na hÉireann." Tá an ceann eile le fágáil ar l. a 85. Féac leat, cóm mait, láimscríðinn H.1.11. agus láimscríðinn H.4.10.

ḋein Ḋonnċaḋ Mór Ó Ḋálaiġ ceann aca aġus é ar loċ Ḋearġ "i ġcarcair ċuṁaing cruaiḋ ċloċ."¹ Sa ḋán caoineann Ḋonnċaḋ a ċás féin eaḋon beiṫ "re croiḋe, naċ cruaiḋe cloċ" ar loċ Ḋearġ. Tá ḋán eile le fáġail i láiṁscríḃinn 23 M46 san R.I.A. Seo mar a cuirtear síos air : " P. 5 begins an anonymous poem of 76 lines, containing instructions for the pilgrimage at Lough Derg, according to the Salter of Cashel."

VI
an téax

Ba ṁaiṫ liom anois cúpla focal a ráḋ i dtaoḃ an téax féin. Ar an ġcéaḋ ḋul síos ḋeineas na noḋa a ḃí sa láiṁscríḃinn ḋ'fuascailṫ. Sa tarna háiṫ maiḋir leis na staḋannaiḃ aġus leis na halṫaiḃ, is mise atá freaġartaċ ionnta. Cuireas isṫeaċ comartai aiṫrise aġus mar sin ḋóiḃ, fé mar ċonnac aon ġáḃaḋ leo. Ruḋ eile ḋe, is minic a ḃí sineaḋ faḋa ar ġuṫ ġairiḋ sa láiṁ-ecríḃinn. Ḋeineas é sin do ċearṫuġaḋ. Ar an ḋṫaoḃ eile ḋe'n sċéal ċuireas isṫeaċ sineaḋ faḋa aġus séiṁ-iuġaḋ annso aġus annsúḋ. Ċuireas " ar," " aġ," " aġaiḋ" in ineaḋ " air," " aiġ," " aiġaiḋ." Ċuireas " am," " dream," " doṁan," " ionṁuin," " deaṁan," " deaṁ-sin," " imeaġla," " drong-ḃuiḋion," " foluaimneaċ," " sean-leaḃar," in ineaḋ " amm," " dreamm," " doṁann," " ionṁuinn," " deaṁann," " deaṁainn," " imṫeaġla," " drong-ḃuiḋionn," " foṫ-luaimneaċ," " seann-leaḃar."

VII

Ba ṁaiṫ liom anois mo ḃuiḋeaċas ó ċroiḋe do ġaḃáil leis an ġCraoiḃín Aoiḃinn, leis an Aiṁirġineaċ, leis an Aṫair P. Ó Daoiġill, C. M., College des Irlandais, Paris, leis an Aṫair Láiṁbeartaċ McCionnaoiṫ, C.I., leis an Aṫair Aloysius, O.S.F.S., leis an Aṫair Mac Ġiolla Eáin, le Monsieur Chauviré, le G. Mic Ġearailṫ, aġus le Séamus Mac Néill, N.U.1., Baile Áṫa Cliaṫ.

" Aṫú aġ imṫeaċṫ uaiḋ ṫar ais,
Slán aġ loċ Ḋearġ tré ḋioġrais !
Cuan na sroṫ nġainṁiḋe nġeal,
Loċ ainġliḋe na n-ainġeal."²

[1] Tá an ḋán so le fáġáil i " niris-leaḃar na Ġaeḋilġe," Vol. IV., p. 190.
[2] féaċ leaṫ láiṁscríḃinn H.4.4. i leaḃarlainn Coláiste na Trionóiḋe.

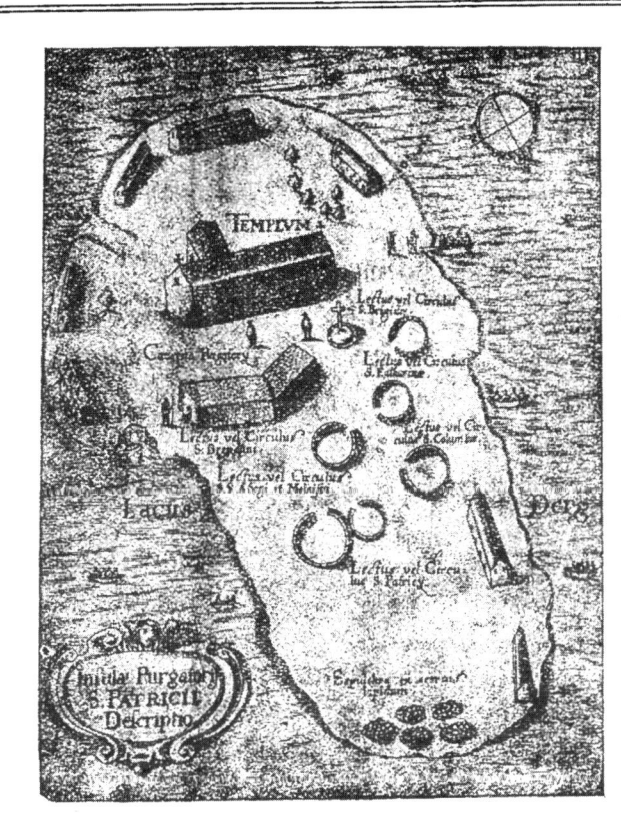

Puʀʒaoóıʀ Páoʀaıʒ ⁿaoṁċa circa 1650.
("Lyra sive Anacephalaeosis Hibernica." Carve.)
(Le ceaⁿ ó Tempest, Oún Oealʒan.)

puʀʒaoóıʀ páoʀaıʒ ⁿaoṁċa

Míniuʒaⱱ ⁿa ⁿʒıoʀʀuċán

1.s. ⁿó L.S.=Láiṁscʀíⱱinn.
L=23 L 24.
A=24 A 13.
M=23 M 50, 23 M 24.
F=Florilegium Insulae Sanctorum.
Cap.=Caput.
V=le Voyage du Puys Sainct Patrix.

purgadóir pádraig naomċa

Ag so ionnar ndiaiġ Cuarusgabáil ar purgattóir Páttruicc, agus Suiġeaṁ ar a beiṫ a n-Éirinn.

Sul do laḃaram ar ḃeaṫa Ḃríġde[1] .i. céad ḃan-naoṁ[a] nó ḃan-Aḃ[b][2] Cille Darraḋ, nó aon naoṁ, nó ḃan[3]-naoṁ eile, cuirfeamaoid síos annso tráċt ar Purgadóir Páttruicc, agus suiġeaṁ ar [a] beiṫ a nÉirinn, agus na taisbeánta iongantaċa do rinneaḋ do Ṡaiġdiúir dáiriġṫe san uaiṁ sin na Purgadóra. Agus is é as fát[4] ḋaṁ reis an níḋ sin do ċur síos san leaḋar so, do ḃríġ go measuim go mbiaḋ sé d'inntinn ag daoine deaġ-ḃeataċa[5] dul do ḋéanaṁ oileiṫre na huaiṁe sin. Agus ionnus go ccluinnfeaḋ [siad] na taisbeánta do rinneaḋ do'n tsaiġdiúir sin, agus gurab móide do ḋéanaidís deifir re triall[6] é, do ġéanamaoid[7] an staír do ċur síos ar ttúis.

As follus go ttug Dia do Páttruicc Naoṁta, mar onóir, Purgadóir do ṫaḃairt ar an ttalaṁ so dó, do réir mur adeir Coesarius Naoṁta, do ṁair do'n leiṫ aistig do sé céad bliaġain a ndiaiġ Críost :—Agso mar adeir : "Qui de purgatorio dubitat, Scotiam pergat, purgatorium Sancti Patricii intret, et de purgatorii poenis amplius non dubitabit."[8] "Gibé cuirios conntaḃairt a bPurgadóir, triallaḋ go hÉirionn agus éirgeaċ ast[e]aċ a bPurgadóir Páttruicc Naoṁta, agus ní cuirfe conntaḃairt a bpianaiḃ Purgadóra ós sin amaċ."

Do'n Aiṫriġe agus do'n Dul aisteaċ do rin Saiġdiúir a n-Uaiṁ na Purgadóra[9], agus dona Taisbeántaiḃ do rin Dia dó san Uaiṁ.[10]

Saiġdiúir dáiriġṫe d'ár b'ainnim Eóin,[11] noċ do ḃí ag seirḃís[12] mórán do ḃliaġan[t]aiḃ fá Ríġ Sagson .i. Stiaḃna,

[1] L.S. Ḃríġittde.
[2] L.S. bean naoṁ, L.S. bean aḃ.
[3] Tá b'an sa l.s.
[4] L.S. fáṫ.
[5] L.S. ḋeaġbeaṫaċa.
[6] Re é triail?
[7] L.S. do ḋéanamaoid.
[8] Is mar seo atá sé ag an gCéitinneaċ. Féaċ leat " An Díonḃrollaċ VI. l. 49." Ní raiḃ an aḃairt sa ċeart i láiṁscríḃinn 23 L24.
[9] L. Don uaiṁ Purgadóraḋ Páttruicc; A. a nuaiṁ na Purgadóraḋ; M. a nuaiṁ na Purgadora; F. in Purgatorium.
[10] F. De Militis Poenitentia, eiusque ingressu in Purgatorium, et nuntiis a Deo ad ipsum destinatis. Cap. IIII.
[11] A. m. Eoġan ; F. Oenus.
[12] A. a seirḃis ; M. a seirḃis ; F. qui sub . . . militaverat.

[18]

agus, maille re ceaḋ an Ríg, táinig go hÉirinn, ḋá ḋúitig ḋileas, ḋ'ḟéucaint [a] atar agus a ṁátar. Agus an tan ḋo rin coṁnuiġe nó sos¹ san ḋúitċe, ḋo tionnsgainn a ḋroiċ-ḃearta féin ḋo taḃairt ḋ'á aire gus an am² san, ḋo ḃríġ, ó ḋ'ḟágaiḃ³ sé an cliaḃán, gur aḃ ar ġoiḋ agus ar fuaḋaċ agus, níḋ ḃa ṁeasa leis, ar ċealagtaiḃ ḋo caiṫ ⁴a aimsir, a n-eagmais il-iomaḋ ḋo peacaiḋiḃ gráineaṁla ḋo ġníoḋ go foiliġteaċ.⁵

Giḋeaḋ, an Saigḋiúir seo,⁶ ar nglacaḋ aitreaċais, táinig ḋo látair⁷ easboig onóraicc ḋo ḃí san ḋútaig, agus ḋo noċt sé a peacuiḋe⁸ go hiomlán ḋo. Gaḃus an t-easbog ḋá teagasg agus ḋo ċuir a n-aṁuil⁹ ḋó méiḋ na héagcóra⁹ ḋo rin ar a Ṫiġearna Dia. Ḋá ḃríġ sin, an Saigḋiúir aitriġeaċ ḋoilġeasaċ so, ḋo ċuir roiṁe leoirġníoṁ ḋiongaṁálta ḋo ḋéanaṁ le Dia.¹⁰ Atá ḋo ḃit náḋúrta ag luċt na críċe sin, Éire, ḋo ḃríġ gur[a]ḃ ollaiṁe iaḋ, tré neiṁeolus, ċum uilc ná cinneaḋa eile, an uair ṫuigiḋ siaḋ iaḋ féin cionntaċ gur[a]ḃ iaḋ as ollaiṁe agus as aiḃiḋe uim leoirġníoṁ agus uim aitreaċus ḋo ḋéanaṁ ionnta.¹¹ Agus an tan ḋo ṁeas an t-easbog ḃreiṫ aitriġe ḋo ċur air, ḋo ḟreagair an Saigḋiúir agus is é aḋuḃairt: "Do ḃríġ¹² gur peacaig¹³ mé cóṁ mór sin a n-agaiḋ¹⁴ Dé, glacfa mé an ḃreiṫ aitriġe as géire, ionnas go ḃfaiġinn maiṫfeaċus mo peacaiḋe .i. raca[i]ḋ mé go Purgaḋóir Pátruicc."

Annsan ḋo ġaiḃ an t-easbóg ag seannmóir, ḋá ḟoillsiugaḋ ḋó a méiḋ ḋo ḋaoiniḃ ḋo caille[aḋ] leis¹⁵ an turus sin, ag toirmeasg aiġinne an tSaigḋiúra. Giḋeaḋ, an Saigḋiúir sárċalma, níor ċlaon a aigne ḋo'n uaṫfás sin. Is annsin ḋ'iar[r] an t-easbog air aiḃiḋ Conánnaicc nó Mannaicc ḋo ġaḃáil uime¹⁶ agus a aimsir ḋo ċaiteaṁ¹⁷ le ḋeag-oiḃreaċaiḃ agus le caoin-ḋúṫraċt ċráḃaiḋ.

---

¹ F. qui cum aliquandiu in Regione illa demoratus fuisset.
² F. Cœpit ad mentem reducere vitam suam adeo flagitiosam ; L. amm sin.
³ L. Do ġaiḃ ; A. ḋfágaiḃ. ⁴ L. Caiṫ ; A. ċaiṫ.
⁵ L. ḋo níḋ go fuilliteaċ ; A. ḋo ġníoḋ go foiliġteaċ ; F. Praeter multa enormia, quae intrinsecus latebant peccata.
⁶ L. -si ; A. seo. ⁷ L. Látċir ; A. látair.
⁸ L. peacáḋa ; A. peacuiḋe. ⁹ i.e., i n-uṁail i.e., i n-iúl.
⁹ L. na héagcóraḋ.
¹⁰ F. unde miles multum contristatus, Deo condignam facere Pœnitentiam cogitavit.
¹¹ féaċ leat Aguisín A.
¹² L. Ḃríġe ; A. ḃríġ. ¹³ L. peacaig ; A. peacaiḋ.
¹⁴ L. anáigaiḋ ; m. A. agaiḋ. ¹⁵ L. san tturus ; A.M. leis.
¹⁶ A. ḋo glacaḋ : F. ut susciperet. ¹⁷ L. ċataṁ.

Adubairt an Saiġdiúir ná ḋiongnaḋ[1] ar aon ċor ġo ḋul san uaiṁ.[1] Aġus an tan aḋċonnairc an t-Easboġ é ġo fíor-aiṫriġeaċ, neaṁfanntuisioċ, tuġ leitireaḋa uaiġ féin dó ġo Prior na háite, dá fóġra[2] dó déanaṁ reis mar ba ġnáiṫeaċ[3] do déanaṁ leis na hoiliṫreaċaiḃ[4] eile san turus san.[5]

An tan aḋċonnairc an Prior na leitrioċa aġus na háitisġ réaṁráiḋte, do ruġ an Saiġdiúir leis do'n Eaġlais,[6] mar a n'deárna[1]ḋ, do réir ġnátaṁ[7], cúiġ lá déuġ do trosġa aġus urnaiġte.[8] Aġus ar ġcríoċnuġaḋ na haimsire[9] sin, tair éis Aifrionn do ráḋ do'n Prior,[10] do tuġ a Tiġearna do'n tSaiġdiúir aġus do látair[11] na Cléire aġus an Coiṁtionóil do ċroiṫ11[a] uisġe coisrioġṫa 11[b] air. Ar n'dul ġo dorus na huaiṁe aġus aġ osġla[ḋ] an doruis,[12] adubairt [an Prior]: "Féuċ anois. Raċair aisteaċ[13] an-ainnim an[14] Tiġearna, Íosa Críost, aġus bia[1]ḋ tú aġ siobal a n'dóiṁnios na huaiṁe ar feaḋ na compa[1] ġo dteanġṁa ḋuit halla déanta ġo ró-ealaḋanta.[15] Aġus ar n'dul aisteaċ ann, do-ġéaḃair teaċta ó Ḋia, foillseóċus[16] ḋuit ġaċ ġuais aġus ġaċ conntaḃairt d'á mbiaḋ aḋ ċeann san turus san. Aġus ar n-imteaċt dó[1]ḃ san uait, aġus ar mbeit aḋ t-aonar,[17] tiocfa[1]ḋ [ċuġaḋ] na buaitriġ-teóiriġe,[18] fá mar do ġeiḃmíḋ[19] do teanġṁáil do'n ṁuintir do ċua[1]ḋ róḃatt innte. Aġus bí-se ġo buan-tseasaṁaċ a ġcreidioṁ Críost."

An Saiġdiúir furránta níor eaġlaiḋe na baoġail sin ċáiċ é,[20] aġus le nar ġnáit le cloiḋeaṁ iarnuiḋe ḋul ċum ċata le deaṁan, eision, le cloiḋeaṁ as cruaiḋe, le creideaṁ aġus le dóċus aġus le ċeart, an dóċus a mor trócaire Dé, do ċuaiḋ ċum ċoṁraicc aġus ċum ċataiġte

[1] féaċ leat Aġuisín B.
[2] L. dá furóġra; A. foġra; F. mandans ut cum illo ageret, sicut fieri solet cum illis qui Purgatorium ingredi deposcunt.
[3] L. ġnáiṫeaċ; A. ġnáiṫeaċ. [4] L. eiliṫreaċaiḃ; A. oiliṫreaċaiḃ.
[5] L. san turusan. [6] L. eaġluis.
[7] L. an ġnáitiḃ; A. ġnátaṁ; f. secundum morem.
[8] L. "Ċ. lá déuġ do ċ. aġus u. do ġnáit-déanaṁ."
[9] L. aimsir; A. aimsire.
[10] L. don Prior do ráḋ; A. do ráḋ don Prior; F. Missa a Priore celebrata.
[11] L. do láitir; [11a] L. ċrioċ; A. ċroit; [11b] L. caisreaġta; A. coisrioġta.
[12] féaċ leat Aġuisín C.
[14] L. an; A. ár; F. in nomine Domini.
[15] féaċ leat Aġuisín D. [16] L. foillseóḋċus ḋuit.
[17] L. ġo haonar ḋuit; A. aḋ taonar. [18] tentatores; A. buartóiríḋe.
[19] A. ġeiḃmíḋ; L. ġeaḃmaoiḋ;
[20] féaċ leat Aġuisín E.

purgadóir pádraig naomtá

leis na haḃḃarseóiriḋe.¹ An Saiġoiúir seasṁaċ, ar mbuain ḟiogair na Croise² Céasda ar a aġaiḋ,² agus ar ccur cúraim ar ċáċ guiḋe ar a ṡon,⁴ do ċua[i]ḋ aisteaċ san dorus go deaġ-tapa. Do ċua[i]ḋ an Príor, annsan, ar n-iaġaḋ an doruis do'n eaglais tair éis le Procession.⁵

An Saiġoiúir, umora, ar ttionnsganaḋ na Saiġ-oiúireaċta neaṁġnáitiġte-si,⁶ triallus san uaiṁ go dána⁷ deaġ-tapa deaġ-úirṁisniġ.⁸ Agus, ar n[o]únaḋ an dorais, do ċaill an sollus go hiomlán.⁹ Air sin táinig sollus beag, ar éigionn, ar a ḋruim san uaiṁ,¹⁰ agus gan ṁoill táinig gus an cómpa réaṁráiḋte. Ní raiḃ solus annsan aċt aṁuil ḃios againn san ngeiṁre d'éis na gréine do ḋul ḟaoi. Ní raḃaḋar ḃallaḋa ag an halla sin aċt é a gcómpás, crotta ar colmaiḃ agus ar postaiḃiḃ, aṁuil do ḃiaḋ claḃastraḋ Mainnistireaċ.¹¹

Agus, ar mbeit [do'n tSaiġoiuir] ag siuḃal¹² a ḃḟaḋ timpċioll an halla, ar nḋéanaṁ iongantuis agus uatḟáis dá iongantaoi agus dá aiḋḃse do tóġbaḋ agus do suiġeaḋ an halla,¹³ do connairc, ar an ttaoḃ¹⁴ aistiġ dá ṁúraiḃ, iongantas buḋ mó¹⁵. Ar nḋul aisteaċ, umora, ann, agus ar mbeit seal éigin ag siuḃal¹⁶ ann, do conna[i]rc, (ar ḃfille do gaċ aon taoḃ ar mbeit seal 'na ṡuiġe an-a onar),¹⁷ do connairc ċuig ḟeara deaġ, mar baḋ daoine eagail-siuṁla nua[ḋ]-ḃeartta iaḋ agus iaḋ a n-éadaiḃ glé-ṁaiseaċa.

Agus ar dteaċt aisteaċ ḋóiḃ, do ḃeannuiġeadar [dó] a n-ainm¹⁸ an Tiġearna agus do ṡuiġeadar ina¹⁹ ḟoċair. Agus ag²⁰ éisteaċt do ċáċ, do laḃair an té, do ḃí 'na

---

¹ ḟéaċ leat Aguisín F.　　² L. croiċe ; A. croise.
³ L. aiġaiḋ ; F. frontem suam crucis signo munivit.
⁴ F. atque omnium se orationibus commendans.
⁵ F. Prior Ecclesiam cum processione repetivit.
⁶ A. neaṁġnáitiḋe si.　　⁷ L. dánaḋ ; F. audacter.　　⁸ Deaġ-uirṁisneaṁail?
⁹ F. ingravescentibus magis ac magis tenebris, in brevitotam amisit lucem.
¹⁰ F. tandem ex adverso lux parvula coepit per foveam tenuiter lucere.
¹¹ F. Sed columnis et archiolis erat pergyrum subnixa in modum claustri Monachorum ; A. ar ċalamaiḃ agus ar postaḋaiḃ mar do ḃeit claḃastar manac ; V. faite sur coulomnes a pilliers a la semblance dung cloistre de moines.
¹² L. síoḃal ; A. siuḃal.
¹³ A. air a iongantuiḋe agus air a aiḋsiḋe do tóġbaḋ agus do súiġeaḋ an halla; F. eius mirabilem mirando structuram.　　¹⁴ L. don taoḃ ; A. air an ttaoḃ.
¹⁵ L. baḋ mó ; A. buḋ mó.　　¹⁶ L. sióġḃal ; A. siuḃal.
¹⁷ L. ionna aonna aonar ; A. an-aonar ; F. Ingressus igitur eam, et intus aliquandiu sedens, oculos huc illucque convertit, illius pulchritudinem et structuram admirans, ubi cum paululum solus sedisset, ecce . . . .
¹⁸ L. an ainnim ; A. ainm.　　¹⁹ L. an ḟoċair ; A. ina ḟoċair.
²⁰ L. an éisteaċt ċáċ ; A. ag éisteaċt ; F. tunc aliis tacentibus.

[21]

tosać nó ionna ceann orta,¹ leis an Saiġdiúir, aġ ráḋ :
" Is beannuiġte Dia uile-cómactać, noć tuġ an aiġinne
sin ḋuit-si [eaḋon] teact ḋo'n Ṗurgadóir-si ar son ḋo
peacaḋa. Ġiḋeaḋ, muna 'n-iomċraiḋ tú tú féin ġo
fearamuil feiḋimláḋir, caillfior tú t'oir corp aġus
annam. Ar an aḋḋar, act ġo ḃfáġam-na tú, tiocfa[i]ḋ
iomaḋ ḋo spriḋiḃ neam-ġlanna cuġaḋ, noć ḃearus móráin
ḋo ṗaina[iḋ] troma ḋuit aġus ḃaġóras ort ní ḃus mó.²
Aġus taireaġfaiḋ³ ḋuit ḋo ḃreit cum an tsaoġail .i.
cum an ḋoruis ionnar ġaiḃ tú aisteać, tar n-ais arís,
ionnus ġo ttiocfaḋ ḋioḃ,⁴ le meallṫóireact ḋo cur tar
n-ais. Ġiḋeaḋ, má imeaġluiġion⁵ tu ġéire na ḃpian nó
má mealltar tu le n-a nġeallamnaiḃ⁶ móra, caillfior tú
t'oir corp aġus annam.⁷ Ġiḋeaḋ, má seasamán tú ġo
fearamuil⁸ foirtil feiḋim-láḋir aḋ creiḋiom, ar ġcur⁹
ḋo ḃóttcuis san Tiġearna Trócaireać, ionnus nać ġéillfir
ḋ'eaġla a ḃpianta,¹⁰ [ḋ]á mḃaġartaiḃ ná ḋá nġeallam-
anaiḃ, aġus le croiḋe cróḋa¹¹ ġo ḋoiúltair ḋóiḃ, ní hé
amáin ġo nġlanfuiġear óḋ peacaiḋiḃ tu, act fós ḋo cíofir
an pian atá fá comair na ḃpeacać aġus an ġáirḋeacas
ionna ḃfuilro na fioraoin. Ḃioć Dia ḋo síor aḋ meaḋair
aġus aḋ ḃeal aġus ġać uair céasfuiġear tu, ġairim
ḋo Tiġearna IOSA CRÍOST, aġus le ġairim an ainnim
sin ḋuit, fóirfiġear tu ó ġać mór-ġaḋaḋ ionna mḃeir.¹²
Aġus ó nać féiḋir linn anamuin annso aḋ focair ní as
sia,¹³ cuireamaoiḋ ḋo cúram ar Dia."

Aġus, ar mḃeannćaḋ ḋó, ḋo fáġḃaḋar é.

Do teact na n-Aiḃḃ[ir]seóiriḋe¹⁴ aġus ḋo'n céaḋ féin ḋo fulanġ an Saiġdiúir.¹⁵

Ar n-imteact, umora, ḋo'n ḃuiḋin sin, ḋo tionnsġain
an Saiġdiúir an nuaiḋ-ceim Saiġdiúireacta nó cataiġte¹⁶

---
¹ L. air ttosać aġus na ceann orta ; A. na tosać nó ionna ceann ; F. unu
qui prior et eorum dux videbatur.
² L. níosa móḋ ; A. ní ḃus mó.   ³ A. tairġfiḋ.
⁴ A. Ḋóiḃ ; F. conantes, si vel te hoc modo decipere possint, ut revertaris.
⁵ L. imeaġalúiġean tu le ġéire na ḃpian ; A. imeaġluiġion tu ġéire na ḃpian ;
F. sed si tormentorum afflictione victus, vel minis territus, seu promissione
deceptus, in corpore pariter et anima peribis.
⁶ L. ġeallamuintiḃ ; A. ġeallamnaiḃ.   ⁷ A. anam aġus corp.
⁸ Tá "fearamuil" i A, ać ní'l sé 1 L.   ⁹ L. air ġcur.
¹⁰ L. a ḃpianta ; A. na ḃpian.   ¹¹ F. corde integro.
¹² L. mḃíaḋ tú ; A. mḃeir.   ¹³ L. siaḋ.   ¹⁴ A. aḋḃairseoiriḋe.
¹⁵ F. De accessu Daemonum, et primo tormento quod passus est Miles.
Cap. V.
¹⁶ L. caitiġte ; A. cataiġte ; F. miles ad novi generis militiam se instruere
coepit ; F. armis Christi munitus, intrepidus expectat quis eum Daemonum
primo ad certamen provocet.

do veasgabáil a n-armaib Críost, ag feitiom go neam-sgátmar cia aco do na deamanaib do cómraigfiod leis ar ttuis, agus é dá éide agus dá árdgabáil féin le lúirig an Círt agus [cat-barr] doccuis [an] buad[a] agus na beata sutaine dá díon ar a ceann, agus le scéit an Creidim do díon a cuirp, agus dá comcoimeаd.¹ Is é, umora, bud cloideam catbuadac do .1. Driatra Dé, ag fiorgairm ÍOSA CRÍOST go díogruiseac, ionnas, leis an mion[n]-ríoga ro-áluinn sin, go gcosantuide é ar amus uatbásac a eascarad.² Agus níor caill an diadact iodain air, mar nác éol di cailleamuin ar an tí cuirios a dóccas go diongmálta³ innte.⁴

An Saigdiúir, umora, ag feitiom go fearamuil ⁵ar coimriact agus [ar] cuinntin na n-áidbeirseóiríde,⁶ níor cian dó an tan do cuala an tnost agus an torann lán-mór, amuil do beit an cruinne cóimleatan dá combuairead⁷ agus dá comgluaiseact, ionnus dá meas agus dá baramuil,⁸ dá mbeidís⁹ ainminte an domain agus éunluit an aegir uile ar faonsgor agus ar fol[u]amuinn, nác déanfaidís ní ba mó do trost ná do tóirnéis,¹⁰ ionnus, muna mbeid sé ar a díon le grásaib Dé agus le teagasg na muintire réamráidte, go racac le baois agus le biotbáinide.¹¹

Agus tar¹² éis na tóirnide tréanmóire sin, táinig¹³ nid ba uatbásuide ná sin .1. radarc na n'deaman ndiabluide ndubgnúiseac. Air sin tángadar isteac do'n árus iliomad¹⁴ do deamnuib¹⁵ dealb-gránna domaisioca, ag ⁵fiadgáire, agus ag focmuide agus ag rád mar iom-aitis:¹⁶ "Na daoine eile do gní¹⁷ seirbís 'dúin[n]e, ní taguid cugain[n] go bfaigid bás. Agus ní mar sin do rinis-[s]e, mar onóir dúin[n]e, óir tángaois cugain beó i'dir corp agus annam, ionnus go bfágta¹⁸ do t[u]illiom go trom mar do t[u]illis agus do géabair. Tángaois annso, umora, cum pian d'fulang ar son do peacaoide agus do géabaid¹⁹ tú t'iarad,diantaitigte [1] agus doilgias diarmuigte. Gidead, do brig gur dúin[n]e do rin tú seirbís

---

¹ féac leat Aguisín G. ² féac leat Aguisin H.
³ L. diongabála ; A. diongmálta.
⁴ F. nec eum pietas divina fefellit, quae confidentes in se fallere nescit.
⁵ F. animo impavido.   ⁶ pugnam expectans F.
⁷ L. céimbuairead ; A. cómbuairead.   ⁸ L. Manabar ; A. baramuil.
⁹ L. mbidís .; A. mbeidís.   ¹⁰ féac leat Aguisín I.
¹¹ F. ni si divina virtute protegeretur ipso tumultu amentaretur.
¹² L. táir ; A. tar.   ¹³ L. táine.   ¹⁴ L. iolumad ; A. iliomad.
¹⁵ L. déabanuib ; A. deamnuib   ¹⁵ᵃ L. fougáire.   ¹⁶ tá " iomdaois " i ndiaid " mar " i L agus " iomaitis " i A.   ¹⁷ L. do níd ; A. do gní.
¹⁸ L. bfadtá ; A. bfágta.   ¹⁹ L. do gabaid?; A. géibe tú.

go nuige so, má géillion[1] tú duin[n] [agus] tille[ad]
tar n-ais gus an dorus ina[2] ttangaois aisteaċ, tionn-
locaimíd annsan tú, gan doċar, gan díoğḋáil ar son do
ṡaoṫair, ionnus go ḃfaġṫá sólás[3] fós ar an saoğal agus
náċ caillfead [tú] an níd is millis leis an ccorp."

Agus as uime do ġeallaḋar sin dó, ionnus go
mbainfidís é, le mealltóireaċt, d'á ṫurus. Ġideaḋ,
Saiġdiúir Críost náċ so-ċlaoidte[4] agus náċ critionn le
goiṁ-eagla[5] agus náċ mealltar le mioċaireiċt,[6] as ionnan
tug táir agus tarcuisne agus tromm-díúlta ar na
ceasdun[aċ]aiḋ agus ar na [a]breagairiḋ bioṫ-ḋamanta,
maille re gaċ freagra do ṫaḃairt orro mar ḃárr
iongana.[7]

Na deaṁain, umora, ar ḃfaicsin tarcuisne an
tSaiġdiúra, do lingeaḋar air go huaṫḃásaċ ainiarṁartaċ.[8]
Agus do rinneaḋar teinne ċraosaċ cóṁ-lasaraċ agus do
ṫeilgiodar innte é, cuiḃriġte craipliġte, dá sraoileaḋ
agus dá ṫarang anonn agus anall[9] le crúcuiġiḃ[10] cinn-
ġearra cruaiḋ-iaruinn, ag éiġṁe agus ag glaṁ-ġárta,
mar foċṁuid faoi.

An Saiġdiúir, umora, an tan do ṁoṫaiġ an tromm-
pian teas-iomarcaċ na[11] teinne, noċ do ḃí éidiġte leis
an mion[n] ríoğḋa[12] réaṁráidte agus leis an dteagasg,
níor dearmuid sé na hairim spriodálta.[13] Do ġairim
ar a Slánaiġteóir, ag ráḋ : " A ÍOSA, díoḋ truaḋ agad
daṁ." Agus leis sin do sáḃálaḋ agus do fóireaḋ ón
dteinne, ionnus nár fan spréiḋ san teinne deirg.[14] Agus
an tan do connairc an Saiġdiúir sin, do fás a ḃásaċt
agus a deag-ṁisneaċ cum beiṫ neaṁ-eaglaċ riompa níd
as mó, [eaḋon] an drong-ḃuidion diabluiḋe[15] dár briseaḋ
le ráḋ nó le gairim ainnime nó coimeirce ar Slánaiġ-
teóra ÍOSA CRÍOST.[16]

[1] L. ġeallan tú ; A. ġéillion tú.   [2] L. a ttangaois ; A. ina.
[3] L. solus ; A. sólás.   [4] F. strenuus Christi miles.
[5] F. nec terrore concutitur.
[6] F. nec blandimento seducitur ; L. immoċaireaċt ; A. mioċaireiċt
[6a] L. bréaġġairiḃ.
[7] L. do ṫug orṫa ; A. do ṫaḃairt orro mar ḃarr iomġona.
[8] L. ainirmartaċ ; A. ainiarṁartaċ.
[9] L. do sraoille agus do ṫarangaḋar anonn agus anall ; A. Dá sraoileaḋ agus dá ṫarang anonn is anall.
[10] L. crúcáiḋiḃ ; A. crúcúiġiḃ ; F. uncis ferreis.
[11] L. teafiomarcaċ ; A. teaisiomarcaċ.
[12] F. Veri Dei munimine septus ; L. miona léiġ " mionn-ríoġa," a royal diadem ?
[13] A. spioradalta ; F. arma militiae spiritualis non est oblitus.
[14] F. ut totius rogi scintilla unica non appareret.
[15] L. an drongburḋe amóiabluiḋe ; A. an drong buiḋionn diabluiḋe.
[16] F. quos invocato Christi auxilio, facile vinci conspexit.

Do na Ceitre Campa Pianamla¹ cum ar Tairingeaḋ an Saiġdiúir.²

Iar bfáġbáil, umora, an áruis sin do na deamnaiḃ³ le hualġárta aġus le ġol-ġártaiḃ uatmara allta aġ sġarra[ḋ] le céile, do tairingeadar aġus do sraoilleadar cuid aco an Saiġdiúir ní bu śía iná⁴ réiġiún fada follam duḃ. Do ḃí an talam aġus an t-árus⁵ dorċa do-eóluis,⁵ᵃ aġus ní feaca[i]ḋ aoin níḋ ann aċt na deamain do ḃí dá teann-taraing.⁶ Do ḃí ġaot⁷ ġintliḋe an[n], naċ mór ġur ċlos⁸ í, ġídeaḋ, do ḃí coim-nimneaċ⁹ soin, dar leis, ġo ttolladh é tríd.

Do tairingeadar [na deamain] cum na ġcríoċ é ina n-éirġe an ġrian a meoḋan an tSamra. An[n]sin do filliodar beaġán buḋ ḋeas, ar n-imteaċt tré ġleann ró-aidḃseaċ ró-leatan mar a n-éirġean an ġrian a meoḋan an ġéimre.¹⁰ Aġus ar n-imteaċt tar an nġleann sin dóiḃ,¹¹ buḋ clos don tSaiġdiúir a ċom mór sin do ġol aġus do ġarḃ-éime ġairḃfeirġe¹² truaidméileaċa tuirsioċa, amuil do ḃiaḋ an ċr[u]inne ċóimleatan aġ comscaraḋ com-ḃuarta caonġola.¹³ Aġus dá méid do imtiġeaḋ ar a aġaiḋ as mó 's as mó do ċluinncaḋ ġo mór iad.¹⁴

Annsan, le tarang na ndeaman, do ráine an Saiġdiúir an ġleann leatan aidḃseaċ, líonta d'éiġmiḃ aġus do ġolġártaiḃ, aġus do ḃí com fada sán ann náċ air bféidir leis [a] iomol-ċríoċa d'faicsinn ná do śú[i]l-kaḋarc. Aġus as amlaiḋ do ḃí an campa, [eaḋon] lán do ḋaoiniḃ óġa aġus aosda, aġus do ġaċ cineál, noċtaiġte ionna ¹luiḋe ar lár ar an dtalam, aġus a mbéal aġus a

---
¹ L. Rianamuil; A. Pianamla.
² F. De quatuor Campis pœnalibus, ad quos Miles fuerat tractus. Cap. VI.
³ L. déamannaiḃ; A. deamnaiḃ.
⁴ L. ní buḋ sía na R.; A. ní bu śía ina R.; F. per vastam regionem.
⁵ L. an talam aġus an tárus; F. nigra erat terra et regio tenebrosa.
ᵃ L. doġ-éoluis. ⁶ L. teanntaruint; A. -taraing. ⁷ L. ġaoit; A. ġaot.
⁸ L. a ċlois; A. ġur ċlos í; F. qui vix audiri potuit.
⁹ L. niméamuil sin; A. nímneaċ soin; F. sed tamen sua rigiditate corpus eius videbatur perforare.
¹⁰ féaċ leat Aġuisín J.
¹¹ A. air nimteaċt an ġleanna sin dóiḃ.
¹² L. acómór sin do ġol ġairḃfeirġe; A. acómor sin do ġol aġus do ġarḃ-éime.
¹³ L. Cómsġarta cómmbúarta a caoin ġola; A. comḃuartaḋ caon ġola; A. comḃuartaḋ caon ġola; F. cœpit quasi vulgi totius terrae miserrimos eiulatus et fletus audire.
¹⁴ F. quò magis approximavit, eò clarius clamores eorum et fletus audivit.

mbruin[n]e ḟúta, agus taraingiḋe tinntiḋe tré n-a ccosaiḃ agus tré n-a lámaiḃ sáite[1] san talaṁ, dá ḃpianaḋ go truaiḋṁéileac tinneasnac,[2] agus iad ar uairiḃ ag ite na talṁann le niṁ a ḃpian,[3] ag éigiṁe agus ag gárta, ag ráḋ agus ag garrta arís : " Sparáil, Sparáil, ḋein trócaire oruinn," aṁuil do ḃí[aḋ] do látair [ann] an té léar ḃḟéidir a ḃḟortact.[4] [Ḃí] na deaṁain, umora, ag síor-śiuḃal[5] ar na ḃoctaiḃ, [agus] ag gaḃáil do sgiúrsiḃ[6] cruaiḋ-rine iaruinn orta, agus dá ráḋ ris an Saigdiúir : " Na pianta éagsaṁuil so do cí tú, mótocaḋ[7] tú iad dod t'inngréim[8], muna ngéille tú ḋúin[n]e agus ḟille[aḋ] cum an ḋoruis ina[9] tánguis aisteac, mar a mḃéaram-na sáḃáilte[10] tú."

Giḋeaḋ, an Saigdiúir go séunḃuaḋac, do smaoinig cionnus d'ḟóir Dia roiṁe sin é, [agus] tug táir agus tarcuisne orta. Annsan do leagadar na deaṁain an Saigdiúir ar an dtalaṁ, dá ṫuargoint agus dá trompiana[ḋ] mar các. Giḋeaḋ, ar ṁaoiḋeaṁ agus ar ṁór-gairim ÍOSA CRÍOST dó, do teip sin orta.

Ar ḃḟágḃáil an cámpa sin, do tarangadar [na deaṁiin] cum cámpa eile é, buḋ cruaḋáluiḋe[11] ná san. Agus is é buḋ deiḟir idir eisionn agus an céad cámpa .i. na daoine annsan ar ḟleasguiḃ[12] a ndoroma agus doraguin t[e]inntiḋe 'na suiḋe ar cuid aco,[13] agus iad aṁuil do ḃeidís dá n-ite,[14] dá sgaráil agus dá sceanagearaḋ[15] le na ḃḟiaclaiḃ ḟada ḟior-géara ḟuileaca ; agus ḋrong eile [aco] agus deaṁain timpcioll a ccoirp[16] agus a cceann agus a muingeal, ag sátaḋ a soc agus a ngob ngráineaṁla ina ccleitiḃ,[17] aṁuil do ḃeidís ag tréan-gearraḋ nó ag tréan-tarang a ccroiḋte[18] as a ccliaḃaiḃ amac, agus na deaṁain ag gaḃáil ḟúta, triota agus tarsa,[19] dá sgiursáil agus dá sgot-ḃualaḋ go truaḋ tuirseac, agus na pianacáin ag sgreadaig agus ag scréadgárta[20] gan sosaḋ. Agus ní ḟaca[i]ḋ an

[1] L. sáite ; A. sáigte.
[2] L. go truaiṁéileac ; A. go trúaiṛóṁéileac tinneasnac.
[3] F. Aliquando autem prac doloris angustia videbantur terram comedere.
[4] L. aṁuil do ḃí ; A. aṁuil do ḃiaḋ do látair ann.
[5] L. sírśioḃal ; A. síorśiuḃal. [6] L. sgiúrsígiḃ ; A. sgiúrsiḃ.
[7] L. matacaḋ ; A. mótocaḋ. [8] L. don taigréim ; A. dod tinngréim.
[9] L. a dtánguis; A. ina tánguis. [10] L. sáḃáilte ; A. saḃalta.
[11] A. buḋ cruaḋáluiḋe ; L. bo crúaḋáltuiḋe ; F. maiori miseria plenum.
[12] L. ḟlasgaiḃ ; A. ḟleasguiḃ. [13] L. díoḃ ; A. aco.
[14] L. do ḃiadois dá sgaráil ; A. do ḃeidís dá nite.
[15] L. sgeannaiḋgeara ; A. sceanagearа ; F. dentibus lacerabant.
[16] A. ccorp. [17] A. ccliṫciḃ. ḟéac aguisín O.
[18] L. ccroiḃtiḃ ; A. ccroiḋte. [19] L. tórsa ; A. tarsa.
[20] L. sgréacgártaig ; A. screadgárta.

purgadóir pádraig naomtha

Saigdiúir iomol-críoc nó ceann an Réigiúin sin act atarsna,[1] do brig gur ab tarsna tré gac campa do sraoillídis é.

" Ag so," ar na deamain, " na pianta caitfios tú d'fulang, muna bfillir tar n-ais san cconnaire céadna."

Agus an tan do diultaig an Saigdiúir sár-calmo sin, go deag-misnicc,[2] do cuireadar[3] [na deamain] rompa[4] na taraingide tinntide do sátad tríd.[5] Gidead, ar neam-dearamad ainnim[e] IOSA CRIOST don tSaigdiúir, do fóiread é.

Agus, iar[6] bfágbáil an campa do na deamain, do tarangadar é cum an treas campa. Agus as amlaid do bí an campa sin, [.1.] lán do daoinib óga agus ársad agus do gac cineál, ceangailte cruadcuibrigte do'n talam le taraingide[7] tinntide tromlasarac, ionnus hác raib leitead[8] rinne méoir d'folam ná d'fásac eatorta ó mullac a cinn go trácc a mboinn. Do bídis na pianacáin sin ag tairgsin[9] beit ag éigme, gidead tré anbfainne ni féadaidís éigme act amuil daoine deóraca dian-laga a bponnc[10] an báis, agus iad noctaigte nuaid-creactnaigte le gaotaib[11] géara géir-neimeamla geinntlige, agus le sliasbuala na ndeaman ndiablutide. Agus an tan do cíorad siad[12] an Saigdiúir sáirmeannamnac so,[a] ar ngairim IOSA d'imtig [se] gan díobáil, gan docar.

Agus ar ttaraing[13] an tSaigdiúra cróda as san, do rugadar [na deamain] leo é san gceatramad campa, do bí lán de teinntib tréan-móra 'na raib an uile gléus géirpianta agus gráinpeannuidige.[14] Do [bí] dream aco crocta le slabruidib atgarba iarnuige as a ccosaib agus as a lámaib, as a ngruadaib agus as a ttairbfeitib, agus a cceann fúta ar lár na lasarac lán aidbsioc sin. Do bí dream eile crocta as a n-inngnib, agus crúcaoi iarnuide

---

[1] L. atsársna ; A. atarsna ; d'éidir, a carra; F. sed tantum inlatitudine qua intravit et exivit : in transversum campos pertransibat.
[2] A. dfultaig an Saigdiur dóib go deig misneac.
[3] L. cuiriodar ; A. cuireadar.   [4] L. ríompa.
[5] conati sunt, clavis eum infigere.
[6] L. air ; A. iar ; F. transeuntes inde.   [7] A. tairnib ; F. clavis ferreis.
[8] L. leitiod ; A. leitead.
[9] L. taraigsin ; A. tairgsin ; F. Isti vocem ad clamandum formare poterant.
[10] L. bpongc ; A. bponnc ; F. sed sicut homines qui morti proximi sunt, ita vocem emittebant.
[11] L. gaoitib ; A. gaotaib.
[12] F. Cumque Militem hîc, sicut in aliis poenis Daemones torquere voluissent, nomen Christi invocavit et illaesus remansit.
[a] L. annso.   [13] L. air ttarang; A. iar ttaraing.
[14] F. in quo omnia genera inventa sunt tormentorum.

[27]

sáiġte ina súiliḃ agus ina srónaiḃ agus ina ḃplucaiḃ agus ina mḃallaiḃ[1] corparḋa. [Ḃí] cuiḋ eile aco ḋá rósta[ḋ] ar ġreilleaċaiḃ[2] gnáit-ḃeanga agus cuiḋ eile ar ḃearaiḃ ḃit-ṫinntiḋe, ḋá n-iompóġ agus ḋá n-aṫċasaḋ agus ḋá mḃaisḋioċt[3] le miotallaiḃ millteaċa miḋásḋa[4] gan ḋearmaḋ na sosaḋ, agus ḋá lán-ġearaḋ[5] leis na ḋeaṁnuiḃ[6] ḋaṫ-ġrána. Ḋo ċonnairc an Saiġḋiúir annsin cuiḋ ḋá ċómpánaċaiḃ agus ḋá luċt ċóṁaimsire san tsaoġal so roiṁe sin, agus ḋo aiṫin iaḋ. Éaġsamlaċt' agus iliomaḋ a ḃpian ní féiḋir[7] le teangain[8] a sġéolsgaoi- leaḋ. Agus ní hé aṁáin go raiḃ [a] lán ḋe ḋaoine céasḋa [ann] aċt fós ḋo ḃí [a] lán ḋo ḃeaṁanaiḃ ḋá síor-ċéusaḋ agus ḋá sír-ġearraḋ.

"Ag so," ar siaḋ, "na huaṫḃáis caitfios tú ḋ'fulang muna nḋéanair ar réir réaṁ-ráiḋte."

Ḃuḋ luġa agus baḋ luġa arís cás an tSaiġḋiúra sárċálma fiorċroḋa ṡearc-láiḋir ionnta, agus ḋo sgar riú gan ḋoċar ar ngairim ainnim[e] IOSA CRÍOST.[10]

Ḋo'n Roiṫ Ṫeinntiḋe, agus ḋo'n Tiġ ar Lasaḋ, ḋo'n tSliaḃ Áirḋ, agus ḋo'n Aḃuinn Oiġreata ċum ar Ṫarangaḋar na Ḋeaṁuin an Saġḋiúir.[11]

Ar ngluaiseaċt ḋo'n tSaiġḋiúir ó na ḋeaṁannaiḃ as an ḃpianċráḋ[12] sin, tárla ar roiṫ aḋḃall-ṁór iarnuiḋe ṫeinntiḋe, lán ḋo ċrúċaoiḃ ṫeinntiḋe as a mḃeiḋís na ḋaoine ar croċaḋ. Ḋo curṫaoi leaṫ ḋe san aeġir[13] agus [an] leaṫ eile san talaṁ ar ḋearg-lasa[ḋ] le lasaraċaiḃ ṫeinntiḋe innimionntaṁla[14] ruiḃe agus roisin[15] .i. neiṫe ḋo curṫaoi ann mur ḃarr péine ḋo'n[16] ḋroing ḋo piantuiġe annsan.[17]

[1] L. ina mḃalla; A. mḃallaiḃ.
[2] A. greiḋiolaiḃ; F. Alii quasi super sartagines urebantur. [3] A. basṫáil.
[4] L. míoḃtásḋa; A. míoṡasḋa; F. diversis metallis liquescentibus.
[5] L. láin-ġearra; A. lánġearaḋ. [6] L. ḋéaṁanaiḃ; A. ḋeaṁnuiḃ.
[7] L. air son éagsáṁlaċt, etc. [8] L. óir ní féiḋir, etc.
[9] L. teangaiḋ; A. teangain; F. clamores et euilatus quos audivit nulla sufficit lingua exprimere.
[10] L. air ngairim ainnim; A. iar ġairm ainime; F. Quorum minas vilipendit, et invocato Christi nomine liber evasit.
[11] F. De rota ignea, domo fumigante, monte excelso, et flumine frigidissimo ad quod Daemones Militem traxerunt. Cap VII.
[12] F. ab illo poenali loco; A. as an ḃpianċráḋ sin. L. agus ón ḃp.
[13] F. Huius autem rotae medietas sursum in aëre stabat, alia in terra deorsum mergebatur. L. an leaṫ ḋe.
[14] L. uinnimeanntaṁla; A. innimionntaṁla.
[15] F. flamma vero tetri sulphureique incendii.
[16] L. air an; A. ḋon. [17] A. ann.

" Ag so," ar nad eamain, " an pian caitfeas tusa
o'fulang, muna bfillir¹ tar n-ais, agus caitfid² tú ar
ttúis radarc na péine d'fágail. Lucc feadma fuat-
maire ó Ifrionn do bí ag gluaiseact an Rota sin le leatain-
dearaib lán-iarnuide go luat luaitmear, ionnus nár
bféidir eidirdealugad do deanam idir duine agus duine
ann le luait-lionad na lasarac, amuil do biad ciorcuill
ceinne ceinntide.³ Agus ar tteilgionn an tSaigdiúra
san Roit, agus ar na iompóg suas, ar ngairim ainme⁴
IOSA, do tuirling [sé] sleamain slán-creactac.

Ar bfágbáil na háite [sin] do tarangad na deamain
é cum tige aidbseac admal mór ur-lasrac nár bféidir
leis a faid ná [a] leitead do meas ná do minféucaint.⁵
Agus ar mbeit don tSaigdiúir tamall beag uaid, do stad
sé le hioman an teasa trean-buirbe,⁶ le huamainn agus
le truag-uatbás.⁷

Agus adubradar na deamain : " Ag siud na fotraigte
do géaba tú. Mad olc mad mait leat é, caitfir dul
ann."⁸

Annsan bud ro clos dóib gol agus éigme⁹ uatbásaca
ón dteag sin. Agus ar ndul aisteac ann dó, do connairc
radarc ró-gráineamuil .i. úrlár an tige lán do clasaib
craois-leatana coim-cruinne, agus iad comoluit sin
ionnus go mad roig-deacair siobal eatorta. Agus [bí]
gac clais díob lán do ceinne, agus do miotalaib eagsamla,
dá leagad agus dá lán-losga[d], ionus go¹⁰ radadar [na
daoine] dá mbátad agus dá múcad, ionus go raib iomad
do gac cineal ann, cuid díob lán-muca,¹¹ cuid díob go a
maillígib, cuid gus a súilib, cuid gus a mbéaluib, cuid
gus a n-octaib, cuid gus a muingealuib, cuid gus a
n-imilleannaib, cuid gus a ttairbféitib agus cuid gus a
nglúinib;¹² leat-láim do duine agus leat-cos ó duine

---

¹ L. bfille tú ; A. bfillir.
² L. caitfid tú ; A. caitfid ; F. quae tamen tolerant prius videbis.
³ féac leat aguisín K.   ⁴ L. ainnim.
⁵ F. cuius latitudo nimia fuit, longitudo verò tanta, ut illius non potuerit
ultima videre.
⁶ L. an tseasa tréanbuile ; A. le hannneart na teasúigeacta tréanb-
buirbe ; F. prae nimio calore, qui inde exibat, subsistit, procedere formidans.
⁷ L. tragsuatbáis ; A. le trugsuatbás.
⁸ F. Balnearia sunt quae vides, velis, nolis, illuc usque progrediens cum
caeteris in eis lavaberis.
⁹ F. fletus et planctus.
¹⁰ A. ina radadar ; F. in quibus utriusque sexus et aetatis diversae mer-
gebatur hominum multitudo non minima.
¹¹ F. quorum alii erant omninò immersi.
¹² L. go glúinib ; A. gus a ng.

eile san ccr[u]aò-lasair sin ò́ ccruaò-losgaò ;[1] iaò ag gol agus ag gnác-ġarcaò le méiò agus le neaṁ-ṁeasarò́cc na móir-péine.[2]
"féuc," ar na òiab́il, "caicfir òul san miòòcán úò."
Agus ar ccaḃairc amuis ar a ceilgionn is na clasaiò sin, òo goir sé ainnim ÍOSA ; agus ar cclos ainnim[3] ÍOSA ò́iò, òo ceip sin orca.
Agus ar ḃfagḃail na h́ice sin ò́iò, òo cairingeaòur é cum sléiḃe sliomaiòḃsig. Agus òo caisbeánaòar ò́ gac cineal, an oireaò san, ionnus nác raiò coirc na caḃacc ina ḃfeacaòar[4] òo ò́oine roiṁe sin riaṁ ò́ ḃféuc-ainc sin, agus iaò uile noccaigce iona suiòe, agus a ccosa[5] fillce fúca, agus a n-aigce[6] uile ag feiciom na h-airòe buò cuaò[7] aṁuil òo ḃeiòís ag iaraò b́is le bic eagla.[8] Agus ar mbeic òon cSaigòiúir ag òéanaṁ maccnaiṁ agus móir-iongancais òon raòarc[9] neaṁ-gnácac[10] so, aòuḃairc òeaṁan ris : "As ò́ic leam gurab iongnaò leac créaò re ḃfuiliò an òrong[11] úò ag feiciom leis an móir-eagla úò. [Giòeaò], muna ngéillir òúin[n]e bia[i]ò a fios agaò gan moill."

Agus ní maic òo rainig leis an nòeaṁan a cóṁraò òo críocnugaò, an can cainig siolla òo gaoic cloic-śneaċca accuaiò, leár sgriosaò[12] agus lear sgoc-fuaòuigeaò[14] an Saigòiúir, agus an pobal sin uile a n-aḃuinn ḃreun bolac mor-gaiòce[15] ar an ccaoḃ eile òon csliaḃ, mar a raòaòar ag fagail b́is le fuacc agus le foicin-easba. Agus an can ò'éirgiòís suas as an uisge oigreaca òo múcaiòís na òeaṁainn òealḃ-grána a cceann[16] fúca airís. Giòeaò, an Saigòiúir searc-láiòir, gan òearmaò ina caḃar-congnaṁ gnaic,[17] ar ngairim ainme[18] ÍOSA, fuair é féin a n-acarac cuain gan òioḃáil.

[1] F. alii uno pede tantum, alii utraque manu, vel una tantummodò in caldariis tenebantur. L. san ccrábblasair sin.
[2] A. neaṁ-ṁeasarò́cc ná móirpéime ; L. neaṁ-easarò́cc a móirpéine F. Et omnes prae doloris angustia vociferabant, et miserabiliter flebant.
[3] Ainme ?
[4] L. ḃfacaò ; A. ḃfeacaòar.
[5] A. méara accos.
[6] A. a naigce buò cuaiò.
[7] L. húaò.
[8] F, Hi quasi mortem cumtremore postulantes, versus Aquilonem incedebant.
[9] L. raòarc réaṁraròce sin ; A. raòarc neaṁgnácac so.
[10] L. as òíc leam ; A. is ò́ig gurab 1. leac.
[11] A. na òronga.
[12] L. bíaò ; A. biaiò.
[13] L. ó ccúaiò ; A. accuaiò.
[14] L. sgróbaò ; A. sgriosaò.
[15] A. leis na òeaṁain.
[16] A. ḃréin ballac ṁórgaiòce ; L. ḃréun bolac mór gaice ; morgaiòce.
[17] A. accinn.
[18] A. macabair a cúngnaṁ féin.
[19] L. ainnim.

purgadóir pádraig naomtá

Do'n uaim Lasair-iomarcaċ, agus do'n Droiċead Dian-aiḋḃseaċ,[1] cum a ttugadar na Deaṁain an Saiġdiúir, ⁊c.[2]

Na deaṁain, umora, neaṁ-sásaigṫe le n-a ndeárnadar[3] d'éag[c]óir agus d'anforlan[n] d'imirt ar an Saiġdiúir sin Críost, do taranga[da]r é buḋ [deas] mar a ḃfaca[1]ḋ sé lasair uaṫḃásaċ láin-ḃréun ó raiḃ agus ó roisin[4] ag éirġe suas as uaim, agus daoine dian-[n]oċtaigṫe lán do teinne aṁuil spréaċa ag éirġe suas agus le luiġe na teine[5] ag tuitim síos san uaim ċinnte ċéadna.[6]

Agus ar tteaċt láim[7] ris an uaim dóiḃ, adúḃradar na deaṁain ris an Saiġdiúir : "As í an Uaim sár-lasaraċ úd ad ċíḋ [tú], dorus 1fr]nn, agus ag so ár n-áitreaḃ.[8] Agus do[9] ḃríġ gur aḃ dúin[n]e do rin [5a]tusa seirḃís go so, bia[1]ḋ tusa a nár ḃfoċair go siaruiḋe, ar an aḋḃar[10] gaċ nduine fógnas dúin[n]e, ag so an t-árus do ġeaḃuiḋ. Agus má ṫéid tusa aisteaċ ann aon uair aṁáin, bia[1]ḋ tú caillte d'oir corp agus anam, gan ċríoċ gan foirċeann. Giḋeaḋ, má's áil leat tille ar an ndorus, dár réir-ne, imṫeóċair gan[11] ḋíṫ, gan díoṫḃáil."

Giḋeaḋ, an Mílead mór-aigiontaċ, ar ttaḃairt dá aire gaċ cruaḋ-ċás ó ar fóiread é roiṁe sin, le gRásaiḃ Dé, tug táir agus tarcaisne agus troim-díúlta orṫa.[12] Annsan do ċeilgeadar na deaṁain iad féin agus an Saiġ-diúir toll ar ċeann san uaim sin. Agus dá fad síos do ṫéiġead an Saiġdiúir, dair leis, is a ḃfairsinge agus a ḃfíur-ḋoiṁne do ṫéiġead an uaim agus a méid agus a móir-ġéire an pian.[13] Agus fuair an oiread sin do ċruaḋáil agus do ċomṫuargainn innte gur léig[14] a ndearamad a ḃfad ainnim IOSA do ġairm. Giḋeaḋ, le gRásaiḃ Dé,

[1] áidilseaċ; A. dian aiḋḃseaċ.
[2] F. De puteo flammivomo, et ponte altissimo, ad quem à Daemonibus Miles deducebatur. Cap. VIII.
[3] L. le an deárrnadar ; A. le na ndéarnadar.
[4] Vidit ante se flammam teterrimam & sulphureo foetore plenam.; L. raiḃ, róisín.
[5] ní'l " aṁuil . . . teine " 1 L. aċ tá sé sa Laiṁ agus 1 Láiṁscríḃinn A.
[6] L. ċinnte ċeannaḋ ; A. ċinnte ċéadna.   [7] Quò approximantes.
[8] A. ár n-áitreaḃ; L. áitriom ; F. hîc habitaculum nostrum est.
[9] L. dá ḃríġ ; A. do ḃríġ.   [5a]L. tusaḋ.
[10] L. do ḃríġ gaċ nduine ; A. air an aḋḃar gaċ duine.
[11] L. eiméoċair ; A. imṫeóċair ; F. illaesus ad propria remeare poteris.
[12] F. eorum exhortationes, et promissa contempsit.
[13] L. a píanta ; A. an pian ; F. Et quò Miles in eo profundius descendit eò latiorem puteum conspexit, et poenam in eo graviorem sensit.
[14] A. leig air dearmad a ḃfad a ṡlánaigṫeóir ; F. ut diu Salvatoris sui oblitus sit nominis.

ar tteacht cuige féin, do cuimnig agus comharc-gairím[1] ar ainnim IOSA.

Annsan do tógaib:[2] neart na lasarach suas é, agus ar ttuitim láim ris an uaim dó, do bí [a] néal agus a neamheolus cá conair a ngéabad.[3] Gidead, ar tteacht amach as an uaim, do bí nuad neamhaitne[4] dósan, d'fiafruigeadour na deamhain de créad [é] a cor.[5] "Adubradar," [arsiad], "ár muintirne riot gur ab é so Ifrionn. Gidead, tugsad a n-éiteach. Agus isé ár ngnáite-ne do sior, bréag agus éiteach;[6] ion[n]us gibé neach nách meallfam-na le firin[n]e go meallfamaois le bréaga é. Agus ní hé so Ifrionn. Gidead, béaram-na go hIfrionn tu."

Is annsan tugsad na deamhain sraoille[7] ar an Mhilead meannamnach, le búitre agus le buainbéiceach, go ttángadar[8] cum abainn leitne láinbréine ó deatuigid agus ó droccumasg ruibe agus roisin,[9] lán do deamhanaid duba domaisioca. Agus adubradar leis a fios do beit aige gur ab fán abainn sin do bí Ifrionn.

Agus do bí droiceadh ar an abuinn ina rabadar le na bfaicsin trí neite doidéanta agus go háirigte, ró uatbásach dá luct taisdil agus tiormgábála.[10] An chéad níd díob do bí sleamhainn ionnus nár'b' furus agus nár'b'féidir, beag nach, d'aon [duine] seasam ná siobal air. An dara [10a]níd go raid com cumang com caol com lag sin os cionn na habann ionnus gur mór an t-uatbas agus an eagla féacaint de siós.[11]

Ní fuláir duit-si," ar na deamhain, "gabáil an droiceadh dian-aidbseach so. Agus teilgfeam-na le gaoitid gáibteacha goimhgéura agus le tóirneacha teinntide tréanmóra san abainn tú.[12] Agus ár muintir-ne atá san abuinn,

---

[1] A. comhairc gairim ; F. rediens ad se nomen Iesu Christi, ut potuit ex clamavit.
[2] L. tógab ; A. tóg ; F. vis flammae eum sursum in aërem levavit.
[3] F. attonitus stetit ignorans quò se vèrteret.
[4] F. sed eccè novi et quasi incogniti Daemones ex ore putei dixerunt ei. Is mar seo ba cearc an abairt seo do léigeam : D'f. déamhain, do bí nuaide neamhaitnid dosan, de, etc.
[5] F. Et tu quid ibi stas ?   [6] F. consuetudinis nostrae semper est mentiri.
[7] A. agus sárcarang.
[8] L. go ttugadar ; A. ttángadar ; F. pervenerunt.
[9] L. ó droccumasg, taris agus roisín ; A. droccumasg ráibe agus róisín ; F. flumen foetidum ac totum tanquam sulphurei incendi flámma coopertum.
[10] L. trí neite le a bfaicsint do bí uatbásach doigbéanta ag luct a taisdil, tá an abairt annso agam fé mar a fuaras i l. A í.
[10a] L. darad.   [11] féach leat Aguisín L.   [11a] adibseach.
[12] F. nos autem ventos et turbines commoventes de ponte, proiiciemus te in flumen.

purgadóir pádraig naomhta

sloigfid agus suigfid go h-ifrionn tu.¹ Zideadh as toil linne a suigeam agus a sárféacuint cionnus siubalas tú an droicead. Zideadh, má's toil leat fille tar n-ais dár réir-ne, imeócair slán."

Zideadh, an Saigdiúir sárcalmo sárcuimneac ar a Slánaigteóir agus ar a gnáit-coiméad air roime sin, gac uair bí 'sna héigionn-cásaib uatbásaca,² do atgairim íosa. Agus do ling ar an ndroicead go deag uirmisneac³ agus do siobail agus do sárgluais do coiscéimib comtruma⁴ cos-tapa gan motugad sleamainne ná sárcruadtainn ina sior gabáil, le dóccus daingeann deagúirmisneac a n'Dia. Agus ní raib, dá aoirde do taisteala⁵ an droicead do-imteacta, nác a bfairsinge agus a bfirimteact do gabad a tráct, agus a tiriomtarang,⁶ ionnus gur fás coim leacan coim réig gin go ndéanaidis marcrad nó marcsluad iomruagad air.⁷

Zideadh, na deamain doigcreidmeaca,⁸ noc do bí dá treantarang do siocadar agus seargseasuigeadur ar an ndroicead ag feitiom tuitioma agus trombarratuisle an tSaigdiúra sárúirmisnig.⁹ Zideadh, na deamain diotdócusaca, ag faicsin an Mílead móraigionntac ag tirimgabáil an droicid doimteacta, do cuadar a bfolamain agus a bfiansgor,¹⁰ ag sgreadaig agus ag sgréacgárta[ig] le hualfartaig aduatmar san aodar iomgrána,¹¹ ionus gur mó [do] imeagladar a ngarbgárta gráineamla gob-gonta an Saigdiúir sioruirmisneac ná ar imreadar o'uathásaib agus d'ainpiantaib air roime sin. Agus ar na faicsin féin slán sabáilte ar ccadair-gairim ainm[e] íosa¹² a sciuraigteóir [do gluais roime]. Agus an eascaruid¹³ do bí fán ndroicead, ar ttairgsin a ccrúcaoi do cur ann, ní deacadar a bfeidim ná [a] bfógnam.¹⁴ Annsan, ar n-imt-

---

¹ F. socii nostri qui in eo sunt, te captum in infernum demergent.
² F. miles cogitans intra se, de quantis liberaverit eum malis advocatus suus piissimus Jesus ipsius iterato nomine ; A. gnáttcoiméad gníoma amuil bí air roime sin a néigion cásaib uatbásaca.
³ A. go dána deagúirmisneac ; F. audacter.
⁴ L. cotramad ; A. comtruma ; F. coepit pedetentim incedere.
⁵ L. taisdiolla ; A. taisteala ; F. quò altius ascendit, eò spatiosiorem invenit pontem.   ⁶ A. coirmtarang.
⁷ F. ut publicae viae amplitudinem praeferret et undecim carra sibi obviantia possel excipere.   ⁸ A. dítcreidmeamaca.
⁹ F. ad pedem pontis steterunt, quasi lapsum Militis praestolantes.
¹⁰ L. bfianagora ; A. bfiansgor.   ¹¹ A. iomgrána ; L. iomargrádna.
¹² L. air ccóbargairim ainnim ; A. ar ccabair gairm ainm 1.
¹³ F. Alii hostes inferius, etc.
¹⁴ Uncos suos ferreos, et ignitos in eum iaciebant, sed militem tangere nequiverunt, F. L. ttargsan, féidim, fóganam ; A. ttairgsin, féidm, fógnam ?

eact slán agus ar sgarad sábáilte,¹ do connairc leiteað² an droicid com. áidbseac³ sin, ionnus nár bféidir leis ceactar dá dá taob d'faicsin na d'feidimféucaint.

Do'n glóire flatasda, agus [do'n] parratas talmuide, do taisbéanað do'n tsaigdiúir agus [do] cómrád agus do cóimfri[o]tal na n-easbog leis.⁴

Anois, umora, an Saigdiúir doclaoidte saor, ar na sgarað agus ar na sgiamglanað ó aindeisib⁵ agus ó bruid na n-ádberseóiride⁶ ndiogaltac neamglan, do connairc agus do caoinradairc roime halla⁷ árdaidbseac deallraig- teac deagbéanta ar a raib aon dorus amáin, agus é drui[d]te lonnraigteac⁸ láintaitniomac láinlionta do clocaib buad agus bisig, agus do péarlaidib nó do geamaib glana glé-maisioca.⁹

Ar tteact láim ris, a bfogus leat-mile,¹⁰ do'n tsaig- diúir, agus ar n-osglad an doruis sin, táine an ireað sin do bolaitib¹¹ buanbeataigte agus do uscaib diainmisle,¹² amuil do biað an doman uile dá losga[d] le tuis agus le tromtortaib,¹³ ionnus go ndeacaid a n-éug agus a neam- níd uaid gac trombruit agus gac tréantuargoinn agus gac annfa agus gac annforlan[n] d'ár himeiread air roime sin. Agus ar bfaicsinn an taoib aistig do'n dorus, ní raib solus san ngréin iná¹⁴ focair.

Táine annsan ionna coinne agus na comdáil, a Pro- cession nó a n-órdúgað áluinn éagsamuil, an oiread¹⁵ san, mail[t]e re crosaib ciarac[a]le bratacaib biotbuadaca,¹⁶ agus le géagaib palm órda, nác faca san saogal riam an oiread,¹⁵ dar leis féin. Do bí na diaig sin, dá leanmuin,¹⁷ óg agus aosda, agus do gac cineál agus do

¹ A. sabálta.   ² L. leataó; A. leiteað.
³ L. árobseac; A. árobsig; F. vidit latitudinem pontis in tantum ex- crescere, ut vix ex utraque parte eius fines posset aspicere.
⁴ De gloria coelesti, et Paradiso terrestri Militi ostensis et colloquio Pon- tificum cum[eo; F. Cap. IX.
⁵ L. sgiamglannað ó ainnisib; A. sgéimglanað ó aindeisib agus ó bruið.
⁶ A. áðberseóiride; L. aibsseoirige.
⁷ L. haðla; A. halla.   ⁸ A. connruigte.
⁹ F. quae metallis diversis ac pretiosis exornata lapidibus, mirabili splendore radiabat.   ¹⁰ L. leaitmile; A. leatmile.
¹¹ A. bolaðaib; F. tantae suavitatis odor.
¹² L. uscaib diáimmillse; A. umasaib diáinmisle. Léig "usgaib?"
¹³ A. torrtaib cúbarta.
¹⁴ L. an focair; A. i na focair; F. vidit portam, solis splendorem claritate vincentem.   ¹⁵ L. eiriod.   ¹⁶ L. biotbúaca; A. biotbuadaca.
¹⁷ L . leannamuinn; A. leanmuin.

purgadóir pádraig naomtha

gaċ órd,[1] cuid aco amuil árdeasbo[i]g, cuid amuil easbo[i]g, cuid mar manacaib, agus cuid do gaċ céim agus do gaċ órd eagailseamuil, éidigite innilte 'na n-éadaib oireamannaċa. Agus as amlaid do bí gaċ nduine do tuaṫ agus do ċléir annsna héadaib ina bpógnaidis[2] ar an saogal.

Is annsan do glacadar an Saigdiúir searc-láidir go lútgáireaċ láin-meannamnaċ, agus do rugadar aisteaċ le ceól agus le hóirfide[3] é, nár ċlos dó san saogal a ṡamail roime sin riam.

Ar ccríoċnugað an ċéoil sin agus ar sgaoilleað[4] do'n Procession agus ar sgarad[5] re ċéile dóib, do rugadar dias[6] díob amuil bud árdeasboig iad, leó é .i. an Saigdiúir d'á n-ionnad féin ionna ccomnuidis,[7] dá taisbeánað dó míneamlaċċ agus tromċorað na dúċaide sin. Agus ar ccómrað agus ar ccoimfríotal leis, ar ttúis tugadar glóire do Ðia, noċ tug neart agus cumus dó a ccoinne ainiarsma[8] na péine agus na pianoiliċre fuair.

Annsan, umora, iar siubal[9] agus ar sár-aisdear dóib leis an Saigdiúir fá mágib mionsgotaċa na dúċaide sin, do ċonnairc agus do ċianradairc nid as mó do neitib teannáilne taitneamaċa ná dob'féidir le teanguinn a sgeólsgaoile, ná le peann do praip-sgríobað.[10] Do bí an dúċaide cóm solusglórmur, cóm soillsigteaċ sin ionnus, dar leis féin, gur dorċadus diamair tehsiomarcaċ na gréine a meodan[11] laoi meitiom samra]i]d dá féucaint. Ní bíod dorċadus oidċe[12] ann do bríg go raib [sí] ar na ṡoillsiugað go síoruide le[10] solus ó Flaiċis[14] Dé. Agus as amlaid do bí amuil minfeur[15] minféur ar na imiollóċímpċiollugað[16] le bláċaib[17] biċ-áile buantorċaċa agus le torċaib taitniomoċa agus le luibeannaib lán-maiseaċa, noċ do biċbéodaig[18] le na mbuanbolaċaib é, dá leigṫí dó ionna bfocair.

[1] L. sórt; A. órd.
[2] L. bpógnadoíse ; A. bpógnadís ; F. omnes, vero tam clerici, quam laïci, eadem formo vestium ibi videbantur amicti, in qua Deo servierunt in saeculo.
[3] L. le hóirfideneaċ ; A. le hóirfide ; F. cum concentu harmoniae saeculo inauditae. [4] L. air sgarað ; A. sgaoilleað ; F. soluta processione.
[5] L. air sgaoile ó ċéile dóib ; A. iar sgarað re ċéile dóib.
[6] L. dís ; A. dias. [7] A. dá nionad cómnuigte féin.
[8] A. a. ainiarsma ; L. aníarsma. [9] L. air síogball ; A. iar siúbal.
[10] A. práissgríobað ; F. vel calamo posset explicare; l. praipsgríobað.
[11] A. teis méadon an lae m, etc. [12] A. san oidċe. [13] A. ó ṡolas.
[14] L. flataś ; A. flaiċis. [15] A. móinfeár.
[16] L. imilċímpċiollugað ; A. imiollċíomċoill.
[17] L. bláiċib ; A. bláċaib. [18] A. biċbeatóċað.

Acht ceana, níor b'féidir leis¹ iomal-críoch na dúitce d'faicsin. Acht, mar táine aisteach, do conairc an oiread san do dhaoinib² ann, dar leis, nác raib duine beó ar an saoghal dá éis, agus iad a cceatrarhnaib pá leit agus siodhall aco air a céile cum mórgáirdeacais meanman aiginne agus inntinne do dhéanarh, ag sinnim ceólta guit-binne agus ag molad Dé do shíor³. Agus arhuil bíos deipir i d-tír réalta agus réalta,⁴ as mur sin do bíod e i-d-tírdealbughad i d-tír a ngnúisib⁵ glé-rhaiseacha ar aon rhod arhain, arhuil do beidís orta san saoghal .i. cuid aco a n-éaduigib óir agus cuid eile a n-éaduigib purpuir agus cuid eile a n-éaduigib gormglasa, ionnus gur b'féidir leis gach sórt agus gach órd d'aitne ar a n-aibidib. [Bí] cuid aco pá coróinib arhuil Righte, cuid eile agus pailm órda ionna lárhaib.

Do fuair an Saigdiúir an oiread sin sáirhe agus sád-ailleacht ionna radarc agus ionna éisteacht, bud dóirheasda⁶ an t-iomlán agus [bí] gach aon aco ag síor molad-Dé go huile agus go haontuigteac. Agus gach aon do⁷ cíod an Saigdiúir do bíod ag molad Dé ar a shon agus ag urg-ardughad iona timpcioll. Níor ghoill puact ná teas air⁸ agus ní raib annsan act neite bud sáirhe agus bud sádaile ná á céile.

Is annsan adubairt na háirdeasboig leis:

"Féuc, a Dearbráitir, do connairc tú, (maille re congnarh Dé),⁹ gach níd ba rhian¹⁰ leat d'feicsin .i. pian na bpeacac agus sólás¹¹ na bfíoraon. [Is] beannuighte¹² Cruitighteóir agus Slánaighteóir an iomláin, noc tug duit-se an aigne foirtil feidim-láidir, léar claoidis do eascaruid.

Anois as mait linn a fios do beit agad cia hiad na háite uactbásaca,¹³ agus cia[h]í an áit sóláis ar ttúis.

¹ An Saigdiúir.
² L. an oiread san daoine; A. an oiread san do dhaoinib.
³ A. ag seinim agus síormolad Dé.
⁴ L. arhuil bíos Raegilte an aegir dealba; A. deipir i d-tír réalta agus réalta.
⁵ A. a nglan eadadaib; F. ita erat quaedam differentia concors in eorum vestium et vultuum claritatis venustate.
⁶ L. bud taimheasda an tiomlán; A. dóirheasda ón tiomlán; féac leat aguisín M. ⁷ A. dá cíod. ⁸ F. non aestum non frigus ibi sentiebat.
⁹ F. auxiliante Deo.
¹⁰ L. ba mian; A. ba rhian; F. vidisti quae videre desiderasti, vidisti enim huc veniendo tormenta peccatorum; hic autem requiem justorum.
¹¹ L. solus; A. solás.
¹² F. Benedictus sit Creator et Redemptor omnium.
¹³ F. tormentorum loca.

ag so parratus talmuide¹ as ar oibread Áoam, ar sean-
atair, tré míréir² Dé do déanam. Ar an adbar gur
ab ar ubáll do tréig a umalact do Dia, do caill an radarc
so do cíd *[tú] agus morán maille ris, tré neamcomall³
breitre Dé, [do caill mar an ccéadna caradas agus
cumann cáirdios na n-aingiol agus na naom *noc] do bí
aige, gur tuill a ccailleamuinn. Do caill sólás inntinne,
ar an adbar, an fead do bí cion agus onóir ag Dia air,
níor tuig agus níor cuimnig air féin. Annsan, do cuiread
a ccosamalact é le hainmínntid éigcialla⁴ agus a slioct
dá éis. Agus do tártaig⁵ an bás iad tré cailleamuint na
haitne. Uc as truad loigead na humlact[a]⁶ do rin siad!

Gidead, Dia uile comactac, ó na mór trócaire féin,
do gaib truad don cinne daona é. Do cuir a Mac féin
a ccolluinn uauna, IOSA CRIOST, án dtigearna agus
Ár Slánaigteóir, ion[n]us gibé glacus a creidiom, maille
re baiste, saor ó peacaidid gníomaca agus sinnsir go
ttuilleamaoid⁷ teact don dutaig so. Gidead, an coc-
allcloca glacamaoid san mbaisde, do bríg go sailimid⁸
é an tan peacadmaoid le hanntoil na colna, as riac-
tannus dúin[n] an aitrige, cum maitfeacuis d'fágail
innar bpeacadaid gníomaca. An aitrige déaganac,⁹ noc
do gníomíd¹⁰ a bponc¹¹ an báis no beagán roime, nác crioc-
nuigmíd¹² san saogal, tair cis an báis, as éigionn dúin[n],
annsna hionnadaid pianamala sin do connarc tusa, do
crioctnugad, ag fulang do réir ár ccionnta a bfad no a
ngéarr¹³ aimsire, a méid nó a luigead péine, do réir mur
tuillfeam. Agus do gabamair nc trcas na háitid sin,
an méid atámaoid annso. Agus an méid do conna[i]rc
tú annsan, ó dóirsid Ifrinn amac, act go mbia[i]d glan,
tiocfaid annso agus bia[i]d sábáilte.¹⁴ Agus tigid cug-
ain[n] gac laoi¹⁵ cuid aco agus glacamaoid annso iad le
gárdacus,¹⁶ amuil do glacamar tusa. Agus ní bfuil a

---

¹ F. Patria ista terrestris est Paradisus. ² L. míréir. ³ L. docíosi.
⁴ A. neamcomall; L. neam toil. ⁵ tá an rád so 1 l. 23 M50.
⁶ F. undè comparatus est iumentis insipientibus, et similis factus est illis.
⁷ L. tártaig?; A. tártaig; F. Huius verò universa posteritas, ob ipsius culpam sicut et ipse, mortis suscepit sententiam.
⁸ A. luigead na humlact; L. lóigead na heasumla; F. O detestabile scelus inobedientiae.
⁷ F. "Motus tandem pietate misericordissimus Deus super humani generis miseria, filium suum unigenitum incarnari constituit Dominum nostrum Jesum Christum, cuius fidem suscipientes per Baptismum tam ab actualibus, quam originali peccato liberi ac istam patriam redire nos meruimus": léig "go ttuillead sé." ⁸ L. sailfomid; A. sailímíd. ⁹ L. déaganac; A. déigionac.
¹⁰ L. níomíd; A. gníomíd. ¹¹ L. bpongc; A. bponc. ¹² L. criocnamaoid.
¹³ L. ngar; A. a ngéarr. ¹⁴ A. sábalta. ¹⁵ A. lá.
¹⁶ A. gáirdeacas.

fios ag aon duine dá bfuil a bpéin cá fad bíos innte. Gideaḋ, maille re guiḋe re déirc agus le haiffrionnaiḃ[1] do ráḋ[2] ar á n-anmannaiḃ,[3] do ġeibiḋ furtaċt agus faoisioṁ ó na bpéin, nó malairt péine buḋ aoḃḋa do ṫaḃairt dóiḃ, go ḃeit sáḃáilte dóiḃ. Agus an uair tigiḋ siad ċum na háite suaiṁnisi seo ní feas dóiḃ cá faid biaid[4] ann, agus ní féidir linn a fios[5] do ḃeit aguinn, aṁuil congṁuigṫear[6] annsan dár bpianaḋ sin[n], do réir ár ccoire. Mar sin, biaḋmaoid annso, do réir mur ṫuilleamair le ár mait-ġní[o]ṁartaiḃ. Feaċ, go bfuilimid saor ó péin agus go bfuilmid ró-sáṁ suaiṁneaċ. Gideaḋ, ní fiú sin[n] fós dul' a naontaḋ[8] nanaoṁ nó na n-aingeal, agus ní feas dúin[n] cá trát. Gideaḋ, an uair ċaitfeamaoid ar n-aimsir, do ġeaḃamaoid an solás[9] as mó. Dímid gaċ lá ag dul a méid agus a luigead ó ḃeit ag teaċt ċugain[n] as na háitiḃ sin do ḋaoiniḃ, agus dream eile ag dul uain[n] go flatus[10] Dé.''

Ar gcríoċnugaḋ an ċómraiḋ[11] sin, do rugadar na heasboig onóireaċa leo é ar sliaḃ mór[12] árd agus aduḃradar ris féucainn[13] suas. Créad é a meas ar dait[14] flatais Dé seoċ an áit sin. Agus aduḃairt sin, dá bfreagra:[15] '' Go[16] bfios daṁsa as cosaṁuil so re hór ar dearglasa[ḋ] a tteaglaċ tinntiġe.''

'' An nídsi do ċíḋ tú anois,'' ar siad, '' as é dorus[17] Parrṫuis é. Annso ġaḃuid aisteaċ an dreain béartar uainn go flatus Dé. Agus na bíoḋ ainḃfios ort, óir an fead do ḃiam-na annso, do ḃeara[i]ḋ Dia beata naoṁta ḋúin[n] uair san ló. Agus, do toil Dé, bia[i]ḋ a fios agad créad an sórt beata í a na blaise[aḋ].[18]

Taḃair dod taire leis sin gur ṫúirling aṁuil lasair ṫeinne ó flateaṁnus,[19] do ċomfoilig[20] iomlán na talṁann, agus í rannta mar ġaoitiḃ[21] gréine ag ṫúirling ar ċeann gaċ aon aco agus do ċua[i]ḋ ionnta aisteaċ agus annsa[22] tSaiġdiúir mur ċáċ. Agus[23] fuair sé an oiread san taiṫ-

---

[1] L. aitfrionnaiḃ ; A. aiffrionnaiḃ.   [2] L. do ráḋa.
[3] A. ananmnaiḃ ; L. ár nannamnáċaiḃ.
[4] L. ḃiad ; A. ḃiaid.   [5] L. a fios ; A. a fios.
[6] L. congṁuigṫear ; A. congṁuigṫear.   [7] A. teaċt.
[8] A. anaonta na naoṁ no na n-aingeal ; L. a naontaḋl na n-aingeal.
[9] L. solus ; A. solás.   [10] A. flaiteas.   [11] L. cómráḋ A. cómraiḋ.
[12] A. air sliaḃ ṁór ; L. air sliaḃ mór.   [13] A. féaċ.
[14] A. ḋaċ.   [15] L. freagra ; A. ḃfreagraḋ.   [16] L. gá fios ; A. go bfios.
[17] L. a dorus.
[18] A. o na blaisiḋ ; F. qualis sit cibus iste nobiscum senties gustando. Léiġ
'' ó na blasaḋ,'' '' by tasting it ? ''   [20] L. flataṁnus ; A. flateaṁnus.
[21] L. do ċómfuillicc ; A. cómfoilig.   [21] A. ġaṫaiḃ.
[22] A. air an S.   [23]A. ina ḃfuair.

purgadóir pádraig naoṁta 33

niṁ agus tairbeata dá corp ionus nárb feas dó an beó nó an marb do bí; agus d'imtiġ¹ a móimenc beag uaire. "Agso," [ar siad], "an biad le a mbeatuiġean Dia sinne ġac lá.² Agus an dream téid uainn go flataṁnus,³ bia⁴ an biad⁵ so aco go siarruide."

D'fanfad an Saiġdiúir annsan go coilteannac dá mad dliġteac agus go bfaġad⁶ an biad nó an beata san. Ġidead, tair éis na ngloirsġéal sin, innistear bróinsġéal dó.

"Anois, umora, a dearbráṫair," [ar siad], "do briġ go bfeacaois⁷ ġac níd bud mian leat, mar atá, pianta purgadóra na bpeacac agus suaiṁneas soillsiġteac na bfioraon, ní fuláir duit tille⁸ san cconaire céadna tar nais.⁹ Agus dá ttugair do beata as so suas go naoṁta neaṁurcóideac, ní head¹⁰ aṁáin go bfaġair an beata-sa¹¹ act do ġeadair an beata suċainn. Ġidead,¹² má's, nár léiġe Dia go hoilc agus go claon dod hanntoil agus do ṁianaib¹³ na colla do déana[i]r, do conna[i]rc tú féin créad atá fad coṁair. Agus bí⁴ ag imteact slán, ar an adbar ġac uatbás dár imreadar na deaṁain ort, ag teact duit, ní baoġal¹⁴ duit ag imteact tar n-ais iad, óir ní bfaġaid ionnta féin teact ad ġoire agus bia[i]d eaglac reoṁatt."

An Saiġdiúir sáraiġte, do criteaglaid¹⁵ agus do caoi¹⁶ trés an aiteasg¹⁷ sin, agus diar[r] agus do atcuinġead¹⁸ orta léiġean dó san áit sin ionna raib agus gan a casad¹⁹ airíst tar ais²⁰ ar an saoġal, dá rád,²¹ nár bféidir leis an ball san d'fágbáil.

"Ar an adbar," [arsa sé], "atáim lán d'uaṁainn agus d'imeagla go ttiocfad d'ainṁianaib mo colla go ndianġainn ní éiġinn do toirmeasgfad mé fá roictainn do'n áit-si arís."

"Ní mar iarus tú bia[i]d sé," ar[s]iad san "act mar as toil leis an tí do rin tusa agus sinne, ar an adbar gur ab aiġe as fearr atá a fios créad fóġnus don uile níd."

¹ An lasair. ² L. laoi; A. lá. ³ A. flaceaṁnus.
⁴ A. bíd. ⁵ L. bfiaġad; A. bfaġad. ⁶ A. beata
⁷ L. bfacádais; A. bfeácaois. ⁸ A. fille. ⁹ A. as a ttángais arís.
¹⁰ A. ní hé. ¹¹ A. an beata sa. ¹² L. go; A. ġideaḋ.
¹³ L. do ṁian; A. do ṁianaib. ¹⁴ L. baoġall; A. baoġal.
¹⁵ L. criteagla; A. criteaglaid. ¹⁶ L. do caoid; A. caoi.
¹⁷ L. treas an imteactaitisg; A. aiteasg. ¹⁸ A. datcuiniġ.
¹⁹ L. casad; A. a casad. ²⁰ L. tar a ais.
²¹ L. do ráda; A. dá rád.

[39]

purṡadóir pádraiṡ naoṁta

Mar do Ċuaiḋ¹ an Saiġdiúir Síor-ċalma² tar éis³ purṡadóra⁴ ṡo Jerusalem, aṡus cionnus do ċaiṫ an ċuid eile d'á Aimsir,⁵ ⁊c.

An Saiġdiúir síor-ċalma .1. Eoin briġṁisneaċ,⁶ ar nṡlacaḋ beannaċta na n-Easboṡ, do ṫriall tar n-ais ṡo toilteannaċ⁷ deaġ-ṁeanmnaċ.⁸ Aṡus do tioḋlaiceadar na h-Easboiṡ onóireaċa tar ṡeataiḋiḋ⁹ ṡlé-ṁaisioċa párrta[i]s amaċ é aṡus do ḋruideadar an dorus ionna ḋiaiṡ.

Ar nṡluaiseaċt do'n tSaiġdiúir ṡo cuṁaċ ciaṁair tré beiṫ aṡ páṡḃáil an tsóláis¹⁰ sáṁṡlan soinean[n]ta sin, aṡus tré beiṫ aṡ teaċt cum dóláis déarṁair an doṁain san connair ċeaḋna táiniṡ¹¹ ṡus an halla¹² réaṁráiḋte, mar a ndéarnadar¹³ na deaṁain inṡréim¹⁴ ar dtúis air. Na deaṁain, umora, do ċioḋ é aṡ teaċt, do teitiḋis ṡo paitiseaċ foluaimneaċ san aeṡear, d'á uaṁainn aṡus d'á imeaṡla, aṡus ní féadaiḋis dioġḃáil do déanaṁ dó.

Aṡus annsan tánṡadar 'na ċoinne aṡus 'na ċoṁḋáil, ṡo meanmnaċ¹⁵ móraiṡionntaċ, na ċúiṡ fearra¹⁶ déaṡ réaṁráiḋte do leasṁúin aṡus do láinteaṡaiṡṡ é ar ttúis [aṡus iad] aṡ taḃairt ṡlóire aṡus molaḋ do Ḋia uile-ċoṁaċtaċ, noċ tuṡ an aiṡne árḋúirṁisneaṁuil¹⁷ aṡus an ceannus seasṁaċ cróḋa cró-ḋearḃta sin dó ria¹⁸ éiṡionntaiḋ uaṫḃásaċa ainfiarṁartaċ.¹⁹ Aṡus [bioḋar] aṡ buanḃreit²⁰ buiḋeaċa[i]s na mbuaḋ²¹ do Ruṡ.

" Anois, a ḋearḃráṫair ionṁuin," ar siad, " atá a fios aṡuinne, mail[ḋ]e ris na huaṫḃáisiḋ aṡus ris na huile²² piantaiḋ d'fuilinṡis, ṡur ċlaois an t-aḋḃairseóir aṡus ṡo ḃfuil tú ṡlainniṡte²³ ṡo sṡiaṁ-ṡlan²³ * do peaċaiḋiḋ. Aṡus anois atá an lá aṡ éirṡe ad ḋútaiṡ aṡus eiriṡ²⁴ ṡan ṁoill ṡus an dorus, ar an aḋḃar Príor na hEaṡlaise,

---

¹ L. ċúaḋ.   ² L. ċalmo.   ³ L. tair éis.   ⁴ A purṡadoireaċt.
⁵ F. Quomodo Miles egressus est purgatorium ; Hierosolymam adiit et reliquum vitae tempus insumpsit. Cap X.   ⁶ A. uirṁisneaċ.
⁷ L. toilleaṁail ; A. toilteannaċ.
⁸ L. déaġmannamnaċ ; A. -ṁeanmnaċ.   ⁹ A. ṡeataoiḃ.
¹⁰ A. na sólás ; L. an tsoluis.   ¹¹ L. ṡo ttáinic ; A. ttáiniṡ.
¹² L. hallaḋ ; A. halla.   ¹³ L. ando'arrnadar ; A. a ndéarnadar.
¹⁴ L. riṡrim ; A. inṡreiḋim. Léiṡ " inṡréim."
¹⁵ L. meannamnaċ ; A. meanmnaċ.   ¹⁶ A. an ċúiṡfear.
¹⁷ L. árḋúirṁisneaċ ; A. -ṁisneaṁuil.   ¹⁸ A. iona.
¹⁹ A. ainiartaċa ; L. ainfiarṁartaċ.   ²⁰ L. búaiḋḃreit ; A. buanḃreit.
²¹ L. mbuaḋa.   ²² L. huille.   ²³ L. beanaiṡte ; A. ṡlainniṡte.
* A. ṡo sṡiaṁ-ṡlan ; L. ṡo sṡéaṁ-ṡlan.   ²⁴ L. éirṡe ; A. eiriṡ.

purgadóir pádraig naoṁta 35

an tan críoċnuiġeas an t-Aifrionn[1] agus an Procession, tiocfa[i]ḋ[2] cum an doruis,[3] agus imteóċaiḋ[4] tar a ais,[5] dá ṁeas gur cailleaḋ mar ċáċ tú." Is annsan do ġluais an Saigdiúir psailmḋiaḋa cum an doruis. Agus an tan d'osgail an Prior an dorus, do ċonna[i]rc an Mileaḋ mórġaisgeaṁuil ar an ttaoḃ aistiġ agus do ġlac go honóireaċ uṁal [a]árogárdaċ é, ag tabairt buiḋeaċuis do Ḋia. Agus do rug leis do'n Eaglais é agus do ċongaiḃ[6] ann é go ceann cúig lá deag ag trosgaḋ agus ag urnaigte agus ag admolaḋ[7] Dé.

Air sin, do ġluais[8] an Saigdiúir, ar nglacaḋ fígre na croiċe[9] céasda ar a ġlúnaiḃ,[10] do imtig roiṁe d'á oilitre féin agus d'á nuaiḋleasugaḋ do'n Talaṁ Naoṁta, go Jerusalem, agus go hionnadaiḃ iomḋa eile. Agus annsin, ar gcríoċnugaḋ agus ar ccoiṁlíonaḋ a oilitre go somalta,[11] d'fill go Ríġ Sagsan, d'ár'ḃ' ainnim Stiaḋna, d'á raiḃ sé ag fógnaṁ agus ag feiḋiṁseirḃís roiṁe sin. Agus do ḃríġ a ṁuinteardais do teagaisg dó dul a n-órd eagailse éigin, agus [an] cuid eile d'á aimsir do ċaiteaṁ a seirḃís agus a ḃfógnaṁ do Ríġ na Ríoġ.

Tárla fá'n am san go raiḃ Gervasius, Ab[b] coiṁ-tionól[i]t[12] Ludensis, a ḃfoċair an Ríġ. Agus ar ḃfágail ċeada agus cómaonta Ó Muirċeartaċ Mac Néill, fá Ríġ ar Éirionn an tan san, mainnisdir do ḋéanaṁ a nÉirinn,[13] cuir manaċ d'á ṁuintir, d'árab' ainnim Gilbert, le droing eile gus an Ríġ cum na h-áite do ġlacaḋ agus do ġreim-gaḃail uaiḋ go ndíongnaḋ[14] mainnisdir ann.

Agus ar nglacaḋ Gilbert[15] do'n Ríġ go lutġáireaċ, do ġeará[i]n agus do éagcaoin ris an Ríġ naċ raiḃ teanga na hÉirionn aige .1. an Ġaoiḋilge, Agus ar na clos sin do'n Ríġ adubairt ris : " Atá agamsa duit do toil d'fear teangan nó friotail." Agus do cuir gairim ar Eóin, agus d'iarr[16] air dul le Gilbert agus fanṁuinn ionna foċair a nÉirinn. Agus do ġaiḃ Eóin an cuing sin go ró lutġáireaċ agus adubairt go ndíongnaḋ seirḃís do'n Manaċ go ró-ollaṁ oireaṁnaċ. " Agus, a Ríġ agus a

---

[1] L. Aifrionn; A. Aifrionn. [2] A. tiocfúigear. [3] L. dorus; A. doruis.
[4] L. iméoċaḋ ; A. imteóċaiḋ. [5a]léiġ "gáirdeaċ."
[6] A ċongnaiṁ ; L. ċoingiḃ. [7] L. aḋ molaḋ ; A ag molaḋ.
[8] A. do ġluais roiṁe. [9] L. croiċe; A. cruise. [10] A. a ġualuinn.
[11] A. somalta ; L. samailte. léiġ "somolta?"
[12] A. ierbasius Abbcoiṁtionóil.
[13] L. "Agus gur." ní'l "cuir" i l. aċ tá sé i láiṁscríbinn a.
[14] L. ndíongannaḋ; A. ndíongnaḋ. [15] féaċ leat "Catholic Encyclopædia."
[16] L. díar.

tiġeaṙna," aiṙ sé, "ḋéana-sa¹ muṙ an ccéaḋna. Taḃaiṙ
uiṙim² aġus onóiṙ ḋo na manacaiḃ aḋ Ríġeact, aṙ an
aḋḃaṙ ġo fíṙinneaċ, ní feaca[i]ḋ mise a ḃparrtus ḋaoine
ḋa onóiṙiġe uġḋaṙásuiḋe ná an t-óṙḋ so."

An[n]san aṙ tteaċt ġo h-Éiṙinn ḋóiḃ, ḋo ḋealḃuiġeaḋ
mainnisḋiṙ Leó³ aġus ḋo ḃáḋaṙ innte aġ seiṙḃís ḋo
Ḋia ḋá ḃliaḋain⁴ ġo leiṫ. Ḋoḃ é Gilbert ḋo ġníoḋ⁵
seiṙḃís aistiġ,⁶ aġus Eóin amuiċ aġ seiṙḃís⁷ ġo ḋlisteanaċ
ḋíreaċ ḋeiġṁéine. Aġus aṙ nġlacaḋ aiḃiḋe Ṁanuicc
uime, ḋo ċait a ḃeaṫa ġo ḋiaḋa ḋeaġrúin, ḋo ṙéiṙ fiaġ-
nuise Gilbert ṙéaṁ-ráiḋte.

Aġus an tan ḋo teanġṁaḋ Gilbert aġus an Saiġḋiúiṙ
uaiġneaċ aṙ ḋeaġuain, ḋo ḃíoḋ Gilbert aġ loṙġaiṙeaċt
aġus aġ láin-fiafruiġe ḋe tuaṙasġaḃáil Puṙġaḋóṙa, ḋo
ṙéiṙ muṙ ḋo ċonaiṙc aġus ḋo ċoṁṁoṫaiġ iaḋ.⁸ Ġiḋeaḋ,⁹
ón uaṫḃás ḋo ċonaiṙc, níoṙ ḃ'féiḋiṙ leis éisteaċt trácta
aṙ Puṙġaḋóiṙ ġan éiġṁe aġus ġol ġo haṫġaṙḃ ġéimláiḋiṙ.¹⁰
Aġus ḋo tionnsġainn ḋá innisin, aġus ḋá faisnéis,
ḋá ḋearḃċara[i]ḋ fá ṡéala na secréiḋe, na tuṙais ṙéaṁ-
ráiḋte aġus ġaċ níḋ uaṫḃásaċ eile ḋá ḃfacaiḋ¹¹ aġus ḋáṙ
ṁotaiġ, ġuṙaḃ le na ṡúiliḃ corpaṙḋa ḋo ċonnaiṙc iaḋ.
Aġus maille¹² ṙe himpiḋe aġus le ḋiċċioll an Ṁanaicc
seo, ḋo ṫaṙaing sé an Saiġḋiúiṙ ċum a sġríoḃta, aġus ḋo
ġlac teist easḃoiġ onóṙaicc aġus ḋá fear ḋéaġ ḋo ḃaoiniḃ
Eaġlaise an Oilea[i]n, noċ tuġ, ḋo ġráḋ an Ċiṙt, teist
fíṙinneaċ uata, ḋo neaṙtuġaḋ le fíṙinne an sġéal so.

**Foillsiġte aġus Deaṙḃaiġte¹³ iomḋa an Sġéal [so]
ḋo Ḃeiṫ Fíṙinneaċ.¹⁴**

An sġéal ṙéaṁ-ráiḋte so as é Henricus Salteriensis¹⁵
innis é, aġus ġo fíṙinneaċ ḋ'innis, aġus ḋ'faisnéis an
Gilbert ṙéaṁráiḋte ġo ró-ṁinic ḋom látaiṙ féin é, ḋo
ṙéiṙ muṙ ḋo innis an Saiġḋiúiṙ Eoin ḋo-san é.¹⁶

---

¹ L. ḋéanasa ; A. ḋeinse. ² A. uṙṙaim.
³ "Mellifont" féaċ leat "Journal of National Literary Society," 1916.
tá "ḋealḃuiḋ" anso aġ L. ; tá "ḋealḃuiġeaḋ m. leó" aġ A.
⁴ L. ḋá ḃliaḋain ; A. ḋá ḃliaḋain. ⁵ L. ḋo níḋ ; A. ḋo ġníoḋ.
⁶ A. san mainisteiṙ. ⁷ A. aġ foġnaṁ. ⁸ L. ġaċ aon úaiṙ.
⁹ ní'l "ġiḋeaḋ" i l. ¹⁰ ġéaimláiḋiṙ ; A ġeimláiḋiṙ
¹¹ L. ḃfacaḋ. ¹² L. maile ; A. maille. ¹³ L. ḋearḃaḋ ; A. ḋearḃaiġte.
¹⁴ F. Huius historiae Examinatio et mutiplex probatio, F. Cap. XI.
¹⁵ L. Salleriensis ; A. Salteriensis.
¹⁶ F. Superiorem narrationem (verba sunt Henrici Saltereiensis) cum
saepedictus Gilbertus coram multis, me quoque audiente sicut, saepius ab ipso
imlite audierat, retulisset.

purgadóir pádraig naoṁta 37

Agas cárla fá'n am sin do láitir duine adubairt go
raib contabairt ar an níd sin.¹ D'freagair Gilbert
agus adubairt : " Adeirid daoine," ar sé, " an tan do
rugad an Saigdiúir do 'n halla gur fuaduigead é a n-egstasis²
nó a néal dearmaid, agus gurab mail[l]e re Spriod do
conairc gaċ a ttárla do. Agus adubairt an Saigdiúir
go dearbta, gur ab le na súilib corparda agus le na
céadfadaib³ corparda, do conairc iad agus do ṁotaig
iad mur an ccéadna gan ceist gan contabairt."⁴
" Agus do bí mise féin a mainisteir," ar Gilbert,
" agus do ċonnarc féin, agus mórán do daoinib eile,
níd⁵ náċ éagcosaṁuil ris an níd seo .1. Manaċ do bí
san Mainnisdir sin ag a⁶ raib beata ró-naoṁta aingliḋe.
Agus do bí an diabal coiṁ⁷ miosgaisioċ sin do, tré naoṁ-
taċt a beata agus tré a⁸ neaṁurċóroige do duine, go rug
leis é as a leaba agus gur congaib⁹ é trí lá agus trí oidċe,
gan fios ag na bráitrib cá raib an fead sin. Agus an treas
lá fuaireadar in a leaba é beó-loitigte¹⁰ beag náċ marb.
Agus d'innis daṁ féin go bfaca[i]d iomad pian agus
peannuide. Agus do ṁair sé cúig bliagna déag na diaig
sin. Agus níor b'féidir a cneada do leigeas ná do láin-
tiormugad agus d'fanadar go bás úr-osgailte, agus do
bíod faid ṁeoir¹¹ a ndoiṁneas coda aco.
Agus an tan do ċíod an Manaċ so an t-aos óg ag
gáire go hainṁeasarda, nó ag déanaṁ baoise nó baot-
ċóṁráḋ, adeiread* sé go dearṁar doiligiosaċ : " Uċ, dá
mbiad a fios aguib¹² an cruadċás an cruadáil, agus an
cúntas ċaitfid sib do tabairt ann bur ndíoṁaoineas¹³ agus
ann bur ndítċéille do ṁallartóċad¹⁴ sib bur mibéasa."¹⁵
" Do ċonnarc féin," ar Gilbert, " cneada agus
créaċta cróilinnteaċa an Ṁanaicc seo, agus do glacas

¹ F. unus qui se dubitare dixerat.
² L. a nExtalis ; F. sunt quidam qui dicunt quòd aulam ingressus, in extasim
fuerat raptus, et haec omnia in spiritu viderat.
³ L. céadfáidb ; A. céadfádaib.
⁴ F. sed corporeis oculis se omnia vidisse et corporaliter pertulisse con-
stantissime testatur.
⁵ níl an abairt seo i L. aċ tá sí sa laroin agus i A. ní'l i L. aċ " agus do
níd náċ éagcosaṁuil," etc. ⁶ L. aige araib ; A. agá raib.
⁷ F. cuius sanctitati Daemones invidebant.
⁸ ní'l "a" i l. aċ tá sé i A.
⁹ L. ċoingiṁ ; A. ċongaib ; F. ab ipsis detentus est.
¹⁰ L. béois loitigte ; A. béoloitigte ; F. usque ad mortem flagellatus
horribiliterque à Daemonibus verberatus.
¹¹ L. fad méur ; A. faid ṁeoir ; F. quorum quaedam ad mensuram long-
itudinis unius digiti, profunda fuerunt. ᵃ L. adeirid.
¹² A. agad ; F. si scires.' ¹³ L. ann búr ndaomaoinis; A. ad díomaoineas.
¹⁴ A. do ṁallartóċad ; F. emendares in melius.
¹⁵ L. mígbéasa ; A. ṁíbéasa.

[43]

iad go meinnic leam lámaib agus mé dá cur a dtalaṁ tair éis a báis." Ag sin¹ teist agus teannṗiaġainse Gilbert go roiċ sin.

Mise féin Henricus Salteriensis, an t-uġdar, tair éis a n'dubramair,² do ċuir an ċeist seo cum dá Ab[b]a³ Éirionnaċ mar bárr deiṁniġte⁴ agus dearḃta daṁ féin. Agus adubairt duine aco gur bfíor an t-iomlán de, agus adubairt liom Morán dá ndeaċa[id] aisteaċ san uaiṁ réaṁ-ráidte náċ tángadar amaċ tar n-ais riaṁ. Agus go nuaḃ⁵ anois do loirġíos ar Easbog onóraċ do bí 'na brátair fogus do'n treas páṫriarc, do ba compánaċ comaimsire do St. Malchias, dárb' ainnim Flaitrige, noċ gurab inna Easbogóideaċt (sin do) atá an uaiṁ.⁶

Agus ar mbeit dá dearbfiaf[r]uige agus dá dian-loirgirioċt air, adubairt liom :⁷

" Go deiṁin, a dearḃráṫair, ní bfuil contabairt gur fíor é,⁸ agus as am Easbogóideaċt féin atá an uaiṁ. Agus cailltior Morán san Purgadóir sin. Agus gibé aco tig tar a nais⁹ ó iomad na bpian agus ó [ad]bal-méad¹⁰ an uatbáis fuili[n]gid le fannlaige agus le h-anbfainne laeteaṁuil bid ag sáṁ-[ċnaoi] agus ag seingluige.¹¹ Gideaḋ, biad san do sólás aco, má fanuid glan ó peacaḋ as sin suas go bás náċ faigid ní as mó¹² do Purgadóireaċt tair éis a mbáis a ndiaig an tsaogail-si." An sgéal so Eóin Onóraicc, an feaḋ as uġdar dó, ⁊c. Henricus Salteriensis, do tarrangamar¹³ as sean-leabar láiṁ-sgríoḃta do bí ag St. Victor Zansiensis¹²ᵃ ina raib a trí n-áitib tarraingte¹⁴ agus ana bfuil anois a n'dá áit, agus an feaḋ as uġdar dó Matheus Saltensis¹²ᵃ as a oibrioċaib féin do tairingeamar¹⁵ é. Agus dá ttangmaḋ gur ab mó do ċreidfioḋ duine le h[e]agla, nó le fanntais, nó le diadaċt, 'ná le deigċreidiom, nó go maḋ mian¹⁶ leis cur¹⁷ na ċoin[n]e, feaca[ḋ] sé go fírin[n]eaċ friaċ-

---

¹ ní'l " ag sin " 1 ; L. aċ tá sé in A.
² L. dúġramair ; A. dubramair ; F. postquam haec omnia audieram.
³ A. dá aba ; F. duo de Hibernia Abbates super his conveni ; L. a aba?
⁴ A. deiṁniġte ; F. ut adhuc certior fierem.   ⁵ F. nuper.
⁶ F. Episcopum quendam affatus sum, nepotem Sancti Patricii tertii, socii videlicet, S. Malachiae Florentianum nomine, in cuius Episcopatu (sicut ipse dixit) est idem purgatorium.
⁷ F. de quo cùm curiosius inquirerem ; A. loirgaireaċt.
⁸ F. Cèrte, frater, verum est.   ⁹ A. saor.
¹⁰ A. adbal méid ; F. ob immanitatem tormentorum.
¹¹ L. bíd ag sáṁ agus ag seargcliġe ; A. ag seairglidde ; F. languore, sive pallore diuturno tabescunt.   ¹² L. mód.   ¹³ L. ċaraigiġmar; A. ċarrangamar.
¹³ᵃ léig "parisiensis."   ¹⁴ ní'l "tarraingte agus iona " 1 L. tá sé 1 láiṁscríbinn A.
¹⁴ᵃ léig " parisiensis"   ¹⁵ l. tairingeadar; A. -mar.   ¹⁶ l. maidn?; A. mían.
¹⁷ l. ċuir; A. cur.

namhac na hataraca naomhta .1. Greagóir beannuigte biot-
buadac, béadá uasal onórac nó Dionisius Carlusianus,[1]
agus léagad go deagradarcac géur a sgéal[t]a iomda
agus a ttaisbeánad[2] tarbaca iongantaca nác éagsamhuil,[2]
agus nác faigbis ionnta féin a séuna[d] ná a sáirdiúltad.

Do'n Aimsior agus do Cúis na Purgadóra agus do'n níd Piantar ann,[4] 7c.

Anois, umora, cum críocnaigte an trácta so na
Purgadóra, ní foláir dúin[n] tabairt ar aimsior agus ar
cúis na Purgadóra cum sásaigte do'n droing bíos ag
cur a nagaid. Tabair do t'aire,[5] d'á bhrig sin, gur
ab iad na daoine bíos beó ina ccorpaid colluige do
geid an Purgadóir seo agus nác iad na daoine d'éis
báis ; ionnus go bfuil deifir mór idir an bPurgadóir[6]
seo an beata priblédois, agus an Purgadóir coitceann
bíos tar éis an báis cinnte pangamuil,[7] agus go bfuil an
céad Purgadóir neamhaitrigeac[8] agus an Purgadóir eile
aitrigeac, agus tair éis an báis bí Purgadóir aitrigeac
agus neamhaitrigeac ann do réir na háite agus na
haimsire[9] agus na ccionnta.

Ag sin críoc an trácta so[10] ar Phurgadóir Phattruicc,
ar na tarrang[11] ar ttúis a nGaodailge as Frainncis[12] leis
an Atair Tomás Wellsingham,[13] Sagart Éirionnac, do
friot leis a mbeata Naom Éirionnac, agus do cait féin
a beata agus a aimsir go críostamuil caitiolca gur fulang
Martra ar son a creidim ; agus ar na aitsgríobad le
Tagag Ó Ragallaig, Anno Domni 1727, November the 20th;
agus ar na treassgríobad le Diarmuid Ó Mulcaoinne,
Anno Domni 1769, August the 9th, cum úsáide Aindréis
Mac Matgamna.

Mur fuaireas sirim
Guide an léigteóra
ar anmuinn
mo mharb
o
———
7c.

---

[1] A. Dionoisius Chartusianus. [2] A. ttaisbeánta.
[3] A. nác éagcosmhuil leis so do hinnisead leo agus dá ttugadar creideamhuin gan contabairt.
[4] De tempore, et materia purgationis, et jubiecto purgabili in hoc Purgatorio, F. Cap. XIII. [5] L. tabair dod taire.
[6] A. so an beata priblédois agus an purgadóir coitcionn bíos, etc. ; F. in quo latum est discrimen inter hoc Purgatorium privilegiatum, ac vitalitium ut sic loquar et alterum illud universale et posthumum.
[7] Léig "ponncamhail." [8] L. neamhaigrígeac. [9] L. áimsiora?; A. aimsire.
[10] L. sin ; A. so. [11] L. air na tarang ; A. iar na tarrang. [12] L. Frainngcis
[13] féac leat Aguisín N.

Aguisín

A Is mar seo do bí an adairt(1) i láimscríbinn 23 L24: "atá do bit nádúrta ag lucht na Críce sin .1. Éire. Do brigg gurab ollaime iad tré neam-éolus armuile ná cinneada eile an uair tigid siad iad féin cionntach gurab iad is ollaime. Agus as aibíde cum léoirgníoma agus aitreachais do déanam ionnta."

(2) I láimscríbinn 24 A13 : "do cuir roime loirgníom do déanam le Dia atá do bit nádúire ag lucht na críce seo .1. Éire do brig gurb alluime iad tré neam-eolus cum uile. Gidead an uair do tigid siad iad féin cionntach, gurab iad as olluime aibíde uim leóirgníom agus aitrige do déanam."

(3) I láimscríbinn 23 M24 : "Atáid da bíot nádúrta ag lucht na críce si na héiriann do brig gurab ollaime iad tre neamolus cum uile na cineada a eile, an uair tuigid siad iad féin cionntach, gurab iad is ollaime agus is aibige cum loirgníoma agus aitreachais do déanam ionnta."

(4) I láimscríbinn 23 M50 : "Atá do bit nádúrta ag lucht na críce sin Éire do brig gurb ollaime iad tré neimeolus cum uile, na cineada eile an uair tuigid siad iad féin cionntach, gurb iad as ollaime agus as aibíde uim leoirgníom agus uim aitreachus do déanam ionnta."

(5) I Florilegium Insulae Sanctorum : "Habent enim hoc quasi naturaliter homines illius patriae, ut sicut alterius gentis hominibus per ignorantiam promptiores ad malum : ita dum se errasse cognoverint, promptiores et stabiliores sunt ad poenitendum.

B. 23 M50. Adubairt nac diongnad ar aon cor go dul san uaim.

24 A13. Adubairt an Soigdiúir ná glacad air aon cor go dul san uaim.

23 L24. Adubairt an Sáigdiúir nác léigfe de air aon cor gan dul san uaim.

Florilegium. Miles vero respondit, se nulla hoc ratione facturum, donec praefatum intraret Purgatorium.

C. Florilegium—quibus expletis mane Missa a Priore celebrata, sacra communione Militem communivit, convocatis fratribus, et clero vicino, adductum ad speluncae introitum, aqua cum benedicta aspersit aperto ostio, dixit.

D. Florilegium. Aulam invenies artificiosissime fabricatam.

E 24 A13. Níor imeaglaḋ é ón mḃaoġal sin ċáċ.
23 M24. Nír imeaglaiġ e na baoġuil sin ċaċ.
23 M50. Ní imeaglaiġ é na baoġail sin ċáiċ.

F. 23 L24. Aġus le nar ġnáit le clóiḋeaṁ iarrnúiḋe oul ċum caṫa le ḋeaṁnaiḃ eisionn le clóiḋeaṁ as crúaiḋe le creiḋioṁ le ḋóċċas aġus le ceart a nḋóċċus amór trocaire Ḋia ḋo ċúaḋ ċum cóṁraicc aġus ċum cataiġṫe leis na haiḃséoiriḋe.

24 A13. Aġus le nar ġnáṫ re cloiḋeaṁ iariuinn oul ċum caṫa re anaṁaḋaiḃ eision a oul ċum caṫa re ḋeaṁnaiḃ re cloiḋeaṁ is cruaḋ re creiḋioṁ re ḋóċċus ; re ceart an ḋóċċus a mór trocaire Ḋé ; ḋo ċuaiḋ ċum cóṁraic aġus ċum caṫa leis na haḋḃairseóiriḋe.

23 M50. Le nar ġnáṫ le claiḋeaṁ iarnaiḋe oul ċum caṫa le ḋeaṁan, eision le claiḋeaṁ as cruaiḋe, le creiḋeaḋ aġus le ḋóċus, aġus le ceart an ḋóċuis a mor triocaire Ḋé, ḋo ċuaiḋ cuṁ coṁrac aġus ċum cataiġṫe leis na haḋ-ḃarséoiriḋe.

Florilegium-Miles . . . non formidabat periculum et qui quondam ferro munitus, pugnis interfuit hominum: modo ferro durior, fide, spe, et iustitia armatus, de Dei misericordia praesumens, confidenter ad pugnam prorupit Daemonum.

G. 23 L24. Aġus é air na éiḋeaḋ aġus na árḋġaḃáil le lúiṫreaċ an ċirt aġus an ḋóċċuis na beaṫa suṫaine ḋá ḋion ar a ceann aġus le sġéiṫ an Ċreiḋiṁ ḋo ḋion a ċoirp aġus ḋá ċoiṁċoiṁéaḋ.

24 A13. Ḋá éiḋe aġus ḋá árḋġaḃáil féin le luiriġ an ċirt aġus an ḋoċċuis buaiḋ aġus na beaṫa suṫaine ḋá ḋion ar ceann, aġus le scéiṫ an ċreiḋim ḋo ḋion a ċuirp, aġus ḋá ċoṁċoimeaḋ.

Florilegium. Miles itaque á viris illis solus relictus, ad novi generis militiam se instruere coepit et armis Christi munitus intrepidus expectat, quis eum Daemonum primo ad certamen provocet, iustitiae lorica induitur ; spei victoriae, salutisque æternæ, mens, ut caput, galea redimitur, scuto fidei pectus protegitur ; gladium etiam habuit verbum Dei, etc.

Voyage du Puys Sainct Patrix.

Comment le noble Chevalier Oben se arma des armures precieuses du Saulveur de tout le monde.

Ce voyant cestuy noble chevalier estre demouré seul, se delibera sans nul delay de soy armer pour combattre contre les dyables d'enfer. Incontinent print et vestit pour son haultberion,[1] justice, et pour son bassin[2] et, esperance destre saulve, pour son escu, foy, et pour son espée, le nom de Jesus.

H. 23 L24. As eaḋ umomro buḋ clóiḋeaṁ caitigte do
.1. briara Dé ag forġairim ÍOSA CRÍOST go ḋioġraiseaċ ionnus leis an mian Rioġḋa ró áluinn san go ccosantúiḋe é air amasaiḋ úatḃásaiḋ a easgaraḋ.

24 A13. Is í, umora, buḋ ċlóiḋeaṁ caṫbuaḋaċ do,
.1. briatra Dé ag fiorġairm 1 Co. go ḋioġruiseaċ ionnas leis an mion-ríoġa ró áluinn sin go gcosantúiḋe é ar amus uatḃásaċ a eascaraḋ.

Florilegium "Devote invocans Jesum Christum, ut eo regio munimine tueatur, ne ab adversariis infestantibus superetur."

I. Florilegium. Ac si totus commoveretur orbis : et enim si omnes homines, et omnia animantia terrae, maris et aëris toto conamine pariter strepuissent maiorem tumultum (ut ei videbatur) non facerent.

J. 23 L24. Do tairingeaḋar cum na gcríoċ é ina néirge an ġrian améoḋan an tsáṁra, ansin do filliodar beagán buḋ ḋeas air nimteaċt tré ġleann ró áiḋḃseaċ ró leatan mar an éirgean an ġrian améoḋan an ġéiṁreaḋ.

24 A13. Taraingeaḋar é tré ġleann ró áiḋḃsioċ ró leatan mar an éirġion an ġrian a meaḋon an tSaṁra annsin do filleaḋar beagán buḋ ḋeas.

Florilegium. Traxerunt autem illum versus fines illos, ubi Sol oritur in media aestate ; cumque illuc venissent tanquam in finem mundi, coeperunt dextrorsum converti, & per vallem latissimam tendere, versus illam partem, qua Sol oritur media hyeme.

K. Florilegium. Haec, inquiunt Daemones, quae isti patiuntur, patieris, nisi reverti volueris, quae tamen tolerant prius videbis. Ministri igitur tartarei, ex utraque parte alii contra alios, vectes ferreos inter rotae radios impingentes, eam tanta agilitate rotabant, ut in ea pendentium nullum omnino ab alio posset discernere, quia præ nimia cursus celeritate, tanquam circulus igneus apparebat.

[1] Léiġ "haubergeon."   [2] Léiġ "bassinet."

L. Florilegium. Pons veró protendebatur ultra flumen, in quo tria quasi impossibilia, et transeuntibus valde formidanda videbantur : unum, quod ita lubricus erat, ut etiamsi latus fuerit, nullus vel vix aliquis in eo pedem figere posset ; alterum, quod tam strictus et gracilis erat, ut nullus in eo stare, vel ambulare valeret ; tertium quod tam altus erat, et a flumine remotus, ut horrendum esset deorsum aspicere.

M. Florilegium. Talium igitur et tantorum fuit in illa requie iustorum militi delectabilis aspectus, nec minor eorundem harmoniae, suavis et ineffabilior dulcis auditus : undique audivit Sanctorum concentum, Dei laudes personantium ; singuli vero de propria foelicitate gaudebant, sed et de aliorum gaudio singuli exultabant.

N. Maidir leis an Atair Tomás Wellsingham atá 1 gceist annso, cuaid diom aon eolus cruinn d'fagáil air. Seo mar a cuirtear síos ar manac, dar'b' ainm dó Thomas Walsingham, san " Dictionary of National Biography ": " Walsingham Thomas (d. 1422 ?), monk and historian . . . . native of Norfolk . . . before 1388 compiled work, " Chronica Majora," well known as a book of reference. Ní dóic liom gurb'é sin an t-Atair Wellsingham atá 1 gceist san láimscríbinn.

Tá cur síos san " Dictionary of National Biography " ar fear darb' ainm dó Edward Walsingham (fl. 1643-1659). Di an fear so sa bfrainnc agus 1 néirinn leis. Fuair sé bás tar lear. " His name doesn't occur in the State Papers after the Restoration. He possibly entered some Roman Catholic Order, and died abroad." Ceapann an t-Atair Boyle gurb' é sin an sagart atá 1 gceist annso agam. Ní dóic liom féin gurb' é an fear céadna é. Ní deirtear go bfuair Edward Walsingham bás ar son a creidim.

D'é tuairim an Craoibín nác Wellsingham ba ceart a beit ann 1 naon cor ac Messingham. Caitim a rád nác ró-sásta atáim leis an miniugad san ac oiread. Níor mairtíreac Messingham agus do réir an Atar Boyle, níor scríob sé aon rud riam sa bfraincis ná 1 ngaoluinn ar Purgadóir Pádraig Naomta. Caitim a rád go bfuilim 1 bpúnnc.

Seo mar a cuirtear síos ar an Atair Tomás Wellsingham 1 láimscríbinn 24 A13 : " Iar na tarrang a ngaoibeilge as adar fraincise leis an Atair Tomás Welsingham Sagart Eirionnac do frit leis a mbeata naoim Eirionnac, agus do cait féin aimsear go

Críosdamhuil Catoilice, agus d'fuiling martra air son a creidim don taob tall d'fairge. CRÍOC." Níor éirig leis an Atair Boyle teact ar aon cóip frannčač de'n Tuarusgabáil. Ní fuláir nó tá a leiteid ann. Seo mar adeir Georges Dottin 'na taob :—
"Messingham a écrit en latin, mais il a paru une traduction francaise de son livre dés 1624. Il n'a pas traduit son livre en irlandais que je sache."
O. Florilegium. Aliorum quoque colla, brachia, vel totum corpus, serpentes igniti circumdabant, et capita sua pectoribus miserorum imprimentes, ignitum aculeum oris sui in cordibus eorum infigebant. Bufones etiam mirae magnitudinis, et tanquam ignei, videbantur super quorundam pectora sedere, et rostra sua deformia infigentes, quasi eorum corda conarentur extrahere.

Fuaireas an dán so leanas san R.I.A. i láimscríbinn 23 M46.
The Pilgrimage of Lough Derg, according to the Psalter of Cashel.

Do réir Psaltrač Caisil Turas Loča Deirge.
A duine téid go loč Dearg
Ná coimnig fuat fodla[1] ná fearg
Taisge na rainnsi mar ualač lóin[2]
Leigeas réid gač annróda.
Paidir Avé agus Cré
Air do glúinib don gcéidréim
Ag an Altóir mór iar tteact tar tuinn
Go Dún Paidric Mic Calpuirn.
Ar do glúinib is deimin liom
Mar ndéantear iodbairt an Aiffrinn
Trí Paidre trí Avé is Cré
A nonóir an tí is geal gné.
A nonóir an páis fuair an Rí
Do seact ndeičneamair an treas ní
Le gač deičneamair cuir paidir tort
Go ndéanair suas an uimir ceart.
Seact leaptačad pianta gan bréig
Tá bfotair Pádruic san oileán
Dualgas gač leapta sa hurnuige béoil
O leabuig Breinin go hAideog.[3]
Trí Paidre don taob amuig

---

[1] H. falad.
[2] M.S. lóin. Cuireas isteač sínead fada annso agus annsúd sa dán so tuas ré mar čonnac gábad leis.
[3] Go leaba Naom Dabeoc. Is ionann Dabeoc ⁊ Aibeog.

Fá gach leabuig pianta
Trí Avé mar aon is Cré
Do réir ráidte na naomhcléir.
Ireadsin oile agus ní gó
Air do glúinib faoi annródh
A n-dorus gach leabta dá bfuil ann
Do réir riagail an táilgion.
Iread oile don taob astoig
Sul do rachum air ar ngluíne
Trí huaire ag dul hart
Air leacaib loma táirnoct.
Trí Paidre trí Avé is Cré
Ar lár gach leapta is gnátgéar
Ar do glúinib is coimhin linn
Ní bfuil an ainbfios oruinn.
Is mitid damsa triall tar tuinn
Go leaca dub an Táilgion
Mar bfuil cosáin géara crúaide
Lán do staide fuil ruaide.
Cúig paidreacha cúig Avé is Cré
A ttimcioll na leaca láingéir
Trí huaire go n-iomad cloc
San linn lé cosa lomnoct.
Cúig paidreacha cúig Avé is Cre
Dualgas gach leapta láingéir
Ar do glúinib air an leic go lí
Gab eolus uaim a Criostuige.
Gluaismid go leac na mbonn
I nair¹ bfágair furtact an tannbfann²
Paidir Avé agus Cré go cóir
A sé a deirtior na honóir.
Ón leic sin gluaistior linn
Go haltóir móir an Táilgion
Aon Paidir Avé is Cré
Air dó glúinib gan leitsgéal.
Gluaisiom as sin asteac
Go dún glanta na bpeacach
Abramaoid air psaltuir ann
Ar ar nglúinib ag an nAifrionn.
Oct ttráta déag ar ttéarma an[n]
Air di[t]coda agus comhrann
Uair gach lá bu mór air ngráinn
Air aon cuid uisge agus aráin.
A n-deire oidce goirtior [s]inn

---

¹ mar? ² mar do geib furtact an t-anbfann.

Ré cloȝcléiriȝ an aifrinn
air bfriteolað bás is ȝuiðe
le teaȝallaċ paðruiȝ ainȝliȝe.
Ceitre húaire fióćioð ȝan tsuan
a ȝcairċair ċomȝan¹ ċaolċruaið
ȝan air ðo ċomas teaċt as ȝo tric
as uaim ȝluasaið paðruic.
Críċ ar tturas ðo nitear linn
Re trí tonna ðon loċ sinonn
ȝo ttiȝmíð slán ðair nðún
ȝan fuat ȝan formað ȝan mírún.

De Monte Excelso, & Flumine Frigidissimo ad quod Daemones Militem traxerunt.

"Recedentes autem a domo illa perrexerunt in montem excelsum, et ostenderunt ei utriusque sexus homines, et aetatis diversae multitudinem copiosam, comparatione quorum, pauci videbantur ei omnes, quos ante viderat, omnes nudi sedebant super digitos pedum curvati. Hi quasi mortem cum tremore postulantes, versus Aquilonem incedebant. Cumque miraretur Miles, quid haec misera multitudo praestolaretur, unus Daemonum ait ad eum : forte miraris quid tanto cum timore populus hic expectat : nisi nobis consentiens reverti volueris, scies quid tam tremebundus expectat. Vix Daemon verba finierat et ecce ventus turbinis ab Aquilone veniebat, qui et ipsos Daemones, et cum eis Militem, totumque populum illum arripuit, et in quoddam flumen foetidum ac frigidissimum, in aliam montis partem, flentes et miserabiliter euilantes proiecit, in quo inæstimabili frigore vexabantur : Et cum de aqua frigidissima surgere conarentur, Daemones super aquam currentes, eos incessanter submerserunt. At Miles adiutoris sui non immemor, nomen Christi reclamans, in alia ripa se sine mora reperit."²

Comment le noble chevalier, luy estant en la sale, entendit les hydeux crys et espouventemens des horribles dyables, etc.³

Quant les prestres eurent laissé le chevalier et quilz leurent bien enhorté de ce quil devoit dire, le noble chevalier se mist a genoulx au milieu de la sale, requerant Nostre Seigneur quil luy pleust de luy estre en ayde. Incontinent vindrent grans multitude de dyables autour de luy qui faisoient grans crys et grans

¹ ȝann? ² féaċ leat "Florilegium Insulae Sanctorum."
³ féaċ leat "Le Voyagdy Puys Sainct Patrix," eatanaċ a 11

bruys et si grans tormens, quil sembloit parfaitement que toutes les villes, cités, chasteaulx, roches, rivieres et montaignes combatissent toutes ensemble, et se le chevalier neust esté bien en garde de la puissance de Dieu, laquelle estoit avec luy, incontinent il fust sailly hors de son sens. Et puys entrerent en la sale grans nombre de dyables en diverses manieres et en diverses formes, lesquelz avoient tres horribles figures, et tres horribles et fiers regars, que nul ne fust quil les vist quil ne saillist hors de sens. Et promptement vindrent autour dudict chevalier et luy commencerent en leur mocquans et truffans de luy á dire : Certes, mon amy, nous te devons tres bien aymer, car les aultres hommes ne nous viennent point veoir jusques apres leur mort, et tu nous es venu visiter durant ta vie ; parquoy nous te devons mieulx guerdonner que les aultres, car tu as desservy destre en nostre compaignie, en laquelle tu as desiré et desires estre longtemps ; parquoy tout ce que tu demandes et desires tu auras abondamment car tu souffriras les peines que pour tes pechez as desservy, et pour ton bon guerdon tu auras de grans et de divers tormens et douleurs en ta compaignie. Toutefoys, á cause que tu nous as moult bien servis, se tu veulx, nous te retournerons au pertuys par oú tu es entrè, affin que tu retournes au monde pour prendre tous les delictz et ebatz de ton corps. Pourquoy choisiz lequel que tu vouldras faire, ou de retourner, ou de demourer, non pourtant, nous te conseillons que tu ten retournes.

Ag cuR an CRáctaið seo le céile ðom sið 1að na leaðair a léigeas :

Ailt san "Catholic Encyclopædia" agus san "Dictionary of National Biography."

"Le Voyage Du Puys Sainct Patrix Auquel lieu on voit Les Peines De Purgatoire et aussi Les Joyes De Paradis." Reimpression Textuelle, augmentée d'une notice Bibliographique, par Philomneste, Junior, Genère chez Gay et Fils Ed., 1867. " Histoire de la Vie et Du Purgatoire de S. Patrice," mis en François par R. P. François Bouillon, de l'Ordre de S. François, et Bachelier en Theologie. Nouvelle Ed., 1738. (17 A63 R.I.A.).

"St. Patrick's Purgatory Lough Derg," by Rev. D. Canon O'Connor, P.P., Duffy and Co., Ltd., Dublin, 1903.

"A Haven of Peace : St Patrick's Purgatory, Lough Derg," by Margaret Gibbons," Fermanagh Herald," Enniskillen, 1919.

"St. Patrick's Purgatory," by Rev. St. John Seymour, B.D., Tempest, Dundalk, 1918.

"St. Patrick and Purgatory Island," by W. A. Henderson, see "Journal of the National Literary Society of Ireland," Vol. II., Part I. 1916.

"Hermathena." Vol. XL., 1914, and No. XLIII.

"ᴵᴿᴵˢᴸᴱᴬᴮᴬᴿ ɴᴀ ɢᴀᴇᴅɪʟɢᴇ." Mí na nodlag, 1900.

"ᴵᴿᴵˢᴸᴱᴬᴮᴬᴿ ɴᴀ ɢᴀᴇᴅɪʟɢᴇ." Vol. IV., p. 190.

"An Irish Precursor of Dante," by C. S. Boswell. Grimm Library.

O'Donovan. Ordance Survey of Ireland Antiquities, County of Donegal, Letters, 1835.

Essay on "The Dittamondo" in "Irish Monthly," of 1884.

Matthaei Parsiensis "Chronica Majora," Vol. II., p. 192. (London, 1874).

Trias Thaumaturga (Lovanii Anno M. Dc. XLVII.), p. 273.

Ledwich's "Antiquities of Ireland." Second edition, Dublin, 1804.

"The Antiquities of Ireland," by Sir James Ware, Knt., Dublin, 1705.

Foclóir.

Aimarṁarċaċ, adj., precipitant powerful.
Aimarsma, s. m., evil consequence.
Aimmínte, s., animals.
An portann, m., outrage.
Bic, s, custom, habit.
Ceastúnaċ, s. m., executioner.
Ciaraċ, adj., waxen.
Ciaṁair, adj., sad, gloomy.
Ciónaim, tr., I comb, tease. Do ciora siad=they combed ?
Coimcin, s. f., a controversy.
Déarṁar=tearful.
Dóiṁeasda, adj., inestimable.

Paitíseaċ=paitċeasaċ, adj., fearful, timid, afraid.
Priaċnaṁaċ=príoċaṁaċ, a., careful, diligent.
Inmimionncaṁla, probably, "ointment-like."
Mion-sgotaċ, adj., having fine delicate flowers.
Roisin, s., rosin.
Suigeaṁ=suiró ioṁ, s., a proof.
Cárrċaim, I seize, lay hold of. Do cartais an bás iad=death siezed them.
Cioblaicim, I accompany ; cioblcaiea-dar=cionnlacadar.
Usca, s., incense.

Táin Bó Geanainn

Máiréad Ní Ghráda do chuir i n-eagar

Ba í Mairgréad Ní Ghráda do rinne cóip de'n sgéal so ar dtús. Do chuir sí an sgéal isteach i dtráchtas do sgríob sí i gcómhair an M.A. ar "An Aoir i n-Éirinn." D'iarras uirri ceadh do thabairt dom é do chlóbualadh ann so, agus thug sí sin dam go fial. Ó nach bhfuil sí anois 'na cómhuirde i mBaile Átha Cliath chuaidh mé féin go dtí na láimh-sgríbhinní as ar tharraing sí an sgéal so, agus rinne mé comparáid idir an téx agus iad; chuireamar síos insna nótaíbh na rudaí ba thábhachtuige. Tá na láimh-sgríbhinní comh dona sin gur cheartaigh Mairgréad Ní Ghráda an litriughadh do réir mar do bí sí 'ghá sgríobadh, agus béidh, ar ndóigh, an léightheóir buidheach di. Acht tuigeadh an léightheóir nach bhfuil aon dá líne de'n téx seo clóbuailte i ndiaidh a chéile go díreach mar tá siad insan mbun-sgríbhinn, gan cheartughadh éigin do dhéanamh ar an litriughadh. Is láimh-sgríbhinn mhór bhreágh 23.O.35. Tar éis Táin Bo Geanainn do críochnughadh cuireann an sgríobuidhe a ainm féin síos mar "Bryan Ó Ferrall," agus arís ar leathanach 382, láimh le deireadh an leabair, sgríobhann sé é mar seo "Brian Mac Padruig Uí Fearragoil mic Semuis aosda mic Shemuis na mbullóg Mic Iarrail-bain Ó Tirlicin cunde an Lung-pt." I n-áit eile sgríobhann sé "B. Ó Fearraoil." Tá dátaí éagsamhla san MS. Léigmid ag leathanach 70 "finitur hac die vigessimo quinto Novber anno Domini milessimo septuagessimo bis viginti & nono—1749." Acht ar an leathanach 'na dhiaidh sin tá 1773 mar dháta. Agus tar éis an Táin Bo sgríobhann sé an rann so:

Seacht gceud déug gan bhreig sa seachdomuadh
An ceathar dá eis fa seun gan díombuadh
Aois Mic Dé do réir gach cruthudh
Gur sgríobhas an taeb so an céad lá Fábruadh.

Agus tá trí rainn eile aige 'ghá leanamhain, do cheap sé féin is dóigh. Seo iad go díreach mar tá siad san láimh-sgríbhinn gan aon athrughadh, agus tuigfid an léightheóir uatha sin comh riachtanach agus bí sé a litriughadh do cheartughadh mar do cheartaigh Mairgréad Ní Ghráda é.

An ceann sa Laim do rinnigh an obair
Sa mbaille an tobbair ataid na gceó
A leigteoir aonmhuin beir mur misse
Cuimnid orramsa ós tú taoi beó.

Gach neach a leigfios ann do chlár
No dom dáim do chuaid fán ccre
No thiucfios air a sliucht go brát
Go raib andún Mic Maire amolladh dé.

O tarlaigh mobairse an do laim
A leigteoir blait an cummaoin caoin
Abair Paidir is cre gan spas
Agus psalm ard re anam Brin.

Tá an laimh-sgríbhinn eile, 23 A. 49. go holc ar fad. Tosnuigheann an Táin Bó ag leathanach 33 fa ainm "Actora Peadin Mic Conrig, 7c" agus críochnuigteár é ag leathanach 104 leis na foclaib seo: "Gona í sin cat lisín Uí Dunacain no Tona Bo Geanainn agus cloinne Conrig ar na sgríob le Seumas O Treasaig an téanmhadh lae déug do mí Marta

(49)

[55]

aois an tiarna seadh bliadhna ar seacht ccéad ar seacht cc7 ar míle." Tá
dá no b'éidir ceithre leathanaighe de'n Táin bó caillte as, agus ní'l ann
ar fághail anois acht go dtí leathanach 115. Is dóigh gur i Laighean ó thuaidh
nó i gCúige Uladh ó dheas do rinneadh í, óir tá dán leis an Dall Mac
Cuarta ann.
Níor féadas breith ar 23 H 36, a bheag ná a mhór. Acht tá beagán línte
as an dán " Freagair me a Bhriain " i 23. L. 1 ag leathanach 182, ag tos-
nughadh mar so " Cuire troda no challenge Seamuis Uí Geanain do chlainn
Tomais Mic Lobuis Ladhrurdh Mic Liobhair Lobta Mic Drachopeist
Mic Belsebub cum Brian coirnceithe : riogbhodach don cinneal diab-
luidhe céadna," agus curdh de'n freagra. Acht níor thuig an sgríobuidhe
an meadaracht agus tá na línte measgtha trí na chéile.
Insna nótaibh is ionann " MS." nó " O " agus 23.O.35. Is ionann
A agus 23. A. 49.—An Craoibín.

Tá, ar a luigheadh, trí cóipeanna de'n sgéal so le
fághail san Acadamh Ríoghamhail, mar atá :
   23 O 35, leathanach a 105,
   23 A 49,   ,,   ,, 33,
   23 H 36, an chuid deireannach de,
agus na dteannta san tá freagra na " Chaillinge " le
fághail i Ls. 23 L 1, leathanach a 182. Is é an chéad cheann,
23 O 35, an chóip is fearr agus is soiléire orta agus is é
atá i gcló annso. Sa bhliain a 1774 a sgríobhadh é sin, ac
déarfainn gur ceapadh an sgéal um tosach na h-ochtmhadh
aoise déag. Ní luadhtar ainm an ughdair i n-aon chóip
de dá bhfuil feicithe agam ac is é is dóchaighe gurab é Seán
Ó Neachtain a cheap é. Ar an gcéad dul síos tá ana-
dheallramh ag an " dTáin " le " Stair Éamuinn Uí Chléire " ;
tá an stíl chéadna, an nós céadna cainnte, na focail éag-
samhla céadna agus fiú amháin na h-eachtraí céadna sa
dá sgéal, ar chuma go ndeallróchadh sé gurab ionann ughdar
dóibh. I gCondae Roscomáin—condae dúthcais Seáin Uí
Neachtain—is eadh a tárluigheann an " Táin," agus is léir
ó chuid des na focail atá ann, mar atá " pféin " i n-ionadh
" féin," gur duine ó'n gCondae sin a cheap é. Agus sa
láimhsgríbhinn seo adeirim .i. 23 O 35, tá cur síos ar
dán a chúm Seán Ó Neachtain darab tosach " Racfuinn fon
gcoill leat." Ar na h-adhbhair sin déarfuinn gur dócha
gurb é Seán a cheap an aisde seo Táin bó Geanainn.

Aoir is eadh é ar lucht aithrise na nGall, lucht tréigte
nós na nGael agus lucht leanamhna nós na " n-uasal." Dar
leis an ughdar gur dream íseal meatta iad, dream atá
go maith chun baothchainnt bhragaracta a dhéanamh i dtighthibh
óil ac ná leigeann eagla dhóibh beart do dhéanamh de réir
na cainnte, dream ná bíonn dána ac an uair a bíonn a
mbolg lán. An té is léigeanta orta níl de léiginn air ac

táin bó ʒeanainn

ʒo ʀaib sé "naoi mbliana 'na cléiʀeac uisce, aʒus, baʀ n'bóiʒ, liteaʀba tʀíb sin."
Tá an "Táin" cuʀta le céile ʒo mait maʀ sʒéal. Is puinte be sʒéal é ná "páiʀlemint Clainne Tomáis." Níl aon eactʀaí ná cúntaisí ann ac eactʀaí aʒus cúntaisí ʒo bpuil ʒáb leo, muʀab ionann aʒus an "páiʀlemint." Ac tá an iomab Rabelaiserie ann aʒus an iomab "ʒleoʀán" maʀ a tuʒann Seán Ó Neactain péin oʀta i "Staiʀ Éamuinn Uí Cléiʀe."

táin bó ʒeanainn

Eactʀa Clainne Tomáis Míc Lóbuis, nó Tána Bó ʒeannain, ʀis a ʀáibteaʀ aiste Seamuis ʒaʀb-ʒlóʀaiʒ ʒeannain aʒus Páibin ciʀébiʒ Míc Conʀíoʒ, bís baoʀbaḷḷac cobʀomunta ó aʀ pás substainb aʒus éipeact na h-aiste seo 'náʀ n'béiʒ.

Lá n-aon baʀ eiʀiʒ coimling coʀʀáin, comóʀab aonaiʒ aʒus luabʀab aʀ láibiʀeact ibiʀ bís baoʀbaḷḷac bʀanntánac bo cinél cobaʀsnac Clainne Tomáis Míc Láibiʀ Míc Lóbuis, .i. meiteal móʀábbal[1] bobaiʒ bo bí aʒ móʀ-ʒeaʀʀab maiʒib aʒus macaiʀí san mbaile bá nʒoiʀteaʀ Lios-Lactna bon taob ó beas bo Cʀuacain Connacta, .i. Séamus ʒaʀb-ʒlóʀac Mac Ʒeannain[2] aʒus Páibin ciʀéabac Mac[3] Conʀíoʒ a n-anmanna, bís bʀeaḷḷáin[4] mí-ʒásta,[5] ó btáinic iomab iomuʀmaiʒ aʒus ceannaiʀc etoʀʀa, ionus ʒuʀ cáineab cinéal, aʒus ʒuʀ imbeaʀʒab[6] aitʀeaca, aʒus ʒuʀ masluiʒ-eab máitʀeaca, aʒus ʒuʀ ʒʀeannuiʒeab ʒoʀtuibe, aʒus ʒuʀ maoibeab meiʀtne aʒus meattact, aʒus ʒuʀ beaʀbab bʀoc-butcas, aʒus ʒuʀ luaibeab leatcuma aʒus tʀuaiḷḷ-ibeact na bíse sin leat aʀ leat bá céile ; aʒus ba h-é sin an céab béim laocbuailte bí aʒ an bís cúl-ʒaisʒibeac sin aʀ aʀoile.*

Ʒíbeab iaʀ ʒcaiteam pʀuinn aʒus pʀíom-bínéiʀ bóib—óiʀ amail aʒus maʀ eiʀiʒeas misneac, meanman,[7] aʒus móʀ-aiʒeantact na n-uasal a n-aimsiʀ peiʀʒe nó píoʀ-calmacta is píʀinneac ʒo n-eiʀiʒeann boʀb-básbal aʒus buʀmuʀuas na mbobac n'bíomsac naimbiʒte an tʀát líonaib a mbʀuinn aʒus a méala bo cinéal ʒac cnapasnac, ʒíbeab, aʀ btʀaoctab[8] a méala aʒus a mbʀuinn, tʀaotaiʒ a btábact aʒus a misneac aʒus téib a neaʀt aʀ neimníb, act ceana, níoʀ tʀaotuiʒ teas ná tioslionnab na bíse ʀoim-ʀáibte an tan bo h-iomʀáibeab[9] aʀm-ʒonab aʒus

[1] MS. móʀábbal.   [2] MS. Maʒeannan.   [3] MS. Mic.   [4] MS. bʀillám.   [5] MS. mícšásbaiʒ.   [6] MS. imʒeaʀʀaʒab.   [7] MS. manmann.   [8] MS. btʀiotub.   [9] MS. iomʀaibeam.   *MS. aiʀ oile.

árd-comhrac eatorra agus sin ar deireadh a ndinnéir go ndubradar an laoidh, ag comfreagradh a céile mar seo :—

Séamus—
Innis dom,[1] a pháidín mheirbh, nár sgar ariamh re geirb ar tóin,
Cá bfuair tusa ionnat[2] féin a beit ag dréim liom pféin ná le mo phór.

Páidín—
Donus t'fiafraighe ort a thráill, do tuill fuat agus gráin na mban,
Tá gach aen neach do mo phréimh lán don tsonas go léir tart.

S.—I gcuan mharla agus gaineamh chruaidh fuair Mac Geannain[3] buaidh ar ghníomh,
I mbun caorach agus muc do bhíodh do stoc agus do shíol.

P.—Clann Mhic Geannain ar mbeit dóib ag ite búr bféir agus flit,
Bíodh sinne, clanna Conríogh, lán do thaois agus do mhin.

S.—Éiteach sin, a pháidín bric, fuagraim gleic dá chur i gcéill
Nó go ndíolfadh ar do cheann le neart comhlainn meang do béil.

P.—Ní rángas a neart is mé óg, tá mo mhéadal fós ag fás.
Acht cheana, mo bhrátair Brian bainfidh sé stiall do do thár.

S.—Tusa agus do bhrátair Brian an dá gheóchach lé ar mian taois,
Is air do chuirfinn mo Chubín chrón go dtachtfuinn le mo dhóid an dís.

P.—Cuirfeadh-sa an Clárach mar gheall, as ucht Briain is ceann ar lár,
Is gibé daoib do loicfeas an troid fágtar é gan bhoin go brát.

A h-aitle na laoidh sin dubairt Páidín le Séamus, do briatra bagaracha, leigean d'á chrapa crampbeil agus d'á muc ar gach mallainn agus d'á bagar magamhail do féin, agus nár b'é an direóil drannthánach dob' aitne do, óir go raib bun agus baránta aige do ciarfadh agus do chró-brispeadh a chraicionn agus a chríon-chnámha gan coigilt "agus ainmnigh áit an chata le chéile ar an látair seo."

[1] MS. dam.   [2] MS. ionnad.   [3] MS. mac ginnam.

táin bó geanainn

"Déanfad-sa áit an catha d'ainmniugad do'n cor-so .i. ag Lisín Uí Dunacáin i gcomgar macaire cruaid agus móna ionnus má bristear ár n-airm agus ár n-instreminti slaodbuailte go bfuigeam fód¹ fliuca fíormóna agus dornóga daingne diúbraice le freastal agus le friteála ar a céile ann; agus ní cuirfead fós fiosraige ar an uair ná ar an aimsir act gurab é amárac an lá óir cluinim gurab í an féil Partaláin atá ann; agus is dual agus is dleact agus fós is dútcas dom cinél a beit bríogmar bolgneartmar i n-aimsir na féile sin, óir is feólmar an pota agus is méit an meacan² agus is blátmar an pís agus an pónaire agus is géagac an gubáisde agus is gnátac geamdógaí cruitneactan go coitcinn innte."

Agus ar n-a rád sin do cuir d'fiacaib ar cléireac d'á clann-maicne do tárla ar an látair sin, eadon, Cuatalán ceannmór Ó Céirín leitir imdeargac .1. Chaillinge do sgríobad cun Páidín go borb agus do rinne sé féin a deactugad go glic mar seo :

"Freagair mise, a Briain Bruimnig, a fir nac soilbir aigne,
Cosain bó comórtais Páidín, cugat, a Draigín, Chaillinge,
Ar a hoct do'n clog amárac, má tá dánact an do croide,
A Lisín Uí Dunacáin amruid, bí armta am' coinne,
Ó siddille go súisde, ó corrán buana go colltar,
Ní bfuil arm ar bit dá géire nac³ bfuil ag Séamus ollam.
Cosain bó do brátar atá an árac an comlainn,
Ar do bás, a maoil meatta, ná lámaig a teact cun dórainn.
Brisfead do cnáma críona agus bun do sróine salaice,
Is ní beid fiacal id' dráinnt-se, act 'na h-aon mainnt bailbe.
Teact cugainn dár bfreagra ní leigfead duit ar eagla t' anma,
Ár dtaodugad 'sé do dubslán, a muirt tútáin na banba.

Ar gcríocnugad na Chaillinge sin agus ar sgarad le céile dóib gan mait ná mór obair do déanam d'á

---
¹ MS. fóide.   ² MS. meacam.
³ is mar sin atá sé i MS. 23 A 49, " ar a bfuil ag Séamus obaig " atá i MS. 23 O 35.

[59]

táin bó geanainn

máigistir an lá san, gluaiseas Séamus go cútail ceanniseal d'á tig, agus ba meirb, mí-aigeantac 'mun am san é, óir do cait calmact agus cumas a croíde le cáineaḋ Clainne Conríog, ionus gur craotuig teas agus tréinlíonaḋ a bruinne agus a méala, agus gur cuimnig aige féin go h-aitreac éagcaoineac ar cruas an connarta a n-a raib Cuibín fá críocnugaḋ an comlainn sin, agus ar dteact go h-ursain a tige féin do, ní h-aḋḃar misnig ná mór-meanman fuair ann, act a bean-céile ag gol agus ag géarcaoineaḋ fá a dtárla d'arguin agus do briseaḋ d'á botán an lá san. Óir ar mbeit amuig di ag ceangal crotail² agus cupóga¹ do táinig cú gortac a comarsan don tig ionus nár fág oiread uib éireóige dá raib de biaḋ nó beata sogluaiste i gcofair i gceis ná i gcuinneóig, gan cognaḋ, gan tslugaḋ, gan craosól. Mar do cualaig Séamus failbe agus fíor-argain a botáin a gceann gac imniḋe agus gac anróiḋ dá raib air, téid a luige d'á leabaig gan líonaḋ gan lánproinneaḋ agus fós gan lúsra na labra le n-a mnaoi ná le n-a leanbaí, ní nár gnátac leis, agus ní do ḋéanam codalta ná ciúinis do cuaiḋ ann act ag caoineaḋ crostacta agus cruaḋfortuin an connarta a n-a raib Cuibín go nduḃairt an laoiḋ ann—.

Mo ḋonus orm féin anoct,
Is mór do rinneas d'olc mo mná,
Cuir mé an Cuibín go cruaiḋ a dtrap
Nác sgaoilfear as go brát.

Dá ndéanfainn-se basdal go borb
A measg meitle, is mo bolg lán,
Níor cás nó gur cuireas mo mart
Mar árac as neart mo lám.

Argain mo botáin aniuḋ
Le ar cailleas mo cuid agus mó tám
Tá ag fáisdeana dom gan ceilt
Nac dóig dom-sa súil ré h-át.

'S doilig amárac dul a n-agaiḋ Briain
Le taosg meullaḋ nac tiac lán (?)
Fear óg éifeactac brúct³
Ag séideaḋ an drúct ar các.
Cá bfios an dtiocfaiḋ an troc
Agus go bfuiginn-se clú agus dá ba
Agus go mbéinn calma go h-éag
'S mo cineaḋ go tréan fó rat.

¹ MS. ceapóige. ² MS. crot. ³ 23.0.25. ór borb a brúctaḋ.

táin bó ʒeanainn

Do b'féidir ʒo bfuil se tinn,
¹'S ʒo mbeit trom-briseaḋ an ʒill air féin,
nó ʒur fáʒaiḋ Paidin amuiʒ
Mo litir is nár ċuir í a ʒcéill.
Déanfaḋ-sa comairle ḋeas
Seaċanóċaḋ an treas ʒan ḋit,
A ḋul rompa san áit ʒo moċ
'Sʒan fuireaċ, níor loic an ʒníoṁ.
Fuireóċaḋ ʒo bfeiceaḋ am' ḋáil
Tortán éiʒin mar ḋáil Briain
ʒo n-abraḋ leis má tiʒ ann
ʒur leiʒ tairis am an ʒliaiḋ,
ʒluaisfeaḋ annsin ḋom tiʒ
Is treise mo rit ná mo láṁ,²
Aʒ imḋearʒaḋ clainne Conríoʒ
Cluinfear mo ʒlaoi ʒo h-árḋ.
Uaṁan mo ċroicinn aʒus mo ċnáṁ
Orm araoin aʒus ʒráḋ mo bó,
Aʒus ʒiḋ ʒur mór m' eaʒla roiṁ an mbás
Cuḃín ʒur ċailleas cás is mó.

Ar ʒcríoċnuʒaḋ an ċóṁráiḋ ċaointeanaiʒ sin ḋó, tuit tatarsnaċ aʒus trom-ċoḋlaḋ air aʒus mar a ḃí a ċiall aʒus a ċuimne lán ḋe smuainiʒte siaḃarta síor-ċon-trárta, ní raiḃ taiḋbse ná taisḃeánaḋ ó neaṁ ʒo h-íoċtar Aiceron naċ raiḃ ḋá taiḋḃreaṁ aʒus ḋá taisḃeánaḋ mar fís aʒus mar aisling ḋo, aʒus ameasʒ ʒaċ mearaiʒe eile ḋar leis féin ʒo bfeaca a naiṁḋe buana .i. Paidin aʒus Brian ar talaṁ an ċoṁraic, aʒus iaḋ le ċéile marḃ ʒan anam ar a ḋtuitim araon re ċéile i mbuille-ċata ḋóiḃ, mar naċ ḃfuair siaḋ a ʒcéile ċoṁraic ann ċun a noiḃ-feirʒe ḋ'imirt air. Do ċonnaic mar an ʒcéaḋna an Cláraċ Caoṁaḋarcaċ .i. árac an ċata, ċeanʒailte cruaiḋ-ċoiṁraiʒte ar taoḃ na tulċa ʒan fear a feitiṁ ná a fíor-ċoimeáḋa aice ar n-a taḃairt ann le Paidin, mar ċrut-uʒaḋ aʒus mar ḋainʒniuʒaḋ ar ċonnraḋ an ċoṁraic. Bíoḋʒas Séamus as a tatarsnaċ aʒus as a trom-ċoḋlaḋ ar ḃfaicsint an aṁairc sin ḋo ; óir ní facaiʒ ariaṁ 'na ċoḋlaḋ ná 'na ḋúiseaċt aon ní ba h-aoiḃne leis 'ná an t-aṁarc san .i. a naiṁḋe ḃeit marḃ aʒus an ʒeall ʒan ʒuais, ʒan ʒáḋ, beirte aiʒe. Eirʒios 'na suiḋe as a lea-

---

¹ mar seo atá sé i MS. 23 A 49 : " ní trom bris an ʒéill air féin " atá i MS. 23 O 35.
² "Léim" atá i MS. 23 O 35. "Láṁ" atá i MS. 23 A 49.

táin bó ɡeanainn

baiɡ, óir ba sɡarað oiðce aɡus lae re céile an trát sin, aɡus ní ruɡ ð'arm ná ð'éiðe leis act laiðe líomta lán-ɡéir ar a taob clé aɡus colpán cnapac cruaið ðainɡean súisðe mar lurɡa lán-aisðir leis a n-a láim, aɡus ní ðo ðéanam cosaint ná cruaið-ðuailte ðo tuɡ iað san féin leis, óir ðo creið sé a naimðe a beit marb roime, act ðo tuɡ an méið sin ð'armaið atarða leis ionus ɡo mbeað siað aiɡe aɡ filleað 'na n-airm commaoiðte cosɡarta aiɡe aɡus ðo ɡluais roime ɡo troið-tapánta ɡo ráinic leit-imioll lisín Uí Ðunacáin; aɡus ðo timceall sé an talam fó trí aɡus ní bfuair sé ðuine ná bó, marb ná beo ann.

Is annsin ðo ɡlac sɡát aɡus scannrað é, óir ðo meas ɡo cinnte ɡur siaðrað síðe aɡus aimsiúɡað aibiarsóireacta ɡac fís aɡus ɡac feiteam foir-imeallac ðá bfeaca; aɡus ba cóm-foɡus ó n-a tiɡ é ɡo h-ait a marbta aɡus a mór-masla aɡus é ɡan fear anacail ná eaðrain ðar leis féin, ðo ðéanam síotcáin ná sábáil air. Aɡus is annsin ðo ɡab sé aɡ malluɡað[1] a sinnsir aɡus a pórcinéil ɡo nðubairt an laoið ann:

"Is fada le ðonus mo pór,
Is minic aoðraið ɡleo ar sít,[2]
Is ðual ðóib aimseóɡa aɡus olc,
Urcóið cinnte cnuic is síðe.

Dream nár coisreaɡað ɡo fóil,
Is líonmar meanɡ, móið aɡus bréaɡ
Dronɡ nac ðtréiɡeann siaðra suain
Crostact, coirpeact, uaill is éað.

Dronɡ ɡan urnuiɡte ɡan orð,
Aoðras coiðce ðo'n bolɡ lán,
Bráitre ðilse ðo Beilzebub,
Ɡið ɡar ðam-sa ɡac ɡlún atá.

Is ðireac ðo leanas a méin
Aɡ aoðrað ðo réir a nɡnás
Le ðtánɡas anois mo núar
San ionað so ar luað mo báis.[3]

Mar mbeit an aislinɡ aréir
Ní tiucfainn aɡus béinn aɡ triall
Aɡus ní beit in mo ɡeallað act ceó
Nó ɡur creiðeas nár beo Brian.

Mise ðo b'uaiðbreac inðé
Mo mallact ðom béal 'sðom láim,
An cás a bfuilim anois
Níor measas a tiɡeact am' ðáil.

[1] MS. mallað.   [2] MS. ɡloar siob.   [3] or luat A.

Áit do h-ainmneaḋ ċun troda
Is baoġlaċ liom fám ċois an fear
Bioḋ naċ dtiocfaḋ duine dár gcóir
A taisdiol dar ndóiġ is éag.
Má luiḋeam [1] luiḃte¹ dom ċeilt
Tiocfaiḋ siad an ḃeirt a ḃfeill,
Ag féaċaint uaim má eiriġim suas
Do ċifiḋ an sluaġ mo ċionn.
Gaisge ná méalaḋ ní buan
A dtraoċuġaḋ go luaṫ is gnáṫ,
Aiste airís ní ċuirfeaḋ geall
Táim gan teann gibé fáṫ.

Gíḋ gearr gairid d'fuiriġ Séamus ar tullaiġ an ċoṁ-
raic .1. an ceaṫruġaḋ cuid d'uair a ċlois, do b'fuiḋe
leis é ná trí bliaḋna i bpriosún purgadóra, óir is aṁlaiḋ
do ḃí sé an fead sin mar ḃog-ṡiḃinne ag siubal srota
agus ba iad san na clisiḋ céadfaḋaca agus níor b'iad
na creataiġ cosanta, óir an fead ḃí 'na ṡuiḋe nó 'na
luiġe a ndíogaiḃ an leasa 'dá follaċ ar aon duine dá
faicsint do ṡileaḋ naċ ḃfeicfeaḋ agus naċ motóċaḋ aon
[níḋ] nó go mbuailfeaḋ fear an ċoṁlainn 'na ċloigeann
é ; agus an tan d'eiriġeaḋ 'na leaṫ-ṡeasaṁ suas ag
déanaṁ faicsiona nó fiorċoiméad, do ṡileaḋ dá mbeit
dall gan tsúiliḃ trí ṁile d'fearann uaḋa go ḃfeicfeaḋ
é, ní ḋeineaḋ éan eiteallaḋ, agus ní ċorruiġeaḋ an gaoṫ
géag craoiḃe ná cluas corrċopóige náċ ṡileaḋ gur b'é
fear a ṁarḃa ḃíoḋ ag teaċt dá ionnsuiḋe, guraḃ é trosd
agus tormán a naiṁde a ḃí ċuige. . . . .
aċt do ṁeas, ó ḃí láiḋe aige, uaiġ agus áit anaċail do
toċailt do féin, óir do ṁeas go cinnte go marḃófaiḋe é
agus naċ mbeit de ġrástaiḃ ná de ġráḋ Dé a n-a eas-
cáirdiḃ a aḋlacan.
Giḋeaḋ, níor b' féidir leis aċt cruṫ agus compás na
h-uaiġe do ġearraḋ an tan do ċonnaic a n-imċian uaiḋ
óganaċ uasal de'n fairċe, d'eiriġ a moċtráṫ na maidne
sin d'féaċaint agus d'fiorċoiméad fásaiġ do ḃí a ngar
na h-áite sin. Agus ní luaite fuair Séamus aon aṁarc
air ná gur ṡíl go cinnte guraḃ é Brian agus Páidín do
ḃí ann agus gíḋ gur ṁeirḃ mí-aigeantaċ ó n-a moċ-eirġe
roiṁe sin é, tug a ġcaltaċt agus a ġuaisṁeattaċt bíṫ-
ṁeanma dó ionus gur ġluais roiṁe mar luas eilite nó
fearḃóige nó go ráiniġ fá ċuairim faḋ urċair bonsaiḋe
d'á tiġ, agus annsin d'féaċ 'na ḋiaiḋ go dána díolúnta,

¹ Luiḃtuiṫ O : lúḃtuiġ A.

agus mar nach bhfacaigh cóir ná tréan-leanamhaint air, do ghlac dánacht an mhadra girr a ndoras a tighe féin chuige, ionus gur chuir trí ghlaoidh gháibhteacha glan-gheamhghail as, dá chur a gcéill gur loic Brian agus Páidín an comhrac do fhreasdal.

Iar sin téid isteach d'á bhothán agus fuair a bhean ag éirghe as a h-iomdha agus as a h-ionad suaimhnis, agus d'innis di go tásgach treipleiseach¹ gur loic Brian agus Páidín an comhrac agus d'á bhrígh sin go mba leis féin onóir an chomhraic agus árach an chomhlainn. "Agus uime sin ullmhuigh fleadh agus féasda dúinn agus bíodh fios agat go dtiocfaidh cábhlach agus comhluadar d'ár gcleamhnuighthe agus d'ár gcáirdibh agus d'ár gcáirdisibh Críost i gcoinne an eadradh² so indiu, d'fios críche an chomhraic agus an chonnartha do ceangladh indé do láthair Cloinne Conríogh. Agus a buidhe le mo mhisneach agus le mo mhórtapa mise do bhreith an ghill, agus iad san gan chlú gan oirdheárcas le n-a saoghal, agus is agat-sa, a Una, bhéas sochar na Cláraighe .i. bó Páidín preabánaigh as so amach go bráth. Uime sin dealbhuigh dinnéar taidhbseach dúinn agus rachaidh mise do ghlacadh suain agus sámháin dom leabaidh go raibh an phroinn sin ionchaithte, agus dubhairt Séamus an laoidh ann :—

Ollmhuigh gan mhoill ár ndinnéar,
Is craosach citréib an chomhraic.
Tiucfaidh indiu dár bhféacaint
Cábhlach d'ár gcéile cómhghuis.
Tiucfaidh ann Diarmuid dranntach
Murchadh manntach agus Mághnus,
Drong do líonfas a sacáin,
Lucht gach alpáin do chárnadh.
Líontar an púistiún³ fairsing
Do gach grafainn is dúthchas,
Cuir gubáisde ann is meacain,
Is gan amhras potátaigh rútha.
Ná dearmad fós an práiscín
Bíodh ag ár máitrín críona,
Bun agus bárr gach taippe⁴
Do ghní an phraiseach bhríoghmhar.
Ná déan-sa an t-arán golach
Ná lean do shochus Mhághnuis
Acht deintear dúinn an tréan-taos
Ó 'sé bhíos bríoghmhar sáiteach.

---

¹ MS. sic. tasgamhail A. ² MS. sic. an neadartha A. ³ MS. púistiun. A poistinn.
⁴ Sic. A taipadh.

Táin bó Geanainn

Bíoð agat-sa 'na gcoinne, a Úna,
Stánað an clúðaiġ is an tubán
Le meanmna mór fan gcúis seo
Lán do ċnuasaċ is do bracán.

A h-aiċle na laoið sin téið 'na luiġe ðá leabaið agus ċuit a ðtromṡuan agus a samán tar éis a bfuair sé de sgannrað agus d'uaṫbás ar tullaiġ an ċomraic roime sin, agus fágfaimid mar sin é go ðtrásða agus labrfaimid seal eile ar Páiðín agus ar teaċtaireaċt na Ċailinge.

Dála Páiðín ar nglacað leitre na Ċailinge ðó do gluais roime mar luas eilite nó fearbóige nó go ráinig go teaċ Óriain, a ḃrátair, agus ba ṡona, séanamail an t-am a n-a ndeaċaið ann ċun an ċomraic do ċur ar aġaið, óir is í an oiðċe sin do bí féasða na feilleartra[1] a dtiġ Óriain agus do báðar octar (mar a h-ainmnigtear san bfoġmar iað .1. ċeitre iomaire buana) a bfoċair Óriain an oiðċe sin, do bí ag ċur finit agus fíorċionn re n-a bfoġmar an lá san, mar atá agus mar a bí Ainðrias na h-airce, Beirnárd na pluice, Caṫal na ceirte, Donnċað na daílce, Éamonn na h-ola, Fearġail na feille, Giolla-Domnaiġ na brille, agus Hannruiġ na h-uiðe, agus róḟáiltiġ gaċ aon dioḃ go h-allta olliġotaċ roim Páiðín, agus ċeil Páiðín go críonna, coimeaðaċ cúis na ciréibe go h-aimsir altuiġte, óir ba eolġaċ iona mbéasa é agus níor ṡulṫmar ná soilḃir an slioċt san nó go mba sáiteaċ siaḃliontra[2] (?) iað. Agus an tan do ċaiteaðar a leorðóṫain de ċinéal gaċ cnaparsnaċ ba ðual cleaċtaċ ðóiḃ, d'innis Páiðín go tasgaċ, millteaċ ðóiḃ an tár agus an tarcuisne tug Séamus Mac Geannain[3] air féin agus ar a ṡinnsearaiḃ agus fós mar do rinne coinne an ċomraic leis féin agus le Brian agus mar a bí an Ċláraċ uaið féin a n-áraċ an ċomraic do freastal " agus do ċruṫuġað mo sgéil," ar Páiðín, " seo leitir ó Ṡéamus ċúġat-sa."

" Ní maiṫ an léiġteóir mise," arsa Brian, " agus is binne liom breasaireaċt do béil féin, a ḃrátair Páiðín, ag innseaċt éifeaċta na h-iomarbaiðe, ná lúḃaireaċt litreaċa ar biṫ. Giðeað, mionnuiġim fam briaṫar go bfreagróċað an comraċ san a n-aġaið Ṡéamuis na seanċeirte óir is cuimin liom go ndearna sé claon-tseanċus agus ceannmúċað ar ċuid dom muintir mar ċuaið leis go nuiġe seo. Aċt is cóir Labrás an leaḃráin do bí naoi mbliaðna 'na ċléireaċ uisge, agus dar ndóiġ liteardá

[1] féulsortað A. [2] siaḃliontaiġ O. sioḃlíontuið A. [3] MS. Maginnain.

tríd sin, do tabairt go ró-moċ ar maidin ċugam go léigid an leitir seo, agus go gcuirid freagra uaim-se uirte, agus glacfad-sa mar ċongnam uait an deifir sin a ḋéanam." Do ṁol cuid de'n ċuideaċtain an t-aiteasg san Ḃriain agus bí cuid eile ar cneadaḋ agus ar cnáid-ḃéil fó n-a ċlos.

Aċt ċeana do ċaiṫeadar an oidċe 'na trí treana, mar bí—trian le caint agus le collóid agus le cóṁluaḋ an ċoṁraic, trian eile le slugaḋ agus le fíor-iṫe agus an treas trian le srannfartaiġ agus le suanfartaiġ go dtí moċ na maidne agus mór-ṡoillse lae ar na báraċ, agus ní baileaċ¹ a d'eiriġ an lá féin nuair a ḃeannuiġ Laḃrás an Leaḃráin go liosda, lábánta ar úrlár an lóisdín sin, óir níor leig eagla a ġeill do ċailleaṁaint do Ṗáidín aon táṁ do ċodlaḋ go dtug leis é. An tan do ċuala an ċuid-eaċta ċlaon-ḃriaṫraċ sin ceileaḃar an ċléiriġ sin d'á gclainn ṁaicne féin d'eiriġeadar as a leapaċa lán t-suana gan claonaḋ gan coisreagaḋ mar ba ḋual cleaċtaḋ dóib, agus do ġaḃadar ag lúṫáil agus ag lumparnaiġ roiṁ Laḃrás agus tugadar leitir na Chaillinge dó agus do léiġ í go liosda, lábánta le congnaṁ Ṗáidín féin, óir bí sruṫ-meaḃair ag Ṗáidín ar foirm an páipéir mar ċuala sé í 'dá ḋeaċtugaḋ os árd a measg na meiṫle an lá roiṁe sin.

An uair do ċuala Ḃrian na briaṫra bagarṫaċa san an páipéir, do ġlac droċ-ṁisneaċ agus marḃántaċt ċuige, óir síl² go cinnte gur ċóir gaċ ní dá raiḃ innte a ḃeiṫ fírinneaċ mar a síliḋ clann ṁaicne na n-ainḃ-fiosán gur Sgriptúir gaċ sgríḃinn ionus go nduḃairt "A ċáirde," ar sé, "cia táim-se ċiréaḃaċ, collóideaċ, coingliceaċ a dtaiḃearnaċaiḃ cóṁ-óil ní ḃfuil cleaċtaḋ ar Chaillinge agam go fóil, agus is maiṫ liom coṁairle gaċ neaċ díḃ-se do ḃeiṫ agam fá'n gcúis sin, conus a raċfas mé ċum an ċoṁraic nó fanfas mé as," ionus gur noċt a ṁeaṫtaċt a ndiaiġ a ṁór-ṁionn an oidċe roimis sin. An tan san do ċionsgain siad san ar laḃairt uile gan uain agallṁa ná lán-ċainnte do ḃeiṫ ag an sinnsear³ ar an sóisear⁴ díoḃta an uair naċ mbeiṫ fear a smaċ-tuiġṫe a láṫair; nó gur laḃair Laḃrás an leaḃráin mar uġdar eolaċ laidne agus go nduḃairt leo go spreagaṁail leigint d'á gcaiḃéis agus scur d'á lumparnaiġ agus fuireaċ go fosaċ fuisdeanaċ le gaċ cúpla ag cóṁ-freagraḋ a ċéile agus "taisbeanaḋ gaċ neaċ agaiḃ a

---

¹ MS. "ballaċ." ² MS. "tsíl." ³ MS. "tseinsear." ⁴ MS. "tsóiséir."

táin bó geanainn

Résún féin fó an comhrac do cur ar agaid," ar sé, " agus leanad an claiside an dromaide sa dlige¹ sin."
An uair do fuair Aindrias na h-airce éisteact ar éigin, ar impide an Chléirig, óir ba h-é ba dromaide tosaig an lá san, do nocht a aingideact agus a díbfeirg agus a ioldásact do cum an comraic do cur ar agaid agus dubairt an laoid ann :

" Molaim féin freagair an comhlann
Leanaimid gnás na n-uasal,
Ó tárla an uair seo linne.
Ó sé is bun do'n díomus
Beata líonmar agus sócus
Ní sgurta dúinn ó'n uabar
Ó tig² ár gcruaca móra,
D'eagla toibéime ár sleacta
Do bí meatta go drásda
Cuirimís ár gcródact le tuisgint
Ar mac Geannain go rábac.
Ná fágmaoid urrad Chaillinge
Do sóirt faision Banba
Nac mbeid againn a n-éifeact
Go dtigid teirce an arba."

Níor leig Bernárd na pluice d'Aindreas na h-airce níos mó d'á opinion do craobsgaoilead óir do tuig as a ndubairt méid a díomuis, antan a dubairt an laoid ann dá freagra :

" Maolaid do briactra, a Aindriais,
Tuig gur leanbas go drásda
Dul ar amarc na n-uasal,
Act a beit ag gluasact³ marla.
Anois nár leór mar mórdáil
A beit 'na gcómrad 'sna gcaidream
'Sgan dream dúinn go Dalba
Le cruas calmacta agus gaisce.
Faison a n-eac 's a ndiallaid
Faison a srian 's a hata
Ba leór dúinn ó'n mórfuil
'Sgan bain fá nósaid Chaillinge.
Bid sinne uile dána
Go dul do látair troda

¹ MS. " delaoid." dealaoide A. ² MS. taoi. ³ MS. 23 A 49—" muasgailt."

Acht an uair a thagas an dodhrainn
Ní fear comhlainn an bodach.
Ba dhéanta dhúinne aithris
Ar faision sámh gach sócuis,
Acht leigimís dona h-uaislibh
Dul a gcruas gníomh comhraic.
Ag sin agaibh mo rún-sa
A chlann bhruachtach mo cháirde
Is má théid sibh chun an chomhlainn
Bíodh mo mhórbhruim ar bhur ndáil-se.

Do b'fhada le Cathal na ceirte bí Bernárd na pluice ag múchadh a mheanman agus a mhóraigne fán gcoisde sin, agus go bhfachtas dó aigne éagsamhail eile, dar leis féin, do beit leisgeamhail fá an gcomhrac do chur ar agaidh go ndubhairt nach raibh an Chaillinge a bhfoirm dlighe, "ar an adhbar," ar sé, "go bhfuil dá phonc neam-órduigthe ann .1. comhlann neam-chinnte agus an modh ar a ndéanfar é gan ainmniughadh, óir cluinim go bhfuil dá am sa ló dá ngoirtear a h-ocht don chlog .1. roimh meadhon lae agus am eile 'na dhiaidh agus ní nochtann an páipéar cia acu sin am cinnte an chomhraic, agus ní nochtann fós an dá scois nó ar marcuigheacht freagróchaid a chéile. Uime sin, 'sé mheasaim-se nach tarcuisne ar mo bhrátair Brian obadh do thabairt agus dubhairt an laoidh ann :—

"Tá tuisle ins an bpáipéar
Nach gnáth-bhéas i chaillinge
Ní bhfuil an t-am cinnte
Tá millteach le samhailt.[1]
Ag a h-ocht do'n chlog amáireach
Deir an crágach 'na leitir
Agus fá dó sa ló
Bí an trát sin go minic.
Troid coise nó marcshluagh
Cibé acu a mhian-san
Níor scríobhadh fós san bpáipéar,
Ní nár gnáthbhéas d'ár bhfiannaibh.

Do thuig Donnchadh na daille do bí disgir,[2] droch chomhairleach ann féin go raibh fonn suain agus sádaile ar Chatal an lá san mar gach lá saoire eile, agus nach raibh dúil aige a dul d'féachaint an chomhraic tar éis ar tugadh do thoibéim ar deachtughadh an pháipéir, agus níor leig sin do a chruaidh-sheachrán do labairt ní ba mhó, agus dubhairt an laoidh ann :—

[1] Tá nalt milte le na samhail. A.   [2] disgeirt O. disgear A.

"Coisg do chamchiall, a Chathail,
Do ghní toirmeasg ar chathaibh aonfhir,
Dá mbeit dearmad a chaillinge
Is é an t-aigne is éifeacht.
Ná bac am na h-uaire,
'Sná déan-sa buaidhreadh do loiceadh,
Is fada ó baisd ár sinnsear
Trátha cinnte san obair.
Am maistre agus eadarshuth
Agus am gadarácha an phráca,
Am na mbó do theacht chun baile,
Roinn t' aicme ar na tráthaibh.
Maistre na maidne an h-ocht so
Ná bí le do chlogaibh ceolach
Ní dual duit-se, a mhic Áine,
Beit leis an áireamh eolach.
An ponc eile a luadhais
'S gurab sinne an marcshluagh díomsach
Nach leam éinní d'ár gcleachtaibh
Gan a beit ar eachaibh líomhtha
Rachfaid muid indiu ag trúipéireacht
D'fhéachaint cruaidh-béim an chosgair
Is bíodh a rogha acu tar éis stúidéir
Comhrac trúipéir nó troitheach."

Níor bhinn le h-Éamonn na h-ola méid an aontughadh tug Donnchadh na dailce ar an gcomhrac a chur ar aghaidh, de bhrígh gur coirtigheadh agus gur cruaidheadh go minic roimhe sin é le cainnteacha ciréibe agus clampair agus ní neamhfonn bruighne ná basdal ná buan-aimhréidtighe bí air, óir is iad ba ghnáth-bhéas bunaid dó acht eagla costuis do cailleadh le cáineacha cléirigh agus dlighe, fá é beit 'na chomhairleach agus 'na chongnamh fá'n gcomhrac do chur ar aghaidh; ionus go ndubhairt de bhriathraibh dorcha dorúnta, nár molta do Bhrian a shéan agus a shaidhbhreas do chur i gcontabairt comhraic ar bit, agus dubhairt

"Ní cóir do lucht saidhbhris
Baint faoi aincis, má's féidir,
Dar liom is do lucht do-luime[1]
Is dual an comhrac aonfhir.
Atá dá urchóid baolach
San gcomhrac aonfhir d'imirt,
Easgaine buan an phápa
Agus treus cásmhar an dlighe.

[1] MS. doluimmeadh : . dfeoluim. A.

Sílim go mbfeárr do toice
Gan a beit loitte ná cántac,
Ná bain fó ní nar dualgas
Gid mór uabar mo brátar.
Do molfuinn coidce ár gcumas
Do nós gac sloinneaḋ is uaisle
Mar mbeit eagla ár¹ ngeall do cailleaḋ
Le h-iomaḋ meanga buaiḋearta.
Sé suim fós ár¹ spéise
A bfeirg cléireac an Pápa
Nac déanfaiḋ dúinn ar nósaiḋ
Pósaḋ nó baiste gárlaig.

Ro-labair Feargail na feille re Éamonn na h-ola agus
dubairt gur cinnte, cruaiḋ-sanntac, docht an ceist cána
ná cánacas ná costus cléireac ná príom-easgaine an
Pápa do cuimneaṁ nó do cur i gcéill do'n cuideactain
sin, "agus a fios agat féin gur náimḋe bunaiḋ d'á
gcáirdiḃ nó d'á sinnsear rómpa an cliar sin, agus lucht
stiúruigte gac oluige, ar an aḋḃar," ar sé, "nac leigid
dúinn ár miana ná ár mí-grása dútcais do tatuige gan
bacaḋ, gan buan toirmeasg do cur orainn, agus ní tréigte
dúinn anois a n-am ár sócais na trí gnáis a cleactamar
ariaṁ d'á n-aiṁḋeoin, mar atá buaḋ bruigne, bréaga, agus
bleaspeirme," agus ar n-a ráḋ san dó, do croit a ceann,
a cúm, a colg-feasóg agus a cros-fiacla aṁail mar beit
an coṁrac do látair aige, agus dubairt :—

"Is anḃfann h-aigne, a Éamuinn,
A ṁic béal-croim mo brátar,
'S gan spéis ag sliocht Tomáis
A react ná a ro-gnás Pápa.
Atáid easgainte ó dútcas,
Ní glacaiḋ múineaḋ crábac,
An Pápa orta ná bagair,
Aicme do ṁallaig Páoruig.
Do cuaiḋ a gcoirte a gcainsior² (?)
Le gac aimsir d'á dtáinig.
Fuireac fó smact an cléirig
'Tuige nac féidir dáiḃ-sion.
Nadúir neaṁcóir na gcoinsias
Aicme na mór-ṁias d'argain
Ní beiḋ go bruinne an brátá
Acu act béasa dalba.
Buaḋ bruigne agus bréaga,

¹ MS. ṁar .   ² a ccaimnsior A.

Táin bó Geanainn

Buaḋ séanta gaċ áḋḃair,
Buaḋ miotaparaiḋ agus liosdaċt
Do'n t-sliocht giobaċ so tug Pádruig.
Buaḋ callóide ag Aifreann,
Buaḋ tafainn ar cóisir,
Buaḋ mío-rúin d'á gcáirdiḃ
Tug san do clanna Lóbuis.
Buaḋ doiċill agus dranntáin,
Buaḋ cannráin gan táḃaċt,
Buaḋ an-toile ar aonaċ,
Tug an naoṁ san d'ár máitriḃ.
Anois ní cóir a seaċnaḋ
Buaḋa ár sleaċta coirḃte,
Ná cuiṁnig banga Pápa
D'aicme gan grása foirḃte.
Eagla an dlige tuaite[1]
Cás is cruaiḋe linne,
Giḋeaḋ do ḋúṫċas clampair
Ná tréig-se ar annsaċt ciste.[2]
Mar sin, a Éamoinn na h-ola,
A ḟir a loicfeas ár n'dúṫċas,
Má diultair coṁrac Séamuis
Ní cóir géilleaḋ d'á n'dúḃrais.
'S ní ḟuiginn-se aon neaċ feasda
Ag déanaṁ meattaċt fá'n gcúis-so
Naċ n'déanfainn féin misneaċ
Ó is mé is treise dúṫċas."

Níor leig eagla nó fásgaḋ feasóige Feargaile do'n
cúpla eile de'n coisde sin aon focal do laḃairt nó do
ráḋ a n-agaiḋ comraic do comóraḋ. Giḋeaḋ níor ḃ'féidir
leo gan a gcumas do ċur a gcéill le craoḃsgaoileaḋ éigin
crionnaċta do ċur ar a mbráṫair Brian, le h-uċt an
ċoṁlainn, óir do ṫuig siad go raġaḋ sé ċun an troda ar
ċoṁairle Feargail agus na coda eile de'n coisde sin,
ionus go n'duḃairt Giolla Doṁnaig na brille :—

"Aontuigim go toilteaċ an coṁrac do freastal agus
do freagra, agus de ḃrig gurab nós gnáṫaċ dona h-uaisle
le h-uċt cata gáḃaig nó coṁlann a dtiomna báis do
ḋéanaṁ, agus, ós ag comóraḋ le n-a mbéasa do triallaḋ
agus do tionnscnaḋ an troid seo, ná fágaḋ mo ḃráṫair
Brian an urdáil sin d'á mbéasaiḃ gan comlíonaḋ ria
n'dul san éigin baolaċ san agus aduḃairt an laoiḋ ann :—

[1] Do taiṫuig A.   [2] sic A : ceisdé O.

"Ó 'sé is nós dona h-uaislib
le h-ucht guasachta agus gábaid
a dtiomna báis do déanaṁ
lean d'á mbéasa, a bráthair.
Ná bíod le rád líb-se,
a Briain is clisde crágad,
go bfágfá roinn ded' saidbreas
ar locht ainbfios do ṁná-sa.
Téid na mná san at-aois
Cia tá 'na sean-ṁnaoi gránda
Cá bfios nach bpósfad críonn-fear
Do beit ag dit-ṁeas do ġárlaiġ.
Gid doirb banga an Pápa,
Má's fíor ráidte an bíodáin,
Beid an cliar rib sásta
Acu má fágair liagáid."

Ó nach bfuair Hannriog na h-uide ó n-a intleacht aon
cumaoin eile do cur ar an gcomairle cogaid sin, ar a
son san do bí sé cabac ó nádúr cun toibéime do tabairt
ar aigneas an Ġiolla Doṁnaiġ, mar is gnát-béas d'á
n-aicme gan dís díob do teacht le céile a gcóṁ-ráidtib
ar bit, acht ag itiomrad ar na h-uaislib agus ar na
h-uird Eaglaise, go ndubairt an laoid ann :—

"Éist, éist, a Ġiolla Doṁnaiġ,
Níor cleachtais coṁrac ioṁda,
Do rinnis fá bás mo bráthar
Le do tracht ar tiomna.
Ní tiucfaid bás dá ġoire
Do saoġal cloinne Lóbuis.
Ní gnát eagla an éaga
Ar cualacht séanṁar sóchuis.
Go dtí an gorta tuaite
Ní gnátach smuaineaṁ éaga
A gcroidtib cloinne Tomáis,
Acu[1] ná ro-cás an aenfear.
An tan do tig teirce an arba
Agus ár mór ar eallach
Aḋṁuiġim gurab í an fial-fuil
Do beir d'ár n-iarsma beata.
Gideaḋ, anois a n-am ár ndíomuis,
'Sár mbeata biaḋṁar ioṁda
Dar liom is tosach éaga
Baint fá béasa tiomna.

[1] MS. acu nach. A reads acṁad.

Táin bó Geanainn

Ionann tiomna agus bronnaḋ
Gaċ cuid ronna ḋe'n ċnuasaċ,
Gíḋeaḋ ní ḋual an ḟéile
San t-sliocht méalaċ crúḃaċ."

Ó ḋo ċuala Brian brostuġaḋ agus uġaḋ[1] a ḃráitre agus é féin ḋíomsaċ, ḋío-ċoiscigṫe ḋo ċum gaċ ciréiḃe, ḋo méaḋuiġ a ḃasḋal agus a mórraiḋeaċt[2] ċun an ċoṁraic ḋo ċur ar aġaiḋ, agus ḋo ċuir ḋ' ḟiaċaiḃ ar Laḃrás an Leaḃráin go luaṫ aiḃéil ḟreagra ḋo scríoḃaḋ ar an Chaillinge, agus ḋo rinne Brian féin a ḋeaċtuġaḋ agus ḋo tugaḋ ḋo Páiḋín í, agus ḋuḃairt Brian leis a ḃreiṫ go brioscg go Séamus, "agus raċaḋ féin gan moill go h-áit an ċata agus an ċoṁlainn agus tuig, a Páiḋín," ar sé, "go ḃfuil uair ċinnte an ċoṁlainn ḋo láṫair againn óir cluinim cogaḋail[3] an luin, agus ní ḋéanfaḋ-sa ḋe moill aċt mo ṫiomna ḋo ċríoċnuġaḋ agus triallfaḋ iar sin go Lisín Uí Ḋunaċáin agus brostuig-se Briollán na Briollóige go pras ċugam ann nó go nḋíolfaḋ-sa m' ḟíoċ agus m' ḟearg agus mo ḋíoḃfeirg air." Iar sin triallann Páiḋín go prab leis an aiṫeasg san Briain agus freagra na Chaillinge leis, agus ḋo tionsgain Brian a ṫiomna ḋo ḋéanaṁ go nḋuḃairt :—

Tiomna Briain ċorpreaṁair 'nár nḋiaiḋ.

"Creiḋeaḋ gaċ neaċ ḋá léigfiḋ, ḋá n-éistfiḋ nó ḋá ḃfeicfiḋ gurab é seo tiomna éaga Briain ċeaḋfaċ Cairn-ċeiti[4] :

Mar táim ag ḋul a nḋoraing
Le h-uċt ċoṁlainn Mic Geannain
Do réir cuiṁne agus céille
Táim ḋá ḋéanaṁ gan seaċrán.
Beirim m' anam ḋo'n tseanóir
Ḃíos le teann glór ḋ'á ċuṁḋaċ,
Agus creiḋim tar éis m'éaga
Ḋó-san go nḋéanfaḋ ḋúṫraċt.
Mo ċorpán san gcarn aoiliḋ
Cuireaḋ mo ċaoiṁteaċ ḋ'aontoisg
Nó go nḋíolaiḋ luċt na sluasaḋ
An bás ḋo fuair ar Shéamus.
Fágaim láir na leise
Má marḃtar mise a n-éinḟeaċt
Ag Áine mo ċéile cumainn
An ciarḋuḃ ċoisfionn agus ċéarsaċ.

[1] Annagṙó A. [2] MS. mórreaċt. [3] Coigeaḋgal A.
[4] Tá nóta ann so i mbéarla " Carukil, a place near Tulsk."

Tiomnaim dom' mac saoġlaċ
Mo ċliabán aoiliġ agus sluasad
Corrán gort-ġlanta an foġṁair
Mar aon agus laiḋe cruaċaċ.
Fágaim mo ṁeanad téide
Agus mo ṁeanad ġéir-ġoib na bpreabán[1]
Aġ mo ṁac beaġ is óiġe
Mar roinn sóisir d'ár mbeaṫa.
Le m'inġin an ṁias ḃearnaċ
An ṁeadar ċearnaċ san losad.
Mo ladar agus mo liaċa
Tiomnaim dom' ċliaṁain molta.
Fágaim fós mo ṫuairġín
Mo ḋá ḃuailtín ṁine[2] blátṁar
Agus púicín beaġ an t-salainn
Le m'anam aġ na bráitriḃ.
Mo ḃáiréad huda seasġar
Agus mo ḃáiréad leapa-ċluasaċ
Do ḃeirim iad don tsagart
Do ċionn saltairt ar m'uaċtar."[3]

Ar ġcríoċnuġad an tiomna san do ġaḃ an láir
leisíneaċ ċuiġe agus mar naċ raiḃ muiniġin aiġe as a
ṁaolṁása marcuideaċt diailluide do ḋéanam a ġcru-
adóiġ ċata nó cruaidċoṁlann, do ċuir uġaim atarḋa
uirte, mar a ḃí adastar atġarḃ, ollġadaraċ agus sratar
daingean, doiṁin, druim-leatan dá nġoireann an cuilí-
neaċ "pack-saddle" agus cár-torcuill taoscaċ, tol-
ġánaċ, agus ro-ġaḃ a ċulait ċroda agus teaġṁála uime,
mar a ḃí cáitteaċ[4] coṁḃlút úr-ċnáiḃe cruaid-ḋaingeani
ġceanġal truisġir timċeall a ċrónċuirp agus í ġo h-uile
teanntuiġte, tréinċeanġailte le córda cruaid-riġin cnáiḃe,
do ċoiméad a ċrónċuirp agus a ċroiceann cnapuiġ ar
sátad agus taoḃtolġánaiḃ, agus do ċuir mór-ḃáiréad
motlaċ, maol-ḃeannaċ fá n-a ċeann agus fá n-a ċluasa
agus fá n-a ċorr-ṁuinéal toirteaṁail, tréan-ḋaingean,
coirt-ḃuiḋe, agus ciséan treatan mar ċloġad cosanta
cumdaiġ ar uaċtar an ollḃáiréid sin do ċuṁdaċ a ċinn
ar ċneaḋaiḃ agus ar ċruaiḋ-ḃuillí.

Ro-ġaḃ fós arm atarġa fair .i. laiḋe líoṁta, lán-ġéar
ar a taoḃ clí agus coltar colġċam ċéaċta ar a taoḃ deas.
Ro-ġaḃ iar sin dá ḋaiġéar dutċais a ḋaoraicme mar atá
siḋoille seasġta seandaraċ, agus buailtín balċṁar,[5]

[1] MS. bpraibaim. [2] MS. mineadh. A minne. [3] muaitsi A. [4] MS. caitioċ.
[5] MS. balċḃlait.

Táin bó Geanainn

barr géar, borb-cuilinn, fá cúm agus fá ciumais na cáittiṡe roimráiṫte ba corp-lúiṫreac do le h-aġaiḋ daorloṫ agus dún-marḃṫa do ḋéanaṁ a gcumġaċ agus a gcorpcneasṁaol, agus ro-ġaḃ fá ḋeóiḋ dá cleiṫ prioca, príomláiḋir mar ḋá craoisiġ crannreaṁair caṫa a n-a ḋá cráiġ coirṫḃuiḋe claimingneaċa, agus súisde sleaṁan riġin, colgcnapánaċ droiġin go ġáiḃṫeaċ ar a ġuailinn le h-aġaiḋ slaoḋ-ḃuailṫe, agus ṫéiḋ fá'n inneall agus fá'n orḋuġaḋ sin 'na carbaḋ, eaḋon, cárṫurcaill, agus ro-ġluais roime go ṫarpaċ, taosgaċ, ṫréanuaiḃreaċ go ráinig leaṫ-imeall lisin Uí Ḋunacáin, áiṫ cinnṫe an caṫa agus an ċoṁlainn, agus an ċoṁairle coisṫeaṁail sin 'na cuiḋeaċtain go cáinṫeaċ, collóiḋeaċ. Agus mar naċ ḃfuair a céile comraic ann, ná Páiḋín do cuaiḋ 'dá mbrosṫuġaḋ le freagra na Chaillinge, agus fós gur ṫuig sé féin agus cáċ eile ḋ'á ċoṁairle naċ dṫáinig uair cinnṫe an ċoṁlainn, do ċúirling ar ṫulaiġ an ċoṁraic agus do ṁionnuiġ go mór-ġoṫaċ naċ ḃfágfaḋ an t-ionaḋ san go ṫráṫnóna go mbeireaḋ Séamus air, agus go mbaineaḋ fuil, fularṫ agus fíorṡalċar as, agus go ḃfaiġeaḋ a ḃráṫair Páiḋín geall an ċoṁraic ; agus fágfaimiḋ ag comall an ṁionna san é agus laḃarfaimiḋ seal eile ar Ṡéamus agus ar Páiḋín do cuaiḋ leis an ḃfreagra cuige.

Is cuiṁin[1] leaṫ, a léigṫeóir, mar d'fágamar Séamus ar a leabaiḋ codalta ṫar éis a ḃfuair sé de ró agus d'anró ṫar éis filleṫe ó áiṫ an ċoṁraic dó, agus a cur a gcéill d'á ṁnaoi agus d'á ḃainċéile an geall agus a clú do ḃreiṫ dó, agus mar a ḃí a ḋinnéar 'dá ollṁuġaḋ dó, agus d'á ċáirde, agus a cóṁḃráiṫre ag triall agus ag teaċṫ ar cuairḋ cuige an lá sin d'fáġáil fios críċe an ċoṁlainn. Aċṫ is aṁlaiḋ do ḃí sé 'na ċodlaḋ go sáṁsuanṫaċ, srannfarṫaċ ṫar éis a ḃfuair sé de sgannraḋ agus d'uaṫḃás a moċ-eirġe na maiḋne roime sin, gur ḋuisiġ cainnṫ agus callóiḋ a ċáirde, a cóṁḃráiṫre agus a ċáirdeasaí Críost a n-am a ḋinnéir do beiṫ ollṁuiġṫe é, agus ba h-é sin ṫuairim ar uair an ċluig roim Páiḋín do ṫeaċṫ ris an ḃfreagra cuige. Eirġeas as a leabaiḋ go lúṫṁar, luṫġáireaċ agus ro-fáilṫiġ go friṫír[2] fíoraiḃéil[3] fris na fearaiḃ sin. Agus ba h-iad san an aicme fíor-ġranda, fíor-ġruama ṫáinic d'á ṫiġ an ṫan sin d'fios críċe na Chaillinge :—

Táinig ann Diarmuid Dranntaċ, Murċaḋ Manntaċ, Niall na Niallaċa, Magnus Mealltaċ, Eoġan na n-Órlaċ

[1] MS. cuṁain. [2] MS. friotar. [3] MS. fioraiġmeil.

Agus mórán eile ba díomaoin le n-a n-áireaṁ annso:
Táinic ann fós Cuatalán Ceann-mór Ó Céirín .1. an cléireaċ
do sgríoḃ an Chaillinge agus de ḃríġ go raiḃ Séamus lán
d'íota agus d'ocras do suiḋeaḋ ḃúird agus ḃinnsí go
prab dóiḃ, agus do ċait sé féin agus a ċoṁluadar a leór-
dóṫain de ċineál gaċ cnaparsnaċ do ḃa síorġnás dóiḃ;
agus do ḃa faoáilaċ tuirseaċ do'n léiġteóir dá gcuirinn
síos annso gaċ bragairceaċt gaċ ḃagar agus gaċ basdal dár
h-ionráiḋeaḋ le Séamus agus le n-a ċáirdiḃ a n-agaiḋ
Clainne Conríoġ agus duḃradar uiliġ d'aon ḃéal iar sin go
mba cóir do Séamus dul a seilḃ na Cláruiḋe .1. bó Pháidín.

Iar mbeit ar an gcómráḋ san dóiḃ, a lár a súḃaċais
agus a sóláis is ann do táinic Páidín san doras isteaċ,
agus ro-fiafraiġ go gáiḃteaċ, ollgotaċ an raiḃ Séamus
na seana-ċeirte istiġ. Do h-innsiġeaḋ do go raiḃ.

"A ċríon-ċeannaiġ, corrḃéalaiġ na leitean loḃta,"
ar Páidín, "créad naċ ag cosnaṁ do ġeill atá tú anois
ag áit an ċoṁraic agus go ḃfuil mo ḃráṫair Brian ann
'do ċoinne, agus uair ċinnte an ċoṁraic do látair."

"A ḃasdaláin ḃaoit, ḃréin, ḃonránaiġ na bputáṫaí
fatfuara," ar Séamus, "is moċ ar maidin do ḃí mé
san ionad sin, agus níor leig an eagla do Ḃrian ḃruimneaċ
na bun-féasóige bearrta ná ḋuit-se, a Pháidín pusaiċ
pisliniġ an pota ḃeaċlaiḋ, oireaḋ agus freagra aṁáin
do ċur ċugam agus dá ḋearḃugaḋ san tá compás na
h-uaiġe iona gcuirfeaḋ ḃúr¹ gcrónċuirp ar na tocailt
liom ann."

"Creidim, a ċealgaire ċriṫmeanmnaiġ," ar Páidín,
"gurab é an tan do ḃí an t-ionad san folaṁ gan fear do
smaċtuiġte do racfá² ann. Giḋeaḋ anois ó tárla an
uair ċinnte ann .1. a h-oċt do'n ċlog mar do toġais féin
agus a ḃeaċtuiġis agus atá scríoḃta faoi do láiṁ san
Chaillinge agus mara ḃfreagróċaiḋ tú Brian gan ṁoill
atá ollṁuiġte anois gan aṁras ag Lisín Uí Dunaċáin
id' ċoinne, ba liom-sa Cuḃín go bráṫ do réir ár gconnarta
san meitil indé. Agus ar eagla go n-aḃróċá arís mar
a duḃrais ó ċiana naċ ḃfuair tú fiú na freagra, ag sin
litir ó Ḃrian ċugat-sa."

Teilgeas Páidín an leitir tar doras isteaċ go
Séamus agus imtiġeas féin go troid-éasgaiḋ tapaiḋ a
ndáil Ḃriain iar sin, óir níor leig an eagla do ḋul tar
doras isteaċ ná fuireaċ 'na n-aice ní ba síá.

'S annsin d'foscail Cuatalán Ceann-mór, eaḋon,
cléireaċ na h-aicme sin, paicéad Ḃriain ar úrlár Séamuis

¹ MS. ár.   ² MS. racfaḋ.

agus léiġ os árd go coitceann é agus do b' é so an fuirm an a raib an iomardáid a riocc¹ dána :—
"A Séamuis . . . iasacca
"Atá a mbliadna ag iarraid troda
Ionnsaiġ cuġam ansan látair,
Id' coinne táim-se gan locad.
Fág beannact ag do cáirde
Agus fós ag mátair do cloinne,
Filleað airís 'na gcomdáil
Is é dubslán do cinid.
Cuiris cuġam Chaillinge
Mar céile samail dam-sa,
'Snár beag liom-sa mo méirín
Dod' cur d'aontaob gan armaid.
Gluais cuġam go tapaid,
A críonfir crapta tútaiġ,
'Sní fágfad mír ded' cnáma
Gan cur a mála-brúidte.
Do b'fearr liom-sa go mbéarfuinn
Ar leit-ġreim do bárr² do tiaraiġ,
Go ndéanfuinn díot-sa greama
Agus beata do na fiacaib.
Íocfair, a mic Uí Ġeannain,
A neart seangáin gan tábact,
An masla mór mar ġláimín
Do tuġais do Páidín mo brátair.
Ní áirmim fós mo cinéal
Treib na mbiorad mblátmar,
A ġcáinead duit mar do rinnis
Is é do loitfeas do mása.
Ná lámaid a teact dom' ġoire
A ġceann t' fíde agus t' éaga.
Ag sin duit mo freagra
Agus mé gan eagla, a Séamuis."

Ar léiġeam na freagra san do moladar các go coitceann do Séamus an comrac do freagra gan moill, nó go mbeit gan clú, agus fós gan Cubín, d'aimdeoin a moc-eirġe agus a mór-braġaract as turas na maidne, ar an adbar gur bfeasac é féin gurab ar a h-oct do'n clog an lá san do bí d'fiacaib an comlann do freagra gan moill do réir a ġconnarta indé san meitil agus dubradar các gurab é an t-am céadna do bí do látair acu.

¹ air act MS. ² bár. MS.

táin bó ʒeanainn

Do tuʒ Séamus suaðað aʒus sumboʒað¹ sínte air féin leis sin aʒus ðubairt ʒo ðorrða táimleisʒ nać ceaċtar ðioð-san ðo móṫuiʒ an cás ná an ċruaðóʒ a n-a raib sé féin fó ṡaltairt² ar tulaiʒ an ċomraic aʒus ʒo mb'fearr leis féin ðá ḃa ðo ṡaoṫruʒað ar a páirðe oibre atarða ná ðul san ionað céaðna arís ar son aon ḃó san ðoṁan; aʒus a ʒcúis aṫnáire³ sin fá fuireaċ as, naċ raib spéis aiʒe féin ann ar aon ṁoð. Iar na clos san ð'á ṁnaoi ḃí barraṁlaċ, barrsʒéalaċ innte féin, óir ðeirtear ʒo raib báið aʒ a bunaðas re saoiċib ealaðna ʒé ðo ċeanʒal sí í féin le cinéal ceannċrom, coðromunta, soin; aċt ċeana ðo labair sí ʒo luaṫ, lán-fearʒaċ ris aʒus ðubairt : "A meatánaiʒ ṁaolċúisiʒ," ar sí, "cionn naċ ʒcualais ʒurab ar son aontairb a ð' eiriʒ mór-ċoʒað Tána Bó Cuailʒne an ar tuit urṁór fearaib Éireann, aʒus ʒurab ar son aon ḃó, eaðon, an Maol-flioðas, táinic coʒað Tána Bó flíðis aʒus ní raib san nʒlais-ʒaiḃnionn aċt aon ḃó aṁáin as a ðtáiniʒ ioṁað uilc aʒus urċóiðe i'ðir fearaib bolʒ ʒo h-uile : aʒus mar sin, a ċoileánaiʒ⁴ ṁeirtniʒ, créað fá leiʒfá-sa t'aon ḃó uait ðo leisʒe caṫuʒað ar a son aʒus tú ðána, ðaoineaċ, ðlúṫaicmeaċ, aʒus má leiʒir mionnuiʒim-se ðe mionnaib mór-ṁiorbuileaċ marbṫa an ðoṁain naċ sínfeað leiteað leiṫpinʒine ðem' ċroiceann ʒo brát leat."

'S annsin ðo labair Eoʒan na n-órlaċ aʒus is é roráðaiʒ : "Ná bíoð meattaċt ná marbántaċt ort, a bráṫair," ar sé, "óir raċaimið-ne rð' ċuiðeaċtain aʒus rð' ʒoire ʒo h-ionað an ċomraic aʒus ðe briʒ ʒo ḃfuil cuið cumaoine aʒam-sa ar ðo ċéile comraic tré ar pronnas ðom' órluiðe aonaiʒ air caitfið sé cuið ðem' ċomairle a ðéanaṁ. Aʒus ðéanfað mar a ʒcéaðna anacal aʒus eaðrann ðuit-se ó arm-ʒonað ar bit ðo ḃain riot. Aʒus beir féin na h-airm is treise aʒus is eolaiʒe ar a ḃfuilir leat," ar Eoʒan, "aʒus caitfið sinne an comrac ðo ċoṫuʒað le n-a saṁail so ðo stuaim ar son ʒo ðtuʒais a roʒa féin airm ðó-san san Challinge."

Ba lúsraċ luṫáireaċ Séamus fá ʒeallaṁna coʒanta aʒus eaðranna Eoʒain ʒo n'ðubairt : "Raċað-sa ar ionċaib ðo ċaoṁnasa aʒus ar ðo ċomairce, a ċataiʒ⁵ aʒus a ċompánaiʒ, ðo ċum an ċomraic, aʒus," ar sé, "ós iað arm is eolaiʒe ar a ḃfuilim-se abaiʒ .i. súisðe aʒus corránbuana aʒus corrán ʒort-ʒlanta béarfað liom iað, aʒus

---

¹ Suʒṫað ⁊ samboʒa saointe A. ² MS. tsaltairt. ³ MS. anaire.
⁴ MS. aculanaiʒ. ⁵ aċátaiʒ A.

táin bó geanainn

dá gcuirfeá-sa d'fiacaib ar Ḃrian bróḋaċ an bréan broċáin mo ċorrán gort-ġlanta guib-ġéir do leigean fá n-a ċluais ċlí gan coṫugaḋ troda liom dá taoḃ, is deiṁin go ndéanfuinn meatánaċ leat-ċluasaċ de go deireaḋ an doṁain, nó dá dtugtá air le críonaċt agus cluanaiḋeaċt a ċrág coirtḃuiḋe do ċur gan ċuiṁne gan ṁotugaḋ do féin a lúib mo ċam-ċorráin buana, do ḋéanfainn gan aṁras meatláṁaċ maol-ṁéaraċ go deo dá éis é; agus 'na ḋéig sin dob' fuiriste duit mise d'eaḋrann agus do ċeannsugaḋ ó slaoḋ-ḃualaḋ súisde uaiḋ sin amaċ."

Tug Eoġan na n-órlaċ gaċ uile ġeallaṁaint do agus gaċ uile ṁisneaċ dár b'féidir le bréagaire ar an mbit do taḃairt uaiḋ d'fonn é tarraing ċun troda agus Ċaillinge. Is annsin do ġaḃ Séamus a ċulait cata agus comlainn uime mar bí croiceann cruaiḋ-stópaiḋe capaill cuairsge fá n-a ċrónċorp agus ceann cumdaċ dluṫ-tirim, cruaiḋ-fearcaoḋtaig leat-leasuigte do ċroic-eann sean-ċránaċ mar ċinnḃeirt nó clogaḋ um a ċeann agus garḃ-ġad do ġéag glas daraċ ag ceangal agus ag cómdlútugaḋ an ċroicinn sin fá n-a bréan-ċolainn, agus ro-ċuir súisde seargta cuilinn agus corrán colg-ġéar fá n-a ċruaiḋ ċrios ar a taoḃ deas agus corrán gort-ġlanta goib-ġéir ar a ġuailinn go ġáiḃteaċ baoitḃeannaċ agus ro ġluais annsin ans an uġaim fataċaṁail sin go tapánta, ċruiċṁall ċun culaiġe na ceagṁála ; agus ro ḃádar trí naonṁar d'á aos ionṁuin 'na úrtimċeall dá ḃrostugaḋ ċun an ċata .1. naonṁar d'á ḋeasláiṁ, naon-ṁar d'á láiṁ ċlí agus an treas naonṁar 'na ḋiaiḋ go dlúṫ, deag-orduigte .1. Eoġan na n-órlaċ ag cóṁ-ġuailniḋeaċt leis agus ag com-ṁaoiḋeaṁ a ċaitréime gan ċoigilt d'eagla atċoṁairle do ḋéanaṁ do Séamus. Agus ní ḋeárnadar coṁnaiḋe go rángadar don taoḃ eile do lisín Uí Ḋunaċáin tuairim faḋ deiċ gcoisċéim ó' n áit a n-a raiḃ Ḃrian agus a ṁuintir tarraingte suas a ríoċt cogaiḋ go foirmiollaċ.

"Fuireóċaḋ-sa agus mo ḃráitre annso," ar Séamus, "agus eirgiḋ-se, a Eoġain, mar a ḃfuil Ḃrian bolgṁór agus deintear leat cumann agus cluanaireaċt leis, agus féaċ an dtiocfaiḋ ċun síotċána liom-sa ; óir muna mbeit ceist mo ġeill do ċailleaṁaint orm-sa agus eagla oirḃire mo ṁná agus mo ṁuintire agus mo ṁaicne ní ḃfuil fonn comraic orm-sa indiu mar a ḃí indé, agus mar dtigiḋ ċun síotċána liom-sa anois tigeaḋ ċun comraic súisde óir is ó n-a lotaiḃ is minicige do fuaireas leigeas."

Táin bó Geanainn

Téid Eogan iar sin gus an áit a n-a raib Brian agus a muintir agus beannuigeas dóib agus' fiafruigeas, amlaid agus nac mbeit fios an iomrasáin aige, de Brian créad a tug an culait colgac coimigteac san do beit air, nó créad fá raib na h-acaraí oibre sin 'na timceall agus an lá 'na saoire. "Ní gan adbar atáid agam," ar sé, "óir is uime tángas agus tugas liom iad annso indiu do gearrad cnám agus croicinn agus do bain fola, fulrac agus fíor-salcair as mac Uí Geannain .i. Séamus do brátair."
"Coisrig tú féin, a baramlaig beóda," ar Eogan, "agus dein comarta na croice céasta a gclár t' aigte¹ agus t' éadain, agus is ró-cosamail nác gcriocnócfar an comrac crosta so leat."
"Ní dual dom' cinead ná dom' cineál géillead do coisreacan an Caom-Dia comactaig, go speisialta a n-am éigin nó feirge, agus ní mó ná san déanfad-sa é anois," ar Brian. "Maise," ar Eogan, "táim deimnigteac go bfuil cuid de luib buadac na mbeannact agus na miorbuille id' buxa, .i. tumbaca, agus cuir a bolad faoi do sróin agus do béarfaid atarac aigne duit, óir is é luib is fearr brig agus blas de luibeanna an domain é; agus tug Eogan mórán molta agus árd-teist ar an tumbaca mar ba minic leis, go ndubairt an laoid ann mar seo :—

'S mór miorbuille an tumbaca,
Tosac tacair gaca crionact,
Luib do beannuig gac cléireac
Agus an t-Atair Séamus Ó Fionnactaig.
Do gníd siotcántaig naimde
Agus eadrainne an clann so Lóbuis
Is milse 'ná blas na risín
Bolad an t-snaoisín sróine.
Luib íocsláinte ar cailleacaib,
Do beir cabair dá gcliabrac,
Do beir d' á súilib amarc,
Agus fóireas an galar fiacal.
'S mait san oidce an píopa
Is ró-mait an snaoisín ar maidin
An duilleóg is mait gan amras
Faoi an gcarbad dá cagaint.²
Is fullán gail an tsúsa
Do luct múcta agus réama,

¹ MS' "huaid." ² MS. canguilt. A. cagnam.

táin bó geanainn

Is fullán fós gail na maidne
Do lucht saille agus méala.
Is mór an t-ádbar sgíse
An púdar snaoise san obair.
Mar caiteann lucht na sumóg
Iomad spúnóg go socair.
Do lucht casactaig is slaodáin
Is deag-gnás ceart ciallmar.
Agus bainfid an snaoisín séideán

. . . . .

Ní sám fleadh ná féasda
'Sní sám aon mait dár n-onóir
Mara raib an tombac briogmar
Acu go ríogda ro-mór.

Do h-aitle na laoid sin do caiteadar sluaisde sár-móra snaoisín go sanntac séideánac, agus táinic Brian cun siotcána agus cumaoine le h-Eogan, do taob síor-molad an tombaca ionus gur tuig sé meattact agus meirtnige Briain agus go ndubairt leis gurab é Séamus do cuir uaid é ag iarraid an comrac do catugad re súistib amáin. "Agus biod a fios agat," ar sé, "go ndeárnad Serjant Major díom-sa ar an gcomlann so indiu agus go bfuil d'fiacaib orm-sa féacaint ar ár n-armaib agus ar an gcomlann do cur a n-órdugad cóir agus cineál gac airm do tréigean act na h-airm a bfuil sib eolac araon orta .i. Súistí. ("Aontuigim-se sin," ar Brian.) Agus deirim mar asgalact mo cuid féin den' comlann duit óir gíd gair do gaol do Séamus tá mo páirt-se féin go ro-mór leat." Iompuigis Eogan tair ais mar a raib Séamus, agus ar n-imteact dó, féacas Brian go caolrad-arcac ar Páidín agus ro-gair a congnam go direóil cratac¹ agus adubairt Páidín leis dá bfaigead féin dá ba nac ragad níosa giorra do." "Agus biod a fios agat," ar sé, "gurab é mo cuid-se do gac aon spórt .i. cuid na mionmadóra do ní na maistiníde do gréasad agus do dúiseact¹ cun a beit ag dian-tafann na seana-broc. Agus nac ar gealluis, a brátair Brian an cúis do seasam dam-sa agus ó do gealluis is éigin duit a comlíonad, nó biod a fios agat agus a deimin go bfaigead sa bó ded' buaib féin má 's beo an dlige, agus d'freagradar a céile san laoid mar atá ár nDéid anso :—

¹ MS. dúsact.   ² Cratig MS. b'éidir=cráidte.

táin bó geanainn

b. : Feicimid do neart, a Pháidín,
Anois ó táimid a n-éigin,
D'éis a ndearnais do bhasdal
Ag tafann cata ar Shéamus.

p. : Nár gealluis, a Bhriain Mheirtnigh,
Do chionn díbfeirge an chléirigh
Gan mo chongnamh-sa d'iarraidh
A gcomhrac gliadh Shéamuis.

b. : Má dubhrais focal díomsach
Le teas gríosachta agus méala
A Pháidín níor chóir ár n-agradh
A n-am eagla ár n-éaga.

p. : Caitfir mo chúis do sheasamh
Do réir geallaimh agus condúir
Nó díol do tabairt sa gcláraigh
Táim-se, a bhrátair, punncach.

A h-aitle na laoid sin d'ionnsuigheadar an dís dorrdha
direóil, disgirt sin a chéile go ndeachadar fá thuairim
fad súisde dar oile agus tógadar suas a gcoimh-
n-éinfeacht nó d'aon bhéim an dá shúisde searg-líomtha sin
go feargach, géagach, bolgánta, bagrach, agus níor leig an
eagla do cheachtar díob an fear eile do bhualadh, d'eagla
dá mbuailfeadh fear acu an chéad bhuille 'sgan an fear
do bhuailfeadh do mharbadh go h-iomlán do'n bhuille sin
nach mbeith dóig anachail nó eadrainn air nó go mbuailfeadh
fear an chomhlainn 'na chloigeann é gan choigilt ; ionus
go raibh ar an ordughadh san ar feadh trí h-uaire ris an
gclog ar mhodh dá dtigeadh duine ó'n Iniadha mhór go
h-Éirinn ag iarraidh adhbhar fochmaide, funóide nó baoghal
spóirte agus magaidh, is d'féachain na dise sin ba tigte
do, ag féachaint ar a gcultachaibh airm agus cumhdaigthe
.i. ciseán agus croiceann chapuill mar chlogadh agus mar
chorplúitreach agus cinnbeirtne orta, agus ar a gcreasaib
chruaidh-cnáibe agus garb-gadrachaib ar sínead suas a
súisdí mar chraosach chata agus gan do spreacadh ná do
spioradh i gceachtar díob an fear eile do bhualadh d'éis
a ndearnadar do bhragaracht agus do bhuan-tafann ar a
chéile go h-alt na h-uaire sin ; agus comhtinól móradhbhal
d'á gcleamhnuigthib agus d'á gclainn-maicne ar gach taob
díob dá bhreiteamh agus 'dá bhféachaint agus deirtear
go raibh fuaim lámhach agus boltonus borb-púdair 'na
dtimcheall ge be hé. Do bhádar seal fada ar an ordughadh
san acht go dtugaidís srang-féachaint tart, d'fios an

Táin bó Geanainn

raib gárda nó cosaint ag teaċt d'á n-eadrán mar do ġealladar ó ċiana dóib.

Ro laḃair Séamus óir 'sé ba ḃuan-ḃoirḃe, do ḃríġ nár ċait mórán ná iomarca oiġe mar do rinne Brian agus as é ro ráid, " A ṁarḃáin ṁeata ṁíoċlaoċta[1] na muis-ḟeisóiġe, créad naċ mbuaileann tú do ḃuille, a ċaimiráin ċiotaiġ, ċrospiaclaiġ," ar Séamus.

" Ní ḋom is cóir aċt ḋuit-se, óir is tú is sine, a ḃasdaláin ḃaoit, ḃunránaiġ, ḃréin, na ḃputátaiḋe ḟat-ḟuara," ar Brian. " Is córa ḋuit-se do ḃuille do ḃualaḋ ar dtúis óir is tú do ċoisiġ an t-imreasán ar dtúis."

" Ḟágaim-se a ḃreiteaṁnas sin ag Loċlann[2] na linnáin," ar Séamus, agus ba ḟáiḋ ḟaoḃraċ ḟíor-eolaċ an ḟear sin eadorta-san le ḟios agus le ḟáisḋine do ḋéanaṁ, agus duḃairt sé gan aṁras go dtíocfaḋ traoṫuġaḋ toice agus conáiċ do'n ċúpla san as a n'díomas tré n-a dtóġḃáil ċogaiḋ a n-aimsir sócruiġeaċta agus síṫe agus páirḋe do ṡaoṫruġaḋ go séanṁar, agus duḃairt an laoiḋ ann:

" Cogaḋ Séamuis Uí Ġeannain
Agus briollán Ċarn-ċeiṫe
'Sé deirim gur tuar daiḃris
Do luċt saiḋḃris agus creiḋṫe.[3]
An ḟead do leiġeaḋ do'n ċúpla
A ḃeiṫ go súġaċ socair
Níor ḃeiṫṫe ḋóib le móráil
Do ḋul ag tógḃáil ċogaiḋ.
Ba leór cogaḋ an Coiṁḋe
'Dá n-eisdiġ buirḃe na druiġne,
'Sgan a ḃeiṫ anois ag gríosgaṁ cogaiḋ
A n-am socruiġeaċta agus síṫe.
Naċ cuiṁin liḃ cogaḋ Ċromuil
Do ḃain ár lomraḋ ḋinne
Do ġníḋ cumaċta an ġasúir
Státuiḋ dá píce.
Ḃaolaċ samraḋ na ḟola
Éigin, gorta agus pláiġe
Do teaċt tre na n'díomas
Do'n ċúpla discir dána.
Tiucfaiḋ cogaḋ an Coiṁḋe
Tar éis coṁraic na díse
Traoṫuġaḋ ár mban 'sár ngárlaiġ
Dúinne ba h-aḋḃar caointe.

[1] Both MSS. "ṁíoċlaitriġ." Cuirim " Séamas " i n-áit "Briain ⁊ vice versa san alt so. [2] MS. " Loċlainn." [3] MS. ceisde, ċreiḋte A.

Tiucfaid doineann agus oileann¹
Tiucfaid failbe agus gainne
Ó cogad tubaisteac ár ndíomais
Diam go líonmar faoi aindeis.
Ag sin agaib mo rún-sa
A cúpla brúctmar na mórmionn,
Agus coisgid d'búr² gcomrac súisde
Go h-am brúidte na bpunann.
Ionnsuigid sgioból fairsing
Féacaid bur n-acfuinn láidir
Agus gibé is cruime buille
Fagad sé biseac páige.

Ar gclos faisdine an cogaid, na gainne agus gorta do'n cúpla ceann-feargac sin níor fan neart tógbáil a súisde i gceactar díobta tar éis a ndearnadar do bragaract agus do buantafann ar a céile ó tús go deiread, agus cóimtionól mór d'á gcáirdib, d'á gcleamnuigte agus d'á gcaoimaicne ar gac taob díob d'fios críce na dála san. Act ceana do gluaiseadar araon ó'n tullaig gan buaid cata ná comlainn, cosguir ná gaisge, ag ceactar díob. Gideab do bí Páidín ar na márac ag luad clampuir agus ag éiliugad an geill nó go ndubairt duine sultmar áitrigte do bí ar an látair gur cailleadar araon an geall, do brig gur loiceadar an dís an comrac, agus act go dtigead ceart do'n tír go gcaitfead baintreaca an purdisde an dá ba d'fágail agus iad san do saotrugad dá ba 'na n-ionad ar a bpáide oibre atarga nó beit gan aon bó.

Finit agus crioc ar Tána bó Geannain agus Clonne-Con-Ríog ag cat Lisín Uí Dunacáin do'n taob ó deas do Cruacain Conacta, ris a ráidtear Cuisleán Pluincéad indiu.

¹ MS. daillteán.   ² MS. "dár."

Nótaí.

Acaraí, giúirléidí, instriminti.
Doltonus, bolad.
Borb-basdal, baot-caint borb.
Durmuruas, dailtinteact.
Crapa crampbéil, scaimeanna a cur air féin.
Geamdógaí, cácaí.
Labánta, liobarnac.
Láir na teise, an Láir Leisíneac.

Lúsra, bladar.
Maistre, cuigeann.
Mallad, mallact.
Muisfeisteac, mór beólac.
Pislineac, ronnac.
Puistuín, pota.
Sibdille, slis.
Uide, taisdeal.

An Agallaṁ Beag

An Craoiḃín do sgríoḃ.

Cualaiḋ gaċ éinne a ḃfuil eólas aige ar litriḋeaċt na nGaeḋeal tráċt ar Agallaṁ na Seanóraċ, aċt is beag duine a ḃfuil fios aige go ḃfuil ḋá Agallaṁ ann. Tá ceann aca agus cuid beag de'n ċeann eile le fáġail insan láiṁsgríḃinn mhóir sin, Leaḃar Ṁic Cártaig Riaḃaig, air a ḃfuil mar ġnát-ainm Leaḃar Liosmór.* Do ċlóḃuail S. Aoḋ O Gráḋaig an Agallaṁ ṁór in a Silva Gadelica san mbliaḋain 1892, agus d'at-ċlóḃuail an Stócaiseaċ é san mbliaḋain 1900, agus é ag cur leis go mór as láiṁ-sgríḃinniḃ eile, go mór-ṁór as Laud 610. Níor clóḃuaileaḋ riaṁ go dtí anois aon ċuid den Agallaiṁ eile. An méid dí atá i Leaḃar Liosmór ní'l ann aċt bloḋ beag. Tá mé ag clóḃualaḋ ann so beag-naċ trian de'n ḃlúire atá i Leaḃar Liosmór .i. oċt gcolaṁna as oċt gcolaṁna fiċead. Aċt fuair mé an Agallaṁ a mbaineann an bloḋ so leis, agus é beag-naċ iomlán, cuid dé i sgríḃinn ṫug Mac Giolla Pádraig, tiġearna Ḃaile-an-Ċaisleáin i n-Osruiḋe ḋam, agus 'na ḋiaiḋ sin i gceann de na láiṁ-sgríḃinniḃ do ḃailig an sean-Ġaeḋeal breaġ sin Rioḃard Mac Áḋṁa, nó Mac Aḋam i mBéarla, an fear céadna air a gcuireann Éamonn O Tuaṫail síos, insan téx leanas é seo. Tar éis báis Ṁic Áḋṁa do fuair an t-easbog Reeves iad, agus nuair d'éag seisean do ċeannuig mo ṡean-ċara Maxwell Close an MS. seo, i measg móráin eile do ḃí ag an Easbog—is truaġ tar na beartaiḃ nár ceannuigeaḋ iad go léir—agus ṫug sé do'n Acadaiṁ Ríoġaṁail é. Tá níos mó 'ná leaṫ de'n Agallaiṁ nuaiḋ seo, agus ní'l baint ar bit aici leis an téx do cuireaḋ i gcló ċeana, mar ċróḃfḋ an léigteóir ó'n ngíota atá agam-sa ann so, agus, rud eile, bíonn Caoilte i n-áit Oisín agus Oisín i n-áit Caoilte ar fud an leaḃair. Do sgríoḃ mé cuntas ar an sgéal so, mar tá sé i láiṁ-sgríḃinn Reeves, san Revue Celtique, imleaḃar xxxviii. l. 289. Is dóiġ gur tosaig sé i MS. Reeves, beag naċ mar tosnuiġeann sé ann so. Tá tosaċ Reeves caillte, no dói-léigṫe, aċt insna h-áiteaċaiḃ naċ ḃfuil caillte tá sé ar aon dul leis an mḃlúine atá i Leaḃar Liosmór, aċt ní'l sé i gcóṁnuiḋe ar na foclaiḃ céadna, mar taisbeánfas mo ċuid nótaí.

Cuirim amaċ anois an téx as Leaḃar Liosmór, beag-naċ trian dé, agus cuirim nuaḋ-Ġaeḋilg ar gaċ eile leaṫanaċ. Creidim gurab í seo an céad-uair do foillsigċaḋ sgéal i nGaeḋilg ársa naċ raiḃ riaṁ i gcló roiṁe sin, agus aistriugaḋ Nuaḋ-Ġaeḋilge i n-áit Béarla air. D'forus aistriugaḋ Gaeḋilge do ċur ar an bprós, aċt ní mar sin do'n filiḋeaċt, gan a milleaḋ. Insna nótaiḃ is ionann "R" agus láiṁ-sgríḃinn Reeves.

An Craoiḃín.

---

* Sgríoḃann Miċeál Óg O Longáin mar sin é. Ní sgríoḃann sé "Leaḃar an Leasa ṁóir."

Feacht noen do rala Oissín ocus Cailti a ndún Clithair oc Sliabh Crott. Isisin aimsir thainic Patraicc docum n-Ereann. Is ead do mhair diarsma na Feine .i. Oisin ocus Cailti ocus tri noenmhúir na bfharradh. Bahedh ingnathugbadh doghnidis .i. noonmhur ar timcell dibh cacha laithi imach do sheilc. Laithi noen do rala do Chailti mhac Ronain dul amach, ochtar fer mór ocus giolla in naomhadh. Ba seadh conuir do chuadur um da Sliabh Eibhlinde ocus um chenn senmhuighi Breoghuin bhu thuaidh. Ar tarrachtain doibh a sealga la dubhacadh deridh laoi, iseadh thancatur a corrfhód cnamh choille atuaidh. Is and boi fer gair giolla Chailti ocus a ere feinmidha don tseilc fair oir ni bhidh ere for Cailti féin o ró ghabh rath. Tairnis in gilla ar in sruth ocus benas cuac Cailti da mhuin ocus ibhis dhigh don tsruth. Airet ro bui in gilla ac a hol luidseat in t-ochtur fer mor tar slighidh bhudheas ar fordul¹ conuire, ocus ac techt don ghilla in a ndiaigh is ann atcuala mongur in mhorshluaigh. Ocus gabhas in gilla ac fégain in tshluaigh, ocus craobh etturra ocus a chenn. At connairc a remhthus in tsluaigh buidhen inggnathach. Samhalta lais .lll. isin buidhin sin. Baseadh a tuarascbhail, casla caomha coimgheala lin umpa, cind tolla leó, ocus croind chroma in a lámhaibh, ocus scéith tiugha ecrutha oir ocus argait éinghil for a n-ochtaibh doibh. Aighthe bána attrugha bannda leo ocus gotha fearrdha accu ocus fothord conuire gach aoinfhir dhibh.

Tainic in gilla i ndeaghaidh a muindtiri ocus ni ruc orra co riacht in fhianbhoith ocus ro siacht uime dar leis anala na buidhne ingantaighe atconuirc, ocus léicis a eri for lár ocus loighis ina imdhaigh, ocus curas a uille faoi, ocus tic a osna os aird ass.

Is ann sin do ráidh Cailti Mac Ronain: Maith a ghilla in ne truma heire thic riut.

---

¹ Do sgriobhadh " vel fodcrd " os cionn " fordul " 'san MS.

an agallaṁ beag

Uair aṁáin tárla Oisín agus Caoilte i nDún Cliataiṙ ag Sliaḃ gCrot. Ba í sin an aimsear táinig Pádraig cum Éireann. Ba iad do ṁair d'iarsma na Féine an uair sin .1. Oisín agus Caoilte agus trí naonḃair na ḃfarraḋ. Ba é an gnát-obair do ḋéanaḋaois .1 naonṁar díoḃ do ḋul amaċ gaċ lá ag seilg—gaċ naonḃar aca ar a lá féin.

Aon lá aṁáin tárla do Ċaoilte Mac Ronáin dul amaċ, agus ottar fear mór leis, agus ba é an giolla an naoṁaḋ fear. Ba é seo an bótar do ċuadar: timċeall ḋá ṡliaḃ Féidlime agus um ceann Sean-Ṁuiġe Breoġain fá tuaiḋ. Ar dteaċt dóiḃ ó n-a seilg le Dubaċán deiriḋ an lae, tángadar i gCorr-fód Ċnáṁċoille a dtuaiḋ. Is ann ḃí fear-gaire[1], giolla Ċaoilte agus a ualaċ de'n tseilg um a ḃráġaid (?) air; óir ní ḃíoḋ aon ualaċ ar Ċaoilte féin ón lá do ġaḃ sé tuarasdal [le Fionn].

Táinig giolla Ċaoilte cum an tsrota agus do ḃain cuaċ Ċaoilte d'á ṁuin, agus d'ól deoċ de'n tsrut. Faid agus ḃí an giolla ġá h-ól cuaiḋ an t-oċtar fear mór tar sliġe ba ḋeas, ag dul amuġa ar a mbótar. Agus ag teaċt do'n ġiolla in a ndiaiḋ is ann do ċuala sé mongáir an ṁór-ṡluaiġ. Agus do ġaḃ an giolla ag féaċain an tsluaiġ, agus [do ċuir sé] craoḃ eatorra agus a ceann féin. Do ċonnaic sé, i dtús an tsluaiġ, buiḋean ion-gantaċ. Do ṡaṁluiġ sé go raiḃ trí caogaid insan mbuiḋin sin. Ba é seo a dtuarasgḃáil, agus falain-geaċa caoṁa coiṁ-ġeala lín umpa, cinn pollta aca, agus crainn croma[2] in a láṁaiḃ agus sgiata tiuġa ċagcrutaċa óir agus airgid éin-ġil ar a n-uċtaiḃ. Aiġte bána, ... banda leó, agus gotanna fireanna aca, agus [do ċan?] gaċ aon fear díoḃ fo-ḃord[3] bótair.

Táinig an giolla i ndiaiḋ a ṁuinntire agus ní rug orra gur ṡroiċ sé an fian-ḃot. Agus do ḃí fós 'na timċeall, dar leis, anála na buidne iongantaiġe do ċonnaic. Agus do leig sé a ualaċ ar lár, agus do luiḋ sé in a leabaiḋ, agus do ċuir a uilleann faoi, agus táinig a osna os áird as.

As ann sin adubairt Caoilte Mac Rónáin "Mait a ġiolla, an é truime d'ualaiġ a ḃí ort"?

---

[1] Ġeiḃmid "fear gaire," "fear gair," agus "feargaire." Aċt is gnáċ dá focal do ḋéanaṁ den ainm.
[2] i.e. na baċaill. [3] Ḃíodar ag gaḃail sailm.

Ni he ar in gilla, uair is mor n-ere is mo inass doratasa lium ocus nír c*ur*set form. Acht sluagh ingantach atchonarc a Cna*mh*choill c*r*o. An cét bhuidhen it*ch*o*n*urc don tshl*uagh* ingantach sin romlín treaghait tromghalair re hanal*ai*bh na buidhne sin.

Tabhair a tuar*a*scbháil ar Cailti.

Sam*ha*lta lem tri *caogaid* fer f*ur*ri ocus ca̧sla coimhgheala umpu ocus cind tolla leo, ocus croind croma in a lam*hai*bh ocus sceith tiugha f*or* a nochtaibh, ocus aighthe bannda leo, ocus gotha fer accu, ocus dord conuire ag *gach* aoinfhir dhibh.

Ro lín ingantas in tseinfhian re a cloistin. Is iat sut, ar Oisin, na Tailginn ro tharngairs*eat* ar nd*r*aithi ocus Find duind, ocus cid do dhenum friu ?

Mu*n*a marbtur iat eireocha*it* toraind, ar cach.

Uch, ar Oisin, cid uma mbemais doibh, uair d*ei*ridh na feinde sind ocus ni hagaind fein a*ta* righi nEir*enn* ina hol na a haibhn*ius* ac*ht* a sealc agus a dithrubha ocus a droibhela, ocus a nimghabhail as coir, ar sé. Ocus ro bhadur am*laidh* sin co tainic la ar na mharach ocus ni bi ni ar a menmuinn an oidhche sin *acht* iat.

Ro eiridh *tra* Cailti a remhthús an laoi sin uair isé ba sine acu, ocus thainic ar an du*mh*a oirre*acht*ais imach, ocus do glan grian ceo do mhuighibh ocus do ghabh Cailti ac mordhecha*in* da choicedh Mumhan uadh ar gach leth. Is and sin atco*n*uirc Cailti deatach do Cuill*ind* o Cuanach ┐ bhoi ingant*us* mor lais ocus do bui ic a rádh in a mhe*n*muin, Ingnad lem, ar se, in deatach út at chiu i Cuill*ind* uair ni fhuil bruigh nait bailedha ann, ocus ni fhuilet foghl*aidh* fedha naid dibe*ar*caidh ind Eirind, uair ata Ere in a topur thec*ht*aigthi, ocus fuilet da choicedh Mumhan ac Aong*us* mac Natf*r*aich ocus coicedh Co*nn*acht ac Eichen mac Briain meic Eoch*ach* Mui*mh*edhoin, ocus coice*dh* Uladh ac Muir*eadach* Muinderg, ocus coicedh Laig*en* ac Crimhthan mac Etna Ceinnsea*laigh* ocus braighde Eir*enn* uile ac Laoghure mac Néil i Temhr*aigh*, ocus[1] *conach* fuilet dibeargaidh náit anmargaidh náit foghl*aidh* feadha a nEirinn, ocus ni fhuilet fianna aile a nEirinn, acht sinne,

---

[1] Saoilim nach ceart an t-"ocus" so do bheith san téx.

an agallam beag

"Ní hé," ars an giolla, "óir is iomda ualac ba mó
'ná é tugas liom, agus níor cuireadar tuirse orm; act
sluag iongantac do connaic mé i gCnámcoill Cró. An céad
buidean connaic mé den tsluag iongantac sin do líon
taom trom-galair mé, le h-análaib na buidne sin."
"Tabair a dtuarasgbáil" ar Caoilte.
"Do samluigeas go raib trí caogaid fear san
mbuidin, agus pallainge coimgeala umpa, agus cinn
pollta leó, agus crainn croma in a lámaib, agus sgiata
tiuga ar a n-uctaib; agus aigte banda leó, agus gotanna
fear aca, agus ceól bótair ag gac aon fear díob."
Do líon iongantas an tsean-fian le n-a cloisint. "Is
iad súd," ar Oisín, "na Tailginn do tarrngair ár
ndraoite agus Fionn dúinn, agus cad déanfamaoid leó?"
"Muna marbtar iad éireócaid tarainn," ar các.
"Uc!" an Oisín, "cad cuige bainfimís dóib.
Óir is deiread na Féine sinn-ne, agus ní againn féin atá
ríogact Éireann in a h-ól ná in a h-aoibneas, act amáin
seilg Éireann agus a h-áiteaca fiadaine agus a gardcoillte;
agus is a seacaint is cóir dúinn," ar sé. Agus
do bíodar amlaid sin go dtáinig lá ar n-a márac, agus
ní raib aon nid ar a meanmainn an oidce sin act iad,
.i. na Tailginn.

D'éirig, trát, Caoilte ar tús an laé sin, óir ba é ba
sine aca, agus táinig sé ar an gcnocán-oireactais amac.
Agus do glan an grian an ceó de na bántaib, agus do gab
Caoilte ag móir-féacain dá Cúige Muman uaid ar gac leit
Is ann sin do connaic Caoilte deatac as Cuilleann O
gCuanac. Ba mór an t-iongnad leis, a sin, agus do bí
gá rád in a meanmainn, "iongnad liom," ar sé, "an
deatac sin do-cím i gCuillinn, óir ní'l teac ná baile ann,
agus ní'l fir-fogla [ceitearnaig coille] nó díbfeargaig
i nÉirinn, óir atá Éire in a tobar téactaigte,[1] agus atá
dá cúige Muman ag Aongus mac Natfraoic, agus Cúige
Connact ag Eicean Mac Briain, mic Eocac Muigmeadoin,
agus cúige Ulad ag Muireadac muin-dearg, agus cúige
Laigean ag Criomtan Mac Etne Cinnsealaig, agus braigde
Éireann uile ag Laogaire Mac Néill i dTeamraig, ar mód
nac bfuil díbfeargac[2] ná dúnmarbtóir na fogluide feada
[ceitearnac coille] i nÉirinn. Agus ní'l fiana eile i
n-Éirinn act sinn-ne, agus ní sinn do rinne an teine do:

---

[1] i.e. Com socair le h-uisge a bfuil leac oióre air.
[2] Creacadóir, robáluide, fear nac bfuil cosaint an dlige aige. Outlaw.

ocus ni sind do ni in tene út, ocus táinic teimhel tar mo rosc ic fégain in detaigh ocus na tenedh sin.

Is and sin tainic in righ fheindigh Oisin amach ar in tulaigh ocus it cualaidh fodord in tsenlaich ocus ro bhui ica fhiarfaidhe, cidh ima dta tfhodhord a ocláidh, ar se Oisin.

Teine fuil i Cuillind .h. Cuanach ar Cailti ocus rucadh uaim mo rosc ica fegain ocus ni fhedur cuich las a ndentar.

Tene na Tailgind[1] sin, ar, Oisin, ocus issí ruc do rosc uait, ocus atathar ica breith uaim-si, bhar Oisin. Is fír ar Cailti is fada uadh itáthur aca tarrngaire co ticfadais co Cuillind, ocus rob adhbha fhian ocus chon ocus chuanart gus aniú hí. Ocus do roine in lai ann.

Cuillend ba hadhbha fhiadha[2]
Gus taithaighmís[3] nar bhfhianaibh,
Tarrnguirset[4] duind draithe Find
Conosaitreabhdais Tailgind.

Tarrngairset ic Raith mhaighi[5]
Lonan, Cathmaol, Congaili,
Ticfuit Tailginn tar muir mhenn
Conaitreabhait iath n-Ereann[6].

Teachtfaid[7] ar taigheacht anair
Raith Chormaic[8], raith caomh Cealtchair[9],
Raith Maighi, raith gabra glenn,
Leitir cáin, Cuala, Cuilleand.

Osnad cind, os cnoc Daire,[10]
Ráith Mhedhain raith Dúnghaile,
Cathair oirndnighe cen acht,
Lecca[11] Midhi Magh nDurrthacht.

Ro tarrngair Find fein iar sain
Oidhchi Shamhna a sigh Etair,
Com biad iarsma Feinde Find
Re ré thiachtana[12] in Tailginn.

Co mbemais i Crotaibh Cliach
Ar tri naonmhuir fer findliath,
Com beth scel ann diar scaradh[13]
Duind bhidh buan a bithghalur.

[1] ttolcheann Reeves. [2] dfhiadhaibh R. [3] cusatticedis R. [4] contairrngirsiod draoithi Finn R. [5] duinn co ngloine R. [6] Iath Ereann R. [7] deachtfoid R. [8] Comhraic R. [9] cealttoir R. [10] ceall osnad is cnoc Doire R. [11] Leaccoin R. [12] a rétoigheachta R. [13] go sgarmis re roile an tan R.

an agallam beag

agus táinig smúid tar mo rosg ag féacain an deataig agus na teineadh sin."
Is ann sin táinig an rí-féinnidh Oisín amach ar an gcnocán, agus do chualaidh monbar an tsean-laoich, agus do bhí gá fiafraidhe "cad é fáth do monbair a óglaig," ar sé.
"Teine atá i gCuillionn O gCuanach," ar Caoilte, "agus rugadh uaim mo rosg ag á féacain, agus ní feadar cia leis a ndéantar í."
"Teine na dTáilgeann í sin," ar Oisín, "agus is í sin rug do rosg uait, agus atáthar ag breit na rosg uaim-se, leis," ar Oisín. "Is fíor," ar Caoilte. "Is fada ó tátar 'gá tarrngaire go dtiucfaidís go Cuilleann. Agus ba árus fian agus con agus conairt gus anoiú í," agus do rinne an laoi.

Cuilleann ba gnáth-áit fiadh
Gus a dtigimís-ne an fian,
Do tarrngair dúinn draoithe Finn
Go dtigidís, ann, Táilginn.

Tarrngair siad ag Rát Maigi
Lonán, Catmaol, 's Congaili,
"Tiucfaid Táilginn tar muir mheann
Go n-áitreabhaid lat Éireann."

Sealbhócaid ar dteacht anoir
Rát Cormaic, Rat caom Cealtcair,
Rát Maigi, Rát Gabra Gleann,
Leitir Caoin, Cuala, Cuilleann.

Osna Cind os Cnoc Daire;
Rát Meadhain, Rát Dúngaile,
Catair Oirndige, gan acht,
Lecca (?) Midi 's Mág nDurrtacht.

Do tarrngair Fionn féin iar sin,
Oidhche Samhna, i Síd Éadair,
Go mbéadh iarsma Féine Finn
Ann, le ré teachta an Táilginn.

Go mbéadhmaois i gCrotaib Cliach
Ár dtrí naonbair fear Finn-liat,
Go mbéadh sgéal ann d'ár sgarad
Dúinn bud buan a fíor-galar.

Ragaidh uaind Oisin mac Find
Naon*mhur* fo uisci in Tailghinn,[1]
Aodh bec[2] is Ceall*ach* cen acht[3]
Lughaidh Colman caomh comhrac.[4]

Siadal file Fland mac Brain
Is Aodhan mac Aircheallaigh,
Biaidh Temhuir[5] bud beac a n*eart*
Sc*éar*aidh re neimhibh draidheacht.

Raghaid D*earg* siar a sigh mBraín,[6]
Biaidh Faillean a Find abhair,
Biaidh Co*n*an i Colba duind,
Biaidh Flaithi*us* i sidh Umuill.

Biaidh Dubh d*ru*man a sigh Buidbh
Ar deis inghine Modhuirnd,
Budh iat sin sleachta na bhfear,
Cur*us* tathchuirthea temheal.[7]

Cormac mac Ruaidh raghaid siar
Co Cáille co cnoc na bhfian
Failbe mac Findchadh ocus Flaind
Cú án a gcrich*aibh* Umhuill.

Maine mac Druim*dirg* is dóigh
Oc*us* Dunghal mac Dubh chroin,[8]
Fergal mac Suabaigh, malle,
Misi fein is Fer ngaire.

Sinde fa dhit*rea*bha*ibh* sliabh
Seachnoin Eirenn, soir is siar,
Lá uair a mhbera críne[9]
Ni fhágbhai*m* ar coimhdhíne.[10]

Ata mo chroidhe ga chái[11]
A Oisin ni himarghai,
Na Tailginn co nilur ceall[12]
Ic fadógh tene i Cuilleand[13]

[1] Ar amhus Tailccind R. [2] bán R. [3] cacht R. [4] Ceallach is Cormac R.
[5] [Cea]rthoir R. [6] Soir go sidh Broin R. [7] Ort a Oisin ni chealeaph R.
[8] Chrom " Cróin " is dóigh. [9] Bett sa agus m'ochtar go fior R. [10] Dfhios
an bhfuighmis ar ccoimhdhion. [11] Chnaoi R. [12] Anoss od sgaradh-sa leam
R. [13] San iath-sa a ccomhghar Cuilleann R.

an agallam beag

Ragaid uainn Oisín mac Finn
'S naonbar fá uisge an Táilginn :
Aod beag is Ceallac, gan act,
Lugaid, Colmán caom 's Cormac.

Siadal file, Flann mac Bráin,
Is Aodán mac Airceallaig,
Béid ceatrar (?) 's bad beag a neart
Sgartar iad le nim draoideact.

Ragaid Dearg siar i Síd Bráin,
Béid Failleann i bFinn-abair,
Béid Conán i gColba duinn,
Béid Flaitis i Síd Umaill.

Béid Dub Druman i Síd Buidb
Ar deis ingine Moduirnn,
Bad iad sin sleacta na bfear
Ort, a Oisín, ní ceilfead.[1]

Cormac mac Ruaid ragaid siar
Go Cáille go cnoc na bFian,
Fáilbe mac Fionncaid agus Flainn
— Cú mait (?) — i gcríocaib Umaill.

Maine mac Druimdeirg, is dóig,
Agus Dúngal mac Dubcróin,
Feargal mac Suabaig, maille,
Mise féin, is Fear-gaire.

Sinn-ne tré fásacaib sliab
Ar fud Éireann, soir is siar ;
Béad-sa is m' octar go fíor,
Ag iarraid áite d'ár n-díon.[2]

Atá mo croide-se gá cnaoi
A Oisín, ní h-iomargaoi[3]
Na Táilginn le n' iomad ceall
Ag fadód teine i gCuilleann.

---

[1] Tgaim an líne seo ó R. ní léir dam ciall an téx eile.
[2] T an dá líne seo as R. sé is ciall don téx eile " Tiucfaid lá aon uair amáin, iuair béarfaid an tsean-aois orrainn agus ní bfuigfimid aon duine do rugad in-aon am linn féin (?).
[3] =réag.

In Tailgend tainic anair
Do dhichur druagh in domhuin,
Caomh ro tharrngair co fír Find[1]
In deatach atchí i Cuill*ind*[2] : Cuillend.

Ocus ar ndenum na laoidhi sin ro gabh ferg an sergach ainmhesurdha in righ fheinnidh .i. Oisin, ar tuideacht tei*mh*il ten*e*dh tar a rosc righdha, ocus is *é* ro raidh, in dil do berum fa dheoigh ar na Tailgend*aibh* tabram fa c*éad*óir, ocus lenaidh mhisi a fhiru, ar se, ocus loiscfimit na Tailgind, ocus leicfiter a luaith re sruth, ocus is amhla ro bhoi ic a radha sin, ocus tuc ceim fichdha resna fe*ar*uibh isin sliabh, ocus nír len *acht* m*a*d ochtar amain é, ocus é fein in naomhadh.

Is ann sin tra ro scails*et* na tri noenbhair badur a n-aon in*a*d roimhe sin, .i. noenbur dibh um Chailti, fa fhedhaibh ocus fa droibhel*aibh* agus ai*mh*reidhibh Erenn, ocus nonbur aile fa tshighaibh Eirenn ar teith*edh* na Tailgind, ocus in treas nonbur fa Oisin fein .i. Aodh bec ocus Ceall*ach* ocus Lug*ha* Colman cend co*mram*h*ach* Siadail file Flann mac Brain Aodhan mac Aircheallaigh.

Is ann sin do raidh Cailti ; in side fe*ir*ge be*nes* Oisin do marbh*adh* na Tailchend br*é*cf*aidh*te*ar* he ocus creidfidh foma*m*-baistid[3] ocus creidme. Gach aon tra do nach áil creidemh doibh, na heirg*ed* da nindsaighi, ocus m*a*d (?) misi imo*rr*o ní ragh.

[Ro[4] eirigh Dearg iaromh co n-a ochtar .i. Faoillen a Fionnabhair Conan a cholbha duin ocus Claideas a sidh Umhaill, Diarmuid ocus Iollainn a sidh Maircce, Guaire a Bruigh (?) gairbh Dubhan a sidh Eadoir ocus Dubh Dromach a Sidh Bhuidhbh. Ro cheileabhair Dearg ocus Caoilti dia roile iaromh agus nochar comhraiceatar re cheile as a haithle. Dála Deircc do chuaidh go doras Sidhe Broin ocus ro sgaoileat a ochtar uadha ann, ocus ro chúaidh gach aon díobh d'ionnsoichidh a charad amhuil [ro] tairngir Caoilte doiph isin laoidh romhainn].[4] Ocus nír comruicset in tseinfhian iarsin acht Cailti ocus Oisin i tigh Diarmada Meic Cerbhuill i Temr*aigh*.[5] Asahaithle sin ro raidh

---

[1] Togbhas anoss—ni maith leam R.   [2] An deatach atchiu a cCuilleand R.
[3] Fomabaistid, agus líne gearr os cionn an chéad " a," san ms. ní tuigim.
[4] na línte seo roir vincula, 86 focal, is as R. do baineas iad.
[5] Féac Agallam na Senórac, Stokes, líne 2240.

An Tailgeann táinig anoir
Do díbirt druad an domain,
Is caom tarrngair go fíor fionn
An deatac cír i gCuilleann.

Agus, ar ndéanam na laoide sin, do gab fearg ain-ṡearcac ain-ṁeasarda an rig-féinnid .i. Oisín, ar fáact smúide teinead tar a rosg ríogda, agus is ead a dubairt sé "An díogal do béarfamaoid, fá deóid, ar na Tailgeannaib go dtugamaois orra go díreac anois é! agus leanaigí mise a feara," ar sé, "agus loisgfimid na Tailginn agus leigfidear a luaitread le srut"; agus is amlaid do bí sé 'gá rád sin, agus tug sé coiscéim fíocda amac roim na fearaib eile, insan sliab. Act níor lean é act octar amáin, agus ba é féin an naomad.

Is ann sin do sgaoileadar na trí naonbair do bí in aon ionad roime sin, .i. naonbar díob um Caoilte, cuadar a fcoilltib agus diteacaib fiadaine agus aimréidteacaib Éireann. Agus naonbar eile, cuadar fa Síoib Éireann ar teiced roim na Tailgeannaib, agus an treas naonbar, díodar fa Oisín féin, .i. Aod beag agus Ceallac, Luga, Colman Ceann, agus Comramac, Siadail file, Flann mac Briain, agus Aodán mac Airceallaig.

Is annsin adubairt Caoilte, "An léim feirge tug Oisín do marbad na dTailgeann (is saob í?) óir bréagfaigear é, agus creidfid sé fa rún (?) baistid agus creidim. Gac aon aguib-se nac áil leis creideam dóib, ná héirigead d'á n-ionsuide, agus maidir liom-sa, ní ragad-sa.

[Ro éirig Dearg 'na diaid sin le n-a octar .i. Faoillean a¹ Fionnabair, Conan a Colba duin, agus Claideas [Flaitis?] a Síd Umaill, Diarmuid agus Iollann a Síd Mairge, Guaire a Brug (?) Gaird, Duban a Síd Eadoir agus Dub Droman a Síd Buidb. D'fág Dearg agus Caoilte slán ag a céile 'na diaid sin, agus níor casad ar a céile arís iad ó sin amac. Maidir le Dearg do cuaid sé go Dorus Síde Broin agus do sgaoil sé a octar uaid ann, agus do cuaid gac aon díob d'ionnsuide a carad féin, amail do tarrngair Caoilte dóib insan laoi rómainn].² Agus níor casad ar a céile 'na diaid sin an tsean-fian, act Caoilte agus Oisín i dtig Diarmada mic Cearbaill i dTeamraig. Tar éis sin adubairt Caoilte,

¹="as" nó "ó"? ² An méid sin tuas fa ṡlabraí is as R. é.

Cailti, ni reacham, ar se, a sidhaibh acht racmait fo fhedh*aibh* ocus fo ai*mh*reidhibh Erenn ar teith*eadh* na Tailchenn.

Ro facs*at* tra Dun Clithair a Sliabh Crott ocus do lodur siar reompu cacha ndir*each* ind glenn in-dair,[1] ocus i Leitir chain[2] i cind Fheabh*r*at ocus co madh da mhullach ocus co leitir duibh i Luachair,[3] ocus tainic crich na hoidhci chuchu. Ro bhadar co dubhach domhenmnach ind oidhchi sin ar scarthain re cairdibh ocus re mac in righ fheindigh ocus risin righ feindigh fein, .i. re hOisin re a dhalta fein. Ocus nír chaith Cailti cona nonbhur biadh ind oidhchi sin, acht ro chotailset co meirtn*each* isin fhianbhoith de*r*oil do righne F*ea*rg*air* dhoibh.

Ro eirigh Cailti iar sin, ocus tainic roimhe imach ar ór in atha ocus[4] do impo aris dochum a aosa cumtha. Maíth ar se eirgid do gabhail ind eisc so amuich, ocus c*u*ridh bhur ndhubhachas dibh; ocus ní s*each*ainte*r* in biadh, ar sé gé[5] s*each*ainte*r* na caruit. Ocus ba maith ar conach eisc ocus sealga gus t*r*asta. Ocus ro bhadur in tochtar sin ic gab*hail* ind éisc cur éirigh grian. Is ann sin thancatur aodhairidhe na nalmha[6] ocus na nindile co Carnn Leit*r*i duibhi os cind Chailti, ocus é na shuidhe ar or ind atha, ocus do ghabhs*at* na haodhair*edh*a ar ceól[7] ocus ar binn*eas* do dhenumh, ocus ba bind le Cailti in ceól sin,[8] ar ba cosmhuil he resin ndhord fhiannsa, ocus do bhi ic a radha re ghilla bheith in a thost, ocus a iasc do ghabhail, ocus do rinde in laoidh

> Esteachtt bec ón[9] bím nar dtost
> A Fhirgaire geibh do chosc,
> Ceol do chluinim dom leith clí,
> Do chuir mo neart[10] ar neimfní.
>
> Trom treagd*us* mo chroidhi cain
> Aithris fhiansa[11] a fhatharlaigh,
> Aindri beca a Portt Ghuaire[12]
> Ceol chanuit c*ach* naon uaire.

---

[1] Gleann anair R. [2] Alleitir abrat chaoimh R. [3] Alluachair dheaghaidh R.
[4] Agus at chonnairc an linn ar sn*a*mh fo iascc R. [5] Agus as éiccin go seachantar. R.
[6] Cona ttaintibh agus cona n-innleadh R. [7] Cantain duird aodhearachta R. [8] Tucc Caoilti a mheanma go mor ann R. [9] Eisti beccan R.
[10] Corp R.
[11] Fian R. [12] Annra bheacca a mboith Ghuaire : An ceol chanaid mo thruaighe R.

an agallaṁ beag

"ní racamaoiḋ-ne," ar sé, "i síḋiḃ acṫ racamaoiḋ fá coillṫiḃ agus fá áiṫeaċaiḃ garḃa Éireann ag seaċainṫ na ḋṫailgeann."

Ro fágaḋar, tra, Dún Cliaṫair i Sliaḃ gCroṫ, agus ḋo ċuaḋar siar rompa go ḋíreaċ cum gleanna an ḋair, agus go Leiṫir Caoin, i gCinn Feaḃraiṫ, agus go máġ Ḋá ṁullaċ, agus go Leiṫir Ḋuiḃ i Luaċair Ḋeagaiḋ; agus ann sin táinig ḋeireaḋ na h-oiḋċe orra. Ḋo ḃíoḋar go ḋuḃaċ ḋóṁeanmnaċ an oiḋċe sin, ar sgaraḋ le n-a gcáirḋiḃ agus le mac an Rí-Ḟéinniḋ, agus leis an Rí-Ḟéinniḋ féin .i. le h-Oisín, le n-a ḋalṫa féin. Agus níor ċaiṫ Caoilṫe agus a naonḃar biaḋ an oiḋċe sin, acṫ ḋo ċoḋlaṫar go fann insan ḃfian-ḃoiṫ ḋearóil ḋo rinne fear-gaire ḋóiḃ.

Ḋ'éirig Caoilṫe 'na ḋiaiḋ sin, agus táinig sé amaċ ar ḃruaċ an áṫa, agus ḋo ċonnaic sé an linn ar snáṁ fá iasg. Agus ḋ'iompaig arís go ḋṫí a ċuiḋ compánaċ. "Maiṫ," ar sé, "éirigiḋ agus leigiḋ ḃur n-imniḋe ḋíḃ, agus ní seaċainṫear an biaḋ," ar sé, "ciḋ seaċainṫear na cáirḋe! agus ba ṁaiṫ an t-áḋ ḋo ḃíoḋ orrainn le h-éisg agus le seilg go ḋṫí an ṫráṫ so." Agus ḋo ḃí an t-oċṫar sin ag gaḃail an éisg gur éirig an grian. Is ann sin tángaḋar aoḋairiḋe, le n-a gcuiḋ eallaig agus táinṫe, go Carn Leiṫir Ḋuiḃe, os cionn Caoilṫe, agus é 'na ṡuiḋe ar ḃruaċ an áṫa, agus ḋo ċroin an h-aoḋairiḋe ar ceól agus ar ḃinneas ḋo ḋéanaṁ, agus ba ḃinn le Caoilṫe an ceól sin, óir ba ċosṁail é leis an nḊorḋ Fiannsa, agus ḋo ḃí ġá ráḋ le n-a ġiolla ḃeiṫ in a ṫosṫ, agus a ċuiḋ iasg ḋo ġaḃail [gan cainnṫ] agus ḋo rinne an laoi.

Éistí beagán, ḃiom 'n ár ḋṫosṫ,
A Ḟir-gaire geiḃ ḋo ċosc,
Ceól ḋo ċluinim ḋem' leiṫ ċlí
Ḋo ċuir mo neart ar neiṁ-níḋ.

'S trom goineas mo ċroiḋe caoin
Aiṫris fian a faṫarlaig,
Filí (?) beaga a Porṫ Guaire
Ceól canaiḋ gaċ aon uaire.

AN AGALLAMH BHEAG

Aedhaire duibhi[1] a druim léis
An aithris fuabrait[2] da neis
Bind ceol[3] a mac-samhla sain
Dordan tri mac ndit*hr*eabhaigh.[4]

Cronán Faol*ch*on a fidh garbh,
Fodhord[5] Flaind do leirg lathairn
Ab*r*an Faolain fed Lai*n*di,[6]
Foghur tri mac Conchainde.[7]

Caín ceol do chandais tar lear,
Cairill is Artt is Eobhran,[8]
Mongán Maolghas, mor anádh,
Faolchu, Eoghan Uamhanán.

A leitribh cend rabhnirind
Daolghus, Dubhachán, Dubhrind,
Mugslaine, Dubthach mac B*r*ain
O*cus* Findchadh a Formaíl.

Dubhróid, Dubhán, Dubdala,
Dubhd*r*uman mac Senchadha,
Co*n*án, Flaitheas, fer daghal,
Garbh Daire, Daire, Dúnghal.

Maol ug*r*a ocus Maol Eanaigh,
Ba bind le cach a meadhair,
Caince Ferrdo*m*an Find bán
Oscur, Oisin, Uallachan.

Dercc ocus Ruadh ocus Goll,
Lughaid, Lucan, Co*n*ghal, Cond,
Scannal, Uairbhel, Aichel, Ercc,
Bran, Seghdha, Sealbhach, Saoirearc.

Colla, Corc, Féice, Foill, Fial,
Fiacha, Conall, Caichear, Cian,
Garbh Crot caol i Cluain da ros,
Do*n*ndé rath Dubhda Do*n*nghas.

---

[1] A aodhaire dhuibh R.   [2] Ar n-aithris fuabraid dar n-éis R.
[3] Nuaill R.   [4] bhFearrdomhain R.   [5] Fodhord R.   [6] Loinne R.
[7] Mic Cochruinne R.
[8] Tá dá leaċanaċ de R ag teastáil ann so.

an agallaṁ beag

Aoḋairí Ḋuiḃe a Ḋruimléis
Ár n-aitris iarraiḋ ḋ'ár ndéis,
ḃinn ceól a macsaṁla sain
Ḋorḋán trí mac nDitreaḃaiġ.

Crónán Faolcon, as fíḋ ġarḃ,[1]
foḋorḋ flainn ḋo leirg Látairn,
aḃrán faolain, feaḋ lainne,
foġar trí mac Concainne.

Ceól caoin ḋo canḋaois tar lear
Cairill, is Art, is Eoḃran,
Mongán, Maolgus—mór a n-áḋ—
faolcu, Eoġan 's Uaṁanán.

A leitriḋ ceann raḃnirinn (?)
Daolgas, Duḃacán, Duḃrinn,
Mugsláine, Duḃtac mac ḃrain,
agus fionncaḋ a formail.

Duḃroiḋ, Duḃán, Duḃḋala,
Duḃḋruman mac Seancaḋa,
Conán, flaiteas, fear-ḋa-ġal,
ġarḃ-Ḋaire, Ḋaire, Ḋúnġal.

Maol-Ugra agus Maol-Eanaiġ
ḋa ḃinn le các a meaḋair,
Cainnce,[2] feardoṁan, finn ḃán,
Osgar, Oisin, Uallacán.

Dearg, agus Ruaḋ, agus ġoll,
Luġaiḋ, Lúcan, Congal, Conn,
Sgannal, Uairḃéal, Aiceal, Earc,
ḃran, Seaġḋa, Sealḃac,[3] Saoirearc,

Colla, Corc, féice, foill, fial,
fiaca, Conall, Caicear, Cian,
ġarḃ, Crot caol[4] i gCluain-ḋa-ros,
Ḋonn-Ḋé Rat Duḃḋa,[5] Ḋonnġus.

---

[1] i.e., an crónán do ġníḋeaḋ faolcú do táiniġ as fíḋ-ġarḃ, agus an foḋorḋ (ceól eiġin) do ḃí ag flann as Leargs-Látairn. Taḃair fa deara na ceólta do ḃí ag na ḋaoiniḃ seo, ḋorḋán, crónán, foḋorḋ, aḃrán, feaḋ, foġar.

[2] Is ionann Cainnce féin agus ceól brónaċ.

[3] ḋa é seo an fear a raiḃ eólas aige ar cainnt na n-éan.

[4] no b'éiḋir " ġarḃh na gcrot caol."   [5] =Donnḋé ó Ráth Duḃḋa?

Find fein, is Flann mac Each*ach*
Diarmuit Raighne rosclethan.
Canait in dord fiansa ar fui*n*
Canaid Cail*ti* Colla*mair*.

Canaid Cail*ti* chnuic da dhamh,
Canaidh Cailti Chnuic aradh,
Canaid Cailti cosluath cain,
Canaid Cailti mac Fidhaigh.

Canaid Uilleand, canaidh Aodh,
Is D*r*uim Derg is Dubh da raon,
Ocus Subhach mac Maol c*r*uim
Ocus Flandchadh a Fordhruim.

Canmais an Alpain re seal
Is a Fo*r*nocht Droma dean,
In Aonach Life lith ngal,
Ind Almain cen imarghal.

A n-Aonach Thaillte*n* na náth
I Carman i cnucc da ráth
A n-Uisnech a Taillt*in* tair
A Cnodhbha a Tlachtga a Teamhai*r*.

A Téide a Coran na treabh
Ind aonach Clochair tar lear,
An Aonach Chliach is Luinge
Ind Aonach mhor Mhuc*hr*uime.

A n-Aonach C*hr*uachan ro báe
Canmais dord ar ndul ar cáe,
Ba bind foghur fiansa ar feacht
Ba maith le cach a *éisteacht*.   E.

Ahaithle na laoidi sin ro badur in tshein-fhian ac tairmesc Cailti da eolchuire ocus do raidset nar choir dho bheith ac cuimhniu*ghadh* na Feinde dhoibh. Dentur iascach dindeonadh duind, ar siat: Ni h-inadh dhuind so, ar is i*m*dha a aitrebha in inaid so. A imgabhail is coir dhuind.

An Agallaṁ Beag

Finn féin, is Flann mac Eaċaċ,
Diarmuid, Raiġne Rosgleaċan,
Canḋaois an ḋord fiansa ar¹ fuin,
Canaḋ Caoilte-Collamair.

Canaḋ Caoilte Cnuic-da-ḋaṁ,
Canaḋ Caoilte Cnuic-Araḋ,
Canaḋ Caoilte Cosluaċ² caoin,
Canaḋ Caoilte mac Fioḋaiġ.

Canaḋ Uilleann, canaḋ Aoḋ,
Is Druim-ḋearg, is Duḃ-dá-raon,
Agus Suḃaċ mac Maoil Ċruim,
Agus Flannċaḋ a Forḋruim.

Canmaois i nAlḃain le seal,
Is i ḃFornoċt Droma-dean,
I n-Aonaċ Life, go² ngal,
I n-Alṁain gan imreasan.

I n-Aonaċ Ṫailteann na n-áṫ (?)
I gCarman, i gCnoc-dá-ráṫ,
I n-Uisneaċ, i ḋṪailltin ċoir,
I gCnoḋḃa, i ḋTlaċtga, i ḋTeaṁair.

I ḋTéide (?) i gCoran na ḋtreaḋ,
I n-Aonaċ Ċloċair ṫar lear,
I n-Aonaċ Cliaċ is Luinge,
I n-Aonaċ Mór Muċruime.

I n-Aonaċ Ċruaċan ar leiṫ⁴
Canmais dord ar ḋoul go fleiḋ,
Da ḃinn foġar fiansa 'ṫeaċt⁵
Da ṁaiṫ le cáċ a éisteaċt.

Tar éis na laoiḋe sin do canaḋ ḋó do ḃí an tsean-fian ag cosg Caoilte ó n-a ḃrón-ġol, agus duḃradar nár ċóir ḋó ḃeiṫ ag cur na féinne i gcuiṁne ḋóiḃ. "Déantar na h-éisg do rósταḋ ḋúinn," ar siaḋ. "Ní h-ionaḋ é seo ḋúinn cum sin do ḋéanaṁ" ar Caoilte, "óir is iomḋa áiṫreaḃaċ ins an ionaḋ so. A seaċaint is cóir ḋúinn."

¹ =San tráṫnóna?   ² Is é sin an Caoilte mór, an file,
Agus príoṁ-ġaisgiḋeaċ an sgéil seo. ³ Cheville. ⁴ Ní aistriuġaḋ ceart é seo,
tá easal orm; "cáe"=fleaḋ.   ⁵ Ar feacht=uair aṁáin? nó
b'éidir=turn about?

[101]

AN AGALLAMH BHEAG

Ocus táncatur rompu a clé re leitribh Duibhi, ocus do Themhair Luachra, ocus do ghlend na cond, ocus dáth Lucraidh for Fheil, ocus do Bhrosna Droma hiaraind ocus tar aibhnibh Feile. Ocus o rancatur tar in Fhéil adubhairt Cailti, is mithid, ar sé, indeonadh do dhenamh acuind. Do rinneadh fon cuma sin a fhulacht, ocus mar thairnic dhoibh do eirighset reompu tar ré in chind i Luachair, bhail i rucsat mic Cuilgreand cend .F. hui Bhuiscne, ocus a ceand tsleibhe Mis lamh re cathair na claon ratha, ocus duisci Labhrainde ocus a Traigh fhir grinne mic Dheaghaidh ocus do loch daimh dheircc, ocus do Dhumha Maissine in glend nandiadh ocus amach a comhair Chind tseindtshleibhe. Is inad maith, ar se Cailti ocus is diamhair é, ocus ní conair athaighthi othír sin minathisat lucht fiadhaigh.

Tainic iarsin Fer gaire .i. gilla Cailti ocus do rinde both bronnfhairsing bhélcumang ocus tuc flesc tar féice dhi ocus dlái dhidin tairsi. Ocus cén ro bui in gilla ic a ndhenamh do chuadar in tochtur aile do thsheilc. Ro burlamh leabaidh cacha deissi ocus imdaigh cacha con ocus tri coilceacha cailleadh cacha himdhaighi, .i. coilceach craibhigh ocus coilceach cendaid ocus firluachra,[1] ocus do churadur a nairidha sealga dibh ocus righnedh fulacht leo ; ocus ro thochaithset biadh ocus tomhaltas, ocus badur an oidchi sin in a cotladh.

Ro éirgeadur iar sin ocus do chuadar ar in tulaigh os cind comair chind tshleibhe ocus ro fhechadur uatha for cach leth, ocus ba toirseach iatt ac smuaineadh Fhind ocus na Feinde. Ocus is iat ba righa ar an crich sin in tan sin .i. Irgal mac Muradhaigh ocus Ceallach mhac Sealbhaigh. Ocus do chuaidh Irgal in la sin do sheilc isin crich irrabadursamh, ocus ro dúisceadh muca ocus aighe imdha leo, ocus nír mharbhsat acht aon agh dibh.

Ro bui Cailti ocus Findchadh ac machtnughadh na

---

[1] Coilceach craobh coilceach chaonnaigh agus coilceach úrluachra leisiomh ar a ccionn, R.

an agallam beag

Agus tángadar rompa agus a lám clé le leitrib Duibi, agus tángadar go Teamair Luacra, agus go Gleann na Conn, agus go h-át Lucraid ar amain na féile, agus go Drosna Droma-h-iarainn, agus tar aibnib na féile. Agus com luat agus rángadar tar an bféil a dubairt Caoilte, "Is mitid," ar sé, "indeónad¹ do déanam againn." Do rinnead a cuid cócaireacta ar an gcuma sin. Agus nuair críocnuigeadar a mbéile, d'éirig siad rompa, tar Ré-an-Cinn i Luacair,—áit a rugadar mic Cuilgreann ceann finn mic Cumaill Ui Daoisgne,—agus i gceann tSléibe Mis, lám le Catair na Claon-ráta, agus go hUisge Labrainne, agus go Tráig Firgrinne Mic Deagaid, agus go loc Daim-Deirg agus go duma Maisine i nGleann-na-ndiad, agus amac i gcómair cinn tSeinntsléibe. "Is ionad mait é seo," arsa Caoilte, "agus is dorca dó-facta é; agus ni slige a mbionn tailige ó'n cir ann, an tslige sin, muna dtige luct fiadaig."

Táinig, 'na diaid sin, fear-gaire .i. Giolla Caoilte, agus do rinne dot, a raib brollac fairsing agus béal cumang uirri, agus tug sé cúmdac, "fleasg tar féice,²" di, agus didean tairsti sin. Agus an faid do bí an giolla gá déanam sin do cuadar in t-octar eile ag seilg. [Nuair d'filleadar] b' ullam leabaid gac dise aca, agus áit-luide gac con, agus trí coilceaca³ coille do gac leabaid .i. coilceac craob, coilceac caonaig, agus coilceac úrluacra. Agus do cuireadar a n-ualaige seilge diob, agus rinnead cócaireact leó, agus do caiteadar biad agus beata ; agus do bíodar an oidce sin in a gcodlad.

D'éirigeadar na diaid sin, agus do cuadar amac ar an gcnoc os cionn Cumair cinn-tsléibe agus do féacadar uata ar gac leit, agus ba brónac iad ag smuainiugad ar Fionn agus ar an bféin. Agus is iad do bí 'na rigtib ar an tír sin, an t-am sain .i. Irgal Mac Muradaig agus Ceallac mac Sealba. Agus do cuaid Irgal an lá sin do seilg insan tír a rabadar-san, an fian, innti. Agus do' dúisigead mórán muc agus mórán fiad leó, act níor marbadar act aon fiad amáin díob.

Do bí Caoilte agus Fionncad ag breatnugad ar an tseilg sin. "Is olc a fionncaid," arsa Caoilte, "rit

---
¹ Indeonad=róstad. Indeóin= róistín "gridiron."
² Ní cinnte mé cionnas rinneadh é sin. Is ionann an fléice agus an cuaille mór uachtair ó cheann go ceann na boithe, an taobhán mullaigh.
³ Coilce=éadach leabthan. Deir an Ceitinneach "Tri neithe da ndéineadh gach aon díobh leabaidh dó féin, mar atá barrghalach chrann, caonach, agus úrluachair, an bharrghalach i n-íochtar ré lár, an caonach os a chionn sain, agus an úrluachair i n-uachtar; agus is diobh so gairmthear sna seinleabhraibh tri coilceadha na Féine."

sealga sin. Is olc a Fhind*chaidh*, ar Cailti, rith chon ocus dainedh na sealga atchí.
Is fír ón, ar Findchadh, mesa sa mesa *cach*a dí*ne*.[1]

Tecait iar sin don fhianbhoith in oidhchi sin ocus lodur do sheilc ar na mharach g*us* in nglend cetna, ocus ro duis*ceadh* leo damhr*a*d ocus adhr*ad*[2] ocus ro mharbhsat a lór dhaoíthín dibh.

Ocus ar na marach tainic Irgal do thseilc na nghlend c*ét*na, ocus fuair slicht na gcon ocus na bhfer mor, ocus crithnaighit na coin for slicht na con ocus lo*ch*ta an fhiadhaigh. Lorcc fomhurach don mhuir, *nó* lorc dainedh nach coi*mh*di[ne][3] dhuind, nó lorc fer mor a sid*he* so, ar Irgal, ocus leantar linde seo co fhesum. Ocus ge adubh*air*t sium sin ní fhuair neach *no* lenf*adh* hé *acht* é féi*n* ocus cú ar slabh*r*adh, in a laimh, ocus lenas slicht na con ocus na bfer amach a nglend na ndiadh ocus a comur chind tsheinshleibhe co fhacaidh in fhianbhoith.

Is and do bhui Fer gaire a ndor*as* na fianbhoithe co fhacc*aidh* in m*a*caemh. Slan fo*r*aibh a dh*eadh*laocha, bar Irgal, ocus téit isin fhianbhoith. Ocus dlomhait na coin mh*o*ra da slabh*r*adhaibh dochu*m* *chon* in mhacaoimh. Coiscidh na coin, bhar Cailti. Suidh acaind, ar Cailti, ocus rot bia faoilti ocus indis scéla dhuind.

Cora dhaibh-si a indisin damh-sa ce sibh.

In cualais cé in tóclach is oird*arc*a ocus is ferr do bhoi ac Find mac Cumhaill *nó* an cualais Find *con*a fheind, ar Findchadh.

Ni chuala ic tabhairt a laimhe a laimh[4] tighe*ar*na oclach badh fherr ina Cailti mac Ronáin ro bhui ac Find ocus Lug*ha* lág*a* ac Mac *Con* ocus Dubh mac Salmhóir ag Fath*adh* Cana*n*d.

Fír ámh sin, ar siatt. Is sé so Cailti ocus cia th*u*sa a mhacaimh, ar Findch*adh*.

Irgal mac M*uradhaigh* do Chorco Dhuibhne mhisi, ar in macaomh, ocus is lium leth na criche so i fhuilti.

Mas*ead* ar siat athaigh chucainde ocus foghebha cáin tshealga ocus comuirle uaind.

Fo*r*naidmis cach ar a cheil*e* dhibh, ocus imthighes Irgal có a dhun fein; ocus do bhadur a mhuindt*ear* ic

---

[1] As amh nearte agus as anfhainne gach líne da dheighioncha inas an líne roimhe R. Do sgriobhadh "dí*ne*" in ait "líne" ar dtús acht d'athruigh an sgríbhneóir é. [2] Iomad faoilbheadhach agus fiadh, R. [3] Coi*mh*di. MS. [4] A laime a laim a laim. MS.

na gcon agus na ndaoine ins an tseilg seo air a bhfuil tú ag féacain."

"Is fíor sin," arsa Fhionnchadh. "Measa gach glún daoine 'ná an glún roimpi."

Tigid go dtí a bhfian-bhoth an oidhche sin. Agus chuadar ag seilg ar n-a mhárach, go dtí an gleann céadna. Agus do dhúisigheadh leó fiadhta agus ainmhighte fiadhaine eile agus do mharbhadar a lór-dhóithin aca.

Agus ar n-a mhárach táinig Irgal do sheilg na ngleann céadna. Agus fuair sé lorg na gcon agus na bhfear mór. Agus do chrith(?) na coin do bhí aige nuair tángadar ar lorg na gcon eile agus ar lorg lucht-an-fhiadhaigh. "Is lorg fomhórach táinig ón muir, nó lorg daoine nach rugadh i n-aon aois linn-ne, no lorg fear mór as síodh éigin, an lorg so," ar Irgal, "agus leantar linn é go raibh fios againn." Agus cidh dubhairt sé sin, ní bhfuair sé aon duine do leanfadh é, acht é féin agus cú ar shlabhra in a láimh. Agus do lean sé lorg na gcon agus na bhfear amach go Gleann-na-ndiadh, agus go Comar Cinn t-Sein-Shléibhe go bhfacaidh sé an fhian-bhoth.

Do bhí fear-gaire i ndorus na fian-bhoithe, agus connaic sé an t-óganach. "Slán orruibh a dheagh-laocha," ar Irgal, agus téidh sé insan bhfian-bhoith. Agus tug na coin mhóra fásgadh(?) d'á shlabhradhaibh cum con an óganaigh. "Coisgí na coin," ar Caoilte. "Suidh againn," ar sé, "agus béidh fáilte rómhad, agus innis sgéala dhúinn."

"Budh córa dhaoibh-se a innsint damh-sa cia sibh."

"An gcualais cia an t-óglach is clúdhamhla agus is fearr do bhí ag Fionn mac Cumhaill, nó an gcualais trácht ar Fhionn agus ar an bhFéin," ar Fhionnchadh.

"Ní chuala mé go raibh, ag tabhairt a láimhe i láimh tighearna, óglach do b'fhearr 'ná Caoilte mac Ronáin do bhí ag Fionn, agus Lugha Lágha ag Mac Con, agus Dubh mac Sálmóir ag Fatadh Canann."

"Is fíor sin, ámh," ar siad. "Is é seo Caoilte, agus cia tusa a macaoimh," ar Fhionnchadh.

"Irgal mac Muradhaigh de Corca Dhuibhne mise," ar an macaomh, "agus is liom leat na tíre seo in a bhfuil sibh."

"Má 'seadh," ar siad, "déan caitighe againn-ne agus gheobhaidh tú cíos seilge agus cómhairle uainn."

Ceanglaid gach aon aca [an connradh sin] ar a chéile, agus d'imthigh Irgal go dtí a dhún féin, agus bhí a mhuinntear ag fágáil locht ar a chéile eatorra féin, fá gur leigeadar

aithfer imaithber mar do leicset uaithibh a tighearna. Ocus ro indis doibh cur len in slicht co muir, ocus nach bhfuair iat.[1]
Ro élo i frithing na conaire cetna a cind tri lá ocus tri n-oidhche ocus ferthar caoin fhailti fris.

Fan cétna dhaibh-si, ar sé, a dheadhlaochu. In fhilet scela acut, ar Cailti. Eire fo lan gach maitheasa, ar in macaomh, ba hail leamsa sén sealga diarraidh oruibhsi. Tabhur sén dó a Findchaidh ar Cailti. Dobér ar Findchad. Tabradh a coin, ocus a dhaine leis dia céadaín tic, ocus deanadh sealg, ocus cid bé céad fhiadh mharbhas fulachtadh ocus tabradh da mhuindtir ocus da chonaibh, ocus coimledh a fhuil fo lámhaibh ocus fo armaibh a mhuindtire ocus fo fhiaclaibh a chon, ocus biaid conach sealga fair. Téit Irgal da thigh, ocus tic dia cédaín do tsheilc, ocus duiscighthear damh andreannda allaidh leo, ocus do thuit leo ocus do rinde mar adubhairt Findchadh friss. Ocus marbhas fó a chomas na fiadha iar sin.

Tainic a cind tri la ocus tri noidhchi connuic in fianbhoith céadna.
In buideach don tsheilcc thú, a mhacaimh, bhar iatsom. Issam amh, bhar eissiumh. Ocus oclaoch maith atá a comhroind fearaind frimsa .i. Ceallach mac Sealba fer beodha, ocus ri Mumhan acam cothughadhsa in a cheand[2]; ocus ar bportt flatha araon aici ocus do báil lemsa sén ocus sola dia indarbadh.

Tabhuir an sén út a Fhindchaidh, ar Cailti.
Cuiredh a mhoghudha dardain tic, ar Findchadh, fon coill ocus benadh caola in fhedha ocus tabhradh dia haine co portt flatha, ocus sáigh fein cleth gacha hairde and, ocus bad leat in baile ó sin amach, ocus taoth Ceallach fein leat. Tainic Irgal da thigh ocus do righne uile amhail a dubhradh fris. Tainic fein ocus do sháigh cleth cacha hairde isin baile. Ocus ro thinoil Ceallach mac Sealba leth rí Chorcodhuibhne ocus it connuirc Irgal sin ocus curas teachta co Ceallach do thabhairt comad dó co tisadh nert don tshén tucad dó, ocus ó thainic medhon laoi do righne Irgal comhrac oinfhir re Ceallach ocus do thuit lais a ndorus in bhaile ocus ro ghabh braighde Chorco

---

[1] Tá na ceitre focla so as R.   [2] Aga mhéadughadh thormsa. R.

an agallam beag

a dtigearna uata. Act d'innis seisean dóib gur lean sé lorg na bfear mór go dtí an fairrge agus nac bfuair sé iad.

D'éalaig sé amac arís i gcionn trí lá agus trí oidce ag fillead ar an mbótar céadna, agus feartar fíorcaoin fáilte roime. "Go mbud hé' daoib, a beag-laocra," ar sé. "An bfuil sgéala agad," ar Caoilte. "Ní'l, act go bfuil Eire fá lán gac maiteasa," ar an macaom, "agus bud mait liom séan[1] seilge d'iarraid orruib-se." "Tabair séan dó a fionncaid," ar Caoilte. "Do béarad," ar fionncad: "tugad sé a cuid con agus daoine leis Dia Céadaoin seo cugainn, agus déanad sé seilg. agus an céad-fiad marbócas sé, déanad sé a bruit agus tugad sé d'á muinntir agus d'á conaib é, agus cuimlead sé a fuil fa lámaib agus fá armaib a muinntire agus fá fiaclaib a con, agus éireócaid an tseilg go mait leis.' Téid irgal d'á tig, agus tig sé arís ag seilg Dia Céadaoin, agus dúisigtear dam-allaid fiadain leó, agus do tuit sé leo; agus do rinne mar adubairt fionncad leis, agus marb sé na fiadta na dtiaid sin, mar bíodar fa na cumas.

Táinig sé i gcionn trí lá agus trí oidce eile go dtí an fian-bot céadna.

"An buideac de'n tseilg tú a macaoim" ar siadsan. "Is buideac am," ar seisean. "Act tá óg-laoc mait atá i gcom-roinn talman liom-sa, Ceallac mac Sealba a ainm, fear beóda, agus tá rí Muman 'gá méadugad tarm-sa, agus tá an catair ríogda atá againn araon aige-sean, agus do b'áil liom-sa séan agus amra[?] da díbirt.

"Tabair an séan úd dó, a fionncaid," ar Caoilte.

"Cuiread sé amac a cuid searbfógánta Diardaoin seo cugainn," ar fionncad, "fá'n gcoill, agus bainidís craoba caola na coille, agus tugadaois Dia h-Aoine go dtí an catair ríogda [iad] agus sáit féin cleit ins gac áird de, agus is leat-sa béas an baile ó sin amac. Agus tuitfid Ceallac féin leat." Táinig irgal d'á tig agus do rinne gac uile nid amail adubrad leis. Táinig sé féin agus do sáit sé cleit ins gac áird de'n baile. Agus do cruinnig Ceallac mac Sealba, leit-rí Corca Duibne, [a cuid fear]; agus do connaic irgal sin, agus do cuir leactairí go dtí Ceallac, cum bronntánais do tairgsint dó, [ag fanamaint] go dtigead neart in san tséan do

---
[1] *i.e.* ara, amhra, "charm."

Dhuibhne t*ri* shén ocus tri shol*a*. Ocus do bui isin baile sin co cend tri lá ocus tri noidhchi ocus no cuimnigh a aos cu*m*tha ocus iarsma na feinde. Ocus tainic co*n*uic in fhianbhoith a roibhe Cailti ocus fe*rtur* faoilti fris.

Ocus asi ba ben dó .i. Dubh gréine *inghean* Cathail Cromchind .i. b*r*ughhadh dó féin, ocus atbe*r*tt sí dofhedar is lu*cht* cumacht ocus d*r*aich*t*a fuilet a carad*r*adh mo cheile ar si, uair ro lín rath é[1] ocus at*á* do mhéd a alla ocus a *ch*on*a*ich co tibhre sé *inghean* righ *nó* rofhlatha, ocus ro éir*igh* ocus ro ghabh ar slicht ind óclaigh ocus lean*as* é co*n*nuic in fhianbhoith, ocus itbert, annso at*á* in lucht dobheir sén do Irghal, ocus tuc a cluas risin fhianbhoith ocus is é comhr*ád* do rinde Irgal : Maith ar se bur cu*m*ain orm-sa, do thuit Ceall*ach* leam ocus at*á* a f*hea*rann acum tri b*hur* caradradhsi ; acht at*á* ni ele acum re ecáine ribh .i. ealtta dhén*aibh* dubha thic chucum ocus in gortt arbha ar a loighit ithit hé co mbhui in a c*r*e dhirc, ocus tabh- r*aidh* sén da ndichur sin damh.

Maith ar Findchad in trath tangais uair a fhuil o t*ur*cbail greine co fuinedh do bethach*aibh* dfhuagairt isin tsén sin bad marbh fo chend nao*m*haidhe muna fhácat on tr*á*th co roile. Atcuala ben Irgail sin ocus a dube*rt* : oraibh fein ar sí neimh ocus áigh bhar séin, ocus facaidh in crich, ar si, ocus in sén sa oraibh .i. sén na nén do*n*a gortaibh.

Bidgus in tsheinfhian ocus in m*a*cam ocus gabhait a nairm, ocus teich*idh* in ben ocus téit a muinidhin a ratha ocus roghabh lamh re muir, ocus lenaid a fer hí ocus ac sill*edh* di tar a hais do rorchair docha*rr*aic ocus fuair bás.

Ro eirigs*et* in tsheinfhiann ocus adubhairt Cailti, maith a fhiru, leicidh d ·Irgal a ao*n*ur, ar sé, a lenmhuin ocus ar mallacht ar in mnaí, ocus itbe*rt* :

---

[1] Cuirim isteach an t " é " seo as R. Deir an téx sin " do líon rath agus ruabar é." ruabar=ró-uabhar ?

An agallam beag

tugaḋ ḋó féin. Agus coṁ luat agus táiniġ an meaḋon-lae do rinne Irgal coṁrac aoin-ḟir le Ceallac, agus do tuit Ceallaċ leis 1 n'oorus an ḃaile ; agus do ġaḃ Irgal braiġde Corca Ḋuiḃne tré Séan agus tre ṡolaḋ¹ Caoilte. Agus do ḃí sé ins an mḃaile sin go ceann trí lá agus trí oiḋċe, agus ann sin do ċuimniġ sé ar a ċáirdiḃ agus ar iarsma na Féine. Agus táiniġ sé go dtí an fian-ḃoit 1 raiḃ Caoilte innti, agus feartar fáilte roiṁe.
   Agus is í ḃa ḃean dó .1. Duḃ-ġréine inġean Cataíl Ċroimċinn, inġean ḃruġaiḋ² ḋó féin, agus aduḃairt sí, "Tá fios agam gur lucт cumaċta agus draoiḋeaċta iad so atá cartanac le mo ċéile," ar sí, "óir atá sé lán de rat, agus tiucfaiḋ sé tre ṁéid a clú agus a ṡaiḋḃris go dtiuḃraiḋ sé inġean riġ nó ró-flata mar ṁnaoi im' ionad-sa." Agus d'éiriġ sí agus do ġaḃ sí ar lorg an óglaiġ, agus do lean é go dtí an fian-ḃot agus aduḃairt sí "is ann so atá an lucт do ḃeir Séan d' Irgal," agus tug sí a cluas leis an ḃfian-ḃoit agus is é seo an coṁráḋ do rinne Irgal [agus í ag éisteacht]. "Mait," ar sé, "ḃur gcomaoin orm-sa. Do tuit Ceallaċ liom agus tá a cuiḋ talṁan agam tre ḃur gcartanas. Acт atá ruḋ eile agam le ġearán do ḋéanaṁ liḃ 'na taoiḃ, .1. ealta d'éanaċaiḃ duḃa ḃíos ag teacт cugam, agus ciḃé gort arḃair air a luiġeann siad iteann siad é go mbíonn sé 'na créafóig ḋeirg. Agus taḃraiḋ Séan d'á n'oiḃirт sin dam."
   "Is mait," ar Fionncaḋ, "an tráт táiniġ tú, óir a ḃfuil de ḃeitiḋeaċaiḃ ó éiriġe go dul-faoi na gréine, agus fuagraḋ orra imteact leis an séan sin, ḃeiḋ siad marḃ fa ceann tamaill² muna ḃfágaiḋ siad an áit idir tratnóna agus éirġe na gréine." Do ċualaiḋ ḃean Irgail sin agus aduḃairt sí "Orraiḃ féin," ar sí "niṁ agus faoḃar ḃur séin, agus fágaí an tír," ar sí, "agus [cuirim] an séan so orraiḃ .1. Séan na n-éan de na gortaiḃ."
   Do ḃaineaḋ geit as an tsean-féin agus léimeaḋar 'na seasaṁ, agus gaḃaiḋ a n-airm. Acт do teiт an ḃean agus cuaiḋ sí i muinġin a reaтa, agus do riт sí lám le muir, agus do lean a fear í. Agus ag féaċaint ḋi tar ais ar a cúl do tuiт sí de ḃárr carraige agus fuair sí ḃás.
   D'éiriġ an tsean-fian agus duḃairt Caoilte, "Mait, a feara, leigiḋ d'Irgal a leanaṁaint 'na aonar," ar sé, "agus ar mallaċt ar an mnaoi" agus aduḃairt.

---
¹ Séan, ara, aṁra, charm.   ² feirmeoir saiḋḃir.
³ Nómad nó naemad, *i.e.* "naoi lá," ó ċeart: acт ní dóiġ liom go ḃfuil ciall coṁ beacт sin i gcóṁnuiḋe ag an ḃrocal so.

Ar mallact ar[1] mhnai Irgail
Mall*acht* ca*ch* righ don rig*r*aidh,
Mall*acht* Oiss*ín* mall*acht* Fhind
Ar inghin Chathail chroimchind.

Do fhuagair duind Dubhgréine
Fágbh*áil* Chomair chind tshleibhe,
Mallacht ar in mnai ronbrath
Rob hé a diultadh deighenach.

Bámar sealat sund co slán
Cian ó fheraibh cian ó mnaibh,
Cian o thailgennaibh ar teach
Nír bho co*n*uir chomuidhtea*ch*.

Annamh lind gus in lá aniu
Imgabhail ar n aeighidha,
Bá faelidh cách iar sin feis
Cen aeighidha no loimgheis.

Bennacht uaim ar Irgal án
Rium bá cunnail a chomhradh,
Gairm mna ro bo gairm *con*ngart
Rothuill co mór ar mallacht, . . Mallacht.

Facam in t-inad so ar Findchad, uair da mbem gus trath c*et*na amarach ann, ni bia fear indisti scel beó acaind. Tancadur rompu iarsin tar glenn Massan ocus do loch daim de*ir*g ocus do th*r*aigh fhirgrinne meic Dheghadh ocus di*n*is labharthui*n*de ocus co hi*n*dba bui*n*de ocus go hindb*a* lemhna ocus co loch lein ocus co glend mhangart os loch lein ocus na tic*ed*h nea*ch* chucaind taréis Irgal*a*. Gabhaitt fón ghlenn ocus do gheibhit inadh diamhair for bruind essa ocus do rindset both chuanna ocus *r*o chuirset fleisc re feici dhi, ocus dlai dhídi*n* tairsi, ocus esrais ocus irluachrais Fergaire hé,

Ocus do ní leab*a* cach*a* deisi ocus leap*a* cach*a* *con*, ocus oired ro bhoí in giolla ac denum na fianbhoithi tiagh-aitsim do sheilc. Doghní in gill*a* tabhochta taobhgrine tal*mh*an re hor int s*r*otha ocus léic*is* in sruth ann ocus adais tor tenedh, ocus d*er*cais clo*ch*a co mboi eallamh ar

[1] **Mallacht uainn for.** R.

An Agallaṁ Beag

Ár mallaċt ar ṁnaoi Irgail
Mallaċt gaċ rig de'n ríograiḋ,
Mallaċt Oisín mallaċt Ḟinn
Ar ingín Caṫail Croim-ċinn.

Do ḟuagair dúinn Duḃ-gréine
Fágḃáil Comair Cinn tsléiḃe,
Mallaċt ar ṁnaoi rinne ár mbraic
Ba é a diúltaḋ béiḋeannaċ.

Ḃíomar seal ann so go slán,
B'ḟada ó ḟearaiḃ sinn 's ó ṁnáiḃ,
B'ḟada ó Ċailgeannaiḃ ár dteaċ,
Bótar naċ raiḃ coiṁigṫeaċ.

B'annaṁ dúinn gus an lá 'niú
Beiṫ ag seaċaint ár n-aoiḋeaḋ,
B'ḟearr le cáċ codlaḋ anois
Gan aoiḋe is gan troim-ġeis.

Beannaċt uaim ar Irgal án[1]
Ba ciallṁar liom a cóṁráḋ,
Gairm gan ḟéile gairm a ṁná
Do tuill sí ár mallaċta.

"Fágamaois an t-ionad so," ar Fionnċaḋ, "óir má ḃímid ann go dtí an uair ċéadna ar maidin ní ḃéiḋ fear inniste sgéil beó againn."

Tángadar rompa 'na ḋiaiḋ sin, tar Gleann Massan agus go dtí Loċ Daiṁ-ḃeirg agus go Tráig Ḟirgrinne Ṁic Ḋeagaḋ, agus go h-Inis Laḃartuinne, agus go h-Inḃear Duinne, agus go h-Inḃear Leaṁna, agus go Loċ Léin, agus go Gleann Mangart os cionn Loċa Léin, "agus," [ar siad] "na tigeaḋ aon neaċ ċugainn feasta tar éis Irgala." Gaḃaid tríd an ngleann, agus ġeiḃid ionad diaṁair[2] ar béal an easa, agus do rinneadar boṫ áluinn, agus do ċuireadar "fleasg le féice" uirri, agus díḋean tairsti sin, agus do sgar fear-gaire easair agus úr-luaċair ar an urlár, agus rinne sé leabaiḋ do gaċ dís de na Fianaiḃib agus leabaiḋ do gaċ coin. Agus an faid do ḃí an giolla ag déanaṁ na fian-ḃoiṫe ċuaiḋ siad-san ag seilg. Do ġní an giolla poll (?) insan talṁain, agus taoḃ ġrinnill ann le bruaċ an tsrota, agus leig sé an sruṫ isteaċ ann, agus

---

[1] Maiṫ, uasal.   [2] Iargcúlta, do-fhachta.

AN AGALLAMH BHEAG

cind a mhuindt*ire*. Tancatur sui*m* ón tsheilc ocus do righnedh fulacht ocus indeon*a*d leó ocus do righ*n*iset a fot*hr*acadh ocus do chaithset *p*roinn iar si*n* ocus do chuadar in a nimdhaighibh ocus do fearsat tathamh suain ocus cotalta ocus ro bo scitha*ch* iat in oidhcisin.

Batur insin glend sin re bl*iadain*, can nea*ch* df*eraibh* Eir*eann* do urmaisi*n* fo*r*ro. Maide*n* aon badur na nimdhaighibh *acht* Fergaire amhain, co cual*a* suassá*n* na sealga ós a chind isin tshliabh, ocus it*con*nairc lucht na sealga ocus a gcoin ar néir*g*hi fhiadh ocus mhil ocus agh nallta, ocus itb*ert*, eirgidh a Fhianna, ar se, ocus atathar mo*n* ngleann, Ro eiri*g*sit ocus ro ghabhadur a nairm ocus itb*ert* Cailti, ní nea*ch* aile atá annso, ar se, *acht* rí Mumhan, ocus fácum in glend. Ocus tancatur rompu iarsin co glend Fleisci do lethaibh lo*ch*a lein.

Is amhl*aidh* do boí Cailte ocus Findchad ic imtheacht ocus lámh chaich dibh ar gual*ain* aroile. Cidh fa ráidt*er* Ráithín na ningn*a*d risin *r*aithin seo, ar Findchad; ocus liacan cl*oich*i for a lár ? As meabhair lem, ar Cailte. Do bhuí Find in a longphortt annso ocus ní ruc*a*d tusa isin aims*ir* sin a Fhinch*aidh*. Tancatur triar inga*n*[1] isin nglendsa docum Find ocus do r*i*ns*et* a muindt*erus* fris. Aon chú accu gile na sneachta. Cú sealga isin ló hí ocus caor thenedh isin noidhchi. Ocus así comha ro iarrsat ar Fhind bheith cach laoi a comhsheilc reisin Fheind ocus bheith ca*ch* noidhchi for leith. Cid mor no marbhdáis gan a aiscc fo*r*ro ocus cid b*e*c gan a aisc. Bá do bhuadhuibh na consain in t*ui*sci a curthea hí ba fín *nó* mídh dahéisi, ocus anmanna in trírsin .i. Sela ocus Donait ocus Domnan. Ocus cuilé*n* tallsatur ó righ na hIruaithi ro bhuí acco, ocus do roine in láidh.

> Dámh trír thancatur ille
> Do chur re Find na Féinde
> Sirdis lind cach móin sga*ch* madh
> In triar uallach ba hingn*a*d.

---
[1] I n-áit "ingna" *ie* ingnáth, b'*é*idir.

an agallaṁ beag

d'ḟadaiġ sé teine ṁór, agus do ḃearg sé cloċa insan teiniḋ go mbéaḋ gaċ ruḋ ullaṁ i gcóṁair a ṁuinntire. Táinig siad-san ón tseilg agus do rinneaḋ fulaċt agus indeónaḋ leó, agus do rinneaḋar a ḃfotragaḋ, agus 'na ḋiaiḋ sin do ċaiteaḋar a mbéile. Agus do ċuaḋar in a leabtaċaiḃ, agus do rinneaḋar táṁ suain agus coḋlata; agus ba ṫuirseaċ sáruiġte iad an oiḋċe sin. Ḃíoḋar insan ngleann sin le bliaḋain gan neaċ d'ḟearaiḃ Éireann do teaċt ċoṁ fada leó.

Aon ṁaiḋin ḃíoḋar in a leabtaċaiḃ, aċt aṁáin Fear-gaire, nuair ċualaḋar fuaim agus fotram na seilge os a gcionn insan tsliaḃ. Agus do ċonnaic siad luċt na seilge agus éirġe na ḃfiaḋ agus na míol agus na n-ainṁiḋe¹ allta, agus aḋubairt, "Éirġiḋe a ḟiana" ar sé, "óir táṫar timċeall an ġleanna." D'éiriġeaḋar agus do ġaḃaḋar a n-airm agus duḃairt Caoilte. "Ní aon neaċ eile atá ann so," ar sé, " aċt rí Muṁan, agus págamaois an gleann." Agus ṫángaḋar rompa 'na ḋiaiḋ sin go Gleann Fleisge ar leat-taoiḃ(?) Loċa Léin. Is amlaiḋ do ḃí Caoilte agus Fionnċaḋ ag imteaċt, agus láṁ gaċ fir aca ar ġualainn a ċéile.

"Cad fáṫ deirtear Ráitín na n-ionġnaḋ leis an ráitín seo"? ar Fionnċaḋ, "agus liagán cloiċe fa n-a lár." "Is cuiṁin liom sin, ar Caoilte." Do ḃí Fionn in a long-port ann so — agus ní rugaḋ tusa insan aimsir sin a Fionnċaiḋ! Tángaḋar triur an-aiṫniḋ insan ngleann so ċum Finn, agus do rinneaḋar muinntearas leis. Ḃí aon ċú aca agus ba ġile í 'ná sneaċta. Ba ċú seilge í insan ló agus ba ċaor teineaḋ í insan oiḋċe. Agus is é an bronntanas d'iarraḋar ar Ḟionn, .i. iad do ḃeiṫ gaċ lá ag seilg i n-éinḟeaċt leis an ḃFéin, agus iad do ḃeiṫ gaċ oiḋċe ar leit leó féin; agus an méid do ṁarḃóċaḋaois, bíoḋ sé beag nó mór, gan a iarraiḋ(?) orra. Ḃí sé de ḃuaḋaiḃ na con sin cibé uisge in a gcuirṫí í, rinneaḋ fíon nó mioḋ de 'na ḋiaiḋ. Agus Sela agus Donait agus Doṁnan, ba iad sin ainmneaċa an triúir sin. Agus coileán do ġoiḋeaḋar ó ríġ na h-Ioruaiḋe do ḃí aca. Agus do rinne Caoilte an laoi.

 Triúr do ṫángaḋar i leit
 Ag dul le Fionn na Féine,
 Cuairtiġḋis gaċ móin 's gaċ máig,²
 An triúr uaiḃreaċ, ba neaṁ-ġnáit.

---

¹Agh = an fiaḋ mór beannaċ?
²Is é seo céad-rann de ḃán fada, aċt sguirim de ann so. An Craoiḃín.

Dá Thaidhbhreadh do chum Aodh Mac Domhnaill

ROIMHRÁDH

Aodh Gaedhealach Mac Domhnaill ón Mhidhe do chum an dá aiste seo leanas. I láimh-sgríbhinn (3B38. R.I.A.) de chuid Peadair Uí Shealacáin a fuaradh "Haistí Nó agus Tógbáil Oidhche," agus i láimh-sgríbhinn (xvi.) de chuid Aodha Mhic Domhnaill féin a fuaradh "Fáilte Peadair Uí Shealacáin." Tá a bhfuil fágtha againn de láimh-sgríbhinní Aodha sa leabharlainn phuiblidhe i mBéal Feirsde fá láthair.

Níor mhór le rádh Aodh Mac Domhnaill mar sgoláire Gaedhilge. Sé sin le rádh, ní raibh sé i n-inmhe na focla do litriú do réir na nós litrighte a bhí ann le na linn. Go deimhin bhí cuid de na focla chomh dona sin de thaobh litrighte gur doiligh a dhéanamh amach corr-uair goidé bhí 'na cionn. Ach ní fhágann sin nach fiú dhúinn spéis a chur ins na rudaí a tháinig ó na láimh. Gaedhilg na Mhidhe a bhí aige agus do réir cosamhlachta bhí deis a labhartha aige. Is beag Gaedhilg atá sa Chonndae sin anois leat amuigh de chorr-sheanduine a bhfuil beagán beag de'n teangaidh aige a bhíodh chomh briogmhar ag a shinsear thrát.

Níl mórán eolais le fagháil fá bheatha Mhic Domhnaill —ach an méad a d'éirigh liom a chruinniú, féachfad le na chur síos go beacht. Cá bhfios dúinn gur ón Mhidhe é? M'fhreagra air sin go n-abrann Roibeard Mac Ádhaimh i gceann dá chuid láimh-sgríbhinní (xxxi. Leabharlann Puib. Béal Feirsde) go bhfuair sé roinnt amhrán ó Aodh Mac Domhnaill ó Chonndae na Mhidhe. "Poems written down from Hu (sic) McDonnell of Meath, 1842," adeir sé. I n-amhrán do rinne Aodh féin deir sé le duine éigin i dTír Conaill :

"A Aindriú, a chroidhe, ná saoil gur duine gan áird
Gach file ón Mhidhe tá críonna glic ar a láimh."

(Duanaire na Mhidhe, l. 45).

I litir a sgríobh sé chuig Art Mac Bionóid i gCo. Ardmhacha dubhairt sé gur thuirseach a thuras "ag pilleadh ó Chlár na Mhidhe."

Dá ċaiḋreaḋ do ċum aoḋ mac domnaill

Crutaṁnas eile aġainn ġur ón Mide é na ġearr-sġéalta do ċuġ sé do Ṁac Áḋṁa. Snas aġus blas canaṁna na Mide atá orta ġo léir, aġus coṁ maiṫ leis sin is beaġ sġéal aca naċ ḃfuil tráċt le faġáil ann ar Ḋruim Ċonnraċ nó ar an Oḃair nó ar ḃaile éiġin eile sa Ṁide. Daineann cuid maiṫ de na sġéalta seo le Ḋruim Ċonnraċ, aġus dá ḃriġ sin sílim ġur ann nó i n-áit éiġin i ḃfoġus dó a ruġaḋ is a tóġaḋ Aoḋ. D'as Connḋae na Mide nó Connḋae Luġ' dá aṫair aġus dá ṡean-aṫair fosta, mar deir Mac Áḋṁa fá ḋán a ḃfuil "Cáineaḋ Para Ṁic Ġallóġlaiġ" mar ainm air ġo ḃfuair Aoḋ ó na ṡean-aṫair é. Ḃí Mac Ġallóġlaiġ 'na ċoṁnuiḋe i ġConnḋae Luġ'. Níl fios cá huair a ruġaḋ Mac Domnaill aċ deirfinn ġur fá ṫuairim na bliaḋna, 1780 a ṫáiniġ sé ar an tsaoġal. Deir Mac Áḋṁa ġo ḃfuair sé aṁrán ó "Old McDonnell," sa ḃliain 1831. Ionann sin nó a ráḋ ġo raiḃ sé sean le taoḃ Ṁic Áḋṁa féin. Sa ḃliain 1808, a ruġaḋ Mac Áḋṁa. Fear é a raiḃ dúil ṁór aige sa Ġaeḋilġ. Ó Aoḋ Ṁac Domnaill a fuair sé cáil maiṫ de na sé céad sean-focla a ċuir sé i ġclóḋ san Ulster Journal of Archaeology. Deir sé ġur ón Mide a fuair sé an dá ṡean-focal seo a leanas : "Tá sé coṁ deiṁin is ġo ḃfuil an diaḃal i mbaill' Ṡeircin (Wilkinstown)" aġus "Ca dearna mé luaċ maḋamaḋíḋa, sin an seiseaḋ cuid de ṁeanaċ na feóirlinġe." Dá ṡean-focal ón Mide iad seo fosta : "Is fear ġan eaġla ġaḃa an tSioḃáin (Siddan)," aġus "Tá a ndeirim coṁ fíor is ġo ḃfuil an Púca i ġCeannaḋus."

Do réir cosaṁlaċta ṡiuḃail Mac Domnaill cuid maiṫ de Ċúiġe Ulaḋ. Ḃí sé i bparáiste na nGleanntaċ i dTír Ċonaill, áit ar ṫeaġasġ sé dá aṁrán de ċuid na Mide do Ṡeán Ó hEaġartaiġ (Duanaire na Mide, l. 117) aġus tráċtann sé ina ċuid sġríḃinní ar áiteaċa atá i ġConnḋae Tír Eoġain aġus i ġConnḋae Aonḋroma. Tá barraṁail aġam fosta ġo ndeaċaiḋ sé seal tamaill ar cuairt ġo Cúiġe Connaċt, mar tá ainmneaċa bailte mór na cúiġe sin ġo fairsing 'na ċuid aṁrán.

Ḃí aiṫne aġ Mac Áḋṁa ar "Aoḋ Ġaeḋealaċ" sa ḃliain 1831, aċ ní dóiġ ġo ndeaċaiḋ Aoḋ ġo Béal Feirsde ġo cionn tamaill maiṫ 'na diaiġ sin. Tá fios aġainn ġo raiḃ sé ann sa ḃliain 1842. As sin amaċ ġo dtí an ḃliain 1853, ḃí sé 'na ċoṁnuiḋe i mBéal Feirsde. Cuir sé aiṫne ar an Doċtúir Soṁairle Ó Ḃriosáin annsin. Deir Ó Ġealaċáin ġo mbíoḋ Aoḋ aige mar ṁúinteóir. Múinteóir Ġaeḋilġe, dar ndóig. Ní fuaireas aon tuairisg air ins na láim-sgríbinní tar éis na bliadna 1853.

Le cois an dá aiste atá curta síos annseo cum sé tráctas ar fealsamnact nádúrta (ls. xix. Leabarlann Béal Feirsde). Tá cunntas air seo le fagáil san Louth Archaeological Journal (Vol. iii. p. 311). Cum sé dán fada a dtugann sé "Príom-Stair an Stuacáin" mar ainm air. Rinne sé roinnt amrán posta—tá tuairim dá ceann déag aca.

I dtaca le "Fáilte Peadair Uí Ġealacáin" ní innseann Aod dúinn gurab é féin a rinne é, ac an dán a tig 'na diaig ("Tuiread an Doctúir Mic Domnaill") tá fios againn gurab é Aod a rinne é, d'aindeóin nac bfuil ainm an ugdair curta leis. Sa láim-sgríbinn céadna tá "Príom-Stair an Stuacáin" agus cóip eile de "Haistí Hó." Is cinnte nac é Peadar Ó Ġealacáin a rinne é mar níl aon tuairisg againn go raib sé i mBéal Feirste riam. Rud eile de, is eol dúinn go mbíod Aod ag cumad "eactraí" nó "taidbrid" ac níl deimniugad againn gur cum Peadar rud ar bit díomaoidte de cúpla dán.

Tá cuma ar an "Fáilte" nár éirig leis an ugdar é críocnú mar ba ceart.

I

Haistí Hó agus Tógbáil Oidce

Haistí Hó agus Tógbáil Oidce Catail Mic an Deirg mic Luirc, 7c., agus mar a tárla an Seancanac dó i gcúl Lios an Púca ar mbeit do Catal ag ragaireact capall san oidce, 7c.

"Mise Catal Mac an Deirg mic Luirc mic Seanlaoic, mic Caitríona ingean Tuatail, ingean Dangluinn dod mac Brigde, ingean Lapáin mac Eogain, ingean Lapáin an fear a raid mart rása ar aonac Colláin aige,"—agus ar mbeit ag éisteact ariam do Catal leis na seandaoine dá rád an té a teagmócad le luckamán nó geancanac ag bruac leasa nuair a béad sé a' déanam na mbróg go dfuigead a sáit den tsaogal uad. "Ar n-a smaoinead seo dam," arsa Catal, aon oidce amáin, "cruinnig mé cnuasac mait de na luibeanna ba gnátac liom a cruinniugad do mo mátair mór anallúd, eadon, Neilí Reed, mar bí sí in a bandraoi a cois móta Baile an Áird, i gCúlle-Mónaid i n-aice Loc na Muc, áit ar tóigead na seact Seanuid(?) dá dtáinig sí uata agus ag seo mar a teagmaig dam in mo curas :—

Lá n-aon dar tárlaig dam ag tasdáil na bfearanntaí saora socaire so-sáotruig'e úd atá idir Cruac Pádruig i gConnacta agus Loc Dearg i gConndae Dún na nGall, áit breiteamnais aitrige dár gnátac le mo mátair-mór a dol gac bliadain do déanam turais agus do brat na gcreac, óir ní béad oiread cuille gé ó bruac na Sionainne go h-imeall na h-Éirne nac mbéad braitte aici féin agus agam-sa agus is mar sin ba gnát linn a teact suas ar creac na gcrioc sin, ac mar bí mise ar aoideact ag Siogaide Béal Áta na Muice le taob Lios an Púca agus go dtáinig do d'ualac orm-sa a beit amuig san oidce ag ragaireact capall, tug mé dom' aire mo bolgán sagad do líonad leis na luibeanna beannuig'e úd mar atá lus cré, eocair na bruidne, cuigeal na mban side, an dréimire Muire, an lus buide, agus an raitneac ruad, mar aon le morán eile den tseórt sin nac n-airmigtear anois agus ar mbeit dam tuirseac ag smaoinead créad is crioc don géar-leanamaint atá dá déanam ar Gaedil le tioránaig Gallta leis na ciantaid seo cuaid tart, sé a taidbrigead dam an nid foillseocas mé, ní daoid-

(111)

[117]

se amáin, ac do gac duine dá dtáinig agus dá dtiocfaid,
dá gcualaid agus dá gcluinfid d'iarsma Ádhma go deóig
ionnas nac mbainfead a leitid seo do coirmeasg ná do
seacrán do caraid ná do námhaid go brát 'mo dhiaig."
Leis sin toisigeann an ceól mar leanas :—

"Le tuitim na h-oidce 'mo suide cois leasa dham,
'S mé tuirseac ag smaoinead ar gac dibirt is dí-
  ceannugad,
A d'fuiling na Gaedil, mo léan, san oileán seo,
  hó, ró, is gan deiread go fóill.

Sé cuala mé an ceol faoi dó ba dhinne liom
Ná cuaca ar na géagaib is éanlait i mbárr na dtonn,
'S go mbainfead sé bíodhgad as croide béad mard trom,
  hó, ró, le binneas a glóir.

Sé conairc mé síogaide íseal fearannta,
Gan oiread na mbrísti 'na suide ar na leacaca,
A casúr ar lút ag rúsgad na leatraca,
  hó, ró, is é ag déanamh na mbróg.

Bí oct n-órdlaig déag ar fad ins an abac beag,
'S ba lúthmar a méara ag fuaigeál go h-acmhuinneac,
Ag tarraing na h-éille is ba gearr a méana beag,
  hó, ró, is mar cumad sé ceol!

Trát conairc mé féin gur gréasuide an duine beag,
Cuaid mé ar m'agaid go h-aerac sgiobalta,
Mar a cuala mé sgéal ó mo mátair go mbéad ciste,
  Ag abac den tseórt nó lán canna den ór.

Nuair a táinig mé féin fá déin an lucramáin,
Sé labair sé go béil-binn céillide marannta,
Dá rád liom : 'glac saete is méaduig an cuideacta,
  hó, ró, is cluinfid tú sgeól.

Nac mise atá crion is ní h-iongnad sin caitte lag,
'S go bfaca mé an críoc so 'na h-aon tor daraigte,
'S gan duine ná daoine a saotrócad na fearannta,
  hó, ró, gid gur inntí bí an sóg.

dá taidhreadh do chum aodh mac domhnaill

Bhí mise san áit seo an lá táinig Partalán,
'S tar éis a bháis bhí mé i stát ag Neimheadh,
Ag Tor Conainn go láidir is ag cárnadh Fomhorach,
    hó, ró, mar a torchradh go leor.

Bhí mise i nÉirinn i laethibh Fear Bolg,
'S ar dteacht do Thuata Dé Danann ba thréan sa gcogadh mé,
I gcath Shliabh an Iarainn, mo chion is mo mhilleadh-sa!
    hó, ró, mar a cailleadh an lá.

Is iomdha sin ruathar cruaidh is bristeacha,
A sheas mé go cliúiteach ag cumhdach na dtalta seo,
Is minic a rútáil mé an púca as na macairí,
    hó, ró, le prioca 'mo dhóid.

Ní raibh briseadh ná bruighean i gcríocha Banba,
Ó Oileán Mhic Aoidh go taobh na sean-Aidhne,
Nár chuidig mé a ghríosadh go fíochmhar, feargach,
    hó, ró, is nach fada mé beo!

Bhí mé sa Mhumhain go lúthmhar fuileacha,
'Mo oide gan mhúineadh ag stiúradh lucht pistreogaí,
An lá táinig Clanna Mílidh i dtír sa gcaladh sin,
    hó, ró, is maite na slóg.

Sheas mé gach bruighean go croidheamhail meanmnach,
Ó Conntae Chiarruighe go dian ag sgrios macaire,
I gcath Thailltean sa Mhidhe a chríochnuigheadh an rachán sin,
    hó, ró, mar aithristear sgeól.

Bhí mé ag Eoghain chrodha 'm'oifigeach,
I gcath na Punainne ar an tsliabh, mo chian, ar cailleadh
    ann!
Chuir mé punann i gcorp an fir mhóir le h-urchar ann,
    hó, ró, gan mhagadh, gan gó.

Bhí mé i mbrollach gach táin dár tárluigh is iomardaibh,
Bó Ghlinne, Bó Dháine, is Táin Bó Cuailgne;
Bhí mé san át an lá fár tuit buinebhle (?) ann,
    hó, ró, is mé ag tiomáint na mbó.

Is cuimneac liom Táin an Ceiteaṙnaiġ as Connacta,
Cat Cnoc an Áir is bánuġaḋ Manainne,
I Maġ Mucruiṁe a tárluiġ mé lá na h-earraiḋe,
Hó, Ró, ġiḋ ġo mairim ġo fóill.

Lá Cat Mór na Maiḋm ba ḟaoḃrac cosantac
Aġ marḃaḋ na laoc, an niḋ úḋ is aiṫreac liom,
'S aġ sġrios Clanna Baoisġne a ṡaoṫrócaḋ an fearann seo,
Hó, Ró, ḋá maireaḋ siaḋ beó.

Ḃí mé fá réim, i laetiḃ Oiliḃeir
Aġ Beinn Ḃorb na nġliaḋ aġ stiallaḋ Sacsanac,
Mar aon le Eoġan Ruaḋ aġ ruaġaḋ Breatainec,
Hó, Ró, as Conntae Tír Eoġain.

Aġ cuiḋeaḋ le Ġaeḋil ḃí mé tréiteac cumasac,
'S i nDoire na mBéim níor claḋaire meaitte mé,
Ġiḋ ġo raiḃ an luaiḋe aġ bualaḋ fám' iosġaḋaí,
Hó, Ró, le teiniḋ 'ġus ceó.

I nEacḋruim Ḋia Ḋoṁnaiġ is mór a ḋ'fuiling mé,
'S tuas aġ an mBóinn a leonaḋ is a leaġaḋ mé,
Aġ Baile Áta Luain sé buaileaḋ droma liom,
Hó, Ró, is níor troiḋ mé níos mó!'

"Sin aġat-sa anois, a Cataíl." arsa'n ġeancanac, "mar a ḃain mise mo ḃeata amac le mo láiṁ aġus le mo lainn, ġo fiúntac macanta, aġus níor ḃrat mé ná níor creac mé aon duine ariaṁ ġo fóill, aġus nuair a cuaiḋ mé ó feiḋm aġus ṁeat mo neart toisiġ mé ar ḋéanaṁ bróġ do na daoine maite aġus níl ciste ná stór aġam ac mar atcí tú, aġus ḋá ḋruim sin uile is sean-coṁarsa dod' ṁuinntir-se ariaṁ mise, aġus is minic do ṡáḃáil mé do ṁátair-ṁór, sí sin Neilí Reed, ar a torcraḋ le cú duḃ Carraiġ Clocair aġus le cú bán Cros an Pobaill ar mbeit don tsean-ṁnaoi sin 'na ġearrfiaḋ aġus í aġ cruinniuġaḋ a baile im aġus bainne na tíre le na draoiḋeact ṁalluiġte aġus le pistreóġaí, aġus is beaġ a ṡíl mise ġur duine de'n cineál sin a tiocfaḋ do mo creacaḋ nó a ḋéanaṁ díoġḃála nó docair ar bit ḋam.

Ac más mian leat éisteact le cuid éiġin de ḃriatra na sinnsirí a dtáiniġ tú uata aġus le réaṁ-faisnéis do ṁuinntire féin aġus fá teact na Spáinneac aġus na loc-

Dá Taidreadh do Cúm Aodh Mac Domhnaill

lannac go hÉirinn agus mar éireocas Gearóid Iarla atá leis na ciantaí faoi ġeasa i mótá Mullaiġ Eilm atá i ngar do Baile Átha Firdiad agus mar a béas an muileann cró trí lá is trí hoidce ag meilt le fuil daoine agus gur leis a torcrocar na Gaill as Éirinn.

Nac minic a cuala tú sin ag do mátair-mhór, a Catail?" ars' an fear beag.

"Is fíor sin," arsa Catal, "agus dar b'é do toil-se cuid éigin de'n réim-fios sin do míniuġadh dam-sa, béinn fá na mait duit."

"Agus béinn ní ba réide leat," ars' an Geancanac, "ac i gcúrsaí átrac' ná bí ag brat airgid ná óir orm-sa feasta."

Agus le sin toisiġeann an Geancanac leis an gceól arís agus an tarngaire ar dtús mar leanas:—

"Ó táinig don áit seo Naoṁ Pádruig beannuiġ'e,
Ag teagasg an Crábaid do ṁná is do ṡean-daoine,
'S ag díbirt gac galar is gnátas dár cleactad ann,
Hó, ró, le soisgéal na mbeó.

Sgrios sé as an áit seo pláiġ is placairí,
Séid sé an púca as gac clúid dá gcleactad sé,
Glan sé na críoca ó daoil is ó froganna,
Hó, ró, is gac atair niṁe de'n tseórt.

Toisiġ an Cléir a léiġeas gac aicíde,
Sagairt is bráitre is ní áirṁiġim manaiġ,
Gan cisce, gan stór, ná ón na Sasanac,
Hó, ró, ac mar ġeall ar an nglóir.

Is annsin a cuaid Ditreabaiġ naoṁta a tarngireact,
Ar gac briseadh is dít béad i gcríoca Banba.
Criomhtann mac Féidlimid i ndiaiġ Columcille fós,
Hó, ró, is gac duine dá seórt.

Dubairt go mbéad Éire faoi léan is tubaiste,
Ar feadh trí céad bliadain faoi ġéar-smact eactrannaí,
'S go dtoiseocad an Cléir a claonad le Sasanaiġ,
Hó, ró, is go dtréigfead an t-Órd.

Go dtiocfad 'na diaiġ sin éag is aicídí,
Ar éanlaite an aedir is ar beitíoiġ an ṁacaire,
Go mbéad fuat is gráin ag páistí dá n-aitreacaib,
Hó, ró, sul fá dtiocfad an ló.

Béiḋ gorta gan tár gaċ áit ins an gcruinne uilic,
Fir agus mná is ní áirṁiġim leanbáin,
Ag seangaḋ in gaċ áit ag iṫe bláṫ na luiḃeanna,
Hó, ró, is ḋá mbiataḋ le pór.

Béarfaiḋ uaisle Críċ' Fáil an comḋáil go Cill Ċoinniġ leo,
'S tiocfaiḋ litir ón mbainríoġain ċun ḃánuġaḋ an oileáin seo,
Béiḋ fiongal is smál i n-Alt na Muice tart,
Hó, ró, is muirfear go leór.

Tiocfaiḋ na Spáinniġ i mbarcaiḃ iomaḋaṁal',
'S caḃlaċ na Fraince ag ionnsuiḋe le Sasanaiġ,
Béiḋ an taoḃ tuaiḋ faoi ṡluaġ ag Loċlannaiġ,
Hó, ró, is toiseoċaiḋ an gleó.

Béiḋ na saiġdiuirí ḋuḃa ar siuḃal ins na bealaiġ 'lic,
'S brisfiḋ na ḋroiċiḋ gaċ taoḃ ḋá raċaiḋ siaḋ,
Ar eagla go mbéaḋ na Gaeḋil ag rit orta,
Hó, ró, aċ a gcoinneal sa gceó.

Béiḋ Danairí cáirḋeaċa i bpáirt le h-Albanaiġ,
Le cuiḋeaḋ san ár gaċ lá le Breatanaiġ,
'S raċaiḋ gan spás a ṡáruġaḋ Ḃaile Áta Firḋiaḋ,
Hó, ró, mar a gcaillfiḋ an ló.

Le torann an lámaiġ lá na feille sin,
Fosglóċaiḋ gaċ ráit ó Ḋroiċeaḋ Áṫ' go Gaillim tart,
Tiocfaiḋ na tuata ḋe ṡluaiġte Ċaillitín,
Hó, ró, go muileann an ċró.

Seinnfear an buaḋall ar stuaic Ṁullaiġ Eilm leó,
'S ḋúisgfear Gearóiḋ Iarla is an ciar-eaċ ceannfionn fós,
Ní fanfaiḋ le ḋiallaiḋ aċ cloiḋeaṁ is bearraḋ beag,
Hó, ró, go gcruinneoċaiḋ na slóiġ.

Ní mó ná trí h-uaire ó cluinfear an céad torann,
Go dtoiseocaidh an ruatar is go ruaigfear na h-eachtrannaí,
Béidh an muileann ag síor-mheilt trí h-oidhche le fuil daoine,
Nó, ró, is ní béidh galla níos mó.

Annsin béidh clanna Mílidh mar bí siad annallúd,
Roinnfear na tíortha i dtír mhaoin is fearann leó,
Ní béidh ocras ná íota ar dhaoine ná eallach ann,
Nó, ró, ná fiongal níos mó!"

"Sin agad-sa anois, a Chathail," asa'n gréasuidhe beag, "tárruigil ar na nidhtidh atá le teacht i ngearr-aimsir, agus do réir mar a bhreathnuighim-se is fearr duitse fuireach go foidhideach le do chuid ronna ná beith ag brath ar chuid do chomharsan, má's fíosach duit féin nach bhfuil duine ar bit ar an tsaoghal seo—atá i riachtanas—nach bhfuil a sháith le déanamh aige le n-a shaothar agus le n-a sholatar bocht féin, agus leat amuigh de sin," arsa'n geancanach, "amhail is mar atá lorg an ghorta in do ghaibhleach dóighte agus in do dhá lom-lorgain-se, is mar sin a bhéas do shaidhbhreas go fóill, óir, amhail is bí leannán sídhe ag do mhátair-mhór, Neilí Reed, is mar sin is dual duit-se a beith pósta le céile de'n treibh chéadna, mar atá, Mairgréad Nic Aoidh, ingean dithreabhaigh Tír an Amhgair, agus béidh an dúithche fada fairsing sin ag géilleadh duit-se agus do d'iarsma go bráth do dhiaigh.

"Agus ós micidh dhamh-sa a beith ag sgur agus ag cur suas mo threallaimh," arsa'n t-adhac beag, "féach tusa faoi'n leic sin ar do chúl agus gheabhaidh tú giogóg óir agus beir leat é."

"Beir buaidh agus beannacht," ar Cathal, "agus is dóigh gur liom-sa duine éigin d'uaisle mo mhuinntire féin tusa agus gurab é Dia mo gaoltaí, eadhon, Crom Cruach, a sheol mise ag teagmháil leat," arsa Cathal, agus le sin tug sé sitheadh sanntach sár-luthmhar so-luaimneach fó'n leic agus ní mór nachar sgoth sé na méire de féin agus gur bhris sé a loirgneacha leis an deargpháinn a bí air, agus ar thógbháil na leice dó, don diabhal a bhfuair sé annsin ach daoil, ciaróigaí, agus morán de piastaidh éagsamhla eile, agus ar thógbháil a chinn suas go luath do Chathal, ní bhfuair aige i n-áit an ghréasuidhe ach carnán de chac capall agus an t-eallach uilic ins an bhfoghail, ionnus go mb'éigin do Chathal

teiteaḋ cois is-tsoḋar le n'anam arís as aṁarc an
tSíoġaiḋe ó Ḃéal Áta na Muice ḋá raiḃ sé in a ṡeirḃís.
Annsin do ċanaiġ Catal an laoi seo mar leanas :—

"A Ḋia, m'aṫair, naċ truaġ mo ċás !
'S mé claoiḋte tuirseaċ ġan ḋuine 'mo ḋáil,
Aċ síoġuiḋe ġan ḃeannuġaḋ nar ṡíolruiġ ó Áḋaṁ,
A ṁeallfaḋ le siollaí an t-éan ḋon ḃfál ;
Naċ fiosaċ ġaċ ḋuine i ġcríoċaiḃ fáil,
Ḋá ġcualaiḋ, ḋá ġcluineann, nó ḋá ġcluinfiḋ mo ḋán,
Ḋá ḃfuiġinn-se an ciste mar a saoil mé faġáil,
Naċ ualaċ bratóġ a ḋ'feicfiḋe ar Ċatal.
Aċ siuḃalfaiḋ mé feasta ġaċ bruiḋean is ráṫ,
Ó Cuantaiḃ Ḃiorra ġo Caṫair Ḋroiċeaḋ Áṫ' ;
Ṫart síos a ċois Ḃanna is ġo ḋtí an tSraṫ Ḃán,
'S ċa pillim a ḃaile ċuiġ mo ṁáṫair mar ṫáim."

"Aġus dar Muire," arsa Catal, "má ċasann an
ġiolla céaḋna liom níos mó is mise ḃainfeas fuaim aġus
mac alla as an ġcroiceann aiġe mar íoc ar son na cluana
a ċuir sé orm aġus ar son na mbréaġ a ċuir sé i n-úil ḋaṁ
aġ lios an Púca." Ar pilleaḋ do Ċatal a ḃaile ní raiḃ
ġas fraoiċ ó loċ na ġCeann ġo Curraċ Móin Éile naċ raiḃ
ar n-a sġrios le muintir Ḃraiġ (?) aġus do ḃ'éiġin do
Ċatal talaṁ nuaḋ do ḃriseaḋ ḋó féin . . . .

Ġona é sin eaċtra aġus Mearaḋ Céille Caṫail Ṁic
an Ḋeirġ, (Redwell) fear bratóġ a ḃí seal 'na ċoṁnuiḋe
aġ Carraic Leic aġus 'na ḋiaiġ sin a ḋ'iompuiġ ċun an
Teampuill le Sasanaiġ aġ léiġeaḋ Ġaeḋilġ' Ġallta.

foclóir. (I)

bolġán, a bag, pouch ; a quiver. bolġán saġaḋ, a bag or pouch for carrying flints. herbs. etc. In reference to flints, Donaldson ("Account of the Barony of Upper Fews," p. 73) says "several of these stones have been found, which are called elfstones, and are supposed to be the heads of the ancient Irish arrows, before the use of iron here, and are accounted very efficacious in all charms." Formerly bolġán (or bolġ) saiġeaḋ=a quiver for holding arrows. Cf. bolġ-saiġitt O'R ; saiġeaḋbolc (Ḃeaṫa Aoḋa Ruaiḋ Uí Ḋoṁnaill, p. 100). Quivers were usually made of goatskin. "Ḋa ṁaiṫ a ċroiceann (c. ġaḃair) le haġaiḋ bolġáin saiġid" (Gaelic Journal, Vo. 12. p. 160).
ḃraċaim, I spy out ; I expect.
cnó, blood.
ḋaraiġṫe, tor ḋaraiġṫe, "a forest of oaks" (scribe's gloss).
ḋar ḃ'ó,=ḋá mb'é, the usual construction in Meath Irish. Cf. ḋar b'é a ṫoil an ṁuc a ċur fán aifreann, if he would be kind enough to announce the loss of the pig to the congregation after Mass ; ḋar ḃ'féidir, if it were possible (xxxi., Belfast Public Library).
fearanta, effectual, effective, OR.
fíoṁaċ, spiteful. Cf. fíoṁ, "mo Ḋá Róisín," p. 25.
foġail, plundering ; tá an t-eallaċ ins an ḃfoġail, the cows are damaging the corn.

Dá ċaibreaḋ ḋo ċúm aoḋ ṁac ḋoṁnaill

ṗuileaca, active. Cf. ṗuileaċtaċ, "spirited, noble-blooded" (cloiċ Ceann-ṗaolaiḋ, p. 14 and vocab.).
Ṡaiḃleaċ,=ṡaiḃle, groins.
Ṡeancanaċ, a fairy.
Ṡioṡóṡ, a bag. Cf. ṡioṡaċ, a bag, budget, OR.
ḣaisrí hó,<Haste ye, ho (?)
luċramán, a fairy.
lus cné, the speedwell (an herb).
marannta, gentle, modest, refined. Cf. sí an leanaḃán séiṁ í is maranta méin (Edinburgh Gallegan MS. version of the song "Ṡéaṡ Raċ hárluin") ; maránta ("mo Ḋá Róisin," p. 5).
Raṡaireaċt, stealing. Cf. rúṡaireaċt, roguery, violence, OR ; ruaṡaireaċt, act of pursuing, hunting D. Raṡaireaċt, a staying or stopping up late. Gael. Jour. Vol. xi, p. 188.
Ronna, gen. of roinn, distributing ; misappropriating (?)
Saete, a seat<seat (Eng.).
Saṡaḋ (saiṡeaḋ), a flint ; an arrow (v. bolṡán).
Soḋar, cois is-tsoḋar, trotting. Coalrake's "Seolaḋ an Spailpín" contains another example : "imċiṡ cos as tsuḋair is bí aṡ boc-léimniṡ í n-áirḋe" (Gallegan MS., Edinburgh).
Táṙṙuiġil, an account, description. Cf. "léiġ mé táṙṙuiġil aṙ an maiġre" ("Rainn aṡus Amhráin," p. 45) ; taṙróiġil, a prophecy (O'Brien's Dict.).
Tasḋáil=taisteal.
Tóṡḃáil, a vision, a dream. Cf. tóṡuiḋeaċt (translating "imaginatio," Tóruiḋeaċt aṙ Lonṡ Críosta, p. 25) ; tóṡḃail cinn, to appear as a ghost, spirit, or apparition (O'Don., suppl.).

Ainmneaċa ḋaoine aṡus áiteann.

Alt na muice, th. Black Pig's Dyke. See Proc. R.I.A., Vol. 27, C, No. 14, Vol. 33, No. 19.
Baile an Áirḋ, not identified.
Béal Áṫa na muice, Swineford, Co. Mayo.
Buineḃle, a personal name. Not identified.
Braiṡ, perhaps Breagh, Drumcree Parish, Co. Armagh.
Carraiṡ Ċloċair, Cargaclogher (?), near Keady, Co. Armagh.
Carraiṡ Leic, Carrickleck, about two miles north of Nobber, Co. Meath.
Cat na punainne, probably Cat na bpunnann ("Ḋuanaire Finn," pp. 55-57) is referred to h re.
Collán, Collan, Co. Louth.
Cros an Poḃaill, not identified.
Cúl-le-Mónaiḋ, not identified.
Cunnaċ Móin Éile, Bog of Allen.
Eóṡaoin=Eoġan.
Ṡeanóiḋ Iarla, According to tradition this chieftain lies sleeping with his horsemen in Mullagh Elim, near Ardee. When the great war to establish the freedom of Ireland commences they will waken and take part in the conflict.
Loċ na muc, Loughnamucka(?), Kilgeever Parish, Murrisk, Co. Mayo. There is a Loughnamuck in Durrow Parish, Queen's Co., but it seems to be too far south to suit the context.
Lios an Púca, (1) Lissaphuca, Kilcooly Parish, Co Roscommon, or (2) Lissaphuca, Taghboy Parish, Co. Roscommon. Probably the former.
Loċ na ṡceann, Naginn Lough (?), part of Stormanstown Bog, Clonkeen Parish, Co. Louth (Louth Arch. Jour., Vol. II., p. 298). There is another Lough Nagin in Kilmacrenan Bar, Co. Donegal.
Mac an Ḋeirṡ, Cáṫal, Charles Reed (Reid), or Redwell. Probably a mere "translation" of the surname, Reid. A list of surnames written by Mac Domhnaill (MS. xvii., Belfast Public Library) has "mac an Ḋirṡ, mc Red." Perhaps for mac Conḋeirṡ. A note in MS. says he was a ragman.
Mullaċ Eilm (Feiḋlim?), Mullagh Elim, Ardee, Co. Louth.
Oileán Ṁic A:iḋ (Aoḋa), Islandmagee, Co. Antrim.
Sliaḃ an Iarainn, Slieve Anierin, Co. Leitrim.
Tor Ċonainn, Conann's Tower, said to have been on Torry Island. Tor an Ċonnuiḋ in MS.
Tuata ḋé Ḋain=Tuaṫa ḋé Ḋanann.

II

Fáilte Peadair Uí Shealacáin

le n-a eactra agus a ráflad, ⁊c.

Tairbreadh agus tógbáil oidhche do rinneadh do Pheadar Ó Shealacáin, príomh-staraidhe agus oide eolais ró-amhuidh Bhaile Mhic Cathnaoin i gConndae na Mídhe láimh le Caisleán Cam Árdmhacha Bréige, agus dar leis gur cuireadh litir ó Shíoghuidhe Lios na gCearrbhach fá n-a dhéin dá foillsiughadh dó dá dtárladh dó a bheith sa dún sin nach mbéadh uireasbuidh air féin ná ar a iarsma go bráth 'na dhiaigh, agus ar gcríochnughadh na cómhairle sin le na mhnaoi .i. Sinéad Ní Thanaiste, sé gléas sí cearc agus bonnóg dó agus cuir in a teich lóin iad mar aon le mórán eile de neithib a mheas sí a bhéadh riachtanach ins an turas contabhairteach a bí 'na cionn, agus ar gcur a chulaidh chatha uime go lán-tapaidh dó agus cleite bonnáin i gcúl a bhrístí, sé thug a seacht mbeannacht dó, agus ghluais leis go prab sa tslighe nó go rabh neóin agus deireadh lae ag teacht, lucha ag dul i bpollaib agus éanlait ag dul i gcrannaib, an gearrán bán ag dul ar sgáth na gcapóg agus na capóga ag druidim uadh. Ach mar ba ghnáth don fhear a bheith ag liubharnaigh ar Pheadar, buaileadh isteach fán am sin é go bruidhin fáilteach mar a bhfuair sé aoidheacht na hoidhche sin ag Aodh Ó Duibhne, mac an draoi, an námhaid ba mhó a b'féidir do mhuintir Lios na gCearrbhach a bheith aca fán am sin, oir bhí siosma eatorra ó pósadh cloinne Aoidh Mhig Oireachtaigh go dtí sin, agus cuireadh an fáilte seo roimhe le sólás, mar bhí cóta catha an Tailc Mhic Tréan-Óglaigh uime Pheadar, agus ar a theacht i láthair don draoi sé dubhairt sé :—

[An Draoi :]
" Tigim in do dháil-se le fáilte ar míle chun goineadh ar
  ar námhaid,
'S a sárughadh san gcrích seo an laoch a bí cródha de phór
  Cloinn' Mhílidh ;
Chun méadughadh an spóirt le ceóltaib is siansa,
Gheobha tusa árus agus fáilte mhíosa
Ó Roibeart Mac Ádhma, gan cáin, gan íota,
'S gach nídh mar ba ghnáth i n-Ultaib na ríghthe
Ag macnaidh na Tuaidhe ag luasgadh an fhíona ;

Sé mo bárramáil-sa gur ól tusa bóicín briogṁar
D'uisge na n-áille i lár na h-oir-críċe ;
Is tú an sgríobnóir is aṁuiḋe dar tárla sa tír seo,
Ó d'imtiġ siad gan dáil uainn na háird is na draoite.
Aċ Ġéaruiġ-se rinn do pinn is ná caoṁain
Siolla ná duar dár luaḋaḋ is dár sgríobaḋ,
Go gcuirfiḋ tú ós árd na táinte saoġalta
Ó tuitim na Craobruaiḋe go cogaḋ Rioġ Séamus ;
Ar do pilleaḋ a baile nuair béas an obair críoċnuiġ'e,
Ġeoḃa sinn duit cóiste gan eaċraiḋ ná sriantaí
'S cuirfiḋ sinn slán go Clár na Miḋe leat
Cun Sinéad is na páistí dá ngoraḋ fán ngriosaiġ."

Ar gcasaḋ tart do Ṗeadar agus ar ndéanaṁ galluta
don ngruagaċ do tug an freagra so go binn-ġlóraċ, déaġ-
laḃarta, grinn-ċúiseaċ air :—

[Peadar :]

" Go maire tú do ṡláinte, a Aoiḋ áḋṁair ṁic Séamuis,
Is ait liom mar a tárla dar bpáirt a beit i n-éinfeaċt
Go gcumtar linn gan spás beag dántaí le pléisiúr,
I nḋúil is go bfuiġinn slán uaib go h-Árdṁaċa Bréige.
Is fear fearaṁail an Mac Áḋṁa sin tug grád mór don
ngaeḋilg,
Ḃíos cumannaċ is dáiṁeaṁail le báird is le h-éigse ;
Is dóiġ go gcuirfiḋ an t-Árd-Rí an t-áḋ air sa tsaoġal seo,
'S arís tar éis a báis go mbéitear dá árduġaḋ ins na
néalltaí ;
Aċ fán tobar sin na n-áille a ḃfuil tráċt mór sa tsaoġal
air,
Silim, dar mo ċúise, gur diúrna tú féin é ;
Le canaṁain na n-uġdar is sgrúduġaḋ na ḃéarsaí,
Ní ċuirfear in do ċompráin-se Ultaiġ ná Laiġniġ,
Aċ má tiobann cuilli Franncaċ, gannḋar, is géise,
Tá cleite bonnáin in mo ḃrístí-se a niġeaḋ san Éirne,
A cuirḋeoċas liom tráċt ar gaċ bánuġaḋ bí i n-Éirinn,
Ón ionnarḃaḋ sin Ṗartoláin go sáruġaḋ na Gaeḋealtaċt"
'S annsin má bíonn siḃ sáruiġ'e de stráid de mo leitiḋe,
Fáigfiḋ mise slán liḃ san áit seo mar ḟéirín,
'S pillfiḋ mé gan spás ar mo ḋáiṁ is mo ġaoltaí,
Mo bean is mo páistí, mo ċáirde is mo ċéile."

Dá taidreaḋ do ċum aoḋ mac doṁnaill

Agus le sin tug an gruagaċ leis Peadar isteaċ don mbruiḋin mar a raḃ sluaġ de ḟeara duḃa aige ag faġáil réiḋ airm le dul i gcionn cogaiḋ le na ċáirde féin .i. muintir Lios na gCearrḃaċ, is ag breatnuġaḋ dó gaċ niḋ dá ḃfacaiḋ sé, sé smaoineaḋ a rinneaḋ leis gur droaoideaċt do rinneaḋ air agus dá mḃéaḋ sé de ṁi-áḋ air go mbainfeaḋ toirmeasg ar biṫ dá ṁnaoi, mar ba ġnáṫ léi beiṫ i gcumann le na cáirde ag blas na beoraċ brioṫṁara úḋ dá ngoirtear cúl díġe, naċ mḃéaḋ aon duine le an dadaḋ a ḋéanaṁ dó féin níos mó, agus dar leis féin go raiḃ adarca ag fás ar a ċionn maille le gaċ mí-áḋ agus naċ mḃéaḋ sé a ċoiḋċe in a ċruṫ mar ḃí sé ag fágáil an ḃaile do, sgríoḃ an litir seo mar leanas le na cur ar a coiṁeaḋ ar gaċ tubaiste, agus niḋ éigin a ḋéanaṁ dó féin i n-agaiḋ na bpisreóg a cuireaḋ air san mbruiḋin, agus sgríoḃ sé na briaṫra truaġḃéalaċa seo :—

"Anois atá mé claoiḋte, gan sgíste, ró-sáruiġ'e,
Sgríoḃfaḋ cupla líne ag an mnaoi is ag na páistí,
Le na ċur i n-úil dóiḃ gaċ guais a ḃí i ndán daṁ,
'S go mḃéiḋ cuiṁne aici a ċoiḋċe ar an niḋ atá mé a ráḋ léi :
"A Ṡinéad, bí-se críonna lá aonaiġ Droiċeaḋ Ċearḃalláin.
Má ċasann duit san tsliġe sin Caitríona nó Máire,
Ólaiḋ gloine brioġṁar de'n ċúl díġe mar (ba) ġnáṫ liḃ,
Ós fiosaċ duit gurab íce é ar piantaí is ġálraí,
Aċ nuair a ċí siḃ an oiḋċe is miṫiḋ a ḃeiṫ ag márṡáil ;
Seaċnuiḋ-se na maortaí ḃíos ag spionaḋ na sráide,
Ar eagla siaḃrán díġe beiṫ ar ṁnaoi ar biṫ dár gcáirde,
'S go gcuirfeaḋ siad san bpríosún siḃ go n-íocfaiḋe an cáin-ċíos.
An tráṫ tainic mé don tír so ḃí siaḋraḋ i ndán daṁ ;
Tugaḋ isteaċ i mbruiḋin mé mar ḃain claoiḋ daṁ is sgannraḋ,
Ḃí an iomaḋ de'n tsluaġ síḋe ann ag aḋraḋ na mbáiḋe,
Ḃí a gcraiceann mar an ngual is a snuaḋ duḃ mar áirne,
Ḃí sagart de na draoiṫe ag íoḋbairt do Ḃáil ann,
Na coirí ar an ngríosuiġ mar ḃí insa mBáiblinn.,
Níl roitleán insa gcúigeaḋ is an túirne sin Ṁáire,
Naċ raḃ ag imṫeaċt íonn le rúide ar ċiúin-ċosanáirde ;
An tráṫ ċonaic mé an t-aṁarc áiḋḃealta uaṫḃásaċ,
Níor ḟan misneaċ in mo ḃaill-se ná suim ins na mná agam.
Níor ḃfios mé faoi na spéartaí goiḋé an ġéiḃeann 'ar tárlas,

dá taidreadh do cum aodh mac domhnaill

Ac go sílim gurab í an brionglóid is cionnfát le a lán de,
Ac anois, a caraid dílis, a caoimhteac is a céile,
Má's mait leat mise aríst sa tsaoġal seo do do bréagnad
Cuartuiġtear leat na tíorta is gac líos siabraid i
n-Éirinn,
Nó go bfuiġe tú snáite cronnuid (?) is deoc de druim
saġad dam ;
Tabair sgríob amac fán drúct is fag crud gearráin
fálruid,
Raitneac ruad, lus cré, is má's féidir, samad feárnaiġ,
Cunasac cuileann maol is más mian leat aon snáite
A béad casta insan oidce ar píobaca Partoláin,
Cuiġeal na mban síde agus caortainn gan áireamh,
Cleití coileac fraoic a béad ag glaodac insa mbáinsiġ,
Blod de śean-crud capaill a bíos greamuiġ'e ar an áraid,
'S an táirnġe bí in a śiosur ag an mbeaganac, an táilliur ;
Sin is leat-róinn bunaiġ béas ceangailte ar mo mhása,
I n-dúil is go mbéinn sa mbaile ag deiread mí na Márta.

Freagra na Mná :

A Peadair, is mait adubairt mé in do śiubal nac mbéad
séan ort,
Dá gcreidteá tusa hiúġaid is a cluain cleasac bréagac ;
Bím ag brionglóidiġ gac oidce is níl sgíste ó mo néalltaí
Go mbeirfead an sluaġ síde ort nó draoite Cuat Dé Dain ;
Ac a' mur stada an cailleac iarainn a cuir fiabran ar do
céadfaid,
Racaid mise go réim-díreac go dtí Líos Ráta Mheadba ;
Ní fágaim clúid san tír so gan spíonad i n-éinfeact,
Go bfuiġe mé amac os íseal an nid a ġéanas leiġeas duit.
Ac bí-se cinnte fearamail, mar cleact tú a beit cróda,
Nó go racaid an urnais beannuiġ'e seo 'líg cugat ar an
gcóiste ;
Níl diadaire nó ditreabac 'á rab sna tíorta leis na
céadtan,
Nac bfuiġe mé ball t.á n-urnais nó roinn dá gcuid éadaiġ.
Cuaid mé an céad uair go Bail' Roibeaird ag Paidí is
fuair mé a crúca,
'S sean-tuaġ Briain Uí Mhócoirġe ler marbuiġ sé an púca ;
Ó sin cuig Mairéad Nic Ġiobúin is bain mé an fallaing
de na h-uactar,
'S aige Catal Mac an Deirg fuair mé sean-bróg dá cuid
liútair (?)

ϝoclóιn. (II)

Áιlle, a beauty ; uιsge na n-áιlle, the Castalian spring sacred to the nine Muses.
Aṁuιϙ, famous (?)   Perhaps for aṁna, or aóma.
Ánaιϙ, " jamb of a door " (gloss in MS.) ; " main cross-beam in roof " (Quiggan's " Dialect of Donegal.") The MS. spelling is ánειϙ.
ϙáιϙe, " demons " (gloss in MS.). Cf. báιτ, a clown, OR.
ϙáιnsιġ, dat. of báιnseaċ, a plain, a field.
ϙóιcín, a drinking vessel ; a quantity (of liquid).   A common word in Meath Irish.
ϙomnán, a bittern. The use of the bittern's feather referred to in text is glossed "an old superstition" in the MS.
CompRáιn = compráιϙ.
Cnonnuιϙ (?), snáιċe cnonnuιϙ, a kind of thread or yarn. The gloss " a superstition " is written over these words in the MS.
cúl ϙíġe, poitin, whiskey, lit., " the back of a dyke." Cf. ιs mιse a ċaκτϝaϙ amaċ na bacaιġ aċ cúl ϙíġe a beιτ ιn mo ċιonn (ascribed to Caċal ϙuιϙe ṁac ġιolla Ġunna) ; τaϙaιR ġloιne cúl ϙíġe ϙaṁ (Farney).
ϝálnaϙ, ambling, trotting ; ġeaRRán ϝálnaιϙ, a trotting horse. Glossed "cantering" in MS.
Ġalluτa, a bow.   Cf. lúτa D ;   luτ, a curtsey, bow, cringe OR. Perhaps the text should read ϙá lúτa.
leaċ-κóιnn ϙunaιġ, a half-thread of flax. The MS. has leιτsκónn ϙeanuιϙ, the second word of which may be for ϙeannuιġ'e. Certain half-threads were supposed to be efficacious as charms. Cf. ϙí leaċ-κuaιnne cκoċτe as a h-úιċe (u. na bó) ϙe wig ṁιcιlιġ Hughes an τáιllιúR (from a poem composed by aκτ móR ṁac muκċaιϙ).
lιobaκnaċ, hanging loosely ; aġ lιubaκnaιġ aιR, " rattling on him " (gloss in MS.).
lιúτaιR, for lιubaR (?) work, labour, OR.   leaċaιR would suit the context but not the metre.
macnaιϙ, young men, heroes.
maonċaí, policemen.
Ráϝlaϙ, joking, merriment, whimsicalness.   Glossed "nonsense."
Saġaϙ, See vocab. " haιsτí hó aġus τóġϙáιl Oιϙċe."
Saṁaϙ ϝeáRnaιġ, water-betony (quoted in Meyer's Contributions). This herb was tied to the churn-staff to prevent fairies or witches from interfering with the yield of butter. The mountain ash was often used for a similar purpose. (See Zeitschrift fur Celt. Phil., I. Band, p. 143). Moloney (" Luιϙ-Seanċus ") has súġ ϝeaκna.
Spíonaϙ, searching, examining.
Sτnáιϙ, a wanderer (?) < stray (Eng.).
Τeιϙ, dat. of τιaċ, a bag, wallet.
URnaιs (aιRnéιs), things, " tools " (MS. gloss), household stuff, such as furniture, cutlery, etc.

Aιnmneaċa ϙaoιne aġus Áιτeann,

Áκϙṁaċa ϙnéιġe, Ardmaghbreague, Moynalty, Co. Meath. Perhaps Aκϙ-maġ ϙκéaġaċ. Gallegan sometimes writes : " Aκϙṁaċa ϙκéaġa."
ϙáιl, Baal.
ϙaιle ṁιc Caċnaoιn, Ballymackane, Moynalty, Co. Meath. The etymology of Caċnaoιn is obscure.   The MS. has ϙaιle mιc Caϙíen, whereas Gallegan, a native of this district, invariably writes : " ϙaιle ṁιc Caċnaoιn."
ϙaιle noιbeaικϙ, Robertstown, Nobber, Co. Meath. ϙaιlκebaϙ in MS.
Caιslean Cam, Castlecom, Ardmaghbreague, Moynalty, Co. Meath. The site of this castle was pointed out to me some years ago.
ϙκοιċeaϙ Ċeaκϙallaιn, Carlonstown, near Kells, Co. Meath.
hιuġaιϙ, Hughey, i.e., aοϙ ṁac ϙοṁnaιll.
lιοs na ġceaκκϙaċ, Lisburn, Co. Antrim.
mac Áϙṁa, Roιbeaκτ, Robert Macadam, of Belfast, b. 1808, d. 1895. The Ulster Journal of Archaeology (Vol. I., p. 152, Second Series) contains a short account of this remarkable man. He was an assiduous collector of Irish proverbs, folklore, etc. About 1838 the brothers Macadam started

the Soho Foundry in Townsend Street, Belfast, where they manufactured Pumping Machinery and Turbines. The interior of the *bruidheaɴ* described in the text (v. Gallegan's letter to his wife) is in reality the interior of the Soho Foundry. " This describes the Soho, the engine, etc.,' (marginal note in MS.). The " ꞅᴀᴦᴀʀᴛ " referred to is glossed " Old J. English," probably one of the workmen employed in the foundry.

mac an ᴅeıʀɢ, Caċal, see vocab. to " hᴀɪꞅᴄí ɴó." If this name is fictitious, Mac Domhnaill was probably influenced in its creation by the name of the principal character in an Ossianic poem, entitled, in Northern MSS., "Laoı ṁıc an ᴅeıʀɢ."

maꞅ Oıʀeaċᴄaıꞅ, Aoḋ, the central figure in the eaċᴄʀa aoḋa ṁıc Oıʀeaċᴄaıꞅ, well known to scribes of the Leinster-Ulster border district. His connection with Lisburn is not clear.

ní Canaıꞅᴄe, Sıɴéaᴅ, Peter Gallegan's wife's name, according to the text. A rare surname of which I know only one other example. It occurs in 3.B.39, R.I.A., where Gallegan satirizes a paᴄꞅán Ruaḋ (Ó) Canaıꞅᴄe.

nıc Ɠıobúın, maıʀéaᴅ, a doubtful emendation of mʀıaᴅ ní Ceabíen of the MS.

Ó ᴅuıḃne, Aoḋ. In MS. aoḋ ʉ ᴅeıḃne. A pseudonym adopted here by Mac Donnell. He is addressed as " a aoıḋ áṁaıʀ ṁıc Séamuıꞅ " in the text. This agrees with his pedigree as given by himself in a Belfast MS., where, he says, his father's name was Séamus.

Caılc mac Cʀéaɴ-Óꞅlaıꞅ, apparently an adaptation of the name Caılc mac Cʀéın, a character in an Ossianic poem.

Éamonn Ó Tuathail.

DE FEBRE EFEMERA
NÓ
AN LIAGH I n-EIRINN I n-ALLOD

King's Inns Library, MS. 15.

The following extract is taken from the medical MS. above mentioned. This MS. is perhaps one of the finest of its kind in Ireland, written on vellum in a small, clear hand, with beautiful initial letters throughout in black, and a few in colours on the opening folios. It was originally bound in oak, but of this cover only a fragment remains, the first page is missing, and several others are loose and damaged. It appears to be a translation from various Latin sources, and is in part a boiling down of sections of John of Gaddesden's Rosa Anglica. The section on Ephemera reproduces in 20 lines, what in R.I.A. 23 P 20 covers 2 folios, 9a38–11a25. Gaddesden is mentioned on fo. 80 r. in the portion on Quotidian Fever, as follows :—a nagaid fiabhris cotidiana do reir Gadisten isin rós. The following subjects are treated fairly exhaustively : Ulcers, wounds, boils, etc., and on fo. 76 v. is the following statement beginning near the bottom of the page, where the preceding tract finishes, with the words : F.i.n.i.s amen .i. (?) do Petrus. The statement is written in a large hand, between the lines of which the second part is written very small, and much contracted.

Fol. 76 v.

Mise Mailechloind mac Illoind meic an Leaga do scrib deired in libairsi renabur Petrus de Largellata* do budein ⁊ a crich Iustasac a mbaile Hoiriberd a tig Uilliam Talman do forbad. Is i ais an Tigerna ann .i. MCCCCXII. ⁊rl.

Maaid (?) raith don ti dorat dam an esimplair so an libarsi .i. Conaire mac Torna I Mailconaire ⁊ is dirsan lim a fad ata a m'ecmais uair is mor a esba dam uair is triamain m'inntinn uair is fada uaim siar m'athair isin Mumain ⁊ mo brathair .i. Eogan ⁊ is rofada lim co faicinn mo shesi ⁊ mo brathair .i. Connla mac an Lega ata a Muig Luirg ⁊ is ro mhor a ecla orm gur mill an sluag so iarla Cille Dara he. Et is fada ata mo dalta ⁊ mo condalta .i. Cormac mac in Lega. Isin da India (?) isin ailt ata (-u?), uair is nunach imberach (?) e do raith.

* Pietro d'Argelata 1423, a pupil of Guy de Chauliac, Professor at Bologne. He wrote a text book " Cirurgia " printed in Venice in 1480. He taught the dry treatment of wounds.

The last sentence is possibly a code or something similar, and is nearly unintelligible. The fact that the scribe fails to distinguish between the stroke which signifies *n* and that which signifies *m* does not simplify matters.

I am unable to say whether the above is the signature of the scribe, or if the whole thing is a copy, the ⁊rl after the date 1512, makes it look as if part of the colophon were omitted. This Mailechloind mac an Leaga was one of a family of hereditary physicians in Thomond. His death is recorded in the Annals of Loch Cé, under the date 1531.

The following folio, 77 r. opens with several quotations from the Gospels and the Classics, on the duties of man in general, and physicians in particular, continuing as follows :—

Fol. 77r.

Mas*ead* guidm*id*-ne aen Dia trithech na tri persan dar furt*acht* do crichnug*ad* in compendium cumair ro, uair ad*eir* Tateus, 'Demulcentur audiencium an*imae* ex lucida et compendicsa breuitate' .i. sast*ur* aic*n*eadha luchta an estach*t*a on cu*m*airec*ht* tarbaig soluis, uair is mooide foglu*m*thar ni gac med cumair*acht*a, da mbi, gurab uime sin adubairt Ar*istotul* 'Longa solent sp*er*ni gaudent breuitate moderni' .i. clech*t*ar na raite rofaide do tarcasnug*ad* ⁊ fo*r*bailtigid lucht na haimsire nuaide roim an cumair*acht*. . . . .

Is uime sin do bail lium trachtad cumair tarbach do denum do lucht in stud*eir*, clechtas moran na lebar do fecain, innus co fagdais gach ni do iarfadais annsa uolume*n* so, do rinn*i*usa le stuider rofada ⁊ le ge*r*macht*namh* inntin*n*e ⁊ le moran na el*adan leighis* do s*cr*udug*ad*, dochum riachtan*us* les na sco*l*aired do comlinad. Et bith a fis agad gur cumusa in trachtad so, gan moran na teoric*echta* (?) ar *ec*la in athmaelt*uis*, an ai*m*sir, an *e*gentuis, ⁊ *in* guas*achta*.

The subsequent matter consists of very short paragraphs on a variety of diseases, as, fevers, affections of the nose, throat and lungs, heart trouble and diseases of the digestive organs. Few of these exceed 20 to 30 lines of script.

ÚNA DE BHULF.

Mí na Nodlag, 1924.

King's Inns Library, MS. 15, Fol. 81r.
De Febre Efemera .i. dfiabhras efemera, ⁊ as uime aderar efemera ris .i. is inann efemeron a Greig ⁊ iasg a Laidin, uair ni bi acht en la naduṛtha do shaegal ag an iasg sin. Et is mar sin ata efemera uera, uair ni mairenn acht en la, mas efemera fire he, ⁊ mas efemera nach fir mairidh co cenn tri la ⁊ co hannam co cenn a 4, in tan is remar in tadbar.

Cura .i. leighis na heslainti so .i. mad tine no grian as cuis don fiabhras, curtur fer an fiabhris a ninadh fuar, ⁊ gabtur ag a bualadh le hedaighibh lin, suas ⁊ anuas, do cur gaithe uime ; ⁊ mad te in chuis doirter usgi te um a cenn ⁊ curtur a fotragad usgi fuar he, ⁊ anad ann co fada, ⁊ cumilter ola rosa do corp uile ⁊ ola na uiola. Et mad o saethar tig an fiabhras, gab prem artemesia, ⁊ bris ⁊ cumusc ar fin cael, no bruith ar anbruith, ⁊ ib ⁊ icid. Et gid be imcrus artemesia, ni curtur he. Et da roib nech curtha, ⁊ urbruith do genum d'artemesia, teid a cur de. Et da imchra duine agnus casti, ni faghann oilbeim ⁊ ni fuilighter air. Et ma curenn fer an tsibuil fada a croicinn de itir a lairgibh no da urgibh, cumilter buidenn uighi cerc te no fuar de, ⁊ is maith sin do lucht na olitre, ⁊ do braitrib teid a fad. Et mad o nemcodladh bis an fiabhras, dentur folcad don papauer, ⁊ do lactusi, ⁊ do malua, ⁊ cumilter na cosa ar tus le hedach garb lin. Et mad o constipacionn bes an fiabhras, dentur clister do. Et mad isin gale bes, dentur sgethrach do, ⁊ denad abstinens no co ndileghtar an biadh. Et mad o dith bid bes, tuctur biad do, ⁊ co hairighti mad fer lenna ruaid [he], oir ni heidir leo trosgad do genum ar son ro-gere a tessa.

Opaid ar gach ule fiabhras ann so. Frange ✠ tere ✠ ferre ✠ febre .n. salus est a t'ainm,(?) amail a cur sgribtha fo bragaid fir an fiabhris, ⁊ foirid gach uile fiabhras.

Ar gach ule fiabhras ⁊ eslainti nach leiginn codlad do duine, gab cinn ura ⁊ feoighe in papauer, ⁊ sil lactusi, ⁊ uiola ⁊ duilleogi rodus, ⁊ a cur a corcan no a noigenn lan duisge, ⁊ a mbruith no gu legaid na luibhe, ⁊ na cosa do nige as, ⁊ edach lin do cumilt co laidir dib, ⁊ ola na uiola do cumilt dib, ⁊ coideoluid gan cunntabairt.

Ar gach uile fiabhras ⁊ ar codlad, sgrib na focla so a tri hablann. ✠ Pater est alpha ⁊ oo, isin cet ablainn ; ✠ filius est uia uita ⁊ ueritas, isin dara hablainn ; ✠ spiritus sanctus est remedium sanitatis, isin 3 ablaind; ⁊ a nithe re tri la. Et in uair bias ag ithe na nablann so

DE FEBRE EFEMERA

gab*ad* se 4 pad*r*echa sa cet ablainn, a nagaid **na** 4 ardgon fuair IHU, re slainti dfagail do, ⁊ **tri** pad*r*echa isin 2 hablainn a nagaid na tri tairngedh do cured a nIHU, ⁊ 4 paidrecha isin 3 ablainn, ⁊ caithed iat ainnsein, ⁊ is derbta an leigh*is* sin ar gach uile fiabhras ⁊ ar codladh.

Adbur, matter (of disease). Lt. materia (morbi).
Agnus castus, tutsan. Ir. meas tuirc allaid.
Ailt, house, a slang expression. Contrib.
Anbruith, (eanbruith), soup, broth. Lt. brodium.
Artemesia, ragweed, mugwort. Ir. buachalán (also buafanán) buidhe. Buidenn uighi=yolk of eggs.
Curtha, tired ; cur to tire, tiredness, now cortha.
Efemera, Ephemeral fever. A fever that lasts a day or very short period. Syd.
Fiabhras, fever. Lt. febris.
Gale=goile, stomach.
Linn ruad, choler. One of the four humours, which are, linn fuar, linn dubh, and fuil dearg.
Lactusi, lettuce.
Malua. mallows. Ir. hocus.
Mag Luirg, near Boyle, Co. Roscommon.
Oilbheim, stumble.
Olitre, pilgrimage. PH. ai'ithre.
Opaid, charm. O.Ir. upaid, epaid ; gsg. auptha.
Papauer, poppy.
Rodus, marigold ? St. rudus derg.
Sgethrach=a vomiting.
Urbruith, dry bath, stupe, fomentation. Lt. stupha.
Ros, The Rosa Anglica by John of Gaddesden.—First printed edition, 1492.

ABBREVIATIONS.
Contrib. Meyer's Contributions to Irish Lexicography.
PH., Passions and Homilies from the Leabur Breac, edited by Atkinson.
Syd. New Sydenham' Society's Lexicon of medicine, etc.
St. Three Irish Medical Glossaries, edited by Whitley Stokes, Archiv fuer Keltische Philologie, vol. I.

Printed a the
WOOD PRINTING WORKS, LTD
FLEET STREET, DUBLIN

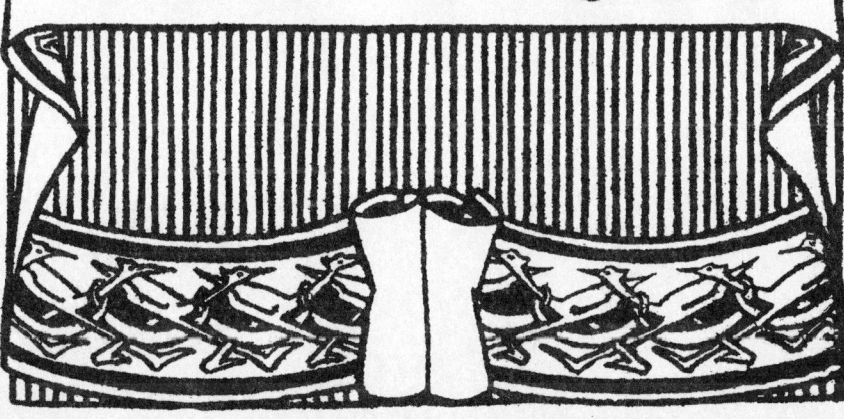

LIA FÁIL

E FIDEICOMMISSO
ADAM BOYD SIMPSON
Medici.

2/6

coṁluct oroeacais na heiReann, Ceoʀ
89 Sráro Cálbóro i mbaile Áta Cliat
11 Sráro Pároraig i gCoʀcaig.

Irisleabar Gaedilge
Ollsgoile Náisiúnta
na hEireann.

CLÁR.

	Page
Roiṁ-Ráḋ	i
Purgadóir Pádraig Naoṁta. Treasa Conḋún . .	1
Táin Bó Ġeanainn. Mairéad Ní Ġráda . . .	49
An Agallaṁ Ḃeag. An Craoiḃín	79
Dá Taiḋḃreaḋ do ċum Aoḋ Mac Doṁnaill. Roiṁ-ráḋ. Éamonn Ó Tuaṫail	108
Naistí Nó agus Tógḃáil Oiḋċe. id. . . .	111
Fáilte Peadair Uí Ġealacáin. id. . . .	120
De Febre Ephemera, nó An Liaiġ i nÉirinn i n-Allod (I.) Úna de Buld	126
Spiritus Guidonis. Caitilín Ní Ṁaolċróin . .	131
Eaċtra na gConnaċtaċ. An Craoiḃín . .	153
Bodaċ na mBrístí Gorma (ó Conḋae Ṁuiġe Eó) id. .	161
Bodaċ na mBrístí Gorma (ó Conḋae na Gailliṁe) id. .	166
Atrú na bFocal. Tomás Ó Máille . . .	177
Beann agus Bunnán. An Craoiḃín . . .	183
Tráċtas Gearr ar an Réaṁ-ḟocal "Fá" agus Faoi. Tomás Ó Ceóinín	185
An t-Amadán Mór. Roiṁráḋ. An Craoiḃín . .	191
An t-Amadán Mór, an Téx. Toirḋealḃaċ Ó Raḋartaiġ.	194
An Liaiġ i n-Éirinn i n-Allod. (II.). Úna De Buld. .	229

SPIRITUS GUIDONIS.

Ag seo leagan Gaedhilge, ó'n Meadhon-aois, ar an sgéal Laidne a dtugtar "Spiritus Guidonis" air. Ni finnsgéal an sgéal so, acht is rud é do thuit amach i n-Alais, láimh le h-Avignon san mbliadhain 1323. Do rinneadh *procés-verbal* air, an uair sin, ag lucht na h-Eaglaise. Johannes Gobi féin, prióir na h-áite, do tharraing amach an *procés-verbal*. I *langue vulguire* do labhair sé leis an Spiorad, mar is léir ón sórt Frainncíse atá ins na freagaraibh thug an Spiorad uaidh. Chuaidh an sgéal so ar fud na h-Eórpa, nach mór, agus tháinig sé go h-Eirinn, áit a bhfuil sé le fáil i Laidean agus i nGaedhilg. Tá cóip de'n Laidean bhunaidh i F.v.3 (15adh aois), T.C.D., 133 a—138 b. Tá leagan Breathnaise le fáil sa Cardiff Free Library, MS. 5 (c. 1525), 121. Níor cuireadh an téx Gaedhilge i gcló ariamh roimhe seo agus níl an leagan Breathnaise i gcló fós acht oiread.

Bhaineas an chuid tosaigh de'n téx seo thíos as *Liber Flavus Fergusiorum* (c. 15adh aois), Iml. II., fol. 13 r° a—14 v° b, agus an chuid deiridh, a bhí ar iarraidh sa *Liber Flavus*, as an láimhsgríbhinn 24 P 25 (R.I.A.) (c. 1518), fol. 34 r° a—37 v° a. Bhaineas feidhm as 24 P 25 (P) freisin chun téx an *Liber Flavus* do cheartú agus do mhíniú i n-áiteacha a raibh sé ar mo chumas an dá théx do chur i gcomparáid le chéile. Tá an dá choip de'n sgéal neamh-spleádhach d'á chéile, agus cruth faoi leith ar gach ceann aca. Féach na nótaí thíos, p. 133, etc. Tá cóip eile de leagan P le fáil, MS. 10, Kings Inns, f. 11 r° a 1. Tá leagan P beagnach ar aon dul leis an Laidean ata i T.C.D.

Sa bhliain 1457 do cuireadh Gaedhilge ar sgéal Ghuido do réir 24 P 25 : "Andail in Tig*hearna* in tráth do cuireadh in lebar so a nGaidhilg .i. vii. mbli*adhna* décc ⁊ da xxit ⁊ ceithri .c. ⁊ mile bli*adhain*" (fol. 37 v° a). I lár an leathanaigh gheibhthear na focla seo thuas sa láimhsgríbhinn, go díreach i ndiaidh focail deiridh sgéil Ghuido. Níl aon aimhreas ná go bhfuair P iad sa láimhsgríbhinn a bhí 'ghá h-aith-sgríobhadh aige timcheall a 1518.

Tá cuid mhaith de'n téx truaillighthe ⁊ do-thuigseanach mar atá sé ins na láimhsgríbhinnibh, go h-áirithe sa *Liber Flavus*. Chuireas comharthaí séimhighthe agus

_a Féach C. Langlois, *De spiritu Guidonis, Histoire littéraire de la France*. xxxv (1921), p. 538, *áit a bhfuil gach eolas faoi na leaganacha Laidne le fáil.*

comharthaí urdhuighthe (i n-iodáileacha) isteach sa **téx** seo thíos, agus fós an síneadh fada, áit a raibh sé ag teastáil. Chun an sgéil a dhéanamh níos so-thuigseanaighe b'éigean dom focla agus fiú amháin ráidhte do chur isteach ann (idir crúcaí) annseo agus annsiúd, agus iarracht a dhéanamh ar an litriú do riaghlú ins na puinntí seo leanas :

Téx.	MSS.
gh i ndeire nó i lár focail	*d, dh,* agus *gh.*
d i ndeire focail	*dh* agus *d.*
dh i lár focail	*g, gh* agus *dh.*
f i lár focail	*b* agus *f.*
nn indeire nó i lár focail	*nd* agus *nn.*

D'fhágas *dh* amach ar fad i bhfocla mar *Diadh* (=*Dia*), *faeidh* (=*faei, faoi*), etc. Thugas an-aire, ámh, nach millfinn litriú an téx áit a dtaisbeanann sé dúinn cé'n cruth a bhí ar an nGaedhilge ar an taobh thiar de'n tSionainn sa chúigiú aois déag, m.ṡ. *guibhi* (Leath Mogha *guidhe*), *asdeach* (L. M. *isteach*), etc. Is as Cúige Connacht do sgríobhaidhe an *Liber Flavus*.

Bainim feidhm as iodáileacha áit nach bhfuil mé cinnte faoi chruth focail atá 'na nod ins na láimhsgríbhinnibh acht ní bhacaim leobhtha thairis sin.

Lib. Flav., Iml. II., fol. 13r° a.

QUONIAM UT AIT BEATUS AUGUSTINUS IN LIBRO DE FIDE [AD] PETRUM " MIS[ERI]- CORDIAM EST ET CETERA."

Óir adeir Sangta Augustinus a leob*h*ur in c*h*reidmhi gurub peacadh ro-m*h*ór gan na neithi ro-árda d'f*h*oill- siughadh co fírinneach ⁊ go h-ingantac*h* c*h*um neartaigh[th]i in c*h*reidm*h*i. Óir gac*h* uili ní d'á fuil scríbhtha is c*h*um ar *d*teaguisc-ne do sgríb*h*adh iad innus co mbeith dóchus againn tré s*h*olus ⁊ tré fhoillsiughadh na sgríbhtúr.

Innus curb*h* áil le h-Aithintoir réimh-fhechsanach na n-uili ní fholaightheac*h* .i. Íssa ar Slánaig*h*thoir A c*h*reidimh féin do neartughadh cu dai[n]gin idir na crístaidh[th]uibh do d*h*eimhneochadh[1] na beatha[2] atá c*h*ugainn, gurub

---

[1] do dheimhniughadh. Tig le h-ainm briathra ar *-ighim* a chríochnú ar *-ochadh achadh*, nó *ughadh* i nGaedhilge na cúigiú aoise déag.
[2] b⁊tha MS.

SPIRITUS GUIDONIS

uime so a gcinn míle bliadhan ꝛ trí céad bliadhan ꝛ trí bliadhna .xx. d'A aís do bo d*h*ingmhála Leis in mírb*h*uile follus so do f*h*oillsiughadh cordugh[1] do-innisdi a gcathraigh Alestin*sis* [?]* neach atá .x. míle .xx. ó'n C*h*úirt Apostolica d'á ngairtear Aviona.[2]

An dara kalaind Deccimber do t*h*eastogh caithreóir do'n c*h*athraigh sin dar ba c*h*omhainm Guido. Ar t*h*idhlacadh a c*h*uirp a n-adhlacadh daennaidhi d'f*h*oillsigh a spioraid gan f*h*oirm so-fhaicsina re h-ocht lá tar éis a adhlaicidh d'a m*h*nai phósta ꝛ do gortaigheadh í go trom. Et an treas lá tar éis Nodluc .i. Lá Eoin Suibhisgél[3] do c*h*uaidh an f*h*eabh[4] sin co teach na *b*Preisdiúrac*h*[5] do bhí annsa c*h*athraigh sin d'iarraidh p*h*rióracha na mbráthar sin. Et ar t*h*eagm*h*áil an p*h*rióracha dí do thinnsgain a innisin gac*h* ní d'á d[t]árla dí tré spioraid a fir tar éis a bháis ꝛ [adubhuirt] nach roibhi a f*h*is aice nach ar mailis diab*h*ail hé. Et adubhuirt gu *d*táinic d'iarraidh c*h*om*h*uirle cad bu f*h*earr dí do dhénumh eir sin óir nír f*h*ét an mírbhuili do c*h*eilt ní bu f*h*uidi. Et adubhuirt a ndeireadh a briathar co roibhe sin gan c*h*unntubhuirt annsan inad a *d*teasto a fear.

Et mar do c*h*uala in prióir sin adub*h*uirt : "Nárab ingnadh leatt-sa in cás sin, óir is inguntac*h* Dia i n-A oibrigthibh ꝛ do b'áil Leis mirighaidhi[6] do f*h*oillsiughadh d'A m*h*oghuibh do neartughadh A c*h*reidm*h*e féin annsa c*h*ás sin." Adub*h*uirt in prióir : "A b*h*ean m*h*aith, [f]an [ann]so[7] co fóill co ndeachar-sa d'iarraidh c*h*om*h*uirle na mbráthar n-eagnaidhi, óir is fearrdi com*h*uirle na ndaine [n-]imdha isna neithibh[8] éagsamhla."

Et a n-a d*h*iaidh sin do boinead*h* cloc caibileach[9] ꝛ do thinóladar na bráthri a n-én inad. Et do f*h*oilsi[gh an prióir] dóibh an cás inguntac*h* sin. Et issí com*h*uirli

---

[1] Córughadh? Sua ineffabili disposicione F.v.3. Tá cruth faoi leith annseo ar théx an Lib. Flav. Ag seo tosach an sgéil do reir P. (ꝛ MS 10, Kings Inns).
" Dominus noster Iesus Christus volens fidem suam ꝛ vite future cretitudinem ostendere ꝛ fermiter credere .i. do b'ail le n-ar tigerna-ne .i. le h-Issu Christ a credium féin d'foillsiug*adh* ꝛ do daingniug*adh* ꝛ do fhremug*adh* isna cinedac*h*aibh co coitcen trid in eisimplair-si spiora*i*te Gido da lucht na cat*h*rac*h* re n-abarthar Barona neoch ata tri mile o'n Roim do reir inaid. Et do bi aoiss an tig*er*na in tan sin .i. ce*i*tri blia*dh*na fichit ꝛ tri céad blia*dh*an." Cf. tosach an sgéil do réir F·v.3 : Dominus noster Iesus Christus volens fidem suam vite future creditudinem inter christianos . . . . .
[2] Baróna P. Cf. ꝛ thuas.   [3] soisgéaluidhe.   [4] baintreabhach,feadhbh.
[5] na mbráthar bPrétsiúr P. Préitsiur=préacher, na " Fratres Predicatores," Órd Doiminic Naomhtha.
[6] miorbhuil.   [7] An so andso P=fan-sa annso.
[8] nꝛthibh MS.   [9] caibitlech P=caibideach.
* Alais (Gard). Alesti que distat a curia romana que iam Baiona vocatur per . . . F. v. 3. Tagann *d'á ngairtear Aviona* indiaidh *Alestinsis* san MS. Cf. *Histoire littéraire de la France*, ibid., 554/2.

[145]

tucudar na bráthre dó .i. hé féin ⁊ mághistri diadhachta in tighi ⁊ fir meabhraigh[th]i feallsamhlachta in tighi neach do b'eagnaidhe naid na daine eile do dhul chum tighearna an bhaili sin d'iarraidh dhaini dingmhálta do thiucfadh leó cu teach Guido do dhénumh in illis[1] dóibh. Et as samhlaidh do rinnidar ⁊ do chuir in tighearna sin dhá chéad fear n-armach leo gu teach Guido. Et tar éisi sin do iar[r] in prióir orro uili a faísidin do dhénumh ⁊ do rinni féin a fhaísidin rompu ⁊ do chan aifrinn ar anmuin na gCrístaidh[th]e d'á rubh martraill *"Requiem eternam."*[2] Et an lín le'rbh áil cumaeineochadh[3] Coirp Chríst do ghabháil thug [sé] dóibh hé innus nach boineadh mailís[4] na ndiabhal riu. Et do ghabh chuigi can this do dhuine coimét[5] a roibhi Corp Chríst ⁊ do chuir ar a ucht hé faei n-a sgabal. Et do ghlac an tshlighi co teach Guido maille[6] re na dís bráthar ⁊ re dhá chéad n-óglách armtha ⁊ do rinni buidhneacha díbh ⁊ triúr sa bhuidhin a n-ainm na Trínóidi. Et do suidhuigheadh iad mar sin a timchill in tighi .i. cuid díbh ar fhudhnocht[7] in tighi ⁊ cuid eile ar a mhullach ⁊ cuid eile isna fuinneoguibh ⁊ cuid isna dóirsibh ⁊ cuid (fol. 13r. b) eile annsa gharrdha a ti[m]chill in tighi, ag feithimh ar iumthús an raeda inguntaighi.[8] Et ar n-a fácáil ar a suidhiughadh sin do chuaidh féin ⁊ adubhuirt ag dul asdeach : *" Pax huic domui "* .i. síth do['n] tigh-si. Et ar ndul annsa seoimra dó do chroith usgi coisricca ⁊ adubhuirt annsin : *" Vidi aquam et cetera."* Et do thinnsgnadar annsein *" Veni Creator "* do rádh .i. himunn in Spioraid Nae[i]mh maille re na h-orrthain[9] .i. *" Deus qui corda et cetera,"* ⁊ do chroidhidar uisci caisricca ar feadh an tsheomra uile ag rádha *" Asperges me, Domne, et cetera."*

Et do ghoir an prióir an bhean chuigi ⁊ do fhiarfaigh dí cá h-inad a ndeachaidh Guido d'éag. Et adubhuirt[sí] reis[10] gu h-eaglach *"* Ag siúd an t-inad a dteasta sé ⁊ éiri[ghidh]-si ann ⁊ abraidh orrthana dúruchtacha eiri[11] anmuin ann ⁊ do ghébhaidh ann é dom dhóigh-si."

[1] do médughadh a fhiadhaine ⁊ do derbud in ingantais P. illis=eolais.
[2] D'a raibh d'á mairtriughadh. Tá cruth faoi leith ar théx an Lib. Flav. annseo freisin. Adubairt an prioir aifrenn do na marbaib. P.
[3] cumaoine, soluíd d'ainm briathra ar *-ighim* a chríochnuigheanns ar *-ochadh*. Féach 132 ⁊ thuas. comain. P.
[4] malice. Melltoireact P. [5] bosca. comhra P.
[6] MS. maill——=maille re *passim*.
[7] udnocht "a palisade" (Windisch), "the hurdle roof of a round house, upon which the thatch was laid" (O'Don. Suppl.).
[8] ag faire ar imtheacht an roda iongantaigh. Ag eisteacht na spioraite P.
[9] urnuighe, Collect. [10] ris, leis *passim*. [11] eiri=air a, ar a.

Et do thinnsgaindar dul annsan inad sin. Adubhuirt an prióir do ghuth árd " *Dominus vobiscum* " .i. an Tighearna mailli ribh ⁊ a n-a dhiaidh sin do léigh sé soisgéla Eoin " *In principio.*" Et as a h-aithle sin adubhrudar oifig do na marbhuibh ar¹ suidhi dóibh a fianuisi na leiptha² .i. " *Placebo et dirige* " gan " *Laudes*,"³ óir do bo ghnáth leis in bprióir sin seacht sailm aithrighi ⁊ leadain a n-inad " *Laudes* " do chomhurtha dhúthrachta.⁴ Et ar ngabháil na leadan co ruigi " *Agnes Dei* " do chualadar an guth beag anfunn mar guth leinibh annsan inad sin ag rádha " *Amen.*"

Et ar gcloinsin in ghotha do'n phrióir do chuir [sé] forcombal⁵ eir fo'n fhoirm-si⁶ ⁊ adubhuirt : " Forcombhul⁷ ort, a chréatúir Dia, tré shubhaltaidh[e] na Trínóidi Naemhdha ⁊ tresna h-uilibh neamhaidhi má fhédann tú labhuirt co lobhra tú rium-sa ⁊ gan imtheacht⁸ as an inad so duitt nó gu foillsighe tú gach ní as áil lium d'fhiarfaighe dít." Et do lobhuir-sum nís airdi ná do rinni roimhe ⁊ adubhuirt " Ó, a mo phrióir, fiarfaigh cu luath gach ní as áil lett ⁊ freigeorat-sa duitt do réir usachta mo nádúra⁹ ⁊ mo cheada."

Et mar do chuala cách an guth sin do choimfeidar¹⁰ chum an tsheomra a ndóith co faicfidis ní spiorudálta sofhaicsina éigin ann ⁊ ní fhacadar acht do chúaladar an guth beag ann.

Et ar gcur tosta eir chách uili do fhiarfaigh an prióir in cheist-si do'n ghuth sin : " Cé thusa," ar sé, " an spioraid mhaith thú nó in spioraid olc ? "

Do fhreagair an guth : " A[s] spioraid mhaith misi," ar sé, " óir is créatúir do rinni Dia mé. Et gach uile chréatúir d'á ndearnaidh Dia, in méid is créatúir do Dhia hí, as maith í. Óir do chunnaic féin gach uile ní d'á ndearnaidh ⁊ adubhuirt cu[r] mhaith iad. Et assé Dia do chruthaigh gach uile spioraid. Má's eadh, as maith gach uile spioraid, an méid is créatúir do Dhia hí, ⁊ ní h-olc. Et óssa misi¹¹ spioraid Ghuido neach do chuai[dh] d'éag annso co numaidh¹² a[s] spioraid mhaith mé—⁊ ní

---

¹ ⁊ ar MS. ² na leaptha. ³ sic MS. colantes P.
⁴ mar chomhartha dhúthrachta.
⁵ adiuratio. ⁶ mar seo, ar an modh seo.
⁷ Adiuro te per creatoram Dei . . . . Cuirim ort tre cruthughad Dé. P.
⁸ imceacht MS.
⁹ usacht mo nádúra " my natural ability." mar fuileongas mo naduir . . . dam P.
¹⁰ Fréamh (*de-com-*)*ued*. Sean-Ghaedhilge *do-cotar* ; Nua-Gh. *chuadar*.
¹¹ óssa mise=ó is mise.
¹² le goirid, nuper. Is ionann " num[h]aidh " agus " nuaidhe."

spioraid olc—do réir mo nádúra. Gidheadh, a[s] spioraid olc mé do leith na péine uilc atá orum."[1]

Adrub*h*uirt an prióir reisin *n*guth sin : "Do ní tú féin droch-spioraid dítt annsa résún sin. Et d'á d*h*earbhadh so—gac*h* uili p*h*ian neach do b*h*earur co t[r]om do d*h*uine ar son a p*h*eacaidh as maith hí ⁊ is cóir pian do c*h*ur ar son an p*h*eacaidh. Et adeir tusa gu fuil pian ort anois ar son (fol. 13 v.a) do p*h*eacaidh. Má's eadh, as maith hí innti féin, óir is cóir do cuireadh ort hí ó Dhia. Má's eadh, as bréag[2] aní adeir tú .i. gurub spioraid olc thú ar son na péini uilc atá ort."

Do f*h*reagair an guth annsin hé ⁊ adubhuirt : "Gac*h* uile p*h*ian curub maith hí an méid thig-se ó b*h*reithemhnus ⁊ curub olc hí do leith an duine ara *g*cuirtear í. Óir ní tob*h*artar pian do neoch acht ar son a p*h*eacaidh ⁊ an p*h*ian-sa atá orum-sa [is ar son mo p*h*eacaidh cuirtear orm í] ⁊ do réir cu fuil an p*h*ian olc orum fédaim a rádha curub spioraid olc mé nó gu nglantar mé trít an *b*péin-sí ó'n olc do rinnius ann mo b*h*eathaidh."

Do f*h*iarfaigh an prióir cé dar spioraid hé. Et adubhuirt sin : "Spioraid G*h*uido mise," ar sé, "neach do c*h*uaidh d'éag annso co numaidhi."[3]

Et adubhuirt an prióir : "Do c*h*íthear damh-sa," ar sé, "gurub spioraid diumdhach[4] dít féin [⁊] do c*h*orp G*h*uido t*h*ú, óir dob*h*eir tú sgannail duitt féin *leith* reisna dainibh[5] ag rádh gura d*h*roch-dhuine Guido a n-a bheathaidh trít an foillsiughadh do b*h*eir tú ort féin annsan inad sin. Et assé a c*h*ontrárdha do nít lucht an b*h*aili, .i. an f*h*írinni, óir ní roibhi droch-b*h*aramhail ar bit*h* de an uair do m*h*air."

Do f*h*reaghair an guth ⁊ adubhuirt : "Ní spioraid m*h*íg*h*rádhach misi," ar sé, "damh féin ná do d*h*uine eile. [Óir dá mbronntá-sa h'inur do neoch eli da b*h*eith anait*h*ned [⁊] dá m[b]ad*h* égen duit go fuiléanadh sé bás tar do chenn, inné nach aibeortha[í] gu m[b]adh grássamhuil duit-si an duine sin ? "

"Adéarthaí co fírinneach," ar an prióir.[6]]

---

[1] osa misi spiorait Gido is maith mé do reir ma nadura fein. Gidead is olc in spiorait mé do réir na peine is egen dam d'imchur P.
[2] breb MS.   [3] Co déighinach P.
[4] díomdhach " vexed " (Dinn.) go fuili-si mi-grassamail duit féin ⁊ dot corp ⁊ dot mnai posta P.   [5] ós comhair an phobail.
[6] sic P. Coirighim (léigh *cómhairimh*), a p*h*rióir, co *d*tuc tusa th'inur féin do d*h*uine eile—ar ngab*h*áil an inair do bod*h* áil leis bás d'f*h*ulaing ar do g*h*rá[dh]-sa ⁊ ar g*h*rádh th'inuir, dá m[b]adh éigin dó co n-aibeor[th]aidh[e] duine buid*h*each relsin duine do d*h*énumh (léigh *dhéanfadh*) so. Lib. Flav. Is léir go bhfuil téx an Lib Flav. truaillighthe annseo.

SPIRITUS GUIDONIS

[Adubhuirt an guth] : As deimhin an uair do b*h*ádhussa a gcorp G*h*uido ní fuaras-[s]a[1] én raed de acht inar marb*h*t*h*achta[2] ┐ atá anois corp G*h*uido adhlaic[th]i annsa talmhain gan mhothughadh saethair sa dom*h*un. Atáimsi a[m] spioraid acum p*h*ianadh ann[so] ar son peacaidh in c*h*uirp sin, óir ní h-aithnid na ceana[3] sin rium féin riamh. Óir is a[g] cathughadh a n-aighi na h-anma atáit na miana collaidhe. Et ar t*h*eitheadh gu loisgfidhi[4] corp G*h*uido a ló na breithi a dteinidh Ifrinn atáim-si am spioraid g*h*rádhaigh agum p*h*ianadh ar son olc an c*h*uirp. Má's eadh, fédann tú a rádh curub spioraid m*h*í-g*h*rádhach uime mé. Et ní f*h*oghnunn an ní-si eile adeir tú .i. co dtob*h*ruim sgannail do c*h*orp G*h*uido ar son co lab*h*ruim ribh-si nó co foillsighim díbh mé. Óir is eadh is sgannail ann, rádh no gnímh t*h*éit c*h*um droch-c*h*ríchi maille re h-aithis[5] duine éigin, ┐ as dí-so labhrus an scríbhtúir choisricca : " *Vé huic per quem scandalum venit et cetera* " .i. is truagh du'n duine trí dtig an sgannail. Et ní thobhruim-si, .i. spioraid G*h*uido, aithis a ngnímh ná a rádh dó. Óir ní f*h*uil agum acht cead lob*h*arta ribh-si ┐ m'éigin [féin] do f*h*oillsiug*h*adh díbh ┐ éigin na ndaine eile[6] neach atá a bPurgadóir na gcom*h*naidhi, ┐ d'á réir sin is mó dob*h*eirim do inóir dó.[7] Óir atá an c*h*athuir-si uile aniugh a*g* guidhi ar Dhia na Trócaire Guido do s*h*aeradh ó n-a p*h*éin, mar do rinni tusa ┐ do b*h*ráit*h*ri uair eile. Má's eadh," ar sé, "as follus díbh-si nach dénuim-si sgannuil ar bith damh féin ná do c*h*orp G*h*uido."

" Et fiarfaighim-si dítt anois," ars an prióir, " cinnus fédas duine beith gu h-olc tar éis báis, ó do rinni a f*h*aísidin i n-a b*h*eathaidh, ┐ ó g*h*abhas sacraminti na h-eaglaisi c*h*uigi ? "

Et do f*h*reagair an guth ┐ adubhuirt co fédann duine ar n-é[a]g beith co h-olc ar d*h*á m*h*odhuibh .i. co síraidhi mar atáit na daine b*h*ís a bpianuibh [Ifrinn ┐] co h-aimsir áirithi[8] .i. " mar atáim-si, óir do rinnius faísidin mo p*h*eacaidh gu h-imshlán ┐ do g*h*abhus sacraminti na h-eaglaisi cu dílis. Et ar a shon sin ní h-olc mé co síraidhi, gidheadh, as olc mé [go ndéanfad] leob*h*urg*h*nímh do

---
[1] sic P. tharasa(?) MS. (do-léighte).
[2] sic MS. so-marbtha P.   [3] na peacaidh.
[4] ionnus nach loisgfí.
[5] sgannail, mío-chlú.
[6] ac innisin m'esbad fein ┐ riachtanuis a leas na n-anmand eile P.
[7] ┐ is mar sin is follus gurab onoir do-nim-si do Gido aniug P.
[8] adubhuirt go raibi an bas dubalta .i. bas suthain damanta ┐ bas co crich na Purgadoire P.

na peaca[dha]ibh neach do rinnius d'fhaísidin ann mo bheathaidh.¹ Óir [ní leór²] do dhuine a fhaísidin do dhénumh ⁊ sacraminti na h-eaglaisi (fol. 13 v. b) do ghobháil muna gcóimhlína [sé] an aithrighi cuirfithear eir. Óir gach ní nach laidhighthear³ do'n aithrighi annsa saeghul-sa cóimhlíntear hé, a phrióir [thall a bPurgadóir⁴]."

Et do fhiarfaigh an prióir de an roibhi a fhis aigi aen duine do shlánachadh ná do dhamnamh ar a fheadh do bhítheas⁵ a bPurgudóir. Et do fhreagair sé an[n]sin ⁊ adubhuirt : "Ní h-áil le Dia misi do lobhuirt do'n ádhbhar sin. Óir gach uili spioraid atá a bPurgudóir as maith hí⁶ óir atá sí ar n-a h-órdughadh chum na maitheasa airde sírraidhe. Et iss uime sin dhligheas na h-uili spioraid beith fírinneach ⁊ gan bheith brégach ⁊ ní fhédunn spioraid mar so freagra fírinneach do thobhuirt ar na dainibh, do shlánughadh ná da dhamnadh⁷ duine ar n-ég, acht muna roibhe sé féin ann dá inad .i. a Flaithneas Dé da fhéchain cá lín do slánaigheadh ann ⁊ cá mhéd do damnadh a n-Ifrinn. Et misi iomorro, .i. spioraid Ghuido, [atáim] eir n-am chur annso dom ghlanadh óm olcuibh ⁊ ní robha⁸ a n-inad na ndaini ndamainti óir ní fhuilim cum na damainti ⁊ ní bá⁹ ⁊ ní fhédaim fós dul a Flaithneas Dé, .i. inad an lucht[a] do slánaighedh ⁊ as uime sin ní fhédaim a innisin co fírinneach cá lín do slánaigheadh nó cá lín do damnadh."

Do lobhuir an prióir maille re feirg ⁊ adubhuirt : "Do chítear damh anois curob spioraid bhrégach thú. Óir adeir in scríbhtúir choisricca co ndubhrudar na fáidhi annsa sennlex an fhírinni do chruthughadh an Tighearna.¹⁰ Et adubhrudur fós mórán fírinni ar eiseirighi na marbh gin cu facudur hí. Má's eadh is mó dhligheas tusa fis do bheith agad ⁊ tú ad spioraid ghlain ar ndealughadh red choluinn, óir is fearr fhédas tú an lucht do slánaighedh nó in lucht do damnaighedh d'fheiceál ná fhédadar na fáidhi neoch do bhí i n-a ndainibh glana an tan adubhrudur raed ar chruthachadh an Tighearna."¹⁰

Do fhreagair an guth ⁊ adubhuirt : "Ó, a mo phrióir,

---

¹ Gurab aire sin nach féaduim-si beith a n-olc marthanach acht go crich mo leoargnima P.
² sic P.   ³ laghduighthear, lessened, *i.e.*, remitted.   ⁴ sic P.
⁵ do bidh—MS.
⁶ as maith hi co h-ordaithe MS. (?).
⁷ idtaoibh slánaighthe no damhnuighthe.
⁸ robadh MS. Sean-Ghaedhilge *ní roba*; Nua-Ghaedhilge *ní rabhas*.
⁹ Sean-Ghaedhilge *ní bá*; Nua-Ghaedhilge *ní rabhas* (*i.e.*, cum na damainti).
¹⁰ idtaoibh cruthuighthe an Tighearna.

SPIRITUS GUIDONIS

as olc an arrgamainti do ní. Óir ní fhuil cosmhuileas idir na fádhuibh ⁊ na spiorada atá a bPurgudóir, óir gach ní adubhrudar na fáidhi do gheineamhuin Chríst, ó fhoillsiughadh Dhia ⁊ A aingil fuaradar hé [⁊] ó ghrásaibh an Spioraid Naeimh ar n-a ndortadh orrtha innus cu n-inntodhadis an popul chuinn¹ freacnarcuis Dia.² Misi, iomorro, atáim ar n-am chur a bpéin phurgudórach co h-aimsir áirighthe ⁊ an feadh ber³ annsa phéin sin ní fhuil fis ná foillsiughadh ó aingil na grása ó'n Spiorud Naemh agum, óir ni fhaicim aingil eile for an bhuidhin ag a fuil in follamhnughadh⁴ annsa phéin-si.''

Et adubhuirt an prióir : '' Beirim ort anois ann do ráitibh féin. Óir adeir tú nach fédann spioraid éin ní do rádha do shlánughadh ná do dhamnughadh⁵ na ndaine do chuaidh [d'éag] gé tá a chontrá[r]dha-so annsa sgríbhtúir choisrica. Óir adeir in sgríbhtúir [go] n-abruid⁶ na diabhuil reisna dainibh an fhírinni co minic do shlánughadh ⁊ da dhamnadh na n[daini] do gheibh bás.''

Do fhreagair an guth ⁊ adubhuirt nach féidann an spioraid atá a bPurgudóir na nDiabhul⁷ éin ní do lobhuirt do na nethibh⁸ folaighacha neamhdha acht ó cheadughadh nó ó fhoillsiughadh na n-aingil [n-]uachturach. Má's eadh, an feadh beor-sa⁹ annsa phéin-si ní fhuil foillsiughadh na n-aingil [n-]uachtarach agum ⁊ ní fhédaim pian luchta an damnaighthi d'fhaicsin nó dofhétfadh pian Ifrinn beith maille re péin phurgudóracha ⁊ as brég so, óir atá pian phurgudórach maille re dóchus ghlóire ⁊ grása ⁊ pian Ifrinn gan dóchus glóire ná grása acu. Óir ní fhuil áit cheannas¹⁰ a n-Ifrinn. Má's eadh,'' ar sé, '' is follus trít na ráitibh so do ním curub olc an arrgamaint do rinnis do na fádhaibh ⁊ dím-sa ⁊ do na diabhlaibh.''

Tar éisi sin do fhiarfaigh an prióir cá roibhi sé. Do fhreagair sé an[n]sin (fol. 14 r.a) : '' [Atáim] annso ann mo phurgudóir phéin.''

'' Má's eadh,'' ars an prióir, '' is faritt atáitt na h-anmanna eile, óir gach inad i n-a nglantar anum issé sin inad purgudóracha ⁊ mar dhlighi[dh] sí do ghlanadh dlighi[dh] na h-anmanna eile.''¹¹

¹ cuinn=chun, chum. ² freacnaicus Dé=láthair Dé.
³ ber=béad, béidh mé. ⁴ an smacht, riaghaltas.
⁵ idtaoibh slánuighthe ná idtaoibh damhnuighthe.
⁶ dabruid MS. ⁷ na ndiabhuil MS.
⁸ n⁊thibh MS. ⁹ beor-sa cf 3 thuas.
¹⁰ ceannsa. Tormach sir-fpeine ata a n-Ifreann P.
¹¹ sic MS. Glantar na h-anmanna uilig go léir san áit chéadna.

[151]

Do fhreagair an guth ⁊ adubhuirt co fuilid dhá phurgudóir ann .i. purgudóir coidchinn ⁊ purgudóir ranni.¹

Et adubhuirt an prióir : " Tuicim anois curub spioraid bhrégach thú, óir atá scríbhtha nach fédtar an t-anum do phianadh a n-inadaibh examhla a n-aen aimsir ⁊ a n-én uair."

Et do fhreagair an guth ⁊ adubhuirt : " As fír duid-si sin, óir is d'á réir sin piantar misi annsa ló annsa phurgudóir ranni-si ⁊ piantar annsan oichi mé annsa phurgudóir choidchinn maille re na h-anmannaibh eile."

Et do fhiarfaigh an prióir cá roibhi an purgudóir coidchinn ⁊ adubhuirt sin curub a meadhon in talmhan.

Et adubhuirt an prióir : " Do chíthear damh curub [b]régach thú anois, óir ní fhédann dhá inad beith a n-én inad a n-aeinfhecht mar nach fédaid dhá chorp beith a n-én inad go nádúrtha. Et as inad ar leith meadhon na talmhan ⁊ is inad ar leith an purgudóir coidchind. Má's eadh," ar sé, " má tá an purgudóir coidchind a meadhon na talmhan tuictear gu fuil dhá inad a n-én inad."

Do fhreagair an guth ⁊ adubhuirt co roibhi dhá inad ann .i. inad corpordha ⁊ inad spiorudálta .i. "mar atá h-anumsa, a phrióir, gan inad corpordha aigi, gidheadh aderur co fuil sé na inad féin ad chorp ⁊ atá tusa maille re t-anum ⁊ red chorp andsan inad-sa anois. Gidheadh ní fhuil dhá inad innad. Et an feicinn tú an snechta nó an reodh ⁊ an fhearthain ⁊ na neoill ⁊ na h-uili anfadh aerdha? Óir ní fhuil éin ní díbh so annsa ní eile acht láimh re céili co nádúrdha. Má's eadh," ar sé, " fédaidh an purgudóir coidchinn tré chumhachtuibh [Dé] beith a meadhon na talmhan gan dhá inad do bheith a n-én inad."

Do fhiarfaigh an prióir de cad fó² fuil sé gá phianadh annsiúd, ⁊ do fhreagair sé sin ⁊ adubhuirt curub peacadh do rinni annsiúd ⁊ nach dearnaidh leobhurghnímh³ ara shon a n-a bheathaidh.

Et do fhiarfaigh an prióir de cad as mó urchóidius do na dainibh a bPurgudóir.⁴

Et do fhreagair sé an[n]sin ⁊ adubhuirt gurub é cóimhrith⁵ na ndiabhal ag tinól a n-én inad ⁊ ag tarraing an duine as a chreidimh ⁊ as a chuimhnidh dílis tré

---
¹ purgadoir ar leith ar son peaccach airithe P. ranni=particular.
² cad fó=cad fá.   ³ leoir-ghníomh.
⁴ Purgadoir a bais MS.
⁵ sruibread .i. dorted imarcach na ndiabal a n-aonect cuice P.

dhrisdirnaidh¹ a fiacul ⁊ le silladh² adhuathmhar na buidhne sin a[g] cur a ndroch-ghnímhartha a n-aigh³ na ndaini.

Do fhiarfaigh an prióir cad as mó dobheir forthacht dóibh a n-aimsir a mbáis.

Et do fhreagair sé an[n]sin ⁊ adubhuirt curub í brígh Pháisi Chríst ⁊ trócaire na h-Ógh-Mhuire ⁊ guidhi na naemh.

Et adubhuirt an prióir : " Foillsigh damh," ar sé, " cinnus fédus Páis Chríst fortacht do thobhairt do na dainibh a n-aimsir a mbáis."

Do fhreagair an guth dó ⁊ adubhuirt : " Dá n[d]eachadh duine [d'éag] annsa pheacadh mharbhtha gan toirsi chraidhi ⁊ can fhaísidi[n] bhéil meabhróchthaí a n-a fhiadhnuisi ó n-a aingil mhaith féin[é] d'á dhearbhadh curub duine gan ghrása ó Dhia hé nárbh áil leis a pheacadh 'fhaísidin ⁊ sacraminti na h-Eaglaisi do ghobháil neoch ghlanus na peacaigh tré bhrígh Pháisi Chríst ⁊ threoraigheas iad chum stáidi na ngrása ⁊ na glóiri. Et ar rádh na mbriathar so glacfaidh⁴ na diabhuil hé ⁊ adéraid reis : " A dhuine gan ghrása, tar linn-ni chunn Ifrinn mar a fuil oighreacht gach én duine nach fuil grása [aige] ó Dhia." Dá dtéidheadh⁵ iomorro duine [d'éag] co faesideach ar gcumaineochadh re Corp Chríst gin gu ndearna leobhurghnímh ar son a pheacaidh ó bhias aithmhéla ⁊ aithreachus 'na chraidh[e] tiucfaidh na h-aingil chugi d'a fhóirithin ó chóimhrith na ndiabhul (fol. 14 r.b) ⁊ adérid riu : " Ni fhuil rann aguibh⁶ annsa duine-si óir atá Páis Chríst 'na sgiath adruibh ⁊ hé." Et adéraidh na spiorada mailíseacha an tráth sin : " Ní fédar sin do bheith mar sin óir do pheacaigh sé le n-a uile bhall ⁊ le na h-uile chumhachtaibh a chuirp. Má's eadh, atá dligheadh éigin againn-ni ann." Et freigeoraidh na h-aingil naemhtha sin ⁊ adéruid : " Má do pheacaigh sé ó na modhuibh sin [tá a fhis againn] co ndearnaidh sé a fhaísidin ⁊ cur chaith [sé] Corp Chríst mar lón leis chum na críchi neamhdha ⁊ ar a shon sin co fuil Páis Chríst neoch fuair Sé annsa chroich cheasda, i n-a h-imhheadhon idir é ⁊ sibh, óir atáit lámha Chríst neoch do toll[adh] ar [a] shon ag inmheadhon⁷ idir hé ⁊ sibh, idir a lámha ⁊ bar lámha, ⁊

---
¹ gíosgán. screadgal a fiacal P. Cf. ro-drístanaigset a máint ⁊ a fiacla, Passions and Homilies, 1. 2771.
² amharc.   ³ aghaidh.   ⁴ glacfadid MS.
⁵ Dá dtuctha(?) MS. Ma's amhlaid ata an duine a n-aimsir a baiss iar faisitin ⁊ iar n-aithrighi gin co ndearna leoargnim ticid aingil Dé, etc., P.
⁶ aigiubh MS.   ⁷ ag inmheadhon='na inmheadhon. ina sgiath daingin P.

ni fhédann sibh a faicsin inis¹ iad óir ni mhairinn én raed dochair shuthain² ann." Et is mar sin fhortachtaigheas³ brígh Pháisi Chríst na daini a n-aimsir a mbáis. Et trócuiri Mhuiri iomorro, is amhlaidh so dobheir fortacht dóibh—óir dá dteastogha duine ar faísidin cu dlisdinach ⁊ a[r] gcaitheamh Cuirp Chríst biaidh an Ógh Ghlórmhar ar a[n] láthair an uair sin ⁊ leobheoraidh reis na diabhlaibh ⁊ adéra Muiri : "So mé féin, Muire Ógh ⁊ Máthair Chríst, Banrighan Neimhe ⁊ Bantighearna an Domhuin ⁊ Bainimpir Ífrinn. Et ar son co fuilim am bhantighearna ar Neimh atá agam re rádh re mo Mhac féin, Íssu Críst, an duine-si do chur a bPurgudóir maille re na h-anmannuibh eile do dhénumh leobhurghnímh ar son a pheacaidh go h-aimsir áirighthi. Et ar son co fuilim am bhaindtighearna ar in Domhon ordaighim ⁊ as áil lium co ndeacha gach uile ghuibhi dhúruchtach ⁊ aifrinn ⁊ dérgc d'á ndéntar eir in saeghul a maithimh peacaidh in duine so ⁊ is áil lium na trátha sin ⁊ na h-aifrinn ⁊ na déircinna do édrumochadh ó'n bpéin dhleaghar do chur ar son a pheacaidh. Et ar son cu fuilim am bhanimpira n-Ifrinn fédaim a chur oruibh, sibh, a dhiabhla, gan urchóid do dhénumh do'n duine so a so suas." Guidhi na naemh dobheir furtacht do na dainibh a n-aimsir a mbáis. Ó lobhrus Muiri ⁊ ó dochluin siad⁴ na briathra "A so shuas" tigid na h-uili naemh do ghuibhi Dia ⁊ aderuid ris : "A Íssu Críst, a Thighearna na Glóiri, ⁊ a Athair na nGrás, ⁊ a Dhuini na Trócairi neoch thánic as Do fhlaithimhneas féin do shlánughadh na bpeacach, doena⁵ trócairi ar anum an duini so, óir issí Do chland ⁊ Do bhráthar féin." Et ar n-a chríchnughadh sin béridh an t-aingil maith an t-anum leis chum Purgudóra ⁊ im[thi]ghidh na h-aingi[l] mailíseacha cu buaidhirtha do-mheanmnach mo'n⁶ gcúis sin. Et as amhlaidh sin fhortachtaigheas brígh Pháisi Chríst ⁊ trócairi Mhuiri ⁊ guidhi na naemh na daini a n-aimsir a mbáis."

Do fhiarfaigh an prióir de an fédann duine a n-aimsir a bháis Críst d'fhaiceál nó Muiri nó [na] naeimh 'na foirm dílis féin.

Et do fhreagair sé⁷ sin ⁊ adubhuirt nach fédann acht

---
¹ inis = anois.
² en raed dochair shuthain = anything to his everlasting harm?
³ fortachtaigh = cuidigh le.   ⁴ do-chi si MS.
⁵ doena = déan.   ⁶ mo'n = mu'n.
⁷ sin MS.

munfadh† duine naem*h*tha hé nac*h* rig*h* a leas a g*h*lanad*h* a *b*Purgudóir.

Et adub*h*uirt an prióir : " Do-chítear dam-se," ar sé, " nach fuil na h-abairt*eac*ha uili a n-a fírinni. Óir adub*h*uirt tú co dtobhrunn brígh P*h*áisi C*h*ríst ┐ trócairi M*h*uiri ┐ guidhi na naemh fortacht do lucht na h-aithrighi ┐ na faísidi[n] a n-aimsir a mbáis ┐ d'á réir sin adeir tú cu mbidh siad uili ar láthuir b*h*áis an duini."

Do f*h*reagair an spioraid ┐ adub*h*uirt cu mbíd*h* na buid*h*ni so uili eig[1] in duine a n-aimsir a b*h*áis, gid*h*eadh ní d*h*lighidh sé a faicsin a n-a foirm dílius. Óir dá faiceadh, ní b*h*eith conách[2] ele ann acht Íssa Críst d'f*h*aiceál a n-a f*h*oirm d*h*ílis, a nDaenacht ┐ a nDiadhacht.[3]

Et do f*h*iarfaigh an prióir an roib*h*i (fol. 14 v.a) fis eig spioraid eir[4] g*h*nímh a dhaini nó charad an c*h*uirp tar éis báis d'f*h*ag*h*bháil.

Do f*h*reagair-sium sin ┐ adub*h*uirt co roib*h*i.

" Má's eadh," ar sé, " fédaidh tusa otá ar ndealughadh red c*h*orp a innisin dam-sa na gním*h*urtha do rinnis aniugh."

Et adub*h*uirt-sium gurv f*h*éd.

" Má's eadh," arsa in prióir, " innis damh cia d'á ndub*h*rus m'aifreann aniugh."

Do f*h*reagair sé[5] sin ┐ adub*h*uirt curub*h* do'n Spiorud Naemh.

Et adub*h*uirt an prióir : " Do-c*h*ím anois gurub spioraid b*h*régach t*h*u, óir do-c*h*ím mar adeir tú sin. Óir co deimhin ní do'n Spiorad Naemh adub*h*art-sa m'aifrinn acht do na marbhaibh Chríst."

Do f*h*reagair an spioraid ┐ adub*h*uirt : " Ass maith [atá] a fhis agum-sa cé d'á ndearnuis t'aifrinn .i. do na marbhuibh do rinnis [é]—gid*h*eadh, ní d*h*ubhart-sa brég." Éist re foillsiughadh an raeda so ! Óir atá f*h*is agad, a p*h*rióir, curub é an raed as neasa do c*h*raidhi d*h*uine as túsga foillsiughadh d'a b*h*él an uair fiarfaighthear ní de, co fiadhnuisi an tshoisgéla " *Ex abundantia cordis os loquitur* " .i. as aib*h*ris[6] an c*h*raidh[e] labhras an bél. Idir gac*h* uili aifrinn adubhradh nó adeirtear as neasa do'm c*h*raidhi-si aifrinn do'n Spiorud Naemh nó do'n Trínóid, óir issiad na h-aifrinn so as mó b*h*eathaigheas

---
[1] eig=ag *passim*.   [2] conách=sólás.
[3] Diadhacht do tuicfiti gu fedt*ar* c*o*naith do denum duine a n-aimsir a bais? MS.
[4] eir=ar.   [5] sin MS.
[6] aibhris=aith-bhreis?   acfaing P.
† muna ba.

mé ⁊ assé so an t-ád*h*b*h*ar. Óir an uair do b*h*ádhus-sa a nGleann na Truaighi ⁊ an tSaethair as minic do c*h*ait*h*ius ma radharc¹ ⁊ ma chumhachta corpordha re peac[adha]ibh examhla an uair do d*h*lighfinn mo neart dílius do c*h*aithimh re serb*h*is Dia Athar, óir assé Dia féin as cumhachtach ann ⁊ as Uadha thigid na h-uili cum*h*achta ⁊ d'á réir sin gibé neach oibrigheas an t-olc le n-a c*h*almacht no le n-a c*h*umhachtaibh féin do ní peacadh a n-aighi an Athar d'á *d*tidhlaicear gac*h* uile c*h*um*h*achta, co fiadhnaisi do'n fháidh " *In coelo et in terra quae cum voluit fecit* " .i. gac*h* uile ní dárb*h* áil Leis do rinni [i nimh agus i dtalmhuin. Et do pheacaigheas a n-aghaidh an Mhic] d'á *d*tob*h*urtar na h-uile eagna an uair do f*h*reagras an eagna fuaras Uadha a timchill fhallsachta ⁊ innm*h*usa an tsaeghail co fríchnumhach. Et do p*h*eacaigheas a n-aighi an Spioraid Naeimh d'á *d*tidhlaictear na grása an uair do c*h*uireas² ma m*h*aitheas [cholnaidhe .i.] m'f*h*eiceál ⁊ m'urlabhra, ⁊ ma mhaitheas t*h*idhlaicidhi .i. subhalthaidhi inm*h*eadh-onac*h*a m'anma, ⁊ mo mhaitheasa toiceacha .i. spréidh ⁊ tuairisc an tsaeg*h*ail, a timchill p*h*eacaidh na colla ⁊ an tshaeghail ⁊ an diabhuil. Et ó nac*h* dearnus leob*h*ur-g*h*nímh do'n Trínóid uile tar a c*h*eann sin ann mo b*h*eathaidh—do réir mar innsius m'aingil damh anois—gur ordaigh an Laight*h*oir³ co ndlighid*h* aifrinn na Trínóidi coghnumh⁴ do d*h*énumh damh, ⁊ aifrinn an Spioraid Naeimh, nís mó ná na h-aifrinn eile. Óir is minic do p*h*eacaigheas a n-aighi maitheasa an Spioraid Naeimh. Óir do bo m*h*ian lium ní budh m*h*ó do mhaitheas an tsaeghail do b*h*eith agum ná do b'áil lium [do] m*h*aitheas an Spioraid Naeimh do t*h*ob*h*uirt damh. Et is uime sin as mó d'f*h*oghnadar na h-aifrinn adubhradh do'n Spiorud Naemh damh naid na h-aifrinn eili do leob*h*urg*h*ním*h* do'n Spiorud Naemh ar son mo p*h*eacaidh. Et an orrtha adub*h*ruis-[s]i, a p*h*rióir, aniugh do'n Spiorud Naemh annsan aifrinn an diaidh t-orrthana is mó d'f*h*oghain sin damh ná gac*h* uile orrtha d'á ndub*h*ruis at aifrinn. Má's eadh, ar sé, an freagra t*h*ugus-sa ort ní brégach hé⁵ ar son co ndearnuis aifrinn do n[a] marb*h*uibh ó doc*h*uaidh an orrtha c*h*uim*h*nithi t*h*ucais do'n Spiorud Naem*h* a foghnumh damh-sa."

¹ m'aimsear P.
² do cuiris MS. Tá téx an Lib. Flav. an-truaillighthe annseo.
³ an Té a laghduigheas na peacaidhe.
⁴ congnamh.
⁵ hi MS.

SPIRITUS GUIDONIS

Et do fhiarfaigh an prióir de cá mhéd d'anmannaibh d'á fédann sagard aifrinn do rádha innus gu mbeith oirid ag in anmain díbh a mbiadh ag un anum eile do mhaithius an aifrinn. Do fhreagair an guth sin ⁊ adubhuirt co fédann én tsagart aifrinn [do rádha] do na h-uili beodhaibh ⁊ marbhaibh a n-énfeacht, óir beiridh brígh shacraminti Cuir[p] Chríst hÉ féin chum cáith¹ uile cu coidchinn. Et assé a ádhbhur so óir do tógbhadh i n-A Dhia ⁊ i n-A Dhuine én uair annsa chroith² ⁊ thuc Sé hÉ féin do Dhia Athair ar son sláinti (fol. 14 v. b) in chinidh daena cu h-uili. Má's eadh, is mar sin dobheir Críst [É féin] cu h-uili a n-aifrinn gach uile shagaird a sacramint na h-altórach d'A Athair féin ar son in chinidh daenna cu h-uile. Má's eadh, fédaidh an sagard aifrinn do dhénumh do chách uile mar fhédas a dhénumh d'én duini ⁊ as fearr a dhénumh do chach uile, óir atá an deithfir-si idir an mhaith spirudálta ⁊ an mhaith aimsirdha .i. in mhaith spirudálta, in méid is mó do dhainibh ar a roinntear hí is mó fuidi médaighthear hí. Et d'á dhearbhadh-so gabh chugud do phatear ⁊ múin hí do dhainibh imdha ⁊ ní lughaidi hí so innti fein ⁊ is mó fuidi an méid aderur hí ó dhainibh imdha. Et as mar sin atá aifrinn gach uili shaguird, óir is mó fuidi as eadh gach méid do dhainibh ar a roinntir hé idir beo ⁊ marbh. An mhaith aimsirrdha iomorro, in méid is mó do dhainibh ar a roinntear hí as lughaidi hí innti féin, óir da roinnidh tú ubhall a rannaibh imdha gach méid do rannaibh donítear de as lughaidi hé."

Et adubhuirt an prióir : "Cinnus tuicmuid an sgríbhtúir neach adeir co saeruid aifrinn ⁊ trátha ⁊ deircinna speidsialta anmanna na gcarad ar ghrádh Dia ⁊ na comhursanna, ⁊ adeir tusa gurub mó fhoghnus na h-aifrinn do dhénumh ar son cáith³ uili?"

Et do fhreagair an guth ⁊ adubhuirt co ndénunn gach aen doní aifrinn dhá ní nó co ndlighinn a ndénumh. "An chéad ní díbh .i. dlighidh sé a inntinn do chur chunn Dia ar son an duine nó na ndaine d'á ndlighinn se a dhénumh gu speidsialta. An darna ní .i. dlighidh sé a inntinn féin i n-a dhiaidh sin do chur chunn Dia ar son na n-uili daini. Et ó'n chéd mhodh sin atáim-si ar n-om shaeradh ó'm phéin phurgudórach ní is túsga ⁊ ní is teinnisnaighi ná do dhlighfinn do réir dlighidh mó pheacaidh. Óir atá duine bocht gaeil agum a n-a bhráthair

---
¹ cáich. ² croich. ³ cáich.

chráibheach ⁊ as aitnid duitt-siu¹ hé cu maith, a phrióir, ⁊ do chuinnmeasa hé a sgoil² Amonuin tar éis bráthair do dhénumh de co ceann .v. mbliadhan ⁊ do roinni sé guidhi orum an tráth sin ⁊ doní anois guidhi dhúruchtach eir m'anmain-si co speidsialta chum Dia ⁊ atáim-si ar n-am shaeradh ó'n guidhi sin innus nach ber annsa phéin-si acht gu Cáisg. Et mádh áil leatt a dhearbhadh curub fír so tarra in tráth sin chum an inaid-si ⁊ muna gcluinir misi ann bíth a fhis acud cu mber a Flaitheamhnas Dé maille re naemhuibh Dé."

Et do rinni an prióir sin ⁊ ní chuala [sé] an spioraid ann ⁊ do chreid co fír gach ní d'á ndubhuirt.

Et do fhiarfaigh an prióir an roibhi [a fhis] aigi [a]n an-aen neamh do bhidh Dia ⁊ na nnaimh.

Et do fhreagair an spioraid ⁊ adubhuirt : "Adubhrus roimhe ritt nach robhádhus ar Neamh fós ⁊ ass uime sin ní fhuil a fhis agum cad adéruinn rit d'órdochadh Fhlaitheamhnuis Dé."³

(24 P 25, fol. 36 r°a). Adubhuirt an prióir : "Beir-si isin phéin⁴ sin go Cáisg ⁊ do-chífir an Trínóid annsein."

"Ach, ach, is beannaicthi an Dia Árd-bheannaicthi nár dhearmuit misi inA thrócaire féin ⁊ do chómhlánuigh A fhíréneacht innam."

Da fhiarfaigh an prióir créd in ní is mó fhurtachtuigheas na h-anmanna bhís a bPurgadóir. Adubhuirt an spiorait gurb iad aifrinn Mhuire co h-áirighthi.

Do fhiarfaigh an prióir " Cinnus tarbhuigheas in oific-si atá aguinne re n-abar ' *Requiem eternam* ' dona marbh-aibh ?"

Adubhuirt an spiorait : "Is ró-mhór a foghnumh do'n Phurgodóir choitchinn ⁊ isé ádhbhar na h-oifici sin d'ór-dughadh isin eaclais ar eacla co sailfidis na tuatha nach beith furtacht dóibh is na h-oificibh eli."

Do fhiarfaigh an prióir : "Cia h-iad na h-urnaighthe is mó téid a dtarbha do lucht na Purgodóire ?"

Adubhuirt an spiorait gurab iat na sailm aith[r]ighe ⁊ leadain na naomh.

Adubhuirt in (fol. 36 r°b) prióir : "Is dóigh linne gura bréacc sin, óir ní cneasta nach hí in urnaighe adubhuirt bél Dia féin, amhail atá an phaitear ⁊ in t-*Ave Maria* adubhuirt in t-aingel ⁊ in chré adubhratar in dá

---
¹ sium MS.
² Níl aon trácht ar an "duine bocht gaeil" i leagan P.
³ F.i.n.i.d. MS. Do bhaineas an chuid eile de'n sgéal seo as P.
⁴ fpein MS.

aspal déag, bud*h* m*h*o luaidhig*h*eacht ann, ⁊ nach iat na h-urn*aighth*e adubhuirt in Eaclais ó sin amach, óir nír fhéad aon neach d'á *d*táinic isin Eaclais riam*h* b*h*eith c*h*óm*h* naom*h*tha riu. Má s'eadh, is í a n-urn*aighe* so bud*h* c*h*óru do m*h*olad*h* ann."
" Aontuig*h*im-si gurab iat sin is fréam*h* ⁊ is bun-áit da gach uili urn*aighe*. Gid*h*ead*h*, is iat na sailm ait*h*righe co na leadanuib*h* is fearr ann do réir ordinalta[1] na *b*peac*ach* doc*h*um a n-abarthar iat ⁊ do réir fhurtachta gach uili naoim*h* guidhtear[2] isna leadanaib*h*."
Do fhiarfaigh an prióir créad is foirm do'n órd m*h*arb*h* do na marb*h*aib*h*.
Adubhuirt an spiorait do g*h*uth árd : " O, a p*h*rióir, dá mbeith a f*h*is agat an fog*h*num*h* a téid sin dúine do bad*h* inm*h*uin leat dul dá rád*h*a. Éist rim anois, a p*h*rióir, go minighinn fog*h*num*h* an léghinn sin duit. Óir na cúic sailm ⁊ na cúic ortha atá a *d*tosach an uird m*h*arb*h* fog*h*nuit do'n anum ar a n-abarthar iat a n-aghaidh brist*e* na ndeich n-aith*neadh* i ngach aon chás i n-ar b*h*ris sé iat, ⁊ cuirit na nai sailm-se na .ix. n-uird ainglid*h*e do c*h*óm*h*f*h*urtacht na h-anma ara ngabhtar iat, ⁊ foghnuid na .ix. n-an*dlim* annsein ⁊ na trí fhéarsa beacca atá aca a n-aghaid*h* peac*aidh* ⁊ tseachráin dá airteacal déag in c*h*retim*h*, ⁊ fog*h*nuid na .ix. lég*h*inte annsein a n-aghaidh na nai *g*céminn is cruaidhi leat a *b*Purgadóir, óir is annsa c*h*ém a *b*peacuig*h*enn duine isin tsaog*h*al piantar é, d'óghacht nó d'fhedhb*h*dacht, do b*h*ochtacht nó do shaid*h*b*h*reas,[3] d'ais nó d'óige, do c*h*lérceacht nó da t*h*úatacht. Et foghnann na cúic sailm ' *laudes* ' a n-aghaidh gach uili peacaidh do ní an t-anum le a chúic céadfad*h*uibh corpord*h*a, ⁊ foghnann na .u. immanna atá aca a n-aghaidh na cúic cumhachtan do c*h*uiris an-aghaidh cumhachta Dé, ⁊ foghnann ' *Magnificat* ' ⁊ ' *Benedictus Dominus Deus* ' duit a n-aghaidh gach andlig*h*e d'a ndearnuis a n-aghaidh diadhachta ⁊ daonachta Mic Dé ⁊ a n-aghaidh gac*h* méaduic*h*thi ⁊ gach beannaicht*h*i d'á ndl*ígh*feá (fol. 36 v°a) do t*h*abhairt ar oibr*ighth*ib*h* Dé a nim*h* ⁊ a *d*talmhuin, ⁊ ceanglann in dá andtem[4] eile páirt in anma ara ngabhthar iat re naom*h*uib*h* ⁊ re h-ainglib*h* flaitheam*h*nuis Dé ⁊ is í ciall na h-orthan ' *Pater* '[5] altughadh ⁊ buid*h*eachas

---

[1] Ní thuigim *ordinalta*. Cf. do réir ordinalta na Diaghachta (thios). Ordinances?
[2] guittear MS.
[3] thshaidbreas MS.   [4] andtem̃ MS.
[5] ᵗₚ. MS.

aga *m*breith ar D*h*ia i ngach sásad*h* ┐ i ngach glóir d'á fá́ghuit na h-anmunna isin urn*aigh*e-se."

Do g*h*áirdig*h*eatar imorro lucht esteachta na mbriathar sin co mór ┐ adubhuirt an spiorait annsein do g*h*uth g*h*earánac*h* caienach[1] : " Fiarfaigh co luath gach ní is áil leat, óir atá in amser ac drut rim innus nach fétabh labhairt ar ró-m*h*éad mo p*h*ian."

" An fédmaid-ne furtacht ort," ar in prióir, " a n-én inad díb*h* si[n] ? "

" Adubhuirt in spiorait : " Dá n-abrad*h* sib*h* maille re dúthracht g*h*éar na cúic gáirdeachais re n-abartar ' *Gaude Virgo Mater Christi* ' do réir cúic n-uaire do m*h*olad*h* M*h*uire tar mo cheann, do g*h*ébhuinn-si furtacht."

Et adub*h*ratar-san sin maille re dúthracht ┐ re géaraigheacht inntinne.

" Grása Dé go fághthai-si," ar an spiorait, " Is mór na grássa do rinnebhair orm-so, óir féaduim sgélu d'innisin anoiss dáibh."

Do fhiarfaigh an prióir : " Créd in ní is mó urchóidiss do'n Diabhal ? "

Adubhuirt an spiorait gurb é Corp C*h*ríst do b*h*eith ac coiméad an p*h*opail,[2] óir gach inad a mbia Corp C*h*ríst a *g*comeád is écin do'n Diabhal um*h*alóid do d*h*éanumh Dó.

Do f*h*iarfaigh an prióir an féadunn an Diabhal Corp C*h*ríst d'f*h*aicsin ar in altóir.

Adubhuirt an spiorait co faicenn " ní is soillsi ná mar do chíthi-si."

Do f*h*iarfaigh an prióir an féadann an droch-spiorait naom*h*ad*h* C*h*uirp C*h*ríst do thormesc.

Adubhuirt an spiorat nach féatann. " Gid*h*ead*h*, bidh siat a cur mainneacht*ai*ne ┐ droch-smuaintigh[th]e fá'n duine téid do naom*h*ad*h* C*h*uirp Christ maille re peaccadh m*h*arb*h*tha nó re mí-d*h*úthracht. Óir an tan naom*h*thar Corp C*h*ríst maille re dúththcht m*h*aith árduig*h*idh sé gach uili m*h*aith ┐ luaghid*h*eacht do'n tí naom*h*uss ┐ a *ch*ontrárdha sin do'n leith eile."

Do f*h*iarfaigh an prióir an mbí coiméad ó na h-ainglibh maithi ar na h-altóiribh a n-amsir na h-id*h*barta.

Adubhuirt in spiorait : " Muna beith do bud*h* m*h*ian les na droch-sp*iora*ta an *ch*aileac*h* do d*h*ortad*h* ┐ smuaintighe maithe na sacart do *ch*ur a ndímhaineas."

[1] caoínteach.
[2] pp. MS.

SPIRITUS GUIDONIS

Do fhiarfaigh an prióir an t-oibriughadh is fearr ina aghaidh sin.

Adubhuirt in spiorait : " Gebé sacart adéradh in urnaighe uasal do rinne Auistin naomh re n-abar ' Sume Sacerdos ' is [lege ní?] cunntabhairt cathughadh (fol. 36 v°b) ar domhun do dhul air an lá sin ó'n Diabhal."

Do fhiarfaigh an prióir : " An facadhuisi Corp Chríst ó da fhágbhuis an saoghal ? "

Adubhuirt an spiorait co faca : " Et do-chím anoiss agat-so É a mbuxa ar h-ucht fá bheind do sgabail ꝉ ní fhitir aon duine eli A bheith ag an bprióir."

Adubhuirt an prióir : " Créd thug ort-so cen A ghuidhi ꝉ umhla do dhéanumh Dó. ? "

Adubhuirt an spiorait : " Atáim-si ag déanumh na h-umhla sin mar is fearr fhéaduim ó thángadhuisi annsin cen co dtuicisi mé."

Et adubhuirt an prióir : " Má chreidi co fuil Corp Chríst annso mar adeire féin, cuirim-si ort fá chumachtaibh Cuirp Chríst ma leanmhuin co dorus imeallach in tighe."

Adubhuirt an spiorait : " Leanfar co dúthrachtach mo Thighearna féin atá annsin ꝉ ní tusa do leanfuinn."

Do fhéach an prióir ina dhiaidh ꝉ ni fhaca in spiorait ꝉ do chuala foghar beac tana ina dhiaidh mar scuaib tre urlar fholumh. Adubhuirt an prióir : " A spiorait Ghido, foillsigh thú féin dúinn anois go féadmais [d]'fhaicsi " ꝉ nír fhreacair in spiorait dó ann. Et mar tháinic in prióir co lebaidh mná Ghido do bhí a leith clí an tsheomra do thinnscain an bhean crith fiacal ꝉ scréchadh adhuathmhar mar mhnai ar cuthach ꝉ do erghatar a raibhe a timchell an tighe aga chloistin sin ꝉ do thuit an bhean annsein mur budh mharbh hí. Do mhéadaigh sin toirsi an phriórach co mór, ꝉ do thinnscain imtheacht. Gidheadh, do impo arís ꝉ do fhiarfaigh do'n spiorait créad do b'ádhbhar do'n mhnai, ꝉ adubhuirt an spiorait gurbh é a peaccadh féin thuc ádhbhar uili dí. Do fhiarfaigh in prióir dí créd do b'ádhbhar dí ꝉ nír fhreacair sí an prióir ꝉ do thinnscain sí a boill do ghluasacht annsein ꝉ adubhuirt maille re guth mhór : " A Thighearna ꝉ a Ísu Chríst déana furtacht dam annsa tsheachrán mhór-so " ꝉ ar na chloistin sin do'n phrióir do fhiarfaigh do'n spiorait : " Créd do bhuaidhir do bhean mar súd ? "

" Adubhuirt rit remhe," ar an spiorait, " gurab hí féin thuc ádhbhar dí ꝉ fiarfaigh dí féin a h-ádhbhar."

Do fhiarfaigh in prióir ádhbhar a dobhróin dí. Do bhí sisi ina luighe (fol. 37 r°a) annsin ┐ nír fhreacair hé. Adubhuirt an prióir do ghuth luath adhuathmhar: "Cuirim ort a h-ucht Mhic Dé ┐ A Mháthar ┐ A Naomh fírinne do fhoillsiughadh dam ma'n[1] ádhbhar so."

Adubhuirt in spiorait annsin: "Innisim duit gurab [ar] son peacaidh mhóir adhuathmhair do oibrigheamar le chéli annso atáthar dí ┐ do rinneamar a fhaístin ┐ ní dhearna sisi leoarghnímh ina cuid féin de ┐ atáim-si agam phianadh ar son mo choda féin de."

Adubhuirt an prióir: "Innisidh dam-sa créd é innus nach dearnaduis na lánumhna co brách arís é."

Adubhuirt [an spiorait]: "Ni h-áil le Dia an peacadh do mhaith Sé a faísitin do theacht a gcluasuibh cáich co brách arís, óir do dhearmuit Dia in peacadh ar n-a fhaísitin in méid is cóir hé gin cor dhearmuid Sé a phian gurab aire sin piantar sinne anois ann d'ár nglanadh ó'n pheacadh ┐ is d'á réir sin nach dleagar a thabhairt coithchi arís ar cuimhne na ndaoine acht muna dearntar arís in peaccadh céadna. Gidheadh aithnim-si co deichiteach[2] dít a fhógra do na lánamhnuibh pósta a bpósadh do chongbhail co maith nó do dhéana Dia inneachadh[3] mór orra."

Et ar chloistin in chómhráidh do chách uili do chai an bhean co searbh truagh ┐ adubhuirt: "O, a Ghido, ní fuighear-so[4] sláinte ó'n pheacadh is cumhain lem anoiss."

Adubhuirt an spiorait co fuigheadh acht co ndearnadh aithrighe uaithi féin maille re leoarghnímh. Do ghabh gáirdeachas mór an bhean uime sin ┐ adubhuirt co dúthrachtach paitear ┐ *Ave Maria*, ┐ adubhuirt an prióir ria déirc do dhéanumh ann ó sin amach, amhail adeir in scríbhtúir "*Sicut aqua extingit ignem ita elimosina extingit peccatum* .i. mar mhúchuss an t-uisci in tene is mar sin múchuss in déirc an peccadh."

Adubhuirt an spiorait: "Cuimhnigh ar ghrádh Dia ar Ghido in tráth do dheanair déirc."

Do fhiarfaigh in prióir in tan sin: "Cinnus féadas tú labhairt gan innstruimint labhartha agat?"

Adubhuirt an spiorait: "In faicenn tusa nach gearrthar in maide gan tuaigh ┐ ní mó fhurtaighis in tuagh gan oibriughadh na láimhe lé. Inann sin ┐ cosmhuileass na

---

[1] ma'n=mu'n.   [2] deithide=care, diligence (Dinn.)
[3] inneachadh, vengeance, indignation, displeasure (Dinn.)
[4] ní bhfuighfidh mé.

beathad*h* daonna—gé do b*h*eith teanga ag neach innte, nach oibrigheann lé gan f*h*urtacht na láimhe .i. in anma, óir ní f*h*uil in corp acht 'na innstruimint ag an anum ⁊ féadaidh an t-anum oibriughnadh gan innstruimint do réir a c*h*um*h*ac*h*ta féin mar fhéadas an lámh oibr*e*ac*h*adh gan tuaigh. Inné nach arléghais féin isin sgríb*h*túir diad*h*a co labhruit na h-aingil gan teangaid*h* ⁊ co (fol. 37 r° 6) féaduid na sp*iorata* labhairt mar an céadna."

Et do f*h*iarfaigh an prióir : " Cia h-iat na h-oibr*ighthe* is taosga do b*h*éaradh neach do-c*h*um flaitheam*h*nuis ? "

Adubhuirt in spiorait gurb iat oibr*ighthe* na trócaire maille re grádh Dia ⁊ na gcom*h*arsann.

Do fhiarfaigh in prióir : " Cia hí an stáid ina[r] foirb*h*thi do neoch beith oc fog*h*num*h* do D*h*ia ? "

Adubhuirt in spiorait : " Atáid doíne maithi ⁊ saithi i ngach uili sdáit, gurab aire sin nach áil lim-so aon stáid do t*h*arcuisniughadh ⁊ is í mo c*h*om*h*uirli do neach foghnumh co dúthrachtach do D*h*ia i ngach stáid i mbia."

Do fhiarfaigh an prióir in tan sin in mbí trócaire do neoch a *b*Purgadóir. Adubhuirt in spioraid co mbí ⁊ co maitear an dara cuid nó in treas c*h*uid nó an ceathramhad*h* cuid d'a *ph*éin do neoch a *b*Purgadóir do réir na guidhe do níthear isin tsaoghal air nó do nít na naoim*h* a flaitheamhnas Dé air.

Do fhiarfaigh an prioir créad in pian atá a *b*Purgadóir.

Adubhuirt in spiorait gurab lasair tenntighe.

Adubhuirt an prióir : " Do-c*h*íthir dam-sa gurab spiorait fhallsa [thú], óir nír c*h*ruthaigh Dia itir na créatúiribh aon ní contrárdha d'Á nádúir féin ⁊ dá ndearn*adh* do sgrisfadh in nádúir sin óir is corpardha lasuir na teneadh ⁊ ní f*h*éadann ní corpardha con*t*rárugh*adh* do ní spioratálta ⁊ aderi-si gurab spiorait t*h*ú féin. Má s'eadh, ní fhéadann tene contrárughadh duit."

Adubhuirt an spiorait : " A p*h*rióir, is mór cuireas orum-so a m*h*inice goiris tusa spiorait fhallsa dim ⁊ nár fhi[o]nnuis én réd falls*achta* oram ⁊ is í h-argamuint anois nach fédann ní corpardha contrárughadh do ní spioratálta. Aderim-si gurab bréag sin, óir is teni corpardha teni Ifrinn atá ag loscad*h* na ndiab*h*al mar légha féin isin soscéal " *Ite, maledicti, in ignem eternum.*" .i. Ergh*idh* a lucht na mallachtan a *d*tenidh mharthanaig*h* Ifrinn. D'á réir sin, a P*h*rióir, ní maith aderi-si nach dearna Dia mirb*h*uili i n-aghaidh in c*h*ruthaig*h*thi nádúrdha. Óir ní d*h*earna in teni nádúrdha i n-ar cuireadh in triúr macáin ac Nabgadon[1] díghbail ar domhan dóibh.

Adubhuirt an prióir : " Má tái-si tré thenidh anois créd do bheir gan an seomra do bheith tré thenidh ? "

Adubhuirt an spiorait : " Inné nach dubhart go féadann Dia (fol. 37 v°a) urcóid na teneadh do thabhairt do neoch ⁊ a sheachna ar neach eli, amhail is follus isin triúr macáin adubhramar, óir mar tic grian tré ghloine gan díghbhail dí is mar sin tic an teni do'n tigh-se dom thruailliughadh-so gan díghbhail do'n tigh do réir ordinalta na Diadhachta."

Do fhiarfaigh an prióir : " An fuil a fhiss agat cia is fearr bheriss a bheatha as ar an saoghal so ? "

Adubhuirt in spiorait : " Ná mol aon neach ina bheathaidh féin nó co ndearbhthar a chrích. Óir ní fhitir neach ar domhun cia is dingbhála do chum uilc no maithisa nó do chum fuatha nó grádha isin tshaoghal so. Et guidh-si anois oram-so, a Phrióir, co dúthrachtach uair atáim ac imtheacht do chum na sentruime[2] .i. na Purgadóire coitchinne ⁊ ní fhaicfir-si mé ó so amach feasta. F.I.N.I.T.

CAITILÍN NÍ MHAOLCHRÓIN.

An Muileann gCearr.

---

[1] Nebuchadnezar. Féach Leabhar Daniel Fáidh.
[2] centre, meadhon na talmhan.

eactra na gConnactac.

Is follusac, dar liom-sa, gur sgéal é seo do cumad ar dtús—cuid dé, ar cuma ar bit—cum magaid do déanam fa na Connactacaib bocta do bíod ag teact go Cúige Laigean agus go baile-áta-cliat, fad ó, ag iarraid oibre. Cébé do ceap an sgéal so ní raib aon gráv aige dóib sin, agus tarraingeann sé cuige gac aon sórt sgéil le cur i gcéill com h-ainbfiosac aineolac com tuatac agus com meata agus do bí Connactaig. Is dóig gur cumad an sgéal so le Laigneac éigin,—le mideac b' éidir,— agus is as láim-sgríbinn do rinnead i gcondae na mide do tarraingead an téx. Ní h-é amáin nac dtuigeann an Connactac béarla, act tá sé com h-iargcúlac sin nac bfuil aon ainm aige ar fuip nó lasg (óir deir sé go raib rud fada ag an Laigneac 'na láim " a raib bun tiug agus bárr caol air, mar earball lucóige,") ná ar ráca, óir tugann sé " cíor-maide " air, ní tuigeann sé cionnas coca féir do déanam i gceart, ɫc.

Act tá níos mó 'ná sin ann. Óir is ceann de na sgéal-taib sin é, a bíos lán suas de caintcannaib amaideaca agus de ráidtib gan céill, agus d'focalaib casta, nac bfuil bun ná bárr leó, ráidte mar " cuaid mé de muin ar a léim " i n-áit " de léim ar a muin," ɫc. Cuala mé sgéalta de'n tsórt so i ngaedilg agus i mbéarla. Sgríob mé ceann aca " bodac mac an tSucáin " ó fear nac raib aon béarla aige féin, do cómnuigtimceall seact míle ó b' l' Át-an-rig, agus fuair mé an sgéal céadna atá againn ann so ó fear de na Giobúnaí anaice le Clár Cloinne Muiris i gcondae muig eó, timceall deic mbliadna fícead ó soin. Is dóig go raib an sgéal so sgapta go foirleatan i gConnactaib, óir fuair mo cara C. M. Hodgson é ar bruac Loc Orbsen, nó Coirib, i gcondae na Gaillime, i gceanntar Uactair-áird, agus do sgríob sé síos é ó béal. Pádraig Rúbaí, tionónta d'á dearbrátair, agus tug sé dam-sa é; tá mé 'g ác ur i gcló san uimir seo. Do bí an t-ainm céadna ag an mbeirt sgeuluide ar an ngiota so .i. bodac na mbrísti (nó na mbríste) gorma. Ní dubairt ceactar aca " an bríste fuirm " cid gur gnátac an focal " bríste " 'na focal uataid.

Ní'l act aon téx amáin de'n sgéal so le fágail i láimsgríbinn, com fad agus is feasac dam-sa, agus fuair mé iasact na láim-sgríbinne sin óm' caraid Dáiti Coimín seact mbliadna fícead ó soin, cun cóibe do déanam de, act ní dearnas an uair sin í. Bí an MS. so ar na MSS. do cruinnig Riobard Mac Ádma no Mac Adam.* Fuair an t-easbog Reeves iad tar éis báis mic Ádma. Tar éis báis an easbuig do díolad iad, ɫ ceannuig mo cara Daiti Coimín cuid aca agus an ceann so 'na measg. Nuair fuair an Coimíneac bás d'fág sé le h-údact ag Mac Uí Gríobta iad, ɫ do bronn seisean iad go fial fíor-flaiteamail, i n-aisge, ar an leab-arlainn náisiúnta. Tá an sgéal so air a bfuilmid ag tráct le fágail i MS. 18. Tá 397 leatanaig insan leabar, ar fad, ɫ tá mórán giotaí ann. Do sgríob daoine éagsamla i n-amanntaib

---

* Feuc Lia Fáil uimir I., leatanac 79.

153

éagsamhla iad; act do sgríobad ó leaċanaċ 298 go dtí 343 le peadar Ó Gealacáin i gcondae na Mide, agus is ó n-a sgríbinn-sean tógaim sgéal na gConnaċtaċ. Do rinne mo ċara Donn piatt cóip de bam-sa, act cuaid mé féin tríd an mbun-sgríbinn go h-aireaċ 'na diaid, agus cuir sé síos beagán nótaí ar ċanamain na Mide bam. Sgríobaim gc i n-áit ce ⁊ dt i n-áit tt, ⁊ cuirim isteaċ pointí ⁊ cinnlitreaċa, agus cor sínead-fada.

EAĊTRA NA CCONAĊTAĊ.

ÚIRSCÉAL GREANNMHAR.

Lá dá raibeas i gcuideaċta le cuideaċta ag triall ann 'na Mide móire, bí im na Cróine [1] Móire agus na Cean-ainne [2] mar lón Domnaid ar mo muin liom, cas poll ar a bpuca [3] 'sé [4] [ag] tréigbeail na mine, bí maidrín caol ruad mo díaig 'san ród, agus é dá balad agus dá balad, a dear'áir [5] ó.

Níor bfada dam gur cas ógánaċ spéireamuil donn orm, bí bonn air a gruaig, creas air a hata, córda ar a bata agus gotugad crosta go mait, mait, air, mar atá orm féin a dear'áir cátuig.[6] D'fiafras de ca hád [7] síos a bí sé, agus dubairt sé liom go raib sé síos go dtí na dá rúitín, ann sin d'fiafruigeas de ca hád suas a bí sé, agus dubairt sé go raib se suas com fada agus bí suas ann, a dear'áir ó.

Dar nónaċa [8] le Dia má bí tú an fad sin suas, (ar [9] mé féin) ní féidir duit gan beit i bflaigtois Mic Dé, nó an bfaca tú aon nduine de mo muinntir-se? "Créad é an muinntir a bí agat a dear'áir?" (ar sé). "Do bí Pa'ruig Ua Hígín, Pa'ruig Ó Hóigín, Par'uig Ó Pónarlin, Pár'uig Ó Tónairlin, Pár'uic Ó Tiuc, Páruic Ó Teaċ, Para na dtreasaid, Para na gcleasaid, Para smug-ar-muincille, Para Ċac-ar-Súisín, Siodairlin, Seódairlin, Giolla-gan-eagla, agus Seón Bán Ua Ragailliḋ ceann-foirt na cuideaċta a bí agamsa a rún ó:"

[1] Cróin = ainm na bó, óna daċ.
[2] Ceanainn = ceann-fionn, ainm bó eile.
[3] Poll ar an bpuca = b'éidir ar an "bpaca," nó an mála a raib an mín ann.
[4] MS. "sé."
[5] Is mar so labartar dearbrátair i gConḋae na Mide. Donn piatt.
[6] Díoó amrán aca i gConḋae Roscomáin ⁊ i gConḋae Sligiġ "Céis Corann cátaċ, ba mait an áit a beit le do taoib," act ní cualas "cátaċ" riam i n-aon áit eile.
[7] Ca h-ád = cá fada, aliter cáda.
[8] MS. Dair nónaċa = dar nDómnaċ?
[9] MS. "air."

EACHTRA NA GCONNACHTACH

"Conairc mesi iad," ar seision, "agus atá siad 'san teach beag a bíos ag díol an bhainne. Atá cloch dubh i coirnneal[1] an bhalla ar dhul isteach duit agus is maith an marc é, cas air do láimh chlé, agus gheabhaidh tú an sin iad. Léigeamuid[2] amach anns na Ratha Ruaga agus annsna Rúaga Ratha, dá bhfuigmaois leagadh nach bhfanamaois le h-éirghe nó go ritheamaois naoi míle ar ar mbuilg, gur scathamar na cnuipíd as ar gcótaid, agus léubthacha móra dár leicne, nó go bhfaca mé féin amharc mó súl ar an gcloich dhubh, a rún. Cuir sinn Maolra isteach ó's aige bí an Béarla agus an léighion, agus níor bhadh iongnamh do Mhaolra Béarla agus léighion mait a beit aige, ó's é ca[i]t a seachtmuin mór fada ar sgoil acht cúig lá go leit dá teastáil, gur dhíol sé a leitphighinn mór pleanncach—macasamhail maig-diona a bheadh gream aid air Clár Tábairne a gConnacht, sin agus láimh le peice órna, a[g] foghluim a beit 'na sagart, a dhear'áir ó.

"Wrong, lady," ar Maolra, "How many penny a quart?" Dubairt an wrong lady go raib six, agus dubairt Maolra nach nglacfad sé an six muna bhfuigead sé an four; óir do[3] síl[4] Maolra ariamh go dtí an lá sin gur mó an four ioná[5] an six, gur cuala sé ag an wrong lady gur mó an six ná dá cáirtin, a dhear'áir ó; " "Well, gheabhaidh tú an four," air an wrong lady "⁊ ca haca is fearr leat, bainne súaidhte, bainne búailte, bainne boc-salta, ná[6] bainne micsalta le bainne caorach, nó bainne slubach slabach, nó bainne a ghearrfaid le sgian agus cuirfid le pice síos ann a sac, nó bainne tachta[7] sgóig agus leónta muineáil, nó bainne a caitfid a mbarr sciteoige lá gaoite agus nach dtuitfead aon bhraon as, nó an bainne a ritfead ar Clár d'arach ó so go Dún Bóinne, agus nach bhfáigfead a lorg nó a bhaladh na díaig, nó bainne bead na sléibte cugat agus na sroice úait.

Smaoinis féin go mbfearr an bainne Slubach Slabach, ar an dúilios[8] go mbéad sinn ag ite agus ag ól, ann sin scairt sinn ar naoi gconnaraca.

D'ól sinn naoi gcurraoin, na naoi slugarraca, 18 mbóicín gach fear ar ló gon oidche an Domhnaid, gur cuir

---

[1] fuaim "nn" a bíos le "n" i ndiaid "R," i gCúige Ulad agus 'sa Mhide. Donn Piatt.

[2] aimsear láitreach sgéaltach, c.f "amharcaim féin síos agus céim ... an bean céadna a connaic mé san roilig."—"mo dá Róisín." l. 5. Donn Piatt.

[3] MS. "a síl." [4] MS. "a." [5] MS. "ionna."

[6] MS. "ionna." [7] MS. "teachta."

[8] ar an dúilios=" ar an iúl is=ar mód go mb éad?" c.f Racaid Seumas ar an iúl leat=i n-éinfeacht leat i n O méit. c.f. "Aran úil is go bhfeicfinn-se grád mo chroide.—" Caitlín Tríall," amhrán a rinn Catal Buide. Donn Piatt.

sinn seact meisgeaca déag bainne dinn ag ól ioir sin
agus maidin Dia Luain.

Ag éirge dúinn ar maidin Dia Luain, dearcaim féin
mo timceall, agus ní raib fear fo'n tsráid [1] nac raib
'muig 'g obair, act mé féin agus [2] mo cuideacta.
Smaoinid mé dá mbéinn ag an bfear a bfuil ainim an
triúir air, agus dís aca sin 'a mbéarla, mar atá Marcuis
Two, go bfuiginn féin agus mo cuideacta bia agus obair
aige, mur a bí mé naoi lá go leit mo glagaire capull aige.
Daineann sinn amac ann sna rata rúaga agus ann sna
rúaga rata, dá bfuigmaois leagad nac bfanamaois le
h-éirge, gur sgatamar na cruipid as ar gcótaid agus
lé btaca móra dá'r leicne, go raib sinn ag árus [3] an
duine uasail sin, mur a raib córtaid móra lán suas do
Día bruitte, agus mur nac raib sgian no spunóg ar fágail
'san áit sin againn; [4] séid sinn linn-e ag cur súas an
bíd sin, 'na lánta dórna ann ar mbéal, a dear'ár ó!

"Níor bfada dúinn go bfaca sinn an Laigneac mór
na súl buide agus an sgógain fada, mo mallact-sa go
buan air. Do bí rod fada 'na láim leis [5] a raib bun
tiug agus bárr caol air, mar iarball lucóige, agus a nuair
a síl sinn go raib luatgáir mór air rómainn, sé buail sé
slais tall agus slais a bus, fá na leicne, orainn. 'A
clannaib na striopac,' ar sé, 'créd é sin atá sib a
déanad?' 'Nac bfuil sinn ag ite bid?' ar mé féin. 'Ní
head,' ar seisean, 'act bran mo cuid-se muc.' Act gur
fiafraig dínn, go dé'n páide abéad sinn' iarraid go Domnac.
Adubairt sinn go raib ceitre pigineaca déag, trí
pigineaca bána, trí crúiscínid de bainne mait tábactac, [2,3]
gléas teigte agus coutrements leabpta, "Geabaid sib
sin," ar sé, agus annsin cuiread 'mac sinn ann léana
móire ag obair, [6] agus go dé'n obair ar cuir sé na ceann
sinn act a burracáil agus a sturracáil féir. Cuiread
Giolla-gan-eagla suas ar an mburracán; do bí sé dá
burracáil anunn agus dá burracáil anall, agus dá mbéad
sé dá burracáil ó śoin, ní tiubrad sé an [7] burr nó an
bárr é, act é ag borrad a gcomnuid fuig [8] na cosa.
Níor bfada dúinn mur sin, go bfaca sinn an Laigeannac

---

[1] "fó" nó "fá"="timceall"; "faoí"=under. 1 gCúige Ulad.
C.f. "fá ġaot dobair, "act" faoí 'n tábla." Donn piatt.
[2] MS. "acus."
[3] MS. "árus." [4] MS. "ugainn."
[5] "na láim leis." Ní féidir "na láim aige" tar éis gluaiseacta, i.e. cuaid
sé nó táinig sé ⁊ sgian in'a láim leis. Act śuid sé ⁊ sgian in a láim aige. Donn
piatt.
[6] MS. ann léanug-móire a ġobar.
[7] Ann no an=cum. [8] =faoi.

mór ag teacht arís chugainn, mo mhallacht go buan air;
agus Pole mór fada na láimh leis. D'fiafraig sé cé dí
air a mburracán. Dubairt mé féin go raib buacaill
darramail aniar as Flanders Connacta, nuair a síl mé
go snaomtad an Laigeanac sinn ó bárr go bun le gean agus
le grád, 's é cuir sé a dá láimh 'sa bpole agus buail ar fad
an leicín ar giolla-gan-eagla gur bris sé a mhéar beag
agus cnáimh a smiolagadáin, agus de'n diabal dion deóir
a d'fan ann a(g) teacht an[n] talaimh [1] de,—mo mhallacht
go buan ar an laigneach mór, agus ar gach fear as a tír
dúchais! Súd é féin súas an[n]sin ar an mburracán, le
na phole mór iaráinn, agus le na cíor mhaide, dí sé dá
mínead agus dá cíorad ariamh go dtug sé ann durr agus
an[n] bárr é. Cuir sé rópa soir agus rópa siar air,
agus níor cuir sé a[o]n cor de act uirid le sean-gearrán
bán a béad 'na seasamh i lár páirce. A nuair a táinig an
oidce oruinn an ait gléas téigte nó coutrements leabta
fágail, mar a geallad, is ead fuair sinn ar bpáide agus
greas sé 'na madraid ionnainn.

Táinig sinn rómhainn an sin tríd Baile an Murdair mar
a raib na cloca ceangailte agus na madraid sgaoilte.[2]
Táinig madad mór amac, agus cuir sé cáir air le Giolla-
gan-eagla, agus cuir Giolla-gan-eagla dá cáir air, leis.
Smaoinid Giolla-gan-eagla dá mbuailfead sé an madad
go dtiocfad fear an mhadaid amac agus go mbúailfid é
féin. Gan géilldeal do sin, tarraing Giolla-gan-eagla
a láimh agus leag sé an madad. Le sin táinig fear an
mhadaid amac, agus beirionn greim ar Giolla-gan-eagla
agus bain sé cracad anuim agus cratad anall as, agus
buail cois ar a cois, agus leag é. Saoil mé féin a rún
go ndeárna sé muileann gaoite d'á corp, act fá deiread
léig sé amac é.

Táinig sinn rómhainn annsin, go dtáinig sinn go dtí an
baile dá ngoireann siad ainim an coilig mhairb a mbéarla
air, mar atá Killcock, a dear'áir ó, go toig na cailligh'
díos ag bruit [3] na ngéaca. Cuir sinn Maolra asteac' d's
aige dí an béarla agus an léigionn (mar adubairt mé
a-roimhe) agus níor b'iongnamh dó béarla agus léigeann
do beit aige, ó 'sé cait a seactmhain mór fada ar sgoil,
act cúig lá go leit dá teasdail, gur díol [4] sé a leit-
pigin mór pleancac macsamail maigdion ar clár tabairne

---

[1] MS. "An talaid," "ann" nó "an" = cun, i.e., cum.

[3] MS. "bruig."   [4] MS. "díogal."

a cConnacc, sin, agus láim le peice órnna ag fóġluim a ḃeiṫ na ṡagaRt, a ḃeaR'áiR ó.
"Wrong lady," aR Maolra. "How many penny a goose?" "Twelve," aR sise. "A ḃuacailliġ múiRnneaċ," aR sé, "súd an áiṫ a ḃfuil an conraḋ a ḃfeaRR a ċonaiRc siḃ aRiaṁ. Ġeaḃaiḋ siḃ ḋá ġé ḋéag aR ḃuR ḃpiġinn, atá sé ġé aR ḃior, agus sé ġé a ḃpota, agus a seaḋ na ġéaċa atá aR ḃior atá aġ teaċt ṫaRt aR roṫaiḋ an tsaoġail, a ḃeaR'áiR ó!"

ĊuaḋmaR asteaċ, agus nuaiR a ḋ'iṫ sinn agus a ḋ'ól sinn aR sáiṫ, smaoiniḋ mé féin go Raiḃ aonaċ a Nás Truim,[1] agus ġuR ċuiR mo Ṅáinne sġéala liom sġéala an aonaiġ a taḃaiRt aḃaile ċuici, maR a ḃí ḋá ġaḃaR agus butsán le ḋíol aici le h-aiġh cíos na Samna. Ġluaiseam féin liom go Raḃ mé 'san áiṫ sin a Raiḃ an t-aonaċ; agus a seaḋ sin an áiṫ a Raiḃ an t-aonaċ miRe miṫapaiġ. Ḃí oċt scillinn ḋéag aR ḃuḋóig ann, an ḋeiċ is punt aR ċlioḃóg ann. Ḃí min coiRce aiṫe aġ muilleóiR ann. Ḃí cruiṫneaċt[2] ḋeaRg aig ḃodaċ ann, ḃí órnna ḃeag aġ scológ ann. Ḃí leann ḋ'á ól 'na ġlugógaiḋ, ḋuine siaR agus ḋuine aniaR, 's níoR ḃfiosaċ ḋaṁ naċ mḃéaḋ trioḃlóiḋ ann. Do ḃí High Caul cap aR struḃóiḋ ann, ḃí sála ḃonn ḃata aR ċucól ann, ḃí péiRe ḃróg áRḋa aR sġaiṫfeiR ann. Ḃí cailleaċ ḃeag eile 's cioḋeóg uiRRṫi, is ní Raiḃ aon n'ḋuine ann ḃa luġa trioḃlóiḋ nó í, a Rún ó. Ḃí teine sġlaḋaiġ[3] a ḃpoll an ṁaḋaiḋ, is taos ḃruiġṫe i cceiRt. Is muna ḃeiṫ eagla fa ġlaoċ na laiġneaċ níoR ḃfeaRR liom an taos iṫe ioná an ċeiRt. Smaoinis féin go Raiḃ sġéalta an aonaiġ[4] aḃaile liom fa'n trát sin. Is an[n]sin, pilleam aR m'eis aRís aiR mo ċuiḋeaċta, agus fuaiR mé a n-aġaiḋ aiR a ċéile maR a ḋ'fáig mé iaḋ. "A ḃuaċailliḋ," aR mé féin, "Naċ miṫe ḋúinn an Recnáil a ṡocraḋ?" "Is míṫiḋ," aR iaḋsan. "Wrong lady," aR Maolra. "What is to pay?" "Sixteen pence and a penny loaf," aR sisí. "Dona go maiṫ," aR Maolra. "A Ṁaolra, a ġráḋ, go tté ḋeiR sí?" "Atá, a ḃuaċailliḋ múiRneaċ," aR Maolra, "sé scillinn ḋéag agus ġeiniḋ óiR aguinn le ḋíol." Caiṫim-se[4] an ġeiniḋ óiR aR an mḃórd, agus ḃain sinn amaċ annsna Rata Rúaga agus annsna Rúaga Raṫa, agus níoR aṁaRc sinn aR

---

[1] "Tá an nóta so san láiṁsġríḃinn aġ bun an leaṫanaiġ .i. "Nás Truim' Edgeworthstown, Co. Longford."
[2] MS. "cruinneaċt."
[3] Do sġríoḃ ḋuine éigin le peann-luaiḋe an focal ḃéaRla "stalks" os cionn "sġlaḋuiġ."
[4] "Caṫamsa," MS

eachtra na gConnachtach

n'diaig go rabamar ar cnoc mór os cuinne an doras. D'amharc mé féin 'mo diaig agus cídim[1] an cailleach sin, mo mhallacht-sa go buan uirrthi lám 36 tall agus lám bus air gach taob de'n dorus aici agus í ag rád "Boys dear wait for your change."

"An bfuil fios agaibse," ar Maolra, "go dé deir sí, nó créad é an rud change?" "Ní'l fios" ar sinne. "Atá," ar sé, "deir sí go gceanglachaid sí le slabraid an geata sinn, mar nár díol sinn an cuid eile de'n recnáil." "Do'n diabal chain nó chain (sic) a cuirios tú oruinne, a cailleach damanta a mbíonn na madraid gallta ceangailte agad."

Baineann sinn amach annsna rata rúaga agus annsna rúaga rata, dá bfuigmaois leagad nach bfanamaois le h-éirge go raib sinn ag an losad Mhaide, a bfuil a dá gob caol agus a lár[2] leatan uirrthi, cuamar asteach duine ar duine ins an lusaid Mhaide[3] sin.

Bí sí ag lungadan anunn agus a' lungadan anall go bfuair sinn seacht gcontabairteacha déag bái[d]te fá'n gcontabairt a fuair sin[n] a teacht slán go Flanders Connachta. An uair a fuair mé féin anunn slán, do amhairc mé 'mo dhiaig, agus cia teastaig uainn acht Seón Bán Ua Ragailld, ceannport ar ccuideachta. Pilleam-sa ar m'ais arís go raib mé a ttig na caillig a bí ag bruit[4] na ngeacha, agus ar amharc isteach dam, cia cídim[5] acht Seón Bán Ua Ragailld, 'na suide[6] stoig ar balcán, a dá gear-másá ar spailp leac an tinnteain, agus an suglac a bí silt as na géacha bí ar bior, compad sé a dornn ann, agus dingfead ann a béal é, ionnus go raib sé fá gréis agus fá bealad ó clúais go clúais. Dún mé féin mo súil asteach air, agus dún sé a dá súil amach orm,—agus ann áit a teacht liom sé dreis sé na madraid ionnam.

Pilleam ar m'ais abaile air mo cuideachta, agus ní facaid Dia nó duine amharc orm a cclár na Míde Móire ó'n lá sin go dtí an lá tá indiú ann, ameasc lucht na súl buide agus an sgógain fada, mo mhallacht go buan orrta.

... Críoch go nuige sin ar Eachtra agus air imtheachta na cConnachtach, leis an aitscríbneóir reimráidte, .i. Peadar Ua Zealacán, air an naoiteam lá déag do mhíd meadoin an tSamhraid. Aois Críost, 1851.

[1] MS. "cigim." [2] MS. "lárr."
[3] There is the following note apparently by the scribe, at the foot of the page : " Lusaid Mhaide I think is what is called the Float, a kind of passage boat on the river between Westmeath and Longford Cos."
[4] MS. "a bí bruig." [5] MS. "cigim." [6] MS. "suig."

ꝼoclóirin.

Aiċe, a kiln. **Coirce aiċe**=oats kiln-dried.
bóicín, for this word see **lia ꝼáil**, **Uiṁ. 1.**, p. 124.
burraċáil, **burracán**=making a hay cock? A hay cock?
borraḋ=swelling, getting big.
bruiṫ, used here not for "boiling" but for "roasting." I have often heard this use of it.
bucsán = Ḋá ġaḃar agus bucsán—perhaps he-goat, from the verb to butt, as **pocaiḋe** is said to be connected with to puck, i.e., hit!
balcán=a stump? or stool? c.f., balk of timber.
Cáir=a grin, snarl.
Clioḃóg=a colt.
Ceirt=a cloth, a rag, a clout.
Connaraċ=some kind of vessel.
Curraoin=some kind of vessel.
Cuirín="a tinker's wallet" in Connacht.
Córtaiḋ or **Cóꝼraí**=chests, boxes.
Dion in the phrase **ḋon ḋíon ḋiaḃal ḋeóir**, a meaningless intensive.
Dreis maḋaiḋ i nḋuine=set dogs at a person.
Goṫugaḋ=goṫaḋ, an air, a gesticulation, or gesture.

Glagaire capaill=horse boy? **Glagaire**=**graḃaire**?
Sneas=**ḋreas** or **ḋreis**, see **ḋreis**.
Geillḃeal (ḋo ruḋ)=to "give in" to a thing. Infinitives in (e)ál are very common in Leiṫ Ċuinn. The "a" should probably be long.
Sállta=**galloa**=English.
Lungaḋán=rocking to and fro.
Losaiḋ=a bread board, called a "losset" in Connacht English. **Losaiḋ ṁaiḋe** is used for the "ferry".
nónaċa, in phrase, **ḋar nónaċa**=**ḋar nḋóṁnaċ**=by the Lord?
pleanncach in the phrase "Leiṫpiginn mór pleanncaċ," c.f., the phrase "to plank down your penny."
Raṫa=**reaṫa**, runnings, plural of **riṫ**. (ar) **Roṫaiḋ an tsaogail**=on the wheels of the world. I have often heard this, but am not sure of its proper significance.
Sgaiṫꝼein=a fine man.
Spailp=?
Slugarraċ=a swallow?
Sturnacáil="heading" a hay cock?
Snoiṫe=a plural of **snuṫ**.
Ṫeigṫe; gleus teigṫe=means of warming.

NOTE.

Page 158, line 16. This seems to be part of a semi-rhyming "run":

Ḃí oċt sgillinn ḋéag ar buḋóig ann,
An ḋeiṫ is púnt ar ċlioḃóig ann,
Ḃí min coirce aiċe ag muilleóir ann,
Ḃí cruiṫneaċt ḋearg ag boḋaċ ann.
Ḃí órna ḃeag ag sgolóig ann.
Ḃí leann ḋ'á ól 'na glugógaiḋ
Ḋuine siar agus ḋuine aniar
'S ꝼión ḃꝼiosaċ ḋaṁ naċ mḃéaḋ trioblóiḋ ann.
Ḋo ḃí high caul cap ar struḃóiḋ ann,
Ḃí sála bonn-baca ar ċocól ann, . . .
Ḃí cailleaċ ḃeag eile 's croeóg uirrṫi
Is ní raiḃ aon nḋuine ann ba luġa triobłóiḋ nó í.

Ḃí teine sglaḋaig
A bpoll an ṁaḋaiḋ.

bodac na mbrístí gorma
[An sgéal céadna ó Condae Muige eó].

An trát 'ngabamuid-ne siar is mór ár gcíos agus is beag ár gcuid. Bí an lá Coille big' orrainn agus lá Coille Móire.

Gabar [Geabar?] glas duilliúir
Sicín ins gač hál
Agus go ndéarfad a mátair
Go mbéad breit nó glaodač.

Bí muid faoi oibliogáid mór ag an máigistreas go gcaiteač muid miosgán mór an tSátairn beit againn le bótaisí an máigistir a smearad gač aon Dómnač.

Bí rian (sic) mór leis an mBéarla ariam agam féin.[1] Cuaid[2] mé seačtmain čun sgoile ačt cúig lá go leit dá easuide [easbaid]. D (sic?) brought him up mór agam ar an mBéarla. D'fóglaim mé cúpla "no" agus dó nó trí de yeseanna. Fuair mé litir an seiteač lá den tseačtmain gabail go bun Sléib'-Neač le fuil a baint as beitíg beaga agus beitíg an domain mór ar fad. Buail mé orm bun mo dá falaing, mo dá asgail, bun mo dá súl, bun dá glac, go ndeačaid mé go bun Sléib'-Neač. An céad bó teangbaig liom, bean Dómnaig, sín sí amač a muineál čugam. Buail mé buille de[3] mo pléasgán uirri. "Go mbad slán fola duit a Bean Dómnaig" arsa mé féin. Níor bfada go leasgaig (?) bróg a fuil.. Bí an samrad an-čruaid. Toisig[4] an tír ag teačt ag tabairt na fola leó. Meas mé gan a leigeant leó ar fad go dtugainn cuid dí, mé féin, liom. Tug mé liom lán an pléasgáin dí, čait mé ar an losaid [é?] cuig[5] mátair Séain Báin. Dubairt mé léi lón dí gleus dúinn mar bí móirseisear dearbráčar againn ann le dul go Cúige Laigean ag baint an fógmair. Buail mé suas an lón ar Eógan Mór mar bud é[6] ba láidre.

Níor stop muid agus níor mor-cómnuig muid go ndeača muid go Roscomán. Tá cailleač Albanač ann seo tíos, arsa mise, Tá Béarla aici-se agus Béarla agam-sa. Dainfid mise margad mait dí. Gab mé isteač annsin.

[1] "héin" dubairt sé.
[2] "fuaid" dubairt sé. Sgríobfaid mé féin agus čuaid, ačt ní abrann éinne insan gceanntar sin agus ar fud furmóir Connačt ačt 'héin' agus "fuaid."
[3] "go" dubairt sé mar is gnátač i gConnačtaib.
[4] =tosaig. Is cosmuil le "heshy" é.
[5] Labairtear mar "ig" é.
[6] Labairtear mar "ba bé" no "ba-yae" é.

161

Is there any melk Mam, ar sa mise. There is the same, ar sise. "Cia an sórt bainne atá agad a caillig?" arsa mise. "Tá bainne fiamhac géar agam," ar sise, "bainne racad síos do sgornac na sléibtib, bainne buaideartha le bata, agus bainne nár baineaḋ leis." "Cia an caoi a bféadfac[1] an méid sin a beit i n-aon tsoiteac amháin agad?" arsa mise. "Tá sé ann," ar sise. Ḋíomar ag ól go raib mo ṡeact sgála déag agus luac pigne de'n arán fada bí síos ar an bfuinneóig. "Ná h-ólagaí mórán dé seo," arsa mé féin, "nó ní fágfaid sé átas át (?) d'ur gcéill agaiḋ." What's the pay wrong laddie?" arsa mise. Seventeen pence ar sise and a penny loaf. Oċón O! arsa mise oct sgillneaca déag agus gini óir." Ċaiṫ mé amaċ píosa crónaċ cuici.[2] Rinne mo ḋearbráiṫreaca an rud céadna. Wait for your change man of the treheens, ar sí. Mún[3] chain ná slabra cuirfeas tú orm faoi do cuid bláitce[4]; d'íoc mé go maiṫ ceana tú."

Níor stop muid agus níor mór-cómnaig muid go ndeaca muid go Cill-coc, baile a dtugann siad ainm a coillig mairḃ i mBéarla [air.]. Rinne mé féin aimsir mór fada[5] bliaḋna le Marcus Tú, fear i dtugann siad ainm a triúir i mBéarla [air]. Nuair ċaiṫ mé seal ann sin dubairt mé go go mbuḋ maiṫ liom litir a cur go h-Éirinn siar, "Cia sgríobfas duit í?" arsa Marcus. Ceal-nac sgríobtá-sa ḋam a bodaig?" arsa mise. "Sgríob-fad," arsa Marcus, "céard[6] a cuirfeas mé innti?" Cuir innti cia an caoi bfuil mo ṡean-máṫair mo ġar-máṫair, mo máṫair beag, mo máṫair mór, mo máṫair críonna, mo máṫair féin agus máṫair Ṡeáin Ḃáin, cia an caoi bfuil na pataí[2] móra agus an glórán[7]?" "Cé eile cuirfeas mé innti?" ar sé. "Nac bfuil mo ṡáit innti ar móḋ ar bit?" arsa mise. "Cé racas léi?" arsa Marcus. "Racaiḋ mé féin, ó is mé féin is fearr a bfuil an t-eólas agam."

Gluais mé liom. Ní fada cuaiḋ [mé], nuair casaḋ beirt de na dearbráṫracaib[8] liom. Múċ muid le pógaib a céile báit muid le deóraib a céile, triomaig muid le brataib síoda 7 sróil a céile. "Cia a' caoi bfuil an condae sin ṡiar?" arsa mise. "Go dona dufarnac,"

---

[1] =bféadfaḋ. Is minice deirtear "bféadú" ná "bféadaċ."
[2] "(ci)" dubairt sé.   [3] =(a)n-deaṁan=the devil a, sorra.
[4] =ní dubairt sé "mór fada."
[5] ie créad=cia rud. Cluintear "céard" gcómnuiḋe.
[6] pataí=fataí=prátaí, no potátaí.
[7] Coirce.   [8] "draoi-táraċaí," deirtear.

ar siad. "Cia a' caoi bhfuil condae Bh'l'acliath?" ar siad-san. "Tá sé go dona." "Cia a' caoi bhfuil builín mór na sgillinge?" "Go dona dhufarnach." "Gearr a phátrún insan ród dhúinn," ar siad. Ghearras. "Leig leis," ar siad. "Ní leigfead, leig mé a sháith ó tús leis." Bhíomar ag gabhail de[1] bhatai ar a chéile gur leig-eamar coibreacha faoi bháthasacaibh a chéile 'g iarraidh leigean leis an mbuilín, agus gur leig mé a sháith ó tús leis.

Bhí trí feoirlingeacha ag gach fear againn. Meas muid do dhul isteach go socróchamuid an t-imreas mór do bhí eadrainn. Níor fhan muid leis na feoirlingeacha féin d'ól gur cheannuigh muid trí paidirín mór fadha. Bhí triúr bráthar ón Róimh ann sin. Táinig an landléirdi isteach "Who'll pay the reckoning?" ar sise. "We three," arsa fear aca. "Right ; of good réason, " arsan darna fear. "That's because you have a good purse of money," ars' an triomhadh fear. "Tá ár sáith Béarla againn anois," arsa muid-e. Gab muid amach. Teangbhaigh fear marbh i lár an bhóthair dhúinn. Crom muid síos go gcuirfimid go flaiteas é, dá mbudh cóirmháireach é. Níor bhfada go dtáinig duine uasal suas linn faoi n-a chuid lásaí óir. "Who killed the man?" ar seisean. "We three," arsa fear againn. "Right! and good réason," arsa fear eile. "That's because he had a good purse of money," arsa mé féin. "Ye're the very three that killed him," ar seisean.

Rugas[2] orrainn agus cuireadh isteach go príosún láidir Roscomáin sinn. Is mairg ariamh bhí ó thréithibh, mí-stuama. Chuaidh mé féin amach eadar[3] dá rála de'n fhuinneóig. Níor stop mé go ndeachaidh mé go Condhae Bh'l'acliath, go ndearnaidh me aimsir mór fadha le bodach na mbríste gorma. Nuair d'éirigh mé ar maidin, d'fiafruigh mé, céard do bhéinn a dhéanamh. Gheobhaidh tú go Sraid San Tomáis ag díol leit-chéad ime." "Ní'l an Béarla go ró mhaith agam, arsa mise, abair tusa i dtoiseach[4] é agus déarfaidh mise arís é." An céad-focal déarfaidh siad leat, abair, four pence half-penny, an darna focal no less, agus an triomhadh focal if you don't another will. "Tá Béarla agam féin[5] com maith leat-sa." Bhuail mé suas an leit-chéad ime ar taoib an gearráin[6] bháin,

---

[1] "go" dubhairt sé.
[2] Ní minic cluinntear an foirm seo i gConnactaibh. "Rugadh" an focal coitc-eannta.
[3] = idir.   [4] = i dtosach.   [5] = féin.   [6] "siorráin" dubhairt sé.

Cuir mé bealans¹ clóca an taob eile, śuiḋ mé suas ar
an ngearrán bán, toisiġ mé aġ ġabáil aṁráin ḃuiġ ḃinn
mar ḃí aġam ariaṁ. Táiniġ 'duine uasal suas liom "good
morrow to you, young man," ar seisean. "Four pence
halfpenny," arsa mise. "Humbugging me you are,"
ar seisean. "No less," arsa mise. "I kick you, you
rascal," ar seisean. "If you don't another will," arsa
mise.

Toisiġ sé 'do mo ċiceál aġus 'do mo ḃabáil ² ġo n'dearna
sé coṁ boḃálta le gamecock mé. Marócaḋ ³ sé mé
mura ⁴ mbéaḋ na h-uġastóirí ġlac a ⁵ láiṁ mé. Tuġ
mé an t-im 'do na huġastóiriḃ ar śon mo śáḃáil. Meas
mé féin an ġearrán bán 'do ḃeit aġam, ar śon mo ṁaslaiġte.
Ḃuail mé suas mo ċuiḋ stióróiḃeaca féir aġus reusún
ġai'dreaca. Níor stop mé ġo 'dtáiniġ mé isteaċ ġo tobar
Muire Ḃalla 'náit a mbaineann sia'd an ġlórán leis an
talaṁ.

Cuaiḋ mé isteaċ ann sin, áit a raiḃ bean aġ 'déanaṁ
máistriú. Ḃí toirtín aráin aġ an teine. "Cé ḃionn ann
in'diai'd na mbú ?" ⁶ arsa mise. "Biḋ na rioblai," ⁷
ar sise. "Ní hé sin atá mé 'ráḋ aċt cé ḃios as ⁸ a ġcionn
aġ taḃairt aire 'doiḃ ?" "Bionn na h-aḋarca," ar
sise. "Ball maġai'd 'duit mé," arsa mise. "Cé'n taoḃ
ḋinn ar ġaḃ tú ?" ar sise. "Isteaċ an 'dorus," arsa
mise. "Ní h-é sin atá mé 'ráḋ," ar sí, " aċt cá fa'd tíos ⁹
a raiḃ tú." " 'Fa'd 's ċiḋeas tú cac ar mo ḃróġaiḃ,"
arsa mise. " 'S 'dóiġ liom ġur ball maġai'd 'duit mé,"
ar sise. "O! ní h-eaḋ," arsa mise, " 'níos le aḃainn
'do ġaḃ mé. Ḃí fear iasġaireaċt' ann : tuit sé amaċ."
"Ar leanḃ é ?" ar sí. "Ní leanḃ ḃí ann," arsa mise,
"aċt 'duine críonna." Rit sí amaċ mar ḃí a fear féin
aġ éisġireaċt ann. Nuair fuair mé mo śuiḋe ¹⁰ í (?) ruġ
mé ar an toirtín aráin 'do ḃí leis an teine. Ḃuail mé
miosġán ime air, ċuaiḋ mé amaċ, 'd'it mé mo śáit 'dé.
'Da mbéaḋ * . . . .

---

¹ balance. ² 'ġá stróca'd, 'ġá tarraing.
³ marócaḋ = marḃócaḋ. ⁴ =muna.
⁵ a='do ?
⁶ =mbó. ⁷ ruball no rioball=earball. ⁸ =os.
⁹ laḃair se mar "cá tíos" é. ¹⁰ b'éi'dir " 'na suiḋe í."

*Níor críoċnuiġ mé an sġéal, nó má críoċnuiġeas cailleas ó śoin é. Ní
ḃfuair mé aċt an méi'd seo 'dé imeasġ mo ċuid páipéar.

ꞅocló1ꞃ1n.

bab&il = to bob, pull out hair. **bobálta** = bobbed.

ouꞅaꞃnać, in the phrase ꞅo oona ouꞅaꞃnać oꞃ oꞅaꞃnać = poor, bad.

ꞅ1amać = sharp ; used commonly of weather.

huꞃaꞅcóiꞃ = a huxter.

leiꞃ leiꞃ = let with it, i.e., make it bigger.

mάiꞅcꞃiú = a churning (butter).

niún = an oeaman ; niún ceann = the devil a one, sorra one. The origin of this word is long forgotten, and it is now universally used.

ꞅάcꞃún = pattern, shape.

ꞃ1an : ꞃ1án móꞃ leiꞃ an mbéaꞃla = a great inclination or liking for English.

ꞃeuꞅún : ꞃeuꞅún ꞃaioꞃeaća = a reasonable or fair share of gads or rods, i.e., his stirrups were of hay, and he had plenty of gads about him for ropes or leather.

ꞅcionóibeaća = stirrups.

coiꞃcín = a cake.

cꞃeheen, cꞃoiꞃcín, is a long stocking, of which the foot has been worn away but the ankle part is not.

bodac na mbrístí gorma.
(An sgéal céadna ó Condae na Gaillime).

Do sgríob mo cara C. M. Hodgson, O.F.O. an sgéal so ó béal Pat Rubry, tionónta d'á dearbrátair féin, ag an gCurac Riabac, Uactar árd, Condae na Gaillime, san mbliadain 1904, agus tug sé damsa é.

Bí ann fad ó, agus fad ó bí; da mbéinn 'san uair sin ann, ní béinn anois ann, nó dá mbéinn anois agus an uair sin ann, bud críon liat an sgéaluide mé: béad sgéal nuad nó sean-sgéal agam, no béinn gan aon sgéal. Trí buada atá ag Sgéaluigeact: ní luaite le [a] h-innseact gan a héisteact, ní luaite le a héisteact gan a tógáilt.[1]

. . . . Beirim mo h-oct mile mallact, do bean ar bit d'feicfead fear 1 gcáil[2] ná 1 gcruadóig nac dtiubrad riar a teasdáil dó, mar d'feicfead Dia[3] aice, é. Trí buada an duine dona, seal sion[4] fann mocóireac agus eadrasgáin. Níor minic leis an t-ád, maidin ná tratnóna.

An té 'mbionn an t-ád ar maidin air, bionn sé ar a bean agus ar a leanb. An té 'mbionn an mí-ád air tá sé ar a cuit agus ar a madad.

An sgéal.

Ag dul aniar dam,[5] ba mór é mo cíos bliadna. Bí lá Coille big' orm agus lá coille mór' orm, gabar glas ar gac duilbear[6] agus mionnán ar gac traitnín, sicín circe as gac h-ál, agus cead 'fágáil ar an mbótar go mbead sé 'breit no 'glaodad.

Ba mait a' teac é tig m'atar ⁊ tig mo mátar fad ó. Bí lucda[7] agus ladair, meadair ⁊ brocán, ó ló go ló. Bí an pláta fataí agus an pláta salainn agus an tablecloth go h-árdanáilte,[8] miosgán mór a' tSátairn le h-agaid an meadon-lae Dia Domnaig, le h-agaid bútaisí

---

[1] Tóigeáilt MS. [2] Sic, b'éidir "caill."
[3] "Di" MS. [4] Ní tuigim.
[5] i.e.; "Thinking back about old times." Hodgson.
[6] Duilleabar?
[7] Níor fead an sgéaluide an focal so 'míniugad. Hodgson.
[8] Go howrdan-awlt ya = Tip top. Hodgson.

DODAC NA MBRÍSTÍ GORMA

An máigistir a smeadaráil agus úmós[1] mór faoi cómair na maigistreas.
Is mór a caill m'atair agus mo mátair liom-sa, fad ó. Caill siad feircín mór ime liom, agus baraille mór póiríní.
Cait mé seactmain mór fada ag gabáil ar sgoil ac cúig lá go leit, 'gá teastáil—d'fágá[2] sin leit-lá 'dul ann mé! Is orm a bí an broughten down agus an comin' before[3] a' dul i látair 'c uile fear fiúntac agus 'c uile bean fiúntac[4] a tiucfad ar a' mbaile.
Bí garrdaíd mór millteac[5] cóilis aga[6] m'atair agus aga mo mátair fad ó, d'it muid a' billeóg beag agus a billeóg mór, an bun-billeóg agus a' gearr-billeóg[7], d'it muid ann sin é go dtí 'na cótamór 'na gceitre slipeid.[8]
Bí go leór leór caorac aga[9] m'atair agus aga[10] mo mátair fad ó.
D'imtig liom agus cuaid mé aon lá amáin[11] agus cruinnig mé iad isteac i loc,[12] agus bain mé an olann garb d'á gcuid cosaí agus d'á gcuid rioballaí, agus cuir mé síos i bpota é d'á bruit, nó go ndearna cat agus dá meur[13] dom. Nuair bí sin diantaí[14] agam ann sin, ba mór liom a beit 'caiteam mo saogail com díomaoineac sa' mbaile agus bí mé, go dteidinn ag cóirigeact[15] ait-aimsire.
D'eile, nuair bí mé réid ann sin leis an lón a cur, breatnuig mé anúnn agus anall ar fud a' tige, agus connaic mé craiceann gabair ar fraigteac[16] a' tige, agus bí mé 'streapadóireact[17] leis, nó go dtug mé anuas é

---

[1] unmós mór = great welcome. Hodgson.
[2] D'fágfad MS.
[3] Note the pun in "comann ba fuar." Hodgson.
[4] fear fiúntac 7 bean fiúntac MS.
[5] "milltneac 5 = splendid." Hodgson. Act is coitceannta ar rád mór millteac = an-mór ar fad.
[6] "Aicí m'atair." MS.
[7] "An bun billeóg = the bottom leaf, an gearr billeóg = the turned up pointed leaves." Hodgson.
[8] i.e., to the last four leaves and the core. Hodgson.
[9] Aice MS.   [10] Aice MS.
[11] "The first and only time I have heard the expression, it is, I believe, a translation of the English idiom 'one day.'" Hodgson. Act ní abartar aon rud eile i gconnda Roscomáin an Cr.
[12] "A pen for sheep, etc." Hodgson.
[13] Ní cuigim, is coitceannta an focal "cat 7 dá ruball."
[14] = Déanta.
[15] Toireact MS.
[16] "Fraigid = the inner roof, pronounced frehach." Hodgson.
[17] = "striving after." Hodgson. It means climbing.

ᴅoᴅaċ na mḃrístí ɼorma

ar an urlár; aɼus ḃí sé com tirm le éaᴅcromán ar ḃit a ᴅ'ḟéaᴅḟá ḟáɼail. Ḃí mé com ᴅona ann sin, ní raiḃ aon áit aɼam le é ḃoɼaᴅ, ⁊ ḃí mé 'mo ṡeasaṁ i mḃéal á' ᴅoruis, ⁊ ċait mé amaċ sa linn ṁúnloċ é, aɼus ḃí mé a' siuḃal aɼus a léimneaċ air amuiɼ 'san tsráiᴅ ɼo nᴅearna mé com ḃoɼ aɼus com tláit é leis a' lá a ḃaineaᴅ ᴅe'n ɼaḃar é. ᴅ'ḟuaɼáil mé suas[1] é ann sin, aɼus rinne mé mála ᴅe, ⁊ ċuir mé ar mo ᴅruim ann sin é, ⁊ ruɼ mé ar mo ṗleusɼán[2] ann sin, ⁊ ċuir mé mo ċos ar an iomaire[3] ɼainiɼ. Aɼus is í "ḃean ᴅunnaiɼ" an ċéaᴅ ḃó ċas ᴅam, ⁊ ḃuail mé ḃuille ᴅe mo ṗleusɼán uirti ⁊ sɼaoil mé aḃaile í ar a' tsluasaiᴅ ṁaiᴅe aɼ[4] mo leas-ṁátair mo ɼar-ṁátair mo ṡean-ṁátair, mátair Ṡeóin Ḃáin—is mó 'ná leat na ɼcailliɼ í.

Ḃí mé aɼ imteaċt liom ann sin aɼus mo ṡacán lán luctṁar ar mo ᴅruim aɼam, aɼus ċuala mé tóran (sic)[5] cáirr aɼus ḃí me a' ᴅianaᴅ air, ⁊ ċeap mé ɼo raiḃ an ḃótar in san áit a raiḃ toran a' cáirr ⁊ ní raiḃ sé a ḃḟaᴅ uaim. Aɼus nuair táiniɼ mé ᴅtí an sconsa ann sin, ḃí meitċil[6] ḟear a' ḃaint cruitneaċt, aɼus nuair a táiniɼ me ċuiɼ[7] na ḟir ċuir mé "ḃail ó Ḋia" ar a' ḃḟear ba ɼoire[8] ᴅam. "Oċón" ars an ḟear, "is ᴅon' m'atair mara ḃḟuil[9] ḟuil ᴅo ċroiᴅe a riċe le ᴅo ṡáilí." "O"! arsa mise, "is ᴅon' m'atair má tá, aċ stocán ó ċuaiᴅ sa sacán, aɼus tá an lón a' ɼaḃail ɼo talaṁ liom."

Ċuaiᴅ mé amaċ ar an mḃótar ann sin ⁊ ḃ' ḟaᴅa liom a ḃeit caint ᴅios[10] ḟuiᴅe lóiḃ,[11] ná' caiteaṁ m' am ɼo ᴅíoṁaoineaċ. Aɼus cia casaᴅ[12] liom nuair a ɼaḃ mé amaċ ar a' mḃótar aċ ᴅoᴅaċ na mḃrístí ɼorma, aɼus é aɼ marcuiᴅeaċt ar capall.

ᴅ'ḟiafruiɼ sé ᴅiom cá raiḃ mé 'ḋul, ⁊ ᴅuḃairt mé leis ɼo raiḃ mé aɼ iarraiᴅ áit-aimsire. Aɼus ᴅuḃairt ᴅoᴅaċ na mḃrístí ɼorma ɼo raiḃ sé aɼ iarraiᴅ ḃuaċaill aim_

---

[1] "A sad case of idiom borrowing. Note. The avoidence of suas, and 'amaċ, after ᴅianaim, ɼeoḃaim, would clear half the corruptions out." Hodgson.

[2] A stick, shillelagh. Hodgson. ɼunna ṗléasɼán is an air pop-gun made of elder wood with the pith taken out. An Cr.

[3] Sic; the sandy ridge. Hodgson

[4] Generally pronounced aiɼ or iɼ=ċuiɼ, ċum. An Cr.

[5] Hodgson ḟéin ᴅo sɼríoḃ an "sic" seo.

[6] "meitċil=a gang, a squad of people at a job. The plural meitle was imperfectly understood by O Donovan [Hodgson means O'Reilly]. See dicty., p. 356, last line but one." Hodgson.

[7] h-aɼ MS.

[8] "ɼoire is often not aspirated after ḃa." Hodgson

[9] "ḃḟuil not ḃfuil." Hodgson.

[10] Tá "ᴅíos" ⁊ n-áit "níos" i n-úsáiᴅ i ɼcómnuiᴅe i ɼConᴅae Roscomáin, leis. An Cr.

[11] lóiḃ=leó.

[12] Casḟaᴅ. MS.

sire. [After this the buacaill, who has been telling the story himself so far, is put in the 3rd person],[1] agus d'fiafruig sé dé a' dtiucfad[2] sé leis héin, agus dubairt sé go dtiucfad. Agus socruig sé féin agus bodac na mbrísti gorma lá agus bliadain le céile. Bí siad ag siubál lóib ann sin go dtáinig siad go dtí teac bodac na mbrísti gorma, agus sul má béad sé de moill air lá 'r na máireac[3] innseact dó ceurd a béad sé a' deunam, taisbeán sé 'san oidce dó é. Agus 'sé an obair a tug sé dó—a dianad caca (cock)[4] féir ar bárr sconsa. Agus d' éirig sé go moc agus bí an cuid is mó de'n caca diantaí aige nuair táinig bodac na mbrísti gorma amac in a morning gown, ┐ a cuid slipéirí. Breatnuig sé suas ann sin air agus nuair a breatnuig "you're spoiling my cock, you rascal," ar seisean. "Dearbta[5] ní fuilis,[6] a máigistir, agus dá mbeinn lá ┐ bliadain ar do caca ní dianfainn rud ar bit contráilte air."[7] "Go in," ar seisean, "and bring me out my long pole." Cuaid sé isteac ┐ tug sé amac ann sin an pole, agus buail sé buille ar íoctar a' caca ┐ cuir sé an cock i n-íoctar ┐ an sconsa as[8] a cionn. (The buacaill now again tells the tale).[9] Bris sé geallracán[10] mo brágad héin. Cait me seact seactmainí móra fada in mo luide[11] ar mo leaba ar urlár bodac na mbrísti gorma gan rud ar bit a béanam, agus bí mo bliadain caitte ann sin, agus mé ag caiteam an lae.[12] Agus dubairt mé le bodac na mbrísti gorma ann sin socrúgad liom, agus socruig sé liom ann sin. Tug se dam ann sin páide[13] na bliadna agus cómair mé ann sin é. Ní fuair me ann ac páide na bliadna, ┐ dubairt mé leis páide an lae freisin a tabairt dam; agus dubairt sé liom nac dtiubrad. Agus dubairt mise leis mara dtugad go ngabainn cuig a' bfear[14] a raib cuid mait de'n saogal le spáráil aige, agus, mara dtugad sé dam é go dtarraingeócainn páipéar contráilte an 'agaid. Agus tárla do connaic go raib

---

[1] These are Hodgson's own words.
[2] Tiucfad sé nó tiucfait sé; ní bíonn séimiugad ar an d. An Cr.
[3] Lá na báireac MS. [4] Sic. MS.
[5] Dearbfaoi MS. [6] Sic. MS.
[7] "This reply was changed by P. Rubry from one containing a vulgar play on two words meaning hay field and another word." Hodgson.
[8] =us. [9] This is Hodgson's own interpolation.
[10] The collar bone. Hodgson.
[11] Pronounced "lye (lie)." Hodgson. B'fearr "laide." An Cr.
[12] i.e., Bí 365 laeteannta caitte aige, ┐ bí se anois ag caiteam an 366ad lae. An Cr.
[13] págaí MS.
[14] Aige bfear MS.

an méid sin breiteamnais ins a' oilige agam, agus tug sé dam é.

"Seo duit é a mhadaid,"[1] ar seisean, "agus is olc an agaid ort é fágail, mar ní raib cur amac a' mhadaid de Béarla agad ó táinig tú isteac in mo tig."

Bí mé héin 'mo seasam i lár an urláir, ⁊ bí madad, agus a teanga amuic le teas, ar tairrseac a' doruis, ⁊ buail mé cic 'na sróin[2] air, agus ann sin, get out, you dog, arsa mise. "Nac sin é do mhadad amuic anois, a mhadaig (dudaig?) le Béarla? "Sé" ar seisean, "gad isteac agus déanfaid mé aimsir[3] lae agus bliadain eile leat."

"Ní dianfad," arsa mise. "Tuige?" ar seisean. "Ní dianfad," arsa mise, "no go bfágaid mé fios cé an caoi a bfuil mo leas-mátair mo gar-mátair, mo seanmátair, mátair Seáin Báin—is mó na leat na gcailligh í[4]—agus go mbéad fios acab[5] go léir go bfuil mise go mait—slán a béideas siad-san."

"Anois," arsa Dodac na mBrísti Gorma, "cuir litir cucab,[6] ⁊ innseócaid tú dótab (sic)[7] go bfuil tú héin go mait. 'Bfuil tú ionnán a sgríobad?" (The buacaill is now, again, put in the 3rd person).[8] "D'eile táim, go rí-mait," ar seisean, "ac an comtara[9] ceart a cur taob 'muic uirri." "Sgríobfaid mise duit é," arsa Dodac na mBrísti Gorma. "Ní fearr[10] liom duine 'gá sgríobad[11] 'na tú."

Suid Dodac na mBrísti Gorma síos ann sin agus sgríob sé an leitir, agus nuair bí sí sgríobta ann sin aige d'fiafruig sé dé a' raib tada eile[12] le rád aige, agus dubairt sé nac raib. "Anois," ar seisean, "dún í anois. Má feiceann tú aon fear ná aon bean ná fear óg ná bean óg a' dul ag a bposta, tiubraid tú dóib a' leitir ⁊ cuirfid sí ag a bposta í." "D'eile, ní'l baogal ar bit orm-sa go ndianfaid mé sin," ar seisean. "Tuige?" ar seisean. "Béid mé féin a dul abaile seactmain ó indium[13] ⁊ ní[14] fearr liom duine tiubras abaile í na mé héin."

---

[1] b'éidir "a dodaig."
[2] 'na tsrón MS.
[3] aimsire MS.
[4] ní cuigim.
[5] =aca.
[6] =cuca.
[7] This "sic" is in the MS.
[8] Interpolation of Hodgson himself.
[9] "Comarta, hóhara=the address. Is seóladh, a spoken word."? Hodgson.
[10] fear MS.
[11] gá sgríobtaí í, MS. b'éidir=dá sgríobtaí í.
[12] eilí MS.
[13] =indiu.
[14] MS. níor.

"'O'eil' anois," arsa bodac na mbrísti gorma, "tá obair amáireac agam le dianam a teastuigeanns uaim a dianam do mbéad fear agam a dianfad é." "Ceurd é sin a máigistir?" ars an [t-]ógánac. "Tá," ar seisean, "carr fircíní ime le cur, go dtí Sergeant Tomás go b'l'acliat amáireac." "Deile! ar ndóig, dianfaid mise duit é." "Bfuil fios a'd le n-a dianam? Beid fios agam air, a Máigistir nuair a múinfeas tusa dom é." "D'eile, nuair a gabfas tú go b'l'acliat amáireac, an céad fear nó an céad bean a tiucfas suas[1] leat, 'ceannact an ime uait, abrócaid tú fourpence halfpenny a pound, an darna focal, no less, agus an tríoead[2] focal if you don't another will." (The buacaill tells the tale now).[3]

D'éirig mé héin, 7 bí mé ag Sergeant Tomás le héirge na gréine lá 'na márac i mb'l'acliat, mé héin agus mo giorrán bán, 7 mo cuid fircíní ime. Agus 'sé an céad fear cas dam, duine uasal, 7 is é a dubairt an duine uasal, "good marree young lad." "Four pence halfpenny arsa mé héin. "You're humbugging me, you rascal," ar seisean. "No less, sir," arsa mise. "Be off out of that or I'll kick you," ar seisean. "If you don't another will," arsa mise. D'imtig an duine uasal ann sin, 7 tosaig mé a' tarrangt an giorráin báin in mo diaid go bfaca mé an duine uasal a gabáil isteac in a teac héin. Seas mé amuic ar agaid an doruis le mo giorrán bán 7 le mo cuid ime. Táinig an cailín amac 7 dubairt sí liom imteact. Dubairt mé nac n-imteócad go bfolmuigeócad siad mo cárr 7 go bfágainn luac mo cuid fircíní, gur ceannuig an máigistir uaim iad. Cuaid sí isteac; d'innis sí do'n máigistir é. Dubairt an máigistir nacar ceannuig sé é. "Gad 'mac," adeir an máigistir leis an gcailín, agus abair leis glanad leis cun[4] a bealaig, agus díolad sé é i n-áit ar bit a togarócaid sé é." [the buacaill is again put in the 3rd person Cuaid a' cailín amac agus dubairt sí leis bailiugad leis, nacar ceannuig an máigistir cor ar bit é. Dubairt sé nac n-imteócad nó go gcoinnead[5] siad ualac uaid.

Cuir an máigistir amac an buacaill ann sin, agus dubairt sé leis breit ar a gcloigeann ar an gcapall bán agus i ionntód ar siubal ón teac, agus bí sé a' rád leis imteact in a bealac, nac raib aon gnotad aige ann

---
[1] "English idiom." Hodgson.   [2] =tríomad.
[3] Hodgson's interpolation.   [4] " in " MS.
[5] " Here the word is coinnim, not coinnigim (congbaim).' Hodgson.

bodac na mbrístí gorma

sin síos[1] mo. Cuaid an buacaill amac ⁊ rug sé ar an gcapall bán agus d'iompuig sé ón teac í, agus d'ionntuig fear a' capaill agus a' buacaill a' bualad a céile.[2] Táinig an máigistir amac ann sin agus an cailín. D'ionnsuig an triúr a' bualad fear a' capaill gur díbreadar ar siubal é.

Dubairt fear a' capaill ann sin, "Bí mise lá," adeir sé "agus dá mbeidead mo cúigear[3] dearbrátar i n-éinfeact liom mar bí muid go minic roime sin, mar bí mé féin agus loscar fear-gan-eagla Ceann-gan-ciorad fear-le-teannta agus Teannta-le-potóig ⁊ biréad gaidreacaí—agus ba mait an cúigear buacaillí an lá sin muid." [the hero is again put in 1st person.

D'imtig mé liom ann sin agus is gearr a cuaid mé nuair casad beirt de mo dearbrátracaid dam. "Sé an fáilte[4] cuir siad rómam "Ocón! O! an tusa atá ann sin"! agus sé an fáilte cuir mise rompab-san "Ocón! O! is mise atá ann seo."[5]

"Cá bfuil tú ó connaic muid ceana tú?"

"Tá mé ar aimsir le bodac na mbrístí gorma agus geobad sib-se aimsir lae agus bliadna ann[6] com mait, ac is beag ba mían leis an mbodac a tabairt díot."[7]

"Anois," arsa duine de na dearbrátaracaí liom, "cé caoi bfuil builín mór na sgillinne, ó d'fágamuid a' baile." [The hero is now in 3rd person.

"Tá sé mar bí sé nuair d'fága sib a' baile." Agus dubairt an dearbrátair nac raib, agus dubairt seisean go raib.

"Gearr toirt[8] an builín insa mbótar dam" adubairt a' dearbrátair, agus gearr. Agus ann sin nuair connaic sé é, dubairt sé go raib an builín níos mó 'ná sin nuair connaic sé féin é. Dubairt fear a' capaill nac raib. Agus dubairt a' dearbrátair go raib, agus an uair nac ndéanfad fear a' capaill an builín ruainne[9] beag eile díos[10] mó d' ionnsuig a' triúr a' rúsgad a[11] céile, [The hero is again in the 1st person.] go ndearna muid toibreaca fola[12] i gcloigní a[11] céile. Agus nuair bí sin déanta againn suid muid síos agus leig muid ár

---

[1] = "níos." Tá an fuirm seo i Roscomáin, leis.
[2] "I í céili" MS.   [3] Cúigead MS.
[4] "fáilte" MS.
[5] "in sin" MS.   [6] "nn" MS.
[7] This seems obscure.
[8] "Here toirt=the dimensions, not a cake." Hodgson.
[9] Rúine MS.   [10] Díos no tíos=níos.
[11] "I céile" MS.   [12] "folam" =fola. Hodgson.

bodac na mbrísti gorma

sgit camaillín beag. D'fiafruig mo ḋearḃráṫair díom a' raiḃ aon airgead agam, ⁊ duḃairt mé naċ raiḃ, ⁊ d'fiafruig mise díoḃ-san a' raiḃ aon airgead acaḃ héin, ⁊ duḃairt siad-san naċ raiḃ.

Ṫug mé isteaċ i dteaċ-ósda iad, ⁊ d' ól muid luaċ trí feóirlingeaċaí, ⁊ ḃíomar sámaċ[1] ann sin, agus ċuaid muid amaċ. Nuair a ġaḃ muid amaċ níor ċuimnig muid gur[2] ḃuail ceaċtar againn aon ḃuille ar an gceann eile ariaṁ—ḃí muid ċoṁ mór sin le ċéile.

Siúḃal[3] muid linn ann sin. Ní fada ċuaid muid nuair a casaḋ cailleaċ mór leaṫan-tóin; cliaḃ 'ráin fada aici, ⁊ cíleir bainne aice. "Socair anois," aduḃairt mé féin le na ḋearḃráṫraċaí ⁊ cuirfid mise caint ar an gcailleaċ. Is mé fuair an feóġluim[4] mór fada sa mbaile, agus is liom a rinneaḋ[5] an cailltéanas. Níor cailleaḋ ruḋ ar ḃit liḃ-se ariaṁ agus ní ḃfuil siḃ ionán cainteaḋ léiṫe."

"Good morning, wrong laddy," aduḃairt mé héin leis an ċailleaċ. "Good morrow, kindly, sir," ars an ċailleaċ. "What have you?" aduḃairt mé féin leis an ċailleaċ.

I have slash milk, wash milk, bainne caofaċ[6] géar, bainne a ċuirfeaḋ muc ó ċlíṫ, bainne buailfiḋe[7] ar clár péin (pine) ⁊ naċ ḃfásfaḋ a lorg air, bainne ritfeaḋ in a ṫuile síos do sgórnaċ, ⁊ níor ḃaoġal go dtaċtfaḋ sé tú."

Duḃairt mé héin léite luaċ oċt pighinn déag de ḃainne a ṫaḃairt dúinn ⁊ luaċ pighne de 'rán fada. Fuair muid sin uaiṫe. Ċrom mé héin agus mo ḋearḃráiċreaċa ann sin [air?]. Ḃíomar ag iṫe ⁊ ag ól ann sin go raiḃ muid coṁ-riṫṫí[8] le sgurtán.[9] Ḃí sin déanta againn ann, "agus anois a ḋearḃráiṫreaċaí" aduḃairt mé héin, naċ orm-sa ḃí an t-áḋ, agus an feóġluim a ḃí agam, agus gan taḋaí,[10] agaí-sé?[11] Cuirfid mise caint ar a' gcailleaċ arist."

"What's the reckoning wrong laddy?" a aduḃairt mé héin leis an gcailleaċ.

"Eighteen pence and a penny loaf," ars an ċailleaċ.

---

[1] "I have often misspelt this word, sámaċ, in the expression súaċ sámaċ." Hodgson. But it seems to me more like suḃaċ sátaċ, i.e., merry, satisfied. An Cr.
[2] "an" MS.
[3] "siúḃla" MS.
[4] =fóġluim.
[5] (pronounced) rinnyav. Hodgson.
[6] "I don't know the word." Hodgson.
[7] "pronounced buailhí." Hodgson.
[8] "Stiffened, bloated." Hodgson.
[9] "The common tick." Hodgson.
[10] =dada.
[11] =agaiḃ-se.

"hanam ón diaḃal," aḋuḃairt mé héin le mo ḋearḃráitreaċaí," mara ḃfuilmid croċtaí¹ anois go díreaċ seaċ 's ariaṁ, mara ḃfuil² airgead agaí'. Deir an ċailleaċ liom go ḃfuil oċt sgilleóċai (sic)³ ḋéag ⁊ gini óir aici orrainn, ⁊ anois mara ḃfuil pigʼinn ar bit agaí' ní fuil an oiread agam-sa agus iocfas an ċailleaċ. Duḃairt siad liom naċ raiḃ aon piginn acaḃ.

"Imtig-gí ar siuḃal" aḋuḃairt mise lóib, "beiḋ mise a' cur snaiḋmíní ar mo sparán nó go gcuirfiḋ mé seaċt snaiḋmí fíċead air, ⁊ caitfiḋ mé ċuig a' gcailleaċ é ⁊ tiuḃraiḋ mise an ḃóċar ḋam péin⁴ in ḃur ndiaiḋ.

Ruġ an ċailleaċ ann sin air ⁊ tosaiġ sí 'gá sgaoileaḋ, ⁊ an snaiḋm naċ sgaoilfeaḋ sí le h-ionga, sgaoilfeaḋ sí le n-a fiacail é, nó go raiḃ an snaiḋm deiriḋ sgaoilte aici, ⁊ ċait sí amaċ ar a bois ann sin a raiḃ 'sa' sparán. Agus nuair ċonnaic sí ann sin a raiḃ d' airgead aici tosaiġ sí 'gá ċóṁaireaṁ, ⁊ ní raiḃ fios aici san doṁan cia an caoial⁵ ḋó-san an méad sin airgid a taḃairt di.

Lean sí é ann sin ⁊ an uair a táinig sí in' aṁarc ḃlaoḋ⁶ sí air, "Come here, me young lad," aḋeir sí, "wait for your change." [The hero is put in the 3rd person again].

"Díoḋ an diaḃal agaḋ a ċailleaċ, aḋuḃairt sé, ní fuil agam-sa tíos⁷ mó le taḃairt duit." [Hero in 1st person]. Ba⁸ mé héin a racaḋ⁹ le m'anam ón gcailleaċ nó go dtáinig mé i n-aṁarc mo ḋearḃráṫaraċaí ⁊ d'fuagair mé orrab, "Deiriġí as a ḋearḃráṫáraċaí, má tigeann an ċailleaċ suas liḃ diaḃal greim iosfas siḃ ċoiḋċin.¹⁰ Ní le rópaí ċeanglóċaiḋ sí siḃ aċ le slaḃraí o ċos go ceann¹¹ agus tart faoi gcuairt uirri." Nuair ċonnaic an ċailleaċ naċ raiḃ sí teaċt suas liom péin d'ionntuiġ sí ar a h-ais agus ċuaiḋ sí go dtí n-a cuid 'ráin agus bainne.

Is gearr a ḃí mise go dtáinig mé suas le mo ḋearḃráṫaraċaiḃ, agus d'imtiġ muid ar ar¹² n-agaiḋ go dtáinig muid isteaċ i mbaile mór. Táinig muid isteaċ i dteaċ

---

¹ =croċta. ² "ḃfuil not ḃfuil." Hodgson.
³ The "sic" is Hodgson's. Of course the woman pronounced "penny" as "pinny," which was mistaken for "guinea." An Cr.
⁴ féin is commonly péin after ḋam.
⁵ d'éidir "ċiall." ⁶ =ġlaoḋ.
⁷ tíos nó díos (mó)=níos (mó.)
⁸ "ḃí" MS.
⁹ "Racaḋ, pronounced rockhoċ." Hodgson.
¹⁰ =coiḋċe. ¹¹ "ó ċos' do ċeann" MS.
¹² "The first ar is broad like the second r. The first is pronounced like the er in Herod, the second is pronounced err." Hodgson.

measaṁail ag cosaṁlaċt[1] go ḃfágfaḋ muiḋ héin ruḋ eicint le n-iṫe ⁊ le n-ól ann. Agus ḃí triúr sagart ann sin 'r éis a n'ḋinnéir, agus iaḋ ag socrugaḋ le bean-a'-tiġe faoi luaċ a n'ḋinnéir. "Well, anois," aḋeir ḋuine ḋe na sagairt. "Who'll pay for the dinner now?" "We three, all," ars an ḋarna sagart. "Well," ars an triomaḋ sagart, "this man has a big purse of money and he'll pay for the dinner for all of us."
"Anois," aḋuḃairt mé héin le mo ḋearḃráṫaraċái, "sin trí aḋḃair sagart, agus tá siaḋ ag gaḃail ḋon Róiṁ. Caitfiḋear amaċ iaḋ agus ní ḃeiḋ aon ṁeas orraḃ 'ċ oireaḋ le maḋaḋ."
D'imtiġ muiḋ ann sin agus ní raiḃ muiḋ leaṫ-a'-ḃealaiġ nuair casaḋ fear marḃ ḋúinn i lár a' ḃóṫair. Agus seas an triúr againn suas ann sin ag breaṫnugaḋ ar an ḃfear marḃ, agus níor fága muiḋ an áit go ḋtáinig ḋuine uasal agus a ḃuaċaill. Breaṫnuiġ an ḋuine uasal ar a' ḋtriúr againn-ne, agus connaic sé an fear marḃ in ar ḃfiaḋnuis. Cuir sé seasaṁ ar a' gcapall. "O! hó!" ars an ḋuine uasal, "Who killed the man? He is killed," ar seisean.
"We three, all," arsa ḋuine ḋe mo ḋearḃráṫaraiḃ. "Why so?" ars an ḋuine uasal. "Right is good reason," arsa ḋearḃráṫair eile. "Because he had a good purse of money," arsa mé héin.
Ṫug an ḋuine uasal leis muiḋ triúr, ⁊ šíl muiḋ gur ġá[r] gcur go coláiste ḃí sé. Agus cé[2] gcuirfeaḋ sé muiḋ aċ isteaċ sa ḃpríosún,

is mairg a ḃíonns mór leapasta[3]
is mairg naċ mbíonn beag ionnsaċ[4]

D'éalaiġ[5] mé amaċ trí na ráileir iarainn ⁊ crúcaí maiḋe, agus ḋfága mé mo ḋearḃráṫaraċái ann sin. Agus ḃí mé héin a' teaċt aḃaile ann sin. Ḃí trí feóirlingeaċái agam, ⁊ ḋ'ól mé feoirling i tiġ Ned Gowan tios i nGort-na-gcruaċ, ⁊ ḃí ól fairsing ins an am, ⁊ goill[6] an t-ól orm, ⁊ ḋruiḋ mé aníos go ḋtáinig mé cuig[7] móinín Phatsy O Lacharta i Cill-óla síos ó Uaċtar Árḋ ⁊ tuit mé in mo ċoḋlaḋ.

---

[1] Surmising (from the looks). Hodgson.
[2] "cearḋ" MS.
[3] "leapasta" I don't know the meaning. Hodgson.
[4] "Said to mean intelligent." Hodgson.
[5] Mr. Hodgson first wrote ḋéalaiġ, then crossed it out and wrote gaol over it.
[6] gaol MS. "It broke, i.e., it disagreed." Hodgson.
[7] ag MS.

An uair a ḋúisiġ mé ní raiḃ tuairisc aġam ar dear-
ḃráṫair ná deirḃṡiuir, ar aṫair ná ar ḃoḋaċ na mḃrisce
ġorma.
Cuaiḋ mise an clocán ⁊ cuaiḋ siaḋ-san an t-áṫ.
Ḃáṫaḋ iaḋ-san ⁊ táiniġ mise.

[sġrioḃta] 15.3.'04.

focloirín.

Aġaiḋ=is olc an aġaiḋ orṫ é=You ill deserve it.
Ardanáilte=perhaps from confusion with ornáiḋ=an ornament. See note.
billeóġ=duilleóġ, a leaf.
Ḃeiriġí as=get ye away, run off.
Caopac=?
Clíṫ=dáir.
Coiḃéin, dialectic for "coiṫce."
Comarṫa, pronounced in Roscommon like coṫarṫa=a sign, an address.
Cóilís=kale, cabbage.
D'eile="Well!" Exclamatory, it stands for " caḋ eile?" I have noticed that where people use "d'eile," one seldom hears the English word "well!" as one does where d'eile is not used.
Déan air=make for it, move towards it.
Díos, also tíos, dialectic for níos before a comparative. Díos is the W. Roscommon form.
Don', "is don' m'aṫair=?
Folṁuiġ=empty, verb. The ṁ is hardly heard.
Fraiġteac=The wattles or roofing of a house; pronounced like freiċteaċ, with r broad.
Ġarmáṫair=great grandmother.
Ġeallnacán=collar bone.
Ġnoṫaḋ, often pronounced graċa or graiṫe=business.

Ionnán, also ionan=able to. The á is generally pronounced more like the "a" in the English word ". man " than like the á in the word ḋán.
Loc=a pen for sheep, etc.
Miosġán=a roll of butter.
Meaḋon-lae=dinner.
Múnloċ, often pronounced méloċ= the liquid mud and trampled dirt in a yard or house where cattle are.
Péin=pine (tree).
Pleusġán=here apparently used for " a stick," but see note.
Rí-ṁaiṫ=very well. Rí is a common prefix in Connacht.
Riṫṫí=stuffed full, tight. "Fuair mé riṫṫe é "=" I got it tight," i.e., did it only with difficulty.
Smeaḋarál=to grease, smear.
Streapaḋóireaċt or strapaḋóraċt =striving, climbing.
Slipeiḋ=?
Sconnsa=a double ditch, a sconce.
Stocán from staic=a stake or sharp branch or thorn, as spriosán from spreas, etc. See my article on ḃeann aġus ḃunnán.
Sġurtán, from sġeart, by a like process, a tick, or tree louse.
Tórán=torann, noise.
Tuiġe=why? Short for .. caḋ ċuiġe."

ATHRÚ NA bhFOCAL.

Ó cuireadh deireadh le "Gadelica" a bhíodh ar bun ag an Ollamh Ó Raithile, níl faice eoluis dá chur i dtoll a chéile ar na hathruighthe a tháinig is na focla ón Meadhon go dtí 'n Nua-Ghaedhilg. Le tosach nua a dhéanamh air sin déanaim tagairt do na focla seo leanas :—

1. Óighe > Óige.

An té léigheas " Amhráin Ghrádha Chúige Chonnacht " (An Craoibhín) Amhráin Chearbhalláin agus tuilleadh eile d' amhráin Chonnachtacha mar iad, bhéarfa sé fá deara go bhfuil míniú neamh-gnathach leis an bhfocal *óige* ionnta. Cuir i gcás :

"*Níl tnúth aice le óige,*

Amhráin Chearbh., ll. 222 (An Chúilfhionn).

A Neill, má ghníonn tú an pósadh.
Is go bhfágfa tú an óige 'do dhiaidh,

Amhr. Chlainne Gaedheal, l. 120. Séard tá annseo nó budh cheart a bheith ann : *níl tnúth aici le óighe* .i. ní raibh aon dúil aici fanacht gan pósadh, mar tá' ráidhte go soiléir sa dara ceann.

Séard a thuit amach, théaltuigh an focal *óighe* as an gcaint, agus ina áit, cuireadh focal a raibh eolus maith air .i. *óige*. Is míniú an t-iomchlodh sin ar thuilleadh eile.

2. Ainimh > Ainm.

Seo sompla eile den chineál chéadna, an sean-fhocal atá sa gcaint i gConnachta :—

Ceileann searc a hainm agus a locht.

Séard a bhí annsin ó cheart, *ceileann searc ainimh*, go díreach mar tá ráidhte : *ceileann grádh gráin*. Nuair a chuaidh an focal *ainimh* as an gcaint ghnáthaigh, cuireadh *ainm* mar mhalairt ina áit. Annsin sé'n chruth a bhí ar an sean-rádh : " ceileann searc ainm," rud gan chiall. Le ciall a chuir ann cuireadh na trí fhocal eile, *agus a locht*, leis agus d'fhág sin cruth nua ar an sean-fhocal. Tá idir shliocht mar é sin sa bhfocal :

" Is glas iad na cnuic i bhfad uainn *agus ní féarmhar.*"

Ní raibh i dtosach ann ach *is glas iad na cnuic i bhfad uainn*, nuair a bhí a shean-chiall leis an bhfocal *glas* .i. gorm. Cc. an tsean-Gh. *is*[*ed*] *adfet a legend as ndath glas roboi forsindsl*[*é*]*ib fo chosmailius saphirr* (Ml. 84d4), "séard inneas an léigheann gur dath glas a bhí ar an sliabh, mar bheadh saiphir."

Nuair a d' athruigh an focal " glas " a chiall, chuir duine éigin *agus ní féarmhar* leis an sean-fhocal, rud a rinne seafóid de.

177

3. Crothal > Clochar.

Tá focal *clochar an bháis* ('death-rattle') anois sa gcaint. As *crothal* a shíolruigh an focal seo : *crothal* .i. *crochad-nuall* . .ɼrl., H.3.18 l. 67 (Meyer). Ina theannta sin, tá *clothra*, ag Ó Duibhdhabhoireann 471, agus *crothla* ib. 543. Deir sé (543) : *crothla* .i. *urfogra croisi no crothld* .i. *dul sech ani crothar ann, in drolan urgartha* .i. *crothla bis ar dorus airlisi an deoraid Dé* (Whitley Stokes, O'Davoren's Glossary, l. 285). Agus arís (471) : *Clothra* .i. *ni cluinter ac a crothad amail atá, má(s)* cú *foilm(n)ech bid urfogra cluic nó clothra fo a bragait* .i. *cluigin im a bragait* nó *ni.* aile *atcluinfither ac a chrotha(d) intan ticfa do dénam* (sic leg.) *fogla* (ib. l. 271).

Sé'n *crothla* (*clothra*) annseo an (cluigín nó) gléas a ghníos an *crothal*. Cuireann Windisch an focal Laidin *crotalum*, agus rl.- .i. crothla, i gcomórtas leis, agus Pedersen L. *crotalia* le *crothla*, ach thiocfadh leis gur díreach as an bhfréimh tá sa tsean-bhréithir Ghaedhilge *crothid* ' craitheann sé ", a thagas *crothal* .i. *croth+ual*—nó *croth*+barr a bhfuil-*l* ann.

Is dócha gurb é an chéad athrú a tháinig air .i. *crothal* > *clothar*. As *clothar* a tháinig *clochar* mar déantar *bóchar* de *bhóthar*, i n-áiteacha.

4. Liud > Luadh.

Focal atá an-tréan sa gcaint agus is na hamhráin : *dá luadh leis, léi*, ɼrl. Séard is ciall dó go raibh an bheirt atá i gceist mór le chéile, nó go raibh gealladh pósta eatorru. Somplaí : *tá sí dhá síor-luadh liom ó bhí sí ina leanbh-bán* (Amhr. Chearbhalláin, l. 222, *ó chaith sí seal dá luadh liom*, ɼrl.

Ceaptar go hiondúil gur aon fhocal é seo le *luadh*, ' labhairt ar,' ' trácht ar, ' ' mention speaking. ' ÓR., cc. *luad betha* .i. *o thengad fer mbetha oc a imrad*. Fél. Óin, Lughnas 23. Tá somplaí rí-choitcheann sa gcaint ⁊ is na hamhráin : *súd é mo sgéal* ⁊ *ní náir liom a luadh* Amhr. Chearbh. l. 113.

Ach ní dócha gurb as an *luad* sin tháinig *luadh* ar an gcéad chéill thuas ach as an sean-fhocal *líid* (*for*) ' déanann sé casaoid ar,' ' cuireann sé i leith.'

Somplaí : *lítear bine for a mnái-sium* Corm. l. 32 (Stokes), *líter fair ben Chrínraidh*, Cóir Anm. 142. Tá an chiall go díreach sa duain úd, *Líadain* ⁊ *Cuirithir* (Meyer, l. 18) :

*A fhir, ni maith a ndobir
mo líud-sa for Cuirithir.*

' ní maith a ghníós tú é, a dhuine, mé a luadh le Cuirithir.'

An chosamhlacht a bhí sa gcéill idir *líud* agus *luad* (*luadh*) chuidigh sé leis an measgadh a thabhairt isteach. Cuireadh deireadh eile sa meadhon-Ghaedhilg leis an ainm atá le *líid*. I n-áit *líud, liamhain* a rinneadh dhe, a' déanamh aithris ar *leanamhain*, agus ó bhí cuma nua (*liamhain*) ar an bhfocal sa mbun-chéill chuidigh sin leis an athrú a thabhairt i gceist.

5. Fial-náire > Feall-náire.

An focal *feall-náire*, ' modesty,' mar shamhail, ' *ní leigfeadh an feall-náire dhom a dhéanamh*,' is dócha gurb é *fial-náire* a bhí ann ó cheart, agus go dtiocfadh *fial* as an sean-fhocal *fial*=L. *uelum*. Níl aon tsompla agam as an litridheacht ach : *iss é fer ba fial-ndirighe ro-bói a nEirinn hé* Ac. na Senórach 7965, agus freisin "*dobhér* immorro," *ar Cdilte* "*dóigh ba fialnár fria hathchuingid he féin* (ib 2012)." Tugann Stokes '*delicately generous*' ar an gceann deiridh seo, '*most modest*' ar an gceann eile.

6. Sain—, San—, > Sean—.

Tá an focal *sean-* rí-threán sa gcaint mar mhóradh nó láidriú ar fhocal. Cuir i gcás : *thug sé a shean-ualach leis,* .i. an t-ualach is mó a d'fhéad sé, *d'imthigh sé ina shean-rith, bhainfinn a shean-rith as,* ⁊rl.

Is cinnte gurb éard a bhí annseo ó cheart *sain, san-* 'speiséalta, sonnradhach.' Cuir i gcás, sean-Gh. *sain-cheirdd,* 'ceird shonnradhach.' "*sain-lind, sain-lenda* (Corm. 1. 7). Agus tá sompla a oireas go díreach do chaint an lae indiu : *Conaca-som in clerech oc bua*(*i*)*n a shain-eri inti Congal* Ériu V. 236, ' chonaic C. an cléirech a' baint a sheainneire.'

Tá'n focal *sain-* é féin gaolmhar ag an sonnradh *sin*. Nuair a bheadh séimhiú ar *sain, san, hain-, han-* a bheadh ionntu, agus b'fhurusda do *sean-* fás arís ar ais astu siúd.

Maidir le *tabhair leat do sheainnire* (=*shain-eire*) .i. 'do shean-ualach, an méid a fhéadfas tú a thabhairt leat,' *tá do sheainnire agad*='tá fuighilleach agad,' tá athrú eile sa sgéal. Mar tá (1) béim an ghotha ar an gcéad siolla, agus (2), tá *nn* i n-áit *n*- sa bhfocal. Séard ba ciontsiocair le (1) gur dearnadh aon fhocal amháin den dáchuid, ⁊ tháinig an béim ar an gcéad-chuid dá réir. Sul dár tharla sé sin, tháinig eamhnadh ar an -*n*, go díreach mar thuit sin amach le *Con-* i sloinnte, cuir i gcas, *Mac Con Fhaola* (*ukuNy: la*), *MacCon Iomaire,* ⁊rl. Sé a fhearacht chéadna ag *aon* i gConnachta é .i. *aon áit, aon ualach,* le *-nn-* adeirtar é.

A' trácht ar an bhfocal, chuimhneochadh duine ar *sain-díre,* 'dualgas speisialta,' ach is mó an chosmhalacht atá ag an míniú thuas leis an gceart. Ní oirfeadh *do theann-eire* mar thagas s- isteach is na pearsain eile.

7. Thiomain > Thiomáin.

A' freagairt do *tiomna* 'ughacht,' sean-Gh. *timnae, timne,* tá briathar *tiomnaim* as *to-imb-ad-no-* (cc. Pedersen, II. 586). Don aimsir éagnairc tá *thiomain sé,* 'thug sé i seilbh (do),' "dhílsigh sé." Cuir i gcás : *thiomain sé a n-anam don Fhear a bhí thíos* .i. dubhairt sé leo a dhul i dtigh deamhan. As sin a d'fhás an chiall : *ag easgaine agus a' tiomaint* .i. dá thabhairt don diabhal. Somplaí eile : *Dheamhan blas eile a íosfas mé. Tá sé* (.i. an biadh) *tiomanta anois* .i. ní fhéadfadh sé an biadh a ithe ó bhí sé "tiomanta" don "Fhear" a bhí thíos. Agus freisin : *diabhal thiomanta blas a d'ith mé ó mhaidin* .i. níor ith mé blas ar bith.

Thar éis go bhfuil na leaganacha sin sa gcaint, is ar éigin atá *tiomain* beo mar ghnáth-fhocal. Séard atá ina áit *tiomáin, tomáin*. Cuir i gcás ' *ar thiomáin tú na cáoirigh?*' Ionann sin agus ' ar chuir tú na caoirigh ar an traen le díol (i mBaile Átha Cliath).' Ar an gcuma chéadna : *sílim go dt*(*i*)*omáinfe mé iad* .i. sílim go gcuirfe mé ar an traen iad (*consign them*).

8. Téalthaigh > Séalaigh (?)

I bhFoclóir Uí Dhuinnín, tá focal *séaluighim* " I breathe my last, expire (?)." Nuair a hinnistear an t-am cinnte a bhfághann duine bás, tá focal sa gcaint a sgríobhas daoine mar *shéaluigh sé*. Don aimsir éagnairc is mó adeirtar an focal agus is dócha gurb éard atá ann ó cheart *théalthaigh sé*, cuir i gcás, *théalthaigh sé go díreach ar a trí a chlog* .i. fuair sé bás ar a trí a chlog. Tá focal eile rí-choitcheann sa gcaint agus is dócha gur malairt leagain é ar an gceann céadna .i. *théaltaigh*. Cuir i gcás : *nuair a thosaigh an troid, théaltuigh mé féin* .i. ' gur ghlan mé liom.' *Tá sé a' téaltó as an mbáisdigh*= 'tá sé ag éirghe as an mbáisdigh (i leabaidh a chéile),' *gaineamh téalta*, ' quicksand.'

Tá'n focal sin ar fághail sa ngluais atá i nEgerton 158 (British Museum) uimhir 571 (Archiv). Séard atá annsin : *téultó, mágra, snámh, gluasacht, creeping*. ' *A creeping unawares* ' an Béarla atá ag Stokes air. Is cosmhail gurb é *creeping, crawling* an chiall atá le *snámh* sa gcaint sin freisin, mar adéarfaidhe : *tá'n phéist a' snámh ar an talamh*. Tá *téaltó(dh)* freisin sa leagan G. atá ar an leitir a sgríobh Pól Apstal go dtí Timotheus (2) III, 6 (An Tiomna Nuadh, l. 1248) : *óir is don druing-se an luchd bhíos ag teultógh asteach a dtighthibh*, agus arís ag Júdás I, 4 (An Tiomna Nuadh, .l. 1285) : *óir tangadar daoine áirighe neimhdhiagha, air téultogh asteach*.

Is cinnte gurb as an bhfréimh *tle-n-* a thagas sé, a bhfuil an t-ainm a rinneadh as sa gcruth *tlenamain* ag Ó Duibhdhábhoireann, 1553. Is iomdha comhfhocal a déantár as an bhfréimh seo, cuir i gcás : *fothla (fo-tlen-)* sa Senchus Mór, agus sa bhFéineachas ar fad= " deliberate trespass on land," *loeg fothla* (Longes mac nUislenn)= laogh bheadh ag imtheacht thar tórainn de ghnás. Tá *foetlas* (Féineachas V, 462, 14) as *fo-ess-tlen, tothla (to-tlen)*, ⁊rl.

Sé'n ceann is goire i gcosamhlacht do *téaltó* an focal atá ag Ó Duibhdhábhoireann (1553) i gcumaraigheacht *do-etlo* agus *ar tetlo*, ' do ghadaigheacht ' nó ' do shlad.' As *to-ess-tlen* a thiocfadh sé sin. (Cc. Pedersen, II, 649).

Maidir le *tetló*, thiocfadh *teltó* as le deilidhinn (nó um-athrú). Mar thagas *é* as *ess-* roimh *l, r*, níorbh iongnadh annseo *é* roimh an *l*.

Ar bhealach eile, tá focal *toetlo(dh)* sa bhFéineachas ; mar shamhail II, 216 (ib) : *in cach dobeir a rath i toetlodh*. Tá sin sa ngluais an áit a bhfuil *tothla* sa léigheann. Tá'n focal *i toetlad* arís sa ngluais ag II, 356, 10. Sa leabhar céadna, II, 292, sa ngluais tá : *inti do-eltas a crodh* .i. ' an té ghoideas nó thugas leis a chrodh.'

Sa léigheann (Seanchas Mhór II, 290) *tothlu* atá sa téacs a bhfuil an ghluais réamhráidhte air. " Act of evading, going away or carrying off secretly " a thugas Atkinson ar an *tothla, toet[h]ló* seo, agus is dócha gurb é an ceart é.

As an bhfocal deiridh seo, *tothla*, tá leagan eile sa gcaint *táthló*. Ní go minic adeirtar é ach amháin sa tsean-chaint : *ní do do ghoid atá mé ach do do tháthló liom*. Séard atá ann : ortha nó araid adeirtar nuair a bítear a' tarraing luibhe leighis. Deir tuilleamh : *do do thárlódh liom*, ach sé *táthló* is mó ughdarás.

Feicthear dhom go bhfuil sé le léigheadh as an méid sin gurb é *théathluigh sé* is córa sa gcaint thuas, .i. go bhfuair sé bás. Deirtar freisin i n-áiteacha, ' *ta sé séalaighthe*. Sin foirleathnú ar an *shéaluigh, séalaigh* .i. ar chruth nua an fhocail.

9. Th'uga Leat.

Is dócha gurb é sin an sgríobh ceart ar an bhfocal sin (*huga leat*). Séard is ciall do ' anois a thuigim thú,' ' tá tú agam anois,' nó ' an mar sin é.'

Nuair adeirtar le cat nó le madadh é : *th' uga leat as sin*, sé a mhíniú ' bí a' glanadh as sin,' ' croch leat as sin in do rogha áit.'

Séard atá san *uga* seo an focal sean-Gh. *ucu*, ' *togha ┐ rogha*,' as *ud-gu-*, *ud-go-*.

Tá sé coitcheann sa nua-Ghaedhilg fá chruth eile *ugach* .i. an rud a bheadh d'intinn ag duine a dhéanamh.

10. Glaodhach agus Foghair.

Nuair a bhíos duine a' glaodhach ar dhuine eile atá i bhfad uaidh séard deir sé : *th'óra*, (a *Sheáin* !). Agus 'sé 'n freagra nó foghair (.i. fáir) atá air sin : *hóidh* !

Ceist. Céard iad an *hóra* agus an *hóidh* seo ?

Is soiléir, ar chuma ar bith, gurb é *th*' atá san *h* .i. *th' óra, a Sheáin* ! *Th' óidh* ! (Cc. *th'uga* thuas). Is cosmhail, ina cheann sin, gurb ionann an *ó*- atá sa gcéad fhocal agus an *t-óidh* atá sa dara focal. Ar an gcuma sin, *th' óidh-ra* a bheadh sa gcéad fhocal.

Ní moill ar bith ar *-idh* a imtheacht roimh an *r-*. Tuiteann a leithéid amach de ghnás sa gcaint, roimh na consuin i dtús an chéad fhocail eile sa Sandhi. Cuir i gcás : *amuigh san oidhche* : *amu' san oidhche a* deántar dhe san urlabhra, *amuigh roimh lá* : *amu' roimh lá*, ar an gcuma chéadna, agus céad sompla eile.

Níl fághtha anois ach an *óidh* é féin. Is dócha nach é a mhalairt atá ann ach an focal sean-Ghaedhilge *oid*, 'airdeall aireachas, inneitheamh,' a sgríobhtar uaireannta ina *uid*.

Sé'n leitriú is minicí bhíos air seo sa meadhon-Gh. *óidh*, nó *óigh*. Cuir i gcás : *in tabaerthi do bur n-óidh, ar sé, a ndorónad frim-sa*. Togail Trói, líne 749 (Irische Texte II, l. 25). ┐ rl : Tá'n focal arís san leabhar graiméir a chuir Bergin i gcló i nÉriu IX, Irish Grammatical Tracts, l. 69, i gcuibhdhius le *cóir* :

> *Cuidechta sa n-óidh ar olc*
> *a cóir druid-ealta ar dorchacht.*

Óigh atá don fhocal sin is na láimh-sgríbhinní. Innsigheann sé sin go cinnte gurb é *óidh* a bhí air, san am. Féach arís : *tabair det óid* (gl. intellige) Leabh. Breac 72a9. *Óid* freisin atá don fhocal in- *óid menmain* (gl. *intuere*) Ml 105b5, focal atá mar *óid menmain* sa bhFéilire (1 Meitheamh).

Fágann sin gurb é *óidh* (*óy*) a bhí don fhocal sa meadhon—agus sa tsean-Ghaedhilge, agus is beag nach cinnte gurb é ata annseo.

Maidir leis an *-ra* atá i ndeireadh an chéad fhocail, *th'óidh-ra*, tá sé féin, nó a mhacasamhail *ru*, rí-choitcheann sa gcaint nuair a cuirtear ceist le iongnadh. Cuir i gcás *an bhfaca tú é, ru* ? *a dtáinig sé, ru* ? *an raibh sé istigh, ru* ? Sé mo mhór-bharamhail gurb éard atá sa *ru* seo an focal atá sa tscan-Gh. mar *dano* meadhon Gh. *dno, no*, a d'athruigh go dti *ro, ru*, mar tháinig *cora-, gura-* as *conadh, conid-, condid-*.

Séard, annsin, a bheadh sa gcaint thuas : *th' óidh-ru, a Shedin?* *Th'óidh* !

Ní oirfeadh *ó* .i. cluas, don chaint mar gheall ar (*th'*)*óidh*, sa bhfreagra.

Séard atá san *óidh* é féin mar tá mínighthe ag Pedersen (Vergl. Gr. II, 587) an dara pearsa den orduightheach den bhréithir *oides* ' who lends, ' *odur* ' is lent, ' agus *uan, uain* ' iasacht, ' atá freisin sa bhfocal nua-Gh. *uain,* ' ionadh, ' ' am,' ' deis.'

11. Go Maire Tú.

Aonduine a chuimhnigheas ar na ráidhte seo, *go maire tú do nuaidheacht* : (freagra) *go maire tusa do shláinte,* is léir dó nach é *mairim,* ' táim nó fanaim beo ' ata i gceist ionntu. Caithfe duine bunadhas eile a thóraigheacht.

Tá an bhriathar *do-meil,* ' caitheann sé, itheann sé, ' sa tsean-Gh. Tá malairt bheag chéille sa bhfocal in- *is amlaid domeil Conchubar in rigi* (Táin LL 867=*is amlaid do mel Conchobar a fhlaith* Táin LU, 369) ' is mar sin a bhaineas C. leas as a rioghacht, *ni m m'oenur do-miul-sa Chonchobair coiced,* ' ní im' aonraic bhainim leas as cúige Chonchobhair.' *Do-roimle caidche áis banrígnacht uas bantrocht Ulad* Ir. Texte I, l. 260, ' go mbaine tu leas go dtí deireadh do ré as banríoghnacht, ⁊ rl.' Cc. *daromle corbat cétach cétbliadnach* (ib. l. 285, Fled Bricrend), agus freisin ib. l. 283.

Annsin, tagann athrú ar an bhfocal, agus go háithrithe ar an gcéill sin, tá *ro-mel-* i n-áit *do-meil* : *ni tu ro-s- mela* Táin, li. 4405 (LL) ' ní tú a bhainfeas leas astu,' *rot-mela sleg th'athar* Ac. Sen. 4924, ' go mbaine tú leas as sleagh t'athar,' ' go maire tú is go gcaithe tú í. '

Is dócha gurb as fuirmeacha mar *da-romle* a d'fhás an *ro-* sa mbréithir dheiridh seo.

Ta cruth nua eile ar an bhfocal annseo : *bidh tusa no-s-melfa,* ' is tusa a bhainfeas leas astu ' (Stokes, Lismore Lives, líne 2267). Cc: *ní melim cid athléne,* Meyer, Otia Mers. I, 122, 'ní chaithim fiú seanléineadh.'

Tá casadh beag eile arís air sa leagan : *a mhic gur mhela t' arma* (Eg. 111, bill. 55, col. 1) i nduain a sgríobh Domhnall mac Dáire.

As sin rinneadh leathan an *m* agus caol (?) an *l* : *go malli a Chathail di chriss* (Edinburgh MS. XXXVII, l. 101, M'Kinnon, Cat. l. 238) " go maire tú do chrios, a Chathail."

Is dócha gurb é *go maile* a bhí i gceist annsin, ⁊ sin é an casadh deiridh baineadh as an bhfocal gur dearnadh *go maire* de. Casadh dhom *go maili* uair nó dhó eile, ach ní thig liom láithreach, an t-ionad a chur ar fághail.

Nuair adeirtar anois *go maire tú agus go gcaithe tú í,* le duine a fhághas culaidh nua éadaighe, tá sórt cuimhne ag an té atá a' caint nach é an *mair-* eile is ciall don fhocal, ach an ' caitheamh ' nó an leas a bhaineas sé aisti.

Maidir le *go gcaithe tú an Nodlaig,* tá'n *maire* caithte do leithrigh ar fad, le faitchíos, is dócha, go mbainfí ciall mhí-cheart as

12. Dúin.

Tá'n fhuirm seo le *n*-chaol mar tá sin i nGaedhilg Chonnachta i nduain a chum Philip Bocht [Ó Huiginn] a chuir Meyer i gcló (ZCPh. XII, 383) as 23N27, bil. 25a, agus L. Buidhe Lecain l. 372b : *dúin an taobh toll dúinn, a laogh bronn na ban-oighe.* Maidir le macasamhail LBL, níl sin soiléir le na léigheadh.

TOMÁS Ó MÁILLE.

Gaillimh, Nodlaig, 1926.

beann agus bunnán.

" A bunnáin buiḋe 'sé mo léan do luiġe,
 A's do cnáṁa sínte tar éis do ġrinn,
 A's ní easbaiḋ biḋ aċt díoġḃáil diġe
 A d'ḟáġ in do luiġe tú ar cúl do ċinn."

Aṁrán.

" Tiucfaiḋ faṫaċ na dtrí gceann na dtrí mbeann agus na dtrí muineál ċugat."

Sgéal.

Is iomḋa duine do ċualaiḋ an t-aṁrán agus is iomḋa duine do ċualaiḋ an sgéal, aċt is beag duine aca do ṫuig gurb ionnann beann agus bunnán. Is beag duine a ḃfuil fios aige—má's ceaduiġṫe dam focal-ġrinn do ráḋ—cad is bun do " ḃunán." Is é an bunnán buiḋe no an bunnán léana an t-éan sin air a dtugtar botaurus i laidean ⁊ bittern no butter bump i mbéarla, agus Dommel san nGearmáinis. Ní dóiġ liom go ḃfuil an t-éan so beó i n-Éirinn anois, aċt do marḃaḋ ceann aca i gcondae na Laoiġse beagán de ḃliaḋantaiḃ ó ṡoin agus ceann eile anuraiḋ i n-aice leis an Aonaċ i gcondae Ṫiobrad Árán ; aċt ní ṁeasaim go ḃfuil aon ċeann ann anois. Do ḃíoḋ bunnán i loċán tirm anaice le m'áit-se i gcondae Roscomáin, nuair ḃí mé óg. Ċualaiḋ mé na daoine ag tráċt air go minic, agus ba é an t-ainm do ḃí aca air " bunnán léana." Ní ḟaca mise riaṁ é, ⁊ is dóiġ gur cailleaḋ é sul d'éiriġ mise suas. Is dóiġ gur creideaḋ go raiḃ buaiḋ éigin i gcleite an ḃunnáin ; óir deir Aoḋ Mac Doṁnaill, an file Miḋeaċ, " tá cleite bonnáin in mo ḃrístí-se a niġeaḋ san Éirne, a cuideóċas liom tráċt ar gaċ bánuġaḋ ḃí i nÉirinn."[1]

Éinne do ċualaiḋ nó do léiġ sean-sgéalta na ndaoine cuiṁneóċaiḋ sé ar " faṫaċ na gcúig gceann na gcúig mbeann agus na gcúig muineál." Níor ṫuig mé féin nuair ḃí mé óg, cad é an ċiall do ḃí leis an ḃfocal " na gcúig mbeann." Aċt fuaireas amaċ fá ḋeireaḋ gurb ionann beann agus aḋarc, agus gurb ionann bunnán agus beann-án. Is ionann "beann" (nó "beannán,") ar uaireanntaiḃ, agus " aḋarc ċun séiḋte," .i. gléas ceóil, mar stoc. Tá an focal " beann buaḃaill " insan litriḋeaċt againn, agus is ionann sin agus sórt stuic do rinneaḋ d'aḋairc buaḃaill nó bufaló ; mar ṫagann an focal bugle i mbéarla ón laidean bucula .i. colpaċ

[1] " Lia Fáil," im. I. leaṫ. 121.

beann agus bunnán

nó bó ós. Nuair tug na daoine bunnán léana ar an éan so is amlaid do bíodar ag tabairt " adarc (nó stoc) an locáin," nó an riasgaig, air. Tugadar an t-ainm sin air, óir ba cosmail an glaod nó an grág do cuiread an bunnán as leis an bfuaim do béanfad duine do béad ag séidead isteac a n-adairc. Tug na filí go léir an rud sin fa deara. The bittern's hollow cry booming down the sedgy valley, deir Tenison. The hollow-sounding bittern, deir Goldsmith. Das ist im Rhor die unisonen Dommeln, deir Goethe.

Act cia an caoi, déantar bunnán (ní ceart " bunán " a rád) de beann-án. Maisead, déantar é go díreac mar déantar cumán nó comán de camán. Is maide-iminte comórtais-báire an camán, agus tugtar camán air, mar geall ar an mbárr cam bíos air. Act (taob-amuig de Cúige Ulad) cá bfuil an fear adeir camán leis anois? Ní abrann aon duine i gConnactaib i gCúige Mumhan nó i gCúige Laigean act " comán," i ngaedilg ná i mbéarla.

Act ná cuiread sé sin aon iongnad orrainn, óir tá fice focal eile ar an nós céadna. Is gnátac anois, nuair críocnuigtear focal dá-siolla leis an siolla " án," agus " a " nó " ea " san céad-siolla dé, atrugad do béanam ar an céad-siolla sin, agus ú no ó do labairt i n-ionad an " a " nó an " ea." Mar sin deirmid i gcómnuide (act amáin i gCúige Ulad) sgodán i n-áit sgadán, briodán nó bridán (b agus d leatan) i n-áit bradán, sporán i n-áit sparán, siongán i n-áit seangán (ón aidiact seang, óir is caol seang fada an feitide beag é, .i. " ant " i mbéarla), giorrán i n-áit gearrán (ón mbriatar gearraim) lionnán i n-áit leannán, sliosán i n-áit sleasán, priobán i n-áit preabán, b[r]iongalán i n-áit beanglán, mionnán i n-áit meannán, (is ionann meann agus gabar, agus is ón bfocal meann tagann an focal minnseac .i. gabar boineann), miosgán (ime) i n-áit measgán, sgiortán i n-áit sceartán (míol beag éigin), sgonnán i n-áit sgannán, bullán i n-áit ballán. Is aisteac ar fad an focal arán. Is dóig gur b' órán adubrad ar dtús ; act ní cloisimid act " 'rán " anois. Geibmid le céile bracán agus brocán, bolcán agus balcán, briollán agus breallán, tisbeán agus taisbeán, streanncán agus strionncán, srangán agus srongán, miontán 7 meantán agus morán eile.

Bíonn ainmneaca agus sloinnte na ndaoine fa'n dlige céadna. Cp. Ó Miolláin nó Mac Miolláin[1] i n-áit Ó Mealláin, Ó Spioláin i n-áit Ó Spealáin, Maginneáin i n-áit Mageannáin, Muc-an-'ám i n-áit Mac-Con-Snáma (air a dtugtar Forde i mbéarla. Cp. Mucalla 7 Macalla) agus b'éidir tuillead. Beann agus bunnán, go dtí sin.

An CRAOIBÍN.

---

[1] MacMillan—i mbéarla. D'éidir go dtáinig an focal poncán = Yankee ó Yankán, Yŏncán, poncán.

TRÁCHTAS GEÁRR AR AN RÉAMH-FHOCAL *FÁ, FAOI*.

An té a bhfuil cleachtadh aige ar chanamhaint Chúige Chonnacht tá 'fhios aige go bhfuil an réamh-fhocal *fá* nó *faoi* á ghnáthughadh go foirleathan innte, agus gur féidir go leór ciall a fhoillsiughadh thríd. Ach do réir chosamhlachta, tá mearbhall mór faoi'n gceist. Duine a bhreathnóchadh ar foclóir a mbéadh na cialla éagsamhla seo léirighthe ann, cheapfadh sé nach bhfuil i gceist acht aon réamh-fhocal amháin, agus gurab ionann é san abairt "*tá leabhar fá'n gcathaoir*," agus san abairt, "*tá aithmhéal orm fá sin,*" nó "*tá sé ag magadh fúm.*" Ar ndóigh, tuigeann sé nach ionann an chiall atá ag *fá* ionnta sin, acht ní thuigeann, b'fhéidir, nach ionann an réamh-fhocal atá ionnta cor ar bith. Acht ní thógaim air é, mar is ar na foclóirídhe is mó atá an milleán.

Séard atá fúm annseo a theasbáint nach é an sean réamh-fhocal *fá* a chialluigheas *under* nó *towards* i mBéarla atá i gceist san dá abairt deiridh sin thuas, agus i n-áiteacha eile a bhfuil *fá* le faghail, acht an réamh-fhocal *im*. Réamh-fhocal an-choitcheann iseadh *im* ag na sean-ughdair. Tá sé ionann is bheith caillte i gConnachtaibh, acht tá sé le faghail i gcorr-abairt i gCúige Mhumhan. Tá *fá, faoi* 'na leabaidh i gConnachtaibh, agus *i dtaobh, mar gheall ar* ┐rl i gC. Mhumhan féin.

Anois, más ionann *im* agus *fá* céard is siocair leis an éagsamhlacht foirme? Sé mo mheas gur éirigh sí i dtosach ó ghnáthughadh *im* i n-aoinfheacht leis an aidiacht sealbhach (an treas pearsa) nó leis an airteagal, i, *im+a > ima, im+an > iman (imon)*. 'Na dhiaidh sin cailleadh an *i* ó bheith neamh-aicenta ann féin, agus ó bheith i bhfad ó phríomh-aiceann an fhocail leanas, (féach, *'san < isan ; 'na < ina ; 'ca, 'ga < ica (oca), iga)*, i, *ima, iman > 'ma, 'man*. Le chois *ma* tá *ba* (=*bha*, cf. Érin VIII. pt. I., App. 19, agus *ua*, cf, Togail na Tebe, 2190), le faghail. Maidir leis an *b* séimhighthe féach *'gha < aga*. Ba ghéarr an t-achar 'na dhiaidh sin ó *ba, bha* go *fa* ar chosamhlacht *ba* ┐ *fa < is* ; *bar* ┐ *far (your*, i mBéarla) ; *bar* ┐ *far (said*, i mB.). Ceapadh annsin, ar ndóigh, gur réamh-fhocal simplídhe a bhí ann ar nós *fá* (*<fo*) agus nuair cuireadh le h-aidiacht sealbhach nuadh é, níor mhór *fá* (*< fa+a*) nó *fa n-a* a sgríobhadh (féach *aige n-a, uaidh n-a, chuige n-a* mar an gc.). Faoi dheireadh ghlac *fá* (*< im*) an fhoirm phearsanda chuige ar nós *fa* (*< fo*,) agus mar sin *fá, faoi*.

Is furasta a aithint ar shaothar Atkinson, agus Dottin 'na dhiaidh, nár thuigeadar an cheist seo, agus tá rabhadh don léightheóir i leabhar tábhachtach a cuireadh amach suas anuas le deich mbliadhna ó shoin, á rádh leis nach ionann *fá* (san abairt *crét fá*) agus *fáth* (=*cause*, i mB.) ach gurab éard atá ann an réamh-fhocal *fá* a chialluigheas *under* i mB. ! Feicfear ó ghnáthughadh *im* ┐ *fa* san chéill chéadna san méid leanas gurab ionann iad.

I. Ionann *im, fa* annseo agus *timcheall* :

(a) *im* : Wb. 26, a 23, ciarudboi colinn imbi ; P.H. 505, mag imon pailm ; 940, scrin imon cend ; 2312, suainem im bragait Iacoip ; 5385,

185

186 TRÁCHTAS GEÁRR AR AN RÉAMH-FHOCAL *FA. FAOI*

imacuairt ; A.S., 1834, im a ghnúis ; C.C. 66, 10, nir hiadadh im go ; T.B.B., um an dteach ; C.Z. XIII. 182, a bhfuilt do scailed ┐ do chirad uma cennuibh ; F.B. 27, banna fola im bun cacha finna ; A.S. 2154, immon mbaile.

(b) *ba, 'ma* : P.H. 1235, clocha bá bragait, (féach, D.M. 113) ; 393, a fhuilt scailte b'a cendaib ; M.M. 256. 31, Lúirech Dé bam scing ; D M. 104, ba cuairt ; 115, ba chend Cathail ; 136, ba Erinn uli ; 139, ban dorus ; 132, ba croich Críst ; L.L.T., 2574, ma goth ndet ; *ib* ; ma deil chniss ; A.S. 1781, 'mon sidh ; M.M. 170, 12, ma a bhais ; F.A. 13, 7, ma cuaird (*ib.* 21, L.Br. *ba* cuairt) ; Ériu IV. 102, cosnitis 'moa sengualaind ; C.Z. III. 239, imma muin . . . edon, 'ma muin Machai.

(c) *fa* : C.C. 50, 36, fa n-a braighid ; 66-6, nír hiadadh fa breic é ; 70, 29, fána agidh ; 154, 4, fana corp fén ; C.Z., X. 347, lúireach Dé fam balluib (cf. xiii. 176, luirech iaraind imbi) ; I. 151 faoi do mhuinéal ; 176, cuirit uindiminte . . . futhaibh ; Ériu, V. 84, do himdergadh fa ghnuis nairigh na hingine (cf. M.B. 25, do ruamhnadh ┐ ro dergadh *um* Coincculainn) ; M.M. 314, anadh fad chalad is fad chaem-port, (var. *mud, mut*) ; T.B.B. 210, 21, is iomdha duine fá mbíd an dá ghéibheann úd do bhí fá Pheadar ; P.C.T. 59, dreancaidighe fa na gcroicionnuibh ; S.O. p. 24, fán tigh ; C.G. 72, mo mhéar fa bhfuil an fáinne ; R.S.C. II. 48, ocht n-each faoi an teach ; 78, crios Bhrighde faoi mo lár, agus brat Mhuire faoi mo cheann ; s.l, faoi gcuaird ┐rl.

II. An chiall chéadna, go háirithe an méid bhaineas le h*éadach* ┐rl :

(a) *im* : Wb.27, b. 16, gaibid immib anetach macc cóimsa ; P.H. 452, gab etach umat ; 1492, iallacrand ordai imbi (5102, imma cossaib) ; C.Z. II. 274, cennberti ima cennaib ; C.C., 298. 9, gan umat acht lethbrócc ; P.C.T. 274, caipín uim a mhoircheann.

(b) *ma* : F.B. 37, senbrisca asalcha 'má chossa.

(c) *fa* : A.S. 5923, mind óir fa cenn ; C.F. (Eg.) 264 cathbhárr fána cheann ; 903, gabhais minn a athar fa a cheann ; C.Z. I. 62, crios fa a colainn ; 298, brat fá cluasaibh (var. *fana, uma*) ; C.C. 78. 12, ass oir fana chois ; T.B.B. 2, 19, coróin fa n-a ceann ; 116, y, sróll nó sigir . . . fa n-a cneas ; B.C.L. 2, clogad fa n-a cheann ; *ib*, lúireach fá n-a chom.

III. Ionann *im, fa* annseo agus *about, concerning* i mBéarla ; *de* i Laidin :

(a) *im*: Wb. 29, c. 1, anasbiur sís imchosmulius indfiadnissi ; 27, b. 12, nataibred cách uaib bréic immalaile ; P.H. 1029, cid dogenad immesin ; 1116, imresain im edpart ; 5641, derb-airde im nemthaidecht na dilend ; 5445, do fhorcetul im a n-ilberlaib ; 7154, imrádud im oidigecht ; 7945, is imaind féin doberum bréic (L.L.T. 4448 ; F.B. 61) ; F.B. 56, in caingin imma tullatar ; 61, ani imo mbethe ; 79, comarle im reir na curad ; D.D. I. 11, do innis . . . ní uime ; XXXI. 43, cunnradh im neamh ; C.C. 28, 21, na gnoaighte ima tancutar ; 80. 12, fhreccra im gach ní ; 88-12, na hésdigh ris am énní ; 138-22 olcus uime ; 158. 11, ainbfhis am énní ; M.B. 28, ba comharlach um an ccomhrac so fort ; K.P. 704 (párdún fá) cheilt déar um léan mo laoich-se ; Gad. 267, seanfhocal um chrónughadh lae.

(b) *ma* : CC. 106. 19, na tosca ma tancutar ; 376-22, gach tosca móa ndechaidh sé.

(c) *fa* : L.L.T, 4609, tuarascbail fa tístais Ulaid ; A.S. 7197, do thoiscib fa teighind-si ; DD. XV. 14, an ní fá dtanaig tú ; CZ. IV. 438, maineachtnaigh fa ghuidhe ; XIII. 205, mo chrádh-sa fam banchele ;

C.C. 138. 21, a ndearnais d'ulc fa duillebar; 140-12 breth fan leabar; 154. 15, cathugad fa an anam; 270. 12, ainbfhis fa én-ní; M.B. 12, sgéal bréige faoi; T.B.B. 95. 25, i gcuibhreann na muc fan meas (96. 4 na mbó fa'n bhféar); S.K. 76, i gcomhairle fán gcúis sin; K.P. 704, párdún fá cheilt déar; s. l; cainnt, tuairisg faoi, ⁊rl.

IV. An chiall chéadna, go háirithe an méid bhaineas le *mothughadh aigne* :

(a) *im* : Wb. 15, c. 14 (ingemiscimus) imminbidbethid; P.H. 12, buaidred im; 871, dethitiu im; 1798 cunntabairt im; 4525, et im; 3587, dethitech im; 6784, saint im; A.S. 962, dubach im; D.D. XX. 38, amhuirseach im; C.Z. III. 26, fodord um; C.C. 76. 4, naire im; 102. 1, truaighe im; K.P. 1115, brón um; F.E. XXXVIII. aithreachus um.

(b) *fa* : D.D. XV. 25, brón fa; XIX. 22, buidheach fa; Ériu, V. 84, duthrachtach fa; 140, doilges fa; C.Z. II. 344, imsnioma fa; C.C. 26. 33, ingnad fa; 58. 3, tnuth fa; 58. 5, dimdha fa; 58. 17, monmar fa; 114. 3, ecla fa; 130. 17 fergaither fa; 246. 22, aithrechais fa; 276. 15 scandail fa; 318. 3, náire fa; I.T. III. 310, ic cui fá; 328, fuath ⁊ format fá; T.B.B. 158. 18, gearán ⁊ éagnach fa; S.K. 38, imshníomhach fá; S.O. 73, trioblóid fa; 47, buaidheartha fa; N.G. 115, aithmhéala fa.

V. Gabhann *im*, *fa* le haidiachtaibh áirithe tuarasgbhála, e.g., *fearr, fial* ⁊rl :

(a) *im* : L.L.T. 16, ferr im rath ⁊ tidnacul; A.S. 2561, ferr um bratt is um biadh; K.P. 739, ba réidhe um mhaoinibh; P.M. 131, go holc uim an mbia.

(b) *fa* : K.P. 861, fial fá bhiadhaibh 's fa mhaoinibh; 526, reidh fa mhaoin; F.F. II. 12, coimhréidh fá chúis cheirt is chomthruim; D.F. 184, bí go réidh fa rachaidh thort; R.S.C. I. 128, bean is buige fá ór; Ériu, V. 84, duthrachtach fa; C.Z. X. 50, ainfesach fa.

VI. Gabhann *im*, *fa* le briathraibh chialluigheas *magadh* :
(a) *im* : P.H. 1850, ro-fhaitbe impu (féach 5394, 6625, 8207); C.F. 367, gair fhochmaididh ⁊ fhanamaid uime; C.Z. XI. 43, gaire im cluichi na dha ceithern.
(b) *fa* : P.H. 2863, fanamut fa Ísu; Ériu, VIII. 192, gáire fa; C.Z. V. 326, magadh is fachanaid fúm-sa; C.C. 304. 2, scige fai; D.F. 36. 178, cnáid fá; G.B. 59, scithireacht fé.

VII. Le *ham* agus *aimsear* a fhoillsiughadh :

(a) *im* : S.C. 12, immon samain; I.T. I. 311, imman aidchi; III. 198, im lugnasadh; M.M. 144, Him nóin; 163 (Tall Tr.) im iarmergi; C.Z. XII. 295, Im cáisc is im Nodlaig im Samain; D.D. XI. 16, im dhubh-nóin; Gad. 56, am Féil Míchíl; M.B. 41, um neóin; T.B.B., 105. 29, um thrathnóna; K.P. 1556, um néall na hoidhche; G.B. 54, um eadarshuth.

(b) *fa* : A.S. 3815, fán caemlaithe; C.F. (Eg.) 326, fá mheadhon laoi; C.Z. I. 131: aimser fa thainic; Ériu, V. 54, fá Nodloig; P.C.T. 987, fan Samhuin nó fan mBealltuine; C.C. 24. 8, fa cenn nai la; 206. 20, fai sin; K.S. 7, fan am sin; C.C.U. 42, fan taca so; 57, Fá Fhéil Muire Mhóir; R.S.C. I. 154, fá Chásg; A.M.S. III. 1, faoi Fhéile Bríghde; XIII. 9, faoi Lughnas; S.O. 94, fá choinfheasgar Dia Domhnaigh; s.l. faoi sin.

[199]

188 TRÁCHTAS GEÁRR AR AN RÉAMH-FHOCAL FA. FAOI

VIII. Le habairt *fátha* :

(a) *im* : P.H. 2214, cid imar thechtais ; 6456, in fáth im a nderna ; 530, adbar im thidecht ; 8259, is uime romcastur ; Ériu, I. 214, gíall im cinaid ; II. 20, Im Blathnait . . . im na tri fira.

(b) *ba, ma* : P.H. 2755, adbur ba ndligend ; 7429,. Fath b'á n-cóir a sechna ; 8131, cid ma ; A.S. 4187, créd ma ; L.L.T. 3343, ga fath ma.

(c) *fa* : P.H. 2611, cid fa tuc ; 2880, crét f'á ; 2761, cia hadbar f'a filet ; 7453, gael fá bud chasmail ; D.D. XXV. 9, Dia do dhearmad fa dheachmhaidh ; 38, Eagail leam Dia fá ndéanaim ; XXXI. 40, peacadh fa bpiantar thú ; T.B.B. 120, 15, fáth fa séanaid ; R.S.C. I. 262, ag íoc faoi ; II. 202, asbolóid faoi ; 163, freagairt faoi ; 150, maith, a Dhia, faoi fhaill faoisidin.

IX. Le habairt *chuspóra* a thabhairt isteach :

(a) *im* : P.H. 1027, boi oc guide De im a fhoillsiugad cid dogenad ; 4657, greisfider im denum maithiusa ; 7258, Ro-throiscset im a fhurtacht ; A.S. 4414, furtacht um dingbail ; F.B. 27, impidi im thuaslucud ; C.C. 106. 14, urnaidhe imá a thaitbeougud.

(b) *ba* : P.H. 791, ro-guid in coimdid bá indechad fors-in errig cech a ndernai do ecóir.

(c) *fa* : C.Z. II. 50, ghuidh an Tigerna a Athair fan Pais du chur tairis ; D.C. XXV. 50, aitchim . . . fam thabhairt do Dhia ; C.C. 70. 12, dóchus . . . fan gort do tect ; C.C. 84. 34, urnaigthe fana athbeougad ; 164. 12, do troisc fana cur ; 354. 29, bendacht fa fuirech ; T.B.B. 2. 12, impidhe fa gach nídh do dhul i nglóir do Dhia ; S.K. 73, braighde do chor fa bheith umhal ; P.C.T. 1273, mionna fa bheith dílios ; G.G. 77, chuir fa gheasaibh fa chomhrac d'fhaghbháil.

X. Gabhann *im, fa* go foirleathan le *toirmeasg* ⁊ le briathraibh coimhchéille :

(a) *im* : P.M. 3035, is ed ro-toirmisc umpu ; 3156, no-co sénaim-se umat ; 7450, a bascad immpu.

(b) *fa* : G.G. 19, ní cóir dhuit a thoirmeasg fa bhantracht na Féinne.

XI. Leis *an ní diúltuighthear* do dhuine a fhoillsiughadh :

(a) *im* : A.S. 221, nír 'er O. duine im ór ; C.C. 312. 5, Do eitigh an drai uimpe é.

(b) *fa* : A.S. 429, nech d'éra fa bhiadh ; C.C. 164, 1, duine d'eitech fa enni (180-36, eitech am enni) ; 312. 15, do eitigh mesi fan indilt ; G.G. ní dhiúltuighimíd duine fa sgéala do thabhairt do ; 98, gan a dhiúltadh fa shéadaibh ; *ib*, a shéanadh fán fhoghluim ; cf. Raftery, nár eitigh fear faoi chárta.

XII. Ionann *im, fa* annseo agus *i n-aghaidh* nó *i gcoinne* :

(a) *im* : L.L.T. 1027, béim immun corthe ; C.F. 221, urrchur de uimpe ; Oss. l. 13, isin chloich imma torchratar ; Lg. 19, Dolleici a cend immon cloich ; Ériu, II. 21, buli 'mon carraic (*ib*. 30, *frisin* carraic).

(b) *fa* : C.F. 395, rodbhuilli fa cheann an fir ; 823, aca mbualadh fa cheili ; M.M. 366, tarla mh'ucht fan uaithne ccorr ; P.M. 138, urchar an daill fan dabhach (cf. S.G. urchair an doill *mu'n* dabhaich) ; T.B.B. 156. 9, trost-bhualadh a gcorp fá lár ⁊ fá lán talamh ; 104. 23, buailtear an long fa charraig ; s.l., faoin talamh, ⁊ rl.

TRÁCHTAS GEÁRR AR AN RÉAMH-FHOCAL *FA. FAOI* 189

XIII. Le *gach re* ——, nó, —— *i n-aghaidh* ——, a fhoillsiughadh :
(a) *im* : M.B. 24, go dtug dha bhéim um gach bhéim do Chuchulainn.
(b) *fa* : Ériu, V. 182, dobheredh P. tri bhuille fan aonbhuille dho
⁊ tri béimenna fan mbéim ⁊ tri gona fan nguin (cf. C.Z. II. 248, atat troigh fan troigh ar ísle uainne).

XIV. Le *milleadh* ⁊rl :
(a) *im* : P.H. 4245, milles a (fh)laithius imbe foden acht millid im a maccaib ⁊ im a uaib dia essi ; Ériu, V. 172, as mor domhillis umainn ; VI. 158, mescfad in fleid immon flaith.
(b) *fa* : C.Z. XIII. 172, do urail ar Mhidhir a milled fa Fraech ; An Troid agus an t-uaigneas 10, bhí ar ngaolta . . . a' milleadh fúinn.

XV. Ionann *im, fa* annseo agus *i n-aoinfheacht le* :
(a) *im* : P.H. 980, um Maximán im mac in errig ; L.L.T. 458, cach droing imma righ ⁊ cach réim imma muirech ⁊ cach buiden imma tuisech ; C.C. 114. 36, go vii. n-espocaib imme.
(b) *ba, ma* : C.R.R. 10, Ra-ergitar in trom-choblach ba C.C. et ma F ; T T. 722, Tárthetar sluaig . . . im Theophras 'ma rig ; A.S. 5666, 'ma F. mac C.
(c) *fa* : T.B.B. 248. 5, do bhrígh laibhín Luther faoi ; R.S.C. I. 146 mo pheacaidh fúm mar choibhtheach.

XVI. Gnáthuighthear *im, fa* le *cuimilt* :
(a) *im* : P.H. 1144, salann do choimeilt imme.
(b) *fa* : P.C.T. 895, ag cuimilt mheala fúm gach aon lá (cf. C.Z. I. 268, nocomailtea . . . fo ghin ⁊ ghlomhar dhó ; ib. 416, coimlit fo chulaib ⁊ cernuibh in brogha).

XVII. Disjecta membra :
(*a*) *im* : Ériu, IV. 50, luicchim-se um na duilibh aigsidhe ; ima sech (passim) ; A.S. 2154 immon mbaile.
(b) *fa* : P.H. 2736, luidmit fa Céssair ; fa seach ; fa'n dtuaith.

XVIII. Áiteacha a bhfuil *im* agus *fa* le fagháil san aon abairt amháın :

C.Z. XIII. 231, ro gab *ime* féin idir édach ⁊ cris . . . ⁊ dochuir a deise féin *fa* mac ríg Lochlann ; C.C. 66, nir híadadh *im* go=nir híadadh *fa* bréic (ibid.) ; 78, ass oir *fana* chois, ⁊ an coss do benadh re lar aige is *uimpe* nobidh an t-ass ; K.P. 704, párdún *fá* cheilt déar *um* léan mo laoich-se ; P.H.7409, is cora frichnam *immpe* na *fa* anóir na colla ; C.C. 428, a braithir do bí grádach *uime* ⁊ *fa* raibe sé ro-grádhach ; T.T. 304, fochuitbiud *immum* fadesin ⁊ *fo* Troiánaib uile. Cf. C.C. 106, adhbhor *fá* nach dénta duit olcus *uime* (éagsamhlacht chéille annseo).

Cárna.   An tAth. TOMÁS Ó CEÓINÍN.

[Ag so na háiteacha ar bhain mé na sompláidhe asta :
A.M.S, Amhráin Mhuighe Seóla ; A.S, Agallamh na Senórach ;
B.C.L, Bodach an Chóta Lachtna ; C.C, Betha Colaim Chille (O'D.) ;
C.F, Cath Finntraga (Anec. Ox.) ; C.G, Cú na gCleas ; C.R.R, Cath Ruis na Ríg ; C.Z, Zeit. für Celt. Phil. ; D.D, Dán Dé (McK.) ; D.F, Dán-fhocail (O'R.) ; D.M, Dottin : Man. d'Irland. Moyen ; F.A, Fís

190 TRÁCHTAS GEÁRR AR AN RÉAMH-FHOCAL *FA. FAOI*

Adamnáin ; F.B, Fled Bricrend ; F.E, Flight of the Earls (Walsh) ; Gad, Gadelica (O'R.) ; G.B, Gile na mBláth ; G.G, Gad. Géar na Geamh-oidhche ; I.T, Irische Texte ; K.P, Keat. Poems ; Lg., Longes mac nUsnig (I.T. iv.) ; L.L.T, Bk. Leinster Táin ; M.B, Mil na mBeach ; M.M, Meyer Miscellany ; N.G, Naoi ngábadh . . . (O'M.) ; Oss.. Ossianische Gedichte (I.T. iv.) ; P.H, Pass. and Hom. (Atk.) ; P.C.T. Parl. Cloinne Tomáis (Gad.) ; P.M, Proverb Miscellany (O'R.) ; R.S.C, Relig. Songs Conn. (Hyde) ; S.K, Stories from Keating (Bergin) ; S.O, Sgéal. Óirghiall ; T.B.B, Trí Bior-ghaoithe an Bháis (Atk.) ; T.T, Togail Traoi ; Wb., Wurtzburg Glosses (Thes. Palaeohib.) ; S.L., Spoken language].

An t-Amaḋán Mór.

Roiṁ-ráḋ.

Coṁ ḟaḋa agus is feasac mise ní'l an sgéal so "an t-Amaḋán Mór" le fáġail aċt i nḋá láiṁ-sgríḃinn aṁáin. Ní raiḃ fios ag D'Arbois de Jubainville go raiḃ aon sgéal ann, ní cuireann sé síos aċt ar an nḋán. Tá ceann de na láiṁ-sgríḃinniḃ in a ḃfuil sé le fáġail i gColáiste na Tríonóide (H.26) agus tá an ceann eile ins an Acadaṁ Ríoġaṁail (24.p.16). Do rinneaḋ an céad-ceann san mbliaḋain 1716-17. Do ċuir mé síos ar an láiṁsgríḃinn seo i gCumann na sgríḃeann Gaeḋilge, Imleaḃar I. leaṫanaċ XII. san mbliaḋain 1899. Tá an dara ceann imeasg láiṁsgríḃinní Reeves. Do sgríoḃ Sṫiaḃna Ríġis é san mbliaḋain 1730. Is an-ḃeag an diḟir atá idir an dá láiṁsgríḃinn. Tá áiteaċa ins gaċ sgríḃinn aca atá doiléir, in a ḃfuil an innsint contráltá dí féin, ⁊ tá bearnaiḋe ionnta naċ ḃfuil líonta i gceart.

Ġeoḃaiḋ an léiġteóir innsint eile ar an sgéal so, innsint ġearr, i leaḃar Iain Caimbéil Ó íle, "Sgeulaċdan Gáiḋealaċ" Imleaḃar III. leaṫanaċ 146. Do cuireaḋ an sgeul eile seo ar páipéar ó ḃéal sean-duine de Ċlainn Ḋoṁnaill i n-Úist i n-Alḃain, san mbliaḋain 1860. Duḃairt an sean-ḟear gur ċualaiḋ sé ó n-a ṁáṫair é, do fuair bás deiċ mbliaḋna agus trí fiċid roiṁe sin, i n-aois a céad ḃliaḋan. Ní raiḃ sgoil ná léiġeann ar bit aige, aċt tug sé a ainm agus a sloinneaḋ mar "Aongas, mac Iain, ṁic Aongais, ṁic Ḋoṁnuill, ṁic Ċormaid, ṁic Iain, ṁic Néill ṁic Ċalain, ṁic Eoġain, ṁic Aongais óig, ṁic Aongais ṁóir, ṁic seann-Aongais a íle." Ní cuirfiḋ mé síos ann so ar na difri-ḋeaċtaiḃ atá idir an sgéal Alḃanaċ agus an sgéal Éireannaċ, aċt aṁáin go dtugann an t-Alḃanaċ Draomall ar an mbuime agus Doṁnall ar a mac.

Bíoḋ naċ ḃfuil an t-Amaḋán Mór ar sgéaltaiḃ maiṫe na h-Éireann, mar sin féin is an-táḃaċtaċ é mar ġeall ar an dlúṫḃaint atá idir é agus sgéaltaiḃ eile "Artúireaċta," i ḃfraincís i mBéarla agus i mBreatnais, mar atá Sir Percival, Peredur, Sir Gawayne ⁊ an Ridire Uaiṫne, Conte del Graal, agus eile. D'iarr Alfred Nutt orm dá fiċid bliaḋan ó soin cóip de'n sgéal so do ḋéanaṁ ḋó, agus rinneas dó í, as H.26. Do rinne mo ċara agus mo ḋalta féin Toirḋealḃaċ O Raḃartaiġ cóip de'n sgéal as 24. p. 16, agus do ċuir sé i gcompráid go h-aireaċ é leis an scóip atá in H.26. Cuir sé síos ins na nótaiḃ gaċ difriḋeaċt dá ḃfuil eatorra do b'fiú a ċur síos. Tug sé a sgríḃinn go fial flaiṫeaṁail daṁ-sa le cur i gcló ann so. Tá mé cinnte go mbéiḋ mo luċt-léiġte buiḋeaċ dé, agus go raċaiḋ an téx seo i dtairḃe ḋóiḃ san uile atá ag obair ar sgéaltaiḃ Artúireaċta. Tuigfiḋ luċt-léiġte lia ḟáil coṁ táḃaċtaċ agus atá an téx seo

191

ó'n nóta leanas, do sgríob Doctúir Mühlhausen ó Hamburg, atá ar daoinib léigeannta na Gearmáine ins na neitib seo :—

"In den Volkserzählungen der ganzen Welt findet sich das Motiv vom 'Dümmling,' vom 'Great Fool' oder 'Great Oaf.' Auch die iro-schottische Ueberlieferung stellt einige Beiträge dazu. Es ist das Verdienst Alfred Nutt's zum ersten Male (1888) im Folk-lore Record IV. auf eine schottische Variante des Themas hingewiesen zu haben. In Campbell's Popular Tales of the West-Highlands findet sich eine Laoidh an Amadáin Mhóir mit eider Einleitung in Prosa, die die Jugendgeschichte des Amadán Mór berichtet. Zimmer wies 1890 darauf hin, dass auch eine Irische Prosaversion von 1716 in T.C.D. H.26 existiere. Nutt informierte sich über diese bei Douglas Hyde, der ihm mitteilte, das es 'a prose version, comprising both Campbell's Introduction and the Lay' sei, und dass diese offenbar—in ihrem ersten Teile wenigstens—auf einem Arthurroman ähnlich dem mittelenglischen Sir Perceval beruhe (Folk-lore, III. 401). Damit versank der irische Amadán Mór wieder in die Vergessenheit, ohne dass man den angedeuteten Spuren nachgegangen wäre. Gleichwohl aber hat der Text ausser dem allgemeinen stofflichen Interesse, den das Motiv des 'Great Fool' an sich erwarten darf, noch ein besonderes Interesse eben dadurch, dass er in seinem Anfang, der Jugendgeschichte des Amadán Mór, eine Interpolation enthält, die eine Bearbeitung der Jugendgeschichte von Perceval le Gallois darstellt. "Endlich verdient auch die Ballade (Laoidh) selbst, die am Ende des irischen Textes in Prosaform erscheint, die Beachtung des vergleichenden Literarhistorikers : O'Rahilly hat u. a. darauf hingewiesen (Irisleabhar na Gaedhilge XIX. 356), dass eine bemerkenswerte Aehnlichkeit zwischen dieser Ballade und der mittelenglischen Prosaromanze von Sir Gawayne and the Green Knight besteht.

"Für die Feststellung und Aufhellung literarischer und saggeschichtlicher Beziehungen zwischen der jüngeren irischen Literatur auf der einen und der französischen, englischen und spanischen Literatur auf der anderen Seite, die m. E. leicht unterschätzt werden, ist bisher so wenig getan worden, dass jeder Beitrag hierzu erwünscht und wilkommen sein muss."

Maidir le Laoi an Amadáin Móir, is rud eile é sin. Is ionann an sgéal atá insan Laoi agus an sgéal atá i ndeireab an próis, agus—rud ait—bub dóig le duine nár cuireab críoc ceart riam ar ceactar aca, ar an Laoi nó ar an bprós, agus nac bfuil aon ceann aca iomlán, act gur gearrab iad i ndó insan áit céadna. Do bíob meas mór i n-Albain ar an Laoi, óir do bí sean-focal ag Gaebealaib na h-Alban "gac dán gu bán an Deirg, gac Laoi go Laoib an Amadáin Móir gac eacbraib go eacbraib Connail." Agus insan sgéal greannamail sin do sgríob Seán O Neactain am éigin timceall na bliabna *1700 "Eactra Éamoinn Uí Cléire" cuireann sé síos ar gac a dtárla do Éamon i dtig Bulcáin Buaibearca. Bí an cuideacta go léir ag ice agus ag ól

* Deir Eabbard O Ragallaig an fear do sgríob an foclóir mór go raib sé 'na sean-fear, san mbl. 1715. Dubairt Taog, a mac, go bfuair sé bás deic mbliabna 'na biaib sin.

AN T-AMADÁN MÓR

insan tig sin go ndubairt duine aca "go mbaḋ miṫiḋ íoc ar son a méile. Déantar sin ar an t-iomlán. Agus cia bíos 'na Ṫaoḃ Fionn, ar Magnus O Callaráin. Éistí liom-sa ḋá ḟocal ar Feargal O Cuigle. Seaḋ! cad é sin? ar iad-san. Atá, ar eisean, cibé ḋínn is fearr a ḋéarfas Laoi nó imteaċt an Amadáin Ṁóir toiseaċ suiḋe agus beinnsi a ḃeiṫ aige, agus cibé is measa ḋéarfas í, íoc an scoit do ḃeiṫ air. Déanfamaoid, ar an coimṫineól uile." Is léir ón méid sin go raiḃ sár-eólus ar Laoi an Amadáin Ṁóir roiṁ 1715.

Insan amrán do rinne Eoġan Ruaḋ O Súilleaḃáin cum naoiḋ-eanáin do ḃréagaḋ cun suaimnis, geallann sé dó gaċ seóḋ do b'éidir, eaċ Con Ċulainn, craoiseaċ Ḟinn Ṁic Ċúmaill, seaḃac na seilge ón Sgeilg, clogad Osgair, etc., agus imeasg na rudaí eile, dubairt sé :—

Do ġeoḃair an corn nár ḃ'folaṁ mar seóid,
Do ġeoḃair an adarc 's an gaḋar cum spóirt
Do ḃí ag Gruagaċ Dúna an Óir,
Cé gur doċma leis siúd a dtaḃairt do d'ṡórt.

Is dóiġ gur tuig a luċt-éisteaċta cia r ḃ'iad na seóda so air a raiḃ an file ag tráċt, 7 go raiḃ eólas aca go léir ar Laoi an Amadáin Ṁóir.

Duḃairt Eaċann Mac Illeleaṫain, an té do sgríoḃ an Laoi don Ċaimbéalaċ, some of the phraseology and pronunciation are such as are considered Irish. Do cuireaḋ amaċ an Laoi ar dtús le Seán Ó Dálaiġ i n-imleaḃar VI. den Ċumann "Oisíneaċ," leataṅaċ 160-206, gan focal ar biṫ i dtaoiḃ an sgéil. Tá 158 rainn insan téx seo. Ní'l aċt 63 san téx Albanaċ.

Cia an ceangailt do ḃí idir an sgéal agus an Laoi? Cia aca is sine? Cad is bun dóiḃ araon? Sin ceisteanna a fágfasmaoid, anois fá ḋaoiniḃ eile, go mór-mór fá luċt-sgrúdaiġte "Artúireaċta."

AN CRAOIḂÍN.

Eaċtra an Amaḋáin Ṁóir.

Riḋire neartṁar nós-oirḋearc cróḋa céilliġe cuiṁneċ menmnaċ maiseċ[1] mallrosgaċ ḋioġuin ḋeiḋġel[2] fosaiḋ foisḋionaċ fír-ġlic baḋ ḋearḃráṫair ḋo Ríġ an Ḋoṁuin, agus is[3] é ḋo b'ainm ḋo'n Riḋire sin.1. Riḋire an Ḟearainn Áluinn, ḋo ḃríġ go raiḃ fearann áluinn aige, ⁊ as í baḋ ḃen[4] ḋó.1. Inġion[5] Iarla Ċornuḃas ḋo Ḃreaṫnaċuiḃ. Agus is uime aḋeirtear an t-ainm sin fris.1. Riḋire an Ḟearainn Áluinn ó ttáiḋ Innsi Ḃretan.[6] Agus ḋo ḃí fairrge ḋo taoḃ ḋe, ⁊ foraois áluinn fiaḋaiġ ḋon taoiḃ[7] eile ḋon ḟerann sin, ⁊ ḋo ḃí bruiġen ḃréġa ḃioṫ-ḋaingean annsa ḃforaois sin, ⁊ ḋo tiġḋís na longa na láintimp-ċioll,[8] ġé go maḋ líonṁar láiniomḋa ḋo ḃeiḋís.[9] Agus is aṁlaiḋ ḋo ḃí an Riḋire sin ⁊ triúr mac aige, ⁊ ḋo ḃí ríġḟearsa ag gaċ mac ḋioḃ. Agus is aṁlaiḋ ḋo ḃí siaḋ go raiḃ[10] sáit Ríġ an Ḋoṁuin ḋo ṁacaiḃ a ngaċ mac ḋioḃ, ⁊ ní raiḃ aċt aonṁac ag an Ríġ. Mar sin ḋóiḃ[11] go raiḃ an Riḋire ⁊ a ċlann ag imirt fitċille re aroile. Annsin ḋo laḃair an mac baḋ sine ḋo ċloinn an Riḋire ⁊ aseaḋ aḋuḃairt, "A aṫair ġráḋa," ar sé, "is olc linne gan tusa ḋo ḃeit aḋ'[12] Ríġ ar an ḋoṁan, ar ċor gomaḋ[13] clann ríoġ ḋo ġoirfiḋe ḋínn féin." "Créaḋ uim a n-aḃartaoi, a ṁaca ionṁuine," ar sé, "óir aṫáiḋ clanna ríoġ agus ró-tiġearnuiḋe an ḋoṁuin ar an mḃórḋ Cruinn ré haṁarc ⁊ ré hárḋfoġluim[14] cleasa[15] goile ⁊ gaisgiḋ ḋ'imirt ⁊ ḋ'foġluim gaċa bliaḋna,[16] ⁊ créḋ ḋoḃ áill liḃsi ḋo ḋéanaṁ[17] uim an áḋḃar sin," ar sé? "Doḃ áill linn," ar siaḋ, "ḃeit ag feiċioṁ ar Ċing Artúr[18] go cenn bliaġna nó go ḃfagam 'na uaṫaiḋ ⁊ na aonar é, a nóit a

---

[1] Ṁeanmnaċ Maiseaċ H.　　　　[2] Ḋeiḋġeal H.
[3] As R.I.A.
[4] Ḃean "ea" i n-áit "e" passim in H, aċt i gcorr-áit.
[5] Inġion H.
[6] Innsiḃ Ḃretuin. D'éiḋir gur "ó tuaiḋ" nó "attuaiḋ" ba ċeart ḋo ḃeiṫ ann, i n-áit "ó' ttáiḋ," focla naċ ḃfuil aon ċiall leó ann so.
[7] Taoḃ H.
[8] Lánṫimċioll. "Timċioll" i n-áit "timpċioll," passim in H.
[9] Ḃeiḋís H.　　　　[10] "Agus" i n-áit "go raiḃ," in H.
[11] "Ḋáir" i n-áit "ḋóiḃ" passim, in H. Aċt i gcorr-áit.
[12] "Ḋo" i n-áit "aḋ'" passim, in H.
[13] Ḋomaḋ, R.I.A.
[14] Arḟoġluim R.I.A. Tá an ceart ag H "Árḋfoġluim."
[15] "Clesa" san ḋá láimhsgriḃinn.
[16] "Ḃliaġain" R.IA.
[17] Ḋénaṁ H.　　　　[18] Arthure H.

slóiġ ⁊ a ṡocuiḋe, ⁊ cat ʋ'fóġair air,¹ ⁊ is ġeis ʋó-san-
cat ʋ'oḃaḋ ⁊ tuitfiḋ féin ġo n-a ṁuinntir linne ⁊ ġoir
fiġear ² ríġ ḋiotsa ⁊ clann ríġ ḋinne, óir atámaoiḋ
triúr mac aġaḋsa, ⁊ ní ḃfuil aġ an Ríġ act aon mac
aṁáin."

Do rinneaḋar aṁlaiḋ sin, óir ʋo ḃáḋar aġ feitioṁ
ar an Ríġ ġo cenn bliaġna ġo ḃfuaraḋar na úctaiḋ ⁊ na
aonar é, ⁊ ró fóġraḋar cat air, ⁊ ʋo tuġ san ³ sin ʋóiḃ,
⁊ ró cuireaḋ an cat ġo buan láiḋir, ʋiḃlionnac. Act atá
aon ní ceana. Do cuireaḋ ⁴ an cat, (mar ḃaḋ cóir),
orta-san, óir ʋo marḃaḋ clann an Ríḋire ré Cinġ Artúr,
⁊ ʋo ġaḃaḋ é féin re muinntir an Ríġ, ⁊ ʋo tuġaḋar cen-
ġuilte cruaḋ-cuiḃriġte a ḃfiaḋnaise an Ríġ é, ⁊ ʋ'fiaf-
ruiġ a ṁuinntir ʋo'n Ríġ créaḋ ʋo ḋénaḋaois ris, nó
créaḋ an bás ʋo himeórtaiḋe ar an Ríḋire. "Sġaoil-
tear ʋe," ar an Ríġ," ⁊ curtar a mesġ a muinntire féin
é." Do rinneaḋ amlaiḋ sin ⁊ tar éis an Ríḋire ʋo ḋul a
mesġ a ṁuinntire féin, ʋo ḃí ġo ʋúḃac ʋoḃrónac ⁵ tuirseḋ
ʋéarac aitṁélac a n'ʋiaiġ a ḋroic-cinneaṁna, ⁊ ró fiaf-
ruiġ a ṁuinntear ḋe nárḃ i cúṁa a cloin[n]e ʋo ḃí air.
Aʋuḃairt an Ríḋire nárḃ eaḋ, act an toircios ʋo ḃí a
mbroinn a ṁná. "Ar an áḋḃar sin," ar sé, "ʋá
mbeireaḋ sí mac ⁊ ġo ġcluinfeḋ sé bás a ʋearḃráitre ⁶
ʋo cuirfeḋ sé roiṁe ḋioġaltas ʋo ḋénam ionnta, ⁊
tuitfiḋ sé féin, mar ʋo tuiteaḋar a ʋearḃráitre roiṁe ;
⁊ aġ sin áḋḃar mo cuirsi ⁊ mo ʋoḃróin," ar an Ríḋire.
Aġus ʋo rinnes comairle, maḋ comairle liḃsi é, óir atá
foraois ⁷ áluinn ionġantac aġam," ar sé, "iona mbí
biaḋ ⁊ ʋeoc ʋo ġnáit,⁊ ʋoḃ' áil liom mo ḃen féin ⁊ ben eile
ʋo cur san ḃforaois sin ⁊ léiġion ʋóiḃ ⁸ ġo h-am tuis-
miġte an toircis, aġus maḋ niġean ⁹ ʋo ḃéara sí ġan
ʋuine ar bit ʋá lúaḋ nó ʋá laḃairt, aġus a tect a mesġ
mo teġlaiġ arís, ⁊ maḋ mac ʋo ḃéaras a oileaṁain ġan
motuġaḋ ġan iomraḋ, act mar nac ʋtiocfaḋ san t-saoġal,
⁊ beit ʋá oileaṁain mar nac ʋtiocfaḋ ar an (t)talaṁ, mar
nac ḃfaicfeaḋ slóġ nó socuiḋe é, ⁊ mar nac ḃféaḋfaḋ lút
nó láṁac nó clesa ġoile no ġaisġe ʋ'imirt nó ʋ'fóġluim,

---

¹ " fair " i n-áit " air," beaġ-nac passim in H.
² Ġoirfiġtear H.
³ A tuġ san " a " i n-áit " ʋo " passim roiṁ " tuġ," " táiniġ," ⁊rl.
⁴ Cuaiḋ H.
⁵ Duḃḃrónac passim H.
⁶ Tuiseal ainmneac, i n-áit an tuisil ġeineaṁnaiġ.
⁷ MS. feraos.
⁸ Cuireann H " ann " i nʋiaiḋ " ʋóiḃ."
⁹ Generally used instead of inġean in both texts. Bíonn " niġion " aġus " inġean " ins ġac téx aca.

nó go ndéantar amadán droic-ceillíge díotcoisgte[1] de."
"Ní cualamar riam comairle badh fearr 'ná sin," ar a
muinntir fris, 7 do cinneadh an comairle sin leó. Agus
do cuireadar ben an Ridire 7 ben eile dochum na foraoisi, 7
do rug ben an Ridire mac. Agus do sguireadh do taitíde[2]
na foraoise ó sin amach 7 ró hoileadh go hiongantach allata
árd-uaibhrech an lenbh go cenn a sécht mbliagain.[3] Agus
adubhairt banaltra an leinbh ré mnaoi an Ridire, "Atá
mac agam féin," ar sí, "agus as mór an cennach dam ar
mac mná eile gan mo mhac féin d'faicsin." "Éirge na
diaid," ar ben an Ridire, "7 tabair let é, 7 na léig éan-
duine[4] eile let acht é féin." Téid an buime d'fios an
leinbh gus an ccathraig[5] a raibh sé, 7 d'fiafruig an mac dá
mhátair cá háit a mbíodh sí do búnadh. "Gibé áit a mbím,"
ar sí, "ní biaidh a fios agadsa nó ag nech dá mairenn."
Agus do gluais roimpe, 7 do len an mac beg í gan fios,
7 ní facaig an mhátair é go ráinig an bruigion. Do éirig
mac an Ridire 7 do cuir a dhá láimh timpcioll mic na ban-
altrann. "Léig amach mé," ar mac na banaltrann, "nó
brisfidh tú mo croidhe am cliabh." "Is egla liom go mill-
fidh an Ridire sinn ar aon," ar ben an Ridire, "tré mar
do léig tú an mac beg let." As annsin ró éirig an
t-Amadán Mór iona sesamh 7 do connairc an mac beg
eile, 7 do rug air, 7 níor fédadh a sgaradh ó (a) céile go
cenn imcian d'aimsir.
Lá n-aon[6] dár éirig an t-A.M. 7 mac na banaltrann
ar fedh na foraoisi, 7 do bí lán a glaice do bhonsacuibh
cuilinn 'na láimh ag mac na banaltrann. "Créd do nitear
díobh sin?" ar an t-A.M. "Do nitear a tteilgen ré
céile," ar mac na banaltrann."[7] "Teilgsi liomsa iad,"
ar an t-A.M., "go bfaicfinn sin." Do teilg mac na
banaltrann urcar ré lecán cruaidh camhaill[8] do bí na
goire, 7 is amlaidh do bí an lecán 7 poll tríte, 7 do cuir
mac na banaltrann tar an bpoll[9] an t-urcar. "Léig
damsa an t-urcar do caitiomh,"[10] ar an t-A.M. Ró léig,
7 do cuir an t-urcar tríd an bpoll. "An ndéantar díobh
acht mar sin?" ar an t-A.M. "Do nitear," ar mac na
banaltrann, "slega rinngéara a mharbas eich 7 daoine
díobh." "Teilgsi misi," ar an t-A.M., "mar do teilgis

[1] Dítcoisge R.I.A. [2] Catáige H.
[3] mbliadhan H. [4] Aonduine H.
[5] Cathraig H. [6] Éigion H.
[7] Banaltradh R.I.A..
[8] Cómhaill H. ní tuigim. é.
[10] Catamh H. [9] poll H.

eactra an amadáin móir

roime." Do rine amlaid ⁊ do cuir sead an t-urcar, agus ró tóguid an t-A.M. an donsac ⁊ do teilg í le mac na banaltrann, ⁊ do cuir tríd a dá sliasaid an t-urcar ar fead na foraoisi. An uair ró goirtigead mac na banaltrann do sgread ⁊ do éigim go hárd. Ró cualaid an t-A.M. sin ⁊ do tóig mac na banaltrann ar a muin dochum na bruigne, ⁊ do cenglad iar sin é, ⁊ do bí caoicíos ar mí na luíde. Agus do éirig slán as a haitle, ⁊ do cuadar ar aon ar fead na foraoisi. Agus tarla fiadac na foraoisi dóib. "Créad iad súd?" ar an t-A.M. "Fiadac h'atar-sa súd," ar mac na banaltrann. "Créad do nitear díob?" ar an t-A.M. "A marbad ⁊ a n-ite," ar mac an banaltrann. "Dénamaoid ¹ amlaid sin leó," ar an t-A.M. "Ní béramaois orta," ar mac na banaltrann. "Do béara misi orta go deimin," ar an t-A.M., ⁊ do rinne ² mar do gell, óir an fiad fá nesa dó don fiadac, do rit cuige ⁊ do rug ar caol coisi air ⁊ do bris a cnáma ⁊ a croiceann a gcéadóir. Agus ró mharbsad iomad dona fiaduib,³ agus do fennad ⁊ do cóirigead an fiadac leó, ⁊ do rugadar cum na bruigne mar sin iad. Agus do nídis mar sin gach laoi.

Lá eile do cuadar cum na foraoisi ⁊ tarla groid an Ridire dóib. "Is mór an fiadac úd," ar an t-A.M. "Ní fiadac súd," ar mac na banaltrann, "act groid h'atar-sa." "An é a n-ite do nitear?" ar an t-A.M. "Ní hé,"⁴ ar mac na banaltrann "act eic díos ag iomcur daoine ó cnoc go cnoc," (ar sé). "An áil let ⁵ dul ar a muin?" ar an t-A.M. "Ní háil," ar mac na banaltrann, "óir ní fuil srianta nó diallaidige againn do racad orta." "Créad é súd ar deiread na groidead?" ar an t-A.M. "Stead hatar-sa súd," ar mac na banaltrann. "An ndeacaid duine ar a muin riam?" ar an t-A.M. "Ní deacaid," ar mac na banaltrann. Iar n-a clos sin don A.M., do rit ar an ngroid ⁊ do fuair an stead ar deiread na groide, ⁊ do cuir na ceitre cosaid a n-áirde é,⁶ ⁊ ag éirge na sesam dó do bí an t-A.M. ar an gcuid ⁷ do bí suas de ⁊ lán a duirn do darusgal slat iona láim. Agus do buail sé ar gach taod an t-ec gur cuir sé a taod ris an ngroid ⁊ a hagaid ⁸ a mbéal macaire Bretan, ⁊ ró bí ag siúdal amlaid sin go ráinig an dúnad ríoga ró

¹ Denmaois H. ² Do'n bfiadac H.
³ Rinead H. ⁴ Linne for let H.
⁵ ní head H.
⁶ fair for é H. ⁷ Cuid H.
⁸ Is baininscne stéad ann so, ar nós "an stail" "na stalac."

fairsiong .i. dúnadh Cathrach an Chuill. Agus do connairc puible iomdha 7 slógha móra ann 7 téid an t-A.M. mar a raibh an troimcheaglach sin 7 as iad ró bhí san chruinniúghadh sin .i. Sir Balbhadh Dé Cornubas 7 inghion d'Artúr 7 Amadán Artúir. Do bhí beirt do chroicnibh fiadh 7 ferbógh uime 7 cách ag magadh 7 ag fochuidmheadh faoi. Do ghluais an t-A.M. mar a raibh Amadán Artúir 7 d'fiafruigh Amadán Artúir de cia hé féin.

"Misi A.M. na foraoisi, mac mná an Ridire, dalta na banaltrann, 7 dearbhchomhalta mic na banaltrann. Agus cia hé so aguibh-si féin?" ar sé. Amadán Artúir súd," ar siad. "An é súd duine is fearr agaibh?" ar sé. "As é go deimhin," ar siad. "Dá mbeith¹ a leitéid² súd do bheirt umamsa," ar an t-A.M., "an badh fearr mar Amadán mé ioná é?" "Do b'fearr tusa," ar Sir Balbhadh. Do rin[n]e inghion Artúir gáire. Mar do connairc Sir Balbhadh sin buailios das uirte ionnus gur dhearg a ghruaidh 7 go ttug déara fá na súilibh. Agus adubhairt gur gheill nách déanfadh gáire nó magadh acht fá'n duine badh fearr ar an látair. "Agus anois do rinnis gáire fá'n duine is measa ar an látair.³" "An misi duine is measa aguibh?" ar an t-A.M. "Gan conntabairt is tú," ar Sior Balbhadh.

An uair do chúalaidh an t-A.M. an t-imbhearga⁴ sin dá fághail aige féin ró-ghlúais a fearg 7 a fuil 7 tug sít⁵ sanntach ar chaol coisi ar Sior Balbhadh, 7 do chroith go fearbha fearamhail fíorláidir é ; 7 do bhuail fan ccloich⁶ fá chóimhneasa dó é, ionnus gur dhearg an látair dá fuil. Agus tug an t-A.M. lámh na timpchioll dá chur na shuidhe, 7 mar nár fhéd a chur 'na shuidhe aseadh ró ráidh, "Is dóigh liom go mbiaidh tú coicídhes⁷ ar mhí do luighe mar do bhí mac an banaltrann," ar sé, 7 do rug sítheadh ar stéd Ridire an Fearainn Áluinn iar sin, 7 do ling ar a mhuin 7 tug a chúl ré cách 7 a aghaidh a mbéal Machaire Bretan nó go ráinigh gus an mbrúighin. Agus ró léig a sdéd amach 7 do chuaidh a mesg na mban 7 ró fiafruigheadar de cá raibh ó ró imthig⁸ uatha féin. Ró innis dóibh amhuil mar tárla dó ó techt go himthecht, 7 adubhairt go ttárla a mbaile mhór é, 7 go raibh fitche Amadán ann, 7 go raibh aon Amadán ann dob' fearr ioná iad uile, 7 beirt dob' fearr ioná a

¹ mbiadh R.I.A.   ² Leitíde H.
³ níl an dá fhocal déag deiridh i R.I.A. baineadh iad as H.
⁴ Imbhearghadh H.   ⁵ Sítheadh H.
⁶ Cloich H.   ⁷ Caocaois passim in H.
⁸ Imrigh H.

mbeartA uile uime, ⁊ aoubairt sé le na buime a leitéiO
Oo Oénaṁ Oó féin. "Cá beart sin?" ar an buime.
"Deart Oo croicennaiO ¹ fiaO ⁊ fearbóg," ar sé.
"TabAir-si let ábbar na beirte," ar an buime, "⁊ Oo
Oén-sa Ouit í." Oo cuaiO an t-A.m. fá'n bforaois ⁊ Oo
ṁarb caogaO fiaO ⁊ tug leis iaO cum na banaltrann ⁊ Oo
rinne beirt Oó Oá gcroicennaiO.
Agus Oo gluais an t-A.m. roiṁe isan conair céaOna² no
go ráinic OúnaO Artúir. Agus Oo connairc an faitce,³
⁊ ní lúga na fitce céO riOire Oo bí marb ó na hioctar
go a huactar uirte. Iar sin tug aṁarc tairis ⁊ Oo
connairc puball áluinn iongantac allṁarOa a n-íoctar
na faitce ⁊ Oo bí stéaO⁴ souaO-áluinn a nOoras
beoil an pobail, ⁊ Oo bí mar an ccéaOna cran[n]
reṁair⁵ Oo céir corcra ar OeArglasaO a nOoras an
pubail, ⁊ sleg uillennac imreaṁair aicgéar fur a
hursain agus a húrlainn⁶ fúite, ⁊ pell Oo corcair caoṁ-
áluinn ar OerglasaO ann sa pobal, ⁊ riOire cennraOarcac
roisgletán 'na suige san mbrúigin sin. Agus is aṁlaiO
Oo bí an riOire armta éroigte ⁊ catbar[r]ta ⁊ cotún
órOa uime, ⁊ lúireac figte fagarta iarnúiOe ar a[n]
gcotún, ⁊ clóiOeṁ aitgéar iongantac ⁊ é lán O'ór áluinn
ó a Oéis⁷ go a OornclA.⁸ Is⁹ annsin rogab an t-A.m.
ursa an pubail iona láiṁ ⁊ ró féc for an riOire agus
aOubAirt, "Is caoṁ-taitneṁac¹⁰ an t-ábbar amaOáin
tú," ar sé. "Ní hamaOán misi," ar an riOire. "CréaO
óile tú no cia tú féin?" ar an t-A.m. "Mac Oon
RiOire Corcra, mac Rig na hIorruaiOe misi," ar sé,
"⁊ uar Oo láiṁsi saoilim¹¹ féin nác fuil aon láiṁ gaisge
san OoṁAn nác bfuilim ioncóṁraic ris 'ar m'fogluim ⁊
ar m'uaisle ⁊ ar mo crúas ⁊ ar mo calmact a ccatáib ⁊ a
ccóṁlannaib."
"Cia ró ṁarb an cumac mór Oaoine si ar an bfaitce,?"
ar an t-A.m. "InneósaO féin¹² sin Ouit," ar an RiOire
Corcra. SmúaineaO Oo rin[n]e Rig an Ooṁuin .i. Cing
Artúr, fleO bliagna Oo tabairt O'fearaib an Ooṁain go

---

[1] CroicniO passim in H. [2] "San ccoṁairle ccéaOna" R.I.A.
[3] faigte R.I.A.
[4] Cuireann H "soimleabair" le stéaO.
[5] Raṁar H, i n-áit reṁair. Is gnátac r caol i otús focail R.I.A.
[6] Unlainn, H
[7] "Oeis" insan Oá láiṁsgribín, act is é "Oéis" an focal ceart, is Oóig, ní "éis" é mar clóbuaileann Kuno Meyer, "MerugaO Uilix."
[8] OoirnclaO R.I.A.
[9] As R.I.A. is fir-inscne pubal insan Oá téx.
[10] CaoṁtaitṁeAc H. [11] Sílim H.
[12] InneósaO mé H.

hiomlán, ⁊ do ċuala go raiḃ cupa ag Ríg na hInnia ⁊ gur aḃ ar ċloiḋeṁ Ríg na hIoruaiḋe do ḟuair sé é, óir ní gnáṫ rí ar an Ioruaiḋe aċt gaḃa. Agus do rin[n]e m'aṫair se, .i. Rí na hIoruaiḋe, cloiḋeṁ doḃ'ḟerr do ḃí san doṁan, ⁊ tugas ar an ccupa do Ríg na hInnia é. Agus is é cloiḋeṁ is ḟearr san doṁan anois é. Agus do ḃí buaḋa dó-áirṁe¹ air, agus do ḃí ar an ccupa mar an ccéaḋna. Mar do ċuala Rí an doṁain sgéala an cupa do ḃeiṫ ag m'aṫair-si, do ċuir sé Sir Ḃalḃuaḋ dá iarraiḋ ar iasaċt air, go cenn bliaḋna, ⁊ tug seision sin dó, ⁊ ní ṫug an Rí an cupa uaiḋ i gcenn na bliaḋna.²"

Agus mar do ċonnairc misi sin táinig mé dá iarra[iḋ] ⁊ ní ṫug-san ḋaṁ é, ⁊ mar naċ dtug, do ṁarḃ mé an méad do ċí tusa marḃ annsúd. Agus éirġe-si anois dá iarraiḋ ⁊ aḃair leó an cupa do ċur ċugam." Ró ḃí an Rí ar taoḃ na caṫraċ³ an tan sin, ⁊ téiḋ an t-A.M. dá ionnsuiḋe. Agus do ċonnairc Cing Artúr cuige é, ⁊ d'innis do Sior Ḃalḃuaḋ go ḃfacaiḋ an macaoṁ óg tar doras an dúnaḋ. "Ná labair leis," ar Sior Ḃalḃuaḋ, "óir as é saoilmid dár ḃfurtaċt ⁊ dár ḃfóiriġtin ón éigion ⁊ ón ccás cóṁluinn iona ḃfuilmid." Iar sin táinig an t-A.M. tar doras an dúnaḋ asteaċ, ⁊ aseaḋ ró ráiḋ a cupa do ċur cum an Riḋire Corcra. "Ní ḃfuil a cupa againne," ar Artúr. "Maiseaḋ créad ḟár ṁarḃ sé an t-ár mór daoine do ċím ar an ḃfaiṫċe?" "Misi aduḃairt gur b'ḟeárr an t-amaḋán tusa ná eision," ar Cing Artúr, "⁊ dob feárr liom go mbiaḋ a leiṫéid súd do ḃeirt agad-sa." "Dá mbiaiḋ sin agam-sa,"⁴ ar an t-A.M., "an bad fearr mar amaḋán mé ioná é?" "Bad fearr tusa go mór," ar an Rí. "Maiseaḋ," ar an t-A.M., "caitfiḋ sé an culait atá uime féin do ṫaḃairt dam ar áis nó ar éigin," ⁊ do ġluais an t-A.M. mar a raiḃ an Riḋire Corcra. "An dtug tú mo ċupa ċugam?" ar an Riḋire Corcra. "Ní ṫugas," ar an t-A.M., "óir ní rugadar súd cupa uait, ⁊ ní mó ḃéaraḋ duit é, ⁊ taḃair-si an ḃeirt sin agad ḋamsa ⁊ an searraċ corcra." "Is mór an aṫċuinge sin iarras tú orm," ar an Riḋire Corcra, "agus mé a mesg mo náṁad ⁊ gan do ḋion agam aċt m'arm. Agus dar na déiṫiḃ dá ḃfóġnaim," ar sé, "dá mad a ccríocaiḃ áilne na hIoruaiḋe do ḋéantá an t-iarratas sin, do ġeḃtá gan contaḃairt é." "Is éigin

---

¹ Doġairmiġṫe R.I.A.
² Is é téx an R.I.A. "Agus do ḃí ar an ċupa do ḃeiṫ ag m' aṫair-si, ⁊ do ċuir sé Sir Ḃalḃuaḋ da iarraiḋ." Ḟagann H. amaċ ó "Sir Ḃalḃuaḋ" go dti "uaiḋ."
³ Caiṫreċ H.   ⁴ "Dá mbeiṫ sin agad 'sa. R.I.A.

eaċtra an amaḋáin ṁóir

ḋuit-si a ṫaḃairt ḋaṁsa," ar an t-a.m., 7 ní ḋearna aċt sin do ráḋ an tan¹ tug sít sanntaċ ar an t-searraċ corcra. agus mar do ċonnairc an Riḋire Corcra sin do tóg a ṡleġ 7 tug buille a mḃél a oċta ar an a.m., 7 do ċuir ḃuinne fola tar a ḃéal amaċ. Ró feargUiġeaḋ an t-a.m. ris sin, 7 do ċuir a ḋá láiṁ fá ḃráġaiḋ an Riḋire, 7 ró ṫresgair go lár 7 go lántalṁuin é, 7 níor léiġ an greim sin amaċ nó focal tar a ḃéal gur sgar a anam ré a ċorp. agus do ḃí agá ċur na ṡuiġe ; 7 mar nár féd sin aseaḋ ró ráiḋ aga fágḃáil, "Biaiḋ tú coiciḋes ar ṁí aḋ luiġe mar do ḃí mac na ḃanaltrann."

Do ṫogaiḃ leis an searraċ corcra 7 éiḋe an Riḋire 7 do léig doċum an ḋúnaḋ é mar a raiḃ Cing Artúr. "ag súḋ an t-oineaċ² is fearr dá nḋeárnaḋ san doṁan riaṁ," ar Cing Artúr, "óir do ṫíoḃlaic a eċ 7 a earraḋ 7 a éiḋe von a.m." "Tainig an t-a.m. dá láṫair an tan sin." "Do ċím," ar an Ríġ, "go dtugais leṫ iaḋ." "Tugas, 7 ní tré oineaċ fúaras iaḋ uaiḋ," ar an t-a.m.," 7 is dóiġ liomsa go mbiaiḋ sé coiciḋes tar ṁí na luiḋe mar do ḃí mac na ḃanaltrann." "Do ṁarḃ sé an Riḋire Corcra," ar Cing Artúr. "an cenn so do ḃuain ḋiomsa má atá san doṁan líon a ṁarḃṫa go cenn seċtmaine," ar Sior Ḃalḃuaḋ. Do ċuireaḋ aos ciuil 7 elaḋna dá fios 7 fuaraḋar marḃ é. agus ró hinniseaḋ an sgél sin do'n Ríġ. agus iar sin do tógḃaḋ a leċt 7 do sgríoḃaḋ a ainm a n-Oġam, mar baḋ gnáṫaċ san aimsir sin. As annsin do fiafruiġ an t-a. m. do'n Ríġ an raiḃ ní ḃus mó d'aḋḃaraiḋ amaḋán aiġe. "atá," ar an Ríġ, "óir is beg a ḃfuil annso a ḃfarraḋ an ḋoṁain." "an ḃfuil amaḋán is fearr ná misi ann?" ar an t-a. m. "ní ḃfuil," ar Artúr, "óir ní ḃfuil leiṫéiḋ do ḃeirte ag amaḋán san doṁan aċt tú féin." "Maiseaḋ," ar an t-a. m., "bí-si agus a ḃfuil annso ḃur n-amaḋáin agam-sa." "Diamaoiḋ go deiṁin," ar Artúr. "Maiseaḋ, taisgiḋ si an Searraċ Corcra go nḋeċuinnse fán ḋoṁan do ḋénaṁ amaḋán dá ḃfuil ann." Do ġluais roiṁe annsin⁴ do ḋénaṁ amaḋán ar feḋ an doṁain d'á ḃfuair ann.

aon do laeṫiḃ ḋó mar sin ag siuḃal iona aonar, 7 do ċonnairc aon Riḋire dá ionnsuiḋe 7 eaċ dearg faoi. agus is é do ḃí ann sin .i. an Riḋire Dearg, mac Ríġ na hIéarusaleim ag teċt ó ḋúnaḋ Cing Artúir, óir as

---

¹ tá "a" i n-áit "an tan" ag H.
² "aineaċ" 'san dá láiṁsgríḃinn.
³ Do ċuir R.I.A.   ⁴ ġlúaisis roiṁe iansir H.

ag Cing Artúr do nití ridireada do oirneað san am sin, ⁊ gibé ainm do bíoð ar ridire ðíob ní úaid sin do sloinnctide¹ é, act as dat a arm ⁊ a eic. Íar sin táinig an Ridire gus an látair, ⁊ aseað dubairt an t-á.m., "Is mait an t-ábðar amadáin tú," ar sé. "Ní h-ábðar amadáin misi," ar an Ridire dearg. "Créad oile? Cia tú?" ar an t-á. m. "Misi an Ridire dearg, mac Rig na hIerusaleim," ar sé, "⁊ muna mbeit nác faictear fuil óinmide fá m'armaib do tresgórainn go lár tú, ⁊ do tiucfainn idir do ceann ⁊ do cotuinn ar son h'anglóir, ⁊ déin imtect fesda," ar sé. An uair do cualaid an t-á. m. cómrád an Ridire tug sít sanntac sotapa air ⁊ do gab² an t-eac do bí faoi ar caol coisi gur buail í go n-a marcac fó lár ⁊ fó lántalmuin. As annsin dubairt an Ridire Dearg, "Léig amac mé ⁊ biaid mé am' amadán agad agus do gnáit ar do cómairle." Ró léig amac é gur éirig go hurmeisneac.³

Do gluaiseadar rompa⁴ ataid imcéin go bfacadar ridire cuca ⁊ eac buainretac séirfeðac dianláidir breac faoi, ⁊ earrad áluinn iongantac fán ccuma céadna uime. "Cia hé seo cugainn?" ar an t-á. m. "An Ridire Breac, mac Rig na Siosaile," ar an Ridire Dearg. Táinig an Ridire Brec do látair, ⁊ do ráid an t-á. m. "As mait an t-ábðar amadáin an Ridire Breac," ar sé. "Ní ábðar amadáin mé," ar an Ridire Breac. As annsin do tóguid⁵ an t-á. m. an dorn⁶ ró-láidir gur buail an t-eac iona hédan⁷ gur sprec a hincinn tar sinestruid a cluas amac ⁊ ró tresgair a marcac go lár ⁊ go lántalmuin. "Ná marb mé," ar an Ridire Breac, "⁊ biad am' amadán agad." "Dá raib tú liom mar gac amadán eile dá⁸ bfuil agam," ar an t-á. m. "Biad go deimin," ar an Ridire Brec.

Agus do gluaiseadar riompa gan moill 'na dtriúr .i. an t-á. m., an Ridire Dearg, ⁊ an Ridire Brec. Is amlaid do bí an Ridire Brec ⁊ grád dílios do-faisnéisi aige ar ingin Rig Coirbretan, ⁊ iseað ró ráid ris an á. m. go raib an ben sin a ngar ðóib, ⁊ go nduibairt sí nác biad sí na hamadán "agadsa ná ag duine eile." "Ní heól damsa amadán mná do déanam," ar an t-á. m., "⁊

¹ Fágann R.I.A. an t-"é" amac.
² Gob ins gac téx.
³ Ormaisec H.
⁴ "Riomra" MSS.
⁵ Ro tógbaid H.
⁶ Doirnn R.I.A.
⁷ Is bain-innscne "eac" ann so mar "stéad" roime seo.
⁸ Dé MSS.

eacτra an amaoáin móir

caitfio sí beit na h-amaoán agao-sa." Is amlaio oo bí
an ben sin a ngrianán áluinn, ⁊ oo bí freiteć uirte náć
biao fear aice aċt fear oo raċao oo léim ar an ooras
áro oo bí ar an ngrianán. Oo gluaiseaoar rompa oon
grianán.[1] Agus gaċ uair oo tairgeao an Rioire brec
léim an grianáin oo tabairt oo locao air, ⁊ oo léigeao
an bantraċt gáir foċuioṁeao faoi. Is annsin oo
labair an t-A. M., ⁊ aseao ro-ráio, "Créao oo beir ort
gan oul suas?" ar sé. "Ní bfuil sin ar mo ċumas"
ar an Rioire breac. "Raċain[n] ann mar so," ar an
t-A. M., ⁊ oo rug ar a ōias rioireaoa faoi gaċ asguil
oó, ⁊ tug léim áro aigiontaċ, ⁊ oo ċuaio ar lár an
grianáin a measg na bantraċta. Oo oearc an t-A. M.
ar an rioguin ⁊ aseao ró ráio, "An í súo an ben
aoubrais liomsa?" ar an t-A. M. "As i go oeiṁin,"
ar an Rioire breac. "Maiseao, beir let í ⁊ oéna
amaoán oi," ar sé. Oo rinneao amlaio sin, óir oo
rug an rigain leis ⁊ oo rinne toil a ṁenmnan is a aig-
ionta ria. "An ullaṁ í sin fós?" ar an t-A. M.
"Ní heao," ar an Rioire breac," óir is faioe bíos
aon amaoán aṁáin mná oá oeanaṁ na céao amaoán fir."
"Maiseao," ar an t-A. M., "fan-sa ann so nó go mao
h-ullaṁ í súo ⁊ len misi iarsin go oían."

Ro imtig an t-A. M. agus an Rioire Oearg, ⁊ gaċ tír
a ttengṁao é oo níoo amaoáin oíob uile ioir fear ⁊
ṁnaoi. Agus oo bí mar sin ag siubal an oomain ⁊ oo
ċonnairc ċatair oiroearc fíor-áluinn[2] ⁊ sruṫ oá let-
taoib, ⁊ oroiċeo[3] ar an sruṫ sin ⁊ faitċe fíoráluinn
ag ċeann an oroiċio, ⁊ ní lúga ioná fitċe céao pubal
áluinn oo bí ar an bfaitċe sin, ⁊ aon rioire ioir na
rioireaoaib sin ⁊ beart fíor-solusoa o'ór oearg uime.
Ró fiafraig an t-A.M. oo neċ oíob cía hiao na sluaga[4]
oo bí ar an bfaitċe. "Cing Artúr," ar an t-óglaċ, .i.
Ríg an oomuin, atá ar an taob a bus oon oroiċeo ⁊ an
Rioire Oub, mac Ríg na gasguinne, súo oo'n taoib eile
.i. Rioire cróoa tug mionna náċ géillfeao o'Artúr, ⁊
náċ biao ní bus lúga ioná fitċe céo rioire ar a teglaċ,"
ar an t-óglaċ, "⁊ náċ biao beart bao ṁesá ioná beart
o'ór oearg fá gaċ rioire oíob." As annsin oo gluais
an t-A.M. mar a raib Artúr. Ró hinniseao o'Artúr go
raib an t-A.M. ċuige. "Is mait liom-sa sin," arsa

---

[1] Oo gluaisiooar rompa oon grianán, tá na cúig focla so bainte as H.
[2] tá "úaoa" tar eis "fíoráluinn" in H.
[3] Oraiċeo ins gaċ téx.
[4] Cuireann H "móra sin"—moiaio "sluaga."

Artúr, "óir is dóig liom gurab dár bfurtacht tháinig ón gcás ⁊ ón éagcomhlann iona bfuilimíd," ar sé.

Tháinig an t-A.M. do láthair mar a raib Artúr ⁊ do beannaig dó, ⁊ do freagair Artúr an beannachad[1] mar an gcéadna. Agus dfiafruig an t-A.M. sgéala de. Agus aseadh adubairt Artúr go raib sé féin ar siubal ar fead an domhain ag déanamh amadán dó-san, ⁊ go ndubairt an Rídire Dub, mac Ríg na Gascuinne, "atá annsúd thall" nach biadh sé na amadán "agad-sa ná ag duine eile go bráth." "An annsúd anonn do rachad-sa chuige,"? ar an t-A.M. "Aseadh," ar an Ríg, "⁊ cengail é." "Ní heól dam-sa duine do chengal," ar an t-A.M. "Múinfiod-sa duit a chengal," ar Artúr. Agus thug fá deara duine do thabairt chuige[2] ⁊ do cengail do chrúad-chórduigib caola rígne cnáibe é. "Tabraid dam-sa na téda sin," ar an t-A.M., "go gceangluinn an Rídire Dub leó." Do tugad amhlaid sin dó iad, ⁊ do ghluais d'ionnsuige an Rídire Duib. "Do chímíd dar n-ionnsuide," ar fear do mhuinntir an Rídire Duib, "aon mhacaomh, ⁊ is iongantach linn a chor, óir atá earrad ⁊ éide gaisge uime, ⁊ ní bfuil d'arm aige acht cloidemh, ⁊ atá lán a dhuirn do thédaib cnáibe aige." Tháinig an t-A.M. do láthair iar sin. "Cia tú féin?" ar an Rídire Dub. "Misi A.M. na foraoise, mac mná an Rídire, dalta na banaltrann ⁊ dearb-chomhalta mic na banaltrann," ar sé. Créd do b'áill let do dhéanamh dona tédaib sin ad' láimh?" ar an Rídire Dub. "Do b'áill liom tusa do breith chum Artúir ⁊ amadán do dhénam díot." As a haithle sin do rug sí sanntach ar an Rídire Dub[3] ⁊ do threasgair go lántalmhuin é. Mar do chonnarcadar muinntear an Rídire Duib sin do nochtadar a n-airm ⁊ a n-iolfaodair ⁊ a ngéarlanna ar an A.M. An uair do connairc an t-A.M. sin do feargaidhead a inntinn ⁊ a aigne gur dianscaoil ó a chéile iad gur mharbustar[4] fá dóirsib na cathrach iad uile, ⁊ do rug an Rídire Dub cenguilte crúad-cuibrigthe leis mar a raib Artúr.

Agus is amhlaid do fuair sé Artúr ⁊ é cengailte crúadcuibrigthe go n-a mhuinntir ⁊ an-eich uile ⁊ an Searrach Corcra ar mbreith uaid. "Créad é seo do rinnead oraib anois?" ar an t-A.M. "Aon ridire tháinig chugainn," ar Artúr, "as dorus béil[5] na húamha úd thall ar taob an t-sléibe,

---

[1] beannughad H.
[2] "Chuige" as H.
[3] nDub H.
[4] MSS. "marġustar."
[5] bél H.

eactra an amadáin móir

⁊ aon fear is mó ⁊ is áilne d'fearaib domuin, ⁊ d'iarrasa air beit 'na amadán agad-sa, ⁊ adubairt seision nác biad, ⁊ do ṡir cómrag aoinfir orm, ⁊ is géis dam-sa cómrag aoinfir d'obad, ⁊ tugad sin dó, ⁊ do crepaill sé na hoct bfitcid déag eac do bí aguinn, ⁊ do rug leis a mbéal na húama iad. Agus dar do láim-si dá dtograd sé féin do muirfead sé sinn uile." "An raib fios aige gurab liomsa an Searrac Corcra ó do rug leis é?" "Do bí go deimin," ar Artúr. "Dar mo cúis, caitfid sé an Searrac Corcra ⁊ na h-eic uile do tabairt uaid arís, ⁊ é féin do teact¹ do sgaoilead² díot-sa ⁊ dod' muinntir," ar an t-A.M. "Sgaoil féin diomsa," ar Artúr. "Ní sgaoilfiod³ go deimin ó nac mé do cengail tú ⁊ gibé do cengail tú caitfid sé sgaoile díot," (ar an t-A.M.). "Sgaoil diom-sa," ar an Ridire Dub, " óir ní bfuil duine ar bit ann so nác fuil námdas nó fioc aige liom." "Ní sgaoilfiod d'aon aguib óir gibé aguib a muirfigear muirfid misi an tí bus beó agaib," ar an t-A.M.

Gluaisios roime iarsin a mbél na húama ⁊ do bí tamall agá siubal go ttárla tír dó ⁊ í fá aontuinn feoir ⁊ fásaig. Agus adconnairc srut áluinn na timpcioll, ⁊ trí fiod-buide .i. caor, ⁊ an dara fiodbuide d'fineamain, ⁊ an tres fiodbuide do colla. Agus do bí tulac ré taob an t-srota sin, ⁊ an macaom ar an ttulac sin ⁊ na hoct bfitcid déag eac ⁊ an Searrac Corcra iona fiadnaisi. Do cuaid an t-A.M. ar an ttulac sin ⁊ adubairt ris an Ridire, " An raib a fios agad-sa gur liomsa an Searrac Corcra tugais leat," ar an t A.M. " Ní naib go deimin," ar sé, " ⁊ ó's anois atá fios agam beir-si na hoct bfitcid déag eac ⁊ an Searrac Corcra let." "Maisead," ar an t-A.M., " tar-sa féin liom nó go sgaoile tú d'Artúr." " Ní racad," ar an Ridire, " óir is géis dam gan sgaoile do nec dá ccengluim." "Is briatar dam-sa," ar an t-A.M., " go ccaitfid tú do gesa do sgaoile nó do brisead anois." Iar sin do rug sit sotapa sanntac ar an ridire, ⁊ do glac go fearda fíor-láidir é. Agus do rug an ridire mar an ccéadna ar an A.M. ⁊ d'éirgeadar ré céile ⁊ tugadar cuir borba ar a céile,⁴ ⁊ do bádar atáid fada ag sbairnn, ⁊ adubairt an ridire fá deóig, " Sguir diomsa," ar sé, " ⁊ do deana mé do cómairle." Do rinne an t-A.M. sin, ⁊ do suigeadar ar

¹ toigect H., teact R.I.A.
² Sgaoilfid R.I.A. Sgaoilfead H.
³ Sgaoile R.I.A.
⁴ Dar oile H.

aon ar an ttulaċ. "Cia tusa féin?" ar an riḋire. "Misi
a.m. na foraoisi, ⁊rl." Is mór an sgél do leiċéid beit
'na amaḋán, óir ní duine amaideċ tú, ⁊ dúil aitis bios
ag cáċ is na hamaḋánaiḃ, ⁊ ní mar sin duitsi aċt
caṫṁileaḋ¹ cóṁraig cóṁláidir tú, darab cóir an uile
ṁait do ḋénaṁ." "Créad is mait ann," ar an t-A.M.,
"nó an riḋire do goirteaR do gaċ duine?" "Ní heaḋ,"
ar an riḋire, "aċt duine do réir a uaisle ⁊ a aṫarr-
ḋaċta." "An ríg do níteaR díotsa,"? ar an t-A.M.
"Is é sin is cóir do ḋéanaḋ díom," ar an riḋire, "óir
is ríg m'aṫair ⁊ mo ṡeanaṫair." "Cia hé haṫair nó cá
h-ainm tú féin?" ar an t-A.M. "Misi gaoi gorm-
ṡúileaċ mac Doilḃ² .i. Ríg na ḃfeaR ḃfionn, ⁊ isé is
cóṁaċtuiḋe ⁊ is mó conáċ san doṁan. Óir atáid trí
caogaḋ³ doras ar an ċatraig iona mbí sé, ⁊ tigid trí
caogaḋ carbad ar gaċ doras aca amaċ an uair téiḋ
an Ríg iona ċarbad ar faitte an dúnaḋ. Agus tainig
foġmór⁴ allata .i. Laoċra Lomċosaċ mac Loisginn Lomġ-
lúiniḋ⁵ ⁊ do fásaig⁶ sé an tír seo, óir ní diúltar
duine ar bit ann fá ċóṁrag aoinfir, ⁊ muna mbéaḋ a
ḋraoiḋeaċt do ḋéantaoi guin-galáin⁷ don foġmór ⁊ fós
ní hionċóṁrac aoinfeaR ris óir atá trí caoga⁸ ... d'iarann
aitleigte iona luirgfearsaid ċata ⁊ seaċt noromanna
urta,⁹ ⁊ seaċt slaḃra ar an gcenn bios súas di, ⁊ mór-
uḋaillṁeall ar gaċ cenn slaḃraiḋ díoḃ, go maḋ clos a
ḃfuaim ⁊ a ḃfoṫram ⁊ a ḃfogarġluasaċt¹⁰ fá na críoċaiḃ
fá ċóiṁneasa dó. Agus an tan éirgios an foġmór iona
ṡeasaṁ, bí fad crainn giúḃais súas don tsíoċluirg sin.
Agus atá trian na tíre-si na fásaċ uaiḋ, ⁊ is éigion duine
d'fágail do ċóṁrag leis gaċ laoi. Agus is dam-sa do
ráinig cóṁrag an laoi aniog do ṫaḃairt dó, ⁊ baḋ ḋóig
liom go ttuitfeaḋ sé liom muna mbeit gur truailleaḋ
mo ċroiḋe ré do ċóimġleic-si." "Cionnas do tuitfeaḋ
sé leat?" ar an t-A. M. "Leis an gcloiḋeaṁ-sa ⁊
ré neart mo láiṁe ⁊ re méad mo ḃuille." "Créad
do níteaR do'n ċloiḋeaṁ sin?" ar an t-A. M. "Créad
do ní tusa féin dod' ċloiḋeaṁ?" ar an riḋire. "Do

---

[1] Coṁileaḋ R.I.A. [2] "Doilb," R.I.A.
[3] "Óir ata trí ċaoga H." [4] foġṁóir H.
[5] Laoċruiḋ Lomċosaċ mac Lasgin Lomġlúiniḋ H.
[6] fásaiḋ MSS.
[7] guin gallann H.
[8] Caogaḋ H. Ní'l an focal buḋ ċeart beit i ndiaid caogaḋ i gceaċtar de na MSS.
[9] "furtaḋ" i n-áit "urċa" H.
[10] go cclos a ḃfúaim ⁊ a ḃfotr— ⁊ a ḃfogarġlúasaċt H. ḃfotragaḋ R.I.A.

eaċtra an amaḋáin ṁóir

ním a ḃeiṫ na ḃearṫ caṫa aġam," ar an t-A. M. Do ním-se mar so," ar Ṡaoi Ṡormṡúileaċ, aġ taḃairṫ a ċloiḋiṁ amaċ, ⁊ do ġearr crann mór d'aoinḃéim. "Do ḋéanuinn-si mar sin," ar an t-A. M., ⁊ do ṫarraing a ċloiḋeaṁ as a ṫruaill ⁊ do ġearr seaċt ġcrainn d'éinḃéim. "As mór do ḃuille ar na crannaiḃ," ar Ṡaoi Ṡormṡúileaċ, "⁊ is dóiġ liom náċ fuil coṁmór do neirṫ a ḃpearsuin aoin riḋire san doṁan. Aġus bíoḋ a fios aġat," ar sé, "ġurab mar sin do ṁarḃtar daoine ré cloiḋeaṁ, ó so amaċ." "Do ḃéar-sa luaċ do ṡaoṫair duit-si, ⁊ do teaġaisġ," ar an t-A. M., "ar son an ṁéid dod' neart ⁊ dod' ċalmaċt do ḃainios díot, óir bainfiod a ḋá láiṁ do'n fear Ṁór," ar sé. "Is maiṫ an luaċ sin," arsa Ṡaoi Ṡormṡúileaċ, "óir do ḃéinn-si ionċoṁrac ré ġaċ neaċ d'fearaiḃ doṁuin dá mbiaḋ a n-éaġmais a ḋá láṁ."¹

Níor ċian dóiḃ mar sin an tan adċonncadar an fear Mór ċuca, ⁊ do ċuaiḋ an t-A.M. 'na ċoinne. "An tú Ṡaoi Ṡormṡúileaċ?" ar an t-aiṫeaċ. "Ní mé ġo deiṁin," ar sé, "aċt misi A. M. na F., ⁊rl." "Créad tuġ annso tú?" ar an-t-aiṫeaċ." "Ar ċenn do ḋá láṁ-sa táiniġ mé," ar an t-A. M. "Ní luġaide orm-sa tú sin a ráḋ," ar an fear Mór. As annsin ró tóġ an fear Mór an luirġfearsad ċaṫa ⁊ tuġ buille nearṫṁar náiṁdeaṁail de d'ionnsuiḋe an A. M. Mar do ċonnairc an t-A. M. an buille ċuiġe tuġ saoiḃléim seaċanta air, ġo ndeaċaiḋ an buille ġo himċian a dtalṁuin ⁊ sul táiniġ leis an ḃfear Mór an buille do ṫarrang tar ais tuġ an t-A. M. béim fearḋa air d'á ċloiḋioṁ, ġur léiġ a ḋá láiṁ ris an luirġ ġo talaṁ." Druid róṁam² anois," ar an t-A. M., "ġo mbainiḋ Ṡaoi Ṡormṡúileċ do ċenn díot." Do rinne an fear Mór aṁlaiḋ sin a n-aġaiḋ na tulċa ġo ráiniġ an láṫair iona raiḃ³ Ṡaoi Ṡormṡúileaċ, ⁊ do haṫġuineaḋ an fear Mór ann, óir do ḃain Ṡ. Ṡ. a ċenn de. "Ṡluais róṁam anois mar a ḃfuil Arṫúr ⁊ na riḋireaḋa," ar an t-A. M. Do rinne Ṡ. Ṡ. sin ⁊ do ruġadar na hoċt ḃfitċid déaġ eaċ ⁊ an Searraċ Corcra mar a raiḃ Arṫúr. Do innis neċ d'Arṫúr ġo raiḃ an t-A. M. ċuiġe ⁊ an riḋire do ċenġail iad maille ris. "Dar mo ḃréitir," ar an Ríġ, "ní ḃfuil fear a ġníoṁara nó ⁴ a ġaisġe ar feaḋ an doṁuin aċt é féin aṁáin."

---
¹ Dá mbeiṫ a ḃféuġmais a ḋá láiṁ H.
² Reoṁam MSS.
³ "A mbí" H i n-áit "iona raiḃ."
⁴ ní'l na 14 focla deiriḋ seo in R.I.A.

Ráiniġ an t-A. M. mar a raiḃ Artúr ⁊ do rinneadar uile comarta úṁla ⁊ urrama dó. "Sgaoil d'Artúr ⁊ dá ṁuinntir," ar an t-A. M. "⁊ sgaoilfiḋ misi do'n Riḋire Duḃ." Do sgaoil Ġ. Ġ. d'Artúr ⁊ dá ṁuinntir ⁊ do sgaoil an t-A. M. do'n Riḋire Duḃ. Íar sin do ṡuiġeadar a ḃfarraḋ a céile, ⁊ aduḃairt an t-A. M., "Créd fá a dtugais ríoġaċt maġaiḋ nó foċaiḋṁe [1] daṁ-sa a Artúir?" ar sé. Do ġaḃ úaṁan ⁊ imeagla mór an tan sin Artúr, ⁊ aseaḋ ró ráiḋ naċ ríoġaċt maġaiḋ no foċuiḋṁeaḋ tug dó. "Agus ó's duit go follus do ġeallas gaċ ní ⁊ ġuraḃ duit d'úṁlúiġeadar na ciniġeaċa [2] go coitċionn do ḃéar-sa féin duit Ríoġaċt an Doṁuin aṁail atá sí agam féin," ar sé. Agus d'fógair an Ríoġaċt dó mar sin. As annsin aduḃairt an t-A. M., "Tigiḋ do láṫair [a] Ġaoi Ġormṡúiliġ," ar sé, "d'féaċuin an mait do ġeaḋuinn-si ríoġaċt do ġaḃáil ċugam." Aduḃairt Ġ. Ġ. gur mait. "Maiseaḋ," ar an t-A. M., "giḋ mait liḃ-si sin, ní mait liom-sa é, óir ní tréigfinn m'amadánaċt féin ar maiteas an doṁuin go hiomlán, óir is lé do fuaras gaċ ní d'á ḃfuaires riaṁ, ⁊ is lé do ġaḃas gaċ neart dár ġaḃas." "Maiseaḋ," ar Ġ. Ġ., "tar liom-sa go tír na ḃfear ḃfionn, óir as í ró fóiris ó na hanforlann iona raiḃ, ⁊ beir an Riḋire Duḃ leat."

Do sgaraḋ ré céile an tan sin .i. Cing Artúr, ⁊ an t-A. M. Glúaises an Ríġ go na ṁuinntir go Coirḃreatuin, ⁊ do ġluais an t-A. M., an Riḋire Duḃ, ⁊ Ġ. Ġ. a mbéal na huaṁa céadna. Agus ní cian do ċuadar an tan tárla dóiḃ a lán do luḃġortaiḃ áilne ionġantaċa. "Ag so an tír d'fóiris-i ó'n ndaoirsine iona raiḃ," ar Ġ. Ġ. Do ġluaiseadar riompa ⁊ do ċonncadar caṫair áluinn a ngar dóiḃ ⁊ sluaġa ioṁḋa ar faitċe an dúnaḋ, ⁊ tulaċ do taoḃ de, ⁊ cúig céd ban ar an dtulaċ sin, ⁊ aoinḃean eatorta ⁊ eagcosg ríoġna uimpe. "An é súd dúnaḋ hatar-sa, a Ġaoi Ġormṡúiliġ?" ar an t-A. M. "Ní hé," ar Ġ. Ġ., "aċt gaḃaltas gaḃa na tíre-si atá annsúd ⁊ Ġréis inġion an ġaḃa an ḃean úd aḋċí tú idir an ḃantraċt ar an dtulaċ sin, bean is fearr gliocas agus cóṁfoġluim is na críoċaiḃ is cóimneasa di. Agus níor leig eagla an fir ṁóir úd do ṁarḃ tusa d'aonduine an tír úd do taġall." Is annsin ro éirġeadar luċt na caṫraċ ⁊ an ṁeaḋ do ḃí ar an ttulaċ a gcuinne an A. Móir, ⁊ do rinneadar comarta úṁla ⁊ urrama dó, ó ḃeag go mórmar do ṡaor sé ó'n mbruid [3] ⁊ ó'n anforlann iona raḃ,

[1] foċṁaiḋe passim, naċ mór, in H.   [2] Cineaḋċa R.I.A.
[3] On ḃruid H.

eactra an amadáin móir

ádar iad. Do cuadar as sin don cataiṡ ⁊ do ṡuiġ an t-A. M. ⁊ ġréis inġion an ġaba ré taob a céile, ⁊ an Riḋire Duḃ ar a nġualainn-sion, ⁊ Ḃ. Ḃ. iona ḃḟioḋnaisi.¹ As annsin aduḃairt Ḃ. Ḃ., "An dtaitniġenn an ḃean sin leat, a A. M.?" ar sé. "Taitniġenn,² ar an t-A. M.', "Maiseaḋ do b'áill lé ḃeit aḋ' ḟarraḋ-sa anoċt." "Is maiṫ liom-sa sin, dá raiḃ tusa ⁊ an Riḋire Duḃ am ḟarraḋ." "Ní ḣáill léi-si sin," ar Ḃ. Ḃ., "aċt i féin is tusa." "Ní ḣeól daṁ-sa," ar an t-A. M., "amadán mná do ḋéanaṁ, aċt doḃ' eól do'n Riḋire Ḃreac dá mbiaḋ sé annso aġainn anois. Aġus an eól duitsi amadán mná do ḋéanaṁ, a Riḋire Duiḃ?" ar sé. "Is eól ġo deiṁin," ar an Riḋire Duḃ. Iar sin do ċuireadar ġréis inġion an ġaba an oiḋċe sin a ḃḟarraḋ an Riḋire Duiḃ. Aduḃairt an t-A. M. ar n-a ṁáireaċ, "Is dóiġ liom naċ ollaṁ í sin fós óir is faide ḃíos aon amadáin aṁáin mná dá ḋéanaṁ ná céad amadán fir." "Is faide," ar an Riḋire Duḃ. Seċtṁuin dóiḃ aġ buinsiuġaḋ na feisi sin.

Do ġluaiseadar riompa iar sin ġo dúnaḋ Ríġ na ḃfear ḃḟionn, ⁊ do ċonncadar an dúnaḋ ríoġa ró-ṁaiseaċ ró ḟairsioṅġ, ⁊ na slúaġa líonṁara ró-aiḋḃseaċa ar faitċe na cataċ, ⁊ tulaċ aoiḃinn úr árd don taoḃ ṡíar di, ⁊ ní luġa na deiċ míle ḃean do ḃí uirte ⁊ éaġcosġ ríoġna ar ġaċ mnaoi díoḃ. Aġus do ḃí ríġ ġliċ foiġioneaċ a n-eidirṁeaḋon na slúaġa sin. "Cia hí an ċatair úd do ċím?" ar an t-A. M. "Catair m'ataṙ-sa súd," ar Ḃ. Ḃ., "⁊ is mór do ċomaoin-si ar an ġcataiḋ úd," ar sé, "óir níor ṡuiġ tiġearna 'na caċraċ úd ar an ttulaċ úd a ḃfuil se anois ré haimsir imċéin, ar úaṁan ⁊ ar eaġla an fir ṁóir úd do tuit leat-sa, ⁊ is ró-ṁait an sġéal tiġearna na caċraċ úd do ṡuiġe ar an ttulaċ úd a ḃfuil sé anois," ar Ḃ. Ḃ., "óir níor ṡuiġ riaṁ ó ġaiḃ tiġearnas ċuiġe, ġan fitċe céad riḋire aġa mḃíaḋ éaġcosġ maille ré cóṁaċta riḋire 'na tímpċioll. Aġus an ḃan-traċt do ċí tú, deirḃṡiur daṁ-sa is ḃean-ċeann orta, .i. Méaḋḃ Moṅġḃuiḋe, inġion an Duilḃ, ⁊ a ḃantraċt a ḃfuil annsúd, ⁊ atá míle ḃean ġo n-éaġcosġ ríoġna 'na ḃantraċt. Aġus tioċfuid úile d'ḟíorḟáiltiúġad reoṁad-sa, ⁊ do taḃairt búiḋeaċais duit ar son do ṡeirḃisi, mar do ṡaor tú ón mḃruid³ iona raḃadar iad, ⁊ mar do ċoisġ tú an foġṁór díoḃ."

Aċt ċeana do ċuadar don cataiġ ⁊ do laḃair Ríġ na

¹ Ḃfeaḋnaisi MSS.   ² Taitniġid H.   ³ "Ḃraid .. MSS.

ḃfear ḃfionn ⁊ aseaḋ ró ráiḋ, "Is mór an ṁait aġus an muinnterḋas ḋo rinne tusa oruinne, a Ḋ.ṁ." "Ní faca mé riaṁ muinntear baḋ ṁó ⁊ baḋ fearr ná ḋo ṁuinntear," ar an t-Ḋ.ṁ." Ḃiaiḋ siaḋ na n-amaḋánaiḃ uile aġaḋ-sa," ar an Ríġ. "Is mait liom-sa sin ḋá raiḃ tusa aḋ haṁaḋán aġam mar iaḋsan." "Ḃiaḋ ceana," ar an Ríġ. Ró súiġeaḋ ġo honóraċ na hárḋṁaite iar sin, ⁊ tuġaḋ ionaḋ iomċuḃaiḋ ḋo réir uaisle ⁊ ataṙḋaċta a onóra ḋo ġaċ aon. Ḋo cuireaḋ[1] Méaḋḃ Ṁonġḃuiḋe ar ġualainn an Ḋ.ṁ. "Naċ áluinn an ḃean sin?" ar Ġ.Ġ. "Is áluinn ġo ḋeiṁin," ar an t-Ḋ.ṁ. "Maiseaḋ b'áill léi ḃeit farrat-sa anoċt." "Ní misḋe liom ḋá raiḃ an Riḋire Ḋuḃ am farraḋ." "Ní háill léi-si sin, aċt tú féin aṁáin ġan neaċ ar ḃit ḋo ḃeit aġuiḃ aċt tusa ḋo ḋéanaṁ amaḋáin ḋi-si." "Ní heól ḋaṁsa amaḋán mná ḋo ḋéanaṁ," ar an t-Ḋ.ṁ. "Ní fóġnann Ríġ naċ ḋénann amaḋán mná," ar Ġ.Ġ. "⁊ múinfioḋ-sa ḋuit amaḋán mná ḋo ḋéanaṁ." Aġus ró ṁúin ḋó mar ḋo ḃiaḋ na farraḋ an oiḋċe sin. Ró éiriġ Ġ.Ġ. ġo moċ ar na ṁáireaċ ⁊ ḋ'fiafruiġ ḋo'n Ḋ.ṁ. ar baḋ ollaṁ[2] í sin fós. "Ní heaḋ," ar an t-Ḋ.ṁ., "aġus is fada ġo maḋ heaḋ, óir is sáiṁe liom-sa an t-aon amaḋán aṁáin mná-sa ġá ḋéanaṁ ioná céaḋ amaḋán fir." Ró fanaḋar san Caṫraiġ sin ġo suḃaċ soiṁenmnaċ aġ ḃainsioġaḋ na feisi ġo ceann aimsire faiḋe. As annsin ró fiafruiġ Ġ.Ġ. "an ollaṁ an t-amaḋán mná sin fós." "Aseaḋ ġo ḋeiṁin," ar an t-Ḋ.ṁ., "⁊ is miṫiḋ[3] liom ḋul ḋo ḋéanaṁ tuille amaḋán mná ḋam féin." Aġus cionnas ata(o)i-si, a Ġ.Ġ.," ar sé, "nó an ḋearnais amaḋán mná ariaṁ?" "Ní ḋearnas,"[4] ar Ġ.Ġ., "⁊ ḋo b'áill liom ḋul ḋá nḋéanaṁ anois." "Cá ḃfuil sí," ar an t-Ḋ.ṁ. "Atá sí san Caṫraiġ Íarnuiḋe," ar sé, "Ré taoḃ Caṫraċ na háiṫne san nĠréiġ, ⁊ as í ḃean is fearr ḋealḃ ⁊ ḋéanaṁ, inneall ⁊ eaġcosġ ḋo ṁnáiḃ an ḋoṁuin í, ⁊ ní ḃfuil áḋḃar Ríġ nó Róitiġearna a ḋtrí foġalrannaiḃ[5] an ḋoṁuin naċ táiniġ ḋá hiarraiḋ ⁊ naċ tuġ ġráḋ ḋíoċra ḋearḃta ḋi, ⁊ tuġas-a ġráḋ ḋi mar an ccéaḋna. Aġus ní ḋeaċaiḋ aġ aon na ḃeataiḋ, ḋá nḋeaċaiḋ ḋá hiarraiḋ nó ḋá hionnsuiḋe, a taḃairt leó, ḋo ḋeoin nó ḋ'aiṁḋeoin, ar ṁéaḋ a cuṁaċta ⁊ ar treisi a ḋaoine ⁊ ar láiḋireaċt a laoċruiḋe; ⁊ ḋoḃ áill liom-sa tusa ḋá fáġail ḋam féin."

[1] Coireaḋ MSS. b'éiḋir=cóiriġeaḋ. [2] ar ḃ ullaṁ, H.
[3] miṫe H. (cf. Tír Ċonaill: "Tá sé ḋe ṁiṫeas ḋó" = is miṫiḋ ḋó).
[4] Ċearnas MS.
[5] Foġailrannaiḃ H. Foġaḃrannaiḃ, R.I.A. ó "fo" "ḋáil" ⁊ "rann," is ḋóiġ.

"Dar mo bréitir," ar an t-A.m., "caitfid sí beit na hamaid agadsa, ⁊ cá fada uainn í?" ar an t-A.m. "Uide coicíosa ar mí timpcioll, ⁊ coicíos san atgairid." "Créad í an atgairid na ngabtar cuice?" ar an t-A.m. "Go Gleann an Cait Caoic," ar G. G., "⁊ is uime a deirtear sin ris .i. a bfuil d'arractaib allta san doman is ann atá siad, ⁊ is ann atá an t-arract is gráinnce san doman, .i. an Cat Caoc féin. Agus is uaid do hainmnaigtear an gleann, ⁊ ní léigionn an cat sin aoinneac uaid dá dtéid san bforaois sin, gurab air sin nac lámaid daoine a tagall ré tréimse fada d'aimsir. Agus as é sin an t-adbar nac géabmaoid-ne ann go brát." "Dar mo bréitir," ar an t-A.m., "dá mbiad an gleann sin uide míosa uaim-si nac géabuinn act ann, ⁊ o's é is atgoirid cuige, is ann do géabus mé. Agus gab-sa ⁊ an Rí'oire Dub timpcioll ⁊ déanaid an t-eólas dam-sa do'n Gleann, ⁊ biadsa ar bar gceann a gcuan na Catrac Iarnuide." Ró bí aitreacas ar G. G. fá na sgéalaib sin d'innisin dó. Agus níor léig do duine dul ris san ngleann, ⁊ do gab an dias¹ eile timpcioll.

Iomtúsa an A.m., téid d'ionnsuide an Gleanna go dúbac a néagmais a muinntire, ⁊ do bí sé aimsear fada ag siubal an Gleanna, ⁊ tárla iliomad feitidige² agus arracta air, ⁊ do marb sé an ³ . . . . i rioct lucóige an Gleanna. Agus do rinne cómnuide ⁊ do bain stealla tinntide dá crios ⁊ ró fadóig teine mór. Agus ní cian do bí amlaid sin an tan adconnairc fuata ⁊ arracta fiorgránna na foraoisi cuige ó gac taob. Agus féacuin dá ttug tairis do connairc an cat caoc gránna dásactac cuige, ⁊ fá huatmar an beatadac sin, óir bá commór ré heac arractac é, ⁊ ba samalta re⁴ . . . . gac ionga dá raib air, ⁊ fá mó 'ná doirn⁵ deas deigmílid an aon tsúil do bí iona ceann, ar mear-lasad, ⁊ do tuillfead glúin deas deigmílid nó⁶ fearóglaoic dá mbiad fillte a n áit na súl do bí na uireasbaid. Agus do ráid don céid-bréitir, "Dar liom is ad' haonar atá tú ag ite do coda, a A.m.," ar an Cat Caoc. "Ní hiongna sin, óir is am' aonar do marbas an biad," ar an t-A.m., "⁊ is amlaid sin is mian liom a caitiom." "Nac ttiubraid tú cuid dam-sa don biad?" ar an Cat Caoc. "Is córa duit biad do tabairt dam ioná a iarraid orm," ar an t-A.m.," óir is let féin an

---
¹ Dís, H. ² feitide.
³ MSS. mcob.
⁴ Do fágad focal amac ann so insan dá téx.
⁵ Doirn MSS. ⁶ ní'l na trí focla deirid in H.

Gleann ⁊ is uait hainmnigtear é, ⁊ is misi an t-aoideadh ann." "Beag orm duine maith aignioseach do ceann a coda," ar an Cat Caoch. "Ní duine maith tusa," ar an t-A.M., "óir is tú do ní an t-aignios ris an aoideadh, ⁊ caithfiodh-sa mo sháith do'n feoil do mharbhas féin, ⁊ má bhíonn fuigheall agam ní fearr liom duine dá gcaithfidh é ioná tusa." Agus do chaith an t-A.M. a sháith do'n feoil ⁊ tug a fhuighioll do'n Chat Chaoch. Agus do chaith an Cat Caoch sin go hathlamh, ⁊ d'iarr tuille. "Dá mbiadh agam ní tiubhrainn," ar an t-A.M. "Tabair an Searrach Corcra dam go n-ithinn é," ar an Cat Caoch. "Créad do dhéanainn¹ féin dom' iomchar amáireach?" ar an t-A.M. "Maiseadh is éigion dam-sa a fhágail," ar an Cat Caoch. "Ní mheasaim go dtiocfaidh tusa tar a cenn," ar an t-A.M., "⁊ ní mó chuirfiodh-sa chugad é." D'éirigh an Cat Caoch mar fá gnáth² leis, ⁊ do sgread ⁊ do sgréach go hadhfuamhar aingidhe ionnas nár fhágaibh aon bheathadhach allta urchóideach a n-uamhaibh poll nó a n-alt-bhrúcháibh cnoc nó cairrge gan músgladh, ⁊ an méad táinig fá sholus na teine aca ró ionnsuigheadar an t-A.M. ar gach taobh. Acht cheana ró ionnsuidh an t-A.M. iad-san ⁊ do ró-dhiansgaoil ó chéile go h-athlamh iad, ⁊ do mharbh an méad ar a rug díobh. Agus do ráinig an Cat Caoch ⁊ do rug air, ⁊ ní raibh duine riamh a n-éigion mar do bhí an t-A.M.

"A A.M., is eaglach imsníomhach atá tú," ar an Cat Caoch. "Is fíor sin," ar an t-A.M., "⁊ is é adhbar na heagla ioná dtárla mé .i. d'eagla³ tusa do éaloú uaim sul tiucfas an lá, óir do chluinim nach bhfagtar san lá tú, ⁊ dá bhfaicfinn-si radharc san lá ort ní bhéaradh polla sgealbhuidhe no uamhacha gleanna uaim gan básughadh tú. Agus fós is measa liom go mór gan deoch do bheith agam ioná tusa ⁊ a bhfuil san ngleann so do bheith ar mo thí." "Dá dtugadh duine deoch duit, an dtiubhairfeá buidheachas dó tar a cenn?" "Ní duine tusa," ar an t-A. M., "⁊ dá dtugtá deoch damhsa do gheabhuinn uait í." "Siubhail liomsa," ar an Cat Caoch, "⁊ do gheabhair deoch." Do ghlac an t-A. M. an Searrach Corcra ⁊ do ling ar a mhuin, ⁊ do len an Cat Caoch ; ⁊ níor léig eagla an A. M. don Chat Chaoch a bheith na ghoire.

Agus tárla foraois áluinn bheagthoraidh dóibh ⁊ iliomad

---

¹ Déamhuinn, R.I.A., in áit "géabainn" b'éidir.
² Gnáth, R.I.A.
³ "eagla," i n-áit, "d'eagla," H.

fíneṁna ⁊ ubálla aipce, ⁊ torta iomḋa éagsaṁla eile innte, ⁊ srota glana, ⁊ éanac¹ fírḃinn, ⁊ iomaḋ braḋán ag léimneac is na srotaiḃ réaṁráiḋte sin. Agus tárla ḃruiġion ḋóiḃ, ⁊ gac ré cclár ḋ'iuḃar ⁊ ḋ'fionnḃruinne innte ; ⁊ fuinneóga lánṡoillseaca ḋo ġloine loinneaṙḋa ar ṡlios-ṡolus na ḃruiġne sin. Agus tiagaiḋ innte iaraṁ, ⁊ ró ḃaḋ rioga ró-áluinn an ḃruiġion í .i. ḃriocṫ-ruinneac ḃuainḋealḃac. Agus ḋo cuaḋar innte an tan sin. Agus ró ḃí iliomaḋ ḋo liagaiḃ lóġṁara ⁊ ḋo ġeamaiḃ gléaġlana criostail ⁊ carm(o)gaill ar na suiġioġaḋ ar sleasaiḃ na sólus-ḃruiġne sin, ⁊ iliomaḋ ḋo ḋealḃaiḃ leoṁan leoparḋ ⁊ gríoḃ-inngneac ⁊ piast n-iongantac ar na ḃpainteala ḋ ḋo láṁaiḃ suaḋ ⁊ saoirceard san mḃruiġin sin. Agus ḋo ḃí cataoir áluinn órḋa, ⁊ peall ḋearg uirte, ar úrlár na rioġḃruiġne sin. Agus ḋo ṡuiġ an t-A. M. san ccataoir sin. Agus ḋo ḋeasaiġ an Cat Caoc an Searrac Corcra, ⁊ ḋo cuir cruitneacṫ ⁊ fioruisge iona fiaġnaisi, ⁊ fágḃas féin an ḃruiġion. Agus ní fada ḋo ḃí an t-A. M. an t-am ḋo connairc an riḋire ró-árracṫac cuige asteac ar ḋoras ḃeóil na ḃruiġne, ⁊ aḋuḃairt leis an A. M., "Tar liomsa anois," ar sé, "⁊ ḋo ġeaḃair feis na hoiḋce anocṫ uaim." "Ní racaḋ," ar an t-A. M., "óir ní leat tánig mé ⁊ ní mó is let racas."¹ Tánig an Cat Caoc ḋo látair iar sin ⁊ ḋ'iarr an t-A. M. leis. "Racaḋ," ar an t-A. M., ⁊ ḋo rug leis go ḃruiġin éagsaṁuil é, go n-iomaḋ ceóil ⁊ oirfiḋe innte. Agus ḋo fuaraḋar mná ⁊ macaoiṁ ⁊ aos ciúil ⁊ ealaḋna innte, ⁊ ró fearaḋar fíorcaoin fáilte ris an A. M. Agus ró cuir an Cat Caoc a culait ḋe, ⁊ ḋo rinneḋ riḋire ró-cuṁacṫac ḋeiġḋealḃac ḋe, ḋoḃ' fearr cuma ⁊ ḋéanaṁ, inneall ⁊ éagcosg ḋ'fearaiḃ an ḋoṁuin ; ⁊ as eaḋ ró ráiḋ, "A A. M., is fada ⁊ is cian ḋ'aimsir ó ḋo ḃí a ḃfáisḋine ḋuit-si tecṫ ḋon ġlenn-so, óir ataiḋ ḋo sgéala re himcian ḋ'aimsir ag các, ⁊ go háiriġte aguinne, óir is tú A. M. na foraoisi, mac ṁná an Riḋire, ⁊rl., ⁊ is mac ḋearḃrátar ḋo Riġ an Ḋoṁuin tú, ⁊ niġion Iarla Cornuḃas ḋo Ḃreatnacuiḃ ḋo ṁátair. Agus atá sí san ḃforaois, ⁊ ní cluin sí ḋo sgéala, ⁊ ní léiġionn an eagla ḋi féin nó ḋoḋ' ḃuime an foraois ḋ'fágḃáil ar eagla an Riḋire. Do cluin an Riḋire ḋo sgéla ⁊ ní ḃfuil fios aige an tusa a ṁac féin." "As mór ḋo na sgéluiḃ sin nác raiḃ agam-sa gus anocṫ," ar an t-A. M., "⁊ innis ḋam-sa cia tú féin nó créḋ ḋo

¹ eanaċ MSS. ² = "racas mé."

beir a n-deilb caic tú, ⁊ cumas agad beit a n-deilb duine?" "Inneósat sin duit"; ar an Cat Caoc [agus] as ead ro ráid ¹. "An tan do cuiread Tuata Dé Danann fó díamraib, ⁊ ro hionnarbad as Éirinn iad ré clannaib Miled, ró sreatnuigead ⁊ ró sgarad fó síotbróguib iartair Eórpa, ⁊ ar críocaib an domuin, iad, ar leit. As iad dob fearr annsin .i. Rig Dreac Slaitín, Manannan mac Eallóid, ⁊ Dearcan Buileac, ⁊ Aongus an Bróga. ⁊ Fear an Béarla Binn ós bóinn, ⁊ Boga dearg mac, an Dágda, ⁊ Boga Sít bfear bfionn, ⁊ Aod Muige Breag, Céadac, Donn Mór mac Muireadaicc, ⁊ Conn, ⁊ Marcac na Mara, ⁊ Siogmall Soineannta, ⁊ Lir Sítfionac, ⁊ Fiaca mac Lir, ⁊ Labra mac Doirbe, ⁊ misi Eocaid Donnmarac; ⁊ Gormglan ingion Breacuirne, mo mátair-si. Agus ar ttaistiol gaca críce san domán dam gus an ionad so, d'fanas ann maille lé cumactaib Tuata Dé Danann. Agus téigim a ccrut cait, óir is í dealb is mó gráin uaman ⁊ eagla ré các í, ⁊ do géilledar ⁊ d'úmluigeadar beatadaig éigciallda urcóideć[a] ainminteaca allta an Gleanna-sa dam. Agus do follmuigeas gac críoc ba cóimneasa dam, ⁊ do clos mo túarusgbáil fón mbiot, ⁊ isé sin an t-ádbar fá a n-abartar Glenn an Cait Caoic. Agus ró-innis-eadar mo compánuid dam go ngeabtá-sa neart ⁊ tig-earnas gaca críce, ⁊ ar an nglenn so, ⁊ oruinn féin, ⁊ go mbiad Meadb Mongbuide na mnaoi agad, ⁊ go mbéarad sí mac mait duit, ⁊ go mad cúmactac é maille ré tigearnas mór do gabáil dó. Agus atáid seóide iomda agam-sa fá na cómair .i. cloideam nác fágbann fuigioll buille nó béime, ⁊ éide ró mait nac deargtar ar aoinneć tríd, ⁊ do cíótear an uile ní aisde, ⁊ ní faictear aoin ní ann, ⁊ cocall mait, ⁊ ní bfuil san domán slige na dtoig-eórad an tí fá a mbiaid a dul nác téid ann gan fuireać. Agus dá raib leat-sa, béaraid go cuan na Catrac Iarnúide ré taob Catrac na háitne san ngréig Móir tú féin ⁊ do muinntear a n-aoinfeact .i. an Ridire Dub ⁊ Gaoi Gormsúileac."

Tar éis na sgéal sin d'innisin dó do suigead na socaid timcioll an Amadáin Móir ² ⁊ do dáilead flead ⁊ féasta orta as a haitle, gur ba meisge meadarcaoin uile iad. Iar sin do cóirigead iomda ⁊ árdleaba don A. M. ⁊ d'Aoife ingion Eocaid Duinn. Agus do bádar trí lá ⁊ teora oidce fá'n samlúgad sin.

¹ An 12 focail deirid seo is as H. iad.
² R.I.A. reads "an t-Amaidán Mór" for "na socaid timcioll an A. Móir."

Iomtúsa an A. M., ró imtiġ roiṁe ⁊ d'ḟáġuiḃ an Searraċ Corcra, ⁊ ró ġaḃ an cocall uime ⁊ ró tóġuiḃ an cocall leis é, ⁊ níor ḟanaḋ leis ġo ráiniġ cúan na Cataċ Iarnuiḋe i ⁊ do buḋ a n-aoinḟeaċt é féin ⁊ Ġ. Ġ. ⁊ an Riḋire Duḃ annsin. "Sġéala ḋúinn (a) A.M.," ar siaḋ, "cionnas do cuaiḋ tú tré Ġlenn an Ċait Ċaoiċ. "Atáiḋ sġéala aġam," ar an t-A. M.," ⁊ ní raḃaḋar ariaṁ roiṁe aġam, óir do ḟuaras sġéala ġurab deaṙḃráṫair do Ríġ an Doṁuin m'áṫair, ⁊ ġurab i inġion Iarla Cornubas do Ḃreatnaċuiḃ mo ṁáṫair, ⁊ ġaċ easbaiḋ sġéala dá raiḃ orm do ḟuaireas iaḋ aġ Eoċaiḋ Ḋonnṁaraċ .i. an tí dá nġoirtear an Cat Caoċ." Do ba ṁait leó-san na sġéala sin uile .i. a ḃeit na ṁac deaṙḃráṫar aġ Ríġ an Doṁuin, ó ruġ treisi aġus cumaċta orta féin.

Níor ċian dóiḃ aṁlaiḋ sin an tan adċonncaḋar an long luċtṁar lánaiḋḃseaċ san ċcuan, ⁊ timpċioll trí cclár ós uisġe di, ⁊ slios áluinn d'ór dearġ na timpċioll, ⁊ crann ceṫarda corcra d'ór dearġ na seasaṁ ar lár na luinġe sin ⁊ ġaċ ré cclár d'iúḃar áluinn is an luing, ⁊ ḟolaċ do sioda deaġṁaiseaċ ar a tillte, ar na lionaiḃ do sróll iolḃúaḋaċ ioldaṫaċ innte. Aġus do ġaḃ an long sin, cúan ⁊ caladport a ccómfoġus dóiḃ, ⁊ do tóġ- ḃaḋar na bruit uaisle dóġ . . . . ¹ tuillte na luinġe, ⁊ do ċúaḋar innte as a haiṫle ⁊ do ḟuaraḋar cláirseċ ceólḃinn caointéaḋaċ ar slios-tosaċ na luinġe móirc sin, ⁊ lámċrann d'iúḃar áluinn éaġsaṁuil innte, ⁊ téada breáġa airġid ḟinġeal,² ⁊ deilġ d'ór áṫloisġte³ a ccor na cláirsiġe sin ; ⁊ do bí eoin áilne Afraice aġ cantuin ceóil ris na téaduiḃ sin. Aġus an tan do cuaiḋ an t-A.M. ⁊ na Riḋireaḋa sin san luing do ċodlaḋar ġo sáṁ ris an cceól iar na ċlos. Aġus ró tóġuiḃ an ġaot ḋianláiḋir draiḋeċta . . . . . na luinġe sin, ġurab éḋo músġail iaḋ as a ccodla .i. ḟuaim tuinne ré tráċt a luinġe a ccúan na Cataċ Iarnuiḋe. "An í an ċatair-si ataoi d'iarraiḋ, a Ġ.Ġ.?" ar an t-A.M. "As í ġo deiṁin," ar Ġ.Ġ. As aṁlaiḋ do bí an ċatair sin ⁊ a lán do ḃior- ċuailleaḋaiḃ daḃḋa na h-úrtimpċioll, ⁊ iaḋ uile ḟá ċeann- aiḃ daoine. Óir an méaḋ do ġaisġiḋeaċuiḃ ⁊ do ċlannaiḃ ríoġ ⁊ róṫiġernaḋa an doṁuin do tiġeaḋ dá hiarraiḋ nó dá tocmarc, ní filleḋ neaċ tar a ais díoḃ ġan tuitim uim an ccaṫraiġ sin, ⁊ a ccinn do cur ar na ḃearaiḃ sin. As annsin tuġ an t-A.M. a roġa do Ġ.Ġ. inġion Ríġ Ġréaġ

¹ Níl an focal so críoċnuiġṫe i ġceaċtar de'n dá téx.
² dḟionnġeal, H.   ³ áṫloisġte MSS.

do tabairt cuige mar a raib, nó dul dá hionnsuíde mar a
raib sí féin, 7 neart na catrac do gabail. "Is fearr
liom a tabairt cugam," ar S.S., "óir do líonas d'uamain
7 d'imeagla a bfuil do ceannuib ríog 7 róflata ar bearaib
na catrac úd."

As annsin do gluais an t-A.M. d'ionnsuide na
catrac, 7 do dearmuid a cloidéam san luing, 7 avcí
iliomad do dealbuib leóman 7 leopard ngríbningneac
ar slios 7 ar taob an grianáin mar a raib ingion
Ríg Gréag. Agus téid[1] an t-A.M. san grianán, 7 do
fuair iomdaid árd cóirigte ann, 7 folac d'ór dearg uirte,
7 do cuaid an t-A.M. ar an iomdaid 7 do fuair éan áluinn
Afraice ar colba na leapta, 7 ró cuir an t-A.M. a lám
ar an éan, 7 do sgread an t-éan go haidbseac. Agus ba
gnáit leis an éan sin, sin do déanam, 7 ceól orgánta do
déanam an tan do glacad neac coimigteac é. Agus do
cuir an t-éan sin fir gonta 7 mná ré níodnaib[2]
inna ttoircim suain 7 fíorcoolata ris an cceól do níod.
Agus do tuit an t-A.M. iona codlad amlaid sin. An
uair do cúalaid ingion Ríg Gréag an t-én, d'aitin go rug
duine éigin anaitnid air, 7 do ráid ré mnaoi do'n ban-
tract dul dá fios. Agus do cuaid an bean do'n grianán
7 do connairc an macaom óg amulcac ar an iomdaid, 7
dar léi nác facaid[3] d'fearaib domuin duine bad deig-
dealbta ioná é, 7 as ead ró ráid "A Dé Nime 7 Talman,
créad do déanas mé leat, óir dá ndecuinn d'innsin do
sgéal d'ingin Ríg Gréag tiocfaid do bás de, 7 gibé docar
do geabus mé as do los ní múisgeólad tú fós." Dob' fada
le h-ingin Ríg Gréag do bí an bean sin gan tect dá
hionnsuíde, 7 adubairt lé mnaoi eile don bantract dul
do'n grianán. Agus an tan do connairc an bean sin an
macaom do rinne mar an ccéadna. Agus ní raib aoinbean
do'n bantract nác tug grád díocra dofaisnéisi[4] don
A.M. Iar sin téid ingion Ríg Gréag do'n grianán 7
fiafruiges, "Créd an moill sin do rinneabar úaim, a
bantract?" ar sí. "Atá," ar siad, "macaom óg
amulcac atá ann so aguinn, 7 ní fios dúinn cia hé d'fear-
aib domuin, 7 atá eagla oruinn tusa do tabairt báis dó."
"Druidid súas uaid," ar sí, "óir béarad-sa bás dó gan
moill." "Ní hamlaid sin is cóir, act dúisg[t]ear linne
é go bfionnam cá tír dó, 7 curtar an garbteglac timp-
cioll an grianáin nó go bfagaid bás leó, 7 na salaid-si

[1] téig, R.I.A.
[2] tre naoidennaib, R.I.A.
[3] "ní facaid, H.
[4] dogfaisnéisi MSS.

an gRianán Leis, óiR is feaRR duit sin do déanaṁ, ⁊ do ṫaḃaiRt oRta, ioná tú féin dá dénaṁ." Do cuiReaḋ an ġaRḃteġlaċ a ttimpċioll an ġRianáin ⁊ do dúisġeaḋ leó é, ⁊ d'fiafRuiġ an inġion de cia hé féin. "Misi Amadán Mór na foRaoise, mac ṁná an Rídire, dalta na banal-tRann ⁊ deaRḃċoṁalta mic na banaltRann, ⁊ do ċúala a nġleann an Ċait Ċaoiċ guRab mac deaRḃRátaR do Ríġ an Doṁuin mé ⁊ guRab í inġion Sir Ḃalḃuaḋ Dé Cornubas de Ḃreatnaċuiḋ mo ṁátaiR. Aġus an tusa inġion Ríġ ġRéġ?" aR sé. "Is mé ġo deiṁin," aR sí. "Maiseaḋ," aR an t-A.M., "atá ġ.ġ. ⁊ an Rídire Duḃ annsúd amuiġ ⁊ ní ḃfuil aon amadán mná aca, ⁊ tánġas-a aR do ċenn-sa ġo ndéanaiḋ ġ.ġ. amadán mná díot." "As dóiġ liom ġo ndéanaiḋ an ġaRḃteġlaċ do ḃitċennaḋ," aR an inġion. "TRúaġ sin," aR an t-A.M., "óiR deaRmuid mé mo ċloiḋeṁ ann mo luinġ, ⁊ dá nduaċainn na ḋiaiġ teitfid an ġaRḃteġlaċ sul a ttí mé arís.". Ró éiRiġ an ġaRḃteġlaċ annsin ⁊ tuġadaR fRasa diana dá n-aRmaiḃ diuḃRaiġte don A.M., aċt ní tuġ-san suim oRta ⁊ d'imtiġ as an látaiR maR a Raiḃ an lonġ, ⁊ do Ruġ¹ aR a ċloiḋeṁ, ⁊ d'fill ġo haṫlaṁ aR an nġaRḃteġlaċ aRís, ⁊ Ró ṁaRḃ móRán díoḃ,² ⁊ do Ruġ inġion Ríġ ġRéġ as an nġRianán iona Raiḃ a measġ a banthaċta, ġo Ráiniġ an lonġ maR a Raiḃ ġ.ġ., ⁊ aduḃaiRt, "ġaḃaiḋ an dúnaḋ 's a ḃfuil do ṁaiṫios ann, ⁊ do ḃéaR-sa neaRt ⁊ coṁaċta óiḃ ann," aR sé. Do baḋ ṁait lé ġ.ġ. ġaċ ní díoḃ sin,⁊ aduḃaiRt, "As mait liomsa ġaċ ní dá n-abRaiR do ḃeit aġam." Ro ionnsuiġ an t-A.M. an ċataiR iaR sin an daRa feaċt, ⁊ ró ṁaRḃ a ḃfuaiR innte.

Aġus do Ruġ na sġéala sin aR Ríġ ġRéaġ, ⁊ do fóġraḋ tionól ⁊ toiċiosdal leis aR faitċe Ċatraċ na háitne. As annsin do ċRuinniġeadaR seaċt tteallaiġ déaġ na ġRéiġe a ttiompċioll an Ríġ aR faitċe a dúnaiḋ. MaR do Conn-aiRc an t-A.M. iomaḋ na sluaġ aR an ḃfaitċe, Ró ionnsuiḋ ġo haṫlaṁ iaḋ, ⁊ níoR fan ġo Ráiniġ meaḋón na sluaġ sin, ⁊ is cóiṁionann do ṁaRḃ an t-A.M. aR ġaċ taoḃ iaḋ, ionnus (ġuR) ionnsuiġ ġaċ dronġ díoḃ doRas na bRúiġne ⁊ na ċatRaċ. As annsin do hinniseaḋ do Ríġ ġRéaġ ġuRab é A. M. na f. a ḃí ann. "Ní ḃiaṁ leis," aR an Ríġ, "óiR cloinmiḋ náR ġaḃaḋ ris a n-aoin RioġaċT san doṁan náR úṁlaiġ dó, ⁊ Ró hinniseaḋ dúinn ġo ḃfuil aġ ġaḃail an doṁun ⁊ ġaċ tiġeaRnas do ġeiḃ sé uata do ḃéaRamaoiḋ-ne aṁlaiḋ sin dó é." Ró hinniseaḋ

---

¹ Ric MSS. = " he reaches " ?   ² Díof MSS.

sin don A.M., ⁊ as eað ró ráið, "Ѕeaðað-sa sin," ar sé, "⁊ inģion Riģ Ѕréaģ do beit na hamadán aģ Ѕaoi Ѕormṡúileaċ." Do h-aontuiģeað sin le Riġ Ѕréaġ. "Maiseað, a Ѕaoi Ѕormṡúiliģ, fan-sa, aġus an Rioire Dub, annso, ġo ndeaċuinn-si do ḋéanaṁ amadán fá'n doṁan dom' féin."

Ro ġluais an t-Amadán Mór as críoċaiḃ na Ѕréiġe. Annsin tárlaið a cċriċ eile é, ⁊ do bí cúirteanna iomḋa áilne innte. Ataið fada dó aġ siuḃal innte ¹ aġus ní tárlaið duine ar bit air, ⁊ ar mbeit treall mar sin dó adċonnairc dúnað rioġḋa ró-ṁaiseċ aġus cuirp aġus colna rioġa ró-áilne 'na ḃfaon-luiḋe iona mbáḋḃaiḃ ² buain-ṡinte ar urlainn an ḃaile, ar ġaċ taoḃ do'n dúnað. Téið an t-Amadán Mór san dúnað iar sin aġus do fuair conġḃaḋa ³ craoisleaṫan ar tine san mbruiġin sin, aġus colna ró-iomḋa dá mbruit 'san ċoire sin. Do ḃádar dá fear déaġ marḃ annsin ġo ḃfoltuiḃ caoiṁe casa cneiṡġeala cuirp-ṡoillseċa ar muin a ċéile, aġus iad ar lár na bruiġne. Do bí corp áluinn sneaċtuiḋe ann, do b'áilne ⁊ do b'fíorġloine do ċorpaiḃ an doṁain, aġus do bí bior fada reaṁair trés an ċċorp sin, tar san. Aġus an tan adċonnairc an t-Amadán Mór an míleað macánta deiġḋealḃaċ sin ro-líon dá ṡeirc aġus dá ṡíor-ġráð, aġus adubairt :—"A Ċrutuiġteóir Niṁe aġus Naoṁ-Ṫalṁan, is trúaġ liom náċ beó do ruġas ort, óir dá mað eað, ní sġarfamaois ré ċéile an feað do ṁairfeamaois."

An tan ċúalaið an macaoṁ mórḋálaċ sin, do bí ar an mbior, ráiḋte an Amadán Mór, do laḃair ġo foirḃte foisdionaċ, aġus adubairt ris an Amadán Mór, "Sir orm-sa ġaċ sġéal is mait let d'fáġail, ⁊ do ġeaḃair iad." Ar n-a ċlos sin do'n Amadán Mor, tuġ rit sanntaċ ar an mbior aġus tairringios as an macaoṁ é, aġus tuġ easġra áluinn airġið ċuiġe, aġus ro-iḃ deoċ uaið, aġus d'innis sġéala do'n Amadán Mór, aġus adubairt, 'Dá ḃfantá le mo sġéaluiḃ-se, ġo ⁴ h-iomlán, ní imeoċað ceaċtar aġuinn ġo bráit." "As deimin náċ ḃfuiġfið mé an ċaṫair-si nó ġo raiḃ a fios aġam cia dó ⁵ 'ḃfuiġfinn í, aġus ní feadar náċ tar m'ais do ḃiað an tí aġ a mbiað." "Maiseað," ar an macaoṁ, "ġaċ ní is

---

¹ Níl na sé focail deirið ins an láiṁscríḃin 'san R.I.A.
² " báḋḃa " H.
³ MSS. ꝺġaḃ⸗.
⁴ An dá focal deirið fáġta amaċ. R.I.A.
⁵ Dó dá. R.I.A.

eaċtra an amaḋáin ṁóir

aitne ḋaṁ-sa do ġeaḃa tú a ḟios." Innis ḋaṁ ar ttús cia féin nó cia do ṁarḃ an t-ár mór-sa 'san caṫraiġ." "Do ġeaḃair-si a ḟios sin," ar an macaoṁ. " Críoċ na h-Islinne an críoċ so, agus Glinne mac Ríġ na h-Islinne misi. Agus tángadar Clann Cain Colnaiḋ Mic Áḋaiṁ d'ionnsuiḋe na crice so, dá milleaḋ, agus ro h-ionnarbaḋ ár ccineaḋ agus a cclanṁaicne leó, agus do loisgeadar a nDúnta agus a nDeaġḃailte uile,¹ agus ro-ṁarḃadar a slóġa ² agus a soċuiḋe, agus ro-ḟágḃadar óglác a ttreisi agus a ttiġearnas na tíre-si dár baḋ cóṁainn Treatan Tollgorm. Agus tug Ríġ na h-Islinne misi agus mo ḋá ḋearḃċoṁalta ḋeug a mbroiġdionas dó, agus ag sin ar na bearaiḃ iaḋ aḋ'ḟiaḋnaisi ³. Agus do h-ionn-arbaḋ sluaġa na caṫraċ leó aċt misi agus an dá fear ḋéag sin do bí agam. Agus tar éis an áir sin, do ċuir muinn-tear an Fir Ṁóir giollaḋa dá ionnsuiḋe, ag iarraiḋ air feolṁac d'ḟágáil ḋáif, agus adubairt an Fear Mór naċ buan do ṁairimís ⁴ féin aige, agus go ttreasgóraḋ sé sinn fá cóṁair a ṁuinntire agus a ċloinne. Mar do ċualadar mo ḋá ḋearḃċoṁalta ḋéag féin sin, d'iarradar bás do ṫaḃairt ḋóiḃ féin ar ttús, d'eagla go ḃfaicfiḋís bás dá imirt orom-sa riompa ⁵ iona ḃfiaḋnaisi, agus ag sin ar na bearaiḃ iaḋ."

Níor ċian ḋáif aṁlaiḋ sin an tan do ċualadar búir-feḋaċ agus béiceaċ agus tormán na ḃfear Mór ċuca. Fágḃamaoiḋ an caṫair feasda," ar Glinne. " Dá mbéinn dá ḟágḃáil go soiċe so," ar an t-Amaḋán Mór, " ní fuig-finn anois í, nó go [n]díogluinn do ṁasla-sa orta." " Truag sin, a Amaḋáin Ṁóir," ar Glinne, " óir muirfiḋ na Fir Ṁóra misi agus tusa. Déana-sa imṫeċt, agus fuireóċaḋ-sa le sgéalaiḃ."

Tángadar na Fir Ṁóra ċuca an tan sin. " Coisg fear díoḃ súḋ, a Glinne," ar an t-Amaḋán Mór, " agus do ḋéan-sa an triúr eile do ḋiṫċennaḋ." As a h-aitle sin d'ionnsuiġ an t-Amaḋán Mór ⁊ an triúr fataċ a ċéile, agus do b'é críoċ an cóṁraicc gur treasgraḋ leis an Amaḋán Mór iaḋ, agus do tuit Glinne agus an fear eile ré céile bonn fria ḃonn. " Truag liom sin," ar an t-Amaḋán Mór, " óir ní ḃfuair bás ariaṁ duine is measa liom ioná Glinne." Agus do cuireaḋ leis é, agus do tóg ⁶ a lia ós a leaċt, agus do fearaḋ a cluiċe caointe ris.

---
¹ Na ceiṫre focail deiriḋ fágta amaċ. R.I.A.
² MSS. slóġe.
³ MSS. aḋ tríaḋnaisi.
⁴ MSS. bearamaois.
⁵ Orom-sa. H. riompa. R.I.A.
⁶ tóig. H.

Agus fágbus an críoc sin na h-Islinne, agus tárla tír áluinn eile dó, agus mórán do dúntaib agus do beagbailtib innte. Agus do connairc catair ríoga ró-maiseac, agus ba mó í ioná aon catair dá bfacaid riam roime sin, agus slúaga móra ar faitce na catrac sin ag imirt a ccleas ngoile agus gaisge. An tan do connairc an t-Amadán Mór iomad na slúag ag dul gus an dúnad ríoga ró-mór sin do len iad gus an dúnad, agus do suig a ndorus na brúigne. Agus mar do connarcadar mar sin é, d'fiafruigeadar de cia h-é féin. "Misi Amadán Mór na Fordoisi, mac mná an Ridire, dalta na banaltrann, agus dearb-comalta mic na banaltrann, agus do cúalas a ngleann an Cait Caoic gur mac dearbrátar do Rig an Domuin mé, agus is uime do suiges annso d'egla go racad aonduine aguib-si amac uaim go ndéanainn amadáin díob." Ro-freagair tigearna na catrac an tan sin é, agus asead adubairt, "Is feasac sinne go ttugadar Rigte an domuin, gus an ngréig, tigearnas agus úmla duit, agus do béaram féin amlaid sin duit é." "Maisead," ar an t-Amadán Mór," innis dam-sa cia h-í an críoc so ioná bfuil sib." "Dreóluinn an Gaisge is ainm do'n críc so," ar an Rig, "agus misi féin Rig na Dreóluinne. Agus is ann sa' críc-si geibtear gníomarta gaca gaisge, agus atáid mic Ríog agus ró-tigearnuibe dá bfogluim innte." "Cia h-í an críoc so is nesa dúinn?" ar an t-Amadán Mór?" An Beirbe Loclannac tír is foigsi duit," ar an Rig. "Cá fada úainn an críoc sin?" ar an t-Amadán Mór. "Uibe coiciosa ar mí timpcioll, agus uibe trí lá agus teóra oidce 'san atgairid." "Créad í an atgairid sin gabas daoine cuice?" ar an t-Amadán Mór. "An Giodrainn Loclannac," ar an Rig. "Aoin nec dá ndeacaid innte níor frít aon focal dá sgéalaib riam." "Maisead," ar an t-Amadán Mór, adluic-si misi 'san atgoirid cum na Beirbe Loclannúibe." "Truag sin," ar an Rig, "tusa agus fir an domuin, dá ndeacadaois do'n Giodrainn Loclannaibe, ní tuicfadaois tar a n-ais go brát arís." "Créd do-nim-se do bur ttigearnas mar sin," ar an t-Amadán Mór, "óir dobeirim mo briatair go ccaitfid sib teact liom?" Adubairt an Rig go racadaois leis ó do bí an uile ríogact ar a cumas aige, agus gur b'fearr leó cumas a láime aca 'san Giodrainn agus 'san mBeirbe 'ná beit 'n-a agaid.

Do tionólad slúaga agus socuibe na Dreólluinne, agus do gluaiseadar féin agus an t-Amadán Mór iar sin,

eactra an amadáin móir

agus ní bfuaradar cat ná comlann go rángadar an beirbe Loclannac. "Ag súd an beirbe Loclannac, agus ní léigionn an eagla dúinn dul innte ná fille tar ar n-ais go críocaib Loclonn arís." "Racad-sa lib," ar an t-Amadán Mór, agus do rinne amlaid sin, agus do filleadar tar a n-ais arís go críocaib Loclonn.

Agus do bí ag cuartúgad na críce ataid fada go bfuair tulaig aoibinn agus dá ficcid céd marb uirte agus a n-airm gaisge tré n-a ccorpaib, agus iad ar ttuitim agaid ar agaid agus bonn fria bonn, agus iad ar n-a ttreasgairt fá'n ccuma sin.

Tug an t-Amadán Mór féacuin tairis, agus do connairc aon macaom óg áluinn mín macánta mná, do b'fearr cruit, cuma, agus déanam do mnáib [1] na cruinne ar an ttulaig [2] sin, agus rosg maiseac mall-gorm iona cionn,[3] agus agaid fíor-áluinn aice, agus mailíde donna deabdaite aice, agus gruada corcra crutáilne, agus déad deag-maiseac amuil néamann iona ceann, agus corp seang sneactuide solus-glan aice, agus do bí roga gac pearsa agus gaca dealba san doman iona cruc agus do bí beart do sról fíor-áluinn éadrocc ar tonguil 'na timpcioll; agus dias do ridireada deagdealbta ar gac taob do'n ingin. Agus do bádar cinn na déisi sin iona h-ucc agus í dá bpógad go díocra, agus a n-arm féin tre corpuib a céile, agus iad ar ccomtuitim ré céile. Tainig an t-Amadán Mór do látair, agus do beannaig do'n ingin go céillide caoinbriatrac, agus freagras an ingion é mar an ccéadna. "Is iongna liom," ar an t-Amadán Mór," an dias sin ar ccómtuitim ré ceilé, agus tusa lán dá ngrád ar aon. Agus tabair sgéala dam, a ingean, cía h-iad so, nó cía tú féin, nó an dá ficcid céad so síos agus súas ar fead na tulca, agus iad ar ttuitim ré aroile, agus a n-arm tré corpaib a céile. "Do geabair-si a fios sin uaim-si," ar an ingion. "Atáid trí ranna 'san doman .1. Rann Eórpa, Rann Afraice, agus Rann Aisia, agus ingion do Ríg na h-Aisia mísi, ⁊ tugas luige nác mbéinn [4] ag aoinfear acc fear agá mbiad dá ficcid céd iona teaglac do laocuib láinbeóda agus do macaib ríog agus ridireada, óir do bí dá ficcid céad ingion áluinn ann mo bantract-sa do pósfuide ris an tteaglac sin agá mbéinn; do brig gur mian liom, an oidce do pósfuide mé féin, an bantract uile do pósad

[1] mná. H. [2] tulaig. H.
[3] Cenn. R.I.A. [4] béinn. H.

an oidce sin. Mar do cualaid Magnus Dub mac Rig Loclann na sgéala sin .1. Mac Cecc mic ludair, agus as é sin an grúagac dud so do cí tú agam,[1] táinig sé dom' tocmairc-si agus dá ficcid céad mac ríog mar aon ris, agus tug sé misi mar mnaoi agus mar caoimleannán. Agus tugsad a teaglac mo bantracc uile, gac aon díob do réir a uaisle agus a díongmála féin amuil ró-bádar ar gac taob, ┐ níor fanad leó go ttugsad go críocaib Loclann sinn. Agus an tan do cualaid Iollann Ór-armac, mac Rig Grég, sin, tug grád dam féin tré méad mo tuarasgbála, agus do bí dá ficcid céd mac ríog ar a teaglac mar a' ccéadna. Agus tig dom' leanmuin go críocaib Loclann. Agus tárla Magnas Dub dó ag dul cum fiadaig, an lá sin, go n-a muinntir, gus do bí mise ar faitce na bruigne an tan sin, agus táinic Rig Grég ar an bfaitce agus dá ficcid céad mac ríog mar aon ris, agus do tógbadar misi as lár mo bantracc. Agus do comairligead leo annsin, agus adubradar," "Cuireamaoid an dá ficcid céad long táinig linn do'n Gréig, agus racamaoid féin do'n Giodruinn Loclannuide, óir is ann is lúga do iarrfuigear sinn." Do rinnead an comairle sin leó, agus tángadar do'n Giodruinn Loclannuide, agus atámaoid innte le fice bliadain, agus gac neac do tigead ann ó soin anúas do fanad aguinn. Agus do measad gac duine dá ccluinead sin gur bás do geibead gac aon dá ttigead innte cugainn. Agus do bí mac Rig Loclann dár n-iarrad ó soin a leit, ar fead an domuin, agus níor fáguib iat nó insi nó oleán gan iarra dúinn nó go bfuair sinn. Agus annsin ro-fógair cat ar mac Rig Gréag, agus níor h-obad an cat sin leis, agus do b'é críoc a ccataigte gur tuiteadar ar aon, bonn fria bonn, tar mo ceann-sa. Agus do b'é mac Rig Loclann bad annsa liom-sa díob, óir do b'é céad fear dá ttugas grád é, agus ní dom' deoin do sgaras ris, agus do cúardaig an doman dom' iarra ar mo grád, agus do tuit féin tar mo ceann, agus, ar an ádbar sin, ní h-iongna grád do beit agam air, agus cúma do beit orm 'na diaig. Agus fós ní luga is cóir dam grád mic Rig Gréag do beit agam, óir do bíos fice bliaguin mar mnaoi aige, agus do tréig sé seact tteallaig dég na Gréige, agus seact ttuaite a ngac teallac díob, agus oiread Éirionn nó Alban a ngac tuait ar mo son, agus ar ttabairt cat tar mo son, agus tuitim 'san ccat sin go n-a muinntir, is móide atá a grád agus a cúma agam, sin : agus is iad sin mo sgéala

[1] An 12 focal deiriď fágta amac. H.

duit," ar an inġion, "agus innis féin do sgéala daṁ-sa," ar sí. "Misi Amadán Mór na Foraoisi, mac mná an Ridire, dalta na banaltrann, agus dearbċoṁalta mic na banaltrann, agus do ċuala mé a nGleann an Ċait Ċaoiċ gur mac dearḃráṫar do Ríġ an Doṁuin mé, agus gur ab í inġion Iarla De Cornubas do Ḃreaṫnaċuiḃ mo ṁáṫair." Agus do bad ṁaiṫ leis an inġin na sgéala sin, óir do ṁeas sí gur ḃo dionġṁála an fear di féin mac dearḃráṫar do Ríġ an Doṁuin. Agus do ḃí deire an laoi agus tosaċ oidċe ann an tan sin.

Ro-ḟágḃadar an tulaċ iaraṁ do ċum na bruiġne iona ngnáṫuiġead an macaoṁ mná 7 mac Ríġ Gréag do ḃeiṫ. Do feisiodar an oidċe sin, agus d'éirġeadar ar n-a ṁáireaċ, agus do ċuadar do'n áit iona raiḃ mac Ríġ Gréag agus mac Ríġ Loċlann marḃ; agus aduḃairt an inġion ris-[s]ion:—"A Amadáin Ṁóir," ar sí, "déin-si feart le do ċloideaṁ do'n dias gaisgideaċ so." Do rinne sé aṁlaid sin. Do ḃí an t-Amadán Mór agus inġion Ríġ na h-Islinne go h-aiġiontaċ árd-ṁeanmnaċ a ḃfoċair a ċéile iar sin.

[1] Agus ní cian do ḃádar aṁlaid sin an tan do ċonnarcadar aon óglaoċ mór miliota mear-ṁeanmnaċ dá n-ionnsuide, agus roġa airm agus éadaiġ air. Agus ar tteaċt do láṫair dó, fearas fíorċaoin fáilte ris an Amadán Mór. Agus is aṁlaid do ḃí an t-óglaċ sin agus mias d'airgiod a[o]inġeal iona láiṁ, agus feóil tuirc ar an méis, agus cruiṫneaċt ar n-a fuine a mil, agus cuaċ órda 'san láiṁ eile dó, agus í lán do ṁil agus d'fíon śoiṁilis [2] ar n-a ccumasg ré ċéile. "Aġ so," ar an fear sin, "biad agus deoċ uaim-si duit, óir ní h-oirċeas do deaġ- laoċ gan biad do ṫaḃairt d'a ṫiġearna, agus is tusa mo ṫriaiṫ-si agus mo ṫiġearna," ar sé. Do ráid an inġion, "Ná caiṫ a ḃiad, a Amadáin Ṁóir," ar sí, "óir is cumaċtaċ na daoine a ḃíos annso, agus cuirid draoideaċt [3] a mbiad agus a ndiġ." Ro-imṫiġ an t-óglaċ uaṫa iar sin agus d'ḟáguiḃ an biad, agus níor ḃ'fios dóiḃ cá conair ionar ġaḃ sé uaṫa. Ṫar teagasg na h-inġine do ġlac an t-Amadán Mór an cuaċ agus d'iḃ deoċ, agus do ċaiṫ cuid do'n ḃiad, agus an uair bad áill leis éirġe iona śeasaṁ do ṫuiteadar a ḋá ċois ó n-a ġlúiniḃ síos de. "Is fíor," ar an t-Amadán Mór," gur h-imread

---
[1] N.B.—An cuid de'n laoi atá ar aon dul leis an sgéal so, tosnuiġeann sé ann so, ag rann 18 den laoi.
[2] Soiṁlus. H. Soiġṁlus. R.I.F. b'éidir=so-ḃlas(ta).
[3] MSS. Draoiġeċt.

draoiġeċt orm, óir do ċuadar mo ċosa uaim." "Do-ḃeirim mo ḃriaṫar," ar an inġion, "ġurab measa liom do ċosa do ḃeiṫ dod' uireasḃaiḋ, a Amadáin Ṁóir, ná bás an dá fiċċid ċéad fear n-armaċ úd do tuit tar mo ṡon reóṁad, óir is mó riġeas a leas tusa anois ioná iad uile. Óir dob' inġion ríġ mé aga raiḃ an treas ċuid do'n doṁan, agus ní raiḃ 'san doṁan inġion ríġ ionṡaṁalta riom ar m'uaisle agus ar m'aṫarrdaċt, agus ní raiḃ áḋḃar ríġ nó ró-flaṫa ó Ṡléiḃtiḃ Rife baḋ tuaiḋ go deisgeart. Éiġipte baḋ ḋeas, agus ó Inḃear Sroṫa Deirg go h-Innsiḃ Ḃreatan náċ baḋ roġa toċṁairce ḋaṁ gaċ aon aca an tan tugaḋ do ṁac Ríġ Loċlonn mé. Is mó ránġas a leas tusa d'fáġail ioná iad, óir is am' aonar do ḃíos an tan fuaires tú."

Ro-imṫiġeadar ċum na bruiġne arís an oiḋċe sin, agus do rugadar as í go cúṁaċ ciáṁair go ttáinig an lá go n-a lán-ṡoillsi ar n-a ṁáireaċ, Do ċaoi¹ an inġion go trúaġ tuirseaċ. Fiafruiġeas an t-Amadán Mór di créad uim a raiḃ mar sin. "A Amadáin Ṁóir," ar sí "as é m'áḋḃar, mar atá tusa a n-uireasḃaiḋ do ċos, óir do ceileaḋ ór agus airgiod, biaḋ agus éadaċ, eiċ agus ioṁaiċtios oruinn as a los." "Déanam ar an ttulaiġ úd anonn," ar an t-Amadán Mór. Do ċúadar agus ní feadar-sa créd an mód ar a ndeaċaiḋ an t-Amadán ann² munab í an inġion do rug ar a muin lé é. Ní cian do ḃádar ann iar roċtuin na tulċa ḋóiḃ an tan do ċualadar gut gaḋair ċuca ag tapann go fír-ḃinn. Is annsin do ġaḃ an t-Amadán Mór an t-sleaġ ioná láiṁ ag ċloisḋin an ġaḋair, agus do ċonnairc fiaḋ faiteaċ foluaimneaċ fuireaċair dá ionnsuiḋe, agus do ċuir an t-Amadán Mór a ṁéar a suaiṫneaḋ na sleiġe soi-ḋiúḃraiġte, agus do ċroiṫesdar í go fearḋa fíor-láidir, agus do ċaiṫ ris an bfiaḋ í gur ṁarḃ³ é. Agus iar [sin] do ċonnairc an gaḋar gléigeal ar lorg an fiaḋa sin. Beirios an t-Amadán Mór ar an bfiaḋ-ġaḋar sin go deaġ-tapa, agus cuirios cuiḃrioċ agus ceangal agus iadaḋ go h-urlaṁ⁴ air. Agus fillios an t-Amadán Mór arís 'san conair ċéadna, agus do ċonnairc óglaċ mór míliota ar lorg an fiaḋ agus an ġaḋair, agus cotún áluinn il-ġréasaċ uime agus lúireaċ urḋailleaċ⁵ leaḋair lán-daingion uime, agus cloiḋeaṁ órḋoirn ionclais ioná láiṁ, agus buaḋḃall⁶ bioṫáluinn binn-ḃriaṫraċ uim a ḃráġaid.

¹ Cloiḋiġ. R.I.A. (leg. ċaoiḋiġ?). ² An focal "ann" fágta ar lár. H.
³ Ṁarḃastar. H. ⁴ Go h-allaṁ, R.I.A.=aṫlaṁ?
⁵ Urṁalleaċ. R.I.A. ⁶ Buaḋall. H.

EACHTRA AN AMADÁIN MHÓIR

beannuiges do'n Amadán Mór agus adubairt ris, "Tabair mo ghadar dam, a Amadáin Mhóir," ar an t-óglác, agus ní láimseocha[d] an fiad ort." "Is fearr liom an ríog-ghadar so agam," ar an t-Amadán Mór,' "ná mo cuid do'n fiad, óir atáim gan siubal gan imteacht agam." "Do-béar-sa cuma duit," ar an gruagac. "Cá cuma sin," ar an t-Amadán Mór? "Do sáit bíd agus dige go bráit," ar an gruagac. "Is mó do righfinn-si sin do leas 'ná an gadar agus maitios an domuin ar ceana" ar an t-Amadán Mór. "Do béar-sa súd duit," ar an gruagac, agus do cuir cuir agus slánta air, do réir mar do bí 'san aimsir sin, fá'n ccunnrad sin do comall. Agus do gluaiseadar riompa na ttriúr .i. an t-Amadán Mór, an bean, agus an gruagac.

Agus ní cian do bádar an tan do conncadar bruigean oirdeirc iolbatac uata, agus do cuadar innte, agus do fuaradar ingion áluinn 'na suige a ccataoir órda, agus brat do sról rioga ró-maiseac ar tonngoile 'na timpcioll, agus roga gaca delba 'san mbrat sin aice, ar crut, ar iniol agus ar déanam. Do tóguib an ingion a rosg agus a riog-radarc agus aseadh ro-ráid, "Cia h-iad súd, a Ghruagaig?" ar sí. "Mac dearbrátar do Ríg an Domain an fear úd, agus as ris adeirtear Amadán Mór na Foraoisi, agus an ben do cí tú iona farrad, ingion do Rig na h-Aisia í, agus do fuaras mo ghadar aca agus dob' éigion dam a ccotúgad do biad agus d'éadac an fead do mairfidís do tabairt dóib tar ceann mo ghadair do tabairt dam. "Olc agus úrbátad [1] ort," ar an ingion. Is minic do cuadais a tturas nác bud mait agus ní dearnais [2] riam turas bad measa ioná sin."

Mar do cúalaid an t-Amadán Mór sin is mór do goill air, agus is mó do goill sé air ioná beit gan cosuib. Act ceana do rugadar as an oidce sin go dúbac dobrónac déarac, agus d'éirig an Gruagac ar n-a máireac, agus do glac a ghai iona láim, agus adubairt, "Racad-sa do déanam fiadaig docum na foraoisi, agus coiméad-sa [3] mo bean go mait." "Ní déan," ar an t-Amadán Mór," agus racad féin leat maille re mo mnaoi." "Ná cuiread caint mo mná-sa ort, a Amadáin Mhóir," ar an Gruagac, agus ro-nasg a briatair air fá fuiread agus fá cómnuide do déanam agus gan saobnós do déanam nó do beit air, fá ar labair an ríogan: agus ro-nasg air fá'n mnaoi do coiméad go tille dó féin arís.

[1] urbaid. H. [3] teárnais. R.I.A.
[2] coiméad-si. H.

D'imtiġ an Ġrúaġac aġus tainiġ bean an Ġrúaġaiġ mar a raib an t-Amadán Mór, aġus do ráid ris, "Is mait an turas iona ttangais, a Amadáin Móir, óir do-béar-sa roġa bid, diġe, earrad, aġus éadaiġ duit, amuil do beitéa ad' riġ ar an doman, aġus mo toil féin do déanam." "Cá toil sin," ar an t-Amadán Mór. "Ġan mo rún do léiġion le h-aoinneac, aġus ġac rúindiamair dá mbiaid aġam do léiġion leat, (aġus) sin d'folac ar an nĠruaġac." "Do déan-sa sin," ar an t-Amadán Mór. "Ann ġac ádbar is déanta duit sin," ar an inġion. Do ġeall an t-Amadán Mór sin di. "Maisead," ar an inġion, "dá bfaictéa fear aġam-sa, ná h-innis do'n Ġruaġac é aġus déana rún mait air." Do ġeall an t-Amadán Mór ġo ndéanad sin.

Nior cian dóib mar sin ġo bfacadar ġaisġeadac mór allata dá n-ionnsuide, aġus do cuaid a n-aoinleabaid le mnaoi an Ġrúaġaid. Da lútġaireac an fear sin aġus bean an Ġrúaġaiġ ré aroile, nó ġur caill sí a h-ionnracas, aġus do cuir sin ġo mór ar an Amadán Mór, aġus ġan cumas aiġe ar a bacáil nó ar a díoġailt ar an óġlác an-aitnid. Iar sin d'iarr an t-Amadán Mór ar a mnaoi a tóġbáil ġu dorus an t-seómra iona rabadar an cúpla sin, aġus do tóġuid a cloidem iona láim, aġus ro-desaid a lám a ndoornclad an cloidim. Aġus d'fiafraiġ an t-óġlác, "Créad do b'áil let do déanam, a Amadáin Móir," ar sé? "Measaim nác fuil sliġe aġad-sa act so, aġus dob' áil liom tusa do conġmáil le Ġrúaġac na bruiġne; óir do ġeallas dó a bean do coiméad, aġus ní léiġfiod tusa amac ġo ttille sé." "Ní mar sin do ġeallais dam-sa," ar an inġion, "act rún mait do déanam orm ġibé ní do déanuinn nó do cifeá¹ aġam dá déanam." "Do-déan-sa rún ort," ar an t-Amadán Mór, "act caitfid an t-óġlác an-aitnid sin maille riot anmuin ris an nĠruaġac." "Maisead," ar an t-óġlác, "fuais-ġeolad-sa mé féin uait-si." "Cá fuasġlad sin," ar an t-Amadán Mór? "Do roġa cos mar is fearr do bí riam," ar an t-óġlác. "Ġlacfad-sa sin," ar an t-Amadán Mór, aġus tuġ an t-óġlác sin dó mar is fearr do bí sí aiġe riam.

(Crioc na láim-scribne 'san Acadam: is as é an ġiota leanas).

"Is aimġlic do tuġais² mo cos dam," ar an t-Amadán Mór, "óir is fearr mo neart anois red' conġbáil nó

¹ Cifeda. MSS.   ² MS. toġais.

Roimhe." "Do-béara an cos eile duit agus leig amach mé."
"Géabhad-sa sin," ar an t-Amadán Mór, agus do féuch
faoi. Do fuair a dá cois aige mar is fearr do bhí ariamh.
" Is briatar dam-sa," ar an t-Amadán Mór, " nach
leigfead amach tú nó go ttí an Grúagach do'n dúnad."
Mar do cúalaid an t-óglach an-aitnid sin, tug léim
ar cumairce na ríoghna, agus do ghabh an ríoghan do láimh
a saorad ó láimh an Amadáin Móir d'eagla bás do
tabhairt dó. Agus is é do bhí an[n]sin Grúagach an dúnad
féin do chuaid isin ríocht sin.

foclóirín.

Babh = dead body? "iona mbabhbaib."
Beirt = garment.
Briocht = variegated.
Buabhall = a horn (for drinking, or for the chase).
Camhaill = Gen. Sg. of camhall(?) = ?
Cenn-radharcach = ?
Congbhabha = ?
Crann cotarbha = ?
Cuaille babhba = see babh. The stake on which a head was impaled.
Cumach = Mid. Ir. "combach." Verbal noun of "conboing," strikes, kills, hence, slaughter.
Déis = Dat. Sg. of dias, point of sword. Also dias, two persons.
Dianggaoilim = I scatter.
Dfo[g]luinn = 1st Sing., Past Subj. of dío[g]laim, I pay]back], I avenge. V.N. díoghailt, p. 17, l. 66.
Díoghuin = perhaps = M.I. dí-ghaind, i.e., ample = dí-ghann = not scanty.
Dionghmhála = suitable. P. 20, l. 37. But seems Gen. of noun "dionghmháil."
Eanach, perhaps = anach, marshy land. On p. 213 I have accented the e as if éanach = éanlaith.
Easgra = cup, vessel.
Feisim = I pass the night, I sleep. Do feisidoar. V.N. feis.
Fochaidhme = derision. Gen. Sg. fochaidmheadh.
Foghabhrannaidh = p. 11, l. 50 ; probably = foghal-rannaibh. foghal = fodháil, division.
Freitech = Old and Mid. Irish, freittech. V.N. of fristonga, "he swears not to do." (Literally "swears against.").

Fuireachair = careful, watchful, sedate.
Gabhaltas = a holding, guard, landed property.
Guin-ghaláin. The wounding of a "galán," the "galan" or "gallan" or "dallan" being a standing stone, at which missiles were thrown. See Oss. Soc., vol. III., p. 74, n.
Groid = stud (of horses).
Iomchubhaidh = fitting, suitable.
Ionclás = ?
Leas — Rigfinn-se do leas, I would need you. Past tense rángas a leas, I needed. Also rigeas a leas.
Oineach = generosity, chivalry. Also eineach, aineach.
Oirdeas = fitting, proper.
Oirneadh = V. N. of oirnim. Oirneadh is used of conferring or receiving a degree of chivalry, such as knighthood.
Peall = a cushion.
Rífhearsa = kingly appearance ?
Ric. Mid. Ir. 'ro-iccim [ar]" = I reach for, seize. Hence riccim, and 3rd Sg. Past do-ric.
Ruinneach = artistic ? [fionnd]ruinneach?
c.f **briocht-ruinneach** by analogy with fionn[b]ruinneach.
Saobhnós = gan saobhnós do bhéanamh, not to take offence, not to act foolishly. P. 22, l. 33.
Sinestair = window. Dat. Pl. sinestruibh.
Suadh-Áluinn = beautifully - arched (in reference to neck of horse).
Suaithneamh = loop attached to the shaft of a spear to help in throwing it.

Tagall = frequenting.
Toiciosbal = assembly.
Toigeórad = Conditional 3rd Sg. of tograim. Cf. "dá dtograd."
Tonguile, tonngaile = ar tonngaile, flowing down (of dress), waving. Cf.," tonn "= a wave.
Ti = sul a ttí mé. 1st Sg. Pres. Subj. of do-iccim, later tigim.

Tuillfead = 3rd Sg. Conditional of tuillim, I fit in, I find room. (Cf. Eactra giolla an amaráin." " Cófra doiṁin a dtoillfinn féin ann.")
Urbailleac = speckled. from ball, a spot.
Urbátad, urbaid = misfortune.
Urlainn = urlár (?)

AN LIAIGH I nERINN I nALLOD. II.

THE following five extracts are from 23 K 42, a paper MS. in the R.I.A. The treatise on Materia Medica occupies pp. 332-444, and breaks off at the word "Gladiolus" (heading of next article). It discusses the healing properties of various plants, trees, metals, gums, stones, animals, etc., etc., in accordance with the common stock of European knowledge in the 14th and 15th centuries. Similar mediæval tracts on materia medica are found in most European languages. Usually the Latin name comes first, followed by the name and uses, etc., in the vernacular. These tracts are nearly always taken from originals written in Latin—the common language of educated Europe at the time. This treatise seems to have been popular in Ireland, as several copies are known to exist in different stages of perfection. I supply variants from T.C.D, H. 3. 5. R.I.A. 23 O 23 is a vellum MS. of the same in a very imperfect condition, and seems to belong to a much earlier date than 23 K 42. The latter is known as "The Book of the O'Shiels," and was written by Pádraic Gruamdha O'Shiel in the years 1657 and 1658. The O'Shiels were hereditary physicians to the Mac Coghlans of Delvin in Ossory, and also to the Mac Mahons of Oriel. There is a modern transcript of the whole book, 3 A 36, copied ,1870, by Joseph O'Longan and his son, Michael.

The MS. is interesting apart from the subject matter, as Pádraic breaks into lamentations every now and then, and the whole book is full of these little personal touches. On the fly-leaf is the following note in an 18th century hand: "Leabhar Phadraic oig i Shiaghail, Et da racha se ar seachran benacht Dia et na heaglaise don te doberadh do fen é." On page 126 is the following interesting announcement :—" As maith ata fuil an mhil *muighe* mar dhubh againn 18 Augusti, 1657." On page 184 is the date "Novembris xi°, 1657." On page 211 : "Ataim tuirseach gan chodladh—I nDruim Scuabach dhamh anocht—Nouembr. 26, 1657. Patr : Shyell."

Again : "Agsin duit, a Phadruig óig I Shiaghuail od sheisi ⁊ od bhrathair ionmhuin Padruic gruamdha O Siaghuil, ⁊ Dia mór dar ttoghairm ar áon as an choigcrichsi iona bhfuilmid, i gCoigeadh Ol nEgmhocht, dochum ar nduthchuis atharr-

229

dha ⁊ sinnsiordha .i. go hIbh Eathach : Isin Choill Laguigh dhamh anocht láimh re Cruachan Gaileang. Decembris 15, 1657. Laus Deo." p. 262. On page 340 he breaks out again : " As tuirseach ataimsi a niogh i gCartun an Bhrugh*aidh*, ⁊ sgeamhghal na ngarlach isin tighsi amuigh dom bhuaidhreadh, ⁊ gan sgéla o Ibh Eathach agum." Again : " I nOcham Bhaile i Edhra dhamh aniu, xxi. Octob 1658. Patr. Shyell," p. 379." On page 396 : " I gCúil Iorra dhamh anocht Oidhche Fheile Martain, 1658. Misi Padruic gruamdha O Siaghail : tabhradh gach áon leighfeas so a bheannacht ar mh'anmuin." And on page 444 this : " Sum tuirrseach i gCartún an Bhrugh*aidh*, 9vemb. xx., 1658."

ABSINTHIUM, CENTONICA, PONTICUM.

.i. tri hanmanna an uormont [1] (*sic*)[⁊ ata in luibh so teasaidhi sa cedceim ⁊ tirim sa 2 ceim][2]. Et adeir Avicenna an luibhsi do bearbadh ar uisge, ⁊ a siothlodh go maith, ⁊ deoch [dhol de arna mharach ⁊ foiridh], gontach na bronn ⁊ teinis an gaile ⁊ comhfurtachtuigh an bhrigh thochlaighthech ⁊ an brigh dhileaghtech. Et bristear an luibhsi ⁊ cuimilter ar leamhnacht bó, ⁊ siothoiltear go maith, ⁊ eabur bog, ⁊ marbaid peste an gaile .i. lumbrici. Item bristear an luibh cetna maille re finegra ⁊ faisgter go maith tre édach lín, ⁊ cumuilter don aghaidh, ⁊ ni urcoidighid cuile na mioltoga dhuit an la sin. Item cuirter an luibh cetna ar uisge ⁊ dentur urbhruithe dhe ⁊ fóiridh buidhre na ccluas. Item bristear an luibhsi maille re mil, ⁊ faiscter tre bhréid lín ⁊ tabhair dha ól, ⁊ fóiridh greim na gcon gconfaidh, ⁊ gac uile ainmhidhe nimhe. Item bristear an luibhsi maille re mil, ⁊ faiscter tre bhréid lín, ⁊ cuirter bog isin cluais enbhraen de, ⁊ foiridh siledh ⁊ salcur na ccluas, ⁊ foghnaidh an sugh cetna do chumuilt don aghaidh ar a mbí guirme o bhualadh, no o thuitim, ⁊ do bheir dath mhaith uirre. Item dentur ceirin don luibh cetna ⁊ do mhil, ⁊ foiridh squinantia. Item berbhtur an luibhsi ar uisge, ⁊ ionnailter ass an ball ara mbí bruth no gearba, ⁊ icidh. Cumuilter an luibhsi ar fhíon, ⁊ eabur re ndol ar fairrge, ⁊ ni sgeithionn, ⁊ ni dhén muirghalar olc dho. Cuirter an luibhsi a nadhart an easláin, ⁊ toghairmidh an codladh.

[1] Mormonta. This extract is from p. 324.
[2] Lacuna in text, missing portions from H.

Bristear an luibhsi ꝛ domblas ae daimh ꝛ faiscter tre bhréid lín, ꝛ cuirter enbhainne isin chluais de, ꝛ fóiridh buidhre ꝛ torman na gcluas. Item an luibhsi do cur a leaptachuibh no i néduighibh, ꝛ ni crutuighter crumha no leomuinn ionnta.¹ Dentur ceirin don luibhsi ꝛ do mhil, ꝛ cuirter ar dhruim na seilge, no ar druim an maclaigh ꝛ fóiridh iad ona ccruas ꝛ ona tteinis. Da gcumuilter sugh na luibhesi do phulsadaibh² na lamh ꝛ na gcos, coisgidh aixis ꝛ rigor fiabhrais interpolata. Item gabh sugh na luibhesi, ꝛ sugh endivia, comtrom de gach ni dibh ꝛ eabhar a naghaidh na buidheachaire ꝛ cruais na nae noch tig o linn ruadh. Gabh sugh na luibhsi ꝛ siucra ꝛ uisge bog, ꝛ eabar ar cedlongadh, ꝛ foiridh *suffocatio matricis*. Item bearbhtur an luibhsi ar fhíon, ꝛ brister go maith, ꝛ cuirter ceirin de ar druim na nae ꝛ na seilge, ꝛ foiridh a ccruas. Item gabh sugh na luibhesi ꝛ mil, ꝛ pudar cuimin, ꝛ cumuiscter trit a cheile, ꝛ cuirter amhail ceirin ar in mball teid a ngurma no a ndrochdhath, ꝛ fóiridh é . . . Et adeir Galen a leabhar na gCepneann³ go bfuil folmugadh lenna ruaidh go hoiridha, ꝛ lenna find go tanaiste innte, ꝛ go hairighe o bhél an gaile ꝛ ona haeibh. Item adearar annsa nionadh cetna go bfuilid dha bhrigh contrardha isin luibhsi .i. brigh fhastaightach, ꝛ brigh lactach .i. an tan theagmus na lenna neamdhileghta annsa gaile o chaitheamh na luibhesi, folmuighter iad,⁴ reamhraighter uair eile, ꝛ méduighter an dilegadh on bhrigh stipicdha ata innte, ꝛ folmuighidh linn ruadh ona cuisleannuibh re nabur *miseraciae uena*, ꝛ calmuighidh an tochlughadh ata go heasbadhach o iomurcaigh lenna ruaidh do bheith annsa gaile. Et as amhlaidh do bearar í .i. sugh na luibhesi tri ₃ dhi, ꝛ ₃ do shiucra gheal, cumuisgter go maith ꝛ tucthur lan leithe⁵ dha ól dhe ar cedlongadh.

ACIDULA, OXYLEPATHUM, OXALIS MINUTA.

.i. anmanna an shamhaidh, ꝛ adeirid na doctuiridhe an luibhsi do bheith fuar isin cedcheim ꝛ tirim isin .ii. ceim. Et as mór fhoghnas a naghaidh na teine ⁶ Dhia, ꝛ a brisedh ꝛ ⁷ eagailte*ach* (?) trit a ceile ꝛ ⁷ a cur uirre (p. 331) mur cheirin. Item brister an luibh cetna, ꝛ sugh na nubhall trit a cheile,

---

¹ Da cuirtear . . i leabhur no i neduighibh uaisle ni ghaillinn leoghain orrtha H.
² pulsibh H.   ³ ceimeand. H.
⁴ do leith a tiorma. H. *add.*   ⁵ leighe. H.
⁶ iadha. H.   ⁷ ⁷ egaltach do chur trithi 7. H.

⁊ a cur ar in chrecht a mbí aillsi ⁊ icidh. An luibh cetna do bhriseadh, ⁊ gealan uighe trithe, ⁊ fóiridh at ⁊ tesbach na súl. A briseadh go min ⁊ a cur mur ceirin ar in mball loisgter o theinidh no o uisge ⁊ icidh. Sugh na luibhe cetna do chumusc maille re plur mine eorna, ⁊ icidh an podagra ⁊ an tartetica tig o teasaidecht. Sugh na luibhesi do chumusg maille re holaidh na roisi ⁊ a cur mur ceirin ar in chend ⁊ icidh a teinis an tan tig o teasaidecht. An leibh cetna do berbadh maille re fion dearg ⁊ a caitheamh ⁊ icidh flux bronn. An luibh cetna do thabhairt a naghaidh peste na ninneadh, ⁊ marbaidh iad gan fhuireach.

As maith a caitheamh a naghaidh neimhe ⁊ uilc na mban ⁊ na bpiseog, ⁊ gac uile neimhe eile. Furtachtuigh an radharc, ⁊ coimhedaidh an tshlainte ona gnathughadh. Et foghnaidh a naghaidh urchoide na mbech ⁊ na bhfoitheadh ⁊ na gcon gconfaidh ⁊ na neimhe fén. Item aonbhainne do shugh na luibhe cetna do cur isin chluais, ⁊ fóiridh gac uile bhuidhre.

ALAPSA, GALLA, POMUM QUERCUS.

.i. ubhla [1] dhuilleabhuir na darach ⁊ ataid fuar sa .ii. ceim ⁊ tirim sa .iii. ceim. Et as amhlaidh as maith iad, a mbeith trom reamur gan puill ionnta ; ⁊ ata gne eile dibh noch do gabar annsa nAsia, ⁊ ann sa nAffraic, ⁊ as beg an ghne sin, ⁊ ni bhid puill ionnta. Et ata brigh fhostuightech, choirtightech ionnta ar áon. Et adeir Plateárius pudar do ghenamh dhibh so ⁊ a cumusc maille re finegra, ⁊ re gealan ugh cerc, ⁊ a cur ara nimliocan, ⁊ ar na dubhanaibh, ⁊ fóiridh flux na bronn ⁊ fliuchaidecht an fuail ⁊ na naronn. A[2] mbearbadh ar uisge fearthanna, ⁊ urbruith do ghénamh dhibh . . . ⁊ foiridh flux dissinteria ⁊ emoroydes. A mbriseadh ⁊ a mbearbadh ar shiosan eorna ⁊ clistir do dhéunamh dhibh, ⁊ fóiridh stranguria. Item bearbhtur na hubhla cetna ar fhinegra ⁊ ar uisge fairrge, ⁊ an tan bhias ag fiuchadh cuirter farcan ann ⁊ cuirter ar bhél an gaile ⁊ fóiridh gac uile sgeathrach tig o anbfhainne na brighe. . . . Item (p. 342) pudar do ghéunamh dhibh, ⁊ a chumusc le gealan uighi circi, ⁊ a cur amhail ceirin ar na hairgibh ⁊ fóiridh an flux [3] cetna.

[1] Mill darach no a hubhla. H.
[2] Na mill. H.
[3] Flux fola na srona. H.

An pudar cetna do cur annsna cneadhuiph, ⁊ cneasuighidh iad. Item madh ail an folt do dhubhadh, gabh chugad galla ann nach beid puill, ⁊ bhias trom iomlán, ⁊ bearbh ar olaidh iad no go nataid ⁊ go reamhraighid isin olaidh, ⁊ a ttirmughadh as a haithle idir eduighibh lín, ⁊ pudar mín do ghénamh dhibh, maille re croicend no re duillebar na gcno bhfrangcach, ⁊ a cumusc maille re huisge fearthana, ⁊ a mbearbadh déntáoibh, ⁊ a folt no an fhesóg do nighe as, ⁊ bidh dubh dha eisi, ⁊ nighter an folt as a haithle a huisge bhog deagla an croiceann do mhilleadh.

p. 371. BARDANA .i. meacain tua, ⁊ adeir Avicenna gurub mor fhoghnus freamh na luibhesi a naghaidh na neimhe ⁊ go marbhann na haitreacha neimhe ; ⁊ adeir fós gibe choimlius sugh na luibhesi dhe, ni choilgid beacha naid aithreacha nimhe an la sin é. Sugh na luibhesi do congbáil annsa bhél, ⁊ daingnighidh na fiacla. Freamh na luibhesi do bearbadh ar fhíon, ⁊ foiridh disinteria. Freamh na luibhesi do chaitheamh ⁊ coisgidh an seile fola. Siol na luibhesi do bearbadh ar fhion, ⁊ brisidh na clocha fuail. An luibh (p. 372) idir freimh ⁊ dhuilleabur do bhriseadh, ⁊ blonuc do chur trithe, ⁊ brisidh ⁊ aipidhidh na nescoidi.

(p. 374) Borax .i. guim croinn, ata te tirim annsa .iiii. ceim, ⁊ ata brigh dhiosgaoiltech, athtairringthech, chnaoitech, coimhcheangailteach ann. Et as leis cheangluid na ceardagha na miotail da cheile, ⁊ as amhlaidh as maith é a bheith : geal, cruaidh. Cuirthear borax, ⁊ gealan uighe, ⁊ blonuc circe, ⁊ mil, ⁊ uisge rois trit a cheile, ⁊ glanaidh an aghaidh ona brice, ⁊ ona salchar. 3 duisge rois, ⁊ tri 3 do bhorax do cumusc, ⁊ a cumuilt don aghaidh, ⁊ glanaidh í.

UNA DE BHULF,
Márta, 1927.

GLOSSARY.

Aillsi, a canker.
Aixis, a paroxysm.
Airgibh, *dpl.* of "ara" a temple.
Aithreacha=naithreacha, snakes, *cf.*, an adder, for a nadder.
Bél an gaile, the pit of the stomach.
Brice, "freckledness."
Brigh athtairringteach, attractive force.
  „ **cnaoiteach,** consuming force.
  „ **coimhcheanguilteach,** binding, constipating force.
  „ **dhiosgaoilteach,** dispersive force.
  „ **dhileghtheach,** digestive force.
  „ **fastadach,** restraining force.
  „ **lagthach,** laxative force.
  „ **thochlaightheach,** appetite.
Bru, bronn, the belly. **Flux bronn,** diarrhoea.
Buidheachair, jaundice.
Bruth, itch.
Ceirin, a poultice.
Clocha fuail, gall stones.
Cno frangcach, a walnut.
Comhfurtachtuighim, I comfort.
Confaidh, mad.
Domblas ae, bile.
Dubhan, a kidney.
Eabhur, *pres. sub. pass.* of ibhim, I drink, *i.e.*, let it be drunk.
Eagailteach, ?
Farcan=a knot in wood, fungus.
Finegra, vinegar.
Foithe, foiche=a wasp.
Folmhughadh, an evacuation ; vn. of folmhuighim, I empty.
Gearba, a scab.
Icaim, I heal.
Imliocan, the navel.
Iomailtear, *pres. subj. pass.* of iom*lai*ghim, I wash.

Léithi, gen. of leath, a measure, a "half-un."
Leomhun, a moth.
Lionn fuar, phleghm ; lionn ruadh, choler—two of the four humours of which the body is composed, according to the ancients.
Machlach, the womb.
Meacan tua, great common burdock
Nescóid, a boil.
Oiridha, principal (*adj.*).
Podagra, artetica, forms of gout.
Sealg, seilge, the spleen.
Siosan, tissane, Lt. ptisana.
Siothlodh, a straining, vn. of siothlaim, I strain.
Squinantia, quinsy.
Teine Dhia, *ignis sacer,* erysipelas.
Tochlugad, *cf.* tothlughadh, appetite.
Uormont, wormwood.
Urbruithe, a stupe, a dry bath.

Baile i Edhra, Baile úi Eaghra, Ballyhara, in barony Leyny, Co. Sligo.
Cartún an Bhrughaidh ?
Coill Lagaidh, nr. Cruachan Gaileng, q.v.
Cruachan Gaileng, Croachan, parish Killaser, barony Gallen, Co. Mayo.
Cuigeadh nOl nEgmhocht, Ol nEcmacht, Connacht.
Cúl Iorra, Cúl Irra, coextensive with Killaspugbrone, in barony Carbury, Co. Sligo.
Druim Scuabach, D. Scuaba, Drumscoba in barony Attymas, Co. Mayo.
Ibh Eathach, Ui Eachach, Iveagh, Co. Down ? Co. Armagh ?

LIA FÁIL

Lia Fáil

Irisleabhar Gaedhilge Ollsgoile
na hÉireann

Ar n-a chur i n-eagar leis an gCraoibhín
(Dubhglas de h-Íde)

Uimir III.

Fághnar, Baile Átha Cliath
1930

Comlucht Oideachais na hÉireann, Teor.
89 Sráid Talbóid i mBaile Átha Cliat
11 Sráid Pádraig i gCorcaig

clÁR

Leat.

Metempsychosis nó at-ioncolnugad i gContae Roscomáin.
An Craoibín 3

Tagra na Muice agus an Cléire. An Craoibín . . 8

Seilg Cruacain. An Craoibín 24

Agallam idir an Anam agus an Corp. S. Pádraig Ó Domnaill,
M.A., M.Litt. Celt. (An Bráthair Bearcán) . . 37

Cuiread Maoil Uí Manannáin ar Fionn Mac Cumaill agus
Fianaib Éireann. An Craoibín ⁊ T. Ó Caománaig . . 87

An Liaig i n-Éirinn a n-allód Uim. III. Úna de Bulf . 115

An Brearail. Séamus Ó Caománaig . . . 126

E FIDEICOMMISSO
ADAM BOYD SIMPSON
MEDICI

metempryċhoris nó aṫ-ionċolnuġaḋ i ġconḋae Rorcomáin

Bí daoine ann i gcóṁnuiḋe do ċreid go ḃféadfaḋ ar uaireanntaiḃ, le cead ó Ḋia, anam duine, tar éis a ḃáis, teaċt ar ais arís ar an ṛaoġal ṛo i ḃfoirm eile. Tá an ċreideaṁaint ṛeo le feicṛint i ġcuid de na ṛgéaltaiḃ ṛin do ċruinniġ mé ṛan "Sġeuluiḋe Ġaeḋealaċh," mar ṛan ṛġéal xxiii aġuṛ xxxii, ┐ tuilleaḋ aca, ar an áḋḃar ṛin níor ruḋ neaṁ-ġnáṫaċ ar faḋ an ċreideaṁ ṛo do ċur i ḃfoirm ḋáin, mar do ċuir an file é inṛan duan ṛo leanaṛ. Rinne mé cóip den dán ṛo timċeall deiċ mbliaḋna fiċead ó ṛoin, ar láimṛġríḃinn do ḃí aġ mo ċarad Ḋáiṫi Coimín, (féaċ Lia Fáil leaṫanaċ 153). Tá cóip eile aġ mo ċarad an t-ollaṁ Rioḃard Macalaṛtair do ṛinne Seoraṁ O Diomuṛa éiġin "ó mḃaillin a ċranna" ṛan mḃliaḋain 1796. Tá cóip eile ṛan Acadaṁ Éireannaċ 23. Q. 18, do ṛinne "Seumaṛ Ó Feaṛṛaoil aṛ Ḃaillaiġmotáin" ṛan mḃl: 1818. Fuair mé cóip eile do ṛinne Ḃrian Ó Ruairc i ġconḋae Liaṫroma ṛan mḃl. 1841. Tá cuid de leaḃrán aġam do clóḃuaileaḋ fad-ó-ṛoin, "Blaithfleasg na Milsean cnuasaighthe o Chaoin-Laocdh-the Cheart-Bhaird na Herrion," (sic). Ní'l aon ḋáta leiṛ aċt tá "laoidhe na mna moire no seilg gh'lean a smoil" ann, 208 línte, aġuṛ cuid den dán ṛo ar an ṁuic, fá ainm. "Tagra na muice agas an chleire, mar leannas," (sic) 29 rainn. Aċt ní'l an téacṛ ġo maiṫ, aġuṛ ní'l fioṛ aġam an ṛaiḃ tuilleaḋ ann riaṁ, óir ní'l aċt blúire den leaḃar aġam anoiṛ, aġuṛ níor féadaṛ é fáġail i n-aon leaḃarlainn. Iṛ aṛ na ṛġríḃinniḃ ṛeo do ċuir mé le ċéile an téacṛ do b'ḟeaṛr do ḃí ar mo ċumaṛ a ḋéanaṁ. Ní'l aon eólaṛ aġam ar Ṗádraiġ O Diomuṛa, aċt tá Sliaḃ Ḃán, recté Sliaḃ Ḃaġna, i n-oirṫear Conḋae Rorcomáin, beaġán ó ḋeaṛ de Ḃéal-áṫ-na-mbuille, nó Strokestown i mBéarla, aġuṛ ní ró fada é ó'n tSionainn. Tá Siṫeán no Siṫán i ndeiṛceaṛt an tṛléiḃe ṛeo, aġuṛ b'éidiṛ ġurab é ṛin an Siṫeán a ṛaiḃ Pádraiġ O Diomuṛa 'na ṁáiġiṛtiṛ ṛġoile ann. Iṛ ionann ṛiṫeán aġuṛ cnocán a ḃfuil nó a ṗaiḋ na daoine-ṡiḋe nó na ṡiṫeóġa ann. Sgríoḃtar mar Shean nó Sheeaun no Sheehane ar an leaṫrġáil Béarla é. Tugaim C ar cóip an Ċoimínig, agus is airti ṡinne mé an bun-téacs, M ar cóip Ṁicalastair, R ar cóip an Ruarcaig, R.I.A. ar 23. Q. 18, agus Cló ar an gcuid ṡin de'n téacs clóḃuailte atá agam.

Níor ḃ'é Pádraig Ó Díomusa do ṡinne an dán, acṫ fear de na Braonánaiġ, mar is léir, dar liom-sa, ṡan tsíomaḋ rann ó'n deireaḋ. Cia ṗb'é an Braonánaċ ro? Ċualaiḋ mise fear ó Ailfinn ag gaḃáil aṁráin leitcéad bliaḋan ó ṡoin, naċ mór, agus bí an Béarsa ro ṡan aṁrán:

> Is mé Paidí beag Ó Braonáin
> Fear a' rpóirt agus a' ġrinn,
> Dá mbeit cúpla bó ag mo stóiṡín
> Do ṡeólfainn iad le fonn.
> Ní fearr liom áit a ṡeolfainn iad
> Ná ríor go braoċ [=bruaċ] Ailfinn.

Ní'l an Ailfinn reo acṫ ré nó reacṫ de ṁíltiḃ ó Sliaḃ Bán, do'n taoiḃ ó tuaiḋ.

Acṫ do bí file eile de na Braonánaiġ i gconnae Rorcomáin, agus b'éidir gur b'é reo an fear do ṡinne an duan ro. Ba é sin an té do ṡinne an dán fada ar aḃainn na Sionainne. Do ċeap sé ṡan mbliaḋain 1798 é. Tá 1368 línte insan dán ro. Deir sé féin gur ceapaḋ é,

> Le Miċeál O Braonáin
> I mbaile Leara Gobáin
> I-ngar do Rorcomáin
> I dtriucaiḃ Cill-taoḃáin.

Cuirfiḋ mé síor ann ro beagán d'á ċuid filiḋeaċta ar an tSionainn óir ṡaoilim nár clóḃuaileaḋ riaṁ í, agus ba ṁaiṫ liom an ċainṫ atá ṡan dán ro do ċur i gcomṗráid le cainṫ ⁊ le ṡtíl an dáin eile ṡin ar an Ṁuic. Do ċeartaiġ mise an litriú, beagán. Cuireann sé síor ar an áiṫ ar a n-éiriġeann

> Seanainn oileánaċ na ngeal-tonn,
> Na loċ na liuṫ na mbreaċ 's na n-earcon.

Deir sé:
> [Ar] sruaḋ sléiḃte Duḃ-ḃaile na sroṫán
> Tá laġ-a'-coire i ḃfoirm locáin,
> Cíḋ is cumang a ḃéal tá sí coṁ doṁain
> Fá ḋó ġo tóin le meaḋon loc Feaḃail.
>
> An loc is doiṁne i n-Éirinn uile,
> Mar ḋeiṁniġeas snáṁaiḋ ráiṁ, ḃa ḟile,
> Do taisteal loca a's aiḃne an oileáin,
> O loc ġo loc 's ó sroṫ ġo sroṫán.
>
> Tá ḋá ainm coitċeann eile
> Ar locán ḃéal-cuṁaing laġ a' coire,
> "Fuarán Uí Ruairc" a's "Laġ Donn Sionna"
> Mar is é an laġ céaḋna túr a tuile.
>
> Deiṁniġ[iḋ] seanóiriḋe na tíre
> Ġurab uime ġoireaḋ Laġ a' coire
> Ar dtúr do locán príoṁ-ḃonn Sionna
> Naċ fairsing plár[1] 's is láidir tuile.
>
> Ceann[2] ġo ḃfacaiḋ fear ḃa snáṁuiḋe
> Do ċuaiḋ san bpoll i n-aimsir saṁraiḋ,
> Soiteaċ mór i ḃfíoġair 's i ḃfoirm
> Coire, ar fíor-íoċtar a ġrinnill.
>
> Beiṫiḋeaċ duḃ ḃa ṁó 'ná capall[3]
> 'Na lúbaiḃ feaċta fillte timċeall,
> Irtiġ sanʼ ġcoire ġlonnrac[4] toirteaṁail
> I nġné ġo sgriotnóċaḋ duine misneaṁail.
>
> Má's fíor nó ḃréag an sġéal a canaim
> A ḃris mar ċuala[s] ar ċáċ ní ċeilim,
> 'S ġaċ aon naċ nġlacfaiḋ an cás i ḃfírinn
> Ní loċt a ṁíofáirtaċt insan sġríḃinn.

Leanann an file ann sin cúrsa na h-aiḃne tre loc
Ailín, agus ar sin ġo sliaḃ an Iarainn, agus cuireann
sé síos ar
> Líon na nġairtiḋe[5] tá tuaimneaċ,[6] [aġ] tuitim
> Ar ġleanntaiḃ duḃa cuirr Sliaḃ-an-Iarainn.

---

[1] port, bruaċ, banca.   [2] de ḃriġ ġo.
[3] Féaċ an sġéal fa "oillféirt móir na Sionainne" do fuair mé ó
Proinsias O Conċuḃair. Do ġearr rí bealaċ ḋí féin ar an bpoll so, agus
ba í sinne aḃainn na Sionainne ar a cúrsa ċum na fairrġe! *Legends of Saints
and Sinners*, p. 258.   [4] = lonnraċ.
[5] = ġaire, sroṫán.   [6] = fuaimneaċ.

metempsychosis i gcondae roscomáin

Ann sin deir sé:—

Seo mar tionsgnas mórshrut aoibhinn
Na Sionna finne, is maise ar Éirinn,
Fríd cuim trí cóige a's líon deich gcontae,
Ní'l teacht 'na haghaidh i slíghe dá aimhréidh.

Tá [a] srut com ciúin 'r é ar siubal i gcómhnuidhe
I modh nac n-aitneóchadh triat ná deóraidh
Cé aca, deas nó tuaidh, tá a himteacht
Go sroichidh[7] . . . .

Ó [a] ceann go [a] bárr ní lugha 'ná tuairim
Dá chéad glais a's gairdí domhain
Ag triall mar tenóntai dá hionnsaidhe,
Gníos bireach rgéimhe ar líon a hinnsí.

Amhail na bpótairí i n-am meirge
Nac gcuireann ruim cum dadam [do] tairgeadh,
Go mbíonn a n-áfur cráidhte craitte
Gan easpaidh tíge, gan díon falaigte.

Mar an gcéadna do [a] lán gairdí
I n-aimsir geimhridh bíos gan faillige
Ag tabairt a dtagrán[8] ruas don tSeanainn,
'S iad féin fan trampadh ruigte tirm.

'S mar uimir mór de móir-fhliocht saidbhir
A glacar tabartair ó dhaoinibh aindeis'
Ní cuireann[9] an Gall—srut[10] ruas do[n] triltceán[11]
Trá bíos a tuile ag múchadh a hoileán.

Minigeann sé ann sin dúinn bun-phréamh an ainme, do
réir creidimh na ndaoine!

Is ionann "rean" a's aois nó ársuidheacht,
I dtéarmaibh glan-Ghaedhilge agus filidheacht,
Is aon brígh i n-éifeacht "ain" agus "ciorcal"
Tugadh cách fá dheara an focal.

---

[7] sruiteidh MS. ní léir dam an líne seo.
[8] = " tacsán " i.e., " a sparáileann
    siad," savings.
[9] cuirsidh MS.

[10] = an srut atá ar nós na nGall
     insna tréicibh seo?
[11] uirsge dá laghad ag rileadh, runnel.

[256]

"Seán" agus "ain" a cur le céile
i dteangaid fior-eólac na Gaedilge,
gnid an focal gan ar (?) acfann,
Soiléir do gac léigteóir, "Seanainn."

Leanann an file cúrra na Sionainne go "Cnoc Cinn Léime ar agaid Point Ciarraide," agus go dtí "tonna aibreaca na bócna." Act ní gád níor mó de'n dán so do cur síos ann so.

Do cuir mé tuairirg i bfad ó foin i gCill-taodáin i dtaoid an file. Dubrad liom ann sin go raid cuimne lag air fós ran gceanntar sin, act ní bfuairear de tuairirg air act go raid sé 'na fear beag, 'na fear greannamail agus 'na máigirtir rgoile. Ní cormail é go raid beirt brsonánac ran am céadna ag déanam filideacta i n-aice le céile, act ní'l aon deimniú agam air sin, agus b'féidir go raid, agus nac é fear na Sionainne do sgríod an Tagra.

Tá cur-síos ar tabac, i rann 37, agus cualaid mé san gceanntar sin sean-focal "tobac indiaid bid, ir le bean a' tige atá sin."[12] Deirtear go dtáinig Catáoir Mac Cába nó duine éigin eile dá' sórt, isteac i dtig éigin, agus tar éir an dinnéir do fuair ré a beit itte aige dubairt ré:

"Tabac i ndiaid bid, ir le bean a' tige atá sin."

D'freagair bean a' tige ar an móimid, agus dubairt rí:

"Ní'l rgsairte riubalta na tire nár mait an díol dó a beit leir."

D'freagair an fear-riubail ar air arir agus dubairt ré.

"Ná raid teac ná tig ag a leag an cíor sin air."

Deir an Muc le Pádraig nac mbíonn aon fáilte ag cailleac an tige roime, agus

"Muna raid tobac leat go fairring lúbac
Ná bí só lúrtarac ag buaidread an tige."

Minigeann an rgeul sin tuar é sin.

---

[12] i.e., ir cóir do bean a' tige tobac do tabairt don rsrainnréar tar éir a dinnéir.

Tagra na Muice agus an Chléire Sonn

An Roimhsgéal.

Ag ro mar leanas eachtra nó sgéal Laran¹ do réir mar tainic eidir Pádraig Ó Diomura máigistir sgoile ar an tsitán², baile fearainn i n-uachtar Fléid Bán³ a dtuaig, agus cráin mhór oilmhuice do hoileadh le Proinsias Ó Gairbín sgológ abartha⁴ ingar mbaile roimh-ráidhte, ar n-a craor-flugadh⁵ cargairt⁶ agus mion-strócadh leabair aidhbrig⁷ gaoidhilge, ann a raibh cargairt na Críostuigheachta go róirleachan, realgaireacht agus rán-gníomharta, eachtra an Mhagra Mhaoil, eachtra Lomnachtáin Sléibh Rife, eachtra agus tréan-tóruigheacht Saidhbhe ingean Eógain óig, agus Taire Taoibhgile,⁸ Seilg agus fian-cargairt Sléibhe Luachra agus Guillinn, Druigean Caortain, cnuasacht Chnuic Aird Ceire an Chopuinn, Laoi mhic Chulgáin⁹ agus Conán Cinn tSléibhe, eachtra leac na . . . ¹⁰ eachtra agus clann ríogh na n-Deasmhuain (?)¹¹ dian-carmairt clainn[e] Rígh na hIoruaidhe agus cloinne Uirneach, eachtra leat Chuinn agus Mogadh, agus in aon fhocal amháin is ann do bí fiannuigheacht fiaguidheacht agus realgaireacht ceitre ceadra an domhain mhóir,¹² agus do bí ann fós téarmuigheacht aoruidheacht¹³ fiapuigheacht¹⁴ agus diaghaireacht, agus bárduigheacht¹⁵ gan fuigheall.

Agus ar fhágail an leabair inns an phíocht sin ag an tsean-chráin do labhair léi do bhriathraibh barbarda doilgheanta doifheisgeacha dána. Do chom-fhreagras an treanchráin an sear siann dó san droch-aigneas sin, agus seo mar adubhairt Pádraig ar dtúr¹⁶ ó 're a chroidhe bí cráidhte leis an sgar.

---

¹ Luran M: Loran Cló.
² an ra taotán M. triogain R.
³ Bánna M. Shliabh—banadtuadh, Cló.
⁴ abairteach, aon cóir amháin. R.M.C. ⁊ Cló=abarta.
⁵ crírlugadh C. Chrioslughadh. Cló, dhiofhaorladh R. mire do rinne "craor-flugadh" de.
⁶ cargartha C. eithe agas mionstrioce. Cló.
⁷ aimre C. ⁊ Cló. aibhreach R. aibhéireac MS. eile. mire do litrigh é mar atá tuas.
⁸ taoibgill agus taobigil MSS.
⁹ Aoig mac Coilgáin ⁊ Conán Ceinncleidh. R.I.A. adh ma colgain R.
¹⁰ in R.I.A. amháin : corrmail le "mbeol cl=."
¹¹ in R.I.A. amháin.
¹² cuireann C. na focla "gan tór" i ndiaidh "móir."
¹³ aosguidheacht C. éirmaoifeacht. MS. eile, aermuigheacht R. mire do ceartaigh mar atá tuas.
¹⁴ sic R agus Cló, faosguidheacht C.
¹⁵ an dá fhocal so ó R ⁊ Cló.
¹⁶ ttubar MS.

tagra na muice agus an cléire sonn

Galar¹ géar a'r connac ort,
A chráin gan cruth is gránna gné
Cargairt, claime,² a'r galra garta,³
Péin a'r deacair, pláig a'r eag!

Goidé an t-ár mór ro thug tú orm,
A chráin rtair-fiaclaig chrutaig caim
Craorac fiocmar rgaoilmar rgunac⁴
Daoirleac truirleac⁵ ingneac maill.

O! a péirt adhuathmar gruama gráinteac⁶
Ballac rgreadac alltac maoil
Sé d'olc a dfág cuarac cruaid do leaca,
Gur bain na madraid an leat-cluar díot.

An Muc.

Na h-imdeargh mé, dá tréigtíge tura,
Óir ní mé rtróic do leabar gan bréig,
Act d'ualaigeact⁷ féin a'r do rgléip gan tuirge
D'fhága artig é faoi mo péir.

Pádraig.

Dá bhfagainn féin goidé do ceart
Ar an nídh nac leat 'r nac dtuigir a bríg
Nár bfearr duit rocáta d'fhágail no cairp⁸
Ná mór-lán raic⁹ do leabar an ruig.

An Muc.

Seacnaigh' an trúil an nídh nac bfhaiceann,
Dá méid do coraín ní'l tu mór,
'S dá mbéinn gan a fágail ar lár le mearball,
Gan claon gan meabal¹⁰ ní bainfinn dó.

Pádraig.

Ir minic do bí mór gan cródact meacta
A'r lán gníom-gairge an fear nár b'áro,
A chráin-mhuic¹¹ bféin gan céill gan tract
Níor b'file d'atair—ar táir do bhárd!

---

¹ rtaigerr tréan R.M.
² cléime M.
³ gairtíde R.
⁴ " craorac gaodeac bréagac," rtioneac " R.I.A. rgiúnac M.
⁵ pirleac tuirleac R.I.A.
⁶ greannac R.I.A.
⁷ duadliocht, R.I.A.
⁸ priairead R.I.A. top. R. tap. M.
⁹ mor lánfaic R.
¹⁰ gan treacmall, R.I.A.
¹¹ a rtrúil-mhuic R.

[259]

10 tagra na muice agus an cléire sonn

An Muc.
A Pádraig cléib ní léir do duine
Locht[12] ar bit ann a muinntir féin,
Agus ca bfios ar mait an léigteoir d'atair!
Dá tréigtige a mac níor mór a léigeann.

Pádraig.
Ní eólgac tusa adubairt sin leir[sean],
Sliocht iarlaid mire ar Gleann malior[13]
I gcontae na bainríogan 's mór a meas
Cid rgar a mbunad rois a'r rias.

An Muc.
Is ann sin do bí Cataoir crúbac clearac
Do gníod[ead][14] na capla dubda bán,
Do gordead 's do díolad rois ar rias
Gac níd d'á mbeirsead a cos 's a lám.

Pádraig.
Ní'l coill dá glaire nac mbíonn tom
Nó craob crion[15] 'na measg le fágail,
A's ní mó ná sin tá sliocht dá méid
Gan duine claon do beit 'na ndáim.

Mar sin a cráin-muic crutaig ciar
Na súl lag liat 'sna n-iorgad cam,
Ag sin a bfuil le fágail mo diaid[16]
D'á ndearna claon, a's leig tart mo dream.

An Muc.
Muna mbeit gur focal sean gan meang[17]
Imearg gac drong i n-Inir Fáil,
Gur córa d'fear na fogla[18] tocht
A's cluas maol do tabairt do các.

Pádraig[19] (?)
Ní éirsim leat, ná mear 's ná ríl
Gan córugad[20] cruaid a's carmairt géar
Do tabairt go raobrac gonta cruaid
Or coinne an trluaig, do treib 's tú féin.

---

[12] fobta R.I.A. & R.
[13] malíer C. Molaoir .M. malior R.
[14] níod R. Cuala mé go minic caint fá "Cataoir na gcapall" i gConndae Rorcomáin, nuair bí mé óg.
[15] crioc R. nac bfuil crión i dtom no i gcrít M. gcraoibh, Cló. crioc R.I.A. mire d'atruig.
[16] andaige mo fliocht R.I.A.
[17] reun gan meann M. reang R.
[18] riomalla R.
[19] R. gives this verse to the Pig. M. to Patrick.
[20] cormclaon M. comórtar R. corra claon. Cló. D'éirir gur ab é "compac" an focal ceart.

tagra na muice agus an cléire sonn II

A cráin na ran²¹ lúb-lagrac bréin
　Ní fear tú féin act muc gan gnaoi,
Ir ir cluar maol ir fura duit
　Do tabairt gan trult i láim gac aoin.

Ir fada ó rtróic gac madra rtiall
　De d'cluair le n'fiacla amac ón gcnáim,
Ir i ngeall ar d'olc do rtróiceað iad
　Ag treabað inr gac icir²² 'r ag péabað fáil.

An Muc.

Ir ró-mór tá tura ar do céill,
　Má'r fíor duit féin, ir ní abrann các
Go bfuil gníom com glic agad ²³ inr gac céim
　A gclú ná a méid a'r tá tú 'fað.

Ní mó 'ná rin amuig nó artig
　Go dtig le cearc nó muc 'ran tír
A rað gur glan rí a gob ná a roc
　I ndéir na i bfréim²⁴ dá'r cuir tú 'riam.

Mar rin dá gcluinfeá cúir²⁵ d'á cur
　Ar an té beit boct nó lag nó fann,
Ní²⁶ aon pointe leagrá air
　Ó nac mbeit breit uait air nó caill.

Oir dá n-imtigeað²⁷ cearca an baile
　Bá agur capla agur muca i rgéin,
Ní baogal go n-imtigeað dada leat-ra
　Dá méid do bardall²⁸ ar do léigeann.²⁹

Pádraig.

Pláig a'r gráin a'r páirt de'n aindeir'³⁰
　Inr gac bealac leat a fean-cráin maoil,
Nac fearr mar táim, lom-lán de teagarg
　Agur d'eólar apuid ar cúrraid grinn,³¹

---

²¹ Sor. M. & cló. lúb laigreac. MSS.
²² féar M. & cló.
²³ sic R. gníom com glic (coglic M.) inr gac céim. R.I.A. & M.
²⁴ sic C. & M. i bpreab na bpód R.I.A. a ndíir aon bpreab R. mire do rgríob é mar atá tuar, andeir, na a bpreimh. cló. R.
²⁵ cubair C. Cubar M. mire rinne "cúir" de.
²⁶ ní heán pance a leagrá air o nac mbeit breit uait air ná caill M. R omits this and much more. Ní leir dam é reo.
²⁷ nimrde C. imrde M. mire d'acraig é.
²⁸ i.e. boasting. bagairt M.
²⁹ leun M.
³⁰ aingir nó annir MSS.
³¹ sic C. M. R. an traogail R.I.A.

12 TAGRA NA MUICE AGUS AN CLÉIRE SONN

'Ná beiṫ mo ḃúiṙ gan clú gan cleaṙa
Múċta i n-ainḋeiṙ³² 'ṙ ḟeaḋ mo ṡaoġail,
A'ṙ mo láṁa ṙuaṡaċ cuaṙaċ cnaṙaċ
Ag múṙgailt gainṁe³³ inṙ gaċ díog.

An Ṁuc.

Ní ḃeaṫaiġiḋ na briaṫra na bráiṫre,³⁴ tuigiṙ,
A'ṙ ní mó 'ná ṙin a ḃeaṫuiġeaṙ léiġeann,³⁵
Dá tréitiġe tú féin a'ṙ do leaḃrán greannaċ³⁶
Do b'ḟeaṙr duit ceaṙaiṙe aṙ aġaiḋ do ḃéil.³⁷

Pádṙaig.

A ṙṫúil-ṁuc³⁸ ḃéalaċ iṙ bréagaċ tuṙa,
Dá ndéanfamaoiṙ maṙ buḋ ṫoil le Dia
Ġeoḃamaoiṙ³⁹ biaḋ go fial gan obaiṙ
Maṙ fuaiṙ na Giúḋaig⁴⁰ ḋáitioḋ bliaḋan.

Ḃí an manna beannuiġṫe ag teaċt ó flaiṫeaṙ
Maṙ druċt na maidne aṙ ḃárr an féiṙ,
'S do cruinniġeaḋ a ráit gaċ lá de'n treaċtṁain
'S do ġnáṫ gaċ Sátaiṙn díol dá laé.

An Ṁuc.

Iṙ míoṙḃúiliġe ṙin naċ n-éiṙeóċaḋ leat-ṙa
Dá ṁéid do ċaiṫréim a'ṙ do ḃaoiṙ,
Iṙ fann a ḃíoṙ tú ag teaċt iṙteaċ
I dteaċ na cóṁaṙṙan 'ṙ ag ruiḋe ṙíoṙ.

Iṙ fada go ḃfáġaiḋ tú biaḋ ná deoċ
Má ḃíonn bean an tiġe go holc, gan ḃréig,
Iṙ fuṙaṙ duit aiṫne a ġnúiṙ 'ṙ a ġob
Má ḃíonn biaḋ aici fá do ṙéiṙ.⁴¹

Aċt bia[i]ḋ rí oṙnaċ eaṙbaċ ainḋeiṙ⁴²
"Díúl an maṙt 'ṙ tá an bainne gann,"
A'ṙ déaṙfaiḋ leat go fuaṙ 'ṙ go cneaḋaċ
"Go ḃfáġtá im dá dtigṫeá⁴³ i n-am."

---

³² ainġiṙe C. ainnioṙ R. anġiṙ M.
³³ gainiḋe C. ganiḋ M. gainne R.
³⁴ tigiṙ M. R. omits.
³⁵ sic R.I.A. glóṙ C. & M. an óig R.
³⁶ sic R.I.A. gniaṙ breuga ná teagaṙg M. ṙṙeagaḋ aṙ a ṫeagaṙg C.
³⁷ sic R.I.A. gan biaḋ an fada ṁaiṙte beó. M. & C.
³⁸ ṙṙṁaġail R.I.A. stroill, cló.

³⁹ sic R. ġeoṙa M.
⁴⁰ na luduiḋe M.
⁴¹ má ḃíonn rí loctaċ beiḋ rí tréit sic C. M. & R. béiḋ biaḋ aici fá do ṙéiṙ R.I.A.
⁴² eaṙbaċ ainġiṙ C. aṙbaċ ainġiṙ M. eaṙbaċ ainniṙ R.
⁴³ sic cló. dá dtiocfá aṙeiṙ go ḃruigṫeá an t-im MSS. dtigfá M. dtiocfá R.

TAGRA NA MUICE AGUS AN CLÉIRE SONN 13

Mar sin gur beag an stró ná an rodal
　A baineas duit a Pádraig cléib,
Muna mbuailfeá srang le greann an caille
　A d'iarrfad a clann a cur san gcléir.

Agus má bíonn cailleach gearánach crion
　I dtúr a saogail do bí gan tracht,⁴⁴
Romhat astig san gclúid 'na suide
　Agus í gan píopa ná tobac,

Má buailir bleid⁴⁵ ar cailín óg
　Nó ar bean deas pórta sultmhar baoit,
Os cómhair na caillige cnagaige cróine,
　Craitfid sí a srón a's ní béid sí buideach.

Agus déarfaid⁴⁶ leat, má bíonn tú ruairc
　Go bfuil tú uallach⁴⁷ mí-ádhbhar baoit,⁴⁸
A's déarfaid arís, má bíonn tú duairc,
　Gur ránuige fuar tu, gan dada 'croide.

Mar sin coisg fearta ó nach dtig leat rugchar
　Ná miongar dlúth do cur ar aoin ; ⁴⁹
'S muna raib tobac leat go fairsing lúbach⁵⁰
　Ná bí ró lúrtarach⁵¹ ag buaidreadh an tige.

Pádraig.

Ní leir an gcaillig do déanfainn suas
　A cráin leath-chluasach gonnta ciar,
Acht leir an gcailín do béinn go rúgach,
　Ag déanamh ruaircis⁵² ar feadh an tige.

Óir dá mbud bachlach mé, no ceann-gan-cíoradh
　Beit crutach smaoirseach⁵³ sragach cam
Do molfad an cailleach mé do cuid d'á daoine
　Mar geall ar píopa a's ar cúpla dram.

---

⁴⁴ sliocht R.I.A. sleocht R.
⁴⁵ pleid M.
⁴⁶ déarfad C.
⁴⁷ uabhalach C. uaileach M. ualach M.
⁴⁸ ní ádhar M. mídeabhar R. fiagham an s gach slige R.I.A.

⁴⁹ miosgur M. mionsra cur aon san tig R.I.A.
⁵⁰ rúgach R.
⁵¹ lúirseach M. lurtach R.
⁵² ag rinc 's ag léimreach R.I.A.
⁵³ smirteach C.

14 TAGRA NA MUICE AGUS AN CLÉIRE SONN

Muc.

Atáir do glagaire,[54] dá feadar leat d'fiacla,
Agus ní'l tú ciallmar dá méid do cáil;
Is duine dona tú a bfuil d'inntleacht[55] iadta
Nac dtuigeann briatra an trean-focail gnát;

Nár bfearr duit capa irs an gcúirt go díonmar
Do beit go rialmar do d'moladh ar láim,
'Ná donn ran rsarán a's gan aon gut[56] raopta
Le plérdeál-íogbar i gcléird (?)[56a] do cáir.

Pádraig.

Grán a's catsairt ag na madraid allta ort
Cia tug caint duit no cundar grinn?
A's cuirim faoi geara tú gac' pointe innrint
Dam féin gan cuntar[57] gan bréig gan maill.

An Muc.

Tóg na geara díom a's beirim móide
Go dtabarfad comta[58] duit d'á cionn, má gníoir,
Cúpla banb[59] de mo clainn a's fónfaid
Siad duit ran bfogmar i gcongnam[60] an cíor'."

Pádraig.

Dar láim an capaill a's an treasraig i n-éinfeact
Dá dtugtá tréad dam ni glacfainn iad,
Gan cundar geneapálta 'd'fágail gan claon uait
An muc ó préam tú, a fean-cráin maol.

An Muc.

Is doilig teact uait i mbeart ná i mbeuraid,
Is duine trean tú dí-coirste do gnát,[61]
Is mór do caillear le do leabrán Gaedilge,
Má caitim léigead duit mar aon ran áit!

Act ó táim faoi geara, níl ar mo cumar réanad
Ná dada breuga cur ríor 'mo páirt,[62]
Ag ro, mar leanar, a's tabair aire geup leir
A Pádraig beuraig gan claon ór ápd.[63]

---

[54] sic C. & M. glogaire R.I.A. glugaire R.
[55] d'ointrleact C. dintinn R.
[56] bóta R.
[56a] sic, C. & M. b'éidir " ag glaod," do cáir.
[57] cundar, R.I.A. & M. " cundar " R.
[58] caoi R.I.A. com M. coig R.
[59] bannam C. banad R. banab M.
[60] mar congnam cíor R. an comna M. accomnad C. aig cúneam R.I.A.
[61] is duinne tréit tule ar coirgaib gnát R.
[62] mo páirt R.I.A. an a páirt R.
[63] cóir áprd M. cór áprd C. ar áprd R.

TAGRA NA MUICE AGUS AN CLÉIRE SONN 15

Is iomḋa creiḋ agus cír pó uaigneaċ
  San doṁan do ċuairtigear ó cuireaḋ Áḋaṁ,[64]
Is i bpáirrcar calṁan mar a raḃas an uair sin
  Is de'n tslioċt cruaḋ-ḟortunaċ[65] mé ḃí ar Ċáin.

Insan Affrica[66] ḃí mé ar dtús an tsaoġail
  'Mo ḋuine cróḋa i gcéim ró-ṁóir,
A's i gcríoċ na dTúrcaċ ó cuireaḋ an dílinn
  Le linn naoi líne 'mo ġrand Signór.

An tráth d'éiriġ Mahomet 'na ḟear teagaisg líoṁta
  D'ḟágḃaiġ mé an tír sin, 's ní ar earḃaḋ róḋ',
Aċt ceann gur ċreideaḋar gur 'na ḟáiḋ do ḃí[sé]
  —A's gan léigeann ná sgríoḃ aige aċt mar ḃuaċaill ḃó.

I dtráth marḃta Hector ag sgrios na Traoi
  Do ḃí mé iogḃar mear lúṫṁar treón,[67]
'S do ḃíos le Hanibal 'mo ġairgḋeaċ fíor-ṁaiṫ
  An tráth sgrios sé tíortha san Eadáil ṁóir.

Do ḃíos le Cromwell[68] faoi ḃratiḃ daora
  Is mé ṁúin críonnaċt a's gliocas dó,
A's do ḃíos i n-eascoruim anaġaid[69] Clannaiḃ Míle
  Gur tuit mé i n-éimfeaċt an Ḟranncaiġ ṁóir.

Páḋraig.

Ní ċreidim focal uait a's tá tú bréagaċ
  Cionas go mbféidir gaċ níḋ dar duḃairt[70]
Tú beit go fírinneaċ 's tú i n-aimsir Éiḋ ann,
  A's le linn gaċ treun ġairgḋoiġ d'aitrisir[71] duinn.

An Muc.

Seo péarún airide le gaċ point dar ṁúrslar[72]
  Ar gaċ cás dar stiúrar[73] a beit go fíor,
Gaċ dream dar geineaḋ do fliocht Cáin, mar duḃras,
  Do ḃíodar brúideaṁail págánta claon.

---

[64] éiḋ C. éḋa M. eaḋa R. mire d'atruiġ é.
[65] all the MSS. insert ro before cruaḋfortunaċ.
[66] san Affrica ṁór R. R. is the only MS. which seems to have got this verse right. It supplies line 2, the omission of which makes a mess of all the other versions for the next 3 stanzas.
[67] cróḋa C " cróġa " M. " tréan " R. mire d'atruiġ é.
[68] cram cromhbuil R. cromell M.
[69] le C. annais R.I.A. an ioḋe M. a naige R.
[70] dar udhair R.
[71] daitrir MSS. dar aitrir tu R.
[72] airċir re gaċ caint dar urair R. rerún haraiḋe M. aliter taraiḋ.
[73] ciúrar C. fuarslar R. stiúrar M.

16 TAGRA NA MUICE AGUS AN CLÉIRE SONN

Ní bfuigfid riad flaitear go dtí lá an tsléibe
Má fágtar péidteach an uair sin dóib,⁷⁴
A'r gach sriopad aca-san dá mbaineann stiae ⁷⁵do
Má tig leis, béid i bfud éigin, beó.

Pádraig.

An dé sin a goireas lucht na n-úgdar eucttaig,
An transmigration nó nid dá sórt.

An Muc.

Is dé go deimin a's ná samhail gur bréug é
Oir tá a úgdar féin leis 7 dearbugad mór.
Má éagann Túrcach no págánach eucttaig⁷⁶
Má's fann nó treun do bí reirean, beó,
Acht go bfágaid an t-anam é, béid de'n léim sin
I mbroinn mná nó caorach⁷⁷, i muic nó i mbó.

Pádraig.

A'r goidé an fát ar sgar tú leis na daoinib móra
A'r a liacht dtrong chróda le a raib tú i bpáirt,
'I gcéim i gcalamacht i ngleic 'r i gcómrac,
Gur h-ardtuigead reól leat go hInis Fáil?

Má bí tú i n-Eachdruim, a'r do mharbad, ar b'féidir
Go mbeittea ar aon mhód 'na déig sin beó,
Seo ceist mar achuinge ort, 'r fágaim sios roiléir
Goidé mar d'éirig duit ó sóin gan ceó.

An Muc.

An tráth sgar mé i n-Eachdruim leis an gcolain arsa⁷⁸
In a rabar gan ámsar dá fichid bliadan,
Do cuadar i dtáiliún i suigeacht na Fraince
Agus bíos mo ceannport ar mórán díob.

Do cait mé realad insan duine crannda⁷⁹
Cid fuaireas amsar go leór d'á taoib,
A ceann⁸⁰ go ngoidead ré do péir mo cuimhne
An deachmad roinn de gach éadach daor.

---

⁷⁴ sic R. ma fágann riad péidteach aon uair ré a ndóit R. & M.
⁷⁵ rsaig R.
⁷⁶ iadti R.I.A. & R.
⁷⁷ a mnuinn no creatuisi R.
⁷⁸ sic C. & M. arsad R.
⁷⁹ ceannsa C. ceannsuide M. crannda R.I.A. & R.
⁸⁰ ar son go R.

tagra na muice agus an cléire sonn

Lá féil' na n-earball⁸¹ i dtús an tsamraid
Roim bliadain an feanntaid,⁸² mar tá mo ciall,
D'fágaid mé an ceardhuide a bfad riar i reompa,
Gan focal cainte go tréit 'na luide.

Do bíos i bfigeadóir caogad bliadanta,
A'r b'olc an t-iaract⁸³ a d'éirig liom,
Óir go gcuingidead brabac ar gac doirin rtiallar⁸⁴
Go gcruingidead iarna mór moclac⁸⁵ trom.

Do rguab an diabal leir é⁸⁶ 'na béig rin
Gan fios cá dtriallfad⁸⁷ act mar an gceó,
'San méid brabaig rin fágaid riad gan riagaltar
I gceann gac bliadna nó cuid is mó.⁸⁸

An trát críocnuig an figeadóir deiread a laéte
Do cuadar i ngréaruide, fear⁸⁹ déanta bróg,
A'r ba duine clirte é gan earbuid tréigideact
Nac dtabarad a bréaga ar feact bront d'ór.

Óir cuimligead ola do gac craiceann gréire,⁹⁰
A'r greadad gréine do gac ceannrac dó,
Le maide damanta a'r le balcad cléite⁹¹
Do gnídead caraorta⁹² gac liagab do'n rón.

Do cuadar i haicléir an trát d'fágaid mé an gréaruide
A'r ba mó a cuid téarmai, 'ná ar h-áiridead liom,⁹³
Ag ciorad barraig ameag ban a'r páirtide
'S ag raotarugad páige go docrac⁹⁴ teann.

Bíd d'á dtactad mar beit cearc i n-áirde
I dteac deataig lán-teit gan gaoit ná poll,
A'r fágaid míle mallact ó gac cailleac bearnac
Óir táid d'á mbátad ó baordeam a ndream⁹⁵.

---

⁸¹ Lá na leanb .M.
⁸² an neanntuide M. R. omits this verse.
⁸³ iargaract C. & R. irgareact M.
⁸⁴ sic C. M. & R. rtialleac R.I.A.
⁸⁵ iarna mior mollac R.I.A. iarrno mor mullac R.
⁸⁶ rguabad an diabal. R. mire d'atraig e'. "do beiread an aingire leir na béig rin é" C. & M.
⁸⁷ ttriala .C. ttrialla M. ttrialaidead R. mire d'atraig é.
⁸⁸ R. reads " gac gadaigeact aca ran do bíod re riallta a noiriod bliadna an cuid bo mó." M. reads " breaburde rin fagae."
⁸⁹ C. & M. read rár déanta.
⁹⁰ sic C. & M. greireac R.I.A. greargsa R.
⁹¹ balad cleite R. ballca cleigte R.I.A.
⁹² caréiri M. coleirat R. com leanta R.I.A.
⁹³ na ar harlaig orm rór R.I.A.
⁹⁴ sic R.I.A. The other MSS. have bagaract, or bagarac or bogreac.
⁹⁵ óir táid dá mbáteam o baom an doun M. bíod dá maitiom o muim an dream. R.

18 TAGRA NA MUICE AGUS AN CLÉIRE SONN

Pádraig.

Anois táim sásta dá bfágainn uait sgéala
Go beacht ro-léir⁹⁶ cá bfuair tú caint;
Creud tug ran muic reo tú tá bfúideamail meulac
Do-múinte taodac gan mód ná greann?

An Muc.

An tsat d'it mé an t-index ar' an roim-rád i n-éanfeact
Is ar do leabhán Gaedilge 'read fuair mé caint,
Má tá, ní mairfid ré⁹⁷ tar meadán an lae reo
A's ná leig le haon neac ar hairidead leat.⁹⁸

Béid mé i gcapall i mbuin⁹⁹ 's i gcaora,
I n-iarg 's i n-éanlaid ar loc a's ar coill,
A's mar riad na muca oream is gioppa laete
Is uime cuadas d'á dtéagar ó bí im' ceann.

Is é sin le rád gan sleadcur gan bréaga
O bí ré i ndán dam lá ar bit éigin¹⁰⁰
Do dul insan áit ba gráinne¹⁰¹ téarma
Is ar dtús do b'fearr, an tsat d'fágaid mé an daonnact.

An Ceangal.

Sin cugaid gan ceilg gan mairg gan ruadball¹⁰¹
Gac tagrad mar canad ran eactra le buadball,
Ag an mBraonánach¹⁰² abarta gan carad gan tuaitreall
Ar crioc an muc-allad go raisa(?) i ngleann tuairm¹⁰³

Pádraig fear árd-teirt a's rianra,
Pádraig fear átair¹⁰⁴ a déanam,
Ar mná deara ar tair¹⁰⁵ an meadon oidce,
Sé an Pádraig sin Pádraig Ó Diomara.

---

⁹⁶ roléirsa M roléirsa C.
⁹⁷ ní mairfead tar C.
⁹⁸ ar h-airidead liom C. ar h-airiom liom M. gur tarla liom R. mire d'atruis é.
⁹⁹ a mbad ra ccaoire C. & M. a mbat ra gcuire R. mire d'atruis é.
¹⁰⁰ sic C. & M. le cian éigin R.
¹⁰¹ gaine R.

¹⁰¹ sic C. M. & R.
¹⁰² sic R. an braonánaide M. braonánaig C.
¹⁰³ " is crioc on mucalla go raisad a ngleann tuaisim M. agus crioc na muic alla ar fuair a ngleann tuairm.
¹⁰⁴ átar M. ágtair C. aduir R.
¹⁰⁵ sic C. R. aliter tár.

tagra na muice agus an cléire sonn

Is ar an tsitán ar cliatán an tsléibe
Tá a grianán go fíor-árd 's go naomtac,
Beir ré leat a láime¹⁰⁶ do fean-mnáib na déirce,
A's glan trimál do flairmná¹⁰⁷ gan aen fear.

Críoc 7 Foircheann.¹⁰⁸

Cuid II.

Do bain Tagra na Muice le metemprycóris, nó atrú anma ó duine go duine eile, agus ar sin go hainmide. Act trácteann an sgéal so leanas ar metemprycóris dá con, ceann aca, Sgeolan, nó Sgeolaing an cú clumamail do bí ag Fionn, atá ait-geinte i b'foirm con seilge eile, agus Bran príom-cú Finn, an cú ba mó clú do bí riam i n-Éirinn, agus atá ar fágail san dán so i bfoirm bruic.

Do ceapad an aisde seo, ar nós dáin fianuigeacta, leis an bfear do b'airtige do b'fiadáine ba greannmaire agus ba mó eactraí d'á raib i n-Éirinn le n-a linn; ba é sin an t-Atair Tomás Ó Cairíde. Do sgríob an fear so a cuid eactraí féin. Ba ollamna agus leaga do Maguidir Fearmanac muinntir Cairíde, agus is dóig gur láim le loc Éirne do rugad é seo. Ba bpátair N. Aibirtín é, act briseab é mar geall ar rud éigin do rinne sé ar bealac. Cuaid sé ar fuaidreab ar fud na hÉireann, agus fa deired táinig sé cum na Fraince agus cuaid sé i n-arm na Fraince mar saigdiúir. Bí sé ag iomsuide Kehl, san mbliadain 1733. D'éalaig sé ar an arm, 7 do gabad é le Prúisia agus rinnead saigdiúir eile de in a n-arm-san. D'éalaig sé uata-san, leis, agus táinig sé go Sacsana. Cuaid sé i n-arm Sacsana ann sin, act d'fág sé gan cead iad agus táinig sé go h-Éirinn, agus cait sé an cuid eile d'á saogal ag dul timceall, 'na feancaid 'na ceoltóir agus 'na bpátair, ag gabáil amrán agus ag déanam grinn. Do sgríob sé a beata féin. Féac Catalóg Roibin Plún ar leatanac 155. Bí súil agam an beata so do clóbualad san

---

¹⁰⁶ leat-láim R.
¹⁰⁷ sic C. & R. "trar mná" M
¹⁰⁸ Concluid M.

20 TAGRA NA MUICE AGUS AN CLÉIRE SONN

uimir seo de Lia Fáil, óir do ait-sgríobad í ag ingin Mic Philpín i nGaillim, act ir dóig go gcuirfid sí i gcló i n-áit éigin eile í. Do sgríob an Cairideac a cuid eactraí, idir fíor agus bréag, ir dóig, fan mbliadain 1749, agus rinne Brian Ó Feargaill cóip díob agus cuir ré ceartú beag orra. Ag seo mar deir an Feargailleac féin. Ní atruigim an litriú.

"Ag so síos mur leannas eactra agus imeacd an Atar Tommas a Cairrdi, brátair d'ord St. Aibirdín agus fear comaimsire dam féin, agus rí rgríbinn a láime féin fuarus, ar air tairniogar an eactra so, act amáin gur cuirsior cummaoin beag air an airde, anun 'r anall mar cuid captanact, agus re deir se féin Eactra an Brátar Ulltaig no Conactaig ir cuma liom cia aca é." Tairbeánann sé sin nac raib fíos i gceart ag an sgríobuide cia aca de'n dá cúige ar bain an Brátair leir. Ir dóig go mba Ultac i measg na n-Ultac agus Connactac i measg na gConnactac é!

Do bain mé an dán so ar an leabar do rgríob an Brian O Feargaill seo idir an mbliadain 1772 agus 1778 ag Dún Diarmada láim le Béal Áta Moga ar bruac Condae Roscomáin. Tá cup-río agam air, ar leatanac 49 i Lia Fáil. Tá cup-río eile ar an mBrian so ag Cáit ní Maolcróin ar leatanac 154 den catalóg, nó clár na leabar atá i nGran Acadam Éireannach. Do rugad é ran mbliadain 1715 i mbárúntact B'l'átluain agus cait sé an cuid ir mó d'á faogal i nDeirceart Condae Roscomáin ful a dtáinig sé go Dún Diarmada, áit atá ar teórainn Condae na Gaillime. Sgríobann sé a ainm féin, "Brian Mac Pádraig Mic Semuir Oig Mic Semuir Móir [Mic Seamuir] na mbullóg, Mic Iarriail ó Tiplicin [Condae an Longpuirt]," nó "Brian Mac Pádruig Uí Fearsaoil Mic Semuir aorda Mic Shemuir na mbullóg Mic Iarriail-bain ó Tiplicin cunde Lung-pt."

Tugann an Feargailleac an dán so dúinn ar leatanac 71 den láimrgríbinn 23, 0, 35, agus deir sé. "Caoinead na gConn a mbeul áta baoid, no Sealg Mór liorr Brándóige, air na cur a n-agar a céile leir an bean tall .i. Tommas O Cairrde, coirrín rublac ó Tír an Uaignior, mur adeir sé féin, air na foirleactnuad seir an rgríbneóir."

Ir truag nac bfuil fíos againn go cruinn cad ir ciall

do na foclaib "ar n-a cur i n-eagar a céile" nó "ar na foirleatnugad fir an sgríbneóir." Is dóig go bfuair sé na ceathramha tre na céile agus gur b'é do cuir iad i ndiaid a céile mar atáid anois, agus b'eidir gur b'é do leatnaig an dán le cuid d' ainmneacaib na ndaoine uarsal do bí ar an treilg. Is cormail, dar liom-sa, gur sean-sgéal an sgéal fa Sgeolainn agus brian agus an broc, act gur nuad-sgéal sgéal na reilge i n-Ailfinn. Is dóig gur ó'n mbrátair táinig an sean-sgéal agus go mba gnát leir, b'eidir, ins gac áit a mbíod sé, ainmneaca daoine ón áit sin do tabairt isteac san treilg, cum beódact éigin agus croiceann firinne do tabairt don sgéal, agus gur cuidig brian Ó feargaill leir ann so, óir is aige do bí an t-eólar maccanac, eólar ar na daoinib agus ar an tír, agus tá fios againn go mba fíle brian agus go bféadfad sé sin a deanam go mait. Deir brian, tar éis an dáin do sgríobad, "Finit le Tomás Ó Cairide" agus deir an dá líne deirid de'n dán

Abrad sé paidir is cré cum Críost
Don tsagart boct ceangail le céile an laoid.

Níl an litriú go ró mait san dán so. Atruigim go minic "o" cum "u," "air" cum "ar" "t" cum "c" i.e. "críoc" i n-áit "críot" 7c. "g" cum "d" i.e. "malaid" i n-áit "malaig" 7c. "a" (= in) cum "i," agus dublaigim conraine anois agus arís, mar "éill" i n-áit "éil." Cuirim isteac cinn-litre 7 corr-ponnc, leir. Ins gac atrugad eile d'a ndeanfar, gur bfiú trácht air, cuirear téics na láimsgríbinne ag bun an leatanaig.

nótaí 7 foclóirín do tagra na muice.

lc. 3. **lag bonn**; "lag" nó "lóg"=poll. bonn=bun? lc. 4. **feacta**=carta, twisted. **i ngné go**=in such a way that. **'Ceann= de ceann?**=because. **Gtonnrac**=lonnrac. **Tuaimneac**=fuaimneac. Ní abairtear "fuaim" act "tuaim" i gCon. Rorcomáin.
lc. 4. **Frid cuim trí cúige**=through the middle of three provinces. **Sairde**=perhaps a plural of sair a stream? **Díon faluigte**=a covering—protection, i.e. roof. **Tagrán** perhaps for tacrán a dim. of tacar=collecting; c.f., the song tacar ná pacar ní déanfaid mé a coidc', or it may be a derivative from tairgim, I offer, with

22 nótaí ⁊ focló́irín do ċaḃra na muice.

metathesis ꞅp for ꞅg.=contributions, offerings. Silteán=a trickling, a runnel.

l.c. 6. Géap Lapán=sharp hot words, from Laraim=I light ? Abapċa=smart-spoken, ready, witty. "Laoi mic Cul̇ġáin" "Clann Ríog na noeapcuain." D'éiḋir ꞅurab ionann "mac Col̇ġáin" aꞅur an "Druiġean Caopċán." Aċt ní Laoi é ꞅin aċt rġéal. Nil aon eolur aġam ar na ꞅiotaí ꞅeo. Riapuiġeaċt=feasting, lit, dispensing [food]. Diaġaireaċt=divinity. Droċ-aiġnear=abuse, cualaid mé an focal ro ꞅo minic i ꞅCon. Rorcomáin. Dolġánta=grievous ? C.f. doiliġ.

l.c. 7. V. 1. Connaċ=conaċ=a murrain. V. 2. Crutaċ=humped, from, cruit a hump-back. Sġaoilṁear=rġaoilteaċ ? affected with diarrhœa ? Sġunaċ=flighty ? Daoirleaċ=baoireaċ ? lascivious. Truirleaċ=tuirleaċ stumbling. Thus the Roscommon people even in speaking English sometimes put in a strengthening ꞅ after t as thristle for thistle. V. 3. Gráinteaċ=disgusting, adj. from ꞅráin. Cuaraċ=with hollows, i.e. where the dogs had torn out pieces ? V. 4. Ualaiġeaċt=silliness, self-conceit. Sġléip=careless folly ? V. 5. Taip=top (of a turnip) ?

l.c. 8. V. 3. Caċaoir a once celebrated horse thief, called Cataoir na ꞅcapall. Could he be connected with Catal mac Aoid of the Northern Counties ? Catal ⁊ Cataoir are considered to be the same name, for both are translated "Charles." V. 4. Dáim=kindred. 8th stanza seems to have something wrong ; as it stands it is an anacoluthon. l.c. 9 Lúb-laġraċ=with bent hooves. Sar=a pig-louse.

l.c. 9. Stanzas 3-6, the meaning of these three stanzas is that no pig or hen could ever say that it had cleaned its snout in (i.e. eaten) anything that Patrick had sowed or planted. Why ? Because he never *had* planted anything. He had no land. If a law-case were to be brought against the poor, the weak, the feeble, what would be the good of passing judgment on them, since they possess nothing out of which to recover damages. If all the fowl and cattle took flight and ran away, Patrick would not lose anything by it—because he had none !

l.c. 10. Dúir=dodaċ, dunce. Múrġailt ġainṁe=loosening sand (for raising). V. 2. ní beaċuiġid, etc., a well-known proverb meaning you must give the friars more than mere words. Speannaċ = ? V. 3. Struil-ṁuc béalaċ=you big-mouthed "streel" of a pig, rꞅrúil=rꞅraoil=slattern. V. 5. Miorbúiliġe, plur. of miorbuil, i.e., those are miracles that won't happen to you ! Dá ṁéid do ċaiċréim=for all your valour (or boasting) and folly. V. 6. ꞅá do réir=to serve you with. V. 7. Ornaċ earbaċ=full of sighs and distress.

l.c. 11. V. 1. Stró agur rodal=conceit and pride. Buail rpang ar—is this the English "spank," strike playfully, trick ? V. 3. Buail bleid ar=accost. V. 4. Uallaċ=full of high spirits and mischief. Mí-áḋḃar=mí-ádṁaraċ=mischievous. Ránniġe=a tough lanky fellow. V. 5. Mionġur=pleasure. Lúbaċ=in loops or coils (at this time the people often used to grow their own

nótaí ⁊ foclóirín do tagra na muice.

tobacco). lúrtaract=wheedling; a common Roscommon expression was lúrtar an madaid préagaig said of a dog who first makes up to you in a friendly way, and then bites you. V. 7. Smaoirteac= running from the nose? In the last verse Patrick explains that even though he were awkward, ugly, crooked and generally impossible—which of course he was not—he could still get round any old woman and have her good word by giving her tobacco and drink!

lc. 12. Glagaire=an idle talker. cf guiogare. V. 2. fogmar= sharp, enthusiastic, eager. Cléid= ? perhaps i gcléid do cáir is meant for ag gluaed[ac] do cáir=on your case being called (in court). V. 3. Cundar=cunntar=an account, here=a description. Gan cuntar=without any conditions. In the last verse but one the pig says he has indeed lost a lot by eating the book if he now must read aloud to Patrick like any scholar in the place!

lc. 13. Ádam. This is my alteration. The MSS. have Éid, which shows that the poet pronounced Cain as Céin, in the English way. V. 5. An franncac mór=General St. Ruth. V. 7. Gac point dár múrglar=every point I raised, or touched on.

lc. 14. V. 3. Act go brágaid, etc.=as soon as ever the life leaves him. V. 6. Árga= ? V. 7. Crannda=shrivelled, hard. A ceann go=because that. Cranrmigration=perhaps he was also thinking of re-incarnation.

lc. 15. V. 1. Dliadain an feanntaid=the year of the flaying? I cannot explain. V. 2. Stialdar=rtiall=strip or roll [of yarn]? Moclac=motallac, thick, fleecy. V. 3. The latter half of the verse seems to mean that the weavers get that much increase or gain unlawfully? (gan riagaltar) at the end of every year, or even more. V. 5. Craiceann spéire=well greased skin. Ceannrac do=*literally* a cow's head stall, also soft leather. Maide damanta= apparently some implement in the outfit of a spéaruide. Dalcad cléite beating with a wattle, from cleat, whose *gen.* is usually cleite. Déan caraorta= ? perhaps " expand" ? Liagad=strip. Nón=horse hair, but here apparently it means something else. V. 6. 2nd line=he had more terms [in his trade] than were ever heard by me [before, in any trade]? Dearnac=gap toothed' manntac. Ó dáoideam= ?

lc. 16. Méulac=grieved, gloomy. Caodac=stubborn, violent. V. 2. Ar hairidead leat=all that has been heard by you. V. 3. D'á dtéagar, etc.=to their protection, *i.e.*, I became one of them. Ó bí im ceann=since it was before me, had to be for me.

An Ceangal. Stuadball= ? Faira= ? Cair=bolg, lár. The ceangal seems deliberately mystifying. The fourth line seems to mean " out of the country of the echo (mac alla is pronounced muc alla) to . . . ? in the valley of supposition." There is also something mystifying in the ascription of the next poem, the Seilg, to " coirin ruiblac ó Cir an Uaignir."

Seilg Cruacáin.

Seilg mór do connairc mé
  Ag fearaib tréana Cruacáin áirv,
Ó Béal-na-mbuilli¹ do gluar riav,
  Mire 'na ndiaiv, fear mar các.

Bí oivre an Baoúin² ar rtéav luat
  Agur lúcár go dlút na déiv,³
Seán agur Parcalán nac dorva
  Buivean oirveapc ir mait méin.

Arcúr óg mac Déan Ailfinn
  Agur Gibig⁴ King ba ceann ar mnáiv,
A mbeart realga nigte i n-ór
  Ar vearg-brat rróil anall ó'n Spáin.

Do gluair an rean agur an t-aor óg
  An beag 'r a' mór, an lag 'r a' tréan
'Na scipí ceanna daingne dlút',
  Mire ir mo cú beag na ndéiv.⁵

Go paillir dviredgac Cluanfraoig
  S go calta mín-rgocac Leacta Coinn
Go Carcar 'r go liorr-brandóige
  Lorg fearbóige do cuir rinn.

Gáir realga ran maig mín
  A' múrgailt míl ran eannac donn,
Fuaim-ceól gavar ba mait ciall
  Ar an bfiav 'tógáil⁶ a boinn.

Seinneamar⁷ ar mbuadvaill agur ár rcoic
  Go gcuala[ta]r go gnov an gáir
Fó imliv áille uaitne⁸ Ailfinn⁹
  I gCruacáin Coinn 'r i Sliab-Bán.

---

¹ Ir gnátaige "Béal-át-na-mbuille," Strokestown i mBéarla.
² Mátgamnaig ba tigearnaí na h-áite rin le 300 bliavan anuar.
³ diaiv MS.
⁴ Gilbert ir dóig, ainm do bíov riam ar na Kings.
⁵ diaiv.   ⁶ ag tógáil.
⁷ finneavmar.   ⁸ uaitneav.
⁹ Eilpinn.

[274]

seilg cruacain

Ní ṗaiḋ ṗeanóiṗ aoṗta cṗíon
    Ná mac mioṗa náṗ tóg¹⁰ a ċluaṗ,
A' múṗgailt éan¹¹ aṗ móin 'ṗ aṗ coill
    Ag cuṗ bṗoic aṗ ṗoill iṗ maḋṗa ṗuaḋ.

Ba ḃinne¹² liom 'ná ceol an luin
    An ṗmólaċ beag aguṗ an cuaċ,
Glaim gaḋaiṗ¹³ ṗeaṗógaiġ ceol-ḃinn caoin
    I nḋeoiḋ an ṁíl 'ṗ an ḋṗuimionn ṗuaiḋ.

An Giolla ballaċ aguṗ Spón ḋlúṫ
    Cṗumṗuil ḋúṗ iṗ a tṗiaṗ mac,
Aguṗ Ballaṗḋ Bṗionnaċ na gcluaṗ móṗ
    Do ṗug aṗ tóin aṗ an ḃṗiaḋ beag.

Captain Forester aguṗ Topor buan
    Toutler luat aguṗ Tanner áṗḋ,
Bowman, Rockwood aguṗ Sweet lips ciúin
    Cuiṗ cluiċe¹⁴ go ḋlúṫ aiṗ ag Mullaċ-na-gcaṗn.

Ringwood giobaċ an ġlama ṁóiṗ
    Batchelor cṗóḋa¹⁵ aguṗ Snowball ḃinn,
Farmer, Blueman aguṗ Countess ḃán,
    Gaḋaiṗ¹⁶ do b'ṗeaṗṗ nioṗ taiṗteal coill.

Major, Drummer aguṗ Napper tṗom,
    Piper ḋonn ba ḋéine¹⁷ ṗiuḋal,
Trueboy, Daisy aguṗ Venus óg,
    'S a[n] iomaḋ ṗlóiġ 'na nḋéiġ ṗiúḋ.

Merryman cleaṗaċ náṗ ṗuagaiṗ bṗéag,
    Fowler ṗéiṁ ba h-éaṗgaiḋ¹⁸ aṗ ṗait',
Rowler ṗatṁaṗ aṗ móin 'ṗ aṗ coill,
    Cuiṗṗeaḋ¹⁹ bṗuic aṗ ṗoill le ṗuaim a ḋtṗoṗt.

Ba h-iaḋ na gaḋaiṗ aḋeiṗ mé
    Ṗuaiṗ buaiḋ aguṗ cṗaoḃ²⁰ 'ṗan gcṗíoċ aṗ ṗaḋ,
Re tṗeaṗgaiṗt ṗealga aṗ móin 'ṗ aṗ coill,
    Dá ḃṗacaṗ ann tiaṗ ná toiṗ.

---

¹⁰ tóiġ.
¹¹ aein.
¹² binneaḋ.
¹³ gaiḋaiṗ.
¹⁴ cloiċe.
¹⁵ cṗoġa.
¹⁶ gaiḋaiṗ.
¹⁷ ḋeineaḋ.
¹⁸ heurgadh.
¹⁹ cuiṗṗeaḃ.
²⁰ buaḋ aguṗ cṗeuḃ.

seilg cruacáin

Dá mbeaḋ ní na Féine beó
Ḃran agus Sgeolainn na gcor luat,
Ar pagor (?)²¹ an ḋeagánaig má 'r fíor
Ní ḃfuigeaḋ coin na ḃFian buaḋ.

" Gíḋ gur rgiorrtaiḋ do ḃeart²² riuḃail
Do cleara lút is do cor gear[r]
A ṗur²³ ḃrionnaig 'r a tóin liat
Ḃainfear rtiall do do ṫárr.

" Is olc a cuaiḋ doḋ' ḃearnaig-ṁaoil
A ḃeit magaḋ faoi na coin de gnát,
Níor teannair²⁴ do ġairtéil go cruaiḋ
Ní corp gan uail tú ar uair do ḃáis."

Níor cian mire ón ḃfuirinn²⁵
I gCluin-Uí-Ḃeirn ar ṁalaiḋ áirḋ,
Ag dearcaḋ na slóg ar gac taoḃ²⁶
Agus mo cú ar éill in mo láiṁ.

Feaḋgail an doḃráin duinn
Ba binne ronn 'ná an cuac,
Ar ḃruac aḃna²⁷ do cualaiḋ mé
Ag ite éirs mar ba dual.

Fá tuairim náṁad an éirs
Do caitear féin mar ġat ġéar
Urcar do mo ḃonnraig coill
Go ndearnas poll ar a ḃléin.

Sgreadas an doḃrán donn,
Ar dtreargairt a coim go lár;
Caoinir²⁸ mo cú-ra go géar
Agus d'imtig²⁹ uaim na déig ra trnáṁ.

Ba i reo Ḃran do ḃí
'Na riúr ġaoil³⁰ ag Fionn an flait,
Ag a raiḃ rriaḃ duḃ ina druim
Cliaḃrac donn is bolg geal.

---

²¹ tá " pag " roiléir act ní roiléir
an dá litir deiriḋ.
²² ḃreart.
²³ apuirr.
²⁴ tannuir.
²⁵ ḃfuirrionn.
²⁶ teaḃ.
²⁷ aḃannaḋ.
²⁸ caoinnuir.
²⁹ dimgiḋ.
³⁰ gaoiḋil.

SEILG CRUACAIN

Bá i Sgeolainn do rgar liom
Coileán donn an bpollaig báin,
Deirbṡiúr Brain ir Ḟinn³¹ na bFian
Ir do bí riad ró ġeara, trát.

Labrar Bran do ġut árd
" Mire re mbár³² do b'olc le Fionn,
Agur dá maireað Clanna Baoirgne anoir
Cuirridír mo corp i gcill.

'S i broċair flait na Féine mór
Ceannṗort rlóiġ na n-arm ġéar
Caitear mar aon agur tú
Bliadain ar cúig ar dá céad.

O marbaḋ³³ trát an tonn rabarta
I gcat Gabra na gclear lút,
Orcar ongtonnaċ na gcat
Táim raoi ġeara agur tú.

Ní raib triar le rágail ra bFéin
Do b'fearr réan ra gcriċ ar rad
Iná tura ir mire ar aon,
Ir Conan maol, an trear fear.

Ba mé Bran bá³⁴ déine riubal
'S ba ġéire rúil do coin na bFian,
Mar ġal gaoite Márta ruaid
Beirinn cuairt na raitċe ar riad.

Ba mé ríoġain an leara báin
Ba fearr cáil deire ir gnaoi
Da raib ran mbruidin le mo linn,
Ir ba hé Fionn mo bráċair gaoil.

Cá bfuil Diarmuid déad-ġeal na mban
Do tuill gean ir gneann gaċ mná,
Nó mac Reite, rgiaṫ na laoċ,
Le calmaċt cuireað³⁵ na mílte cun báir.

---

³¹ Fionn.
³² re mbor.
³³ marbaḋ.
³⁴ buḋ deinneaḋ.
³⁵ cuirreað.

seilg crucaain

Fionn Oirín agus Aod
  Garaid gan baoir³⁶ agus Art³⁷ Óg,
Faolán fearóda agus Glar,
  Agus Deargan prab nár lag i ngleó.

Cá bfuil Sgiat Breac 'r Conán Maol
  Ir Ingraime ó Baoirgne bán,
Gaolgur ir Colgur, na laoic³⁸
  Do codlad³⁹ ar an bfraoc⁴⁰ go ráim.

Caoilte giolla-turair na bfian,
  Do beiread⁴¹ ar fiad le lút a cor,
Agus Lugaid⁴² neartmar na nglac trén
  Do marbrad⁴³ céad fear le n-a doir.

Cá bfuil Donn uct-leatan⁴⁴ mac Smáil
  Ir Dornán dána ó Beann na bó,
Do bí 'na ['d]taoirig' inr a' bféin,
  Uc! mo léan! ní bfuilid beó.

Fatconnain mac mic Conn⁴⁵
  Ir Feargar⁴⁶ file an gota binn,
Ba caoine téad dá gcuala cluar
  Ir cuirread⁴⁷ ruan ar fiadaib Finn.

Inbear uct-geal⁴⁸ do b'árd glaoid,
  Ir Aoid beag ó Baoirgne mear,
Agus Tóm iarainn ba dona⁴⁹ ra bféin
  Nac dtóigfead⁵⁰ an fian ná an críoc ar fad.

Roigne rorg-glar an coraid prab
  Do cuirread⁵¹ cat le neart a lám,
Ir Caol cuirgeal mac Cromtainn⁵² móir
  Ar iomad slóig do cuirread⁵¹ ár.

---

³⁶ baoar.
³⁷ airt.
³⁸ laoc.
³⁹ collam.
⁴⁰ bfrioc.
⁴¹ beirream.
⁴² luagda.
⁴³ bmarbrad.
⁴⁴ uactleatan.
⁴⁵ nó "Conn."
⁴⁶ fairrigior.
⁴⁷ cuirread.
⁴⁸ inbar uactgeall.
⁴⁹ donnad.
⁵⁰ toicread.
⁵¹ cuirream nó cuirread tá an d foirm aige.
⁵² mic cromtain.

SEILG CRUACAIN

Cá bfuil giolla-teine Finn[53]
Ceann carrac bíob[54] ag creim[55] na gcnám,
Nó factna fiocṁar na gcluar ngéar
Do cluinfeaḋ an fearr[56] glar ag rár.

Cár gaḃ díograir na laoc
Ollaṁ miliḋe nár éar neac,
Dile[57] buaiḋ[e] Innre Fáil
An Goill[58] do rug bárr ar gac fear.

Litán ligte ó Luacra Deaga
Do troid i n-agaiḋ[59] Rioġ na bFian,
Agur do buain a ceann don macáṁ mór
An laoc ba cróḋa[60] le n-a linn.

Dá mbeaḋ na laocra ro beó
Ba mór an gleó bur n-éig anoct,
S go marbfainn oireaḋ[61] le coin na bFian
Agur tarrta dá fiaḋ agur torc.

O d'imtig clanna Móirne na laoc
Ir clanna Daoirgne tóig cíor[62] i gcéin,
Nó clanna Smóil na gcat cruaiḋ,
Mo ṁíle truaige rin[n] 'na n'déiḋ.

Do clanna[iḃ] Mileaḋ na flaitiḃ[63] tuar,
Buiḋean uaral nár tuill tár,
Coraiḋe[64] cróḋa nearṫṁar tréan,
Ir ba fada a réim i n-Inir Fáil.

Míle ir fice do bíodar ann
'S ba ṁinic a nglaim i ngleann na Smól[65]
Agur i mBinn Éadair na mbarc mbreac,
Do cruinníḋir gac cat[h] um neóin.

---

[53] tinne fionn.
[54] bíoḃ.
[55] crinn, tá "crimm" rgríobta ar bruac na duilleóige.
[56] cluinfeam an fearr.
[57] billiḋ.
[58] angoill, tá "goill no gairgeaḋ" rgríobta ar an mbruac, act ir dóig gurab í "an Goll" é, i.e., Goll mac Mórna.
[59] anaig.
[60] crogḋa.
[61] uarraḋ.
[62] caoir.
[63] = flata i.e. "ba de clannaiḃ Míle na flata ar ar labair mé."
[64] corraiḋe croġḋa.
[65] gleann armól.

SEILG CRUACAIN

Is iomḋa fleaḋ[66] ḟairring fial
Do rinne riaḋ i nAlṁain[67] úir,
I gCéir Corainn[68], ir i dTeaṁair ṁóir,
Do ġníoḋ[69] go leór de ċleara lúṫ.

Ní ṫáinig ir ní tiucfaiḋ coiḋċ'[70]
Do ċlanna[iḃ] Mileaḋ na gcéim n-árd
Óig-ḟir ċróḋa mar an ḃḟéin
Ar eineaċ ar léigeann[71] 'r ar neart láṁ.

Ar noċd[aḋ] a[72] meirge i dtúr rlóiġ
'S ar mbronnaḋ[73] reoid i mearg cáiċ,
Ar ḟeilg, ar imirt, ir ar ġaoir,
Ar ḟuirgiḋ go caoin ir ar ḟnáṁ.

O ċuaḋar uile fá reaċ do éag
'S gur Caḋain[74], i gcéin rinn dá nḋiṫ,
Goḋ ḋéanfar tura ir mire a ḟiúr
Nó an beó tú i bḟaḋ mo ḋiaiḋ.[75]

A ḟiúr ḋilir an iomaḋ áig
Do ċrḋ mo ḃár agur mo ġleó,
Sgaraṁain leat, ir ní hé mo ḃár,
Orm anoir[76] an cár ir mó.

A Sgeolainn ṁireaḋ na gclear lúṫ
I reilg fuair cliú, ir buḋ ḋéine tóir,
Ir riaḋ na coin-r[e]o agur tú
Ceannḃuirt ḃruiḋin[77] an Ráṫa Ṁóir.

A Sgeolainn ṁilir, a ḃlúr na gcon
Do b'ḟearr ron dar ṁarḃ riaḋ,
Teann tura ṫ'uċt le m'uċt
Sul a gcuirfiḋ tú mo ċorr i gcriaḋ.

---

[66] fleiḋ.
[67] Do rinniġ riaḋ analaṁuin úir.
[68] corrrinn.
[69] nioḃ.
[70] ċaorḋe.
[71] imreiċ air leiġion.
[72] air noċda meirge.

[73] mbronnaṁ (tá nóta ar ḃruaċ na duilleóiġe " meirge = bratač.")
[74] cáiḋin.
[75] ḋéig.
[76] orrumanoir.
[77] ḃruiḋion.

[280]

SeIlG CRUACAIN

Uć! uć! ir boćt an rgéal
Mar rgar an t-éag rinn go bráć,
Cona Ḟinn⁷⁸ ir Conain maoil
Ir go mbfada ar raogal i n-Inir Fáil.

Tóig mo lia ór mo leaćt
'Déan-ra m'feart, uć ir feabad? ⁷⁹ riúd,
Go gcaoine⁸⁰ tú, a ćara, mo bár
Ir go rile tú lán do dá fúl.⁸¹"

Guilid go fearb ar aon,
'S ba h-éigean gur maoit do deór
An trát tug rí, an dobar-ću,
Do mo ću-ra teóra póg.

Air deiread an oideada ro⁸² ra trnáṁ
D'imtig an dá ćoin gan maing,
Agur ó d'imtig mo ću féin na ndéid
Ir ró beag mo rpéir in a reilg.

Gać peacać dá bfaca mé féin ariaṁ
'S dár bfearać gur leanar do déara daoit,
Abrad⁸³ ré paidir ir cré cum Criort
Don tragart boćt ćeangail le ćéile an laoid.

Finit le Tomás O Caiside, 8th Sept., 1773.

B. F.⁸⁴

NÓTA AR ŚEILG CRUACAIN.

Ba doilig ar fad ceirt na n-ainmneaća inran dán ro do féidteać. Tá an tír in a raib an tSeilg reo folaṁ bánuigte anoir, gan aćt fo-duine ann ro 7 ann rúd 'na ćóṁnuide innti; tá féar ag fár ar na rean-bóitrib, 7 tá formór na rean-ainmneaća caillte nó ar tí a beit caillte. Muna mbead mo ćara an t-Ataír Mićeál Ó Conalláin

---

⁷⁸ connaib fionn.
⁷⁹ " feab," agur líne geart or cionn an " b " " feab."
⁸⁰ gcaoimead 7 rilead.
⁸¹ trual.
⁸² oigeadh ro.

⁸³ abrream.
⁸⁴ i.e. Brian Ó Fearigaill do rinne an cóir reo, ar an dáta rin. Do ceapad an dán féin i bfad roime rin.

nóta ar Seilg Cruacáin.

a mBéal-át-na-gCarr i gConnae Rorcomáin, do beinn go cinnte
a gcruad-car. Ní'l aon duine eile beó, mar mearaim, a bfuil an
t-oireaد rin eolar aige ar aiteacaib na tire rin agur atá aige-rean.
Cait ré dá bliadain déag ag déanam rtuidéir orra. Agur mar
rin féin b'éigin dó dá lá do caiteam ó maidin go h-oidce rul a bfuair
ré amac an áit a bfuil Lior Brandóige, agur an áit a bfuil Béal-
áta-baoid. Act ir é an t-ainm atá ag an bfeargailleac ar an dán
"Caoinead na gCon i mBéal-áta baoid," nó "Sealg mór Lior Bran-
dóige." Ir dóig go raib na h-áiteaca ro lán daoine nuair rinnead
an dán, agur eolar ag gac éinne orra. Indiú atá gac cuimne
bainear leó

Mar an gceo ar teact na h-oidce
Beirtear ar, le gal beag gaoite.

Agur ní'l duine beó ran tír rin ar fad do cualaid riam aon tract
ar an tSeilg, nó do tuigfead é dá gcloiread.
Seo iad na h-áiteaca a bfuil tract orra inr an dán. An duine
riublar ó Cuilrg (Tulsk) le dul go Béal-át-na-mbuille (Strokestown)
béid re indiú ag riubal ar bótar mait, act ar bótar nac raib ann
nuair rinnead an tSeilg, óir ní raib an uair rin ann act luacair
uirge 7 léanaí fliuca, inran gcuid ir mó dé. Bí Rát Cruacain fágta
ag mo duine, ceana, ceitre mile ar a cúl, rul páinig ré Cuilrg. Anoir
ag riubal dó ó Cuilrg go Béal-át-na-mbuille, tá Lior Brandóige
agur áiteaca eile na Seilge reo ar a taoib deir, agur ní ró-fada
uaid aon ceann aca. Ag reo mar cuirear mo cara an t-Atair Mícéal
ríor orra. "The point where three roads meet is Clashaganny,
the river where the otter was is ¼ mile higher up, towards Roscom-
mon. I crossed it by road and proceeded till I met the Ballyglass
Road which I took to the left. Now I turned left again and met
a by-road that is surrounded by a fairly high wall, the road being
covered now with grass and built across with walls at places. This
is the road to Béal-áta-baoid. There is no trace of it on the other
side of the river. All the land on the road side of the river is Bally-
glass, on the far side it is the Cluain-uí-Beirn of the Seilg. Therefore
you need have no doubt that this is the river the otter appeared in.
Devine, the herd of Ballyglass farm, thought the át of Béal at baoid
was the old mill 100 yards at right angles to the river. His mother
said no, that it was on the river. It is all a limestone country
and a most lonesome place. On the Roscommon side of Cargin,
where the Droughts formerly lived, I found an old woman, Mrs.
Shannon, who just remembered the name Lior Brandóg or Lior
Brandóige, she did not know which." Inran deinead fuair an
t-Atair Mícéal an áit in a raib Lior Brandóige. Cuaid ré ar air
go Clair a 'gainnim "and at about a quarter of a mile from it, on
the left of the Tulsk-Roscommon Road and a stone cast from the
road I found the lios. It is a ring fort made of stuff taken from
the trench around it. The water remained in the circular trench
to keep out both animals and people. A Mr. Stephen Gately whom
I had brought with me from Cargin to help me to find the place,
called the fort Liss Brandogue not Brannogue, and showed me
receipts for rates and rents paid 77 years ago for the lands of Lis-

brandogue. At present the place is part of Sheegeeragh townland and its own name is almost obsolete. If Lioꞅ bꞃanoóige is written in your MS. there is no going beyond it. No one knows a word of Irish there now, and it is only right to assume that the e ending is lost. I was told that it means " a little brown fairy's Liss "! My next move, on the following day, was to Ràt móꞃ to see the site of the bꞃuioean. We saw a great rath certainly, just like Lioꞅ bꞃanoóige but more distinct and pronounced. No information could be got about the bꞃuioean. All the townlands here are full of raths. Sheegeeragh and Rathmore have many of them, but the largest of the forts in Rathmore townland must be the bꞃuioean, for the townland was evidently named after the most conspicuous object in it, namely the big rath.

Cuiꞃeann an t-ataiꞃ Míceál ꞅíoꞅ ann ꞅin aꞃ an mbótaꞃ cam oo lean ꞅé aꞃ loꞃg " Leacta Cuinn " aguꞅ Mullac na gcaꞃn, an oá ainm eile atá inꞅan oán. Táinig ꞅé go otí an tꞃean-ꞃoiliꞃ ag an áit a otugtaꞃ Killukin aiꞃ i mbéaꞃla, i.e., Cill Lúcain nó Cill Lúcainne. "There is no other way that the hunt could have come except from Cluain Fꞃaoic by Cill Lúcain. The old graveyard is situated on an eminence amidst talta minꞅgotac, as the poem has it. The boundary ditch of the old graveyard is still traceable, also within the graveyard are traceable the walls of a long church foundation. No burials have taken place here within living memory. The ground around Mag Sealga is full of cairns, there is one of earth, another of stone, and a pillar stone between them which was called Cloc faoa na gcaꞃn. Indeed the whole place, looking at it from Clashaganny, has the appearance of a mullac or elevation, and is probably the place called mullac na gcaꞃn in the poem."

" Caꞃcaiꞃ is called Corker in English. It is a townland in the parish of Cill Cúile (Kilcooly). Cluain Fꞃaoic is called in English Clonfree. It so happens there are lots of Frees living round Strokestown yet!

" By the way the fact that the poem is called the Cruachan Hunt shows how far Rathcroghan extended. Croghan now Rathcroghan, was anciently known to contain Magh Sealga and Caꞃn Fꞃaoic. These places are at least four miles from Rathcroghan."

Béal na mbuille=Strokestown i mbéaꞃla, baile móꞃ i gConoae Roꞃcomáin act iꞅ béal-át-na-mbuille iꞅ mó oo cluininn-ꞅe aiꞃ, nuaiꞃ bí mé óg, ⁊ nuaiꞃ bí Gaeoilg ag na oaoinib.

Iꞅ ag Caꞃn Fꞃaoic oo ꞃíogtaioe ꞃígte Connact fao ó. An baoún nó baoun, ꞅin é an t-ainm oo bí aꞃ áꞃuꞅ na Matgamnac, a bfuil Stꞃokeꞃtown houꞅe aiꞃ anoiꞅ.

" Pailiꞃ oꞃiꞃeógac cluainfꞃaoic," míle taob fiaꞃ oe béal-na-mbuilli. Deiꞃ Seán O'Donnabáin go ꞃaib fáꞅ tꞃom oꞃiꞅ ⁊ oꞃoigean aiꞃ, nuaiꞃ tug ꞅé féin cuaiꞃt aiꞃ, 92 bliaoan ó ꞅoin, guꞅ aꞃ éigin o'féaoꞅao ouine bealac a oéanam tꞃíó. " Pailiꞅ," ní " Páláꞅ," tugtaoi aiꞃ. C.f. " Loiꞅciꞅ [Donncao Mac Diaꞃmaoa] pailiꞅ ꞃí Connact." Annála Loca Cé.

" So," aꞃ ꞅan t-ataiꞃ Míceál, " we are certain about (1) Cluain Fꞃaoic ; (2) Cluain Uí Beiꞃn ; (3) Caꞃcaiꞃ ; (4) Lioꞅ bꞃanoóige ; (5) béal ata baoio ; (6) Rát móꞃ, but we can only conjecture about (7) Mullac na gcaꞃn ; (8) Leacta Cuinn could not be found.

Beid mo lucht-léigthe go léir fá mhór-oibliogáid dó, mar atá mé féin, óir teip ar gac éinne eile liom branndóige d'fágáil amac nó gur gab reirean i láim é. Maidir leir an abainn a raib an dobarcú innti, deir ré:
"What of the abainn where the otter was? It passes by Cashelnode and flows into Loc Lagáin one of the Kilglass Lakes. Before it enters Loc Lagáin it is called the Scramogue River, and, lower down, the Mountain River, and it passes under Capa na Dtuat Bridge, and ultimately joins the Shannon." Go dtí reo an t-átair Miceál.

Tá bán ran Duanaire-Finn rin atá i leabarlainn Brátar N. Proinriair, adeir gur imtig an cú bran irteac ran uirge, agur nac dtáinig ré ar air arír ar. Níor cuireab an bán ro riam i gcló. Tornuigeann ré "Mairg fuil ar h'iarraid a Bran." Ir é Oirín do rinne an bán, agur deir ré gur buail ré uair amáin buille ar Bran. Bí iongantar mór ar Bran fá buille d'fágail uaid. Tarraing ré an iall ar láim Oirín. Buir ré an rlabra airgid do bí fá n-a muineál, agur d'imtig ré irteac ran uirge gan filleab.

    Iongnab leir a bualab dam*
    Do boi atáid gom fégad,
    Gur rirreac frara déra
    Tar a rorgaid rinngéra.

    Tairngid uaim a héill go tric,
    Gur brir an muince airgid,
    Dar teit go moc ar in rléib
    Gur ling ra loc i luacléim.

    Trí huallta gaca nóna
    Ag ar gconartoib cróda,
    Coin na féine ag iarraid Brain
    'S an fian uile go ciamair.

Adeir Oirín ann rin fud atá an-cormail, leir an rád adeir an file inran bán ro na Seilge, nuair d'imtig a cú féin uaid. An féidir go bfacaid ré nó gur cualaid ré riam an bán ro Oirín?

    Ní cuala gut con ag reilg
    Ar moig, ar móin, ar mór-leirg,
    Ó do rgarur rem' coin ngairg
    Nac beit mo croide ro mairg.

Agur na diaid rin deir ré arír

    Uair nacadfagaim† a Brain
    Ní carraim ní ar talmain.

---

* Nóta.—Do bí an rgéal ro i n-Albain, leir. Inr an scruinniú do rinneab ó bhéal mhic a leirtir, nó Fletcher, idir 1750 agur 1760 tá cur-ríor air.
    B'ioghna leam chuilean fein
    Mise ga bhualadh le h-eil ;
    Is shileadh e na frasa fola
    Air a rosgabh ranna glasa, etc.
    † = "nac bfágaim tú."

NÓTA AR SEILG CRUACAIN.

Maidir le dáta na Seilge, do sgríob mé go dtí máigistreas an Dáduin, atá féin 'na Matgamnaig, ag fiafruide di cia an uair a raib Lucár Páptalán ⁊ Seán Ó Matgamna ann, i éin-feact le na ndeapbpátair is rine. Act teip uirri sin d'fágáil amac dam óir bí a cuid páipéarsí i dtairge i Sacsana. Dá bfuigfinn eólas air sin do bead dáta na Seilge agam, nó do beinn i n-aice leis.

lc. 20 **paillír.** Tugad pailir i gcómnuide ar árur Uí Concubair ag Cluainfraoic, ní pálár é.

lorg fearbóige do cur = come on the track of a roe-deer. **eannac** = eanac pronounced in Roscommon **anac** = a marsh, marshy ground. **Ag tógáil a boinn** = picking up his scent, cf an t-amrán "An Maidirín Ruad" ⁊ an cur-fá "ar a bolad 'r ar a bonn."

lc. 21. **An druimionn ruad** = the brown white-backed deer. Tá ainmneaca Gaedilge ar ceitre cinn de na maoraib ⁊ ainmneaca Béarla ar 23 aca. **Trort** = rush, onset. Cf " bud binne liom trort na gCon ná do clog-ra a cléirig cáid." Oirín.

lc. 22. **pagor an Degánaig** = the Archdeacon's dog Pegasus ? Verse 2. **Sid gur gsiorrtaid,** etc. = although the clothes you travel in are neat, your nimble tricks and short turns. V. 3. It ill became your snub ? gap toothed mouth to be constantly mocking at our hounds. You did not tighten your garters hard enough. You will not be a corpse not cried over at the hour of your death." To tighten or pull up one's garters = tighten one's belt—make an effort. V. 4. **Clun** = cluain. **Sonn** = sound. V. 5. **fá cuairm** = towards. **bonnrac coill** = hazel javelin. Last Verse : I heard this description of Bran's colour from a man in Co. Roscommon.

Cora buide do bí ar Bran
Dá taoib duba agur tárr geal,
Druim uaitne ar bat na reilge,
Dá cluair cruinne coim-dearga.*

See my "Beside The Fire," note, p. 177. **Sriab** = stripe. **Cliabrac** = the chest.

lc. 23. V. 2. Does this mean " of me before my death Finn was fond "? or " Finn grieved at my death," if indeed I am right in reading mbár for mbor. Seo é an cur síor ar Bran agur ar Sgeólaing, insan sgéal "feir tige Conáin." Deir an doirseóir le Conán (ní hé reo Conán na Féine) go dtáinig óglaoc cuige (ba fionn Mac Cumaill an t-óg laoc) agur cú craorac cinnbig uct-fionn tárr-leabar, go rorg dreagan, go n-ingnib oncon, go lonur leómain go nim naitreac go fioc ndeabta uirte, iona láim ; agur rlabra rnamac (sic) rean-airgid go muince óir foir-loirgte fó na brágaid."

---

*nóta.—Do bí an rann ro ag Mac a' Leirtir, leir.
Cosa buidhe bhiodh aig Bran,
Da shlios dhubha is tar geal,
Druim uaine an suidheadh sealg,
Da chluais chorrach chro-dhearg.

ní tuigim an tríomad líne.

Maroip le Sgeólaing tugann an doippeoip "pois ballac buide" uipce. Tá an rgéal go h-iomlán i dtaoib Finn agur a gaoil le Bran agur le Sgeólaing le págail inran rgéal céadna lc. 158-166.

Lc. 24. "Tóin iapainn ba dona pa bpéin." Cualaid mé rgéal paoi Tóin iapainn i gCondae Rorcomáin nuaip bí mé óg. Táinig ré irteac inran rgéal apb ainm, dó "Ceann piog an domain poip." Bí Fionn ag dul ap tupar daippéapac go dtí an doman poip, 7 d'impip piad cápdaí rá cia padad leir. Fuaip ré Tóin iapainn "an coipide ba meara do bí ap an bpéin." Seo iad pocla rgeuluide eile, bean an tSaippéalaig. "Niop bpada gup pág Fionn beic míle pícead 'na diaid é." Carad buacaill ap Fionn Suar-paoi-leabar dob' ainm dó, 7 dubaipt Fionn leir go nglacpad ré é map buacaill "dá ngluaippead ré leir, map níop péad mé aon duine tabaipt liom map cumlódan[=comluadan] act Tóin-lapainn do tuit, ap imipt, agam, 7 nuaip d'péac mé i mo diaid ap ball bí ré beic míle pícead rgaitte agam. 'Dpúil Dé'! apra Suar-paoi-leabar, 'puidpimid piop go dtagaid ré ruar linn, beidmid luat go leóp. Nuaip táinig Tóin lapainn i gcómaip cainte dóib. "Bpuil aon piubal agad act map pin" apra Fionn. "ndómnac ir geapr a béap peo péin agam"! Seap Suar-paoi-leabar ruar agur pug ré ap cúl cinn agur ap bac tóna 7 cait ré inr an áepe, map caitpeá punnanni coipce ap rtáca. Apra Fionn, "cebé pud a pinne ré piam, tá a gpaite [gnóta] déanta anoir." "Dhéappaid mire mo lám agur m'pocal duit nac dtuitpid ré coidce go dtuitpid ré i láp Fiana Éipeann pa mbaile, agur má téideann tura abaile coidce geobaid tú é ag cup amac na luaite." "Dá n-éipeóc' dada dó bud mór an caill é, d'éipeócad an luait com hárpo leir an bpáppopur pul má cuippead pear ap bit eile amac í, act ag comórtar"!

Ir dóig go paib rgéalta ann, pad ó, ag baint leir na daoinib, nó le cuid aca, atá inran dán ro. "Caoilte," péac an dá rgéal ap Caoilte, lc. 374 agur 468 im Sgeuluide gaedealac. Ar Rorcomán táinig an dá rgéal ro, leir. V. 7. An copaid=cupad?

Lc. 25. An goill=goll mac mópna? V. 3. Litán titce: tá an rgéal ro caillte, ir dóig. V. 4. and more I would kill as much as [all the other] hounds of the Fiana, and a couple of deer and a wild boar beyond what they killed.

Lc. 26. V. 5. An cár ir mó=the greatest grief. mipead=mire, of swiftness. V. 7. ron=sound, voice? see above lc. 23. V. 4. ronn id.

Lc. 27. Feadad=? V. 3. ba héigean, etc., d'éidip gup "b'éigean gup maoid mo deóp" an ceapt. I was forced to shed tears: V. 4. Ní tuigim é peo, óip ní paib ag an bpile act cú amáin, 7 ba Sgeólaing í rin, 7 d'imtig rí ran uirge le Bran, act b'éidip go paib dá cú aige! nó go paib innpint eile ap an mbun-dán, agur go paib dá cú ran innrint rin.

Cpíoc.

Agallam idir an Anam agus an Corp

Do sgríob mo cara Seán pádraig Ó Domnaill, M.A., M.Litt.Celt. (an bráṫair Bearcán) Roimráḋ fada foġlumṫa ḋon sgéal so, ag sgrúḋuġaḋ na hagallma ar ġaċ uile ṫaoiḃ. Do sgríob sé i mBéarla é. Do líonfaḋ an Roimráḋ leaṫ de lia fáil, agus ḋ'iarrfar air é do ġiorruġaḋ agus eirim nó cnáṁa a áirṫe do ċur i nGaeḋilg. Aċt, fairíor bí mo ċara ċoṁ breóiḋṫe agus ċoṁ lag sin nár féad sé, an uair sin, an obair sin do ċur air féin. Aċt ṫug sé ceaḋ ḋam-sa go fial flaiṫeaṁail ṫoraḋ a ṁór-ṡaoṫair do ċur síos go haṫċomair agus go gearr i nGaeḋilg. Rinne mise sin ċoṁ maiṫ agus ḋ'féadar, inran Roim-ráḋ so im ḋiaiḋ, aċt ní'l an cúigeaḋ cuid ḋ'á rtuideár féin ann so, agus tá faiṫċeas orm gur ab aṁlaiḋ do ṁilleas an innṡint do bí aige-sean.

IS mór an ṫruim do cuirtí ins an áḋḃar-sríḃinne seo sa meaḋon-aois, aḋeir bráṫair Bearcán. Tá sé le fáġail ins gaċ aon ṫeangain, beag naċ, san Eóróip. Ní h-iongnaḋ gur mar sin aṫá an sgéal, óir baineann sé le bun—fírinniḃ móra an Creidim Críosṫamla; sé sin, an báṡ, an breiṫeaṁnas, an flaiṫeas agus an tIffeann.— Do cuirtí suim ins na nuḋaiḃ seo ó ṫús an tsaoġail agus cuirfear go bráṫ.

Seo eirim an sgéil. Bí díṫreaḃaċ ann aon uair aṁáin. Connaic sé i n-airling corpán duine a bí ṫar éis báis ḋ'fáġail i bpeacaḋ, duine do ċaiṫ a ré ag déanaṁ an peacaiḋ. Ṫaoḃ leis an gcorpán do bí an t-anam do bíoḋ istiġ ann, nuair bíoḋar na mbeaṫaiḋ. Ḋ'eiriġ díorbóireaċṫ eaḋarṫa ar an mball. Do ċuir gaċ aon aca a milleán ar a ċéile mar ġeall ar é beiṫ caillṫe ḋamnuiġṫe go deó. Bí gaċ sé seaḋ aca, agus an t-aṫṁurán ḋá ċaraḋ le n-a ċéile ar feaḋ i bfaḋ, go dtí sa deireaḋ ṫáinig an diaḃal duḃ agus scuaib sé an t-anam leis go h-Iffeann.

38 AGALLAṁ IDIR AN ANAM AGUS AN CORP

An Agallaṁ i bfilidheacht Laidne.
Cia dob' é an file?

Ní raib an "Agallaṁ Laidne" le fághail aċt i láiṁ-rsgríbinníb go dtí beag naċ céad bliadan ó ṡoin. Is ó'n Laidin do cuireadh fá clódh ar dtús é. Gearmánaċ, darb' ainm Karagan, do rinne an obair ra mbliadhain 1839. Ní raib aċt aon láiṁ-rsgríbinn aṁáin aige, a fuair ré i Vienna. 'Sé an t-ainm a tug ré ar an obair, "Visio Philiberti," bíodh go ngleodhtar uaireannta air, "Airling an Ṁanaig." Do lean Saranach darb'ainm "Thomas Wright," ar an obair ċéadna ra mbliadain 1841. Do bí naoi láiṁ-rsgríbinne aige reo, a fuair ré i Leabarlannaib Saranna. Ir mó an t-ugdarás atá ag dul le h-obair Wright ná mar atá le h-obair an Ġearmánaig, ní'ḋ naċ iongnaḋ. Do cuir Frannċaċ léigheanntá Du Meril fá clódh é, leir, ra mbliadain 1843; bí trí láiṁrsgríbinní Franncaċa eile aige-rean, 7 ir é a cur-amaċ-ran ir mó cáil anoir; aċt, i mórán áiteaċa, ir fearr Wright, dar leir an mbráṫair Beardán.

Filidheaċt atá ran "Visio Laidne." Tá ré rgríobta i línteib a bfuil trí riollái déag ionnta, agus gaċ ceitre línte ag déanam comarda le n-a ċéile. Ir cormail é le mórán d'filidheacht na dara h-aoire déag agus do réir gaċ deallraiṁ ir ran aoir rin do céad-cumaḋ é. Ir an-deaċair a ráḋ cé h-é an t-ugdar. Deintear luaḋ ar beirt fear na h-aimrire úd, i.e., Walter Map nó Mapes agus Robert Grosseteste, gur féidir an obair do cur i na leit; caitfimíd an ċeirt d'fhágaint gan féidteaċt aċt a ráḋ go gcuireann na láṁ-rsgríbinne Gaedhilge go léir é i leit an "Grosseteste." Sí an cúir go dtugaḋ an t-ainm "Visio Philiberti" ar an obair, ná gurab é duine darb'ainm Philbert no Fulbert a connaic an airling. Cé h-é an duine reo? Ní féidir a ráḋ cé h-é aċt coṁ beag le h-ugdar na h-oibre.

Bí Philibert uaral éigin ran bFrainc do fuair bár timċeall na bliadna 685, 'na naoṁ, aċt ní fior dúinn go raib ré riaṁ 'na ḋítreabaċ. Bí earbog ran bFrainc, ar b ainm dó Fulbert, do fuair bár timċeall na bliadna 1028, aċt ní raib ré d'fhuil uaral 7 ní raib ré 'na ṁanaċ. Ní féidir a ráḋ tar éir ar rgríobaḋ fá'n gcúir, ciarb' é an té do ċonnaic an fír nó an airling. Do rgríob

agallaṁ ıdır an anam agus an corp

a lán sgoláıre faoı, Gaston Paris, Gustave Kleinert, Varnhagen, agus Prof. Clarke Northop, ⁊ do ḃí go leór d' ınnsıntıḃ an sgéıl seo fá n-a rúılıḃ aca, mar atá feact gcınn ı mBéarla (ceann aca sın ın Anglo-Saċranaıs), cúıg cınn ı ḃFraıncıs, cúıg cınn eıle ı nGearmáınıs, ceann ı n-Iotáılıs, ceann eıle ı dteangaıḋ na dtír n-íoctaraċ, ceann eıle ı dteangaıḋ na hIoruaıḋe, ceann ı n-Irlandaıs, ⁊ trí cınn ı Spáınıs. Do cuır mo ċara M. Dottin naċ maıreann, ceann Gaeḋılge ı gcló san Revue Celtique, 1903, aċt ní raıḃ aċt láıṁsgríḃınn aṁáın aıge, agus níor ṁaıt ⁊ níor ıomlán an ceann é sın.

Tá aon ruḋ táḃaċtaċ aṁáın ınsan nGaeḋılg naċ ḃfuıl ı n-aon teangaıḋ eıle (aċt faırıor! ní raıḃ sé ıns an gcóıp sın do ḃí ag Dottin), ıs é sın go n-aḃrann gaċ aon aca, aċt cúpla ceann aṁáın, gur de ṁıonoıḋreaċaıḃ an doctúra Rıoḃaırd [Grosse-teste] easbog Lincoln ı Saċsana an Agallaṁ so, agus go raıḃ sé san leaḃar d'á ngoırtear Dionisius Sicanus, nó "Donoċú na Sıċan," mar tá sé ı sgríḃınn an Ċraoıḃín. Aċt cá ḃfuıl an leaḃar so? agus cıa do é Dıonırıus Sıcanus? Is dóıg gurab ıonann Sıcanus agus duıne ar Sıcan, an sean—aınm ar Sicilia. Tá go leór sgríoḃnóırí ann arb' aınm dóıḃ Dionysius, a ḃfuıl a gcuıd leaḃar ı gcló, aċt níl an aroıaċt "Sicanus" ag dul le haon duıne aca. Aċt ḃí Dionysius arb' aınm dó an Preudo-Areopagıteaċ, do sgríoḃ a lán fa ruḋaıḃ dıaṁra, agus fa an trsaogal le teaċt, ⁊ d'aırtrıg Grosse-teste cuıd d'á oıḃreaċaıḃ go laıdın. Aċt níl an Visio ı n-aon ceann de na sgríḃınnıḃ sın atá agaınn anoıs. Agus, ruḋ eıle, cad cuıge tugaḋ Sicanus aır? Támuıd fós ınsan dorċadus.

An Agallaṁ ı dteangtaċaıḃ eıle.

Aċt ní ó laıdın úgdaır an Visio, cıḃé sgríoḃ í, táınıg an sgéal, óır tá dá cur-síos aır, níos sıne 'ná an céıcr laıdne, ceann aca ı n-Anglo-Saċranaıs san 10aḋ aoıs agus ceann eıle ı sean-Ḟraıncıs ı dtorsaċ an dara aoıse déag. Insan Anglo-Saċranaıs tagann an t-anam boċt damnuıgṫe tar aıs ċun a cuırp, tamall fada tar éıs a

40 AGALLAṁ ÍDIR AN ANAM AGUS AN CORP

báiṛ, tugann ṛé droċ-aigneaṛ aguṛ géaṛ-ċáineaḋ don ċoṛp aċt ní tugann an coṛp aon ḟṛeagṛaḋ uaiḋ. Ann ṛin imtiġeann ṛé aṛ aiṛ ag dtí áit na bpian. Tagann aṛ an láiṁ eile anam maiṫ ionnṛaic aṛ aiṛ go dtí a ċoṛp-ṛan; molann ṛé a ċoṛp ḟá 'n gcongnaṁ tug ṛé dó ḟéin ċun beiṫ go maiṫ ⁊ go ċṛáiḃṫeaċ nuaiṛ bí ṛiaḋ aṛ an tṛaoġal le ċéile, aguṛ geallann ṛé dó go mbéiḋ ṛiaḋ ceangailte le ċéile aṛíṛ lá éigin inṛ an ḃḟlaiṫeaṛ. Tá an dán ṛo ṛan Codex Exoniensis[1]. Tá na puinċí ṛeo le taḃaiṛṫ ḟa ḋeaṛa ṛan Anglo-Ṡacṛanaiṛ ṫaṛ na ṛgéaltaiḃ eile (1) tagann ḋá anam aṛ aiṛ ċun a gcoṛp. (2) Tagann ṛiaḋ a ḃḟaḋ ṫaṛ éiṛ báiṛ an ċuiṛp. (3) Ní agallaṁ ċeaṛṫ é, óiṛ ní tig aon ḟṛeagṛaḋ ón gcoṛp. (4) Ní innisteaṛ an ṛgéal i ḃḟoiṛm Visio no Ḟiṛe nó Aiṛlinge.

Tá ceiṫṛe cóiṛeanna Gaeḋilge de'n Agallaiṁ ṛeo naċ ḃḟuil ḟocal aṛ biṫ i dtaoiḃ Ḟiṛe nó Aiṛlinge ionnta. Aċt ní maṛ ṛin don ċuid iṛ mó aca, ná do na cóiṛeannaiḃ Laidne. Níl aon ċeann aca ṛin naċ gcuiṛeann ṛíoṛ aṛ an Visio.

Tá an dán ṛan tṛean-Ḟṛanncis, nó Anglo-Noṛmáinis, níoṛ ṛine 'ná an Laidean, leiṛ, aċt tá ṛé a ḃḟaḋ níoṛ coṛmaile leiṛ an Laidin 'ná maṛ tá an Anglo-Ṡacṛanaiṛ, óiṛ (1) Tá cuṛ ṛíoṛ aṛ an Visio nó Ḟiṛ. (2) Níl aċt an t-aon anam aṁáin ann. (3) Tá ḟṛeagṛaḋ ann ón gcoṛp. Níl aċt aon ċainnt ann ón anam aguṛ aon ḟṛeagṛaḋ ón gCoṛp, ⁊ iaḋ aṛ aon go boṛb. (4) Laḃṛann an t-anam leiṛ an gCoṛp go díṛeaċ ṫaṛ éiṛ a báiṛ. Ann ṛin (5) cuiṛeann ṛiaḋ a gcúiṛ aṛ aon ḟa ḃṛáġaiḋ ḃṛeiṫeaṁan eile, Dia ḟéin, le ṛáḋ cia aca iṛ cionntaiġe. Ní tugtaṛ aon tṛocṛú aṛ an ṛgéal, ⁊ ṛuaḋaiġteaṛ an t-anam boċt go h-iḟṛeann. Aċt inṛan Laidin laḃṛann gaċ aon de'n ḃeiṛṫ tṛí nó ceiṫṛe uaiṛe, iṛ ḟíoṛ-agallaṁ é, ⁊ tugann gaċ aon aca quid pro quo do'n té eile. Aċt i n-ionaḋ an ċeiṛṫ d'ḟágḃáil ḟá ḃṛeiṫeaṁ eile, iaṛṛaiṛ an Coṛp aṛ an anam ḟaiṛnéiṛ éigin do ṫaḃaiṛṫ dó aṛ piantaiḃ iḟṛinn,—ṛuḋ do ġní an t-anam. Aċt iṛ dí-ċéillíḋe aṛ ḟaḋ, aguṛ iṛ ciotaċ an inṛint é ṛin, óiṛ ex hypothesi ní ṛaiḃ an t-anam i n-iḟṛeann ḟóṛ! Cia an ċaoi maṛ ṛin a mbéaḋ ḟioṛ aici cia an pian do bí

---

[1] Ben Thorpe, London, 1842.

AGALLAṁ ID1R AN ANAM AGUS AN CORP

ann! Seo cúpla líne oṅ ṫrean-Ḟraincir², mar ṡompla air.

Andoi somes copable
Quant nos por le deable
Deguerpimes l'amor,
De nostre creator
La toie coupe est maire
Que tu me fesis faire, ⁊c.

Tá cóip den rgéal ro le ḟágáil i dteangaiḋ na h-Iopuaiḋe mar an gcéadna, agus tá rí reo beag-naċ coṁ rean leir an Anglo-Sacranair, agus a ḃfad níor rine 'ná na cóipeanna i n-aon nua-ṫeangaiḋ eile. Tá riad an-ċorṁail le céile agus ir dóiġ go dtáinig riad ón mbun-tobar céadna. Do réir an téicr reo táṗla an Ḟir no an Visio reo oiḋċe Dia Sátairn, óir do creidtí é go coitċeannta go ḃfuair na hanamanna raoireaṁ nó ruargailt ag deireaḋ na reactṁaine—i gcóṁair an Dóṁnaiġ, ir dóiġ—agus gurḃ í rin an uair do tigidír ar air ċum na gcorp.

Visio Pauli.

Tá dá ṗíora litriḋeaċta eile a ḃfuil baint aca, d'éiḋir, leir an Agallaiṁ. An céad-ċeann Visio Sancti Pauli, an dara ceann Visio Sancti Macarii. Tá an dá ġiota ro an-aorda. Ir é ir bun do Visio Pauli Caib. XII. de'n 2 epir. ċum na gCorintianaċ, mar a n-aḃrann ré féin.

"Ar aiṫniḋ daṁ neaċ a gCríord ór cionn ceiṫre mbliaḋan deug ó ṡoin (már annra gcoluinn, ní eadar; nó ar an gcoluinn, ní eadar; atá a ṡior ag Dia); noċ do ruaduiġeaḋ ruar gur an trear neaṁ.

"Agus ar aiṫniḋ daṁ a léitid rin do neaċ (már annra gcoluinn, no ar an gcoluinn ní eadar mé: atá a ṡior ag Dia); gur ruaduiġeaḋ é a ḃpáirrtar ⁊ go gcualaiḋ ḃriaṫra rúindiaṁraċa, naċ cóir do ḋuine laḃairt."

Tá an Visio ro an-aorda, óir déanann N. Aḃairtín ⁊ daoine eile do ḃí coṁ-aimrireaċ leir tagairt de. Ir imearg na rgrioḃtúir ḃréige, .i. na n-apocripa é. Ir dóiġ gur i nGréigir do cumaḋ é ar dtúr, aċt tá rean-ċóip Lairne ann, leir. Inr an ḃFír reo do-ċí Pól anam duine ṁait ionntaic ag imteaċt ar a ċorp ⁊ triúr rriorad

---

² Camden Society, 1842. Tomár Wright do ċuir i n-eagar, agus tá dá ḋán eile i mBéarla ar an aḋḃar céadna ran leaḃar ro.

42 AGALLAṁ ḞOIR AN ANAM AGUS AN CORP

nó aingeal 'gá ḃreiṫ leó ċun na bḞlaiṫeas, i n-aiṁḋeóin
na n-Ainspioraḋ do ṗinne iarraċt ar an anam do ṡgioḃaḋ
uaṫa. Tar éis sin do-ċí sé bás peacaiġ. Fuaduiġṫear
an t-anam i láṫair Dé agus nuair naċ bḟuil aon leiṫsgéal
aige le taḃairt uaiḋ tugtar do na deaṁnaiḃ é ⁊ beirid
leó é ċun ifrinn. Treóruiġṫear Pól ann sin ċun caṫraċ
na bḞírén agus tairḃeántar dó áit na n-daoine sona
sin do slánuiġeaḋ, na naoṁ na n-óġ na n-uasal-aṫar
⁊c. Tá ceiṫre aiḃneaċa áilne ag sruiġe tríd, aiḃneaċa
meala, bainne, fíona, agus ola; tá caora blasda ar
na crannaiḃ ⁊c. Tar éis sin treóruiġṫear ċun ifrinn
é, ⁊ do-ċí sé pianta na n-anam ndamanta, ⁊ iad dá
ndóġaḋ i sruṫ teineaḋ. Do ġlac sé truaġ ṁór dóiḃ.
Téiḋ sé ar a ḋá ġlúin ⁊ iarrann sé faoraṁ dóiḃ ó n-a
bpiantaiḃ ar feaḋ lae san tseaċtṁain, agus do-ġeiḃ
sé an atċuinġe sin. Tá Pól sásta, ⁊ filleann sé ċun
na talṁan arís. Sin é an sgéal mar do ḃí sé ar dtúr.
Aċt táinig aṫruġaḋ mór air in sna nua-ṫeangtaċaiḃ ⁊
insna cóibeannaiḃ Laidne féin. Tá fíor-ḃeagán le ráḋ
aca sin fá'n bPáraṫas do connaic Pól, aċt mórán fá
na Diaḃlaiḃ ⁊ fá'n ifreann. Do ċuir an Craoiḃín cóip
Ġaeḋilge,³ den sgéal so i gcló ar an l.r. céadna in
a ḟeilḃ féin, ar ar tarraing an Bráṫair Beartán bun-téics
an "Agallaṁ" so. Do réir na láiṁsgríḃinn ón doṁan
ṫoir, ba é an treóruiḋe do ḃí ag Pól, Naoṁ Miċeál féin,
aċt insna cóipeannaiḃ i n-iarṫar na hEórpa, nó insan
gcuid is mó aca, ní ṫugtar aon ainm air aċt "aingeal."
Aċt fuair an Bráṫair Beartán, nuair ḃí sé ag obair ar an
sgéal so, láiṁsgríḃinn Fraincis i gcoláirte na Tríonóide
in a n-abartar guṙb' é Naoṁ Miċeál féin do ḃí 'na
treóruiḋe do Pól. Agus is é Naoṁ Miċeál do treóruiġ
Pól san nGaeḋilg, leis.

An **Visio** i nGaeḋilg.

Tá trí sgríḃinní Gaeḋilge gur féidir a ḃfréaṁaċa
do lorg riar go dtí an Visio Pauli. .i. an ceann do
ċuir an Craoiḃín i gcló fá tiodal "Críoċa Déiġeannaċa
an duine ag a mbí droċ-ḃeaṫa"⁴ agus an sgéal air a
dtugtar Fir Meṙlino⁵ Maligno, agus an tsear ceann
an treanmóir Meaḋon-Gaeḋilge ar sgaraṁain an Cuirp

---

³ Aḃráin Diaḋa Ċúige Connaċt. Imleaḃar II. Leaṫanaċ 319.
⁴ Dánta Diaḋa.
⁵ An t-Ollaṁ R. Macalastair, Ll.D., do ċuir amaċ. Gill ⁊ a ṁac 1906.

agallam idir an anam agus an corp

agus an Anama, tosnuigear "Domine quis habitabit in tabernaculo tuo"⁶ ⁊ cuirtear an rgéal ro i dtaoib Naoṁ Póil i leit N. Adairtin inran Meadan-Ġaeḋilg, agus i leit N. Dearnard inran téicr do cuir an Craoibín i gcló, act níl aon rud a bfuil aon baint aige leir an rgéal ro le págail i n-aon rgríbinn le N. Adairtin ná le N. Dearnard. Tá rudaí inr an Meadon-Ġaeḋilg naċ bfuil le págail i n-aon áit eile: ir réidir gur b'é Ġaedeal éigin do ċeap iad, ċun daċanna an picturra do laroriugad. Ag reo ceann aca: leigeann, ran Meadan-Ġaeḋilg, na diabail don anam ealóḋ tríota ⁊ cuid de'n bealaċ ċum na bflaiteas do ċur de, aċt níl ran méid rin aċt clear ċum é do tarrnaingt an air agus a pianta do dublugad, go direaċ nuair bí re lán dóċair go raib ré ag teaċt raor ⁊ ag ealóḋ uaċa. Seo puinte eile: an doul amaċ don anam ar an gcorr do-cí ré an t-éadaċ "gorm ralaċ neaṁ-taitneaṁaċ éirig aduaċṁar" do bí air, agus fiarruigeann ré ċá bfuil a ċuid éadaig féin do bí air nuair rugad é, do bí "álainn taitneaṁaċ, co roillri ngréine co n-éudroċt ainglecda, co taitneaṁ na roillri ruċuine" agus deir ré "cuiċ idir ro ben m'éudaċ, no cia ro lám mo noċtad uime, no cia h-airm a fuil, co ngabainn umum hé."

Aċt deir na diabail gur ab iad féin do ċuir an t-éadaċ ro air, an t-éadaċ céadna do bí ar moran eile, ar Cáin, ar Iúdar Scariót, ar Choerar ⁊c. .i. éadaċ an peacaid. Seo puinte eile: tugann an Corr freagrad ar an Anam inran trean-Ġaeḋilg agus rin é an tríomad rud a dealuigear é ón Laidin, óir ní freagrann an Corr i n-aon ċeann de na téicreannaib Laidne. Ir léir uaid rin go ndearna an Ġaedeal oibriugad ar a rtuaim féin ar an rgéal. Tá an treanmóir reo ran Leaḃar Breac, ⁊ i Leaḃar Buide Leacan, agus i L.r. meamraim i Leaḃarlainn Brátar N. Proinriair, agus tá dá ċóir eile i bparir. Níor fuit riaṁ aon ċóir Laidne de'n tSeanmóir reo, ⁊ ir réidir gur ó rean-ċóir Ġaeḋilge do riolruig na téicreanna ro na Meadon-Ġaeḋilge.

Visio Sancti Macarii agus eile.

Tá Visio Sancti Macarii ran leaḃarlainn Baticánaig ra tiodal "Visione di un monaco il quale rapito in extasi assiste alla morte di un peccatore, et a quella

---

⁶ Dr Atcinron, Passions and Homilies ar an Leaḃar Breac .l. 266.

44 AGALLAṀ IDIR AN ANAM AGUS AN CORP

di un giusto." Is cosṁail go bfuil an rsgéal ro coṁ
h-aorta le Visio S. Pauli féin, agus tá sé ar aon ḋul
leis. Connaic an manac i bfís peacaċ raiḋḃir ag fáġail
báis 7 na deaṁain ag fanaṁaint le breit ar an anam
coṁ luat agus d'fágfaḋ sé an corp. Tugann an t-anam
acṁarán don corp. Do beir na diaḃail uirri 7 fuadaiġ-
tear leo go h-Ifreann é. Do cíd sé mar an gcéadna
anam fírein, anam ditreaḃaiġ ḃoiċt ag fáġḃáil a cuirp-
reán. Molann an t-anam an corp tar éis é d'fáġḃáil
Tagann N. Miceál 7 na h-aingil agus iomcarann siad
an t-anam cun flaitir Dé.
        Tá cineál eile d'agallaiṁ ann, .i. diospóireaċt idir
an gcorp agus an anam agus iad beó. Tá a leiteid
i Laidin aċt níl sé againn i ngaediḃ. Aċt tá cineál
eile ann, in a ḃfuil an agallaṁ curta siar go dtí lá
an ḃrata nó lá an tsléiḃe. Is breáġ an rompla air
seo "Siorma an anma agus an cuirp" le Pádraig Denn,
nó le Tadg Gaedealaċ. Agus do cumaḋ dán le hEóġan
Mac Cárṫaig (Eoġan a' ṁéirín) san mbl. 1736, aċt
ní'l aon corasṁlaċt ann gur tarraing ceaċtar aca
aon smaointe ó toḃar iaraċta. Ó nár clóḃuaileaḋ
dán Eóġain a ṁéirín riaṁ is fiú é do cur síos ann
so. Cuir i gcás nár sgríoḃaḋ riaṁ aon téicr de na
téicreannaiḃ seo ar a ḃfuilmid 'tráċt, is dóiġ go
gceapfaḋ an Cárṫaċ an dán so mar atá sé. Tá trí
cóipeanna de i Muig Nuaḋat 7 cóip san Acadaṁ
Gaedealaċ.

Corpus.

A cnu caiłce cléiḃ 's a sún sil na n-ae
An ḃfúigfir-se mé do compánaċ?
Ba cuḃarta do béal, ba ṁúinte do ṁéin,
Is duḃaċ béad ad' ḋéid 's is dólárac
Gan lúit in mo ġéig ná lonnraḋ im' ġné
Faoi smúit ag an bréirt, gan ráḃáil dam,
Im' smúdar i gcré, gíod túirreaċ an rsgéal
Gan súil leat dom' feacaint go lá'n-ḃrát.[7]

Anima.

A crú liorta ḃaot, gan únra de céill,
Fuagraim don daol tú go lá-'n-ḃrát,
Do ḋrúir is do craor is cionntaċ lem' péin
Is dfúig mire tréit-lag im' fár[8] ḃoċt

---

[7] Lá an ḃráta MS.   [8] Saoḃar MS.

agallaṁ idir an anam agus an corp

Dom' púrgaḋ gaċ lae ó ṁúr ġeal na naoṁ,
Fá ḋú-ḃrataiḃ déarac an d'láir⁹ ġuirt,
Mo ċúir ġuil le m' rae nár ḋiultar do d'ṁéin
Sul ar rtiúrair mé 'tréigean na ngrárta¹⁰

Corpus.

A rtóir ġil ná féaċ ar ṁór-ċorta an ċléiḃ
Do póraḋ leat mé¹¹ i mbroinn ṁátar,
Má ḋóḃrar¹² ḃeit claon le póit ir le craor
Níor ċóir duit-re géilleaḋ dom ḋioḃláraiḃ¹³
Do feólair gaċ laé mo ġlórta 'r mo ṁéin
'S ir brón liom gur baoġal duit ċum dioḃála
'S a leoṁain ġlain¹⁴ tréiṁ de pór-fuil na naoṁ
Go ḃróire Mac Dé ort d'á ṁór-ġráraiḃ.

Anima.

A néoid ḃoċt ḃí raor, reo póg duit óm' ḃéal
S ir leór duit i n-éiric do ḋioḃlára
Ḃeit dreóite faoi ċré gan rróṗt ir gan pléiḋ
Gan¹⁵ glórta ḃinn' baot' le h-óġánaiḃ :
Fóir mé a Ṁic Dé, ir tóg mire ó péin
Ċum róġċuir na naoṁ geal go lá 'n ḃrát
Go ḃóraḋ lá an tSléiḃe mo nuaċar fá rġéiṁ
Le glóire naċ tréigfeam ran ríogaċt Neaṁḋa.

An Ceangal.

Don Ríogaċt neaṁḋa led' ġráraiḃ go rtiuraiġtear mé,
A Árdṁic rug Máire da huṁalaoid cérd (sic)
Ir na táinte d'ár gcáiroiḃ go mur tiġead n'Dé (sic)¹⁶
Ag an mbár mboċt ó dfágḃar mo ċrú croiḋe a gcré.

Ag reo mar leanar nóta i mBéarla do rgríoḃ an
Bráṫair Bearċán ar na láiṁ rgríḃinniḃ ar an tarraing
re téicr an " Agallaṁ." Nuair ċuir ré an téicr reo
i gcomprárd leir an Laidin ar an taoiḃ eile de'n duilleóg,

---

⁹ Dóláir MS.   ¹⁰ an Ríogaċt neaṁḋa MS.
¹¹ leat féin mire i mbroinn MS.   ¹² Ḋóḃruir MS. *lege* dóḃrar = dóḃair mé ?
¹³ Dom ḋiaḃláraiḃ MS.   ¹⁴ leoġain ġlan MS.
¹⁵ ná MS.   ¹⁶ d'éidir " go múr tiġe Dé."

[295]

46 agallaṁ ïoiR an anam agus an corp.

Do rgríoḃ ré an méiḋ ḋe'n Laiḋin ḋo ḃí ḃeag naċ aṟ aon ḟocal leiṟ an ngaeḋilg i lit̄ṟeaċaiḃ iot̄áileaċa, agur na línte atá aṟ aon ċéill geineaṟalta leiṟ an ngaeḋilg, ḋo taṟṟaing ré line le na n-aiṟ, aṟ ḃṟuaċ na ḋuilleóige. Págann ré rin guṟ léiṟ ḋon léigt̄eóiṟ, aṟ an ċéaḋ aṁaṟc, an méiḋ ir coitċeannta agur an méiḋ naċ coitċeannta ḋo'n ḋá innṟint.

Irish MSS. containing the "Debate," or "Agallamh."

I have made use of as many as eighteen MSS. in compiling the text of the "Agal, lamh" that I have written down. I have made what I call in the notes throughout the "Hyde MS.," the basis of the text. As to matter, it is perhaps the most correct; but the spelling is very defective. Inadvertently I have sometimes made slight alterations, and given the recognised regular spelling of to-day. In the majority of cases, however, the MS. spelling is preserved. I have had to substitute "ea" for "i," and "ei" for "e," as in "fuairis" (1st person), "na n-aingil," "breth," "bheth," &c., in a great many cases; the former gave rise to much ambiguity. Unfortunately the Hyde MS. has not a single piece dated or signed. It must, however, have been compiled at the end of the 16th or beginning of 17th century. It adheres to the Middle Irish form of spelling better than the other MSS.; thus it writes "e" for "ea" almost throughout. It dispenses very frequently with silent terminal consonants, and entirely disregards the rule "caol le caol, &c."

The oldest dated MS. is an R. I. A. one (23. D. 3). It bears the date 1681 in Roman characters (M.D.C.LXXXI) at the conclusion of the "Agallamh." Towards the middle of the piece, the pages of the MS. in the binding of it got misplaced and a few are missing. It accordingly gave some trouble. Were it not for this I would have made it the basis of my text. *The other Academy MSS.* containing the piece are the following:—

(23. L. 29) and (23. L. 12)—these omit the opening scene and start abruptly with the Debate itself thus : "a chodhlunn bhocht, &c." They do not contain the concluding remark about the hermit, nor is the piece divided into chapters. They must be from the same older MS., and one different and distinct from the original of the other MSS. The text of the "Debate" in them, however, differs in no essential from that of the others. There is but one other MS. exactly like these. It is that made use of by Dottin for his text in "La Revue Celtique," which he found in the National Library, Paris.

(23. C. 5)—this is not chaptered; nor has it the concluding remark about the hermit. It has, however, the full introduction. It was written by Seaghan O'Conuill in 1767.

(23. B. 25)—this is in beautiful script; but the introduction is missing, two pages having been left blank for it.

(23. M. 41)—the spelling in this is wretched, and much of the matter incorrect as if taken down from dictation.

(23. B. 8)—written 7th May, 1820, by Eóin Cruig (John Craige); the script is very poor.

(23. O. 3) and (23. A. 25)—both very like the Hyde manuscript; the latter was written by Séamus McCiarnan in 1770; he speaks of the hermit as . . . . "Breathnach."

(23. Q. 18)—written by Éamon O Soirochodh (Edmund Hore), Condae Roscomáin in 1818. Half a dozen pages of the manuscript have to be skipped towards the end for the conclusion.

(23. I. 4)—written by Wm. O'Farrelly, 30th June, 1725, in Tobarchuill, Mullingar; and (23. L. 26)—written by Charles McDonnell. These two MSS. refer to St. Bernard as the hermit. The first five chapters are missing from the latter MS.

(3. C. 4)—a very fine copy, but it came to my knowledge too late.

Trinity College has two MSS. containing the "Agallamh," viz. :—

(H. 4. 26)—written by Seán O'Suillemháin, Kerry, for Domhnall O'Caoimh, an t-8adh la do Samhra, 1701. It is a very good copy.

(H. 5. 2)—written by Edm. Murray and H. O'Daly. The MS. is in very ragged condition. It is, however, not worth preserving as its contents are next to worthless, The "Agallamh" in particular is very incomplete and incorrect.

The National University Library has a very good copy (MS. 3)—written by Pádraig Mac Ciaccráin (Keagherán) in Oct., 1724.

The British Museum has at least two copies.

48 Agallam roir an anam agus an corp

Agallamh[1] in anma agus a chuirp le cheile, mar is follus 'san lebhar dá ngoirthear "Dionisius Sicanus,"[2] edar mion-oibrighthibh[3] in Dochtúir[4] Diadha Ribert, Esbuic Lincoln, i Sacsan.

(1) **An Cheud Chabidil** : *Feacht n-oen dá roibh dithrebhach áirithe do'n fhuil rioghdha Fhranncach,*[5] *agus ba shubhálcach naomhtha a bhetha ar mbreith buadh ar na lochtaibh ar mbeith dho a n-árus aithridhe agus úrnuighe ar an bhfásach go spiriodálta a n-aimsir in gheimhridh.* [Níor chían dhó ann][6] *go bhfacaidh in ní aoghantach*

(2) *uathbhásach, dar leis féin, re n-a ais: corp pecaigh fuair bás isna laethibh sin féin, agus go ttáinig in spiriod do bhí 'san ccorp sin go dubhach dobrónach dólásach ag síor-chaoinemh go truaigh-bhéileach tursach fo iomarcidh mi-ghnimha dubhálcach agus antola*[7] *na colna ar an tsaoghal-sa, agus do ghabh dá chreim agus dá cháinemh ris na h-athiscidhibh achmhasánacha so sios* ag iomaifar a bháis síorruidhe agus a dhamnughadh go h-ifrionn [uirre][8] agus adubhairt:

> A leughthóir, ná bí dána,
> Ná sginn re méd h-aleadhna:
> An saoghal, gidh sáimh a sheal
> Is baoghal a dháil fo deiremh.
> Smuain ar do bhetha ria mbás
> Tuig féin gur cás uathbhás
> Agallamh in anma is a chuirp
> Tabhair truaigh duit féin, a shen-chuirp.[9]

---

[1] "Agmhala" is the form in the MS.—probably an instance of metathesis of "m" and "l"; and meant as a plural, to denote "discourses." Most of the other MSS. have "Agallamh." A few use the more familiar word "comhrádh," which is of less exact application to denote the idea of "Dialogue" or "Debate." This latter is the word always used by writers on the subject.

agallaṁ roiR an anam agus an corp

Visio Philiberti.

(1) [*Vir quidam extiterat dudum heremita—*
Philibertus Francigena—cujus dulcis vita,
Dum in mundo viverat se deduxit ita,
Nam verbo quæ prætulit fuerunt perita.
Iste, vero, fuerat filius regalis,
Toto suo tempore se subtraxit malis,
Cum in mundo degeret et fuit vitalis,
Nam visio sibimet apparuit talis.]

Noctis sub silentio tempore brumali,

(2) Deditus quodammodo sompna spiritali,
Corpus carens video spiritu vitali,
De quo mihi visio fit sub forma tali.
Dormitando paululum vigilando fessus,
Ecce quidam spiritus noviter egressus,
De prædicto corpore vitiis oppressus,
Qui carnis sub gemita sic plangit excessus.
Juxta corpus spiritus stetit et ploravit,
Et his verbis acriter carnem increpavit:

---

[2] The MS. gives this in an Irish form, viz.: "Donochu na Sican." All other MSS. give it only in Latin. So, likewise, in the case of "Ribert," immediately after; some MSS. give "Robertus" or "Rubertus."

[3] The MS. has "oibre." I have, however, lengthened it. Nearly all other MSS. have the standard form. It is noteworthy that the scribe of the Hyde MS. gives forms for nouns and verbs, &c., just as they are heard in the spoken language in the Irish-speaking parts, and not as they are found in Grammars. In most cases, however, I have inserted the recognised regular terminations.

[4] Only a few MSS. give the more regular form "Dochtúra."

[5] MS. (23. A. 25) substitutes "Breathnach" for "Franncach." Two MSS. give instead, the phrase: "do fhreanngcuibh a chineul."

[6] Nearly half the MSS. insert this connective phrase. The particle "go," however, in the older language conveyed the idea sufficiently of itself.

[7] There are several variants for this line.

[8] I have inserted "uirre"; several MSS. have it, and they contain many variants to express the idea.

[9] There are several variants for the last two lines. I consider the Hyde MS. reading to be the most correct.

An dara Cabidil: D'fhiafráighe in anma do'n chorp :

(1) *A chollunn bhocht*[1] mhithreorach, mheruighthe[2] mheta, mhillteach, a [chnáimh-] righe[3] na n-anmhían, a mháthair na bpecadh, a bhuime na bpían, a leasmháthair na subhálce, a roillic na mallacht, a éisdacht escaoine,[4]

(2) a shúil lionsga,[4] [a chrann dona], *go d-é chuir 'san riocht sin thu,* gan deilbh, gan dreach, gan biadh, gan édach, gan mhiollach, gan mhothughadh, gan treóir, gan tapadh, acht an pecadh ! [*Cred do leag go lár agus go lán-talmhain thu,* gan mhuirn, gan mheaghair, gan mhuirear, gan mhuinntir, acht an peacadh !][5] *Go d-é chuir bun os cionn thu* acht do smuaintighthe sanntacha saoghalta, h-uabhar is h-onór, do ghoirm is do ghlóir, acht an pecadh !⁶

(3) *Nách tu bhí anae go* subhálcach, suaithnidh, *sotallach,* go meir-ghradhach, *mórdhálach,* meidhreach mórmhenamnach *ar an tsaoghal bhocht* bhreugach, lán do strodh, do dhiomas, is d'aingidheacht !

(4) Taoi tu aniu do thorpán críadh, gan suim, gan áird, gan áiremh, h-árus daol is diabhal. Do b'uaibhrech áin aoghantach mithuisgeach go ttrásda thu.

---

[1] MSS. (23. L. 12) and 23. L. 29), and the Paris one edited by Mr. Dottin, begin by this. They make no mention of the introductory remarks given in the others, and in most of the Latin " Visios." They are without the final scene also. They evidently refer back to one of the " Debates " not given in " Vision " form.

[2] The MS. has " meirigach," which means " musty " or " rusty." The above is more likely to have been the word ; it is given in MS. (H. 4. 26). Several MSS. omit it altogether ; probably through being undecipherable in an older one.

[3] Scarcely any two MSS. agree in this word. The Hyde MS. has " righ." Other forms are " cnu " and " cru " (followed by " craosach "), cnumh a rí, cnamhradh, cnaimhrigheadh, cnaimha righe, &c. Some MSS. omit it. The above word is, to me, the most likely one ; and I translate it by " cess-pool." Its dictionary meaning is " carcass," " bag of bones."

[4] This pair of epithets is met with towards the end of the " Homily." They are addressed by the soul to the body, as here. Given with the context in the " Homily," they have sense and meaning ; but here they have very little. They were evidently adopted from the " Homily." And, as in the case of the " Homily," the modernised form of the Debate may be the work of Geoffrey Keating.

[5] Several of the MSS. give this passage. I thought it well therefore to insert it. The readings for this first paragraph of the soul's first discourse are very various ; and it is hard to know what exactly was the original ; " mhiollach," given above, can scarcely be correct ; another form is " bolioth." The proper word may be " bolaithe," meaning " power of smell."

AȜALLAṁ ïOIR AN ANAM AȜUS AN CORP

(1) *O caro miserrima.*
(2)   *quis té sic prostravit*
Quam mundus tam subito prædiis ditavit?
Nonne tibi pridie mundus subdebatur?
(3) *Nonne te provincia tota verebatur?*
(4) Quo nunc est familia quæ te sequebatur?
Cauda tua penitus jam nunc amputatur.
Non es nunc in turribus de petris quadratis,
Sed nec in palatio magne largitatis;
Nunc jaces in feretro parvæ quantitatis,
Reponenda tumulo qui minimo est satis!
Quid valent pulcræ vel quid ædes?
Vix nunc tuus tumulus septem capit pedes.
Quidquam falsum judicans amodo non ledes.
Per te nobis misera est in inferno sedes.
Ego quæ tam nobilis fueram creata,
Ad similitudinem Domini formata,
Et ab omni crimine baptismo mundata,
Iterum criminibus sic sum denigrata.
Per te, caro miserrima, sumque reprobata.
Vere possum dicere: "Heu! quod fui nata!
Utinam ex utero fuissem translata,
Protinus ad tumulum! et sic liberata
A pœna tartarea mihi jam parata.
Non est mirum, fateor, quid dum vixisti,
Quicquam boni facere me non permisisti
Sed semper ad scelera pessima traxisti,
Unde semper erimus in dolore tristi!
In pœnis miserrimis sum et semper ero!
Omnes linguæ sæculi non dicerent pro vero
Unam pœnam minimam quam infelix fero,
Sed magis me cruciat quod veniam non spero.

---

* Compare the above expostulations with a passage in the Norwegian "Debate," as follows: "Body, whilst thou wert in the enjoyment of life and good health, thou wast a joy to many; but now thou art an object of repulsion; thou smellest bad; and thy possessions are in a bad condition; and it is all the work of *thy sins*." No other version contains this idea.

52 ΑϚΑLLΑṁ ΙΟΙR ΑΝ ΑΝΑM ΑϚUS ΑΝ CORP

(1) *Cá bhfuil in forba, in fearann agus in finechus do bhí tu ag cnúsach ariamh? Cá h-áit a bhfuilid na cúirte, na caisléin[1] no na cathrecha do chuiris súas? Cár ghabh in crodh, in chlann agus in chonách do chaith[2] tu? Cá bhfuil in bunadh, in bantracht, in t-aoibhneas, in t-ól, in ceól, in chuidechta, in lucht fresdail agus fritheóla do bhí agud? Ar ndóigh,[3] is eisling[4] do chonnairc tu.[5]*

(2) *Agus cionnus a thaithnios riot in riocht bocht deiróil a n-a bhfuilir anois, id' luighe id' oenfear 'san uaimhe gan do lucht oen leptha agud acht piasda do do chreim. Uchón! och! is mairg do lesaidh re h-iomad sóigh in corp sin dóibh!*

(3) *Feuch anois mullach do thighe ag tuitim ar do shróin, is gan cead iompóidh[6] agud. Atá do shúile druidthe, do bheul dúnta, do thenga gan urlabhra,[7] agus do chédfadha uile ar n-a gclaochlodh, is do chailidheacht ar ndul a sechadh, acht do thruime amháin.[8] D'imthigh do ludha,[9] do lamhach, do ghal, do ghaisgedh, do luthmharacht agus do shubháilce ball.*

(4) *Do sguir fesda comhmóradh, oirechtus, aoibhneas is oedhar do chompánidh ar gach taobh diot.[10]*

(5) *Do sherg blath do bhetha agus do dhearsgnacht, óir brisedh cuibhrech do chonailbhe,[11] [agus báidhedh do ghradh].*

---

[1] Nearly all the MSS. give the form "Caisléin" or "Caislén." Only two or three have the more modern plural "caisleáin."

[2] "Shaodhair," "shaothair," "shaothruigh" and "soláthair," are words used in place of "chaith"; and are more appropriate.

[3] "Dar ndóigh" is the more common form in MSS.

[4] "Aisling" in all the other MSS. except one.

[5] Note the poetic alliteration, and the practice of triads in this paragraph. They are met with throughout the piece. To use a term in literary criticism, the "Debate" or "Agallamh" is a good example of poetic prose, on the whole. It is, moreover, not spoiled by that strange and peculiar fad of "Middle Age" Irish writers, viz., the stringing together of innumerable synonyms or synonymous epithets. 'Tis true, we find a few strings of such synonyms in the course of the "Debate." Thus for the one epithet in Latin "o caro miserrima," at the opening of this chapter, we find nine expressions in Irish, and one of these with some half-dozen attributes. This practice, however, cannot be said to be carried to excess in the "Agallamh."

ΑΘΑΙΙΑṁ ΤΟΙΡ ΑΝ ΑΝΑΜ ΑΘUS AN CORP

(1) Ubi nunc sunt prædia que tu congregasti?
Celsaque palatia, turres quas fundasti?
Gemmæ, torques, annuli, quos digito portasti?
Et nummorum copia quam nimis amasti?
Quo sunt lectisternia maximi decoris?
Vestes mutatoriæ varii coloris?
Species aromatum optimi saporis?
Vasa vel argentea nivei candoris?
Non sunt tibi volucres nec caro ferina;
Nec murena nobiles, nec electa vina;
Nam cignis nec gruibus redolet coquina;
Es nunc esca vermium; hæc est vis divina,
Talis peccatoribus imminet ruina!

(2) Tua domus qualiter tibi modo placet?
(3) Tibi nonne sumitas super nasum jacet?
Excæcantur oculi, lingua tua tacet;
Nullum membrum superest quod nunc lucro vacet.

Quid quid dudum vario congregasti more,
Dolo, fraude, fenore, metu vel rigore,
Longaque per tempora cum magno labore,
A te totum rapuit sors unius horæ.

(4) Non modo circumdaris amicorum choris;
(5) Cum per mortem cecidit flos tui decoris,
Rumpitier cujuslibet vinculum amoris;
De qua dotis gaudium aufert vim doloris;

---

⁶ Several MSS. have "iompuighthe."

⁷ The Hyde MS. has "urlabhar," as also (23. B. 8). "Urlabhra" is, however, much more common; and is, moreover, the dictionary form.

⁸ This phrase occurs in all the MSS., though it does not seem to fit in. One MS. (H. 4. 26), inserts immediately before it " agus gan ar faghail do d'bhriogh nádúrtha." The writer of this MS., however, is at times inclined to add to, or paraphrase, what the other writers seem agreed upon.

⁹ Most MSS. give "lúth" or "lúith" as the form.

¹⁰ The MSS. vary very much as regards this sentence, especially in the cases of some of the nouns. I am not quite sure, therefore, if my reading is correct. The Hyde MS. always has "i" for the diphthong "ea," which causes ambiguity.

¹¹ The Hyde MS. has "chonablach," which cannot be right.

54 aɢallaṁ roir an anam aɢus an corp

(1) Chuaidh tu a ccoimhthigheas ar do bhean,[1] ar do chlainn is ar chách go coitchionn, ar mhodh go mbeidh in uile duine lán do ghráin ort fesda.[2] *Ní'l do chumhaidh no do thuirse ar do bhen-chéile[3] níos sía*, óir do thruailligh áilne agus inneall do scéimhe.

(2) *Agus*, faraoir ! *bíodh nách mothuigheann tu duadh[4] no dochar fós*, uchón ! och ! *is gerr uait na pianta suathaine siorruidhe*, [agus aontigheas in diabhail a ndúnbhrúghaibh duaibhseacha ifrinn],[5] agus dubhairt :

"Mo mhallacht ort, a chollunn,[6]
Gur ba gunn gallann ![7]
Fa dheóidh is diombuan[8] do chumann,
A thorp criadh, a chollunn !
Is mairg dár ba chéile cían tu,
A bhen bhainse !
Is olc agus is miansi[9]
A phéísd ghrána !
Is tu do mhill go mór mise—
Truagh in tuicse
A ttigh ifrinn a ndíol do mhisge
Buan an ghaisde."[10]

---

[1] A few MSS. have "bean," as here. The others have "mnaoi." One MS. (23. B. 25), gives instead of "chuaidh &c." the following : "Do dhealuigh do pháirte le do mhnaoi &c."; and (H. 4. 26.) has "D'imthigh do ghrádh &c."

[2] Several MSS. have the old Irish form "budh-dheasta" or "dheasta."

[3] All MSS. give either "ben-chéile" or "bean-ch—"; none of them have "mnaoi-chéile."

[4] The Hyde MS. has "dubhach," which cannot be right.

[5] Most of the MSS. have this fine flowing phrase ; hence my reason for inserting it.

[6] The spelling in the Hyde MS. is very defective. The writer cannot have been a professional scribe ; but he is one who knew his Irish well as far as speaking of it goes ; and from the way in which he spells many of his words, it would seem as if he had taken the piece down from dictation. He uses double consonants very often in an unorthodox way, as in "chollunn"; and is also very mixed up in the use of "u" and "a." Moreover, he seems to make it a special practice to steer clear of the much abused and over-used rule of "Caol le caol, agus leathan le leathan."

аgallaṁ ıdır an anam agus an corp

(1) *Tuæ jam tristitia cessavit uxoris.*
   In tuis parentibus amodo non speres,
   Mortem tuam breviter plangit tuus heres,
   Quia sibi remanent turres, domus, terres,
   Et thesauri copia, pro qua modo mœres
Non crede quod mulier tua, sive nati,
Darent quinque jugera terræ, sive prati,
Ut nos, qui de medio sumus jam sublati
A pœnis redimerent quas debemus pati.
   O caro miserrima, esne modo tuta,
   Quod mundi sit gloria fallax et versuta?
   Pessimis et variis vitiis polluta,
   Et veneno demonum nequiter imbuta?
   Pretiosis vestibus non es nunc induta,
   Tuum valet pallium vix duo minuta,
   Parvo linteamine jaces involuta;
   Tibi modo pauperes non ferunt tributa
   Quod meruisti prœmium nondum consecuta.

(2) *Nam licet non sentias nunc tormenta dura,*
Scito quod suppliciis non es caritura,
Nam testantur omnium scripturarum jura,
Pœnas mecum venies postmodum passura.

   Quia pater pauperum non eras, sed prœdo,
   Te rodunt in tumulo vermes et putredo.
   Hic non possum amplius stare, jam recedo,
   Nescis ad opposita respondere, credo.

---

⁷ Much of this verse of poetry is obscure, and very probably corrupt. This line is particularly hard. I have made a shot at its translation, by rendering it "a target for the marksman," the gallan, or gallán, being a pillar-stone, and therefore often aimed at. The body was such an object for the devils in the commission of sin.

⁸ A few MSS. give "diomhaoin," which would serve equally well.

⁹ No two MSS. agree over this line. It is particularly obscure.

¹⁰ The Hyde MS. has "do ghaisde." Two or three others have "an," which seems the better word. I translate the line by "for ever entrapped." I should have stated that more than half the MSS. omit this verse entirely.

56 Agallam idir an anam agus an corp

An Treas Cabidil : D'fhregra in chuirp ar in anam.

(1) A h-aithle na h-eolchuire agus in gheráin a dhénamh do'n spiriod, *d'éirigh*[1] *in chollunn na sesamh, amhuil do bheith*[2] *beó*; *agus ar ndénamh mór-osna agus égcaoine*

(2) *dhi*, 'sí ró-ráidh " Cia thusa ? " ar si ; " Cionnus na briathra buile so liom-sa ? *Nách tu in t-anam do bhí ag stiúradh in chuirp seo go ttrásda?* Má's tu, chena,

(3) *ní fíor duit a n-abair tu*. Uait féin thánaig in uile olc chugainn.

(4) *Ar in adhbhar gur chruthuigh Dia thusa mar imháigh agus mar chosmhaile*[5] *Dó-féin*[3] ; *réir*[4] *mar thug trí chumhachta dersgnaidhthe*[6] *gnimhacha a n-oen anam amháin duit: meabhair, tuicse agus toil; tuille eile, fós,—cúig céofadha ailne uaisle éccsamhla duit*, maille re h-iomad tiodhlaicidhe.[7]

Cuir na ccean súd, fós, gur ghradhuigh comh mór sin thu, ar mhodh go ttug a oen-mhac nádúrtha[8] féin ar do sgáth ar bherraibh na croise[9] ceusda chun do shaortha ó mhodhsaine in diabhail.

(5) *Thug, mar an ccédna, mise, bochtóg,*[10] *do bhí mar innilt duit chun do sheirbhise* chun go ndénfam[13] leórghníomh agus lesadh, agus go bhfuigheam[13] loghadh is luadhachta[11] ar an saoghal-sa.[12]

---

[1] A few MSS. have the form "*ad* éirigh."

[2] Most MSS. have instead of " do bheith," the phrase "mar do biaidh (or bheith)."

[3] Compare this remark of the body with an exactly similar one put into the mouth of the soul in its first discourse, lines 15, 16, viz.: "Ego quæ tam nobilis fueram creata ; ad similitudinem Domini formata." The relationship is much closer between them than between the corresponding Irish and Latin in the speech of the body.

[4] The scribe of the Hyde MS. nearly always omits "do" before "réir."

[5] " Cosmhaileacht " is the word in almost all the other MSS.

[6] Variants for this are : " déarsgnaitheach," and " déarsgnacha."

[7] The MS. spelling is " tiodhlacidh." Other MSS. have tiodhlaice."

Aᵹallaṁ idir an anaṁ aᵹus an corp

Responsio corporis ad animam.

(1) Tandem postquam spiritus talia dixisset,
Corpus caput erigit quasi reuixisset;
Postquam vero gemitus multos emisisset,
Secum quis interrogat locutus fuisset.

(2) *Esne meus spiritus, qui sic loquebaris?*

(3) *Non sunt vera penitus omnia quæ faris;*
  Jam probabo plenius argumentis claris
  Quod in parte vera sint, in parte nugaris.
Feci te multociens, fateor, errare,
A bonis operibus sæpe declinare;
Sed si cara faciat animam peccare
Quandoque, non mirum est, aude dicam quare.
  Mundus et demonium legem sanxire mutuam,
  Fraudis ad consortium carnem trahentes fatuam,
  Eorumque blanditiis caro seducit animam,
  Quam a virtutum culmine trahit ad partem infimam
  Quæ statim carnem sequiter ut bos ductos ad victimam.

(4) Sed sicut jam dixeras, *Deus te creavit,*
Et bonam et nobilem sensuque te dotavit
Et ad suam speciem pariter formavit,

(5) *Ut ancilla fierem tibi me donavit.*

---

⁸ I should have inserted the word "aithremhail" after "nádúrtha." All the MSS. have it. It might be translated by "of one substance with the Father."

⁹ Only a couple of MSS. give the other form "croiche."

¹⁰ This word, though not a dictionary one, occurs three or four times in the course of the "Debate." It evidently implies "poor wretch." It is also found in the poetry of O'Miodhcháin.

¹¹ "Luaighidheacht" is the word most of the other scribes use; or "luaidheacht." The scribe of the Hyde MS. often attaches a final "a."

¹² It is very noteworthy that the MSS. are about equally divided as to the insertion or omission of "t" before "s" in phrases such as this. The same seems to hold good in the language of to-day.

¹³ This, the older form of the verbal termination, gives place to "maois" in the majority of the MSS

58 AGALLAṁ ïOIR AN ANAM AGUS AN CORP

Acht, chena, ba h-arm a láimh amuide¹ na tiodhlaicidhe sin thabhairt duit-se ; agus ba maith ar anduine, maith a dhénamh ort-sa, óir do bhris tu dlighe Dé' agus do lean tu in tslighe chodarsna² ar lorg na locht. *Ar in*

(1) *adhbhar sin ó is tusa in bhean-tigherna agus gur mise in bhean-óglach, agus gurab agud-sa amháin do bhí in chiall agus in résún le ar ndligh tu sinn³ araon a stiúradh 'san mbetha iolchrotha saoghaltasa, is ro-thruagh thug tu do thoil agus do aonta dochum na ndroch-ghnímha toirmisgthe⁴ truaillighthe sin do dhénamh ; agus do dhemhin⁵ ó thugais go h-éccórach écceart do do thoil, is ort fein id' oenfear⁶ is cóir aithfer gach uilc do bheith, agus ní h-orm-sa, donóg,⁷ bhí gan chiall, gan résun.*

Acht, a Dhia, nár leór dhamh-sa m'fhuil agus m'fheóil, mo ghille agus mo dhirge, mo dhath agus mo chruth,

(2) a bheith ag morgadh, ag lomhadh agus ag leghadh ; go ndernadh *cnumha* gnímhacha⁸ dhíom uile, bhias ag creim *mo chnámh* gan sgith 'san ccarcar cruadh

cumhang *so* ar sgath [h-uilcse agus do dhroch-ghnimhartha],⁹ agus gan mo dhamnughadh siorruidhe. Acht, monuar, is gein¹⁰ do chuaidh ó fhurtacht mé, agus dubhairt :

"A anam nách nderna mo leas,
Druid uaim ó rinnis m'aimhleas ;
A mbrugh¹¹ ifrinn—cúis gan cheilt—
Ba soléir suathain¹² ár ccomhghleic.¹³

---

¹ The Hyde MS. has "namha" ; but it must be a mis-reading, as all the others MSS. have either "amuide" or "óinmhidhe," which mean "fool" or "dolt." The context, however, would seem to imply "namha," "enemy."
² variants for this are : "tharsna," "trasna," "codruma," and even "searga."
³ The MS. has : "le ar ndligh sin araon." The other MSS. insert "tu" and double the "n" of sin, which is evidently the correct thing.
⁴ This word is used in its older sense of "prohibited."
⁵ The MS. gives "*do* dheimhin." Nearly all the other MSS. have "go deimhin" and follow it up by "ó thugais do thoil go h-éag . . . &c." "Do dheimhin &c." seems the better.

AGALLAṁ FOIR AN ANAM AGUS AN CORP

Ergo si tu domina creata fuisti,
(1) *Et dabatur ratio per quam debuisti*
Nos in mundo regere, cur mihi favisti
In rebus illicitis, et non restitisti?

   Caro non, sed anima, tenetur culpari,
   Quæ se, cum sit domina, facit ancillari;
   Caro nam per spiritum debet edomari,
   Fame, siti, verbere, si vult dominari.

Caro sine spiritu nihil operatur,
Cujus adminiculo vivens vegetatur;
Ergo si per spiritum caro non domatur,
Per mundi blanditias mox infatuatur.

   Caro quæ corrumpitur, per se malum nescit:
   A te quidquid feceram primitus processit:
   Cum carni quod spiritus optat innotescit;
   Donec fiat plenius caro non quiescit.

Tunc si velle spiritus in opere ducatur,
Per carnem pedissequam suam, quid culpatur?
Culpa tangit animam, quæ præmeditatur
Quicquid caro fragilis vivens operatur.

   Peccasti tu gravius, dico, mihi crede,
   Carnis sequens libitum fragilis et fæde:
(2)   *Rodunt mea latera vermes in hac œde—*
   Jam non loquor amplius, anima, recede.

---

  ⁶ The MS. preserves the "f" whenever the word occurs.

  ⁷ This word is synonymous with "bochtóg," noted a while ago; it occurs a few times.

  ⁸ A few MSS. give "griobhacha," meaning "griffin-like." It is probably the more correct word. In MSS., "m" and "r" are liable to be confounded. One MSS. has the form "griomhacha."

  ⁹ The MS. reading is: "ar sgáth mo uilc féin agus uilc mo shinnsire." A few other MSS. have this reading likewise. The majority, however, have the reading I give; it is the better one.

  ¹⁰ "Gin" in the MS.; they mean "offspring."

  ¹¹ "Bru'" in the MS. It means "womb." The word could very well also be "bruth"=fire; or "brugh"=dungeon; both of which occur in the MSS.

  ¹² A variant for this is "ann."

  ¹³ This is, evidently, the same word as "coinghleic," which occurs in Keating's poems.

60 aȝallaṁ roiR an anam aȝus an coRp

An cethramhadh Cabidil :—D'fhregra in anma ar an ccorp.

(1) " Ní fhágfad-sa thu fós," *ar in spiriod,*[1] *agus seasfad ad' aghaidh agus tairgfead*[1] *h-aighneas*[1] *éccórach écceart a chur ar ccúl ;* agus dubhairt :

(2) " *A chollunn, a thruaill*[2] *thana tholl, a bhochtóg bhocht bheul-sgaoilte, a shacáin shiabhartha shalach, a chonablach*[3] *mhillteach mhallaighthe, a shen-bháid sgaoilte sgannalach, a amuid uaillech aimhnáirech, a mheirdrech dhiomhain droch-chomhairlech,*

(3) *cia mhúin duit labhairt comh géar goirt gráinemhail sin liom-sa?* Tuig, mar an ccédna,—*gidh go ndubhrais mórán do'n fhírinne,* gan féchint dó-sin,—*in tan ba*

(4) *mhian liom-sa srian a chur le do sháluidheacht agus re do ain-mhianaibh dod' chongbháil ó olc le piantaibh le h-anrodh, le h-ocrus, le tart,* le trosgadh, le treighnios, le torrach,[4] le tuiris, *le dusgadh fada,* le droch-lebadh, le smaintighibh diadha agus le h-urnuighibh, *gurab annsoin do thosuigh tusa diomhaoineas an tsaoghail a ghradhughadh* go ró-mhór mar ailecán an-aoghantach, *gur tharraing brigh do chédfadha chuiche féin*[5] ar mhodh gur leig tu a shecadh[6] go súarach in uile cuidemh grása, bruidemh consiasa agus teagasg senmór[7] dá bhfuairis ó Dhia ariamh, ag múchadh do thuicse le h-anmhían na h-antola, ag ithe, ag ól, ag pótaracht, ag gaduigheacht, ag sladuigheacht, ag stripeachus, ag brisedh na n-aithenta, ag sechnadh na subháilce, ag labhairt go

---

[1] The MS. spelling is "spirod," "tairgfid," "aighnis." The scribe nearly always uses "i" for "ea."

[2] This word, meaning "sheath" or "case," can very well apply to the body or corpse. Yet several scribes could not make it out. They give "truaillighthe," or some such word, in its stead.

Agallaṁ roir an anam agus an corp

Anima iterum loquitur corpori.

(1) *Cui dixit anima : adhuc volo stare,*
Et dum tempus habeo, tecum disputare,
Ut quod mihi loqueris, corpus, tam amare,
Volens mihi penitus culpam imputare

(2) *O caro miserrima, quæ vivens fuisti*
Et fallax et fatua, a quo didicisti

(3) *Verba tam acerrima quæ jam protulisti?*
Attamen in pluribus recte respondisti.

(4) Illud esse consonum scio veritati,
Obesse debueram tuæ voluntati,
Sed tua fragilitas, prona voluptati,
Atque mundo dedita, noluit hoc pati.
Erimus penitus, ergo, condemnati.
  Quando te volueram, caro, castigare
  Fame vel vigiliis, vel verbere domare,
  Mox te mundi vanitas caepit adulare,
  Et illius frivolis coegit vacare
Et ita dominum de me suscepisti,
Familiaris proditrix tu mihi fuisti
Per mundi blanditias me post te traxisti,
Et in peccato puteum suaviter mersisti.

---

[3] The rules governing case inflexions are very often violated by the scribe. Nearly every second word in this apostrophe of the soul is grammatically incorrect. Unwittingly I have corrected some words that appear with the correct termination.

[4] This word occurs, I think, only in the Hyde MS. I don't know its meaning.

[5] This clause in Irish corresponds very approximately to underlined (dotted) Latin line opposite.

[6] Some of the MSS. have the word "seachad," which means "past thee." It would have more meaning in this context.

[7] The MS. has "senmóra," and so have two or three other MSS. "senmór" or "senmóir," given by the other scribes, is, however, more correct. There are many variants for this whole passage.

gáirsemhail graosda, agus ag ligint in uile dualgais díadha thart gan suim, agus ag tabhairt a sásadh féin do'n chollunn go greis, no go rug anbhuadh[1] in bháis agus tennall[2] in euga ort a líontaibh in tsen-phecaidh, no gur thuit a ccédóir[3] 'san lebadh sin a bhfuilir anois, as lár h-aoibhnis agus h-acmhuine, h-inmhe agus h-onóra, *is gan ar do sheilbh acht in eisléine.*

(1) Is fíor gur dhomh-sa ba chóir do stiúradh o ainmhían[4] agus ó annfadh urcódach na betha-sa, óir is agam-sa bhi árd-thighernas agus maighstreacht ort, gidhedh *do mhell tusa mise le cluaintibh sáimhe[5] saoghalta,* ag tabhairt uirrim[6] dhuit go h-athbhrisg tuitmech, *mesaim go fírinneach gur tu is truime cionntach* agus is mó do shaorthuigh na pianta so dhúinn—acht ní bherfeam fesda ar ár n-aithrechus.[7]

(2) *Ar ttuicsint do'n cholluinn go mb'fhíor in comhrádh sin do'n anam, do sgred agus do sgrech, ag gol agus ag éccaoinedh* a locht féin; agus gidh nách roibh tairbhe dhí 'san aithridh sin, do thinnscain a bheith ag aithfear ar a máthair Ebha,[8] agus dubhairt:

> Níor bh'eól di in cháin do chomhall,
> Truagh nách roibh ar fuighioll,[9]
> Ben do chuaidh ar fúd abhaill[10]
> Rug m'anam uaim ar ubhall.

---

[1] The variants for this are: "annbhuan," "anbhúinne," "anbhúaine." The MSS. are about equally divided in their favour.

[2] The word here intended might have been "teimheal" which often occurs with "bás"="shadows of death." Some MSS. omit the word altogether; others have "tionnól" and "teanndal" and "tennail."

[3] "a ccomhair," or something resembling it, is what the MS. has. The scribe must have had a difficulty in deciphering the word in the older copy. One other MS. has likewise "i gcomhair" followed by "san."

aṡaLLaṁ roir an anam aṡus an corp

(1) Sed scio me culpabilem, nam in hoc erravi,
Quod cum essem domina, te non refrenavi;
*Quando me deceperas fraude tam suavi,
Credo quod deliqueras culpa magis gravi.*

Si mundi blanditias at dolos adulantis,
Despexisses, fatua, sed et incantantis,
Dæmonis blanditias, et celsi Tonantis,
Adhæsisses monitis, essemus cum sanctis.
Sed cum tibi pridie mundi fraus arrisit,
Et vitam diutinam firmiter promisit,
Mori non putaveras, sed mors te elisit,
Quando de palatio tumulo te misit.
Hominum fallacium mundus habet morem,
Quos magis amplectitur, quibus dat honorem,
Illos fallit citius per nescis rigorem,
Et dat post delicias vermes et fœtorem.
Qui tibi dum vixeras amici fuere,
Jacentem in tumulo nolunt te videre.

(2) *Corpus hæc intelligens statim cœpit flere,
Et verbis humilibus ita respondere.*

---

⁴ Most of the other MSS. have "anbhuain," which means "danger," "perils." It is evidently the correct reading.

⁵ The MS. reading is "cluanta sáimh." The contractions in the older text must have been overlooked.

⁶ "Urraim," the much more usual gen. form, is in the other MSS.

⁷ I cannot see the purport of this clause, though all the MSS. have it. It does not seem pertinent to the context.

⁸ The ingenuity of the Irish author in making connection between the genuine "Debate" text, and the snatches of poetry at the end of each discourse, is well worth noting.

⁹ The meaning of this line which lacks a syllable, is to me very obscure; the text is probably corrupt. Some MSS. insert "a" before "fuighioll." In preceding line, one MS. has "coing" for "cáin"; it cannot be correct.

¹⁰ The word "abhall," to denote "orchard," is according to Dr. Sheehan of Maynooth, still current in the speech of the Ring people. It, however, does not seem to have been familiar to several of the scribes of the "Agallamh." They write it "a bhall," or "a bhaill."

64 agallaṁ roir an anam agus an corp

An Cúigeadh Cabidil : D'fhregra[1] na colna.

(1) | D'fhregair in corp in t-anam le brithraibh gola géránacha, agus dubhairt :

(2) | " A charuid ionmhuin go ttrásda," ar sé, " *tamuid araon coirthech a bhfidhnuise Dé agus an* tsaoghail, agus a láthair ár ttigherna Iosa Críost, ar in adhbhar tar éis é d'ár ccennach go daor doilghe do-fhaisnéis do ligeamair luach a chuid fola agus feóla amugha agus a n-aisgidh a ngeall ar mhaitheas deireóil[2] agus ar shólás gearr-bhuanach saoghalta.[2] Támuid anois in'-eiric sin ar ár ndol[3] a ccuidechta a chéile chum na bpían siorruidhe suathain tré bith síar agus tré mhór-cheart Dé.[4]

(3) | *Acht ní h-ionann coirthe[5] dhúinn araon*, ar in adhbhar
(4) | ó is agud-sa do bhí in chiall agus an résún agus do bhí stiúradh[6] na betha imeart[7] go maith no go h-olc,[8] réir
(3) | na tola saoire bhí agud, *is ort is córa [an breitheamhnas*
(5) | *is truime agus]*[9] *na pianta is cruaidhe do thabhairt, mar*
(6) | *is féidir*[10] *a dherbhadh le h-iliomad résun go soléir.*[10]

---

[1] Even Chapter headings vary somewhat. Here we have the variants: "aithfhreagra" and "tagra." "Colna" is mis-spelled in several MSS. whenever it occurs ; it is written "codhla."

[2] The Hyde MS. has the spelling "deoreól." It always writes "saoghalta" and "saoghal," without the silent medial "gh."

[3] The reading I give is doubtful. Only two MSS. have the form "dol" or "dul." Other readings are: "n-órdughadh," "dár ndóigh," "ár ndóghadh," "ár n-órdamh," "ár ndamanta." The word in the Hyde MS. is quite undecipherable. "Dol" is evidently the best reading. Some MSS. insert "féin" after the obscure word.

[4] Three or four MSS. have the form "nDé"; "choir" is used instead of "cheart" in the Hyde MS.; doubtless, the "o" should have the accent.

[5] "Coir," the singular form, occurs in about half the MSS.

[6] The variant "stiurughadh," is employed by some of the scribes.

[7] "Imart" is the spelling in the Hyde MS. I have kept the sound "a" in the word; though the recognised spelling now is "imirt."

[8] "No go h-olc" is omitted in several MSS.

[9] Most MSS. have this phrase in brackets.

[10] "féidar" and "soleur" in the MS.

Corpus ad animam.

(1) Corpus hoc intelligens statim cæpit flere,
Et verbis humilibus ita respondere :—

    Qui vivendo potui multis imperare,
    Aurum, gemmas, prædia, nummos congregare,
    Castella construere, gentes judicare,
    Putasne quod credidi tumulum intrare ?
Non, sed modo video, et est mihi clarum,
Quod nec auri dominus, nec divitiarum,
Nec vis, nec potentia, nec genus prœclarum,
Mortis possunt fugere tumulum amarum.

(2) *Ambo, dico, possumus adeo culpari,*
Et debemus utique ; sed non culpa pari[3] *:*

(3) *Tibi culpa gravior debet imputari,*

(6) *Multis rationibus potest hoc probari.*

A sensato quolibet hoc non ignoratur,
(4) Tuque scis peroptime, nam litera testatur,
Cui major gratia virtutum donatur,
Abeo vult ratio quod plus exigatur.

    Vitam et memoriam sed et intellectum
    Tibi dedit Dominus, sensumque perfectum ;
    Quibus tu compescere deberes affectum
    Pravum, et deligere quicquid erat rectum.
Postquam tot vertutibus ditata fuisti,
Et mihi tunc fatuæ pronam te dedisti,
Meisque blanditiis numquam restitisti,
(5) Satis liquet omnibus quod plus deliquisti.

Corpus dicit iterum corde cum amaro.

(4) Dic mihi, si noveris, argumento claro,
Exeunte spiritu a carne quid sit caro ?
Movet-ne se postea cito, sive raro ?
Videt-ne ? vel loquitur ? non est ergo clarum,
Quod spiritus vivificat, caro prodest parum ?

66 agallam roir an anam agus an corp

(1) Ar tús *dá mba*[1] *áil leat Dia oirdhirc uile-chomhachtach adhradh go foirfe,* agus gan onóir Dé a thabhairt do'n tsaoghal no do'n cholluinn ar chomhairle in diabhuil, acht in Dúilleamh[2] do ghrádhemh[3] go critheglach comhedach[4] os cionn gach uile ní, d'éireochaidhe[5] go maith dhúinn. Arís, *dá ndeintá*[7] *cóir agus comhthrom edar in truagh agus in treun, agus gan lámh-láidir a legadh ar an bhfann,* agus do dheirc do'n mbocht mar ghell ar Dhía go trócarach, bentrebhidh agus dilechtidhe do chumhdach, agus gan dibert ná díbhfeirge a dhénamh ar an eglus, do dhénfadh[6] Día trócaire orruinn fo dheiredh. An treas fecht, dá sechná[7] droch-chuidechta

(2) na ndaoine millteach mailliosach dobheir[6] aghaidh ar gach olc, ag imeart, ag ól, ag adhaltranus, ag dénamh feille, finghaile agus dúnmharbhtha, ag creim agus ag cáinemh na ndaoine eile, ag tabhairt na mionn mór, [ag iomdhergadh Dé agus na naomh re h-ithghibh blasphémtha agus re tiomantidhibh diabhluidhe do-choisgthe, ní damaneóntaoi[6] mar so choidhche sinn] agus ní bheurfadh[6] díomas an tsaoghail buadh ar cheachtar dhínn.

Anois, ó thárla mise pósda cengailte leat-sa ar an mbetha saoghalta agus go bhfuaireas[8] rann do do shochar talmhuidhe agus dod' shólás saoghalta, is fíor nách ttéid maith amugha ná olc gan dighailt, sé is luadhachta dhamh-sa le do mhaillios, na neithe do-chi tu láthair—óir *na buill le ndernadh*[9] *na lochta, táid ag at agus ag lomhadh* [agus ag líonadh] *do bhreuntas morgaidh*[10] *agus droch-bholadh ag teacht diobhtha. Táid daoil, cithróigidhe agus péisde agus aithre*[cha] *nimhe* [ag] *dul tríom síar,* [sechtar mo chompuir agus mo chléibh agus tré abach mo bhruinne, agus][11] *tré fuinneogaibh mo chédfadha.*

---

[1] "mudh" or "mo" or "madh," are much more common forms in the MSS. The Hyde MS. has the spelling "mo."

(1) Si haberet anima Deum suum carum,
Nunquam caro vinceret vires animarum.
*Si Deum dum vixeras amasses perfecte,
Et si causas pauperum judicasses recte,*
Si pravorum hominum non adhœsisses sectæ,
Non me mundi vanitas decepisset, nec te.

(2) Tamen quando fueram vivens tibi ficta,
Ea quæ nunc respicis sunt mihi relicta,
Putredo cum vermibus, et est domus stricta
Quibus sum asside fortiter afflicta.

---

² "Dúileamhain" or "Dia Dúileamhain" are other forms met with.

³ Several MSS. have the contracted form "ghrádh." The lengthening given above is a very unusual one.

⁴ Three MSS. give "cumhdach," and insert after it "macnaiseamhail," (which means "filially"), or "ceannsaighthe." "Comhedach," meaning "cautiously," "carefully," is evidently the best word.

⁵ "éireocha" is the spelling in the MS. Several MSS. have the contracted form "éireoch," or "éirgheóch."

⁶ In the case of these verbal forms there are many variants. The forms in the Hyde MSS. are: "dhéna," "bheirfea" and "bheurfa." "Dhéantaoi" and "dhéantaigh," are given for the first; "bheir" and "bheiroadh," for the second; and "bhéaradh" and "bheeraidh" for the third, in the other MSS. In the case of "déantaoi," however, in those MSS. in which it occurs, it is used passively—it is not followed by "Dia." It and "damaneonti" are of course passive forms, conditional mood. The Hyde MS. often omits the final "dh" of verbs in the Conditional Mood and Imperfect tense. The scribe seems to treat it as a silent "d."

⁷ These are good examples of the Subjunctive Mood, Past tense. Some MSS. have the longer form "seachonta" for "sechná."

⁸ The Hyde MS. has "fuairis," but it is evidently intended to be First Person.

⁹ Here again the Hyde scribe writes "nderna." Most of the MSS., however, use the Plural form "dearnamar."

¹⁰ There are many variants for this passage. Most of the MSS. insert "agus ag líonadh," and it improves the sense. The Hyde MS. has "morgidh." Others have "morgadh" and "morguighthe." I think that "morgadh," preceded by a comma, would be best.

¹¹ Several MSS. have what I give in parenthesis; others give something for it which is unintelligible. The clause must have been obscure in the original.

68 AGALLAṁ IDIR AN ANAM AGUS AN CORP

Is measa liom ná sin uile, *in teaghus*[1] *caol, cumhang, daor-ghrúma, an-shocair so, 'na bhfuilim dúnta daingean go h-aonarach*[2] *'san uaimhe*[3] *go lá in bhreithemhnuis.* Mo thruaigh! mo thruaigh! beidh sin[4] dom' chrádh go minic.

1) Gan féchint do sin, *atá fhios agam go n-éireóchaidh*[5] *mé 'do chuidechta lá in bhreithemhnuis;* agus, faraoir! ní athruigh ar glan sin[6] *ó'n uaimh* go Sliabh Síon agus ó sin *go tinnte tinndhala ifrinn, áit a mbíam d'ár bpianadh in fhed bheis Día ag caithemh na glóire síorruidhe*—o bhás gan bás! nech do chuaidh os cionn gach uathbháis; o bhetha gan betha![7] ó mháirg go mallacht, ó phían go píanóid gan crích gan forchenn. Is truagh sinn ag dul do eug gach momett agus gach uair, agus gan ar ár gcumas[8] dul ar nemhnidh, acht a bheith croch-bheó go síorruidhe.

A chriosdaighe chroidhe, cuireadh na brithra—so eagla ort, agus tuig go grinn an rann so síos:

Fiodhbhadh críonn cnámha mo cholna;
  Cumhdach fallsa feól mo bhall;
Úir gan toradh, cré mo cholna;
  Talamh mé agus anam ann,
[Úir mo charad tar úir eile,
  Ní aithním is an uaimh.
Ag seo am' láimh é, 's ní aithním,
  Cnáimh an té-d'aithnínn uaim.][9]

---

[1] "Teaghdais" is a variant for this in several MSS. "Arus" is also found.
[2] "Aonfhirach" is the form given in the Hyde MS. The spelling "aonaránach" occurs in the majority of the MSS.

agallaṁ ïoir an anam agus an corp

(1) *Et scio præterea quod sum surrectura*
In die novissimo, tecum passura
Pœnas in perpetuum : O Mors plusquam dura;
Mors interminabilis, fine caritura !

---

³ This spelling of the nominative and dative forms of the word for "tomb" occurs very frequently; though "uaimh" is also given, as for example, four lines down. The other MSS. have always "uaimh" or "uaigh."

⁴ Several MSS. have "biadh siad," which makes the meaning obscure.

⁵ "éireócha" in the MS.

⁶ This passage is to me obscure. Scarcely any two MSS. are agreed concerning it. I have given the reading in the Hyde MS., except that I am not sure whether the "ar" should join on to "athruigh," or not. Variants are: "ní h-atharrach ar glann sin," ní h-earrughadh ar ghloinne dúinn sin," "ní h-athrach ar ghlan sin" (and sinn)," "níh-athradh ar golann sinn," "ní h-athrughadh ar ghloine sin." This last form occurs three times. "Gleann" occurs in a few MSS.; and one scribe gives "h-imirce" for "h-athrugh." The many variants occurring here are sure proof that some older MS. or MSS. served as a base for the modern versions we have, though I have failed to lay hands on, or to hear of, any copy. I have translated the obscure passage by the words "not a happy transformation, &c." This is most likely to be the idea.

⁷ I am in doubt also regarding these two lines. About half the MSS. have "go bás," "go betha," or the recognised contraction for "go"; the others have the word "gan," or its contraction. The mistake arose originally by some scribe's mis-reading the contracted form " g̃ "[=" gan "] for " g̃ "[" go "], or vice versa. The reading I give is, I think, the best—the initial "o" being an interjection. Moreover, the expressions occur in a poem just as I set them down.

⁸ The MS. reading is "ceóir." Variants are: "ccur," "coionn," "ccuirp," and "ccuir." "Ccumas" occurs in three MSS.

⁹ These verses are to be met with in Keating's "Trí bír Gaoithe an bháis." Only a few MSS. have the second verse.

70 ⰀⰃⰀⰎⰎⰀⰏ ⰓⰑⰋⰓ ⰀⰐ ⰀⰐⰀⰏ ⰀⰃⰖⰔ ⰀⰐ ⰅⰑⰓⰒ

[Title in Gaelic script:] agallam roir an anam agus an corp

An Seisemh Cabidil : Do nuaillghubha[1] in anma.

(1) *Annsin d'éimh an spiriod le nuaillghuth truagh* tursach agus le tornidh?[2] truaghbhéileach triamhunach,[3] agus go grúma geránach, agus go dían docrach do-choisgthe, go ndubhairt : " Uchón ! och ! " ar sé, "[is truagh do rugadh mé ; is truagh do geinedh mé ; och, is truagh do cuiredh isteach 'san ccollainn gránda so mé] ;[4] is truagh nách am' chloich, am' mhaide, no am' iarann do bhíos, a nádúr na neithe nemh-urchódach ![5] [Mo mhallacht ar lá mo thúismighthe ! Is truagh nár éirigheadar crainn agus clocha, gaoth agus aer, reanna agus reulta nimhe, agus an cheathardhúil go coitcheann am'aghaidh dom' chur ar neamhní a mbroinn mo mháthar[6] sul a ráinig dham dul 'san riocht so a n-aghaidh mo riogh agus mo thighearna.

Mo chrádh géar *créad fár chruthuigh Dia mé agus a fhios aige go rabhas ar shlighe dhamanta. Is beannuighthe gléas*[7] *na n-ainmhithe bruideamhail,*[8] *óir tiaghaid uile*[9] *ar neamhní idir anam agus corp tar éis a mbáis gan phéin gan pheannuid, gan phurgadoir, gan dhamnughadh.* Agus a righ nimhe, *is truagh nách mar sin éirigheas do'n pheacach tar éis a éaga.* Dá mba amhla, níor shearbh a dháil fa dheireadh. Acht, faraoir! is ro-shearbh dhó.]

Annsin do ghlac racht gola agus eolchuire in t-anam, agus do chan na brithra so síos ar mhodh edhlaidhna.[10]

---

[1] Three forms for this occur in the MSS. ; the other two are : "nuaill-gutha," and "nuaill-gola." They are all dictionary words, and mean the same thing. The Hyde MS. omits the initial "n" of "nuaill." Two MSS. have the word "nuaill-

Agallam idir an Anam agus an Corp

Anima ad corpus.

(1) Ad hæc clamat anima voce tam obscura,
Heu! quod unquam fueram in rerum natura
Cur permisit Dominus ut essem creatura
Sua, cum prænoverat ut essem peritura.

(2) O felix conditio pecorum brutorum!
Cadunt cum corporibus spiritus eorum;
Nec post mortem subeunt locum tormentorum,
Talis esset utinam finis impiorum!"

---

dhubha." Though "uaill" and "nuaill" are used with about equal frequency in MSS., the latter seems to be the more correct form historically. It occurs in the Old Irish Glosses.

[2] I am at a loss for the meaning of this word, which occurs in the Hyde MS. Three MSS. give "tuireadh" in its place; all the others omit it altogether.

[3] The other MSS. which have this word spell it "triabhaoineach." Three MSS. omit it. Its meaning in O'Reilly is "mournful."

[4] Nearly all the MSS. have this passage, as also the long passage given within parenthesis further down. They are not in the Hyde MS.

[5] The idea expressed here, namely, regret at not having been created some inanimate object, is in some versions of the "Debate,"—the Old Norman-French version, for instance—put into the mouth of the body as an argument, not into that of the soul, as in the Latin and Irish.

[6] Compare this expression with lines 21-23 in the first speech of the soul in Latin, namely: "Utinam ex utero fuissem translata, protinus ad tumulum! et sic fliberata a poena tartarea mihi jam parata."

[7] Several MSS. have after "beannuighthe" the phrase "cóir conáigh gléas."

[8] "Bruideamhla" is more used than "bruideamhail," the correct grammatical form.

[9] "Uile" comes after "neimhni" in some MSS. as if the better to indicate what it is meant to govern.

[10] There are several variants for this last phrase, viz.: "ar modh eile," "agus iomad eile," "a modh eile." The majority seem in favour of "agus iomad eile," and the "et cœtera," appended to the snatch of poetry, seems to point to its being the correct reading.

72 AGALLAM TOIR AN ANAM AGUS AN CORP

Mo sgred chráite![1] is truagh mo chás-[sa],
Mé bheith beo go ttí an tráth so.[2]
Créd fa ndernas[3] cionnta grána
A n-aghaidh Dé agus maithios mh'anma?
'Snách do'n chloinn mé geinedh ó Adhmha,[4]
Acht crétúir do chrúithigh Righ na ngrása,
Chum na betha síorruidhe sásda.
Le toil na colna is mairg do thárla!
Mo thruagh do chonnairc mé in lá-sa[5]
Mar a chailleas in uile tairbhe!—
Flaitheas Dé le méd meanma[6]:
Ar an tsaoghal ag iarridh garma.
'Sé an sáimhín[7] aithrech marga
A bheith choidhche a bpíantaibh searbha:
Le saoghal na saoghal ag sin mo thearma,
[I ttigh ifrinn gan dáil garma].
A bpiantaibh ifrinn is ro-mhór m'uaill.
A righ na sluagh ní maith in ní,
  Mo thecht ar in tsaoghal-sa ariamh is truagh,
Dul a lebadh fúar [ós dam is críoch]., &c.

---

[1] "cráidhte," the correct spelling is in the other MSS. The particle "sa," at end of line, though not in the Hyde MS. is required for the sake of the metre. Most of the other MSS. have it.

[2] "*Mé* bheith" gives place to "*mo* bheith" in more than half the MSS. And instead of "go tti," some scribes have "is truagh"; and they substitute "cruaidh" for "truagh" in the first line.

[3] "Nderna mé" is in the text. It does not suit the metre so well. Some MSS. have "ndearnais," which cannot be right.

[4] "Shiol," "shíola," "shiolradh" are variants for "geinedh." The majority

of the MSS. have "Adhamh." The final "a" is inserted by a few scribes, and makes the form peculiar and hard to explain.

⁵ Many MSS. insert "mar" after "thruagh." I think it is better omitted. Some have "mór."

⁶ The MS. has "le mé menamna," which conveys no meaning. All the others give "méad" and "meanma."

⁷ The MSS. are very fairly in agreement as far as this line. Scarcely any two agree in what remains. Consequently the meaning is very obscure. In the Hyde MS. "aithrech" is written "aithr̃." It is written without contraction in the other MSS. The word immediately after is more difficult to make out with certainty. Some readings are "meargha" ("m"dha"), "mfearga," "mairge"; others insert "mear" before the word, which spoils the metre. The particle "ó" is by some made to begin the line. I have left the line untranslated. Only two or three scribes give the line enclosed in parenthesis. About half the MSS. have the last four lines with slight alterations from those I give. The Hyde MS. has "arigh is truagh" for "ariamh &c."; and its last line ends up very queerly thus after "fuar" : "siocidh caor lasrach"; which spoils both sense and metre. Three or four of the manuscripts I just referred to, have "uaill" or "an uaill" instead of "m'uaill"; and "do chim" for "an ní." The selected reading I have given is, I think, nearest to the original. The metre of the last four lines is very different from that of the preceding ones; they are evidently from a different piece. Several MSS. end up the poetry with " &c."

74 AGALLAṁ IDIR AN ANAM AGUS AN CORP

An Seachtmhadh Cabidil : Do cheist in chuirp ar an anam.

(1) *Is annsin do labhair in corp ris an anam do bhí tursach triamhunach* a h-aithle in cluithe[1] *caointe sin do thug ós árd os cenn na h-uaimhe agus dubhairt:*

(2) " Cuirim forcedal[2] ort, a spiriod," ar sé, " fa go n-inneósa dhom go d-é na pianta[3] do chonnairc tu a n-ifrionn ; no bhfuil fáth[4] dhothchuis ag in drong dhamanta as trócaire Dé no as pháis Criost[5]— ?

(3) No, fós, an bhfuil céim[6] sochair ag na daoinibh uaisle onóracha—na righthibh, na tighernaibh, no na prelóidighibh—do bhí go ttrásda a bhflaitheas in tsaoghail-sa ; *no bhfuil dúil no dothchus aca fuasgladh fhaghail as*[7] *forba, fearann, finechus ; as ór, airgiod no iolmhaitheas?*

An t'-ochtmhadh Cabidil : D'fhregra in anma.

(4) " A chollunn," ar sé, " tá do cheist gan chiall, mar ba mhinic le do chomhrádh go ttrásda bheithar in adhbhar, no go n-áirmhighthear reulta nimhe; gainemh na tráighe agus feur na talmhan, agus go ttoimhsighthear[8] in fhairrge mhór 'na mion-bhraonaibh, ní féidir ínnsint no áiremh a chur ar phíantaibh ifrinn, ar a[9] mhéd agus ar a éccsamhlacht, óir atá árus[10] na bpían go h-allta[11] uathbhásach a n-úirmheodhan na talmhan go diamhair doimhin ar mhodh go mbeurfá ar lán-dhorn do'n dhor-

Agallam roir an anam agus an corp

Corpus loquitur interrogando.

(1) *Corpus adhuc loquitur animæ tam tristi :*

(2) *Si tu apud inferos, anima, fuisti,*
Dic mihi, te deprecor, quid ibi vidisti ;
Si qua spes sit miseris de dulcore Christi.

(3) *Dic, si quid nobilibus parcatur personis,*
Illis qui dum vixerant sedebant in thronis ;
Si sit illis aliqua spes redemptionis
Pro nummis et prædiis, cœterisque donis.

---

¹ The MSS. do not agree as to the gender of this noun. The majority, however, treat it as masculine.

² The spelling given in the other MSS. viz. : "foirceadal," is the correct one. The word occurs in the old MSS.

³ "Is mó" is inserted after "pianta" in some MSS.

⁴ The word in the Hyde MS. is "fá." The others spell it with a final "th."

⁵ "Criosda" is given by some scribes as the genitive form.

⁶ "Réim" is the word in several MSS. Their dictionary meaning is exactly the same. Some scribes omit both words, and give only "sochar."

⁷ Several MSS. have "asda" for "as," and "ghabhail" for "fhaghail," and they precede each of the nouns following by "d'" and this is repeated by them later on in the reply of the soul.

⁸ About half the scribes make "o" and "i" interchange places. They spell the word : "ttiomhsighthear." One MS. has "ttiormisgthear."

⁹ Some MSS. make "a" plural, meaning "their" and referring to "pains"; others make it singular, and refer it to "ifrinn."

¹⁰ One scribe has "cúis" for "arus"— a queer mistake for a scribe to make. It comes from mis-reading the contraction "a," which, without the cross-stroke, denotes "cu."

¹¹ Some MSS. have "go h-allta allannta."

76 agallam roir an anam agus an corp

chadas ann. Gan féchint dó-sin, chífe tu in uile ní rachus a ndochar dhuit, agus ní fheicfe[1] tu œn ní rachus a[2] sochar dhuit; acht beidh gach uile ní do riachtanas ort, agus gan riachtanas ar bith ar fhaghail agud, acht in bás a ccenn gach mómett,[3] agus tu dod' athnughadh[4] arís chum in bháis cédna, agus tu mar sin a seirg eug do gnath, gan bás, gan betha [ar mhodhaibh éagsamhla go síorruidhe]; agus beidh tu mar sin lán d'eirc[5] agus d'éigean, lán d'ainis agus d'amhgar, lán do bhochtaine agus do dhaibhreas, lán do thinneas agus do thriobhlóide agus d'esláinte, a ttellach tinnte na bpían,[6] mar bhfuil pláighe agus ocrus, comharc oisnidh agus dortadh deór agus bualadh bas; mar bhfuil síansán truagh tursach na ndeamhan agus na ndiabhal níata, naimhdech, n-athgharbh, ag fresdal agus ag frithóladh na bpían tintidh[6] dofhaisnéis do na daoine damanta réir méid agus misúir a bpecaidh. Tá drong aca da gcascairt agus dá ngerradh; [drong da leghadh, da leadradh agus da lomadh]; drong da meilt agus da mionbhrughadh; drong da mbruith agus da mbeirbhiughadh a bpic agus

NOTE.—This description of hell, begun on preceding folio, is not found in the versions of the "Debate" in any other language; though one would expect it in the Latin "Visio," in answer to the question: "Quid ibi (in inferno) vidisti?" It has many expressions similar to ones occurring in "Merlino Maligno" and in the Irish version of the "Visio Pauli." The description is, indeed, very fine: there is scarcely a trait missing that could further enhance the horror of the place.

---

[1] "fheicar" is the word in the Hyde MS. It is a strange form to use. The other MSS. have the form I give.

[2] "in," occurs in the MS.

[3] The variants to denote "minute" are: "nóimint," "mómeint," "móiminte" "mómint," "móimenta," "mómente," "móimeint" and "mómett.

[4] The Hyde MS. has "a beodhughadh." Others have "ad' aithbheodhughadh." The majority, however, have what I give.

[5] "Airc," meaning "deprivation," is the dictionary word. Only two or three MSS. have got it; and one of these writes the word "airce."

[The Irish is continued on opposite half of folio, as there is, as I said above, no Latin corresponding to it.]

agallaṁ roir an anam agus an corp

Responsio anime ad corpus.

(4) *Corpus, ista quæstio caret ratione.*

a roisín agus a miotalaibh éccsamhla eile agus a srothaibh tinntighe, tairpighe, sulphuir agus salchair re n-a ngnúisibh agus re n-a n-aighthibh.

Edar gach pían athbhél-mhór eile a n-a bhfuilid, táid a ttinnte nách múchann uisge agus a snechta nách leaghann teine, agus in leac œre agus in reódh da síorchrádh. Atá léim aca ó'n teas chun an fhuachta agus ó'n fhuacht chun na teine[7]; leim eile aca ó'n tsorn[8] [tinntighe] a mbeul na bpéisd urchódach fíor-ghrána, no go ruaigfar uatha arís tar n-ais trés in uile uathbhás chun an tsoirn chédna.

Táid aithrecha nimhe agus péisde gráinemhla ag siúbhal ar gach ball díobhtha da sniomhadh agus da snoighe. Táid cnumha a cconsíasa mallaighthe ag dénamh fidhnuise 'na n-aghaidh gur cóir agus gur comhthrom a mbeith 'san bpianóid bhruid sin. Tá in t-édóchus da sergadh, in tuicse da ngerradh, in toil da sgrúidemh, agus racht na feirge da ttáchtamh, agus mebhair na bpecadh da sgiúradh; agus beidh mar sin a n-amhgar an bháis ag clamhadh a chéile agus ag imdhergadh agus ag masladh na Trinóide féin tré bhith síor.

---

[6] These two phrases occur in "Merlino Maligno" and in the "Visio Pauli."

[7] Compare this with the following passage from the Irish "Visio Pauli": "Do bhí for-loch ædhre athfhuair lán do nimh i n-a léimidís na h-anmanna damanta ag iarraidh fiannfhuaradh agus furtacht ó gheur-ghreadughadh na teine. Gidheadh ní túisge do théidist do'n loch ná léimidís as arist san toine le meud an fhuaoht agus an gheur-nimh do bhí san uisge."

[8] The Hyde MS. has "torrainn," which shows that the scribe did not understand the word "sorn," meaning furnace, and derived from the Latin.

78 AGALLAM ROIR AN ANAM AGUS AN CORP

(1) Do thaobh na ceiste eile do chuiris orm : *cionnus táid na righthe saoghalta a n-ifrionn.*—Atá Nían mac Péil, Cæsar, Pompidh, Marcus Crás, Alasdrann[1] uaibhreach, agus righthe diomasacha na cruinne ceathardha fo phíantaibh daora dochracha ann. Acht tá ní chena, is measa agus is truime go mór in phían agus in philóid a n-a bhfuilid na droch-ghubhernóiridhe criosduighthe agus prelóidighe claon-bhrethacha na h-egluise[2] ná iad sin uile. Taid lucht in fhuar-chrábha, lucht na siomunachta, lucht na fola, lucht in dúnmharbhtha, lucht na drúise gráinemhla, lucht na h-usmharachta, lucht in diomais, [agus lucht foghla agus loisgthe in domhain][3] a bhfíor-íochtar ifrinn fo thuile na bpían, agus gach drong ann-mhíanach eile ó sin amach réir mar do thuill a ngnímha dhóibh.

(2) Anois glac fa dheóigh fuasgladh 'san treas cheist do chuir tu orm : " An ndéntar trócaire ar in droing sin, no an ngabhthar fuasgladh asda : [d'fhorba, d'fhearann, no d'fhinechus, d'ór, d'airgead no d'iolmhaitheas ?]. *Bíodh fhios agud dá mbeidis naoimh na cruinne ar aon úrnuighe go brách, agus úird riaghalta in domhain 'na bhfíor-throsgadh go h-eug, agus firéin na betha ag tabhairt maitheas na talmhan* mar dhéirc *ar son œn anma da bhfuil a n-ifrionn íochtarach, nách ndénfadaois rann faoithimh, furtacht no fuasgladh*[4] *air ;* ar in adhbhar nách féidir le h-ainglibh nimhe, ar ór agus édáil in domhain [in] foirthin [is lugha] thabhairt do'n drong damanta in sæcula sæculorum.

> Brónach in brugh trebh ifrinn,
>   Fuar na drithléin dían
> ['Sé sin] in dún dichumhang daor
>   Priosún [dubh teinnti] na bpían.[5]

---

[1] No other version of the "Debate" gives this enumeration of kings and

(1) Qui semel intrat baratrum, quæcunque personæ
Mortales, subandias pro transgressione,
Non est spes ulterius de redemptione,
Nec per elemosinas vel oratione.
Si tota devotio fidelium oraret,
Si mundus pecuniam totam suam daret,
Si tota religio jejunus vacaret,
In inferno positum numquam liberaret,
Quia Dei gratia talis quisque caret.
Non daret diabolus, ferus et effrenis,
Unam entem animam in suis catenis,
Pro totius sæculi prœdiis terrenis,
Nec quandoque sineret quod carerit pœnis.

(2) *Adhuc quod interrogas si aliquid parcatur*
Personis nobilibus: non, nam lex hæc datur:
Quod quanto quis in sæculo magis exaltatur,
Tanto cadit gravius si transgrediatur.
Dives, ergo, moriens si vitiis prematur,
Gravius præ cœteris pœnis impulsatur;
Nam qui in deliciis plus quam delectatur
Tanta pœna gravior sibi deputatur.

---

rulers. All the Irish MSS. give it. There is mention made of only pagan rulers. The author refers to Christian princes immediately after, but without naming any.

[2] One MS. (23. I. 4) omits from "Criosduighthe" to "egluise." All the others contain this very disparaging reflection on the conduct of prelates, though there is nothing in the Latin to sanction it. It must have been derived from the original "Visio Pauli," wherein there is a description of the torture inflicted on a wicked bishop in hell.

[3] Nearly all the MSS. contain this phrase.

[4] The correct forms are "furtachta" and "fuasgalta." They occur in most of the other MSS. Several MSS. have "faoithe."

[5] This verse must be corrupt; even after a comparison of all the MSS., the meaning is obscure. Nearly every scribe has "ndrithléin ndian," making it genitive plural. The Hyde MS. omits the "n" prefixed to "dian," but has the other "n." It does not contain the portions within parentheses. Several MSS. omit the verse.

An naomhadh Cabidil[1] : D'urghárdus[2] na ndíabhal ag breith in anma leó go h-ifrionn ar ndul a n-édóchus as trócaire Dé [dho].

(1) *A h-aithle in árd-sgéil sin,* do sgaoiledh do'n anam agus do'n chorp ar tuitim 'san uaímhe [do'n chollainn]
(2) ar chlos uathbhás ifrinn[3]—go d-é *do chí in t-anam* bocht chuige 'san tslighe fa'n am sin acht *dha*[4] *dhiabhal ba dhuibhe no gúal gabhann, agus lucht filidheachta agus pintóireachta in domhain níor bhféidir leo éccosg no samhail na dise sin a sgriobhadh no fhaisnéis ar a n-uathbhásidh agus ar a ndroch-dhealbha.*
(3) Ar tteacht a láthair dóibh a ccédóir[5], *do sháith siad in dá chrúca chroma, cruadh-ghérra, comh-dheirg iarnuidhe abhus agus thall 'san spiriod damanta sin, agus do rollsed*[6] *etortha é da cheusadh go dorus ifrinn agus eisen ag búiredh agus ag béicidh.* Thánic annson slóighte diabhul agus deamhan ag dénamh luthaire[7] rompa a bh'féidir leo, agus ag comh-mhaoidhemh in chosgair sin agus ag fonóid fo in anam bocht a damnuighedh.

---

[1] Some MSS. insert at end of last chapter the advice : " Smaoinigh, a chriostaidhthe croidhe, gur fíor na briathra so, agus cuiridh srían re h-anmhianaibh."

[2] " Iolghárdhúghadh " is a variant for this word ; a majority of the MSS. have it

[3] The idea here is, evidently that the body fell back into the grave on hearing of the horrors of hell. Some MSS., however, seem to attach the meaning of "pit" to "clos" pronouncing the "ó" long ; they would imply that the phrase should be translated : "into the dreadful pit of hell." There must have been something hard to make out in the original MS., as the modern scribes give such a variety of readings. So, too, instead of "árd-sgéil," are found " na n-árd-sgéal," and "na truagh-agallamh."

[4] The " Du Meril " text of the " Visio Philberti," speaks of *four* devils ; and another version has *seven*. The Irish evidently connects with Wright's version, based on MSS. found in English libraries.

agallam roir an anam agus an corp

De turpitudine Demonum.

(1) *Postquam tales anima dixisset mœrores,*

(2) *Ecce duo dœmones, pice nigrores—*
Quorum turpitudinem totius scriptores
Mundi non describerent, nec ejus pictores.
   Ferreas furcinulas manibus ferentes,
   Ignemque sulphureum per os emittentes ;
   Similes ligonibus sunt eorum dentes ;
   Et ex eorum naribus prodeunt serpentes ;
   Sunt eorum oculi ut pelves ardentes ;
   Aures habent patulas sanie fluentes ;
   Sunt in suis frontibus cornua gerentes ;
   Per extrema cornua venenum fundentes ;
   Digitorum angulæ ut aprorum dentes.

(3) *Isti cum furcinulis animam cœperunt,*
Quam mox apud inferos cum impetu traxerunt ;
Quibus et diaboli parvi occurerunt,
Qui pro tanto socio gaudium fecerunt ;
Ac loco tripudii dentibus strinxerunt ;
Et eis cum talibus ludis applauserunt ;
Viscatis corrigeis eam ligaverunt.

---

[5] The Hyde MS. has a queer form for this word a second time, viz.: "eccodora." The form on the previous occasion was a "ccomhair." The other scribes apparently had no trouble with the word.

[6] "Rollset" is an old Irish form of a verb denoting "to throw or cast." It is perfect tense and consists of the parts "ró-lá-set." Its present tense is "focaird." The form occurs as "rolsat" in the 22nd paragraph of "Togail Bruidne Dá Derga."

[7] The other MSS. use either "luthgháire" or "iolghárdus." "Luthaire" denoting "antics" or "capers" is more likely to have been the word in the original.

(1) Agus is amhla bhídís¹ ag tabhairt buidhechuis dó fa n-a sheirbhís dhóibh ar an tsaoghal, óir is iomdha duine do mhill² sé le n-a dhroch-eisiomplár,³ meisge, stríopachus, &c. ; agus da chionn sin go bhfuighedh sé lúach agus luadhachta diongmhála⁴ a bhfochair Lucipher, agus a lebadh da chórughadh a n-aice a lebaidh⁵ féin go brách ar tinnteán na bpían,⁶ ag éisdeacht le h-úirlidhacht na ndhiabhal, le braoghnachus⁷ na bhfoireann fíor-ghrána, le tunnioll⁸ na n-uisgidh, le súisdredh [agus le confadh] na bpíast ndeamhnuidhe, le sgredach [agus le sgréachadh] na droinge damanta gan furtacht a choidhche agus go brách.

(2) Do sgannridh an t-anam go h-athbhél⁹-mhór ar feicsint [ifrinn osgailte agus] na bpían ullmhighthe infhedhma chuige, agus dubhairt: *A Iosa Críost, a mhic Dé, dén trócaire ar do chrétúir bhocht féin!*" D'fhregair na diabhail é ag dénamh fonóid fo in anam bocht do damuuighedh in dara fecht, agus dubhairt: "*Is ro-mhall a ghoireas tu ar chabhair agus ar ainm do thigherna Dé*¹⁰ *; agus is écciall*¹¹ duit ; óir is dúinne do bhí tu ag denamh seirbhíse, nách orruinn féin is cóir duit coimirce iarridh.

---

¹ Some MSS. have "bhadar."

² About half the MSS. have "mheall" in place of "mhill."

³ The Hyde MS. has the form "esiomlor"; nearly all the others have "eisiomplair" or "—plar." One alone has "shompla." The adjective "misgemhla" follows "esiomlar" in the Hyde MS. ; most of the others are as given above.

⁴ Some scribes insert "a" before "diongmhála," thus making the word a substantive. "Diongmhála" is here an adjective meaning "fit" or "suitable."

⁵ "leba." probably intended for "leptha," is in the text.

⁶ This phrase is one of those common to all those pieces dealing with hell.

Quidam furcis ferreis ventrem disruperunt ;
Quidam plumbum fervidum intro projecerunt,
Quidam os stercoribus suis repleverunt,
Et in ejus oculos quidam comminxerunt ;
Quidam suis dentibus frontem correserunt ;
Quidam suis cornibus eam compunxerunt ;
Quidam suis ungulis latera ruperunt
Et a toto corpore pellem abstraxerunt.

(1) Post hæc dicunt dœmones fere fatigati ;
" Hi qui nobis serviunt sic sunt honorati ;
Nec dum potes dicere sicut bufo crati,
Nam debes in centuplo duriora pati."

His auditis anima gemens suspiravit,
(2) Et voce qua potuit parum murmuravit ;
Quando vero baratri januas intravit ;
Voce lamentabili et quærula clamavit :
" *Creaturam respice tuam, filii David !* "
Tunc clamabant dœmones et dixerunt ei :
" *Tarde nimis invocas nomen tui Dei ;*
Non dices de cœtero ' miserere mei' ;
Non est ultra veniæ spes vel requiei."

---

⁷ There are several variants for this word which occurs in the Hyde MS., but in no other. There is nothing resembling it in the dictionaries. The variants are : " bruithneacheas," which means " boiling " or " seething " ; " bruighneachus," which could denote " quarrelling " or " wrangling " ; " bréantanus," or " rottenness " ; and " brunsiacht," of meaning unknown. " Bruithneachas " is the most likely form.

⁸ Variants given for this are : " tonnghaile," " tonnghala " and " tuin gholla." I don't know the exact meaning.

⁹ " adhbhal " is another form for this. Though more common in the language of to-day than " athbhél " or " athbhéil," the latter form is more frequent in the MSS.

¹⁰ " Dia " is more common in this instance than its genitive " Dé."

¹¹ " éagcóir " is the word in some of the MSS. and it suits the context better.

(1) Acht anois tar éis breith thabhairt¹ ort agus tu [ag] théacht ar ár lámhaibh, agus gan dul² le h-athbhreith-emhnus agud—tuig fesda go m*beidh tu a ccosmhaile*³ *nádúire linne mar gach diabhal eile againn* ag mallughadh Dé go síorruidhe.

Is fíor dubhradar sin, óir do chas in dá spiriod mallidh⁴ sin 'na mheall tinntidh⁶ tiompuill, agus thlig⁵ gan mhoill a mbeul ifrinn 'san teinidh é. Níor chían do annsin nuair do chuaidh a n-édóchus ar Dhía, na naomh agus na n-aingeal, agus dubhairt:

> Mo thigherna dom' thréigin ó tá,
>   Ag iarridh grása air ní bhiú ;⁷
> Diúltiom do'n ghlóir, diúltiom do Dhía ;
>   Ní bhéad níos fuide dá righe riú.⁸
> Tigh ifrinn ní h-é mo ghradh,
>   Ní'l grían ann no gin-cheól ;⁹
> A bheith a bpéin ó 'sé ár ndáil,
>   Dubh¹⁰ shlán Dé fesda fúinn.

(2) Do sgannridh in dithrebhach naomhtha¹¹ as a shuan go critheglach, agus do bhuail ag guidhe Dé go díochrach fo gan a leithide sin d'anbhás fhaghail dó-féin go brách. Is cóir, fós, do'n uile criosduighe aithris a dhénamh air d'oidhche agus do ló, agus daorbhetha in phecaidh a shecnadh go deóigh. Guidhim Dia uile-chumhachtidh go ttigidh liom féin agus le gach Criosduighe degh-bhás in dithrebhaigh fhaghail.

Amen.

---

¹ The Hyde MS. often omits "do" before the infinitive. This is in keeping generally with the spoken language.

AGALLAm ΤΟΙR AN ANAM AGUS AN CORP

(1)
> Lumen non de cœtero videbis diei;
> Decor transmutabitur tuœ faciei,
> Nostra sociaberis et huic aciei,
> *Et assimiliaberis nostrœ speciei:*
> Nam sic apud inferos consolentur rei."

(2)
> Talia dum videram dormiens expavi,
> Et extra me positus fere vigilavi;
> Mox expansis manibus ad Deum clamavi,
> Orans ut me protegat a tam pœna gravi.
> Mundumque cum frivolis suis condempnavi:
> Aurum, gemmas, prædia, vana reputavi;
> Rebus transitoriis abrenunciavi;
> Et me Christi manibus totum commendavi.

FINIS.

---

[2] The Hyde MS. is the only one that gives the form "dul," which followed by "le," means "chance" or "possibility." The other scribes disagree greatly as to the form. Three or four have "súil." and three or four others "dúil"; and a couple employ "dáil." "Dul" is evidently the best reading. Some insert the words "aisic" (or "aisig") and "no" before "aithbhreithemhnus." I should have mentioned that "indé" occurs in the MS. after "lámhaibh."—and also in a few other MSS. It does not suit the context.

[3] "cosmhaileacht" in the other MSS.

[4] "truaillidh," "truaillighthe," or "malluighthe," is used by the other scribes.

[5] "tlig" is the Ulster and Connaught form for "teilg" meaning "throw,' "cast," "fling." The other MSS. use "theilgiodar."

[6] This phrase occurs also in "Merlino Maligno" and in the "Visio Pauli."

[7] This early Irish form of the substantive verb was unintelligible to the majority of the scribes. They took it to connect with "fiu" meaning "worthy." Some write it "bhia" or "bhiadh." It means "I will be."

[8] Some MSS. have "Ag righe riu," which I think is more correct. "Righe," or "righeadh," is a form of the verbal noun which denotes "reaching," "attaining," though Dinneen does not give it. "Righe riu" means "aspiring to, or striving after them."

[9] Some MSS. have "gean-chiuil." I am not sure as to the meaning.

[10] "Do-shlán" is the more common form in the MSS.

[11] Two MSS. (23. L. 26) and (23. I. 4) mention St. Bernard here as the hermit.

[335]

86 Agallam roir an anam agus an corp

Is sompla maith é an sgéal so ar an gcaoi mar do glacadh na Gaedhil litridheacht iasachta chuca féin, agus mar do cuirdís a gcroiceann féin uirri. Acht do fuair an bráthair Beancán rean-airtriú Fraincis, mar an gcéadna. Do rinne sé cóip de'n iomlán ar an láimhsgríbhinn in a bhfuair sé é,* acht ní cuirfid mise síos ann so acht an dá bhéarsa tosaigh agus an bhéarsa déigeannach, le n-a cur i gcompráid leis an módh-innsithe atá ag an nGaedheal ar an sgéal céadna.

Une grant vision chi dedens est escripte
Jadis fu revelée a Dom Fulbert hermite ;
Qui fu si sains preudons et de si grant mérite,
Concques par lui ne fu fausse parolle dicte.

    Il estoit grant au siècle de grant estraction,
    Mes pour fuir le monde et sa déception,
    Ja lui fu revelée la dicte vision
    Tantost devint hermite par grant dévotion.

Par nuit quant le corps dor et l'ame souvent veille,
Advint à cest preudome une très grant merveille,
Car il vit ung corps mort murmurant à s'oreille,
Et l'ame d'aultre part qui forment se merveille.

    L'ame se plaint du corps et de ses grans oultraiges
    Le corps respond que l'ame a fait tous ces dapmages
    Or alleguent raisons or alleguent usages
    Tout ce retint l'ermite comme preudons et saiges.

Ag seo anois an bhéarsa deiridh, com maith agus do bí ar cumas an bhráthar é do léigeadh. Is dóig go bhfuil rud éigin amugha san líne deiridh dé.

Faussece ? maintenant est souvent coulourée,
Innocence est souvent à grant tort condampnée,
Mes adoncques sera verité relevée,
Quant chascun justement si aura sa livrée.

    Pour ce . . . celui qui si justement livre
    Qui les biens et les maulx à escrips en son livre
    Qui notre . . . en cest monde si maintenant à vivre
    Que de tous nos pechies soions en la fin delivrée (?)

                                                        Amen.

---

* Col. na Trionóide C.2.2 Vision de Dom Fulbert. Acht tugtar Vision de Adam Fulbert air, ins an gclár.

Cuireaḋ Maoil Uí Mananáin ar Fionn mac Cumaill agus Fianaiḃ Éireann.

Is sgéal é seo a ḃfuil cóipeanna de an-gann. Níor féad D'Arbois de Jubainville breiṫ ar ceann aca, cíd go raiḃ fios aige go raiḃ sgéal de'n ainm sin ann, óir do cuir Stanḋoir Aoḋ Ó Gráḋaiġ síos air, san roimráḋ do sgríoḃ sé do "Diarmuid agus Gráinne." Ní ḟeól dam féin aċt dá cóip de, agus tá an dá ċeann sin go holc. Tá siad in san Acaḋaṁ Ríoġaṁail Éireannaċ. An ceann is sine (23. K. 3) do sgríoḃaḋ é le Seáġan Ua hÉitir ó Conḋae Tiobraid Árann san mbliaḋain 1821? nó 1825? Tá an litriú an-truaillġte ⁊ tá bearna insan sgéal naċ ḃfuil insan ḋara cóip. Do sgríoḃaḋ an ḋara cóip (23. I. 48) le Míċeál Ó hAnnrasáin san mbliaḋain 1831. Tá sí níos cirte 'ná an céaḋ-ċeann, agus tá an litriú níos fearr. Toġamar é seo mar ḃun-téacs. Rinne mo ċara Tobiar Ó Caoṁánaiġ cóip di, ⁊ tug ré go fial dam í, ⁊ cuireamar an dá téacs i gcompráid le céile ⁊ rinne mé arsa an cóip do b'fearr do ḃí ar mo ċumas. Tá mé sa comaoin mór aige.

Tá Maol Ua Mananáin insan sgéal so go díreaċ ar aon ḋul agus ar na tréitiḃ céaḋna le Mananán féin, agus is dóiġ liom gurab iad na daoine nó na déite céaḋna iad. Tá go leór leór againn insan litiriḋeaċt i dtaoiḃ Mananáin féin, aċt ní facaiḋ mé aon traċt ar aon Ṁaol Ua Mananáin aċt amáin insan sgéal so.

Taoḃ amuiġ d'Fianaiḃ Éireann tagann triúr isteaċ san sgéal so .i. Maol Ó Mananáin, Maol Óg Ó Mananáin (a ṁac nó a fearḃ-fógánta) agus a ċéile Eitne ór-foltaċ. Is cinnte naċ de'n traoġal so Maol agus Maol Óg, aċt do réir coraṁlaċta ba ḋuine den ċine daonna Eitne ar dtús, aċt ó d'fuaḋaiġ Maol leis í tá sí ar aon náḋúir leis féin.

Is sgéal grinn é seo a ḃfuil Maol Ua Mananán ann mar príoṁ-ḃeasra ⁊ príoṁ-ċainnteóir. Ba Ḋia na mara Mananán Mac Lir, do réir creidiṁ na sean-Ġaeḋeal,[2] agus ba é an Mananán so do ḃí 'na árd-tiġearna ar Tír na mBeó, nó an Tír Tairrngire, mar do hainmniġeaḋ an tír sin nuair fuair na Gaeḋil eólas ar an gCreideaṁ Críostaiḋe. Ní áit í seo cun cur-síos foirleaṫan do ḋéanaṁ ar an Dia so, aċt amáin an méid seo a ráḋ, naċ ḃfuil aon ruḋ insna sgéaltaiḃ déiġeannaċa a tairbeánas go raiḃ aon ḃaint speisialta aige leis an muir.

Tá sgéal fada i leaḃar Fearmuiġe "Altrom tiġi dá Ṁeḋar,[3]" agus do réir an trean-sgéil sin ḃí Mananán ar na ríġṫiḃ ba ṁó do ḃí ar Tuataiḃ Dé Danann agus ba é tug ár rás leit do gaċ éinne díoḃ i gcnocaiḃ agus i ríteánaiḃ na hÉireann. Agus, arsa an sgéal, do rinne Mananán "an feḋ fiaḋa ⁊ fleaḋ Goiḃneann agus Muca Mananáin do na míleaḋ .i. an feiṫ fiaḋa tar naċ faici

---

[1] le titre de cette pièce est donné par Standish Hayes O'Grady, "Transactions of the Ossianic Society for the year 1855," Vol. III, p. 21. Nous n'en avons pas noté de manuscrit. Essai d'un catologue de la littérature épique d'Irlande, p. 99.

[2] Féaċ Sanas Cormaic, Anecdota IV. 78. Cóir Anmann, lc. 356, etc.

[3] Mairgréad Dobbs do ċuir i gcló san Zeitschrift für Celt. Phil. i mbliaḋna.

na flaiti, ┐ fleaḋ Ġoibninn ġan aeir ġan urcra ḋona harorigaiḃ,
┐ muca manannáin re marḃaḋ ┐ re martain ḋo na mileaḋaiḃ."
Ir iaḋ rin ġan aṁrar na muca atá inr an rġéal ro. Ní'l aon tráċt
ar Ṁanannán mar ḋia na fairrġe ann ro, aċt ḋo réir an rġéil ní
raiḃ aon rí eile ar Ṫuataiḃ Ḋé Ḋanann ba ċumaċtaiġe 'ná é.

Ḋeir Nioclár O Ceatarnaiġ ġo raiḃ palár Ṁanannáin, ḋo réir
mar faoil na ḋaoine, ar ḃruaċ loċa i ġconḋae Ṁuineaċáin, aġur
ġur ċóṁnuiġ ré ann ġo ḋtí aimrir Columcille. Ḋo laḃair Columcille
leir, aġur ḋ'fáġ ré Éire 'na ḋiaiḋ rin. Nuair ḋ'imtiġ ré ḋo lean
Mac Moineanta é mar taoireaċ ar luċt-riḋe Cúiġe Ulaḋ.

Inran rġéal "Ḃoḋaċ an Ċota Laċtna" tá a pearranaċt cean-
ġailte le pearranaċt eile "Sioġaiḋe Ó Ráṫ Cruaċan." Taġann
ré irteaċ inran rġéal ro mar Deus ex machina, aġ fóirġin ar na
Fianaiḃ ┐ iaḋ i ġcruaḋtain. Aġ reo ḋeireaḋ an rġéil rin :
" Ar ḃfilleaḋ tar a air ḋo Ḃoḋaċ an Ċota Laċtna ón luinġ ġur
an áit n-a raiḃ an Fiann ḋo lar ġaot aġur ġrian i ḋtaoiḃ a aiġte
aġur a ċúil, aġur ḋ'aitin Fionn aġur an Fiann ġurab é Manannán
Mac Lir, Sioḋaiḋe Ráta Cruaċan, ḋo ḃí ann aġur ḋo ṫáiniġ ḋá
ráḃáil ón éiġean aḋḃal-ṁór n-a raḃaḋar an tan roin."[3a] Fáġann
cuiḋ ḋe na cóipeannaiḃ ainm Ṁanannáin amaċ ar an rġéal ar faḋ,
aġur ní aḃraiḋ aċt aṁáin ġur innir an Ḃoḋaċ ḋ'Fionn aġur ḋo na
Fianaiḃ "ġur aḃ é Sioġaiḋe Ráta Cruaċan é tainic ḋá ḃfuarġailt
ar an nġéiḃionn irraḃatar."

Inran rġéal eile rin an "Ceatarnaċ Caol Riaḃaċ" nó "Ceitearnaċ
Uí Ḋoṁnaill," ní aḃrann an rġéaluiḋe ġur aḃ é Manannán an
Ceitearnaċ ḋo ḃí aġ imirt a ċuiḋ clearuiḋeaċta ar Ó Ḋoṁnaill
aġur ar na ḋaoiniḃ uairre eile, aċt ní raiḃ aon aṁrar faoi reo aġ
an rġríoḃuiḋe ḋo rinne cóip ḋe'n rġéal ran mḃliaḋain 1740.[4] Aġ
reo mar ḋo ceartaiġ S. Aoḋ Ó Ġráḋaiġ rġríoḃnóireaċt an rġríoḃuiḋe
reo :
" Aġ rin ḋiḃre cuairr Ṁanannáin Ṁic Lir ḋo Ṫuataiḃ Ḋé Ḋanann,
ór é ḋo ḃíoḋ ar riuḃal mar rúḋ ina fen clearaiġeċta aġur ina fen
elaḋaḋoireċta aġur, ḋraoiḋeċta ar ġaċ uile ḋuine, nó ġo ḋtárla
fá ḋeiriḋ ġur imtiġ ré uainn ġan aġainn aċt a tuairirġ, mar imtiġ
ġaċ ḋraoiḋeḋóir ┐ ġaċ elaḋaḋoir ḋá raiḃ ann riaṁ, aġur mar rin
ḋon féinn ┐ ġaċ ḋrem ḋá ḋtáiniġ ó roin ┐ ḋá ḋtiocfaiḋ ġo ḃráṫ aġur
rinne leo ina ḋiaiḋ."

Ḋo ḃíoḋ an rġéal ro i ḋtaoiḃ an Ceiteárnaiġ ḋá innrint i n-Alḃain
imearġ na nḋaoine mar an ġcéaḋna. Tá ḋá innrint aġ an ġCaimḃéalaċ
air,[5] aċt ní luaiḋtear ainm Ṁanannáin ionnta, ná i n-aon rġéal eile,
raoilim, ḋ'á ḃfuil aġainn ó Alḃain.

Ḋo ḃí Manannán nó Manannán,[6] mar rġríoḃtar inran rġéal ro é, ar
na Ṫuataiḃ Ḋé Ḋanann, aġur taġann ré i meaġ ḋaoine an traoġail
reo aġ ḋéanaṁ rpóirt ┐ ġrinn ḋó féin, nó cum ġníoṁ maiṫ ḋo ḋéanaṁ

[3a] Féaċ Silva Gadelica I, lċ. 296.
[4] Féaċ Silva Gadelica I, 288, nóta :
Sġríoḃann ré féin a ainm mar " Próinnriar Ó Mullune ó fráiḋ an ḋreateir,
an priḋtu lá ḋonn ṁaoi ḋeannaċ an nóiḃar 1740, i.e., an ficeaḋ lá ḋe'n ṁí
ḋéiġeannaċ an fóġṁair.
[5] Sgeulachtan Gaidhealach. Vol. I, p. 300, ┐ arir 315, fa ainmneachuibh
"An Ceathairneach caol riabhach," agus "Eachdruidh a' cheabharnaich."
[6] "Manannán." an ceart, "Monannán" ran Sanar. Aċt ir Mearanan
nó Maranán atá i ġcóṁnuiḋe ran l.r. B.

ⱠIONN MAC CUṀAILL AGUS ⱠIANAIḂ EIRIONN.

do ḋaoiniḃ a ṁaiḃ ré fáḋḃaṛac dóiḃ, aċt ní cum cleaṛa aṁáin d'imiṛt táinig ṛé an t-am ṛo. Do ḃí ṛát eile leiṛ. 'Sé ṛud do ḃí uaiḋ deaṛḃaḋ d'ḟáġail go ṛaiḃ a ḃean dílíṛ dó, aguṛ do ḃí congnaṁ na Féine ag teaṛtáil uaiḋ cum ṛin do ḋéanaṁ.

Tá "Cuiṛeaḋ Ṁaoil Uí Ṁanannáin" gaolṁaṛ le dá ṛġéal eile .i. an ṛġéal d'inniṛ Fionn do Conán[7] nuaiṛ ḃí ṛé ag míniú dó céille na haḃaiṛte ṛin "oiḋeaċt Finn go teaċ Chuanna." Tá ṛin le fáġail ṛan ṛġéal fada "feiṛ tiġe Conáin Cinn tSléiḃe." Aċt ní'l aon tṛáċt aṛ Ṁanannán ann.

Iṛ é an daṛa ṛġéal "Fáġail Craoiḃe Coṛmaic Ṁic Aiṛt" a ḃfuil Ṁanannán 'na pṛíoṁ-ṗeaṛṛain ann. Tá an ṛġéal deiṛiḋ ṛo aoṛta,[8] aguṛ cuid de na tṛéitiḃ iṛ ṛeanda dá ḃfuil ann tá ṛiaḋ le fáġail in áṛ ṛġéal-na, maṛ atá an ṁuc ḃíoṛ beó aṛíṛ taṛ éiṛ a ṁaṛḃta 7 a itte, an ċṛuitneaċt iongantaċ a ċṛuaċtaṛ uaiḋ féin gan obaiṛ láṁ, aguṛ an bainne míoṛḃúilteaċ do líonfaḋ ṛoitiġe Éiṛeann uile. Tá an ṛgóṛaiḋ iongantaċ aguṛ an coṛn iongantaċ ann maṛ an gċéadna.

Do ḃain na neite ṛeo le Tíṛ na mBeó (nó Tíṛ na h-Óige), inṛan tṛean-aimṛiṛ; iṛ ṛudaí ṛimplíḋe iad aċt ba ṛudaí an-luaċṁaṛ iad imeaṛg na ndaoine ṛimplíḋe do ḃí ann anallóḋ. Óiṛ inṛan ṛġéal ṛo coṁ ṛad aguṛ atá an Fian i dtiġ Ṁaoil Uí Ṁanannáin iṛ inṛan tṛaoġal eile, nó ionnann aguṛ inṛan t-ṛaoġal eile, iad. Tá cuid de'n ṁianaċ nó de'n áḋḃaṛ céadna i ṛġéal Craoiḃe Coṛmaic aguṛ i ṛġéal Ṁaoil Uí Ṁanannáin, go móṛ móṛ i dtaoiḃ na muice naċ féidiṛ a ḃṛuit go n-inniṛteaṛ ṛġéal fíoṛ fa gaċ ceatṛaṁain di. Aguṛ iṛ tṛíd an míoṛḃail ṛin ċṛutuiġteaṛ ionṛacaṛ a ḃainṛíoġna do Coṛmac, maṛ ċṛutuiġteaṛ ionṛacaṛ a ṁná féin do Ṁaol Ua Manannáin.

Do ḃíoḋ Manannán i gcóṁnuiḋe go buaiḋeaṛta le n-a ṁnáiḃ! Tug óglaċ de Tuata De Danann gṛáḋ do ṁnaoi Ṁanannáin .i. Uċtdealḃ, ingean Aonguṛa Finn, aguṛ tug Manannán féin gṛáḋ do ḋeiṛḃṛiúiṛ an óglaiġ céadna. Ba é deiṛeaḋ an ṛġéil guṛ glac an t-óglaċ bean Ṁanannáin 7 guṛ glac Manannán deiṛḃṛiúṛ an óglaiġ. Am eile tuit Fann, bean Ṁanannáin, i ngṛáḋ le Cúċulain, aguṛ ba ḋeag náṛ cailleaḋ Cúċulain dá báṛṛ. Tá an ṛġéal le fáġail i "Seiṛgliġe Conculaind." Uaiṛ eile táinig Manannán aṛ aiṛ ón tṛaoġal eile aguṛ tug cuaiṛt aṛ ṁnaoi Fiaċna Finn, aguṛ do ġein ṛé Mongán. D'ionann Mongán aguṛ é féin aṛ na aitġeineaṁain. Aguṛ d'imtiġ bean Mongáin le ṛíġ Laiġean, maṛ atá le fáġail inṛ an ṛġéal "Seaṛc Duiḃelaċa do Ṁongán."[10] I ṛġéal Ṁaoil Uí Ṁanannáin maṛ an gċéadna iṛ iad cúpṛai a ṁná atá ag cuṛ buaiḋeaṛta aṛ Ṁaol Ua Manannáin, 7 iṛ dóiġ guṛ dóiġiḋe ṛin é guṛab ionann Maol Ua Manannáin aguṛ Manannán féin.

Tá duine aṁáin eile a ḃfuil a ainm ṛan ṛġéal ṛo ciḋ naċ dtagann ṛé féin iṛteaċ ann. Iṛé ṛin Bṛian Bṛeallaċ do ḃain an fód móna do Ṁaol óg aṛ poṛtaċ an Caṛain Craoḃaiġ. Ní féadaim aon tṛoluṛ do leigean aiṛ ṛin. Iṛ coṛṁail guṛ ṛud nuaḋ é do fleaṁnaiġ iṛteaċ

---

[7] Feiṛ Conáin Cinn tSléiḃe. OSS. Soc. II, lċ. 146-158.
[8] Tá ṛé i Leaḃaṛ Ḃaile-an-ṁóta, i Leaḃaṛ Buiḋe Leacan 7 i Leaḃaṛ Ḟeaṛmuiġe. Tá nuaḋ-innṛint aiṛ, OSS. Soc. III, lċ. 212-228.
[9] Accallamh na Senórach, lċ. 104, Editio Stokes.
[10] Fuaiṛ mé Láiṁṛgṛíḃinn ó Conḋaé an Cláiṛ a ṛaiḃ an ṛġéal fada ṛo ann. Tug mé dom' ċaṛaid Séamuṛ Ó Duileaṛga é 7 cuiṛ ṛé i gcló é ṛan Zeit: Celt. Phil. Féaċ The Voyage of Bran, Kuno Meyer. Vol. I, p 58.

cuireaḋ maoil uí manannáin ar

inṡan ṡean-ṡgéal. b'éiḋir go raiḃ tráċt go coitċeann ar Ḃrian Ḃreallaċ éigin ran áit ar ċéaḋ-rgríoḃaḋ an rgéal, agur gur ċuir an rgríoḃuiḋe a ainm ann ro ċum gáire do ṁúrgailt imearg luċt-léigte no luċt-éirteaċta an rgéil.

An rioċt grána mío-taitneaṁaċ atá ar Ṁaol Óg Ua Manannáin (an mac nó an rearḃrógánta) cuireann ré 'n ár gcuiṁne na " baċlaiċ (*aliter* baclaiċ) rruḃ-ṡada tṡalṡada treirenċaela ruaḋmáela rintaċa ro ḃit ac deanam ċleaṡ 7 ċluiċe i tiġ Manannáin," .i. na ḃóḋaiġ goḃ-ṡada rál-ṡada iorgad-ċaola ruaḋ-ṁaola luċt-aoir do ḃíoḋ ag deanaṁ ċleaṡ 7 ċluiċe i dtiġ Manannáin.[11]

Tigimid anoir go dtí an rud ir iongantaiġe inṡan rgéal ro, .i. Donn na Doiḋċe. Dá dóiġ le Fionn 7 le Diarmuid ag deireaḋ na rgríbe nár ḃ'é Maol Ó Manannáin ná Manannán do ḃí ag imirt orra, aċt gurḃ é Dia eile " Donn na Doiḋċe " do leig air é do ḃeit 'na Ṁaol Ua Manannáin. Ciarḃ' é an Donn ro? Bí mórán de'n ainm rin i mearg Tuata Dé Danann. Deir am rgéal " Diarmuid agur Gráinne " go dtáinig go dtí an " Comórtar iomána " idir na Fianaiḃ 7 Tuata De Danann, Donn a rit Ḃreag, agur Donn Duṁaċ (.i. an Donn atá ann ro, ir dóiġ), agur Donn an Oileáin, agur Donn Ċnuic na n-or, agur Donn Léin-Ċnuic. Do ḃí Donn eile ann naċ ḃfuil luaḋ air ann ro a raiḃ ċlú mór air mar an gċéaḋna, Donn Ċnuic Fírinne i gContae Luimniġe, do ḃí, do réir Nioclár Uí Ċeatarnaiġ,[12] 'na ċeannṗort ar luċt-ríḋe Ċúige Muṁan.[13]

Ir ionann " duṁaċ " agur mullaċán nó cnocáinín gainiṁe, coir ṡairrge, 7 ir cuireal geineaṁnaċ di " duiṁċe," atá dá laḃairt mar " daoiċe," aċt litriġtear anni ro é mar " doiḋċe," atá le laḃairt ar nór an ṡocail " oiḋċe." Deir Standoir Aoḋ Ó Grádaiġ go raiḃ an duṁaċ in ar cóṁnuiġ an Donn ro ag ceann na haiḃne, an Eiḋneaċ, do'n taoiḃ tiar ó Inir Tiomáin. Do réir Eoġain Uí Coṁuirḋe tugtar Duṁaċ Mór air indiú 7 tá ré idir Dún Deag 7 an ṡinn a dtugtar Seapoint uirri i mBéarla. Ir é an Donn ro an Donn d'ár gríoḃ Aindriar Mac Cruitín an Dán clúṁaṁail ag iarraiḋ air é féin do glacaḋ irteaċ in a ḋún.

Beannúġaḋ doiṁin duit a Ḋoinn na Duiṁċe
'S ní beannuġaḋ Gaill do claḋaire Gaoideálaċ,
Aċt beannúġaḋ daill i gcoim na hoiḋċe
Le ṡaduġaḋ roinn gan deagáilt ó ḋíogṡar.

Deir an ṡile le Donn

Ir tú bráṫair Áine a'r Aoiṡe,
A'r Ṁic an Dagḋa do ḃ'árd-ṡlait ar tíorṫaiḃ,
A'r móir-ṁic Lir[14] do ritead an ṁin-ṁuir
Ḋuinn Ċnuic-an-uir agur Ḋuinn Ċnuic-Fírinn.

Do cuir mé fior i dtaoiḃ Ċnuic an tSoḋair (an rát nó an lior nó an cnocán, ir dóiġ, a raiḃ Donn 'na ċóṁnuiḋe ann) aċt teir orm

---

[11] An Agallaṁ, lċ 108. Stoker.
[12] Féir tiġe Conáin. OSS. Soc. II, p. 93.
[13] Bí Donn mór eile ann, an Donn do báiteaḋ nuair táinig mic Míle go h-Éirinn. Tá cur-ríor air rin i rtair an Ċéitinniġ 7 ran Leaḃar Gaḃála.
[14] i.e. Manannán. Do ċuir Tomár Ó Raṫile an dán ro i gcló ran " Mioraṁail Éireannaċ," Bealtaine 1925.

aon ḟairnéis d'ḟáġail fá Ḋonn do ḃeiṫ ann. Tá sé anaice le Sliaḃ Callán timċeall deiċ míle ó ḋeas ó Inis Tiomáin. Sean-ċómairle do b'eaḋ é lios nó cnoc a raiḃ fear-ríḋe nó bean-ríḋe ann, do leaġaḋ, mar ḋíoġaltas air, nó uirri.¹⁵

Níl ḟios agam cá ḃfuair an sgéaluiḋe an cuid tosaiġ de'n sgéal, an áit a n-aḃrann Fionn, "Is maiṫ é sin a Ṁaoil Uí Ṁananáin" nuair ċloireann sé i dtaoiḃ rócais móir éigin, agus go ḃfreagrann Maol é "ní maiṫ a Ḟinn, óis"—agus cuireann sé síos d'ioc-taoḃ an sgéil! Tá dán i mBéarla cosṁail leis seo—"Why then how wholly good was that!" "Not wholly good Lysander Pratt—for," ⁊c., aċt níl ḟios agam fá láṫair cad is bun dó.

Is follusaċ gur ḃain Donn le Condae an Ċláir, agus tá mé beag naċ cinnte gur insan taoiḃ sin tíre do ceapaḋ agus do sgríoḃaḋ an sgéal so ar dtús. Is cosṁail le sean-sgéal cois teineaḋ é, ⁊ ní ḃeaḋ aon iongnaḋ orm é d'ḟáġail ar ḃéal sean-sgéaluiḋe fós. D'éirís go raiḃ an sgéal so d'á innrint imeasg daoine na céaḋta bliaḋan sul cuireaḋ ar ṗáipéar é.

Do ċuir mise aon conraine aṁáin, i n-áiteacaiḃ, i n-ionad dó, mar "Cualas" i n-ionad "Cuallas" ⁊c., agus do ḋúḃail mé litir anois agus arís mar ḃeannuiġ i n-áit ḃeanuiġ agus do ċuir mé poncanna agus cinnliṫe agus ar uaireannaiḃ sínte fada isteaċ, ⁊ cos féiṁiuġaḋ, an ḃean an cuid, ⁊c., i n-áit an ḃean an cuid. Do sgríoḃ mé "lom" "am" i n-áit "lomm" ⁊ "amm" agus "ar" (roiṁfocal) i n-áit "ais" ⁊ d'ḟág me "ḋ" amaċ as foclaiḃ mar "cuċaḋ"=cúca. Aon aṫruġaḋ eile d'á ndearnas gur fiú traċt air, tá sé insna nótaiḃ ag bun gaċ leaṫanaiġ.

AN CRAOIḂÍN.

---

¹⁵ cf. an dán "an tSealg," an áit as toċlaḋas Fiana Éireann an cnoc a raiḃ an tríḋ-ḃean Ġuilinn ann do sinne sean-ḟear d'Ḟionn Mac Cuṁail tré na cuid draoiḋeaċta"—Brookes' *Reliques*, 2 Ed., p. 424. OSS. Soc., VI., lċ. 16, agus toċailt ḋrí léiṫ, cum éadain d'ḟáġail ar ais ó ṁnoiṡ.

Lá oireaċtais ⁊ mórḋáil¹ sluaġ do ceapaḋ² agus do comóraḋ³ le Fionn mac Cuṁaill⁴ agus le uaisle na Féine ar an mórċnoc d'á ngoirtear⁵ an tan so Collán a dTuaṫṁuṁain.⁶ Ar dtionól agus ar ċruinniú⁷ dona sluaiġte ar aon ḃall agus ar aṁarc na mara agus na tíre ioná mórtimċeall dóiḃ, go ḃfeacadar ċúca a ḃfánġleanntaiḃ an tsléiḃe anois n[d]ear óglaoċ beag cnáṁaċ⁸ mór-ċeannaċ, gan folt gan ḟearóg air, agus go mba saṁail le bád broinn⁹-ḟairsing rámaḋ¹⁰ gaċ bróg don dá ḃróig ḟalaċa fál-ḃuirte ḃí ar a ċrúbaiḃ coistriṫe loing-dói[ġ]te, agus gaċ mall-ċoiscéim d'á dtugaḋ¹¹ na

---

¹ MSS. mórsáil.
² Sic. B, ceapaḋ A.
³ comoras MSS.
⁴ cuḃaill A, cuḃail B.
⁵ ngoirtear MSS.
⁶ a, ttuaḋḃain A, dtuaḋṁoḃain B.
⁷ cruinniú A, croin B.
⁸ caolċnáṁaċ B.
⁹ bróisgain ḟairsing A, broisgearḟairsing B, mise d'aṫruiġ é.
¹⁰ rámaḋ B. d'éiris gur "rámaċ" é.
¹¹ ttugad A, dtugaḋ B.

CUIREAD MAOIL UI MANANÁIN AR

iomlot riubail go rrreacac¹² mór bar[r]aille gréalluide agur uirge air féin agur ar a máraib creatbuide ion[n]ar go mba mór an féidm dó dá riubalac mile feanain[n] ran ló. Ir amla bí agur urra cai[t]ce lom-rnáiceac uime agur lorg-fearrad fleamain iarainn iona láim deár aige, agur ceann cána cam clocbuadac ar téad mar cómarca giolla cupair nú coiride. Déinir go réimdireac trío an rluag go dtáinig a lácair an Ríog féine agur beannuigear d'Fionn go foirceanac binn-briacrac, agur freagrar Fionn an beannaca mar an ccéadna, agur fiarruigear¹³ rgéal don fear beag, agur cé an flait dá bfógánac.¹⁴

"Dom féin do gním feidm" ar an fear beag, "agur tá mo lior agur mo dún comnuigte féin ran tír reo a brogur duit, 7 gan cior agadra orm."

"Créad ir ainm duit a fir bíg" ar Fionn.

"Maol Ua Mananáin¹⁵ ir ainm domra," ar ré; "agur mo dún mór láim leat, 7 le cuire cómaltair¹⁶ agur dinéir na hoidce anoct tángar cugadra,¹⁷ agur cun na féine uile an[o]ir don dul ro," ar ré.

"Mairead," ar Fionn, "a Maoil Uí Mananáin, ir ceart gur mór an tórruadac¹⁸ agur an fear raocair tura, agur beit ar ccumar duit dinéir ná fór ruipéar do tabairt don oiread¹⁹ ro daoine a n-ao[i]nfeact, óir ir mór an muirear aon oidce an fian."

"Ir fírinneac rin a Finn," ar Maol Ua Mananáin, "ná bíonn do tórrúacar ná do curaigeact²⁰ agamra act naoi n-iomaire²¹ crui[t]neacta gac bliadain."

"Mairead," ar Fionn, "a Maoil Uí Mananáin, tá rin ró beag cun ruipéir na féine anoct." "Ní bfuil a Finn," ar Maol Ua Mananáin, "óir bíonn nao[i] mór-cruacaib crui[t]neacta ar gac iomaire díob ríud, 7 ríbre uile react ccata na féine agur fór 30 cata na háitféinne, do béarfa an cruac ir táire díob rúd arán²² míora dóib."

"Ir mait rin a Maoil Uí Mananáin," ar Fionn.

"Ní mait a Finn," ar Maol Ua Mananáin, "óir cóm

---

¹² cuireann na l. rgríbinní irteac ann ro "ndeinreac" A 7 "ndeanead" B, tar éir riubail.
¹³ fiarnuír A, fianctar B.
¹⁴ brónac MSS.
¹⁵ meapranann. B.
¹⁶ tomuiltair=tomaltair ? B.
¹⁷ cuatra A.
¹⁸ tórruadac A.
¹⁹ eirid MSS.
²⁰ cuirigeact MSS.
²¹ nuimre MSS.
²² orán míorad B. míre A.

luaċ aġus a ḃíoṙ an cṙuaċ aġus cei[ṫ]ṙe ḟiċid úd²³ ḃainte ceanġailte cṙuaċda, tiġ muiṙ aon oíḋċe oṙṙa, aġus tóġaṙ²⁴ uaim, béal na ṙaiṙġe móiṙe, ġaċ ḋéaṙ aġus ġaċ ġṙáinne díoḃ."

"Ó! tá an donaṙ ġo léiṙ ann ṙan oṙt, a Ṁaoil Uí Ṁananáin," aṙ Ḟionn.

"Is ḟíṙinneaċ náċ ḟuil a Ḟinn," aṙ Maol Ua Mananáin, "óiṙ is bláṫṁaṙ²⁵ díonṁaṙ ceanġailte d'ḟáġann sí aġam aġ baile ṙan ioṫlainn ġaċ ḋéaṙ aġus ġaċ ġṙáinne di aṙ maidin."

"Is maiṫ sin a Ṁaoil Uí Ṁananáin" aṙ Ḟionn.

"Ní maiṫ a Ḟinn" aṙ Maol Ua Mananáin, "óiṙ atá tṙí ba²⁶ maola oḋṙa²⁷ aġamsa aġus cóṁluaṫ aġus ġeiḃ²⁸ siad iad ṙiúd aġ baile tuġaid²⁹ ionsuiḋe oíḋċe [oṙṙa] aġus bionn ġaċ ḋéaṙ aġus ġaċ ġṙáinne di poilta i[ṫ]te aco aṙ maidin."

"Tá an donaṙ aṙ ḟad annsin oṙt a Ṁaoil Uí Ṁananáin" aṙ Ḟionn.

"Ní ḃfuil a Ḟinn" aṙ Maol Ua Mananáin, "óiṙ mnáiḃ Éiṙeann uile aġus a mbeiṫ aṙ aon ḃall aġus áṙtaiġ³⁰ Éiṙeann uile aco do líonṙaiḋ[e] iad ġaċ maidean ⁊ ġaċ neóin le laċt na dtṙí mbó úd."

"Is maiṫ sin, a Ṁaoil Uí Ṁananáin," aṙ Ḟionn.

"A cceaḋ duit³¹ a Ḟinn, ní maiṫ; óiṙ atá tṙí tuiṙc aġamsa, ⁊ cóṁluaṫ aġus ḃíoṙ an laċt úd uile cṙúi[ḋ]te, ólaid aġus doṙtaid ġaċ bṙaon aġus ġaċ ḋeóṙ de, d' aiṁḋeoin³² caoġad ḟeaṙ ḃíoṙ dá ccosaint ġaċ tṙáiṫ."

"Ó is ionġnaḋ móṙ liom nó tá an donaṙ ġo ḟíṙinneaċ annsin oṙt, a Ṁaoil Uí Ṁananáin," aṙ Ḟionn.

"Ní ḃfuil a Ḟinn," aṙ Maol Ua Mananáin, "óiṙ an toṙc is táiṙe díoḃ siad atá móṙ tṙoiġ ṙoille a cclár [a] éadain, ball is luime a muic ná [a] maṙt aṙ bit, aġus sibse seaċt ġcata na Féine, aġus fós deiċ ccata fiċċiod na hAiṫféine, ġeoḃaċ siḃ uile ḃuṙ sáiṫ ḟeóla di, aġus níoṙ luġaide³³ a léim, a ṙit, a caḃail³⁴ ná a cuid ḟeóla³⁵, aṙ na ṁáiṙeaċ é, ⁊ doġeaḃtá le maṙḃuġaḋ maṙ sin ġaċ lá í."

An[n]sin laḃṙas Conán aġus as eaḋ aduḃaiṙt "Cṙoiḋe

²³ *i.e.* 9×9=81.
²⁴ tosioṙ A, toisioṙ B.
²⁵ bláḋbuṙ B, blaiṫṁaṙ A.
²⁶ baḋ MSS.
²⁷ ouṙṙa A, ní'l ṙé aġ B.
²⁸ ġeaḃ MSS.
²⁹ na tuġaid MSS.
³⁰ aiṙteaóiġ A, áiṙtiġ, B.
³¹ a ġceaduit B.
³² daiḋġeóin A, daiṁneon B.
³³ lúiṙde MSS.
³⁴ toll A, coḃall B.
³⁵ a cuid ḟeolla B, a cuid A.

cruaid³⁶ ar an bhféin níor dóigh go mbeadh do shonas orra a shamhail³⁷ sin de mhuic do bheith aca, agus an méid do theartócadh rí uata."

"Ná bíodh cás ort a ghaircídigh," ar Maol Ua Mananáin, "dogheobair féin agus an Fian bhur sáith dí riúdh anocht; agus is ceart go bhfágtar³⁸ fear san bhféin do shiubhalfaidh liomsa agus coimeádfaidh mé go tráithneónach (sic) anocht."

"Maireadh a Mhaoil Uí Mhananáin," ar Fionn, "is dóigh liomsa gur dícheall duitse na bróga sin ort d'iompar go tráithneóna agus gan dul a ccomhóirtas s[e]ata le aon duine don Féin."

"Ná tabhair dhroctuairim dom a Fhionn, acht cuir fear maith liom agus b'féidir nár beag leir [a] feabhar do shiubhalfainn."³⁹ "Cé coimeádfas Maol Ua Meananáin?" ar Fionn. "Coiméadaidh mise é," ar Diarmuid Ua Duibhne, "gidh gur léirg liom aon duine dom fhaicsint a ccomhshiubhal le na shamhail." "Ná bíodh cás ort a Dhiarmuid," ar Maol Ua Mananáin, óir ní móide gur fada beidh mise a n-aonacht leat ⁊ béarsa an trátnóna sgéala dhúinn ar an iomlán," ar sé.

Airsin gluaisear Maol Ua Mananáin uata agus leanar Diarmuid é go háimhleirg,⁴⁰ agus ba gheárr nár léir dó cár ghaibh uaidh; óir ba shamhail le ruathar gairbh gaoithe lá tirim Márta a' gabháil do mhaoilinn carraigreach an ruathar tréan s[e]ata bhí fá Mhaol Ua Mananáin an tráth sin, agus gan cumas ag Diarmuid ar dhul 'na dhaor acht mar a bheadh ar dhul ag marcuídheacht ar an ngeallaigh. Tugann Maol Ua Mananáin aghaidh ar Calait na hÁille Ruadh ríor, agus do léim go húir-éad[t]rom tar Sionainn⁴¹ anonn, go Gleann Rána ar a ngoirtear an tan so Gleann an Ridire, agus go réimdíreach don Mhongartaigh⁴² mhongbhuidhe taobh le Loch áluinn Léin, agus as sin go Cuan Fionntráigh, as sin go Carraig Dúin na mBarc a Laignibh.⁴³

Ann sin níorbh fhear do Dhiarmuid cár ghaibh Maol Ua Mananáin uaidh; agus féachar na ceithre háirdibh iona thimceall agus níorbh fhear dó go dé an t-árd d'Éirinn a ngeobhadh ar lorg Mhaoil Uí Mhananáin, agus é féin copta ruai[th]te rápui[gh]te, lán d'ochar agus de náire. Agus do cheap

---

³⁶ cruaig A, cruas B.
³⁷ rabail A, rabuill B.
³⁸ go bhrígtar B.
³⁹ ríubhalfuin A, tuibhalltáin B.
⁴⁰ táibhleirs B, géar A.
⁴¹ Soinion anún A. Sinnoin B.
⁴² bogui rcais mong mhúir B.
⁴³ aláigionaibh A, a laigiannaibh B.

ré ríne[aḋ] aṗ an mḃán ġlaṙ aguṡ a ṗeaṙt do ḃeiṫ déanta aige, ⁊ tṙiall aiṙ aiṙ cun na Féine cóṁ maiṫ aguṡ d'ḟéadfaḋ. Níoṙ cian dó maṙ ṡin aguṡ codlaḋ⁴⁵ tṙom ag teaċt aiṙ, an tan ḃíoḋgaṙ⁴⁶ aṡ a néall, aguṡ aṙ ḟéaċaint iona timċeall do, con[n]aiṙc Maol Ua Mananáin fá ḃun na caṙṙaige aguṡ a ḃṙóga móṙa len' aiṙ aguṡ a ċuid éadaiġe uile in a ḟiaḋnuiṡe,⁴⁷ aguṡ é dá n-aiṙce[aḋ] go luaṫléiṙ. Eiṙġeaṡ Diaṙmuid aguṡ déineaṡ aṙ Ṁaol Ua Mananáin, aguṡ innṡeaṡ dó guṙ ṁiṫiḋ dóiḃ tṙiall aḃaile feaṙda aguṡ caoi⁴⁸ ḃíḋ do ċuṙ aṙ an ḃḟéin.

"A Ḋiaṙmuid," aṙ Maol Ua Mananáin, "iṡ ṙuaṙaċ⁴⁹ mó ċáṡ ionatṙa aguṡ ṙan ḃḟéinn" aṙ ṡé; "Cṙéad é an t-éileaṁ atá agad oṙm?" aṙṡé.

"Iṡ dual," aṙ Diaṙmuid "guṙ ceaṙt do ġaċ n-aon a ġeallaṁaint⁵⁰ do ċóiṁlíonaḋ aguṡ ṡin ḟát mo éileaṁ oṙt."

"Do ġeall tuṡa aṙ maidin⁵¹ miṡe do ċoiméad go nuig an oiḋċe 'noċt aguṡ níoṙ ċó[i]ṁlíonaiṡ é, aguṡ ġé ḃeag an meaṡ do ḃí agad oṙm aṙ maidin, iṡ luġa⁵² ná ṡan mo ṁeaṡ oṙt-ṡa aniṡ," aṙ Maol Ua Mananáin, ag buala[ḋ]⁵³ a ḃṙóga aguṡ [a] éadaċ aiṙ, aṙ ṗṙaṗ na ṡúl, aguṡ a' ṗit a ccóṁluaṡ na gaoiṫe ṡíoṙ uaiḋ ċum Cúig[e] Ulaḋ ḃaḋ ṫuaiḋ,⁵⁴ aguṡ níoṙ ṡtaḋ don tṙéan-ṙuataṙ ṡoin go ṙáinig go Dún na nGall, aguṡ gan aṙ ccumaṡ do Ḋiaṙmuid teaċt 'na ċóṁaiṙ⁵⁵ aċt oiṙeaḋ aguṡ do ṙaċaḋ a mḃṙonnaiḃ⁵⁶ na ṙpéiṙe. Ó Ḋun na nGall tugan[n] Maol Ua Mananáin aġaiḋ aníoṡ tṙí Cúige Con[n]aċt go ṗéim-díṙeaċ go ṙáinig go Glaiṙe a mBoiṙinn,⁵⁷ aguṡ Diaṙmuid a n-ionad ṙaḋaiṙc dó go tṙoiġ-ṁall ṙpeaiṙt-coṙaċ. Aṙ ṡin táinig a meaṙg caṙaiġiḃ⁵⁸ na Ḃóiṙne.

Níoṙḃ ḟeaṙ do Ḋiaṙmuid cṙéad an t-aṡd aṙ ġaiḃ Maol Ua Mananáin uaiḋ ná cá ngeoḃaḋ aṙ a loṙg, aguṡ meaṡaṡ taṙṙaingṫ⁵⁹ aṙ loṙg na Féine. Le ṡin déineaṡ go ṗéimdíṙeaċ aṙ Ċallán maṙ aṙ ḟág an Ḟian aṙ maidin, aguṡ éiṙġeaṡ de ṫóṙuiġeaċt⁶⁰ Ṁaoil Uí Ṁananáin, óiṙ

---

⁴⁵ colla MSS.
⁴⁶ bioġaṙ MSS.
⁴⁷ an ḟeanuiṙe A, an ainḟainuiṙe B.
⁴⁸ cuiḋe MSS.
⁴⁹ ṙuaṙtaċ MSS.
⁵⁰ ġealluint A, aingeallaḃuint B.
⁵¹ maidion MSS.
⁵² lú A, lu B.

⁵³ ag bailú a ḃṙóga ⁊ éadaċ aiṙ B.
⁵⁴ ualla ḃóḋtúaḋ A, ual ḃóḋtuaḋ B.
⁵⁵ cóiṙ MSS.
⁵⁶ a mḃṙóinaiḃ A, a mḃṙaoitiḃ B.
⁵⁷ amḃuiṙinn MSS.
⁵⁸ caṙaiġaiḃ A, cṙaġaiḃ B.
⁵⁹ taṙainṫ MSS.
⁶⁰ teóṙuiḋeaċt A, toiṙuiġeaċt B.

96 cuireaḋ ṁaoil uí ṁananáin ar

ḃí ré ruaitte rápui[ġ]te⁶¹ ralaċ ran am céaḋna, gan a
rgéal féin ná rgéal ḋuine eile aige. Agur ar dteaċt
ar ṁaoilinn Collán dó, ní ḃfuair tuarairg na féinne
ann, agur néalaiḃ dorċa na hoiḋċe ag teaċt. Déineas
ó ḋear go díreaċ ó Ċollán le fánaḋ go ráinig⁶² don ċeann
toir do Ḋúḃlaċ agur do Ṡáṁlaig⁶³ (?) agur níor ċian
uaiḋ ar taoḃ an trléiḃe caol-teaċ⁶⁴ Olltaċ, agur
triallar go réimḋíreaċ agur táinig irteaċ ann [le]
rúil go ḃfaigeaċ⁶⁵ rgéala ann ó'n ḃféinn nó tuairirg
cá raḃaḋar. Agur créaḋ fuair ann aċt Maol Ua
Mananáin rinte ar a ḋrom ar an úrlár a' gaḃáil trónáin
go bog binn agur glar-luaċair croi[ṫ]te ar fuaiḋ an
tiġe aige.

Suiḋear Diarmuiḋ ar an ndorar le heagla go ritfeaḋ
Maol Ua Mananáin uaiḋ ní ḃur mó, agur cuirear láṁ
ar ḋornċlann⁶⁶ a ċlaiḋim, agur fiafruiġear do Ṁaol
Ua Mananáin an é rin a tiġ.

"Ir ceann dom tiġtiḃ é," ar Maol Ua Mananáin.

"Maire! a Ṁaoil Uí Ṁananáin," ar Diarmuiḋ, "ní
ḃfáiġ' an fian ná an riċeaṁaḋ⁶⁷ cuiḋ díoḃ ruig[e] ran
tiġ reo anoċt."

"An cuiḋ naċ ḃfaigaḋ ruig[e] artiġ díoḃ fagaiḋir
amuiġ⁶⁸ ar an ccnoc é fá ċoṁḋaċ na rréire. Seinn-re⁶⁹
do rtoc gairme a Ḋiarmuiḋ," ar ré, "agur cluinfiḋ
riaḋ tú, óir ní ċian uait iaḋ. Annran rian ag rioca
ḋuillirg, am ḋóiṫ, atáid ó ṁaiḋian." Do feinn
Diarmuiḋ, agur cualaig an fian é, agur gluairiḋ d'aon
ḃuiḋean go rángaḋar go boṫán Ṁaoil Uí Ṁananáin;
agur cuirear Maol Ua Mananáin fáilte roiṁ Ḟionn, agur
freagrar Fionn dó, agur fiafruiġear⁷⁰ dé an é rin a
tiġ, agur innrear [Maol Ua Mananáin] dó gurḃ é:
"Maire," ar Fionn, "tá an teaċ ro ró ċuṁang ḋuit
féin má tá aon ṁuirear ort."

Ar Maol Ua Mananáin "a Ḟinn tá naoi gcúirle ran
tiġ reo, agur goir-re arteaċ naoi naonḃair⁷¹ a n-aġaiḋ
gaċ cúrla díoḃ, agur do réir mar ḃeiḋ ruig[e] aco
roim imóim⁷² (?) leir an ccuiḋ eile.

---

⁶¹ ruaite ráruite MSS.
⁶² ránġaig A, ránnig B.
⁶³ faḃl B.
⁶⁴ caoltaċ ólltac A, caoltaċ B.
⁶⁵ ḃfáiḋíoċ A. ḃfagaċ B.
⁶⁶ urclain A, úrlan B.
⁶⁷ riċiuḋ MSS.
⁶⁸ fároir amuiṫ MSS.
⁶⁹ rin-rea A, rínn-re B.
⁷⁰ fiafríor MSS.
⁷¹ naoiḋónuir A, naonúir B.
⁷² uncoim ? leir a guiḋ eille B.
    imóim = imṫeóċamaoiḋ ?

fionn mac cumaill agus fianaib eirionn.

Do déanaṁ⁷³ aṁla roin; agus ar mbeit artiġ don uiṁir rin ba ṁó ruiġe an tiġ[e] go mór ná roiṁe rin. Annran adubairt Maol Ua Mananáin iad do rgaoile le céile arteac, agus an tan biodar le céile artiġ do ġeabać oireaḋ eile ruiġ[e] ran tiġ céaḋna. Suiḋear⁷⁴ ġać n-aon ḋioḃ rior timćeall an tiġ[e] do réir a céime agur ranaiḋ ar an ruiġe rin aġa raḋa go dtáiniġ an ruact ar Conán ir mó dá·mb'éidir le neaċ d'fulaing,⁷⁵ agus adubairt leir an bfear ba neara dó go n-éagraḋ le ruact muna bfaġać ní éigin do déanfaḋ tear dó; agur d'féaċ cum an taoiḃ tuar don tiġ agur ċonairc Maol Óg Ua Mananáin 'na ṡuiḋe ar ṡuiḋirte⁷⁶ ceatair-ċuinneać portaiġ mór do ḃain Brian Breallać dó tuar a pportaicc an Capain Craoḃaiġ le rleáġan⁷⁷ maol-ḃeannać, agus a ṫrí nó [a] ceatar⁷⁸ de ṡmeaċaiḋiġ duḃa aige idir a ḋá ċoir cnáṁ-ḋóiġte go bolg agur lom-ḃléan⁷⁹ (?) ċreatḃuiḋe. Ir aṁla do bí an Maol Óg rin agus a ċeann rtollać rtuaċać carrać air, ba raṁail le mór-ċor dlúit cóṁċruinn aitinne, agus gać uair do ċuireaḋ a ċam-ċrúca lom-ṁéarać raḋ-inġneać ruar agus ċuireaḋ tora[ḋ] na rgríbe⁸⁰ rin ar na rmeaċaiḋiḃ ba ċlor ar ruaiḋ an tiġe an rioṛán⁸¹ agur an pléarġarnać ḃioḋ aige.

"Druiḋ ar ran," ar Conán, "go bfeic[e]aḋ a' bfaiġinn mé féin do téirḃeaṁ⁸² leir na rmeaċaiḋiḃ rin." "Ní druiḋfeaḋ," ar Maol Óg, "óir ir fírinneać gur rcratánać meatta milaoċair⁸³ tú, agus beit a' brat orm-ra agus ar mo ḋá rmeaċaiḋe." Buaileann Conán a ċor raoi,⁸⁴ ċum a ċai[t]ċte ar an ruiġe. Air rin tógar Maol Óg ruar a ċaol-rráġ agus buailear Conán⁸⁵ ar a ṫóin, agus féaċar Conán iona timċeall, d'eagla go raiḃ an fian aġ féaċaint air. Do b'éigean dó fuireać annroin.

Agus buailear an ruact céaḋna fear eile don féin, dárb ainm Faolán Fial mac an Feaṁuir, agus adubairt

---

⁷³ =do deineaḋ, do rinneaḋ.
⁷⁴ ríor MSS.
⁷⁵ dfuillaing A, dfuilling B.
⁷⁶ ruirte A, túirte B.
⁷⁷ rlean A, rlánn B. N.B. ir duine eile an Maol Óg ro, ní hé Maol O Mananáin féin é.
⁷⁸ ceatair A, cataiṛ B.
⁷⁹ lommḃleaġán A, lomblaoġain B.
⁸⁰ gríbe B.
⁸¹ rínrán B.
⁸² téaṁ A, téiḃ B.
⁸³ meata migleaċar A, migleaċair B.
⁸⁴ ruiġ A, ruiḋe B.
⁸⁵ a ġaol an lurġán ⁊ briṛir go mion brúite iad. Titior Connán ar a ṫóin ⁊ féaċair ⁊c. B.

ionα meanmain[86] " muna bfαigeαd Conán ceαr irnα
rmeαcαroib ní fanfαd ré ann cóm fαdα ro." Criαllαr
Fαolán αgur fiαrruigeαr do Conán an rαib αon ceαr
ran ceine rin. " Mo croide nár crái[d]ceαr " αr
Conán, " má connαrcαir bruic fiαn riαm ná oigeαn[87]
béil-ceine (?) α dceαmαir ir mó ceαr ná an ceine reo."
" Cá ruidfe[88] mire ? " αr Fαolán. " Cαic αr roin an
péirc rin," αr Conán, " αgur ruid[89] ann' áic." Cógαr
Fαolán α cor cum Mαol Óg do cur αr an rlige. Αirrin
cógαr Mαol Óg α cαol-rpág cnám-dói[g]ce go bolg
αgur buαileαr Fαolán creαrnα an dá lorgαin αgur
brireαr go mion-brúi[g]ce mαr cora Conáin iαd.
Cuiceαr Fαolán cαob αr cαob le Conán α brocαir Mαoil
Óig Uí Manαnáin. buαileαr an fuαcc cαoireαc eile
don féin dárb αinm Cαoilce luαc-corαc Mαc Rónáin,
αgur αdubαirc ionα meanmain " muna bfαigeαd Conán
αgur Fαolán ceαr ór nα rmeαcαroib úd ná fαnfαdir
ann an fαid reo ; " αgur gluαireαr, αgur fiαrruigeαr
do Conán an rαib αon ceαr an rα mαrb-ceine rin.
Αdubαirc Conán ná feαcαig riαm ní bα rolárαig[e],
" αgur," αr ré, " cαic α roin an rud roin, αgur ruid[90]
α-n[α]áic." Cógαr Cαoilce α cor cum Mαoil Óig do
cαiceαm αr α flig ; αgur cógαr Mαol Óg α cαol-rpág
αgur buαileαr Cαoilce go meαr creαrnα an dá lorgαn[91]
αgur brireαr mαr an gcéαdnα iαd. Cuiceαr Cαoilce
cαob leir an mbeirc eile αgur fαnαid annrin le céile.

Eirgeαr Mαol Uα Manαnáin αgur αreαd αdubαirc :
" α Finn mic Cumαill," αr ré, " ir mór nα rrαcánαig
nα fir reo αgαc αgur α beic α gcomórcαr le Mαol
Cαrrαc ro αgαm-rα." Annron céideαnn[92] ruαr go nuig
nα fir cor-brirce αgur αdubαirc " éirgid ruαr α
rgrαicαirnige,"[93] αr ré, " αgur docαr αr an cé dubαirc
riαm go mbα fir mαice an fiαn, mαr mαr rin αcá an
cuid eile αgαib." Αirrin preαbαr Conán, Fαolán αgur
Cαoilce ionα reαrαm cóm rlán-corαc αgur bíodαr
riαm. Céidid[94] ruαr αgur ruidid[95] α meαrg các.
Αn[n]rin lαbrαir[96] Conán αgur αdubαirc : α " Mαoil Uí

---

[86] meαnαmuin A. manmuin B.
[87] αigin beilcine A. óiginc béil-
 cinne B.
[88] rigre A. ricreαd B.
[89] ruig A. rig B.
[90] rig MSS.
[91] fágcα αmαc αg B.
[92] céin A. céαn B.
[93] rgrαircige B.
[94] céid MSS.
[95] rigid MSS.
[96] lαbuirir MSS.

Manánáin is bás don ochtar atá Fonn ort a tabairt
don Féin anocht, agus ba duineamla duit léigion dóib
ar a bfádmur⁹⁷ féin ó maidin 'ná a dtabairt don
tig⁹⁸ reo dá bronomaid."⁹⁹

"A Conáin" ar Maol Ua Manánáin, "tá na trí
tuirc do luad mire lib annroin amuig¹⁰⁰ iona bfail,
agus tugad fear agaibre arteac bur roga diob, agus
cuirig a scóir dib féin é, óir níl feadmantóir tige ná
lucht friotáil agam-sa anocht, acht mar is léir duit,
Maol Óg Ua Manánáin."

Imtigear Conán amac agus fuair na tuirc iona bfail,
agus ba ádbal-mór¹⁰¹ leis an feamracht¹⁰² do bí ionnta,
agus déinear toga den torc ba ria¹⁰³ isteac, agus an
tan motaig an torc Conán ag breit ar a coir preabar
agus buailear Conán faoi tóin an cró¹⁰⁴, agus ritid na
trí tuirc amac, agus ritear Conán iona ndiaid.¹⁰⁵ Ritid
ro coillte na catrac móire, ar roin go Coill Doire
na liceadh, ó Coill Doire na liceadh go Cluain Áirir,¹⁰⁶
agus caillear Conán a scoill Cluain Áirir iad. Filleann
tar ais go troig-mall cos-trom ruai[d]te rápui[g]te
ralac go nuig an bFéinn¹⁰⁷ (sic) go hárur Maoil Uí
Manánáin, agus suidear a measg cáic go ceann-crom
malaid-náireac. Fiarruigear Maol Ua Manánáin de
Conán "gá bfuil an torc." Freagrar Conán agus
adubairt: "bé¹⁰⁸ áit a bfuil na tuirc ní feacfa tusa
go lá iad ná go moc a máireac," agus innrear d'Fionn¹⁰⁹
agus don Féin gac conair dár gaib iona ndiaid.¹¹⁰

"A Finn Mic Cumaill," ar Maol Ua Manánáin,
"is bréagac an sluag an Fian, már mar Conán atáid
uile." "Maiseadh," ar Fionn, "gebé anntlár eile bí an
Conán ní feacamair a beag ná a mór dá bréagaib riam
roime reo." "Maiseadh!" ar Maol Ua Manánáin dá
mbud¹¹¹ é do toil dul amac do-geabtá na trí tuirc
iona ccodlad¹¹² iona ccró, agus," ar Maol Ua Manánáin,
"cé eile do-béarfar an torc arteac?"

Imtigear Diarmuid agus téidear¹¹³ amac cum go

---

⁹⁷ bframur B.=ar a n-ádbar féin.
⁹⁸ teit A. tet B.
⁹⁹ bronsaid A. dá brianad B.
¹⁰⁰ amuit MSS.
¹⁰¹ abuil MSS.
¹⁰² ramuireacht MSS.
¹⁰³ riagad passim A. riag B.
¹⁰⁴ cród MSS.
¹⁰⁵ ndiag MSS.
¹⁰⁶ C. áirsir A. Clón airir B.
¹⁰⁷ ruaite ráruite, gonnuig na bréann B.
¹⁰⁸ bead MSS.
¹⁰⁹ do féin A. dfuán B.
¹¹⁰ ndiag MSS.
¹¹¹ mbead MSS.
¹¹² ccolla A. ccollad B.
¹¹³ téar MSS.

mbeit fíor¹¹⁴ aige an bréag do rinn Conán, agus do-ġeib na trí tuirc iona ccodlad¹¹⁵ iona ccró, agus dubairt iona meanmain gurab í sin an céad bréag do cualaid ó Conán riam. Féaċar na trí tuirc agus déinear roga¹¹⁶ don torc ba ria arteaċ. Beirear ar ċoir uirṫe. An uair moṫuiġ an torc Diarmuid a' breit ar ċoir air preabar agus buailear Diarmuid fá ṫóin an ċró,¹¹⁷ agus ritid amaċ, agus rul ráinig an torc tar¹¹⁸ dofar fuair Diarmuid greim ar earball¹¹⁹ air agus coimniġ-ear¹²⁰ an greim sin uirṫi síos go Coill Cúil na Sliġe; ar roin go Cataír Dá Ċoin. An[n]roin tugaid na tuirc a n-aġaid ar an Sionainn¹²¹ agus Diarmuid mar aon leo. Gídead cailleann¹²² Diarmuid a greim anra trnáṁ agus leanann na tuirc go Coill Diadaille agus caillear annroin iad. Fillear¹²³ Diarmuid ar ais go ruaidte ráruigte¹²⁴ ralaċ, agus suidear¹²⁵ a measg na Féinne go ceann-ċrom malaid-náireaċ. Fiarruiġear Maol Ua Manannáin dé cá bfuil an torc. Dubairt Diarmuid nárb fear do aċt gur ċaill féin a ccómluadar a cCoill Diadaille¹²⁶ agus gur daogal don Féin a beit gan rúireán má'r ag brait ar na tuirc úd do bíodar.

"A uasail [a] Ḟinn," ar Maol Ua Manannáin "dá mb' é¹²⁷ do toil dul amaċ doġeabtá¹²⁸ na trí tuirc úd iona ccodlad¹²⁹ iona ccró." "Mairead ní hé" ar Fionn, "óir ní raib de bréaga a n-Diarmuid riam aċ a n-déanad ré de bladar le mnáib, agus," ar Fionn, "ní raċad-sa ag déanaṁ aṁair air." "Cé eile béarfar an torc arteaċ?" ar Maol Ua Manannáin. "Raċad-sa dá iarrad" ar Caoilte "bíod gur leirg liom é, d'éir na díre deaġlaoċ¹³⁰ cuaid ann reoṁam." Triallar Caoilte ċum an ċró agus ġeib na trí tuirc iona ccodla ann, agus ba iongnad¹³¹ mór leir Conán ná Diarmuid ag déanaṁ bréige dá dtaoib. Láimriġear¹³² na tuirc agus beirear go feidm-láidir ar iosgaid ar an dtorc

---

¹¹⁴ ċum go mbeaċar aige A. mbearir aige B.
¹¹⁵ ccolla A. golla B.
¹¹⁶ roġad A. ruadaġ B.
¹¹⁷ cród MSS. passim.
¹¹⁸ tair MSS.
¹¹⁹ earbuil A. earbuill B.
¹²⁰ coingíor A. coingíor B.
¹²¹ roinnin A. ronnuin B.
¹²² caílion MSS.
¹²³ feillior A. fellir B.
¹²⁴ ruaigte ráruite A.
¹²⁵ síor MSS.
¹²⁶ accoillbealead A. accoillbail-laiġ B.
¹²⁷ mé A. me B.
¹²⁸ do-ġeamta A. ġeamtá B.
¹²⁹ coola A. ccolla B.
¹³⁰ déig laoċ A. níl ré ag B.
¹³¹ íogna A. iongona B.
¹³² Lam síor A. Láibrion B.

fionn mac cumaill agus fianaib eirionn.

do bí a dtóin an cró. An uair mhotaigh an torc an duine,[133] preabar agus fitear amach mar aon leir an dá torc eile, agus buailtear Caoilte fá'n mballa. Mar sin féin le mór-tapacht agus le lúthmaireacht[134] Caoilte do bí greim earballl aige sul a cuaid péirse uaid. Ritid na tuirc a ccómluar na gaoite cum Móinmóir, rian ar roin go Catair na hAonmhná[135], ar air cum Trág na Croire, agus trearna ar roin go Catair Ciarraige[136], agus do coinnig[137] Caoilte an rleamhain-greim ar an earballl[138] an fad sin. Tugar na tuirc a n-agaid ar Gleann na nGealt[139], go Sliab Luachrad, ar roin go Fionn-Trág, ar roin go Gleann an Smól a cConntae Glan aluinn Corcaige, agus a[g] gabáil taoib an gleanna do Caoilte sleamnuigear[140] a cor uaid agus caillear a greim agus radarc[141] na dtorc mar aon leir. Triallar Caoilte tar[142] air go ruaitte ralach ráruigte agus tigear arteach go cútail[143] ceann-crom agus ruidear[144] go gruaid-náireach a mearg na féine. Fiarruigear Maol Ua Mananáin de cá bfuil na tuirc. A'dubairt Caoilte nach raib mait ran t-reancar[145] act gur fág ré féin a nGleann an Smóil a gConntae Corcaige iad. "A uasail [a] Finn," ar Maol Ua Mananáin, "táid riad amuig iona bfail iona ccodla agus cé eile do béarfar an torc irteach" (ar ré). "Ní racaid[146] aon don féin a' tabairt aon torc irteach go lá," ar Fionn, "óir dá dtugad lút neart agus ruit irteach é ir fada ó bead[147] ré artig."

"Maise! a Mhaoil Óig Uí Mananáin" (ar Maol Crionna) "már náire don féin é, tabair-re irteach an torc." "Ba córa dona rcratánaib[148] féin a tabairt leo, ór riad nár cleit cum í ite."[149] Ar an uair sin imtigear amach agus ar preaba na rúl do bí artig agus an torc aige ar greim cluaire agus earballl, agus fágbar ar ceart-lár an úrláir é, agus ruidear ar cionn a dá fmeacaide. Eirgear Maol Ua Mananáin agus

---

[133] sic B. an té A.
[134] luithmireacht MSS.
[135] na hAinmhná B.
[136] Caitir Ciarruide A. go Ciarruige B.
[137] cuimhnaig A. cuinnig B.
[138] iarbuil A. ní'l ré ag B.
[139] nGeadalt A. nGaróealt B.
[140] rleamuinir A. rleamuinear B.
[141] raidarc A. riarc B.
[142] tair MSS.
[143] cúitail A. cúitil B.
[144] ríor MSS.
[145] treanacar A. teannacuir B.
[146] reacaig A. reatcaig B.
[147] radaog beac A. radóg beac B.
[148] rgraitánaib A. rgráitannaig B.A.
[149] itce MSS.

óró gaban¹⁵⁰ aige agus fiafruigear "cé buailfear an torc ó fuaireamar irtig é." "Cuirfimíd a n-iúl dí ar baint ré de pit arainn anoct," ar Conán. Annran beirear ar an óró agus tigear ar cómair an tuirc agus buailear go feidm-láidir¹⁵¹ an torc a cceart-lár an éadain. An uair mothaig an torc gaot an buille ag teact air, tógbar a ceann a ccuimne an buille, agus cuirear gronta ar, agus buailear Conán go h anárda¹⁵² faoi tóin an tige, agus leointear ceitre arna iona taob, agus níor motu g [gortuig?] ruibe a malain an tuirc le na buille. Caitear Conán an t-óró uaid agus ruidear go ceann-náireac tinearnac,¹⁵³ a mearg na féine.

"Cé eile do buailfear an torc?" ar Maol Ua Mananáin. Eirgear Diarmuid agus beirear ar an óró agus tig ar cómair an tuirc agus buailear trean-buille a cclár an éadain air. Tógbar an torc a ceann agus buailear Diarmuid faoi tóin an tige mar do rinne le Conán, act nár gortuig aon arna ann. Caitear Diarmuid an t-óró uaid agus ruidear a mearg cáic, mar Conán.

"Eirig a Goill Mic Móirne agus buail an torc," ar Fionn. "Dá leagad neart é," ar Goll, "do buailead¹⁵⁴ reomam é." Eirgear Goll agus beirear ar an óró agus buailear trean-buille ar éadan an tuirc agus cuirtear é féin go nuig a dá glúin ran úrlár cruaid le feidm¹⁵⁵ an buille. "Beir buad a gaircroig," ar Maol Ua Mananáin, "ir mait an buille do buailir."¹⁵⁶ Tarraingear¹⁵⁷ Goll é féin ar an úrlár go lutmar¹⁵⁸ láidir deagtapa, agus, mar rin féin, ní buailfead an torc ní bur mó. "A Maoil Óig Uí Mananáin" ar Maol Crionna, "eirig agus buail an torc." "Dud ar a luigead¹⁵⁹ dona rerairtig féin a cur¹⁶⁰ a ccóir dóib féin ó fuaireadar¹⁶¹ irtig é." Eirgear Maol Óg Ua Mananáin agus beirear ar a fean-máilléidín¹⁶² agus buailear an torc ran ruibe agus leagar go lár agus go lán-talam é, agus beirear ar a rgéin¹⁶³ agus tair-

---

¹⁵⁰ gadmuin B. gaba A.
¹⁵¹ feigmladair A. feigimládir B.
¹⁵² go hanárda A.
¹⁵³ níl an focal ro ag B.
¹⁵⁴ buailiog MSS.
¹⁵⁵ feigm A. féim B.
¹⁵⁶ buailior MSS.
¹⁵⁷ tairringior A. tarrangir B.
¹⁵⁸ luatmar A. tá ó "úrlár"

go dtí "bur mó" imtigte ar B, 7 "agus ríor"=ruidear, 'na n-ionad.
¹⁵⁹ laoid A. líod B.
¹⁶⁰ cuir MSS.
¹⁶¹ fuairadair MSS.
¹⁶² máiléadain A. fean maillaid B.
¹⁶³ rgían A.

ingear a cuid fola go luat[164] éarga. Beirear an coimlín coirce agus loirgear ó bárr a earball é go bárr a sróin. Sciorar agus glanar é agus gearrar 'na trí poinnt cómtroma[165] an[n] trí h-ianaib[166] le na fáit uirse glan iona timceall, agus fágann annran é, agus suibear ar cionn a dá fmeacaide.

"Cread do croicinn cugad!" (ar Conán) "ó'r tú do buaid orainn uile. Cread fát nár cuirir rópt éigin teine faoi riúd?" Annran labrar Maol Ó Mananáin agus adubairt: "A gairciroig[167] ní teine ná tear raogalta do beirbigear an feoil úd, act trí rgéalta firinneaca." "Maired!" ar Conán, "is fuirir don féin céad rgéal firinneac d'innrint ar an anród, agus is cóir go bfuil a cceart aco anoct féin de!"

Air sin orglann dóirrín d'feoil cnapac cumang[168] flat agus gad, do bí ar an dtaoib artig de fmeacaidib[169] Maoil Óig Uí Mananáin, agus tig cúca amac an finnebean do b'áilne dá bfeacaig rúil duine riam, ionnar[170] gur roillrig an tig uile ar dteact amac dí le fir-gile a cnis agus a héadain, agus níor cómactac ugdar[171] ran mbit ar trian a rcéime[172] do cur a n-eagar ná d'fairnéir.[173] Féacar go mod[a]mail maorga ar an bféin uile, agus beannuigear[174] d'Fionn Mac Cumaill, agus fáiltigear[175] roime agus roim uairle na Féine mar an ccéadna, ionnar gur tuig gac fear don féin gur fáiltig roime féin fo leit.

Ar leagad na rúl,[176] suideann an ríg-bean fioráluinn síos, agus adubairt: "A Fhinn Mhic Cumaill,"[177] ar rí, "is méin liom féin trian na feola so bruit ar do lor,[178] an uair 'neosad duit gé mé féin agus cionnas[179] do tángar go hÉirinn. Bí[od] a fios agad a Uasail Fhinn gur óigbean mire ingean do Raemon tréanbuilleac, ríg[180] Inse Tuile, oileán fairring toirteamail atá cúig rtáirde ficead[181] ar faid ó'n dtaob tuaid[182]

---

[164] luait aorga MSS.
[165] comcormad A. comtormad B.
[166] an tríg hannab B.
[167] a gairgiacc A. garguigig B.
[168] cubaing -MSS.
[169] fmeacaidig A. fmeacaduige B.
[170] anor go MSS.
[171] uadar A. údar B.
[172] rcéibe A. aille a rgéime B.
[173] níl na brocla so ag B.

[174] beanaoir A. beannuídior B.
[175] fáilcíor MSS.
[176] leaga na rúil MSS.
[177] uarail fin mcCubail B.
[178] lur MSS.
[179] cunar A. cinir B.
[180] ríog MSS.
[181] fiocaid A. fuitiod B.
[182] húaig A. huag B.

den Críor[183] grianda, riar ó dear[184] ó'n mBreatain Móir. Ir críoc fairring follán toramail[185] í, ná goilleann[186] tear, feartain[187] (?) ná fuact[188] ar neac innte do cuir[f]eac ó tear na gréine fo duille na gcrann é, ná cum na teine leir an bfuact é. Mar an gcéadna ní goilleann tear ná fuact ar aon níd innte. Atá dá fíoro rtáid iona timpcioll agur ir aoidinn fear agur duilleadar blát innte. Ir fada raogal duine agur ir aoidinn a beata innte. Ba rí ceart-breatac cómactac Réamon tréan-duilleac agur ba mór a coidream le rigtib[189] agur le cómactaib eile gac críce ba neara dó, agur ba mór a dtráctáil leir, agur le na muinntir; agur ba minic a dtúirlint cum a cúirte roir óg agur aorta. A meary gac n-aon dá dtigead ann táinig an tréan-óg-fear dár ba cómainm[190] Dollar Eactac Mac Riog na Sorca Móire. Ir gairid gur cuir ré féin agur mo dearbrátair féin dárb ainm Borb na dtrear coidream ar a céile,[191] agur a gcúrra an dá mí[192] do cait Mac Riog Sorca a ccúirt Riog Inre Tuile tug fá ndeara mé féin agur gan mé act a n-aoir mo dá bliadain[193] déag an tan roin, agur iarrar ar m'atair[194] mé le póra. Mar ba tír ró-cómactac an Sorca[195] níor mear m'atair[194] diultad obann ná anároa[196] do tabairt do Mac Riog na Sorca, agur adubairt go ravar féin ró-óg fór, agur ná tabrac d'fear ar bit mé act le mo toil féin. Le rin labrar [Dollar Eactac] le mo dearbrátair féin Borb-na-dtrear, agur fiarruigear de créad do déanfad; agur do innir dó nár beo do muna bfagad Eitne ór-foltac le póra (óir biod a fior agad a finn" ar rí "gurab é rin m'ainm). Air rin tig an diar go nuig mé féin, agur innrear Borb dom an mór-fearc do bí ag Mac Riog na Sorca dom, agur nár mór do mé d'fágail[197] mar mnaoi. 'Maire! a Buird táim ró-óg fór cum póra agur tairir rin ní bfáiginn ó m'aigne

---

[183] Críoct B.
[184] do hear A. do gear B.
[185] torreamuill B. torteamúil A.
[186] na goillion tear fortain ná fuact ná galar innte, do cuireac ó tear na gréine fa duille na gcránn é, mar an gcéadna ni goilean tear ná fúact air aon ní innte A. níl an 12 focal deirid ag B.
[187] fortain A. fortain B.
[188] fuact an gabair i.e. Capricornus ? B.
[189] riogte A. roídte B.
[190] dár bo cómainnim A. dar cómainnim B.
[191] coodaib ⁊ taitige air a céille MSS.
[192] míg MSS.
[193] bliáguin MSS.
[194] maitir MSS.
[195] an Sorca A. an tSorcad B.
[196] anaroa A.
[197] d'fáil MSS.

fionn mac cumaill agus fianaib eirionn. 105

Dollar do póra, agus ní tuigim go dtiubrad[198] m'atair
dó mé tar mo toil. Tá fios aige go mbionn pórad
rótoirmeargac.'[199] Air sin innseas do Dollar an
freagra fuair, agus ba feargac buartha do bí Mac
Ríog Sorca de sin; agus adubairt: "is dóig[200] liom
a buirb go dtiocfaid olc mór don diúltad roim Eitne
dóm-sa, óir ní beo mise muna mbeid[201] rí agam 'na
mnaoi, d'ais nú d'éigin.' Le sin cuireas na reirbírig[202]
[a] eic agus a carbad le céile go héarga agus gluaiseas
abaile don t-Sorca, agus innseas[203] d'uairle na Sorca
agus d'á atair[204] go bfuair mí-cár[205] agus diúltad[206]
a ccúirt Ríog Inse Tuile, agus ná tabrad [a] ingean
dó le póra, agus nár beo é féin gan í. Air sin cuireas
[a] atair[204] teacta go hInis Tuile le sgéala cum m'atair
muna dtugad mé féin mar mnaoi do Dollar Éactac
go ccuirfead ré Inis Tuile ar fad fá goin gá agus
claidim.[208] Ba feargac mo atair[204] den bagairt
dóllánta[210] roim Ríog na Sorca, agus adubairt ná
tabrad, agus a bitceall do déanam. Gluaiseas na
teactair abaile leis a[n] bfreagra sin Ríog Inse
Tuile. Ti[o]nóltar sluag na tíre le Ríg na Sorca ar
aonball, gur bein suas deic mile agus dá-ficid fear
fromta[211] fior-calma, agus lena ráit airm cum a
dtabairt go hInnse Tuile. Glacaid uile a loingsar
agus ní hai[t]sirtear sgéala orta gur gabadar cuan
agus calad-port a ccuan na mbeomann[212*] a nInnis
Tuile. Léigid[212] ar creacad agus ar lorgad na tíre
iona dtimpceall. Ar roctain sgéala cum m'atar
triallar d'ionnsuide[213] mo deasbrátair agus a lucht
comairle agus noctar éirim an sgéal dóib. Tionóltar[214]
sluaga Innse Tuile ar aon ball, agus fuair é féin iomlán
le Mac Ríog na Sorca, agus do goir cuige Borb-na-
dtreas, a mac féin, agus do tug cómacta do beit iona

---

[198] dteamrad MSS mo aitir A. maitir B.
[199] ró-teirimirgeac A. sór teirim-irgeac B.
[200] dóit A. oit B.
[201] mona mbeag A. muin ameig B.
[202] reirbíoraig A. afeirb-íraig B.
[203] ionsior A. innsior B.
[204] aitir MSS. passim.
[205] migcear A. migcár B.
[206] diubalta MSS.
[208] gad 7 cloigeam MSS.

[210] dullánte sion B.
[211] fórad A. froófa B. Tionlar R.S. fóirsiog na tíre uile air aon ball gun dein suas lán deic mille agus dá ficcid fear fróófa fior calmo le na ráit airmac cum a dtabairt 7c. B.
[212*] sic B. bímbeumán A.
[212] leigaro A. léigid B.
[213] dionc A. níl o "triallar" go "sgéal dóib" ag B.
[214] tineóltear A. tineolar B.

taoiseac orra, agus adubairt: 'Anois ó'r éigean
duit troid, cómhr[a]ic go cródac²¹⁵ ar son do tíre
agus t'onóra agus onóra do cúirte, óir má geabaid
na Sorcaig²¹⁶ an treise a níonre Tuile is truag an
tír.'²¹⁷ Gluaisear Borb agus sluag Innse Tuile a
ccómdáil leis, a ccoinne sluag na Sorca, agus tugadar
trén-tuargaint agus trom-gleó dá céile ionnas gur
tuit dá míle déag do muinntir na Sorca ann, agus oct
míle do muinntir Innse Tuile. An uair do connairc
an dá taoiseac dít na sluag ar gac taob connairceas²¹⁸
dóib cum cors do cur²¹⁹ ar ní ba mó fola daonda do
dorta.²²⁰ Do ceap an dá taoiseac a dtreas d'feacaint
le céile, agus dá mbad²²¹ é Mac Riog na Sorca do
claoidfide²²² ann, muinntir na Sorca do²²³ imteact
abaile gan ní ba mó buaidream do déanam do Rig Inre
Tuile ná dá muinntir. Air sin cómrasar²²⁴ an diar²²⁵
trén-fear sin le céile ar fead cúig lá agus teóra
oidce, gur tuit Dollar Eactac le mór-béimeanna
Buird-na-dtreas a cceann an cúigead lá, agus níor
mair féin dá éis act trí huaire an cluig. Do bí an
rígact uile fá reamall dóláir agus dobróin trí éas
Buird-na-dtreas, agus bi[od] a fios agat a finn," ar
an Rígbean, "go mba truag²²⁶ mise féin an uair do
con[n]airc mé mo dearbrátair marb agus an t-ár do
bí ar gac taob dom' muinntir féin, agus d'ár namaid.
Do cailleas mo ciall agus iomlán mo ceadfad,²²⁷
agus tuitear a dtám-néallaib agus a brantairib,
agus níor mear neac go dtiocrainn aroa go brát. Do
gaib galar agus anduain²²⁸ éaga mé, agus ba cruaid
do bí ré ar leagaib²²⁹ agus ar doctúirig Innse Tuile
agus na ccríoc ba cómnearsa dóib, a cceann ré mí, a
luad go maisrinn. Gidead tánag cugam féin a cceann
na rae sin ionnas go dtéidin[n] gac lá a caoi dreise
ar leact nó ar tuama mo dearbrátar. Lá n-aon dá
ndeacas ann mar aon le mo bantract d'éirig²³⁰ gaot

---

²¹⁵ cródac MSS.
²¹⁶ Sorcánnais B.
²¹⁷ tír a móintir ace MSS.
²¹⁸ conairceas A. conarsas B. is dóig nac ceart an "cum" ann so.
²¹⁹ cuir MSS.
²²⁰ gorta B.
²²¹ mo MSS.
²²² claoirfuide A claoifuide B.
²²³ níl "do" ag B.
²²⁴ cómreasair A. cómreasar B.
²²⁵ dís MSS.
²²⁶ truad MSS.
²²⁷ féarúin B.
²²⁷ a damneallaib A. attáib neallaib B.
²²⁸ anmuin A. anbúin B.
²²⁹ léadaib A. leageao B.
²³⁰ déirais A. ttúiris [=túirling?] B. tá dácad focal o "gaot áro" go dtí "fá deois" i n-earnam ag B.

fionn mac cumaill agus fianaib eirionn.

árd agus fotram éagramail²³¹ ionnar nárb féidir le
aon neac ran mbit a mear ná gurab é deire an domain
nó an traogail²³² do bí a fogar dúinn, tré ró-méid gac
rceimle agus anara dá dtáinig an trát rin.²³³* Act rá
deoig tuirlingear²³³ cóirte órda²³⁴ agus ré alanaib²³⁵
clúim-geala dá tarraint, anuar am fia[d]naire, agus
aon óglac amáin ann. beirear orm féin agus
ruduigear arteac ran ccóirte mé ar leaga na rúl.
Air rin árduigid annra rréir leó mé rul do ráinig²³⁶
liom-ra mo mnáid coimdeacta do gairm, agus ní bfuil
rát²³⁷ innrte rgéil orm go miactain²³⁸ go hÉrinn
dúinn, a n-dún²³⁹ agus a ndeag-baile²⁴⁰ m'fir pórda
atá annroin láitreac. Ar dteact ann dúinn do mear
Maol Ua Mananáin a cur d'fiacaib²⁴¹ orm féin a pórda
gan cáirde ar bit. Gideab do bainear cáirde de go
ceann lae agus bliadna²⁴² gan a pórda a[g] tnúit am
éigin don aimrir rin rgéala nó tuairirg d'fagáil²⁴³
ó'm tír ó'm atair agus ó'm muin[n]tir féin. Níorb
féidir le cúirt ríog ná impire ran doman fuiride²⁴⁴ (?)
mear ná urraim²⁴⁵ do tabairt dom ná fuairear a ndún
Maoil Uí Mananáin an bliadain rin agus ó roin a leit.
D'aontuigear an uair cuaid²⁴⁶ diom aon cunntar d'fagáil
ó mo muin[n]tir féin é pórda. Air rin pórtar rinn,
agus ir mait ceanamail urramac grádac an fear é.
Lá n-aon a cceann bliadna d'éir pórta dúinn d'imtig
Maol Ua Mananáin uaim le ocáid²⁴⁷ éigin don Earráin²⁴⁸
agus d'fan uaim triocad lá gan tuairirg ran mbit
d'fagáil uaid. A cceann na haimrire rin táinig²⁴⁹
cugam, agus gairgideac²⁵⁰ ró-álainn mar aon leir,
agus go bfagac mion-éanlait Éireann uile folac²⁵¹
agus clúid iona créactaib, óir ní raib leitead daire
dá colainn²⁵² gan lot agus créact, agus cuid aco a[g]

---

²³¹ éaramuil A.
²³² traoigail A.
²³³* dtánig an trát A.
²³³ tuiringíor A. tuirliongíor B.
²³⁴ órga A. órda B.
²³⁵ =ealaí? alanaib A. alannaib B.
²³⁶ rá ránig B.
²³⁷ rait, ráit MSS.
²³⁸ riactain B.
²³⁹ anúin B.
²⁴⁰ anoige baile B. Seo téacr A.
go riangamuir go hÉrinn go
dún alaing 7 a noig baille mfir
pórda, 7c.

²⁴¹ diacaib A. níl an focal ro ag B.
²⁴² Láo 7 bliadaina A. buair
cáirde lá 7 bliadain de B.
²⁴³ dráil A. áill B.
²⁴⁴ ran ccruinne domainn dá uar-
áide B.
²⁴⁵ uirream MSS.
²⁴⁶ cuad MSS.
²⁴⁷ úcáid A. ucáid B.
²⁴⁸ Aitrráin A. Spáin B.
²⁴⁹ táinaig A. táinig B.
²⁵⁰ gairgíoc A. gargíoc B.
²⁵¹ follac A.
²⁵² baire naon dá codlain A.
collain B.

cuireaḋ ṁaoil uí ṁananáin ar

ḃaġairt ar ḃeiṫ marḃtaċ. Laḃrar Maol Ua Mananáin agur iarrar orm an ġairgiḋeaċ roin do ġlaca ċugam; dá léiġear; óir ḃi[oḋ] a fior agad a Uarail fínn gur ḃean leiġeir²⁵⁴ mé. Do innir mé do go raiḃ luit an óigfir ró-ḋainnréaraċ²⁵⁵ agur go raḃar eaglaċ nárḃ féidir a léiġear. Gideaḋ ar cóṁairle m'fir póroa do ġlacar ċugam rá léiġear é, agur do ḃí lá agur ḃliaḋain a n-[a] otar agam go mba²⁵⁶ rlán gan éalaing do a gceann na rae rin. Táinig ċugam féin agur d'féaċ orm agur a ḋuḃairt: 'A Eitne ór-foltaċ²⁵⁷ tá mé féin le lá agur ḃliaḋain ar t'úrláir agur rá d'láiṁ, gur ḃéinir rlán gan éalaing mé, agur gan fior agad gé mé féin; anoir²⁵⁸ ó táim ag imteaċt uait ir méin liom²⁵⁹ innrint duit gé mé féin agur ag reo reoro ceanaṁail d'fágḃaim agad do ċuirfiḋ aḋ ċuiṁne²⁶⁰ gur raorair ó'n éag mé. Bioḋ a fior agad a ríg-ḃean²⁶¹ gur mac mire do Ríg na Spáine, agur gurab é m'ainm²⁶² Duineán Borra, agur gur goineaḋ²⁶³ agur gur créaċtaḋ mé le Caol-crua-ḃuilleaċ Mac Ríog na hInḋia do carag liom ran mBreataiṅ Móir, agur ṫugamar coṁtrom créaċt dá ċéile gan fior tláir ná téime²⁶⁵ ar ċeaċtair²⁶⁶ againn. Agur ar faicrint an ċruit iona raḃar ann don fear ro agora ra tug leir ċugaḋ mé. Ag reo rġóraiḋ nó éaḋaċ cláir duit,' ar ré, 'agur gaċ uair do leatfar²⁶⁷ leat amaċ é dá mbeaḋ fir Éireann uile agaḋ le cur²⁶⁸ ar aon ḃall cum bíḋ²⁶⁹ do-ġeoḃaiḋ uile a ráit do ġaċ rórt bíḋ²⁶⁹ ir mian lena²⁷¹ dtoil do ċaiteaṁ air; agur fillfe agur eirfaig²⁷² an dá ċuṁainge póca.' Air rin d'imṫiġ uaim."

"Monuar!" ar Conán, "gan a raṁail d'éaḋaċ cláir ag an ḃféin, agur ir minic do tearróċaḋ ré uata."²⁷³

"Leatfar²⁷⁴ duit é riúḋ gan ṁoill, a ġairċroíġ,"²⁷⁵ ar an ríg-ḃean. "Do tárla mé féin trom" ar rí,

---

²⁵⁴ liag B. leiġear A.
²⁵⁵ róḋainréaraċ A. ḃeanréaraċ B.
²⁵⁶ mo MSS.
²⁵⁷ orroltaig B.
²⁵⁸ anir B. tá a ḃfuil o "anir" go "mé féin" tarraingte ar B.
²⁶⁰ ċuirfeaḋ aḋ ċaoina B. ċuirfaig aḋ ċaoine A.
²⁶¹ ríoġ ḃean MSS.
²⁶² ainim A. ainnim B.
²⁶³ goineag A. guinneag B.
²⁶⁵ sic A. téam e B. lege time?
²⁶⁶ neaċtar B.
²⁶⁷ leatfear A. leitfear B
²⁶⁸ cuir MSS.
²⁶⁹ bíġ MSS.
²⁷¹ leo B.
²⁷² sic A.=oirriḋ. níl an t-alt ro ag B.
²⁷³ níl na reaċt focla deiriḋ ag B.
²⁷⁴ leatfair A. leitfear B.
²⁷⁵ ġairġíog A. garguiġ B.

fionn mac cumaill agus fianaib eirionn.

" an tan do bí Mac Ríog na hEarpáine fá léigeap agam, agur an uair cuirear díom an toirceart²⁷⁶ roim d'iompuig m' fear orm féin²⁷⁷, agur do tóg uaim é, a dtuairim go mba le Mac Ríog na hEarpáine é; agur le deimin mo rgéil agur gur coiméad mire m' ionnracar ó aon fear act m'fear féin, agur gur lem'fear féin an gein ríúd, féactar an feoil agur tá a trian beirbte."²⁷⁸

Eirgear²⁷⁹ Maol Ua Mananáin go héarga agur goirear fionn Mac Cumaill leir agur fuaireadar trian an tuirc beirbte.²⁸⁰ Ba lútgáir mór le Maol Ua Mananáin rin, agur ba mór mear finn ar geanmnaideact na ríog-mná. "A Goill Mic Móirne," ar rí, "ir mór tuairirg do goil agur do gairce a mbéalaib ruad²⁸¹ agur reancaide na ccríoc ionár dtimpceall agur bruitfead féin trian eile don feoil ar do lor."²⁸²
Gabar air rin Goll buideacar le ingin an ríog.

"Bi[od] a fior agaib a uairle" (ar rí) "a cceann bliadna eile d'éir Mac Ríog na Sorca d'imteact go dtug an fear ro Maol Ua Mananáin cugam gairciodeac²⁸³ gnianmar gníom-éactac eile agur go mba famail le rpóla²⁸⁴ do rcopálfad cócaire cum a proinne²⁸⁵* gac leatad rgiatáin féileacáin dá colainn geal-rgáileac le cnead[a] duba duine dó-leigirte,²⁸⁵ agur go leór d'ádbar gnáir agur gnánact do neac ran mbit amarc rúl d'fagáil²⁸⁶ air. Labpar²⁸⁷ Maol liom agur adubairt: 'A fearc tar mnáib an domain' (ar ré) 'féac ar cruit an óigfir reo agur glac cugad fá léigear²⁸⁸ é, óir ir mór mo gnád-ra²⁸⁹ do agur a comann orm.' 'A Maoil Uí Mananáin tá fior agad féin nac ceart dómra otar ran mbit do glaca fá m'láim.' 'Mar rin féin ar mo gnád-ra²⁹⁰ glac cugad é,' ar Maol. Air rin do gabar cugam fá m'láim é, agur a cceann bliadna do bí léigirte²⁹¹ rlán-creactac agam. Táinig²⁹² cugam agur adubairt: 'A ingin Innre Tuile ir tú tóg ó éag mé, agur bi[od] a

---

²⁷⁶ topacar A. torcar B.
²⁷⁷ níl na 4 focla deiríd ag B.
²⁷⁸ tá leagan eile ag B. air reo act ní roiléir é.
²⁷⁹ éirgíor A. eirgir B.
²⁸⁰ beirread MSS.
²⁸¹ rúaig A. ruag B.
²⁸² lur MSS.
²⁸³ gairgíoc MSS.
²⁸⁴ rpóbla A. ta beanna mór ann ro ag B. 337 focla.
²⁸⁵* códcaire cum a próinealad gac MS.
²⁸⁵ dubad duine do léirda MS. rgríobaim "ádbar" i n-áit "ádnar."
²⁸⁶ oráil MS.
²⁸⁷ labarar MS.
²⁸⁸ léagar MS.
²⁸⁹ gnára MS.
²⁹⁰ gnára MS.
²⁹¹ bliagna do bí léigeirde MS.
²⁹² táinaig MS.

fíor agad a ríg-bean,' ar ré, 'gur mire Lug²⁹³ leabair-
ġeaġaċ mac Ríoġ agus Impire na Ġearmáine²⁹⁴ agus
gur a n-Albain do créaċtad mé mar do ċonnairċir²⁹⁵
mé le Sgiatán Sgiat-follair mac Ríoġ Loċlainn.²⁹⁶
Aġ reo' (ar ré) 'corr²⁹⁷ duit agus gaċ am dá ccuirfid
neaċ nó duine ran mbit ċum a béil²⁹⁸ é berd líonta
dá méid deoċ ir méin leir d'ól, ionnar fir an domain
go n-ólfaċ a ráit do gaċ ropr ba ṁéin leo d'ól', ir
an[n]ran d'imṫiġ uaim. Do ráinig²⁹⁹ to[i]rċear ċugam
an bliadain rin do bí Mac an Impire³⁰⁰ rá léiġear
agam agus do ċuir Maol Ua Mananáin a cċéill³⁰¹ do
féin go mba le Mac an Impire é, agus an uair ċuirear
díom é tógar an ġein³⁰² uaim ionnar naċ fear dom ċár
gaid leir, aċt mar an ccéad ġein ó foin a leiṫ. De
briġ a Uarail³⁰³ finn, ar rí, gur bean gan truaill mé
féaċtar an feoil, agus tá dá dṫrian beirbṫe.³⁰⁴
Féaċaġ, agus do bí a dá dṫrian beirbṫe mar adubairt
an ríġ-bean.³⁰⁵ Ba³⁰⁶ mór lúatġáir Maoil Uí Mananáin
de rin.
"A Diarmuid glé-ṁianaiġ Uí Duibne," ar rí, "ir
méin liom an trian eile don feoil do beir[b]iugaḋ ar
do lor. A cceann bliadna dá éir rin tug Maol Ua
Mananáin óig-fear eile ċugam féin, ní ba mó luit ná
aon don beirt eile, agus adubairt: 'a ċéile ġil agus [a]
iomlán mo raogail agus mo beata ná rmuain ar aon
níd dár imṫiġ ort, agus glac ar mo ġrád-ra an laoċ
ro, agus bearrad-ra rárám lúatġáireaċ³⁰⁷ duit fór, a
ngaċ níd dá bfuil aġ déanam buai[d]rim duit.' Air rin
do ġlacar ċugam é gan focal freagra do tabairt ar
Maol Ua Mananáin. Do bí bliadain a n-[a] otar agam
agus a cceann na haimrire rin do ġaid buideaċar³⁰⁸
liom agus do innir dom gur Mac do Solam Mac Laċtna
Rí³⁰⁹ Loċlann é, 'agus a ríġ-bean³¹⁰' ar ré 'bí[od] a fíor
agad gur Sgiatán Sgiat-follair ir ainm dom féin' ar
ré, 'agus aġ reo brat lear[t]an duit do ċludóċad³¹¹

---

²⁹³ luiġ MS.
²⁹⁴ ġearamaineaḋ.
²⁹⁵ conairċair mé MS.
²⁹⁶ Laoċlain MS.
²⁹⁷ corrian MS.
²⁹⁸ béal MS.
²⁹⁹ ráinaiġ MS.
³⁰⁰ imprié MS.
³⁰¹ agċeil MS.
³⁰² ġéin MS.
³⁰³ úairail MS.
³⁰⁴ beirifeaḋ MS.
³⁰⁵ rioġbean MS.
³⁰⁶ bo MS.
³⁰⁷ luitġáireaċ A. lúirtġáireaċ B.
³⁰⁸ báoċċur A. baoċċr B.
³⁰⁹ ríoġ MSS.
³¹⁰ ríoġ bean MSS.
³¹¹ cluideóċ A. clúdoċor B.

fionn mac cumaill agus fianaib eirionn

fir Éireann uile fúta³¹² agus tórroa ar an macaire³¹³ ir luime ran aimrir ir fuaire oá otáinig riaṁ, nó fór oá otiocfaio coioce. Air rin o'imtig uaim. Agus do teangṁar³¹⁴ féin trom an bliaoain céaona agus ar cur an toircir rin oíom oo tóg uaim é mar an cuio eile ionnar naċ bfeaca³¹⁵ a beag ná [a] mór oá otuarirg ó roin³¹⁶ a leit. Agus oo bríg gur fíor mo caint agus go bfuilim geanmnuioe fór ar gaċ fear ar oruim an oomain act m'fear féin féactar an feoil agus tá rí go léir beirbte."³¹⁷

Éirgear Maol Ua Mananáin go haorga agus oo bí an feoil uile péiro.³¹⁸ Leagtar buiro agus cuirear Conán a rgian a mbarra faobair agus gear[r]ar Maol Ua Mananáin éaoan an tuirc agus oo bí mór-troig roille a cclár an éaoain. Oruioear Conán arteaċ cum an buiro agus goirear an fian uile leir agus aoubairt le Maol Ua Mananáin gur míċio rin, agus nár ċait an fian ruirear riaṁ ir fearr oo ceannaig féin ná é. Air rin aoubairt Maol Ua Mananáin nárb fiú oeoċ fíor-uirge í. Séioear puit oá anáil fúite agus preabar an torc amaċ cómmait agus oo bí rí riaṁ, ionnar ná béarraċ an fear oob' fearr a bfianuioeaċt air. Féaċar Conán go crái[o]te ar Maol Ua Mananáin agus aoubairt: "Ir annrpiro éigin ṁalluigte³¹⁹ oo ċuir ionár rlig inoiu³²⁰ tú, agus ba ar a luigeao³²¹ oo Faolán oo Caoilte agus oóṁ-ra ar ráit oí o'rágáil tar éir [a] feaḃar agus oo ceannuigeamar í, agus tú oá feic linne a otúir nár lugaioe a caoail ná a cuio feola a rit ná a léim ar na báireaċ é," (ar Conán).

"Síotcáin³²² a ġairoroig," ar an ríg-bean, "oogeoḃair³²³ oo ṁór-ráit gan ṁoill."

"Maireao³²⁴ am' oóig" (ar Conán) "ir fearr t'focal leir ná focal an fir ro tug cuire oinnéir oúinn, agus tar³²⁵ éir gaċ níoo oár imtig, connarcair³²⁶ féin agus cáċ créao oo rinn ré linn!"

---

³¹² ruġtaoo A. rúigtaoo B.
³¹³ maiċaire MSS.
³¹⁴ teangáor A. teangar B.
³¹⁵ bfeacaoo MSS.
³¹⁶ a bait sic ná otuarirg ó tuin B.
³¹⁷ beirfio MSS.
³¹⁸ péig A. péag B.
³¹⁹ ṁallaite MS.
³²⁰ aniuoo MSS.
³²¹ laoio A. tá an 40 focal leanar fágta amaċ ag B.
³²² riocain a ġairgeig A. roiċain a ġairgíg B.
³²³ geaoair MSS.
³²⁴ tá ó "maireaoo" go "rinne ré linn" fágta amaċ ag B.
³²⁵ tair MS.
³²⁶ ċonairċair MS.

Air sin leatar an ríg-bean an rcóraid roim-ráidte³²⁷ agus bí ráram gac n-aon ar plátaib ar a ccómair, do gac rórd bid dá feabar agus dá blartact dá mbéidir do cuimneam³²⁸ air. Suidear an fían uile, gac n-aon do réir a céime, agus ruigear an ríg-bean mar aon leó, agus Maol Ua Mananáin mar an gcéadna re mór-fáilte roim an bfein uile. Ibid deoc ar a céile d'éir a mbeit go hiomlán rárda den biad, agus ba rárda iad uile dá ól. Leatar an ríg-bean³²⁹ an brat do fuair ó Mac Ríog Loclonn agus luigear an fían uile le céile faoi,³³⁰ agus ba teit tirim rárta gac n-aon aca act Fionn amáin agus Diarmuid.

Do tug [riad-ran] tuile reirce agus trom-grád do ingin Ríog Inre Tuile, bean Maoil Uí Mananáin, ionnar nárb féidir leo néall do codla. Airrin éirgear Fionn agus téidear³³¹ cum an doirrín³³² rlat mar a bfeacaid Maol Ua Mananáin agus an ríg-bean a' dul. Agus ar dteact cum an dorair do, do fuair ró-daingean é ionnar nár féad a forgailt. Air sin tarraingear³³⁴ cuige a rgian rgoit-géar agus cromar ar an dorar do gearra. Éirgear Diarmuid mar an gcéadna agus tig cum an dorair, act níor motuig³³⁵ Fionn ann roime, ná Fionn eirean. Tarraingear³³⁴ Diarmuid amac a rgian agus cromar ar an ndorar do gearra, agus do bí an dír ag cóm-gearrad an dorair gan [a] fior ag aon diob an fear eile beit ann, gur éirig an lá go lán-foillreac orta ar na máireac, agus dá³³⁷ mbeidír act ar faitce³³⁸ na Teamrac agus an crann pléiriúir³³⁹ fá n-a furdróir go minic ó tear na gréine bun-gearrta³⁴⁰ nac mór ag Fionn agus ag Diarmuid d'éir na hoidce, agus an fían uile ar an bfaitce³⁴¹ guirm féar-glair, rince gan luid iompa,³⁴² a ccuid éadaig fá na cceannaib³⁴³ 'na dtoircim³⁴⁴ ruain.

D'féac Fionn agus Diarmuid ar a céile agus fiar-

---

³²⁷ ráoibráite A. níl an focal so ag B.
³²⁸ caoineam MSS.
³²⁹ ríogbean MSS.
³³⁰ ruide A. ruige B.
³³¹ téigior A. téar B.
³³² doirrín MSS.
³³⁴ tarrnar A. tarrngar B.
³³⁵ moitaig A. moitig B.
³³⁷ =cá.
³³⁸ fatad A. fata B.
³³⁹ pleiriúr A. pliuruir B.
³³⁹ rad furdír A. ruide dír B.
³⁴⁰ bunnageartá A. buingearr÷B.
³⁴¹ bratad guirim feirglir A báta B.
³⁴² iompad MSS.
³⁴³ fé na geannim B.
³⁴⁴ dtoircaim A.

fionn mac cumaill agus fianaib eirionn

ruigrid³⁴⁵ dá céile créad tug an dara fear ann. "A Ḟinn," ar Diarmuid, "mo ṁear is d'aon aigne ḃiomar³⁴⁶ ar dtúir na hoibre seo." "Ar ead gan aṁras," ar Fionn, "agus is náir dúinn an cruit iona ḃfuil an ḃile³⁴⁷ pléirtúir seo againn d'éis na hoidce. Cuiream 'na suide an fian," "ar Fionn, agus sreigeam an faicce³⁴⁸ sul³⁴⁹ d'éirigid³⁵⁰ aon do-ciórfead rinn." Déanad amla sin.³⁵¹

"A Diarmuid is é riud Donn na Doidce³⁵² ḃí iona ṁaol Ua Mananáin againn ó ṁaidin³⁵³ indé, agus d'imir an ḃeart so orainn d'féacaint méin a ṁná," ar Fionn.

"Nár éirig a ḃóra leis!" ar Diarmuid, "is maic do ceannuig mire ó ṁaidin³⁵³ indé³⁵⁵ é, agus ba cóir dúinn Cnoc-an-sodair³⁵⁶ do caiteaṁ leis an muis."

"Ní ḃainfeam leis," ar Fionn, "óir is maic an caraid é féin."

Deire le na ḃfuairear
Miceal Ua hAnnracáin
an can ro fá haois
an Cigearna
1831

FOCLÓIRÍN.

lc. 5, rámad, perhaps for ráṁac, "rowing" [of a boat].
lc. 5, coisríce = coisrigte? tanned, hardened.
lc. 6, iomlot riuḃail = rolling walk.
lc. 6, córruaḃac = a man of big harvests.
lc. 11, line 12, etc., " and he saw Maol-Óg [son of the man of the house?] sitting on a big square seat of bog-stuff, that Brian Breallach had cut for him, up in the bog of Carán Craobhach, with a blunt-forked slane [turf-cutting spade], and three or four black [i.e. scarcely-kindled] embers he had between his two legs [which

---

³⁴⁵ riarriad A. ficráid B.
³⁴⁶ aigneaḋ ḃí muis A. aigneaḋ ḃíamuis B.
³⁴⁷ ḃille A. buile B.
³⁴⁸ facad A. faca B.
³⁴⁹ ruil MSS.
³⁵⁰ déirios A. deirios B.
³⁵¹ deanaṁ amla sion A. déanad amla B.
³⁵² doidce B.
³⁵³ maidion MSS.
³⁵⁵ anead A. anae B.
³⁵⁶ cnuc an tSodair A. cnoc an Sodair B.

were] bone-burnt [by the sods or embers] up to his stomach and his yellow-sided groin. This is how that ᵹaol óᵹ was, his head tangled ? [or torn ?] bristling, scabby, like a big close round tuft of furze, and every time he used to put up his bare-fingered long-nailed curved crook [of a hand] and used to put the results of that scrape on the embers, the noise and the crackling it used to have was heard throughout the house."

lc. 11, ʀcʀatánać=a lazy wretch.

ʀcʀatán=*id*.

ʀmeaćaıᵭ=a live coal, ʀmeaćóıᵭ.

lc. 13, ʀáᵭmuʀ, aʀ a ᵭʀáᵭmuʀ ʀéın=on their own hook, following their own devices. *Cf.* "Sᵹaoıl ʀé ᵭantʀact an ʀıoᵹ le n-a n-áᵭᵭaʀ ʀéın." "'D'ımtıᵹ an ʀıolaʀ aᵹ ᵭéanaṁ a áᵭᵭaıʀ ʀéın."—*Eachtra T. mhic Stairn*.

ʀaıl=sty.

anntláʀ=pranks.

lc. 15, cléıt, ó'ʀ ıaᵭ náʀ cléıt=since it is they who were not (or would not be) backward in eating it ?=clé, left handed, awkward.

lc. 15, ᵹʀonća=grunts, of a pig.

lc. 16, anáʀᵭa=rough ? I used to hear a word in Roscommon, ónáʀᵭa, but it meant rather "awkward" than "rough." The word is really anʀáʀta.

lc. 16, ᵹo tınᵭaʀnać=hurriedly.

lc. 16, ıan=a vessel.

lc. 16, aʀ ᵭo loʀ=on your account.

lc. 16, ʀtáıᵭ=a measure of length, probably conveying no certain meaning, stadium, the use of the word here would point to an author who composed with pen and ink.

lc. 18, anáʀta, ᵭıúltaᵭ anáʀᵭa=a rough refusal.

lc. 19, ʀoćoıʀmeaʀᵹać, *aliter* teıʀmıʀᵹeać=very risky.

lc. 19, ᵭolláncta=bold ? ᵭána.

lc. 20, anṁuın=anᵭuaın, trouble, terror, or for anᵭʀaınne=faintness.

lc. 21, ʀuıʀíᵭe, perhaps for ʀoʀaıᵭ, "the steady or steadfast world?"

lc. 21, úʀláʀ, aʀ t'úʀláʀ=on your floor, *i.e.*, lying sick on your hands.

lc. 22, éalaınᵹ=ailment, injury.

lc. 22, eıʀʀaıᵹ an ᵭá cuṁanᵹe ʀóca=it will fit in any pocket no matter how narrow; eıʀʀaıᵹ=oıʀʀıᵭ.

lc. 23, ʀᵹóʀálʀać, etc.=so that like to a joint of meat that a cook would serve for his dinner, was every breadth-of-a-butterfly's-wing of his bright-hued body with hard incurable wounds.

lc. 23, ᵹnáʀ 7 ᵹʀánać=horror and disgust.

lc. 24, ʀéaćaᵹ=it was tried.

lc. 25, tóʀʀᵭa : ʀuta aᵹuʀ tóʀʀᵭa=under them and over them.

lc. 25, ᵭaʀʀa, " cuʀ ı ṁᵭaʀʀa ʀaoᵭaıʀ "=sharpen, or point [a knife].

lc. 25, ᵭá ʀeıc lınne=telling us, repeating it to us.

Cʀíoć.

AN LIAIGH I n-EIRINN A n-ALLOD

UIMH III.

THE following six sections are from the Royal Irish Academy MS. 23. P. 10, part iii, and are a translation of the portion on the concomitant symptoms of fever (De Febrium Symptomatibus) in the *Rosa Anglica* of John of Gaddesden. These items form part of the cure of Tertian Fever. In all mediaeval medical books the treatment of disease is divided into the following parts:—*caussae, signa, prognostica* and *curatio*. In this particular case, *i.e.*, Tertian Fever, Gaddesden further subdivides *curatio* into five parts:—" In curatione febris tertianæ conspiciendum est ad quinque capita. (1) ad digestionem materiæ. (2) ad evacuationem. (3) ad amotionem Dyscrasiæ febrilis. (4) ad accidentia. (5) ad regimen sex rerum non naturalium." The fourth of these (ad accidentia) forms our present text. These accidents which are fifteen in all, I will hope to continue in subsequent numbers of *Lia Fáil*.

The *Rosa Anglica* was written about 1314 by John of Gaddesden (Johannes Anglicus)* who was court physician to Edward II. of England. It was one of the leading text books of medicine in the Middle Ages, though it was never as popular as Bernard of Gordon's work, the *Lilium Medicinae*. There is another fragmentary copy of this section in the British Museum, Harl. 546. The *Rosa Anglica* seems to have been a favourite in Ireland, as various fragmentary copies of the Irish translation exist in MS. in different libraries throughout Ireland and Great Britain, though no complete version has come to light. 23. P. 10 is a very beautiful vellum MS., richly illuminated and written in a clear hand with few contractions. It contains a large portion of the *Rosa Anglica*, 70 pages in all, forming about half of Book I. of the Latin text. The section De Febrium Symptomatibus occupies

---

* *Rosa Anglica practica medicine à capite ad pedes.* Pavia 1492.

pp. 687-736 of the fourth edition of the *Rosa Anglica*, from which the appended Latin phrases, etc., have been taken. (See footnotes.)

ÚNA DE BHULF.

Mí na Nodlag, 1928.

23. P. 10 p. 8. R.A. 687.

DE FEBRIUM SYMPTOMATIBUS.[1]

An ceathrumad ni adubrumar cum leighis na cuisi seo, comlintar e trid na haicidib noch tig gu minic a leanmain an fiabrais seo. (⁊) IS iad so iad sein .i. tart ⁊ easbaidh codalta ⁊ teinneas cind ⁊ frenisis no easbaidh ceilli, ⁊ anbainde cridhi ⁊ flux ⁊ roceangal ⁊ galar buidhi ⁊ dubadh no losgadh na teangadh, ⁊ bainneadha ⁊ alga ssa bel; ⁊ do reir sin atait .x. naicidi coitceanna ann. (⁊) Cuirimsi cuca sin greann ⁊ fuacht tig a dosach na haicisisi, ⁊ allus ⁊ sgeathrach ⁊ anbaindi na brighe tothlaithe no a heasbaidh, ⁊ flux fola na srona ⁊ iumarcaid codalta rotrium. (⁊)

Tuig go foirthear an ceadaicid[2] dib seo le digh duisge fuar—an tart tig isna fiabrasaib seo, acht guma saint leisin easlan hi ⁊ gur gnathaigh a ol acht gu mbeid comarthadha dileagtha ina fual ⁊ gan easbaidh[3] arna hindib ⁊ gan fuardhacht na hanbainne a mbel an gaile, amail adeir Auerroes annsa caibidil dorinne se do legheas na fiabrus gu coitceann. (⁊) Gidh eadh adeir se tar eisin, an lucht aga mbid brigha laidire isna fiabrasaib gera loisge seo, nach du fuireach risin dileagad, gan a[n] tuisgi do tabairt doib, oir ni cintach an ta[d]bar do reir a cruas na righni acht do reir a droch[c]aile geire abhain. Et adeir Isidorus an ni cena, nach du sa cabson an tadhbar dolmughad acht a droch[c]ail abain do claethmodh le huisge fuar. (⁊) As trid sin adeir Auedseanna . . . ni faghaim oibriugh maith isin nuisge acht a tabairt isna fiabhrasaib (8b) gera,[4] ⁊ da fetar intu sin deoch maith do tabairt de, amain noch dfetfa an duine dol a naenfeacht ⁊ gan a anail dfuaradh.

---

[1] *Rosa Anglica*, p. 687.   [2] Sitis. R.A. 688; .i. an tart, Harl. *add*.
[3] *Leg*. neasgoid. non existente in visceribus Apostemate. R.A. 687.
[4] Aqua nullum opus inveni nisi quod in acutis datur. R.A. 688.

Et is e seo mughnathugha*ss*a .i. an tuisge do berbadh gu maith gu nuige a trian, ⁊ siucra ⁊ beagan aigeidi trid, ⁊ madh romilis an deoch so, curtar tuilli aigeidi intu, ⁊ madh rogoirt hi, curtar tuillead siucra inte, ⁊ fedaid sin dol an meidi as ail leis aenuair amain, ⁊ annsa naicisis, acht na rab ana thosach. Item da ndearnathar tamareindi do cognam isin mbel, ⁊ a congbail gu fada ann, minidh sin an tart, ⁊ doni berbeiris an ni cedna, ⁊ an siucra roiseaca no an uiola maille re huisge andibi no an midhaidhi, no na raibi uisge, no na cruaiche Padraig, do reir atharraigh na cuiseadh, oir as maith uisge andibi an trath bis teas mor isna haeib gan neasgoid ; ⁊ as maith uisge an midhaighe a neasgoid inmeadhonaigh, ⁊ as maith uisge na raibi uisge annsan fiabras tig re cois na plaghadh, ⁊ as maith uisge na cruaiche Padraig a flux, ⁊ as maith uisge na uioili an trath bis ceangal ar duine san fiabras ⁊ an trath teagar reisin ngaili o roteasaidheacht; *no da mbia coilera praisina no coilera erusinosa* sa ghaili, is maith cristall ann sin, arna thabairt ar uisge na roisi. Item da congmaiter caindi san mbel no gu sgailidh, ⁊ coisci sin an tart. Item nighther an bel gu meinic le huisge ⁊ le haigeid, innus gu mbia a dha oiread duisge ann a mbia daigeid, uair muna bia, da bheanfadh a croiceann don teangaidh ; ⁊ muna fagar aigeid fina, gabtar aigeid do linn uball, ⁊ coisgidh sin an tart. Item dentar cuma finginni[5] duball, curtar a nuisge aran teangaidh, ⁊ coisgidh sin an tart. Item curthar eang lin a sugh cruaiche Padraig, no a sugh teinegail ⁊ a cur arna haeb no aran gaili, ⁊ coisgid an tart, ⁊ a atharrach gu minic no da meideochadh sin na duinti gu firinneach.

AN DARNA HAICID DAR LABRUMAR[6] .i. easbaide codalta. Tuig da dugthar sil an poipi ⁊ letus ⁊ adhann da 3 no tri de gach ni, ⁊ a berbadh (9a) a potaitsi no a neanbruithe, no a mbainne almont, ⁊ a tabairt da caitheam, ⁊ do beir an codhladh ⁊ beaththaid an tothar ⁊ minidh an tart ⁊ is beg na coisgeann an teas minadurdha. (⁊) Adearar gu coitceann go ceanglann an bainne almont neach, deirimsi nach dein sin, acht uair and do reir an meid duisge curthar ann fuaraidhi se, ⁊ congmaidh an tuisge seala gan siubal e, ⁊ trid sin is amlaidh seo

---

[5] ad modum Ducati formata. R.A. 688.   [6] Instantia Vigiliarum. R.A. 690.

chleachtaimsi a tabairt .i. bran do berbadh a nuisge ⁊ a sgagadh, ⁊ bainne almont do cur trid, ⁊ a bogadh ⁊ ni dein urcoid ⁊ ghlanaidh an tucht ⁊ an gaili. Item coimilter na buind gu laidir le salann arna cur a nedach lin, ⁊ arna tuma a naigeid ; ⁊ nighter na cosa le huisge ara mberbtar duilleoga saileach ⁊ fineamhnach ⁊ camamilla ⁊ poipi, ⁊ furailidh sin an codladh. Tumtar edach lin a sugh cruaiche Padraig ⁊ a letus, a nuisge na roisi ⁊ a ngealan uighe ⁊ a mbainni cich ⁊ a sugh na mighaidhi, ⁊ curtar aran edan ⁊ arna hairgib, ⁊ furailidh an codladh. (⁊) Madh o gaethmaireacht gan fiabras tig easbaidh an codalta, is maith neiche deagbalaidh and sin maille risna neitib adubrumar .i. nutmaig ⁊ spicanairdi ⁊ cainel. Item gab .ii. 3 do sugh poipi, ⁊ tri do cruithneacht, no do bran cruithneachta, ⁊ coimbris iad, ⁊ cuir aigeid trithu ⁊ coimil don phuls gu coitceand, ⁊ furailidh an codladh, mar adeir Consantin. Item an lucht na fedann codlad tri fiabras, no tri ni ele, ceangailter na baill imeallacha go laidir, ⁊ mothaidh gu madh hurusa an ceangal do sgailidh, ge mad teind e ; ⁊ curtar coinnli ar lasadh ana fiadhnaisi ⁊ dentar comraite binni ⁊ sgelaidheacht doib, ⁊ mar dunfas a shuili (⁊) sgailter go doith na ceangail, ⁊ muchaidhter na coinnli gu doith, ⁊ coisgead an comradh go hoband, ⁊ collaid gan cuntabairt, do reir Auidseanna.

A NAGAID AN TREAS AICID[7] da ndubrumar .i. a naghaidh teinnis an cind donither o fiabras. Tuig gurub maith ann sin na buind do coimilt, ⁊ na baill imeallacha do ceangal, ⁊ an tsron do coimilt ⁊ mullach an chind le holaidh na uiola. (9b) Item gab corcan aga mbid ton leathan ⁊ poill iumdha and, ⁊ cuir teas teagail an gach aenpoll dib, ⁊ lin duisge e, ⁊ cuir a nairdi e isa tig a mbia an tothar, ⁊ curtar sitheal leathan fan sileadh tig as, ⁊ ibhith ceinelach binnis isin sileadh sin[8], ⁊ measraidh se an taeir ⁊ minid an teinneas, ⁊ furailid an codladh ; ⁊ ni coir seo do denum san geimreadh, madh fliuch and acht muna bia easbaidh ceilli air an othar maille re teinneas an cind.

Item dentar ceirin da samadh ⁊ da beirene trid a ceile,

---

[7] Dolor Capitis. R.A. 691.
[8] & fiet descensus musicalis, qui aërem temperabit. R.A. 692.

⁊ curthar uman edan ⁊ umna hairgib hi, no risan inadh a mbia an teinneas, ⁊ as maith rois ⁊ blath camamilla ann acht munba teasaidhi in aimsir. (⁊) Madh o fiabras lenna fuair no lenna duibh donither an teinneas, no o cuis fuair ele is maith bitoine ⁊ saitsi cuige, ⁊ clisdire do denam dimpogh an adhbair ina cuirfither leath unsa diarapigra gailieni, no agairg a negmais na neicheadh goidceann, ⁊ as maith ann nutamuig ⁊ cainel ⁊ pioine ⁊ coiriandra seocha gach ni, ⁊ sugh na praisge do coimilt dona hairgibh. (⁊) Madh teasaidhi in cuis as maith clisdire coitceann inti maille re sgamonia ⁊ caisia fistola.

A NAGAID AN CEATRUMAD[9] aicid adobrumar .i. freinisis, ⁊ tuig gu fuil frenisis fhiri and .i. neasgoid bis aran incinn eadain,[10] ⁊ frenisis nach fir donither o deathaighib coileargdha noch eiriges cum an cinn, ⁊ doni easbaid ceille, ⁊ as maith intu ar aen clistire tarraingtheach, an tron do coimilt le holaidh na biola ⁊ le uisge na roisi, ⁊ sugha fuara do coimilt dona hairgib ⁊ duainneadhaib an cinn ; ⁊ bid ceinelach buidheachta isna sughaib sin ⁊ is iad so iad .i. sugh lactuca .i. letuis, ⁊ an teinegail ⁊ an poipi ⁊ an midhaighe ⁊ an *cruach* Padraig, maille re began duisge na roisi, ⁊ daigeid ⁊ do bainni cich, ⁊ curthar uman ceann arna bearradh iad, ⁊ leicthear gu fada uime iad, ⁊ tar eis .iiii. nuaireadh .xx.ed curthar cuilen[11] arna sgoltadh uime, ⁊ as ann sin is minca bis an tadbar arna daingniugad, oir muna beith ni budh incuir neiche teasaidhi, no curthar sgamhain reithe is iada te reis, ⁊ teighthear gu meinic na neiche seo a nuisge, muna bia an atharrach ann, ⁊ curthar a cedoir (10a) [da eis] sin coileach arna sgoltadh reis, ⁊ muna [fe]da edromugad leo sin, na bidh doith agud as. Gab sil an beithe, maille re huisge na roisi, no na raibi uisge, no in midhaighe, oir is maith annsa cuis sin iad ; ⁊ da mbia da neart annsa mbrigh, leagar cuisli an cind ar dus do, ⁊ connmaidhtear gu maith e, ⁊ cuisli barr na srona annsein, ⁊ curthar guairi muici asdeach ana sroin do buain fola aiste, ⁊ madh eigean andsein leictear cuisli an edain do, oir foiridh sin teinnis an cind, ge mad arrsaidh e, acht guma lacach an meadhon. Item do

---

[9] Phrenesis. R.A. 692.   [10] Cf. I.T.S., vol. 25, p. 226.
[11] Catuli per medium fissi. R.A. 693.

fedaither deocha athraitheacha ⁊ lacacha do denam do mar adubrumar a leigeas an causoin.

A NAGAIDH AN CUIGEAD AICID[12] adubramar romaind doniter o fiabras .i. anbainde craidhi. Tuig an anbaindi donither o gheiri an fiabrais ⁊ ona mailis, gu naithinthear sin trid na comartaib do cuir Ipocraid ar Pronoxis .i. srona gera ⁊ airghe reighe setera, ⁊ leigheastar sin maille re biadhaib ar maith cum na heaslainte, mar ata sugh uball ngernel no a ngraineadha maille re haran, oir ata do dileas inntu sin gabail an morgaid on dentar an tadbar, gu madh lugaidhi iumpaigheas na biadha a drochdeathaidhib, ⁊ is maith doib buidhean ugh ar teigheadh na brighe do dul a nanmaine, ge roibi fiabras orro, oir is inand singoipis ⁊ eg beg, ⁊ is maith doib magralla coiligh ⁊ ein bhegadh cearc, do reir Auerroes. (⁊)

Et mad o leandaib omha donithear an anbaine is maith doibh aran arna thumadh a fin deaghbalaidh. (⁊) Mad o leandaib ramra raighne donithear an tadhbar, is maith inte aran maille re fin ara cuirfiter uisge te, uair donid na neithe fuara urchoid isa chuis sin, ⁊ as maith a dosach na cuisi uisge na roisi do chrothadh aran aghaidh ⁊ uisge fuar. Et mad o leandaib omha donithear indus go nimpaidheann an teas nadurda asdeach chum inadh an ceaddileatha ⁊ an dileatha tanaiste, ⁊ uair and donithear sin da dhusacht na brighi neoch do bi arna traethad (10b) leisan anbaindi craidhi, ⁊ uair ann do fedaithear uisge do crothad go hobann annsa naicisis aran tia ara mbia an anbainne craide, ⁊ ma tar eis na haicisisi crothar e uair doni gluasacht.

Item da ndearntar cleite circe do tumadh a naigead ⁊ a measgadh sa sroin, ⁊ foirfidh sin hi, ⁊ as maith an cedna a muchadh na breithe.

A NAGAID AN .UI.EADH aicid[13] donithear o fiabras .i. flux, ma sa sdaid tig, ni hinnenta leigeas ann, an fead bias an brigh ⁊ is i laidir, ⁊ gebe aimsear don easlainte a tiucfa, ma hiumarcradhach e, tabair siucra roiseaca, 'se arrsaidh do, oir da tucar siucra na roise nua do, doni sin urcoid ar son a uire, adeir Isidorus.

---

[12] Syncope. R.A. 693. [13] Fluxus ventris. R.A. 694.

AN LIAIGH I n-EIRINN A n-ALLOD.

Item as maith crual ⁊ cristall ⁊ niamhanda isan flux. Item as maith cruach Padraig ⁊ samadh ⁊ letus ⁊ ae aba ⁊ bainne almont do chur a potaitsi doib, donithear ar eanbruithi reithe. Item as maith sil na roisi ana enar doib no a mbiadh no lectubairi, no le fuil dregain no le maistix, ge mad anband an gaili. Item da ndearntar ubla searbadh na cailli do berbadh ⁊ a cur uman duban ⁊ uman imlican ma seach, ⁊ foiridh an flux fola re nabar disinteria, ⁊ a natharrach gu meinic ⁊ foiridh gach uili fhlux donithear ona hindib, acht munbha harrsaid e, do reir Ghailighen. Item duilleoga praisge do berbad a tri huisgeadhaib ⁊ a fasgad ⁊ a mberbadh fadheoidh a nuisge fhearthana maille re persille ⁊ re bainne almont foiridh an flux risa nabar diarraidhea.[14] Item da ndearntar seanchaisi do berbad a moran duisgeadhaib ⁊ fhasgadh annsein ⁊ a tirmugad ⁊ pudar do denam de ⁊ comtrom dragma da tabairt de ⁊ adeir Auidseanda nach fuil ni is treisi coisgeas an flux na sin. Item coisgid binid mhil[15] a chedoir an flux. Item cosa an duine ara mbia an flux do nighe a huisge ara mberbthar cruach Padruig ⁊ bithnua ⁊ duilleoga darach ⁊ curthar ni di fein mon meadhon. (11a) Item donid neiche sdipeaga urchoid isan flux donithear o dhunadh na nae ⁊ na cuisleand re nabar misiraidsie[16] uena. Item da ndearntar plur mine cruithneachta no mine raisi do rosdal foiridh an flux. Item coisgidh pudar na niamhtnaite[17] no an tuisge ara mberbtar hi gach uili flux noch is inleighis.

Item as maith an tartairi .i. lus an sparain, aran flux fola gebe ordugad a duibartar e. Item as maith an garblus annsa flux da curtar as cinn an tia ara mbia an flux he. Item as maith uighe arna mberbadh a finegra. Item as maith ann aran arna denam a nuamhain do phlur mine cruithneachta ⁊ buidhen ugh arna chur trid mar cleachtaid na tuatadha ⁊ cuirid daine cuimin trid ⁊ uair ann ni coir sin, uair da mbristear an cuimin gu ramar lagaid se, ⁊ da mbristear gu seim e coisgidh an flux ⁊ furailidh in fual, do reir Auidseanna,⁊ ailledig[18]

---

[14] Dysenteria. R.A. 694.
[15] Coagulum leporis .i. illud quod in stomacho eius reperitur. R.A. 696.
[16] & venarum meseraicarum. R.A. 696.   [17] *Leg.* niamnaite.
[18] secundum Avicennam . . . & hoc allegat Galenus. R.A. 696.

Auidseanna Gailighen uime sin, ⁊ trid sin is coir da tucar an cuimin isa flux a tabairt gu hindill.

Item madh o linn ruadh donithear an flux gab merbolaini sitrini ⁊ tabair ceinelach brisdi orro, ⁊ dena beagan da ruaghadh a naighean da eis sein ⁊ cuir a nuisge na roisi gu maidin, no na cruaiche Padruig idir da thshoitheach iad ⁊ sgagtar ⁊ glantar arna maireach ⁊ an ni shilfeas astu tabair don fothar, oir folmaigid adhbar na heaslainte reimhe ⁊ dunaidh ana diaidh. Item madh o linn fuar bias an tadhbar tabair merbolaini cebuili do ⁊ curtar a nuisge an fheineil gu maidin mar adubrumar. (⁊) Madh o linn dubh no o linn ruadh arna losgad donithear he, tabair merbolaini inndi ⁊ beileiritsi do ⁊ cuirthear a nuisge cruaiche Padruig gu maidin iad no a nuisge an feineil, madh o linn dubh nadurdha bhias, oir is anband tig sin acht a ndeireadh chartana no easlainte na seilge.

Item da mbia an flux gu himarcradhach ar son leighis lacaigh, no ar son anbainne na brighi a ndeireadh easlainte, tabair .iiii. ʒ do shil pibrair[19] arna ruadhadh a naighean do ⁊ arna berbadh a mbainde ghoirt no gu tiughaidhi, ⁊ ibeadh an teaslan, uair foghnaidh sin re gach ndeighenach adeir Auidseanna, ⁊ do bhearaid daine an bilar garrdha[20] (11b) amain doib arna theghadh a naigeann. Et muna feda an tothar leigheas do ghabail, curthar adharc mor aran imlican ⁊ fona cliathanaib ⁊ idir an da shlinden, ⁊ connmaiter re .iiii. huairib ann hi, ⁊ ceanglaidh; no curtar tuis no pic ar ndenam pudar dib ar smeroidib, ⁊ gabadh a dheathach fae no curtar smeroidi a crocan bel-chumang ⁊ curtar easgumain orro, ⁊ gabadh a ndeathach aran corugadh cedna, ⁊ coimilter an coinneall Muiri[21] da timtireacht arna tuma a fin bhog, ⁊ gu hairithi da mbe daerghalar[22] leisin air. Et bith ceinelach tirmaideachta, mar is fearr gu fetar isin biadh caithfeas, ⁊ trid sin is mor in comfurtacht isa chuis seo bainne almont arna dhenam le huisge fearthana; no pertraisi ⁊ ein bega eili, oir is beg na coisgid siad an flux do reir duchais.

Item madh a naimsir geimridh no a naimsir flich (*sic*)

---

[19] grana nasturtii. R.A. 697. [20] nasturtium hortensis. R.A. 697.
[21] detergatur anus molena . . . vel cum filtro intincto in cacabum. R.A. 697.
[22] tenesmus. R.A. 698.

bes an flux, dentar tene gan deataidh asdigh, ⁊ na licthear an taer is e teasaidhi, na se fuairidhe, da fetar a chondmail gu measardha, uair dingidh an taer fuaraidhi an meadhon ara ceili indas gu lagand se, oir da faisgea spongc²³ fliuch ara cheili, tig uisge as, ⁊ lagaidh an taer teasaidhi an bru do reir Auidseanna. Item is maith isa chuis sin na baill imeallacha do ceangal²⁴ ⁊ a dindsgaint aga mbun ⁊ a ceangal mar sin tar eis a cheili gu nuig a mbarr. Item da curtar cearchaill te aran meadhan fortachtaidh, oir coisgidh an leadarthach ⁊ an teinneas ag tarraing an adhbair amach, ⁊ donid daine fothrughudh isin cuis seo, ⁊ da ndearntar, is le luibib sdipeaga as maith a dhenam, mar ata resta boibis²⁵ .i. tren tarraing, ⁊ cruach Padruig ⁊ bithnua ⁊ a chosmaili, ⁊ na dentar acht began conmaid ann.

VOCABULARY.

Adhann, coltsfoot, *portulaca*.
Adharc, cupping horn, *ventosa, cornu, cucurbitula*.
Adhbar, matter, *materia*.
Ae ab ha, liverwort, *hepatica*.
Aicid, accident (of fever), *accidens*.
Aicisis, paroxysm, *accessus, paroxymus*.
Agairc, agaric, *agaricus*.
Aigean, pan, *patella*.
Aigeid, vinegar, *acetum*.
Ailledigim, I mention, recount, *allego*.
Airgibh, dpl. of ara, arach, a temple, *tempora*.
Alga, aphthous sore (in the mouth), *ulcus, scissura*.
Anbainne craidhe, *syncope*, faintness.
Andibhi, endive, *endivia*.
Atharrach, change, variation.

Bainne almont, milk of almonds, *lac amugdalarum*.
Beirene, verbena.
Beithe, box tree, *buxus*.
Berbeiris, barberry, *berberis*.
Bilar gharrda, *nasturtium hortensis*.
Binid mhil, rennet, *coagulum leporis*.
Bithnua, St. John's Wort, *hypericon*.
Bitoine, betony, *betonica*.
Brigh tochlaitheach, digestive force.
Buidhen uighi, yolk of egg, *vitelli ovorum*.

Cabson, causon, an inflammatory fever, *causon*.
Cail, quality.
Caindi, candy.
Cainel, cinnamon, *cinnamomum*.
Cartana, quartan fever, *quartana (febris)*.
Ceangal, constipation.
Cearchaill, pillow, *pulvinar*.
Claethmodh, changing, *vn.* of claethmuighim, I change.

---

[23] sicut spongia. R.A. 698. [24] *Leg.* coimilt. frictio extremitatem. R.A. 698.
[25] Resta bovis. R.A. 698.

Cliathanaib, chest, ribs, *sub hypochondriis*.
Clisdire tarraingtheach, an attractive clyster, *clyster attractivus*.
Coileardha, choleric.
Collera praisina, eruginosa, *cholera prassina, aeruginosa*, two forms of choleric humour.
Coimbris, bruise, *inv*.
Coinneall Mhuire, great mullein, *molena*.
Cristall, crystal, *cristallus*.
Cruach Padraig, plantain, *plantago*.
Crual, coral, *corallus*.
Cuilen, whelp, *catulus*.
Cuisle an cind, cephalic vein, *cephalica (vena)*.
Cuimin, cumin, *cyminum*.

Daorgalar, piles, *tenesmus*.
Deoch athraitheach, alterative drink.
Dragma, drachm.
Duainneadh, fontanelle, *commissura capitis*.
Dubhan, kidney, *renes*.
Duinti, oppilation.

Eang, a strip.
Easbaidh ceille, *alienatio mentis*, delirium?
Easguman, eel, *anguilla*.

Feineal, fennel, *faeniculum*.
Fiabras ger, acute fever, ague, *febris acuta*.
Fothrugudh, bath, *balneum*.
Frenisis, frenzy, *phrenesis*.
Fuil dregan, dragon's blood, *sanguis draconis*.

Gaethmhaireacht, flatulence, *ventositas*.
Garbhlus, goosegrass, *rubia minor*. An leg. madder? cf. *rubia maior* .i. an madra, Revue Celtique, ix.
Gealan uighi, white of egg, *albumen ovis*.
Grainde, grain, seed, *grana*.
Greann, rigor.

Imlacan, navel, *umbilicus*.
Ira pigra, hiera pikra, a remedy composed of various drugs.

Lacach, loose, relaxed.
Leadartach, gripes? *torsio*.
Lectuaire, electuary, *electuarium*.
Letus, lettuce, *lactuca*.
Linn dubh, fuar, melancholy, phlegm.
Lus in sparain, shepherd's purse, *sanguinaria*, cf. lus na fola.

Magralla, genitals, *testiculi*.
Mailis, malice, *malignitas*.
Maistix, mastiche, *mastix*.
Merolaini beileiritsi, inndi, cebuili, sitrini, *myrobalani bellerici, chebulli, sitrini, indi*.
Midhaighi, nightshade, *solatrum*.
Morgadh, corruption.
Muchadh na breithe, *suffocatio matricis*.
Miseraidci uena, meseraic veins, *meseracia vena*.

Neasgoid, boil, *apostema*.
Niamhain, pearl, *margarita*.
Niamnaid, tormentil, *potentilla tormentilla*.
Nutamug, nutmeg, *nux moscata*.

Pertrais, partridge, *perdrix*.
Pibrair, *nasturtium*.
Pic, pitch, *pix*.

Pingin, penny, *ducatum*.
Ploini, peony, *paeonia*.
Potaitsi, pottage, *brodeum*.

Raibhi uisge, water rue, *nenuphar*.
Rais, rice, *oryza*.
Reithe, ram, *aries*.

Saitsi, sage, *salvia*.
Samadh, sorrel, *acedula*.
Scamonia, scammony.
Sdipeaga, styptic, *styptica*.
Sealg, spleen.
Singcoipis, syncope.
Sitheal, a basin, *pelvis*.
Siucra roiseaca, sugar of roses.
Sponge, sponge, *spongia*.

Tamareind, tamarind, *tamarindi*.
Tartaire, tartary ? cf. lus in sparain.
Teagail=an t-seagail, *gsg.*, rye.
Teinegail, houseleek, *sempervivum tectorum*.
Timtireacht, *anus*.
Tuis, incense, *olibanum* ?

Uball gornel, pomegranate, *malum granatum*.
Uball searbh na caille, crab-apple ? *poma sylvestris*.

ROIṁ-RÁḊ.

D'iarr mé ar mo ċarain Séamar Ó Caoṁánaiġ an rgéal ro le Páoraiġ Ferriṫér[1] do ċur i n-eaġar, ⁊ nótaí ⁊ míniú do ċur leir, oir ní ḟeól dam aon duine eile a ḃfuil an méid céadna eólair aige ar nórannaiḃ ar ḋaoiniḃ aġur ar ċanaṁain na tíre rin, aġur atá aige-rean. Tá ré aġ obair fá láṫair ġo dírea ar na ruḋaiḃ céadna, ⁊ do ċuir ré mé féin ⁊ luċt léiġte lia ḟáil fá ċomaoin móir leir an obair atá déanta aige ar an rgéal ro.

An fear neaṁ-ċoitċeannta Páoraiġ Ferriṫér do rġríoḃ an rgéal, ruġaḋ é i n-iarṫar Contae Ciarraiḋe, ran mbliaḋain 1856, aġur ḟuair ré bár i nAmerica, i Chicago, 1924. D'ḟáġ re a ċuid láiṁ rġríḃinní aġam-ra le taḃairt do Ċoláirte na hOllrġoile i mBaile-Áṫa-Cliaṫ. Oċt rġríḃinní déaġ ar ficid d'ḟáġ ré aġam. Níl i ġcuid de na rġríḃinniḃ reo aċt leaḃra beaġa, aċt tá timċeall riċe ceann aca mór ġo leór. Orra-ran atá leaḃar do rġríoḃ ré féin a ḃfuil oċt ġcéad dán ann tarraingte ar rġríḃinniḃ eile. Rinne mo ċara Eiḃlín ní Óġáin clár díoḃ, aġur tá riad ġo léir ran ġcoláirte anoir.

Ná raoileaḋ éinne ó'n rtíl, ná ó aon innrint ṁí-náḋúrḋa ran rgéal ro, naċ fíor "fóc-lór" é. Tá ġo dírea an ċreideaṁ céadna aca i dtaoiḃ tíre fá'n ḃfairrġe i n-áiteaċaiḃ eile. Aġ reo an currior air do ḟuair mé ó Seán Mac Maṫġaṁna ó Luaċ Duḃlinn i ġContae an Cláir. Ḃí mé aġ fiafruiḋe i dtaoiḃ Cill Stuifín ⁊ do rġríoḃ ré mar leanar; ní aṫruiġim a liṫriú.

"Tá ré mar béaloideaḋ 'nár mearġ ġo raiḃ fad ó riaṁ nuair ḃí Éire ġlar na Fiann ġo húr óġ, dúṫa nú parráirte don ainm cill rtuifín ann. Lá ḋer na laeṫeannta rluġaġ ġo hobann an dúṫa rin ríor ré r na tonnta mara. Ḃí ré 'na luide, deirtear linn, inr an ḃfairrġe atá idir áillte an Ṁoṫair (Cliffs of Moher) air taoḃ Cuan Lorceannúir [aġur] roir ġo dtí Oileán Caoraċ (Mutton Is.) leartíar don Caṫair (Miltown Malbay). Innreóiġ na h-iarġairí ḟór duit ġur féidir tiġeanna aġur bailte Cillrtuifín a ḟeircint ġo roiléir nuair a ḃíonn an ḟairrġe ciúin aġur an rpéir ġorm. Creideann rin [i.e. na hiarcairí] ġo n-éiríġeann an talaṁ rin or ceann na dtonn uair inr an reaċt mbliana. An té cífiġ ir baoġalaċ do bár lear-a-rtiġ don bliain, nú, má ṁaireann blian, mairfiġ reaċt mbliana. Deirtear naċ mur [mór] duit do ḟúil a ċoinneáilt ġreaṁta air an dtalaṁ rin cill rtuifín, nuair a ḋreicaiġ tú é, oir ní ṫúirġe atá do ḟúil bainte de ná tá talaṁ aġur tráiġ imiġte aġur ġan le feircint aċ an ḟairrġe lom. Deirtear ġo n-orġailaoin bealaċ tirm amaċ ó áillte an Ṁoṫair ġo Cillrtuifín, nuair d'éiríġeann ré. Deir daoine ġur cuid do Cillrtuifín Oileán Caoraċ, ġur b'in ar[2] ṫan or ceann mara de. Ruḋ eile de, nuair ḃíonn an ḟairrġe 'na loċ inr an lá áluinn Samra, aġur an rpéir ġo ġorm or a ceann, ḃíonn an tonn bán ríoṫaṁail ġo ríorruiḋe aiġ brireaḋ or ceann an áit a raiḃ Cillrtuifín, aġur ar[2] ġaḃ leir inr an rean Éire a ḃí ann fadó."

---

[1] Ir mar ro do rġríoḃaḋ ré a ainm féin.   [2] "Air" rġríoḃ ré.

an breasail.

Ag sin mar atá an sgéal aca i gContae an Cláir, agus is é an sgéal céadna atá aca i nÁrain. Is ionann an tír sin atá fá 'n bhfairrge agus Tír na nÓg, nó Tír Tairngaire nó Pártas na nGaedeal, agus ní ar a stuaim féin do cheap Pádraig Feiritéir é act d'innis sé dúinn na rudaí do chuala sé féin agus gach duine eile i dtaoib na tíre seo. B' éidir gur cuir sé snas beag ar an sgéal, act má cuir, is beag é.

an CRAOIBÍN.

an Breasail

Tá an sgéal seas so le fágail i láimsgríbinn a 16, de láimsgríbinní Pádruig Feiritéar i gColáiste na h-Oll-Scoile, i mBaile Átha Cliat, leatanaig 99-109. Tá uimreacha ar leatanaig na láimsgríbinne ar dá slíge, mar tornuigead ar na h-uimreacha a cur orta ó tosach na láimsgríbinne ar dtúir, agus na diaid sin, tornuigead ag deiread na láimsgríbinne aris, agus cuiread uimreacha ar na leatanaig nú gur stoicead tosac. I gcás an sgéil seo, is oirúinaige áiream ó deiread na láimsgríbinne.

Ní innseann Pádruig cé'd é an sgéalaide, ac mar is léir, ba ó'n dtaob úd de Corca Duibne é féin agus an sgéal. Bíod sgéalta ar an mBreasáil (ó Breas+gal, labartar é mar Breas-soil) coitcianta sadó, ac táid ag fánú anois.

Ní h-é an béal-innsint ar sad atá ar an sgéal, ac tar beagán, ní mór ná gurb é.

Cuir Pádruig leitriú neam-gnátach in úsaid go minic. Scríobann sé:—

(1) 'é' in ionad 'ea', céd (céad).
(2) 'a' in ionad 'ea', páircanna (páirceanna).
(3) 'i' in ionad 'ai', fálid (fálaid).
(4) 'ai' in ionad 'i', tánaig (táinig).
(5) 'u' in ionad 'o', gu (go).
(6) 'ae' sa n-áit go scríobtar 'ao', anois, Naem (Naom).
(7) 'air' go minic in ionad 'ar.'
(8) 'agta' in ionad 'aca.'
(9) 'doir' in ionad 'do.'
(10) 'deir' in ionad 'de.'
(11) 'airti' in ionad 'uirti.'

Bí a cuir féin ag Pádruig leis seo, óir tug sé iarract ar focail a cur síos go minic do réir a bhfuaime. Ba minic nuair a deigil sé focal 'na siollaí, gur oir an leitriú don deigilt a dein sé, mar cuir i gcás, fálaid, fál-id; páirceanna, páirc-anna.

Bí sé tugta, leis, do focail cóm-fuirte neam-coitcianta.

Na nótaí atá curta agam leis an sgéal, nílid só-fairsing, agus bféidir cur leo. Ceal slíge is bun le 'na ngiorract. Tuigtear leis, gurb é Iartar Corca Duibne an ceanntar atá i gceirt, agus gur le na canamain atá gac tagairt ag dul.

SÉAMUS Ó CAOMHÁNAIG.

an bReasail.

Lá breaġ aoibinn ġréine i gcómrac bealtaine[1] a'r Meiṫim[2] ḋár ċuaiḋ Cáit Ṡeaġain Ṡéamuir Uí Ṁainín, agur rgata cailíní ó an ṫaeḃ ṫoir ḋe Ḃaile Uaċṫrac,[3] ruar ar Ḃinn Ṫúirnín,[4] ḋo ċonnacaḋar, ní ḟarraige, aċt páirceanna breáġṫa, garraiḋṫe cluṫmara,[5] garráin agur coillte, tiġṫe geala con a[6] ḃfálaiḃ crann, agur tiġṫe móra con a lanntánaiḃ, coilltiḃ, agur maire-ḋeirireaċtaiḃ,[7] mar ar ġnáṫaċ leó an muir mór ḋ'ḟeicrint gaċ aen lá eile.

Ḋo líonaḋar ḋ'ionġantar, agur ag géilleaḋ ḋo an gcéaḋ ċuimneaṁ a ṫáinig in a gceann, ríuḋ anuar leó go ḋtaḃarfaiḋír muintir an Ḃaile leó ruar, ag féaċaint ar ḃféiḋir an áit ḋo ċongḃáil mar rin, nó ḋul ċum[8] cómnuiġṫe ann.

Níor ḃfaḋa anuar ḋo ṫánaḋar ar a fon ran, an uair[a] ḃuail tairḋḃreaṁ eile iaḋ, agur ríuḋ ruar arír leó ḋe ḟonn[9] go ḃricfiḋír[10] an raḋarc ionġantaċ arír, agur i gcóir go nḋéanfaiḋír ḋeiṁniġṫeaċ iaḋ féin agur naċ mbeaḋ[11] aen eagcruinnear in a rġéal.

An uair a ṫánaḋar i raḋarc na farraige, an aṫ-uair, ní raiḃ tamar[12] na ḋúṫaiġe ḋeóranṫa le ḟircint[13] aca, aċt aṁáin in a h-ineaḋ, ḋo ḃí an muir mór, mar ḃaḋ ġnáṫaċ, rínte in a h-úrlár gorm-ġloine[14] amaċ go bun na rréire, gan aen ṁéam[15] ríú aṁáin coir na faille innte. Agur ór a cionn, ḋo ḃí na gainéiḋ ag gaḃáil riar, faoilinn ag

---

[1] ḃealtaine MS. ḟuaimiġṫear an focal, ḃeall-taine, "ḃeall" mar "ḃeaḃl."

[2] Miṫaiṁ MS. in a lán focal ní ḃíonn aon ḃríġ ran ' e ' in 'ei.' Laḃairṫear Meiṫeaṁ mar Miṫeaṁ ; leig mar lig, etc.

[3] Ḃaile Uaċṫrac, ḃaile i ḃfarróirṫe an Ḟirtéaraiġ.

[4] Ḃinn Ṫúirnín, beann ar an gcnoc, ar ḃruaċ na faille anaice an Ḃaile-Uaċṫraiġ.

[5] cloiċara MS. ḋar liom gur ḃé an focal "cluṫmara" uirir iol ḋen aiḋiaċt ' cluṫṁair,' sheltered atá i gceirt. Ḟuaimiġṫear é mar ' cluṫ-air ' nó ' cloiṫ-ir ' pl. cluṫ-ara.

[6] Con a MS. Tá rian na leaḃar ar reo=go n-a, "le n-a," a ḋéarfaḋ.

[7] maire—ḋeirireaċtaiḃ, ó maire + ḋeirireaċt ; an unusual compound, ḋeirireaċt=ḋeire.

[8] cum. ní ġnáṫaċ ro ḋo ċlor. Tá a lán fuirmeaċa ḋen riaṁ-focal ro ranáit ; ċun, ċuim, ċuig ; pé uair a ċloirṫear an ' m ' ḃíonn ré caol, ' ċuim ' aċ ir anaṁ a ċloirṫear é reo.

[9] ḋe ḟonn. ní ċloirṫear aċ "ḋḟonn."

[10] go ḃricfiḋír. Feic nóta ar Miṫaiṁ.

[11] náċ mbeiḋaḋ, MS. ' ná ḃeaḋ ' aḋeirṫear.

[12] ní raiḃ tamar, etc.=ní raiḃ aon ḃíoc ḋi le feircint. Tá an focal ro anaċoitċianta ra n-áit reo.

[13] ḟircint MS. Fircint, aḋeirṫear.

[14] gorm-ġloine. Cuireann an focal ' gloine ' i n-úil an ciúnar a ḃí ann. Ḋeirṫear nuair a ḃíonn an ḟarraige ana-ċiúin, "tá an ḟarraige 'na ġloine."

[15] ṁéam. Also miam=corruiḋe. 'Sé an bun-ċiall atá leir, "an riolla ir luġa gaoiṫe."

an breasail.

rámóireact¹⁶ rall agus anall, agus roir agus riar
coir na cloice,¹⁷ riaig-mara¹⁸ ag rgrogail¹⁹ ar an gcloic
duib irtig, agus ceann ránac ag rgréac-liugad²⁰ anro
agus anrud,²¹ colúir go rteille-beataig ag eiteall
in a rgataib ar ruaid na bfaillteac, an reabac ag crit-
breatnugad in ran rréir, an fiac ag raiчитиad ó bárr
rréice,²² agus na ríobóga raille²³ ag clirmirt rall agus
i bfor, do réir mar connacadar iad, go minic roime rin.²⁴

Má bí iongantas ó ciainib ar na cailínib, do bí lán-
iongantas anois orta, agus níor stad ré ar rin dóib,
mar do táinig eagla orta go raib draoideact éigin
in ran rréir in a dtiompal, agus lé rgannrad go
n-eireógad aon cinemain dóib, do gluaireadar leota
abaile, mar ar innreadar go h-uatbárac a breacadar.

Dubairt na buacailli gur rcát-fúili²⁵ a bí orta.
Dubairt cuid de rna cailíní a bí ag baile gur earbad
codalta a táinig leota. Dubairt tuille aca, a bí
bféidir éadmar, gur deasрcad éigin cailicín²⁶ a bí orta.
Dubairt a tuille gur b'amlaig a bíodar in rna púcaib,²⁷
agus go mbeidír á bfeicrint fearoa arír. Dubairt
na rean-daoine go b'í²⁸ an Breasail a connacadar.
Do bí gac éinne²⁹ ag cur a coir féin orta, agus rud
éigin lé rád ag gac nduine in a dtaeb, gur gaib Taдг
an tSuain, an t-rlige.

Ar clor an rgéil dó-ran, ní go ronamadac a tóg ré

---

¹⁶ ag rámóireact; ag imteact trír an aer go rám.
¹⁷ coir na cloice, bíonn brig áirigte leir an rád ro i gcómnuidc, ir ionann
é agus le h-air na talman [nó an oileáin, nó na cloice, a bíonn i gceirt.]
¹⁸ riaig-mara, cormorants; fiac mara=a cormorant.
¹⁹ rgrogail, ó rgrogall, neck;=craning their necks, mar bíonn na h-éanlaite
reo go mion-minic.
²⁰ rgréac-liudad, an usual compound, ó, "rgréac" agus "liug"=ag
leigint rgréac arta féin.
²¹ inro agus inrud. Bíonn ruaim 'in' ag 'an' i dtorac na bfocal ro go
minic.
²² barr rréice; rriaca, nó rрice, sin aon áit a bíonn áro agus caol 'na barra=
a peak, etc., gen. rréice.
²³ ríobóga-raille. Ean glar iread an ríobóg. Bíonn rí in rna gortaib cóm
mait leir an braill. Also radbóg. feic riabóg [Dinneen.]
²⁴ roimrin. Riceann an réamfocal agus an roraimn 'na céile go mion minic.
²⁵ rcát-fúilí. Bíonn rcát-fúilí ar duine, nuair ná bíonn ar a cumar feircint
go mait, ar read tamaill, cé ná bíonn aon nfó ar an rlige ar a fúile ac ar read
na h-uaire rin. feic Dinneen, dimness of vision.
²⁶ cailicín. Galar a tagann ar na rúile, lé na dtagann ragar rcáta orta
leir, agus ná bíonn an radarc ró géar anran. feic. Cailcín [Dinneen.]
²⁷ in rna púcaib; go rabadar ré draoideact na bpúcai. Níl an focal "ride-
óga" ra n-áit.
²⁸ go b'í. i n-ionad "gur b'í." uráidtear go fairring é reo.
²⁹ gac aen. 'gac éinné,' nó "gac n-aen," adéarrai.

130   an breasail.

é, agus taipéir tuairirce cur go cruinn ar na cailiníb, agus fíor-fáta an rgéil o'págail uata, ríoé mar oubairt ré—"Níl breag i rgéal na mban óg. Ir i an Breasail an oútaig iongantac ro a connacaoar. Tír ir eao i reo atá ré oraoioeact anro lartuaig agus riar-ó-tuaig orainn. Noctann rí agus bíonn rí lé ricrint ag rúilib oaonna[30] uair in ran t-reactṁao bliaoain, agus lé linn í oo ficrint, oá gcaitríoe oornán oe cré na h-Éireann uirte, o'imteógao an oraoioeact oi, agus o'fanfao rí noctuigte. Ir iomoa ouine riam a connaic an Breasail, ac ní ráṅgaig lé h-aen ouine fór an oornán cré oo caiteam uirte, cé go gcuaio,[31] act go h-áirigte aenne amáin béo beataṁac[32] innti, a táinig airti arír abaile rlán folláin.

O'fiarruig na garrún oe cé'r b'é an ouine rin, agus oubairt reirean gur b'é Donncao Ó Dúboa.

"Innir oúinn connur oo cuaio ré ann," ar riao ran "Inneórao," ar reirean, "ir mar reo a tárluig oo."

Sgéal Donncao uí Dúboa.

Do bí Donncao Ó Dúboa, lá breag aoibinn Meitim, ag bailiugao rcatán feamnaige ar Tráig na ngort nOub, agus tairéir an bailig ré oo cuirnugao[33] i oteannta céile, có faoa ruar ó an otaoioe ná raib fór in a lag-trága[34] agus gur faoil ré go mbeao aga a bóitin aige ar oul abaile agus an t-aral oo tabairt leir, cum í oo cur ruar ar an oúimic,[35] oo gluair ré cum teact abaile. Ac ar teact go barra-taoioe oo, oo crom ré ar bailiugao na rean-feam tirim a bí ar an mbarra taoioe, agus an uair a bí beart mait oíob ro bailigte aige, oo bí ré có copta ran agus gur fuio ré ríor lé h-air an birt, cum a anáile oo tarrac, rara otabarfao ré fé an mbeart o'árougao ar féin.

---

[30] rúilib oaenib, MS. ac ní abruigtear é reo.
[31] cé go gcuaio : oéarraí leir, " cé gur cuaio " ac ir go hanaṁ aoéarrai " cé go noeagaio." Ní cloirtear " cé go noeacaio " cóṁ faoa agus ir eól oom.
[32] beataṁac; uráioteap an ráo ro " beó beataṁac " go rairring ra n-áit= alive, active, strong. feic beatac [Dinneen].
[33] cuirnugao. fuirm eile cuirniugao. 'Sé focal ata i gceirt, cruinniugao. 'Na lán focal go bruil ' r ' 'na otorac inoiaio conrain eile, tagann acrú oá fagar ro, roluiroí—orairo 7 o[u]irro ; orairoeam 7 o[u]irroeam, cruitneact 7 cuitneact.
[34] lag trága, low tide.
[35] oúimic, sand-dune. fuaimigtear é, " oaoit." Ir ionann ainmneac 7 tabartac oo ra n-uim uataio. gein. uat. Duimce. feic Duṁac [Dinneen].

an bReasaíl.

Do bí an ġrian ag buiḋiuġaḋ ṡuas ré an otṛáṫ ṡo, agus na fuiṡeóga go binn in ṡan aeḋaṛ lé gaiṛe-ṫuilltiḃ[36] binnis, ag déanaṁ ṡuaṡ aen ḋoig[37] ḋá ḋtugaḋaṛ in a dtimpiṛeaċt[38] i mbṛotal an lae. Ba móiḋe a gceól gan aen ġal ḋo beiṫ ann ḋe'n ngaoiṫ, agus lé paċt ciunais gur ċloṡ go ṡo-léaṛta[39] aṛ a' dtṛáig, na ḋaoine ag cainnt i n-Áṛt-na Caine[40], in ṡan b́feaṛann, aṛ na Goṛtaiḃ Duḃa, [aṛ] na Cluaintiḃ, i gCaṫaiṛ Cuinn, agus ṡiú aṁáin i mbaile na ngall.

Do bí an cuan gan aen ṁéam ann, aċt oiṛeaḋ agus ḋáṛ baḋ[41] sgátán gloine é, agus ḋaṛ lé Donncaḋ Ó Ḋuḃḋa go gcloiṡeaḋ ṡé fuaim cos na poilleóg[42] ag ṡit ṡall agus anall aṛ an ngainiṁ ṡíoṡ ag béal tuinne. I bṡṡaṛaḋ na ṡṡéiṡe ḋo beiṫ ciúin ḋo bí ṡí có gluaiṛ-glan ṡan agus gus taiḋḃṛigeaḋ ḋo Ḋonncaḋ go gcíoṛeaḋ[43] ṡé ṡeaṛ i mbaṛṛ Ċnuic Ḃṛéanain,[44] agus go gcóṁaiṛeóġaḋ ṡé na h-uain i meaṡg na gcaeṛeaċ aṛ taoiḃ Ċṛuaiċe Máṛtan.[45] Níoṛḃ aon ṛaḋaṛc leiṡ an lia-ċṛoṡ[46] i ṛoiliġ Ṫeampaill Ċill Ṁic Éaḋaiṛ[47] ḋo léiṛ-ḃṛeaṫnuġaḋ.

Maṛ aen leiṡ an ṛṡéiṛ ḋo beiṫ ciúin gluaiṛ-glan, ḋo bí cneaṛḋaċt-ḃoige[48] éigin ag tuaṛ[49] ċum ṛáiṁe aigne agus cuiṛṛ innte có maiṫ. Agus ḋo bí an ḃoige ṡeo có caoin ṡin, agus gaċ aen niḋ in a tiompall có taiṫneaṁaċ agus gus ċeaṛ Donncaḋ gur ḋṛaoiḋeaċt a bí ag teaċt aṛ an ṛaoġal, óiṛ náċ ḃṛeacaiḋ ṡúil ḋuine ḋaṛ leis ṛiaṁ, ó iṫ Éaḃa an t-uḃall coiṛcigṫe in Éaḋain, tṛáṫnóna baḋ ḃṛéaġta i ngoiṛmeaċt ṡṡéiṛe, i gciúin-

---

[36] gaiṛe-ṫuilltiḃ, ó gaiṛe [a gush, stream], agus tuille [increase, overflow]
[37] ḋoig, léan, bṛón, pian : anṛo, bṛón, nú ṡailliġe.
[38] tímpiṛeaċt, ṡṛeaṛtal, ṛeiṛḃíṛ, anṛo an ṡṛeaṛtal ceóil atá i gceiṛt.
[39] ṡo léaṛta=go h-an-tṛoiléiṛ. Deimṫeaṛ uṛáiṛ ṡaiṛṛing ḋe. Ċuala go ṡo-léaṛta é. I heard it very clearly. Connac go ṡo-léaṛta é. I saw it very distinctly.
[40] Áṛt na Caine [Smerwick], an ṡeaṛann, Goṛta Duḃa, na Cluainte, Caṫaiṛ Cuinn, tá ṛiaḋ uile i bṛaṛóiṛte an ṡiṛtéaṛaiġ. Baile na ngall [Bally-David] i bṛaṛóiṛte Cill Ṁic Éaḋaiṛ anaice lé ṛaṛóiṛte an ṡiṛtéaṛaiġ.
[41] ḋáṛ baḋ. Deimṫeaṛ uṛáiṛ ṡaiṛṛing ḋe ṡeo. i n-ionaḋ "ḋa mbaḋ." Also ḋa mba, ḋá ba, ḋá buṛ.
[42] ṛoilleóg, éan ṛaiṡṛaige ; oyster-catcher, razor-bill.
[43] go gcíoṛeaḋ, in-ionaḋ go ḃṛeicṛeaḋ. Tá an ṡuiṛm ṡeo ana-ċoitċianta.
[44] Cnoc Ḃṛéanainn. Mt. Brandon.
[45] Cṛuac Máṛtan, Marhin Peak ; láiṁ lé Baile an ṡiṛtéaṛaiġ.
[46] lia-ċṛoṡ ; a stone-cross.
[47] Ṫeampall Ċill Ṁic Éaḋaiṛ, i bṛaṛóiṛte na Cille, áit go bṛuil ṡean-eaglaiṡ.
[48] cneaṛḋaċt-ḃoige, ní gnáṫaċ a léiṫéiṛ ṡeo ḋo ċloṡ ; cneaṛḋa, gentle, bog, fair, mild.
[49] ag tuaṛ ċum ; ṛé ṡin, bí an ṛṡéiṛ agus an uain cóṁ ḃṛeaġ bog ṡan go gcuiṛṛeaḋ ṛí ṛáiṁe agus ṡuaiṁneas aṛ an aigne agus aṛ an gcoṛṛ. Ag tuaṛ ċum báiṛtiġe=ag bailiuġaḋ ċum báiṛtiġe, etc.

AN BREASAIL.

glainir aedir, i mbinneas na n-éan, i n-datamlacht na n-uile glasraide agus i leamhac⁵⁰ fuaimneas mara, ioná é.

Do bí ré in san, tamall, in a shuide agus é ag féachaint síos ar uisce an chuain in a raib an tír mór-dtiompall, roinn cnoc, tig, cloide, agus beithideach á h-amharc⁵¹ féin, an uair a tairbrigeadh do, ar fead na súl gur nocht drom-slige⁵² péird fairsing amach thrír⁵³ an gcuan, ag rgartadh an uirce in a caol⁵⁴ dorcha ar gach taob di, agus ar n-a ficsin sin do, riud síos leis cum go scríobhfadh ré cad a bí ag titam⁵⁵ amach.

An uair a chuaid sé síos ní feacaid sé ach an rud céadna a connaic sé ó an áit suas, ach do bí an tslige a nocht⁵⁶ có tirim sin agus gur b'iud amach lé Donncadh, ofonn go scríobhfadh ré an fada amach, agus cá méid den chuan, do nocht.

Ní raib Donncadh dar leis féin ag siubhal có fada agus bead ré ag dul ó barra-taoide Trága na ngort n-Dub suas ar an duimhic, an uair, ar tógbáil a cinn, do fuair ré é féin i n-dútaig iongantach nár⁵⁷ b'aichnid do aon áit dá bfeacaid ré in a tiompall.

Connaic sé tigte. Connaic sé coillte. Connaic ré aibne, loca, innisríde, mullóga,⁵⁸ cnuic, cumaraca,⁵⁹ agus cruaca rgealgaca,⁶⁰ agus gach aen áit dá bfeacaid có draoideacht-cúmta agus có mian-taitneamach san agus gur beirim do ná feaca ré riam roime sin aon áit a cuirfeadh ré i gcomórtar in aoibneas il-éagsamail, lé h-aen áit dá bfeacaid ré anois. Ní raib tig-muar ná cairleán, ó tig Doiminic Ferriter i nGleann Stuinge go Cairleán Iarla Corcaige ag Lios Muar na Naem,

---

⁵⁰ leamhac, glaodtar leamhac ar pairte ciúin sa bfarrsige.
⁵¹ ag a h-amharc féin : 'á in-ionad 'ag a' a déarfaí. "Tír" atá i gceirt.
⁵² drom-slige : drom=aon áit a bíonn ós cionn na coda eile ; cuir i gcás ; droim talmhan [a ridge]. Drom-slige ; i rgéalta a cuireann síos ar talamh a eirgeadh sa bfarrsige, deirid i gcómnaide " d'eirig dromslige sa bfarrsige," tuirc go mbíonn an farrsige ar gach taob di.
⁵³ thrír. Tá an lán fuirmeaca ag an réam-focal thré mar, thrí, thrír, thríor, thríd.
⁵⁴ caol, a strait.
⁵⁵ titam, ríod mar fuaimigtear " tuiteam."
⁵⁶ a nocht, tabair ré n-deara nách "a noctadh" a tá aige ; rid é an gnát rud sa ceanntar so [active for passive].
⁵⁷ ionmhágar=nár.
⁵⁸ mullóg [also bullóg] a hillock, mullóga pl.
⁵⁹ cumar, gleann fairsing roir d'á cnoc : cumaraca pl.
⁶⁰ rgealgaca adj. pl. of rgealgac, rough [in surface]. Is ionann é agus garb, bruite, etc. Aimsir rgealgac=aimsir láidir, stoirmeach.

an bReasail.

ná ó Carraig Ó gCainneal,⁶¹ go Cuan Dor⁶² ná feacaid ré [lé n-a linn], act níor b'ionann do aen tig díob agus do tigtíb na dútaige seo. Connaic sé an tSionna roir a coill-bruacaib caem-fánacaib,⁶³ lá breág gréine i ndeire Meitim, ag deallrugad go ruitneac, agus ártaige go líonmar ag seóladh tar a céile ar a druim. Connaic sé Cuan-Dair in a lán-aoibnear, biairte⁶⁴ eile. Dó feól ré ruar an Aba Muar ó Eócaill go Ceapa Cuinn, agus ríor arír. Ir iomda uair a triall ré trír a' nGleann Garb ag iarraid ádmaid. Do tairceal ré gac óroluc de an mBláníain, agus ní raib cúil,⁶⁵ com, ná cumar in aen áit tiompall Cille Áirne, nár b'aitnid do a rgéim go cruinn i ndubluacair có mait lé i mbiairte na bliadna. Act ní raib ball in aen áit díob cum dulta ríor⁶⁶ i mbréagtact, lé h-aen áit dá raib anoir in a tiompall, agus ir minic a tug sé turur ar ártac ó'nDaingean go Corcaig, agus tarnair abaile. D'fanfad Donncad go lá deire a raogail ag amarc an draoideact—aoibnir a bí leatta amac mór dtiompall air, muna mbead gur tug sé fá ndeara go raib an dorcadar ag iadam anoir, óir do bí an grian ré lé tamall, agus i dtaeb a beit ar a aitne, do táinig imníom air cum ruitne na h-oídce d'fágail i dtig éigin, rara mbéartac an oídce air. Súid leir go dtí an tig bad luga a connaic sé in a tiompall, gíd go raib dóitin duine uarail de tig annran dar lé Donncad.

"Céad míle fáilte rómat a Donncad Uí Dubda" arsa bean-an-tige, có luat agus cuir ré dá lín⁶⁷ an dorair irteac de, agus rul an raib⁶⁸ aga aige ar ruinn iongantair do déanam, ná do teact air.

"Céad míle fáilte roim Donncad Ó Dubda" arsa fear-an-tige, a táinig irteac ar fálaib Donncad.

"Céad míle fáilte roim Donncad Ó Dubda" arsa

---

⁶¹ Carraig Ó gCainneal; na diaid seo ran MS. tá "[Caraig ó g]."
⁶² Cuan Dor: ór a cionn so, scríbte lé peann luaid, tá Dún na Séad.
⁶³ caem-fánacaib; fánacaib, ó fán, a slope.
⁶⁴ biairte, uair, nú tamall eile. Tá a lán brig leir an brocal so. biairte=season. Tá biairte na mairncréal ann anoir=This is the mackerel season. biairte=an extent of time. Tá biairte mait caitte agam ar an Oileán=I have spent a long time on the island. biairte=one's fill. Dein ré biairte mait ar an mbiad=He had his fill of food.
⁶⁵ cúil, a corner, etc., here a secluded place. biairte=ra t-Saorán.
⁶⁶ cum dulta ríor=lé cur i gcomparáid. Deintear uráid fairring de seo.
⁶⁷ dá lín an dorair, also, dá líg an dorair=the two posts of the door.
⁶⁸ rul an raib, cloirtear é seo cóm mait lé 'rul a raib.'

an bReasaiL.

buacaill óg an tiġe, ag caiteaṁ ḟiaṙ ṁairḃ⁶⁹ ṙá ġuailliḃ, aġus ag breit an caṫaoir, ṙo ḟosruiġ sé cois na teineaṙ í, aġus an cup Ḋonncaṙ in a ṡuiṙe uirte, ṙuḃairt sé leis a ċuirse ṙo cup ṙo,⁷⁰ aġus go raiḃ áṫas orṫa an ḟaṙ, 1 ṙtaeḃ é ṙo teaċt cum saireaċ⁷¹ ṡasó⁷² an oiṙċe sin.

"Céaṙ míle ṡáilte róṁat a Ḋonncaṙ Uí Ḋuḃṙa," arsa cailín an tiġe, as taḃairt méise móise uirġe ḃuiġ, ġalúnaiġe aġus anairt-leiteaṙ⁷³ léi in a ṡiaṙnire. Aġus tapéis a cos ṙo niġe a'r ṙo ġlanaṙ aġus iaṙ ṙo tiosmuġaṙ ṙ'ise aġus bráġaiṙ-bróġa⁷³ᵃ anairte ṙo cup air. "Céaṙ míle ṡáilte róṁat, a Ḋonncaṙ Uí Ḋuḃṙa," arsa cailín óg an tiġe, as a raiḃ loraṙ il-ġseanta, ar an raiḃ⁷⁴ méisín ṙe sġiolpóġaiḃ⁷⁵ arain teit-imiġte, aġus cirṙe ṙe uḃ circe as ġaċ sġiolpóig ṙioḃ, [aġus] méisín ṙe sġiolpóġaiḃ muic ṡeola seann-ṙatuiġte,⁷⁶ cupáinín meala, [aġus] cupáinín leaṁnaċta, sois a láṁaiḃ, aġus as a leiġeant as a 'mbóṙ ṙo ċus an cailín go psas ṡi ṡolaċ lin-éaṙaiġ il-ṙealḃta i láṫair Ḋonncaṙ iaṙ [uile]. Ṙo ḟosruiġ sí na miasa aġus na cupáin ṡall aġus 1 ḃsos in a ṫúmas.⁷⁷ Ṙuḃairt sí leis ṙán⁷⁸ ḃ'é a ṫoil é, gus móṙ an ṡáraṁ leóta go léis ṙá 1-íosṙaṙ sé an beaġáinín, aġus an bainne ṙo ṁilsiuġaṙ oséis a ṁiúin⁷⁹ ṡéin.

Ṙo ġaiḃ Ḋonncaṙ buiṙeaċas léi ṡéin aġus lé muintir an tiġe, má ḃaṙ ṁiṫiṙ ṙo san, aġus ṙo ċrom sé as iṫeaṙ. Már ṙe séis a n-íosṡaṙ sé ṙo ḃeaṙ ṡáraṁ ṁuintise an tiġe, níos ṡáġ Ḋonncaṙ aen cúis aca gan beit lán-ṡársta, mas raiṙ a ḃí cuiṁne ag Ḋonncaṙ, ṙo ḃí sé ġeas-ġoileaḃṫaċ, aġus tá a ṡios ag an saoġal muar go léis náċ aon ṁaoluġaṙ as ġoile ṙuine, é ṙo ḃeit ag obair 1 ṙtráiġ. Ṡasraṙ Ḋonncaṙ ṙo ḃeit ag

---

⁶⁹ ṡiaṙ ṁairḃ, a dead cormorant or a dead deer?
⁷⁰ ṙo, ṙe Measctar 'ṙe' 7 'ṙo' sa ċeanntas so.
⁷¹ suireaċ, verb. noun of san, stay=sanaṁaint, sanaċt.
⁷² sasó=léota. Ġeiḃtear sar [with] leis na sor-ainmeaċa sa ċeanntas so mar :—Uiṁ. Uaċ. 1. ṡaram, 2. ṡarat, 3. m. ṡarais f. ṡaréite. Uiṁ. iol. 1, ṡarainn, 2. ṡaraiḃ. 3. ṡaró, ṡaróta.
⁷³ leiteaṙ=a cloth. ⁷³ᵃ bráġaiṙ-bróġa, ó bráġaiṙ [na coise], ṙrom na coise; an áit go ḃsuil sí áns sa trois.
⁷⁴ as an raiḃ, cloirtear é reo, cóṁ mait le, "as a raiḃ."
⁷⁵ sġiolpóg, a small, thin slice.
⁷⁶ seann-ṙatuiġte, ó ṙeataċ [nú ṙataċ] smoke; well smoked.
⁷⁷ in a ṫúmar='na ċóṁair, ionnur gur ḃṡéiṙir leis caiteaṁ ṙioḃ.
⁷⁸ ṙán ḃ'é, in-ionaṙ ṙá mḃaṙ é. Tá so ana-ċoitcianta.
⁷⁹ miúin, meóin, gen. sg. of meón. Sa ċeanntar so bíonn ruaim 'ú' go minic ag 'ó'; 'iúi' ag 'eó.'

an bReasail.

obair in ran cráiġ an lá ran, níor it aen nío ó it ré ar maroin é, ʒo ocí ran, aʒur bá beargaib rin níor b'aen ionʒancar é b'iteab an paib⁸⁰ be biab ar a 'mbóro aʒur ran leir, bá mbeab ré ʒan beit có cóitipeálca⁸¹ ná có ʒlán-ḟriotálca⁸² aġur bí ré. An uair a ċríoċnuiġ Donnċab a béile, bo tuʒ an cailín ʒabaróʒ⁸³ ríona léi, ar an líon rí amaċ meabar, aʒur ar na cur i bṗiabnuire Donnċab bubairt rí leir, bár b'é a toil é a béal a'r a rʒórnaċ bo niʒe ríor leir rin, ʒníoṁ nár iarr Donnċab aen tacant cuiʒir.⁸⁴ Taipéir na meibire bo biúʒab, rí cuairim raoʒail aʒur rlánce ṁuincire an tiʒe, bo tóʒab na miara aġur an bóro ar a ṗiabnuire, aʒur b'ṗiarruiʒ rear an tiʒe ʒo cneartá be, cab a tuʒ ar an ʒcuairb rin é, nó an raib aen nío a b'ṗeabṗaibir ṗéin bo beanaṁ bo.

Ní ṗeabair Donnċab cab a béarṗab ré, óir ní aʒ iarraíb aen nío a táiniʒ ré, aċt ó bí ré lé ṗáʒail aiʒe, bab beacair leir ʒan a bṗaiʒeab ré bo breit leir in a bótar.

Lé na linn rin, bo táiniʒ buacaill an tiʒe irteaċ, aʒur beart trom be ʒeaʒaib crann aiʒe, i ʒcóir teine an lae bar⁸⁵ n-a ṁáirig, aʒur ar n-a ʒcaiteaṁ ar an úrlár bubairt ré.

"Céab míle ṗáilce róṁat a Donnċab Uí Dúbba," aʒur rul a raib aʒa ar ṗreaʒairt aiʒe Donnċab, "Céab míle ṗáilce roim Donnċab Ó Dúbba," arra ʒaċ n-aen be Ċlainn óiʒ an tiʒe, a táiniʒ irteaċ ar ṗálaib an buacalla, aʒur a ċuaille ṗéin aʒ ʒaċ aeinne bíob.

Do beir Donnċab buibeaċar ʒo béaraċ leóta ar ṗab, aċt ní luaite bo connaic ré na cuailli, ná cuiṁniʒ ré ar a' ocranʒalam bo ʒaibeab muincir an ċeanntair ar ṗab, aʒ rlátar⁸⁶ a leitéirí reo anbear ó an nʒleann ʒarb cum abmaib-tiʒe. Dar leir ṗéin bá mbeab beart bíob aiʒe in ran baile, ʒur ṁait an ceannaċ a

---

⁸⁰ an paib, cloirtear ro cóṁ mait lé "a paib."
⁸¹ có cóitipeálca : so well cooked.
⁸² có ʒlán-ṗriotálca, so well served.
⁸³ ʒabaróʒ, ʒabróʒ, raʒar áruir bo b'eab an ʒabróʒ, ʒo raib cuma ċinn ʒabair ar an ʒcuib uaċtraiʒ bi.
⁸⁴ cuiʒir=ċuiʒe.
⁸⁵ bar na ṁáiriʒ=lár na ṁáiriʒ. Ir minic 'b' in-ionab 'l' aʒur 'l' in-ionab 'b', i brocail ra ċeanntar ro, líon, bíon [thatch], béan, léan [sorrow].
⁸⁶ rlátar, ir minic ná cloirtear an 'o,' rolátar.

an bReasáiL.

ȝeóḃaḋ ré orrṗa, aȝus ar an aiȝne sin d'ionntuiȝ sé ar ḟear an tiȝe, anois, aȝus duḃairt sé:—

"A ṁuirnín, táim aȝ cur cinn ar ḃotán dam féin, aȝus níl aon taeḃáin aȝam cuiȝir, aȝus dá ḃfaiȝinn dorn slaḃacaí,[87] nár ḃ'áireaṁail cum aein niḋ baḋ tairḃiȝe do ḋéanaṁ—is olc an ruḋ ná fóirfeaḋ do ḋuine ḃoċt i nȝáḋtar, do ḃeinn lán ḃuiḋeaċ aȝus níor ḃuaine do ḟearóȝaḋ aen cleit díoḃ ós mo ċionn, ioná do leanfaḋ cuiṁne ḃur n-oiniȝ aȝus ḃur ndaonnaċtaiȝe mé féin."

"Taḃarfad-sa cuaille do Ḋonnċaḋ Ó Ḋuḃda," arsa fear an tiȝe.

"Taḃarfad-sa cuaille do Ḋonnċaḋ Ó Ḋuḃda," arsa bean an tiȝe.

"Taḃarfad-sa cuaille do Ḋonnċaḋ Ó Ḋuḃda," arsa buaċaill óȝ an tiȝe.

"Taḃarfad-sa cuaille do Ḋonnċaḋ Ó Ḋuḃda," arsa cailín óȝ an tiȝe.

"Taḃarfad-sa cuaille do Ḋonnċaḋ Ó Ḋuḃda," arsa buaċaill an tiȝe.

"Taḃarfad-sa cuaille do Ḋonnċaḋ Ó Ḋuḃda, arsa cailín an tiȝe.

"Taḃarfad-sa cuaille do Ḋonnċaḋ Ó Ḋuḃda," arsa ȝaċ duine de ċlainn óiȝ an tiȝe, duine ar ḋuine i ndiaiḋ a ċéile. Níor ṁó a ḃí aen lá riaṁ aȝ Cataoir Mór díoḃ, aȝus do péir ȝaċ aen t-seanacaí do ḃí deiȝileáil díoḃ aiȝe sin, nú ȝur ḟaoil Donnċaḋ ná tairriceóḋ[88] capall bán Ṗiarais Ḟerritéar,[89] an lá ḃfearr a ḃí sé riaṁ, an raiḃ[90] de ċuailliḃ fáirȝite i mbeart aȝ buaċaill an tiȝe do.

Do ḃí Donnċaḋ sásta aȝus tar éir buiḋeacair do ȝaḃáil ȝo ȝeal-ȝáirȝiteaċ lé ȝaċ n-aen fá leit, do ċuaiḋ sé isteaċ in[91] treómpa-leabta a tearbáineaḋ do, aȝus taipéir bainte de aȝus luiȝte, ní luaite d'iomlairȝ sé é féin in san éadaċ-leabta, ioná do tuit a ċodla ȝo ráṁ air.

---

[87] slaḃacaí, a, pl. of slaḃca [a branch].
[88] tairreonȝaḋ. Ní dóiȝ liom ȝur ḃé seo ba ċeart beiṫ ann. Tairrinȝeóḋ is cirte, aċ ní cloistear an "n" aȝus na ċeannta san deineann "c" den "ȝ."
[89] Capall bán Ṗiarais Ḟerritéar. Capall bán do ḃí aiȝe Piaras Ferritéar, an file. Ḃí teirt ṁór aċṁuine ar an ȝcapall céadna.
[90] an raiḃ=a raiḃ.
[91] in=o'n=do'n=do [to] +an.

AN BREASAIL.

Cia an faid a d'fanfad Donncad in ran cruan ran, ní feadair ré féin na aen duine eile, muna mbead gur mothaig ré uirse ruar, dar leir 'á dortad ar a corraib tré'r múrgail ré, agur ag eirrúgad[92] aniar de preid, do táinig iongantar air, de deargaib mar fuair ré é féin. Do cimil ré a fúile arír agur arír, ac dá mbead ré 'á gcimilt ó foin, ní bfaigead ré é féin in aen áit; act ar barra taoide Trága na ngort nDub mar an raib[93] beart muar feam lé n-a taeb, agur an taoide ag teact ar a corraib.

D'eirig ré, agur ar feacaint in a tiompall do connaic ré gur b'amalaig a bí an grian roim eirrúgad di, ag larad ruar na mion-rgamall a bí ór cionn Cnuic Bréanain, go raib ar bailig ré d'feamnaig tógta ag an dtaoide, agur nár b'aen maitear do beit ag tnút lé n-a tuille do bailiugad in a h-ionad, go gcarrfad an taoide ar trágad.

Leir rin do buail ré tírradán[94] ar a gualainn; níor bac ré do rna feamaib anoir, agur a' tabairt a droma leir a' gcuan agur a agaid ar a' mbaile, do buail ré ruar trí rna gortaib, cum na ngort nDub.

An uair táinig ré abaile, do fuair ré an dorar ar leatad, agur gan aen duine roimir, óir do bí a bean ar fuaid án baile ag cur tuairirce inr gac tig in a bfaigead rí aen duine in a fuide, agur ar carad cum an tige doi,[95] agur gan tuairirg Donncad lé fágail ó aen neac aici, do leat a rúile uirre, an uair fuair rí roimpe, beó beatamac arír é.

Do bí iongantar, ar fead an lae, ar muintir an baile uim Donncad Ó Dubda do beit ó an dtig araeir roimerin, agur ar teact don tratnóna do cruinnig rgata buacailli tiompall air, agur do bíodar ag fiafrugad de, riam agur coidce, gur innr ré dóib gac aen ní dár éirig do, mar tá innrte agam-ra duib-ri anoir.

Ar clor an rgéil do pléargadar go léir ar gáirí, agur go lá cinn a faegail, bad cúir magaid agur fonamaide faoi Donncad Ó Dubda a turar 'on Bhreafáil, agur an meallad—tabartair a tugad ann do, mar

---

[92] eirrúgad, another form of the verb noun of éirig.
[93] maran raib, cloirtear leir, mar a raib.
[94] tírradán=téadán, a short rope, pronounced tíod-án.
[95] doi=di.

níor chreid aon duine riaṁ é, agus dar leó ar fad, gur
mearḃall éigin a ṫáinig air.

"Agus an ḃfíor gur ċuaiḋ ré ann,?" arsa ceann
de rna buaċailliḋ a ḃí ag éirteaċt leis an rgéal, agus
a ḃéal ar dearg-leataḋ le h-iongantas.

"D'fíor," arsa Taḋg an t-Suain.

"Agus can a ṫaeḃ⁹⁶ go raiḃ a ċríoċ có-ḃreallaċ
mar sin," arsan buaċaill. "Mar níor fan ré ar a
ḃfírinne" arsa Taḋg an t-Suain.

"In ionad rainnte do teaċt air i dtrusair⁹⁷ cuaillí,
agus a ráḋ go raiḃ arnaṁ aḋmaid-tiġe air, dá neóraḋ
ré connus do ċárlaig do, agus gur lé h-iongantas a
ḃreacaḋ ré, agus lé mian a tuille d'ficrint do ġluais
ré ar an sliġe, agus a ráḋ go raiḃ rúil aige ó táinig
ré, go dtearḃánfái iongantais na críċe do, agus na
ceilfái aon níḋ air, agus a iarraiḋ orṫa an raiḃ⁹⁸ lé
titam amaċ (⁊ connus do raorfaí Éire)⁹⁹ d'foillriuġaḋ
do, níl aon ṁearḃall ná go mbeaḋ inrint eile,
agus an inrint sin ċum rosair dúinn go léir, ar ṫuras
Donnċaḋ Uí Ḋuḃda 'on Ḃrearáil.

Críoċ.

Críoċnaiġte Dia Doṁnaiġ an trímaḋ lá fitċead
de Ṁí na Nodlag [1894], agam-sa P. Ferriter.

---

⁹⁶ can a ṫaeḃ = caḋ na ṫaoḃ.
⁹⁷ trusair, ruḋ gan ṁait. Trusair cuaillí, píoraí aḋṁaid nár ṁór an luaċ
iad. Arnaṁ = earnaṁ, ní minic a ċloistear aċ "arnaṁ."
⁹⁸ an raiḃ ; in ionad, a raiḃ.
⁹⁹ tá agus connus do raorfaí Éire, i lúibíní i ndiaiḋ "amaċ."

FALCONER, PRINTER,
O'Connell Street,
Dublin.

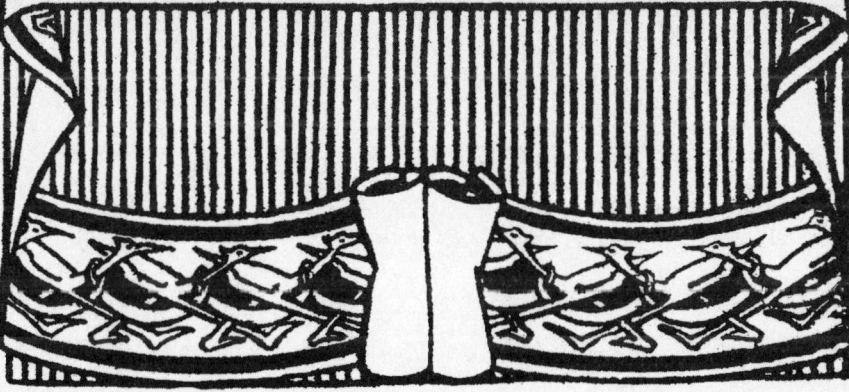

Lia Fáil

lia fáil

irisleabar Gaedilge Ollsgoile na hÉireann

Ar n-a cur i n-eagar leis an gCraoibín
(Dubglas de h-Íde)]

uimir IV.

fágnar, baile áta cliat
1932

Comhlucht Oideachais na hÉireann, Teor.
89 Sráid Talbóid i mBaile Átha Cliat
11 Sráid Pádraig i gCorcaig

CLÁR
uimir 3.

Leat.

Metemprychosis nó at-ioncollnugad i gContae Roscomáin.
An Craoibín 3

Tagra na Muice agus an Cléire. An Craoibín . . 8

Seilg Cruacain. An Craoibín . . . 24

Agallam idir an Anam agus an Corp. S. Pádraig Ó Dómnaill
M.A., M.Litt. Celt. (An Bráthair Beancán) . . 37

Cuiread Maoil Uí Mananáin ar Fionn Mac Cumaill agus
Fianaib Éirionn. An Craoibín ⁊ T. Ó Coamánaig . 87

An Liaig i n-Éirinn a n-Allód Uim. III. Úna de Bulr . 115

An Breasail. Séamur Ó Caománaig . 126

CLÁR
uimir 4.

Leat.

Prosodia na Gaedilge. An Craobín . . 139

Aguisín I 167

Do II 170

Do III 174

Uilliog Ó Céirín. Tadg Ó Donncada . . . 176

Séipéilín Gallarair. Seumar Ó Caománaig . . 188

An Síogaide Rómánach. An Craobín . . . 195

Tuiream na hÉireann. An Craobín . . . 212

An Liag i n-Éirinn a n-Allód Uim. IV. Úna de Bulr . 235

E FIDEICOMMISSO
ADAM BOYD SIMPSON
MEDICI

Prosodia na Gaedilge

Tá fios ag gac sgoláire Gaedilge gur cuir an t-Atair Proinsias Ó Maolmuaid leabar amac ag an Róim ran mbl. 1677 a dtug sé Grammatica Latino-Hibernica air agus baineann a leat de'n leabar sin, ó lc 142 go dtí an deiread le Prosodia na Gaedilge.[1] Is ar an leabar sin do tarraing Seán Ó Donnabáin ⁊ gac sgríobnóir eile, act amáin ingean Knott, a gcuid eolair ar meadaract an Dáin Dírig.

Tá gramméar agus Prosodia agam-sa i láimsgríbinn do sinnead i gcondae na h-Iar-Míde ran mbliadain 1710, agus tá ré an-coramail leir an leabar ór' bain an t-Atair Ó Maolmuaid a cuid eolair.

Do ceannuig mé an láimsgríbinn seo bliadanta ó soin ó siopadóir-leabar i mBaile-ata-Cliat, agus dubairt seisean liom gur ceannuig sé é, i n-éinfeact le mórán leabar eile, i n-Albain. Tar éir 32 leatanaig do tabairt do'n gramméar torrnuigeann an Prosodia ar leatanac 33, agus leantar di go dtí leatanac 69.

Ir luacmar an leabar é seo, óir bad é mac do Tadg Dall Ó h-Uiginn, an file ba mó clú le n-a linn, do sgríob é, agus b'eidir gur b' é an leabar céadna do bí ag a atair Tadg Dall féin. Tadg óg Ó h-Uiginn do sgríob an leabar, agus Aod Ó Codtaig éigin ó Baile Risteárd i nIar-Míde d'aitsgríob é.

Act ni dóig liom gur sior é gurb' é Tadg óg Ó hUiginn do ceap an leabar ar dtúr. Saoilim go raib leabar de'n tsórt céadna ag gac file le linn an Dáin Dírig do beit i n-uactar, agus saoilim nac raib act difrideacta beaga idir na cóipeannaib do bíod ag na filid. Rug an t-Atair Ó Maolmuaid ar ceann aca so, agus do cuir sé Laidean air. Tá an leabar céadna, beag-nac, i láimsgríbinn i gColáirte na Trionóide H. L. 15, agus deirtear ann sin gurb é Tuileagna Ó Maolconaire (do mair ran seisead aois déag?) do sgríob é, act ni dóig gur b' é, óir tá ré beag-nac ar aon focal le mo leabar-sa.

Tá cóip de tráctar eile agam do sgríob an t-Aod Ó Codtaig céadna ran mbliadain 1701, agus tugann

---

[1] De prosodia et carminum generibus.

ré ar an tráctar ro "Ealada an Dána Gaoidelga ar na gríodad do Giolla brigde Ua h-Eodara go h-acumair, agur tractad beag eile ar béimeannuid an dána ón ugdar céadna." Na riagalaca cum an dán dírеac do déanam, atá inran leabar eile reo, tá riad ar aon nór leir na riagalacaid i leabar Taidg Óig 7 Tuileagna Uí Maolconaire, cid gur éagramail é an téacr.

Dad é an céad rud do bí orm le déanam, téacr Taidg Óig 7 téacr Uí Maolconaire do cur i gcomprάid le céile. Rinne mé rin go cúramac ar dtúr. Tornuigeann an "Gramadac Gaoideilge" ar lc. 592 den láimrgríbinn i gCol. na Triondóide agur an prorodia ar lc. 626. Ar leatanac 674 tá an "colopon" ro :

"Atcím guide rreirialta gac léigrior an gramadac ro ar bar mbrátair bott Tomár Mac Matgamna ar Tuadmumain do gríod ran Róim é, an cúigead lá do Márta 1660, ar leabrainn (sic) Tuileagna Ó m— Conuire."

Agur tá colopon eile 'gá leanamaint reo, .i.

"Atá an gramadac-ra ar na atarraing ar láimrgríod—Tomáir Mc Matgamna tuar, lé Stiadna Rígir an cetramad lá riced de mí meadón an t-ramraid ran mbliaduin d' anáil ar dtigeanna 1728, agur ririm ar an léagtóir guide orm; Sirim mar an ccéadna air mo leitrgéal do gabáil tré gac dearmad gac droċur[2] ríor dá bfuil ran leabar ro, do brig gurab luar láime 7 earbad eoluir ir cionntac rir."

Ir follur ón méid reo go raib leabar Uí Maolconaire ag an mbrátair Mac Matgamna ran Róim, ran mbl. 1660, agur go ndearna ré cóir de. D'éidir gurb' é ón gcóir rin do tarraing an t-Atair Ó Maolmuaid cuid d'á léigeann, óir tá ré cormail leir an gcóir air ar cuir ré féin Laidean.

Ir dóig ó a n-adrann ré féin, go mba tearc leabra de'n tróct ro, fiú amáin le n-a linn féin, óir deir ré crediderim varios olim ante mé viros, longéque praestantiores melius hanc subivisse provinciam. Verum (O dolor!) ubi nunc isti? Ubi eorum lucubrationes? Evanuerunt ante lucem in favillam omnia fermè, crudeli hostium flamma ferroque redacti.

---

[2] i.e. droċ-ċur.

PROSODIA NA GAEDILGE

"Is dóig liom go raib mórán daoine rómamsa agus daoine i bfad níos fearr 'ná mé féin do bí ag treabad inran bproibinse seo rómam-sa [graiméar ⁊ prosodia]. Act mo brón cá bfuil siad anois? cá bfuil a gcuid oibre ⁊ a gcuid smuainte? Teine an námad, nó a claideam gan trócaire, do rinne luaitread díob go léir, nac mór, rul a dtáinig siad cum an trolusr (?)." Níor féad ragart eile, do bí ar tóir sgríbinní de'n trórt so .i. an t-At. Proinsias Breatnac, san mbl. 1713, act graiméar Uí Maolmuaid fágail, ⁊ cuid de ceann eile do sgríob Pilip Ó Cléirig O.S.F. san Róim san mbl. 1637; feuc an t-aguisín·don tráctas so.

Ba fear greannmar an Maolmuaideac, mar cairbeánann sé dúinn i mórán áiteaca in a leabar, ⁊ bí fios aige go mait go mbad obair contabairteac do bí sé 'glacad do láim nuair sgríob sé ar graiméar ⁊ prosodia. Syrtes in Africa esse dicuntur, ar sé, in quibus homines obruuntur reciprocantium aestu arenarum. Illae hic sunt et grammaticorum hunc pulverem qui semel ingreditur, cum poterit exibit non cùm volet! .i. "Deirtear go bfuil gaineam-beo ann, insan Áirric, agus go slugtar daoine innti tre fiucad na gainime. Tá sí ann so, leir, agus cébé fear-graiméir siubalfas isteac innti, ní imteócaid sé airti an uair is mait leir—act an uair is féidir leir!"*

Is truag nac n-abrann an t-Atair Ó Maolmuaid linn cia an tobar as ar tarraing sé. Act saoilim go

---

* Ag seo rompla eile ar a deirbéaluide greannmar, agus é ag cur síos ar cionnas an litir B do rád. "Itaque," adeir sé "Hibernicum legentes idioma, quantum ad b imitantur Latinos, excipe Teuthones qui literam b nimis aliquando indurant, et ad p deflectunt, pronunciantes *bonum* vinum tanquam *ponum finum*, transferentes et b in p et v in f. alios etiam excipio qui b emolientes ad v digama torquent, homines quidem sobrii, quibus tamen *bibere* est *vivere*, p. 12. Nuair bí an t-Atair Seán O Dálaig, ab Cille Beagáin, ag tabairt a teirtir ar an leabar so, do sgríob sé, go fírinneac go léir, "accurate legi, relegi, vidi & revidi opusculum mole exiguum, studio ac lectione fartum, suo dignum authore, in quo neque quod displiceat comperi, neque quod non placeat inveni." Joannes Dalaeus, Abbas de Kilbeggan. Cid go dtugann an Gaedil contoimí "boga" ar c, p, t, deir an t-At. Ó Maolmuaid san alt sin tuas gurab ionann p do béanam de B agus é "indurare." Dog=neam-glórac, cruaid=glórac. Do sgríob an t-At. Ó Maolmuaid an leabar so, agus é ar a laeteanntaib saoire, mar caiteam-aimsire. Deir sé féin: "vacationes me gravioribus à mense exemerunt curis. Sed numquid non in otio negotium aliquod? Seria non ago: et tamen ne nihil agam, hoc est ne mortuus ambulem inter vivos, non nihil molior." Bad é an leabar so topad a cuid oibre ar an ocáid sin. Tá 142 leatanaig san leabar ag dul don graiméar agus an cuid eile de, ón 14ad caib. amac, ag gabail don prosodia. Do cuir mo cara Tomár Ó Flanngaile, nac mairseann, an prosodia i gcló san mbl. 1908 ⁊ airtriúgad i mbéarla leir.

bfuil ré roiléir anoir nac ar a rtuaim féin do ceap ré a prorodia, act ar an leabar atá mé 'cur i n-eagar anoir, nó ar leabar eile cormail leir, agur gó mbíod leabra de'n tsórt ro ag na filib, agur gurab ar na leabraib reo do tarraingidír a gcuid eólair ar riagalacaib an Dáin Dírig. Tá cúig láimrgríbinní ran Acadam Rioğamail Gaedealac, 23. K. 25, 23 L. 16, (blod amáin), 23. N. 12, 23. C. 18 (blod) 23. C. 30 (blod amáin) a bfuil prorodia íonnta. An dá ceann deirid reo, an prorodia atá íonnta ir í an prorodia céadna í a bfuil ainm Giolla Brigde Uí Eodara léi im lrg. féin, act ní'l ainm Taidg óig Uí Uiginn, ná Tuileagna Uí Maolconaire, ná Giolla Brigde Uí Eodara ná aon ainm eile luaidte i n-aon ceann de na cúig l. rgríbinnib reo.

An graiméar atá rgríobta roim an tráctar ar prorodia (inr an gcuid ir mó de na láimrgríbinnib), ir é ir rubrtaint dó na tráctair meadon-Gaedilge do cuir an t-aimirgineac i gcló react mbliadna déag ó roin i n-Éirim.[3] Act tá ré birrte truailligte giorruigte,—ar nór na nGaedeal féin—óir ba mór an t-atrugad táinig ar an dtír agur ar raogal na bfili idir 1450 agur 1600. Bí na Gaedil i n-uactar ar an gcéad dáta rin, agur bí irliugad-brig agur andrainne ag teact orra ar an dara dáta. Ní raib uain ná raill aca aire ceart do tabairt do aon ealadain, act iad ag iarraid a n-anam do tabairt leó. Ir iongantac com mion agur com beact agur atá an graiméar inrna rean-tráctaraib do cuir an t-aimirgineac go raotmac i gcló dúinn,* act do caillead cuid mór de'n cruinnear rin i n-imteact na mbliadan.

Tá dá láimrgríbinn eile i gCol. na Tríonóide, ceann aca i leabar mór, meargán do rgríob Tadg Ó Neactain,[4] agur ceann eile i mBéarla, airtriugad ar leabar Laidne Uí Maolmuaid,[5] act go bfuil romplaí

---

* vol. 1, part 1.
* Ag ro na caibidle bainear le graiméar im' láimrgríbinnre. Tagann cur-ríor ar na litreacaib 7 na nodaib ar dtúr, agur ann rin, don cumarg, don bacad gutaide, don mo, don do, don iomlat, don uirrdiobad, don lomad, don treirioğad, don treimioğad, don uirrbíobad conroine, don dublud, don cadad, don bacad conroine, tráctad beg ar na comfoclaib, don bacad conroine a ccomfoclaib. Tar éir rin tornuigeann an "prorodia no rearact dána."
[4] H. I. 15. [5] H. II. 5.

pROSODIA na Saedilge

Saedilge aṗ na meadaṗactaiḃ aṅ deiṗead an leaḃaiṗ. Aṅ ṡo an "colophon" do'n leaḃaṗ duanaiṗeacta d'aitṗṅṗíoḃ Tadṅ Ó Neactain aṅ leatanac 621 "aṗ ṅṗíḃinn Adaṁ Ó Cianain ṗo ṅṗíoḃ Tadṅ Ua Neactuin ṗo, 1733, Jul. 21." Toṗnuiṅeann "leaḃaṗ ceaṗt na Néiṅeaṗ" aṅ lc. 755 aṅuṡ leantaṗ dó ṅo dtí 848, act iṡ dṗoc-cóiṗ cṗuaillṅte é ṡeo de'n tṗáctaṡ tuṅ an t-áiṁiṗṅineac amac.

Do léiṅ mé na láiṁṅṗíḃinní ṡeo ṅo léiṗ aṅuṡ do cuiṗ mé i ṅcompáṗaid le céile iad. Do toṅ mé mo ṅṗíḃinn ṡéin, ṅṗíḃinn Aoid Uí Coḃtaiṅ (MS.)[6] maṗ ḃun-téacṡ. Tuiṅṡid an léiṅteoiṗ ṅo dtuṅaim (MS.) aṗ an lṡ. ṡeo. Iṡ í iṡ ṡine aca ṅo léiṗ, aṅuṡ do cuiṗ mé ṡíoṡ inṗna nótaiḃ aon diṡṗideact do ḃ'ṡiú tṗáct aiṗ idiṗ mo téacṡ ṡéin 7 téacṡ Uí Maolconaiṗe (O'M.) aṅuṡ 23 K. 25 (K. 25) aṅuṡ 23. L. 16. (L.) aṅuṡ 23. N. 12 (N.).

Ṡuaiṗ mé pṗoṡodia eile (D.) ṗan mbl. 1904, do ḃí i leaḃaṗlainn an Tiṅeaṗna Dṗoiceaḋ-Áta in a teac ṡéin .i. Mainiṡtiṗ an Ṁúṗaiṅ láiṁ le Mainiṡtiṗ Eiṁín i Laoiṅiṡ. D'iaṗṗ mé aṗ mo caṗaid Úna ní Óṅáin uṅdaṗ "Dánta De," cóiṗ dí, do ḃéanaṁ dom, ṗud do ṗinne ṡí ṅo cineálta. Tá ṡí ṡeo beaṅ-nac aṗ aon ḋul le mo cóiṗ-ṡe ṡéin act ṅo ḃṡuil áiteaca ṡáṅta amac innti ann ṡo aṅuṡ ann ṡúd. Toṗnuiṅeann an leaḃaṗ ṡo le ṅṗaiméaṗ Saedilge i mBéaṗla, ó lc. 1 ṅo dtí lc. 117 aṅuṡ leantaṗ é ṡeo le ṅṗaiméaṗ i nSaedilṅ ṅo dtí lc. 132. Toṗnuiṅeann an pṗoṡodia aṗ lc. 135 7 cṗíocnuiṅteaṗ é lc 146. Tá pṗoṡodia i mBéaṗla aṗ lc 154, act ní hí an láṁ céadna do ṅṗíoḃ é ṡeo. Iṡ dóiṅ ṅuṗ ṅṗíoḃaḋ an L. ṅṗíḃinn ṡeo timceall na bliaḋna 1732.

---

[6] D'olc an ṅṗíoḃuiḋe Aod Ó Coḃtaiṅ 7 iṡ ṡolluṡ náṗ tuiṅ ṡé ṅo minic an ṗud do ḃí ṡé 'ṅṗíoḃaḋ. Seo iad na h-atṗuiṅte do ṗinneaṡ aṗ a téacṡ, (act ceiṗ oṗm, aṗ uaiṗeannaṡtaiḃ, iad do ḃéanaṁ!) Sṅṗíoḃaim "aṅ," "maṗ," "uṗḃaḋ" "Saediḷṅ." "—aiḃ" "—aiḷ," "aiṗte," "locṫ," "idiṗ," "miṡe," "eile," "Rannuiṅeact," i n-áit "aiṅ," "muṗ," "uiṗṗoiḃaḋ," "Saoiḃiḷṅ," "—uiḃ," "—uil," "aiṗde," "locd," "eidiṗ," "miṡi," "oile," aṅuṡ "Rannaiṅect." Sṅṗíoḃaim "d'aiṗite," "minic," "de bṗiṅ," "de'n," "in ṅac," "do canaṁain," "uṗlainn," "ṗṅéal," "ḃéan," "in diaid," "dúblaiṅ," "[ṡ]ní," "aṗ," "i (in)," "ceatṗaṁa," i n-áit "daiṗite," "meiṡic," "do bṗiṅ" "do'n," "ann ṅac," "do canomain," "uṗlaind," "ṗṅél," "ḃén," "ind-diaiṅ," "dubluid," "ní," "aiṗ," "a (nó ann)," "ceatṗoṁa." Sṅṗíoḃaim "iṡ" i n-áit "aṗ" act aṁáin nuaiṗ iṡ coiḃneaṗta é. Sṅṗíoḃaim "ea" i n-áit "io" i ḃṡocalaiḃ maṗ "cuiṗeaṡ," ṅṗíoḃaim "ea" i n-áit "e ṡada." Cuiṗim iṡteac Cinnliṗe, poncanna lúibíní 7c.; níoṗ atṗuiṅeaṡ aon ṗud eile, act a ḃṡuil inṗ na nótaiḃ.

**Clóbuailim an Roimráḋ Béarla mar aguisín ḋon tráctas ro.

Tá pian na Meaḋon-Ġaeḋilge, anois agus arís, ar an téacs ḋ'aistriġioḋ Aoḋ Ó Coḃṫaiġ, i ráiḋtiḃ mar ro "an cuid leanas Rannuiġeaċt ṁḃiġ," ⁊c. agus nuair cuireann ré urḋuḃaḋ ar an aḋiact tar éis tuisil cusróiriġ.

Maidir leir na meaḋaraċtaiḃ féin, ḋo ċuaiḋ mé tríḋ an Ḋuanaire is fine ḋ'á ḃfuil againn, an Ḋuanaire i leaḃar Ḋuiḃe Leacan, agus fuair mé má cuiṁniġim i gceart, go raiḃ 37 ḋánta i nDeiḃiḋe, 11 i Séaḋna, 6 cinn i Rannuiġeaċt Ṁóir agus 3 cinn i Rannuiġeaċt Ḃiġ, ceann aṁáin i gCarḃairnn (nó "Carḃairnne") agus ceann i n "Ḋeaċna faḋa"

Ḋo ċuaiḋ mé tre 562 ḋánta ḋo ceapaḋ inran gcúigeaḋ 'ran feiseaḋ agus 'ran seaċtṁaḋ aois ḋéag, agus is é seo toraḋ mo sgrúḋaiġte.

Deiḃiḋe 387 ḋánta
Rannuiġeaċt Ṁór 61 ḋánta
Séaḋna 41 ḋánta
Rannuiġeaċt Ḃeag 32 ḋána
Meaḋaraċta eile, iaḋ go léir 41.

Tá trí rannuiġeaċta ag na filiḋ atá ar aon ḋéanaṁ, aċt aṁáin i n-uiṁir na siollaí ran ḃfocal ḋeiriḋ, mar atá Rann. Ṁór, Rann. Ḃeag, agus Carḃairnn.[7] Críoċnuiġtear an céaḋ ceann le focal siolla aṁáin ag ḋeireaḋ gaċ line, an ḋara ceann le focal ḋá ṡiolla, an tríoṁaḋ ceann le focal trí siollaí. Aċt is anḋeacair é Carḃairnn ḋo ḋéanaṁ, óir ní fosus breit ar foclaiḃ trí-siollaċa, ar an áḋḃar sin is fíor-annaṁ cíotear é. Aċt mar sin féin tá "cumarg" no meargaḋ idir Carḃairnn agus Rannuiġeaċt Ḃeag an-coitċeannta, agus tá ainm sreirialta air, "Ae fsersige." Ní ró-ḃeaċt ná ró-ċruinn an ḋéanaṁ is gnáṫaċ a ḃeiṫ

**Tá graiméar Ġaeḋilge eile i mBéarla i gCol. na Tríon. H. 3. 23 p 364 "out of O Molloy's grammar collated with another Latin Irish one in manuscript by an anonymous author written at Louvain an. 1669," and (?) communicated by Mr. Jeremiah Popyat (?) Bookseller at Dublin": aċt ní'l aon ruḋ nua ann.

⁷nó "Carḃairone," nó Carḃairn, aċt saoilim gur fearr an "nn." "ḃairone"=ealaḋa na mbárḋ. "barddas" i mBreatnair. Tá ollḃairone, snéoḃairone, bloġḃairone, breccḃairone etc. ann. Ḋéantar "nn" ḋe "on" agus nuair tuit an béim goċa ar an gcéaḋ-siolla, "car," ḋo cailleaḋ an siolla ḋéiġeannaċ, an "e."

prosodia na gaedilge

air, act baintear úsáid go minic ar, go mór-mór i sgéaltaib na reactmad aoire déag, nuair meargtar dánta leir an bpróp. Ir mar ro déantar é $7^3\ 7^{2*}\ 7^3\ 7^{2*}$. Déarfainn mar rin gurab é reo an cúigead meadaract ir coitceannta ran Dán Díreac. Ní minic cartar na meadaracta eile orrainn, Snedbairdne, Droigneac, Séadna Mór, Leat-Rannuigeact Mór, (ceann an-deas) 7c.

Tar éir an méid rin tuar do clóbualad, fuair mé lr. eile ran Acadam, 3 B. 30.* Ir cóir é do rinnead ran mbl. 1828 den téacr céadna atá me 'cur i gcló ann ro óm lr. féin, .1. an lr. do rinne Aod Ó Cobtaig ran mbl 1701. Seo é an colopon atá ann. "Go gcongna an Coimde a sláinte anam 7 cuirr 7 a n'eagna lé [Dé?] gac aon do léigfe an teaglomra, guidfeag go caoin dutractac ar an tí ro tionnrgain an gramadac ro .1. Tadag óg mac Taidg Daill i Uiginn, 7 ar an té dár rgríobad anoir é, .7. Miceál Ó Ragailliog an céad lá don toictmad mí don mbliadain 1828."

Leantar leabar Taidg leir an trúctar do rgríob Giolla Bríde Ua Heodara, go díreac mar atá im' lr féin. Agur tá an nóta ro ag an rgríobnóir ar lc 72 .1. "At cím guide rpeirialta gac aoin léigfior an gramadac ro guide air bur mbraitir mboct Tomar mac Matgamna do rgríob ar leabran Tuileagna Ogam Conraine é ran Róm ran mbliadain d'aoir Críord 1630 7 anoir air na aitrgríobad ar an leabar poimráigte liomra Miceál O Ragailliog a n-aoir an Tigearna 1828." Act deir Stiabna Rigir gur ran mbliadain 1660 do rgríob Tomár Mac Matgamna an leabar. Féac lc. 6 den Roimrád ro.

.* Féc Clár na lrr. Gaedilge ran Ac. *Fasciculus* vi. lc 780.

PROSODIA NA GAEDHILGE

TRACTAD BEG AR PROSODIA NA GAOIDHILGE DÁ NGO[I]RTEAR FILIDEACT NO FEARACT DÁNA.

Áreadh ar prosodia ann .i. eolar déanṁa dána in a dualgar féin.

Áreadh ar dán ann coṁpádh comair[8] ciallṁar ceolṁar iar na cuidṁriugadh fa teorannaib cinnte go n-airite[9] airṁe riolladh agur coiṁteacta fogar, agur rinteadh.[10] Atáid tri fóirt dána ag an ngaedhilg mar atá Dán Direac, bruilingeact, agur Oglácar. Act ceana ir ar an nDán nDireac laideorṁam, óir dá mbeit a eolar ag neac ní fuil docaṁail i brogluim eolair na bruilingeacta ná[11] an Oglácair, 7c.

D'AISTIBH AN DÁNA DIRIGH.

Ag leigean toraínn labaírt ar copp-airtib[12] nó ar fo-airtib iomadaṁla an Dána Dirigh, — atáid cuig priom-airte ann, .i. Deibide, Séadna, Rannuigeact Ṁor, Carbairn, agur Rannuigeact Beag. 7c.

D'EALADHNAIBH[13] NÓ DO RIACTANASAIB AN DÁNA DIRIGH.

Atáid react riactanair aige .i. Nuiṁir ceatraṁan, Cinnteact riolladh in gac ceatraṁain, Uaim, Coṁardadh,[14] Rinn agur Airdo-rinn, Uaitne agur Ceann. Atá an t-octṁadh ní an[n] ar gnátac ran dánact gé tig tairir[15] .i. Urlann.

Atáid na ceitre cead-riactanair[16] diob rin coitceann ag an uile airte agur ní bid na tri riactanair déigean-

---
[8] *aliter* cuimir.
[9] sic MS. nairigte, O'M.
[10] sic O'M., rinnteadh MS.
[11] ina MS. ioná O'M.
[12] corrpdalaib K. 25 corp airdeadha D.
[13] ric K. 25. O'M. My MS. reads dadhailgnib. dailgeanuib D.
[14] coṁarda K. 25. coṁarrúgadh O'M. D.
[15] gé nac bfuil na riactanar airmigte R. 25. For ran dánact ge of my MS., O'M. reads ran dán act gé.
[16] r. toraicc K. 25.

PROSODIA NA GAEDILGE

náċa aċt leannánta¹⁷ ag airtiḋ ḋ'airite,¹⁸ maṟ ṟo ṟior.¹⁹

Rinn agus Airoṟinn ag Deiḃiḋe
Uaiṫne ag Rannuigeaċt Móṟ ⁊ ag Carḃairn.
Ceann ag Rannuigeaċt Ḃig ⁊ ag Seḋna.

DO'N ĊEAṪRAṀAIN.

Areaḋ aṟ ceaṫroṁa ann, nuiṁiṟ focal i ḃfoċair aṟoile, agus in a mbionn²⁰ uiṁiṟ cinnte riollaḋ, agus téiḋ ḋá ċeaṫraṁain ṟan leaṫrann agus ḋá leaṫrann ṟan Rann, agus an uiṁir ṟann [aṟ] áil²¹ le neaċ in a ḋán.

An tan cuirteaṟ²² an rann i ḃfoċair aṟoile, "Leaṫrann" isna h-aḋmaḋaiḃ, "Coṁaḋ" isna ḋuanaiḃ²³ᵃ goirteaṟ ḋo'n leit ḋéigeanaig²³ᵇ ḋe, agus Seólaḋ ḋo'n leit toraig,²⁴ in gaċ cuiḋ aca. Agus ó ḋo laḃramaṟ aṟ aḋmaḋaiḃ agus aṟ ḋuanaiḃ in[n]eóram a n-eiḋirḋeiliugaḋ.²⁵ Areaḋ aṟ Duan ann .i. Dán²⁶ 'na mbí gaċ aon rann go n-a ċéill féin, ann féin, go h-iomlán, gan coiṁċeangal céille ná riolla²⁷ ó aon rann oile, agus gaċ²⁸ coṁaḋ ḋé go gcéill iomlán ann féin gan riaċtanar congaṁta ó'n tSeólaḋ ḋa rgaṟtaoi é féin agus an Seólaḋ re roile. Aċt gé ḃíor ceangal céille eatoṟṟa an²⁹ uair ḃíḋ aṟaon, agus naċ iomlán an ciall ḋo ḃéaḋ³⁰ ṟan tSeólaḋ i n-éagṁair an leaṫrainn³¹ * * * * *
* * * * * * *

Óir a'nḋiaiḋ an ċoṁaiḋ ḋo ḃeit ḋéanta cumtaṟ³² an Seólaḋ rir ḋá réir féin,³³ agus ir é ḃa ċúrṟa raoṫruigte

---

[17] leannánta O'M. leannanta MS. K. 25 omits this curious word and turns the phrase na trí. r. ḋ. ḋílior aċt ag." leannanta nó ḋileaṟ ag an uile airḋe D.

[18] ḋairiḋe MS. D. airigte O'M.

[19] maṟ atá Rinn ⁊ Aroṟinn uaiṫne Ceann ag Deiḃiḋe Rannuigeaċt Móṟ ⁊ Carḃairne aṁáin. K. 25. Rinn agus Aroṟinn ag Deiḃiḋe, ⁊ ag Rannuigeaċt Móir uaiṫne ag Carḃairne agus ag R. Ḃeag ⁊ Ceann ag an Seaḋna D.

[20] mbia. O'M. [21] ir toil. O'M. D.

[22] ċuṟtaṟ. MS., O'M. [23ᵃ] ḋuanta MS. eile.

[23ᵇ] ḋéaḋnaiḋ O'M. [24] toṟaċ MS. eile. toṟaċ D.

[25] a neiḋirḋealḃugaḋ O'M. omitted in D. [26] ḋéantur. K.

[27] Thus K. ina ri MS. iona rileaḋ O'M. na rilaḋ D.

[28] gan, K. [29] eattoṟṟta in MS. [30] bíaḋ MS.

[31] There is no sign in the text of anything being omitted, but it does not seem to make sense as it stands.

[32] comtaṟ MS. [33] rein MS. féin K. and O'M.

do³⁴ các ruim d'airite do déanaṁ ar ġac airte di[o]ḋ rin tuar, ⁊c.

An t-aḋṁaḋ, ceana, dán rin do níoḋ an file infeaḋma ar téama³⁵ d'airite nó ar fliġtiḋ d'airite do réir aiġeanta an file, mar do toġraḋ³⁶ féin, aġur bí coiṁéaḋ na fliġeaḋ rin ar faḋ ran aḋṁaḋ, aṁail bíor ran oráiḋ. Bí an Seólaḋ aġur an leaṫ-rann aġ tabairt céille d'á céile aġur ir minic nac mbiaiḋ ciall ran leaṫrann ġan conġnaṁ an tSeólaḋ, aġur na roinn aġ ceanġal céille ré céile mar ir ġnátuiġe,³⁷ ar ron ġur ġnátaċ ġac rann iomlán ann féin. Aġur de briġ nac bfuil dócaṁal i ndéanaṁ na Seólaḋ i bfarraḋ na ġComaḋ nó na leatrann ar ġac airte, laideóram ar túr ar déanaṁ na leatrann ar ġac airte, aġur 'na diaiḋ rin laideóram ar na Seóltaiḋ aṁail³⁸ do labraiṁar ar an·ġcuid oile de na riaċta[ana]raiḋ.³⁹

DO'N CINNTEAĊT SIOLLAḊH.

Areaḋ ar cinnteaċt riollaḋ an[n], reaċt riolla ġan bátaḋ do beiṫ in ġac ceatraṁain de ġac airte de'n Dán Díreaċ, mar ro:
"Iomḋa rġél maiṫ ar Ṁuire" ⁊c. Aċt Séadna, aġ a mbí oċt riolla ran céaḋ-ceaṫraṁain de'n tSeólaḋ ⁊ de'n leatrann, mar ro: "Mairġ feuċar ar Inir Ceiṫleann."

DON BHÁTHAḊ GUTAIḊE FILEATA.

De briġ ġo dteaġṁann an bátaḋ gutaiḋe rin ġo minic irna ceatraṁnaiḋ aġur nac féidir do neaċ é féin do co[i]ṁéaḋ air, muna beiṫ eólar aiġe, do conncar dúinn⁴⁰ laḋairt an[n]ro air, aṁail do ġeallamar, aġur ar túr ar na riaċtanaraiḋ.

Atáid ceitre riaċtanair aiġe, .i. focal coṁarḋaiġ⁴¹ críoċnaiġear a nġutaiḋe,⁴² [aġur] iarmbéarla ṫion[n]rġnar ó ġutaiḋe, aġur an focal coṁarḋaiġ do beiṫ i dtorac ġo neiṁ-inṁeaḋonaċ,⁴³ aġur an ġutaiḋe deiriḋ

---

³⁴ ᴅᴀ MS.   ³⁵ ʀɪᴄ D.N. ᴛᴇᴍᴀ MS.
³⁶ ᴛᴏɢʀᴀᴅ MS.   ³⁷ N. and D. omit these 3 words.
³⁹ ní léir an focal ro ran MS. Aċt ġo labram ar an ccuid, etc. O'M. D. omits.
³⁸ ʀɪᴀᴄᴛᴀʀᴏɪʙ. MS. ʀɪᴀᴄᴛᴀɴᴀʀᴀɪᴅ O'M.   ⁴⁰ ᴅᴀᴍ, L.
⁴¹ ᴄᴏ́ᴍʜᴀ́ʀᴏᴜɢᴀᴅ. O'M. ᴄᴏᴍʜᴀʀᴅᴀᴅ D.   ⁴² ᴀɴ ɢᴜᴛᴀɪᴅᴇ MS.
⁴³ ʀɪᴄ O'M. and MS. ɴᴍᴇᴀᴅᴏɴᴀᴄ ɴ. ɴᴇ́ɪᴍɪɴɢᴍᴇᴀᴅᴏɴᴀᴄ K. ɴᴇɪᴍɪɴ-ᴍʜᴇᴀᴅᴏɴᴀᴄ D.

prosodia na gaedilge

rin an focail agus an gutaide-toraig an iarmbéarla do beit gearr mar ro:

an|aid | re | rog|a a | ní | máir.⁴⁴
An | tog|a | gearr | ir | i ar | fearr.

Gideað an uair bíor gutaide deiríd an focail gearr, agus gutaide toraig an iarmbéarla fada, ir éidir bátað gutaide do déanaṁ nó gan a déanaṁ, mar ro:

Fuairear boga ó Brian Buide⁴⁵
Fuarear boga ó Brian óg⁴⁶

Act ceana ir báidte⁴⁷ ir fearr é, óir ní gnátac— bíod go m[b]ad ion-coranta—gan bátad é. Mar an gcéadna dá rabaid an dá gutaide fada ní cóir a mbátad: mar ro:

A | táim | rá | iar|gnó | o'n | eact.⁴⁸

DON UAIM.

Ared ar Uaim ann, dá focal, nac iarmbéarla, da⁴⁹ gac ceatroṁain do tion[n]rgnaṁ ó gutaide éigin, nó ó ċonroine ionann, mar ro:

Iomda rgéal mait ar Ṁuire
Fá moltar a miorbuile,
Do géad ar an óig n-iodoin
Scéal ir cóir do creideaṁoin.⁵⁰

Atáid dá gné Uama ann, .i. fíor-Uaim agus Uaim-Gnúire. Fíor-Uaim .i. an dá focal deigeanac⁵¹ de'n ceatraṁain do déanaṁ Uama. Uaim-Gnúire .i. an dá focal ir foigre⁵² do'n focal deigeanac de'n ceatraṁain do déanaṁ Uama; mar ro:

"D'fíor cogaid comailltear ríotcáin"
Act ceana, tabair do d'aire nac déan agus nac

---

⁴⁴ marr MS. máir O'M. mair K. Ir mire do tarraing na línte idir gac riolla.
⁴⁵ Ir Rannuigeact beag é reo ma báidtear an t-"a" roiṁ an "o," agus muna mbáidtear ir Séadna é, 7 oct riollaí ann.
⁴⁶ Rannuigeact mór é reo, nó dféadrad ré beit 'na céadlíne do rann deibide.
⁴⁷ báitte MS.
⁴⁸ Deibide nó Rannuigeact mór é reo. Mire do cuir na línte idir na riollaí. ⁴⁹ =do, nó de.
⁵⁰ Deibide an rann ro, mire do cuir comarta rá na litreacaib.
⁵¹ aireigionac L. 16. déagnaca O'M. ⁵² foicri, MS.

ᴅtoirmirg iarmbéarla uaim, agur nać ᴅéantar Comarᴅa, uaitne, Rinn, ná áirorinn re h-iarmbéarla.

Fógnaiᴅ gać uaim aca ar ron a céile in gać ceatramain, aċt an ceatrama ᴅéigeanaċ ᴅe'n leatrann, in nać cóir aċt fíor-uaim. Coiméaᴅ mar an gcéaᴅna nać brógnann — bioᴅ nać biaᴅ loċtaċ — iarmbéarla ar bit ᴅo teaċt iᴅir an uaim gnúire agur focal ᴅéigeanaċ na ceatraman; mar ro:

"ᴅo cornar coma nár mait, ⁊c."[53]

óir goiriᴅ an t-aor ᴅána "uaim garb" no "gnúir garb" ᴅí rin.

Ir amlaiᴅ reaċantar rin, an focal ᴅéigeanaċ ᴅo beit 'na ainmnigteać ag an mbréitir, *ut*.

"ᴅ'fior cogaiᴅ comailtear ríoċcáin"
vel e contra, ut[54]

"An cogaᴅ cearc buaᴅaigear."

nó 'na aiciᴅ ag rubrtaint mar ro,

"gabam ċugam con[n]raᴅ mait,"

nó 'na rubrtaint ag aiciᴅ, *ut*.

"Ní fear mire ar mait con[n]raᴅ"

nó 'na geneᴅil ó rubrtaint eile, *ut*

"Ní comtrom cogaᴅ banba,"

nó

"Ag rin mac[55] na mná tige."

nó 'na bréitir inᴅiaiᴅ anma air a nᴅéan gníom, mar ro:

"Ar breagᴅa an bean-rain loitim,"

nó 'na rubrtaint ran ċár gearánaċ rtiurraigear ó bréitir gníomaig, mar ro:

"Ní beóᴅa laoċ loitear mnaoi," ⁊c.

Ní baċann UrᴅubaᴅMacLeod[56] ná Séimiugaᴅ ná lomaᴅ[57] uaim, aċt ro in ár nᴅiaiᴅ .i. an uair tig "h" ar "p"

---

[53] ᴅeir O maolmuaiᴅ ag cur ríor ar an líne reo " ubi adverbium ᴅo toleratur, nec similitudinariam impedit concordiam inter subsequentes voculas, agur ᴅeir ré tametri toleretur jacere *ante* voculas similitudinariae concordes in quarto. Aċt ir ar "nár" agur ní ar "ᴅo" atá an t-ugᴅar ag cur ríor ann ro!

[54] sic K. and O'M. my MS. adds ut. The " e contra " seems to mean that in the first case a noun in the nominative follows the verb, in this case the verb follows a noun in the nominative, namely cogaᴅ-cearc.

[55] K. omits ; O'Mulloy also.

[56] generally spelt in my MS. as " uirrᴅiobaᴅ," úiroiba in O'M, uirιúgaᴅ in D. K. omits the following " nó reimiugaᴅ."

[57] lomaᴅ means the consonant unaffected by eclipsis or aspiration " areaᴅ ar lomaᴅ ann in conroine ᴅo beit ᴅo rgríbneoiread no ᴅo ċanama ina ċrut nó ina rhoin (=sound) féin," from my MS grammar.

prosodia na gaedilge

is eaḋ ar réimiuġaḋ dó "f," agus mar sin is "f" do
[g]ní uaim ris, mar sin, *ut*
"Aḋṁaim ḋuit mo ṗeacaḋ féin."

Gaċ ionaḋ[58] in a dteangṁann[59] "h" ar "f" is
leir a[n] litir is neara ḋi do níṫear uaim, má 'r conroine
nó gutaiḋe í; mar ro:
"Tagair liom a ḟlait Éirne"
nó
"Tagair liom a ḟlait life."

Agus S: is[60] éagraṁail[61] ó na litriḃ eile, mar do
níṫear uaim ria, ⁊c.[62] Ar túr ní ḋéantar uaim roiṁ
S agus ceaċtar díoḃ ro .i. ḃ ḋ g m, ná[63] re litir ar
biṫ aċt ris an litir gcéaḋna. Mar an gcéaḋna ní
ḋéantar uaim roiṁ T S indiaiḋ an ṗairteagoil[64] "an"
aċt ran móḋ gcéaḋna. Giḋeaḋ rógnaiḋ an uile S ar a
dtig T indiaiḋ an ṗairteagail céaḋna ḋ'uaim re céile.

Mar an gcéaḋna ní cóir S ar Sh, aċt ḋá Sh nó ḋá
S nó ḋá TS[65].

Mar an gcéaḋna nuair díor Sh[66] [nó S] rompa[67]
ro L N R ní ḋéantar uaim léi[68] aċt [Sh nó] S rér
an[69] litir gcéaḋna.

Don ĊOMHARDAḊN.

Sul laiḃeóram ar tuarargḃáil an Coṁardaig caiṫ-
ream laḃairt ar ḋá ní .i. ar roinn fileaḋa na gconroin-
eaḋ maille re n-a n-uairle féin tar a céile, agus ar
na Sínciḃ, óir do[g]níoḋ[70] na fileaḋa aiteannaċ ranna
ar na conroiniḃ tar mar a duḃraṁar,[71] ag gairm
conroineaḋ ar leiṫ do na conroiniḃ, ar ngaḃail
réiṁiġte, ḋúḃluiġte, ⁊ cumairs, mar ro ríor.

---

[58] ionaḋ O'M. D.
[59] Thus O'M.; my MS. reads more archaically tteagoiṁ. Tteagṁaḋ D.
[60] MS. óir ir. K. omits óir.
[61] MS. "euxaṁail."
[62] There is no need for ⁊c here and in other places where it occurs, as none of the MSS. contain anything additional to the text.
[63] MS. iná. iona O'M.
[64] airtiogail K. and N. MS. ⁊ O'M. reads as above.
[65] ḋá t. O'M.
[66] "s." K. i.e. S or S aspirated.
[67] MS. riompa.
[68] MS. le. O'M. reads ria another MS. omits.
[69] rir an, K. rér an O'M.
[70] MS. do nid.
[71] K. adds "an aireaṁ conruine ran óraiḋeaċt."

prosodia na gaedilge

Atá cúig rort conroine ann, d'á ngoirtear bog, cruaid, garbh, teann, agur éadtrom, agur S nac d'éan-trórt díob, óir ir ead goirear an gaedealg conroine aimrid di, ar an ádbar nac cóir do comardad ria act í féin, rna crotaib[72] a mbí, amail adubramar.

Na trí conroine boga.   C.   p.   t.
Na trí conroine Cruaide   b.   d.   g.
Na trí conroine garba   ch. th. f.[73]
Na cúig conroine Teanna, mar atá, RR. LL. nn. m. ng.
Na react gconroine Éadtroma, mar atá:[74]
dh. gh. bh. mh. R. L. n.

Agur dobeirid na filid barr uairle agur ceannair do cuid díob reac aroile, mar atáid ar n-a ruidiugad ríor ann ro, .i. gac cuid díob ir[75] uairle ar túr.

Ar túr a deirid gurab í S ríogán na gconroine. Na trí conroine boga iar rin. Na trí conroine Cruaide[76] iaram, na trí conroine garba iaram,[77] na cúig conroine Teanna iar rin, agur na react gconroine Éadtroma fa deóig.

Tabair do t'aire gurab annam bíor M rada act i ndeiread focail mar ro "Adám" "mám" 7c. Agur gurab annam bíor mar rin, féin, óir ir amlaid bíd[78] na conroine Teanna ar deiread focail ar n-a gcanamain go meadon, mar laibeóram 'na diaig ro, 'na n-áit féin.

Atáid trí rince ann, .i. Sinead fada, Sine[ad] geárr, Sinead Meadonac. Sinead fada .i. an riolla do canamain go fada mar ro: "bár" "Rór," "fír." Sinead geárr nuair atá an riolla do canamain go geárr mar ro "bar, Ror, Cailc[79] fior, Lior 7c. Sinead meadonac mar atá an riolla do canamain gan beit fada uile ná[80] geárr uile, mar ro, "Cainnteac" "barr," "geall" "Donn."[81]

---

[72] crocaib ina mbí K. Croicib N. O'M. and D. read with my MS. as in text.
[73] K. writes SH and PH above these.
[74] MS. adds mur atá.
[75] MS. ar.
[76] MS. cruade. O'M has cruada here but cruaide elsewhere. D has cruada.
[77] O'M. omits here about the "Conroine garba."
[78] bíor O'M.   [79] caile O'M.
[80] MS. ina.   [81] K. adds bonn.

[410]

PROSODIA NA GAEDILGE

Is lór[82] sin anois ar na Sintib, acc[83] is mian linn tuilleṁ foirceadail[84] do tabairt uainn orra,[85] acc go roiceam[86] cuige.

DO ROINN AN CHOMHARDA AGUS DA THUARASGBAIL.

Atá dá sórt comardaid ann, mar atá: Comardad Slán agus Comardad Briste. Is eaḋ is Comardad Slán ann .i. gaċ focal do dá focal do beiṫ coimteaċt[87] d'á céile i n-uiṁir siollaḋ agus i n-ionannas gutaide agus fa dtuigtear[88] Cumarg i n-ionaṁlaċt[89] conroineaḋ d'aon trórt nó consoin[ea]ḋ cudpumar[90] iad, agus sin do réir uird na siollaḋ, acc aṁáin consoinid torais na bfocal nac iarrann[91] coimteaċt do Consoinid ar biṫ, acc aṁáin an uair teagṁar[92] nuimir is mó iná dá conroine i bfocair aroile gurab cuma cia an t-eagar air a dtiobartar coimteaċt dóib, acc go raibe coimteaċtac[h]a.[93]

C. poc.	P. rop.	T. lot.
D. ab.	Ð. gad.	G. lag.
Ch. deaċmaid.	Th. do leatnoid.	F. leansuid.
LL. ball.	RR. bars.	NN. gann.
M. am.	NG. bang.	

Bh. taob.	Dh. aodh.	Gh. laogh.
Mh. caomh.	R. raor.	L. daol. N. saon.[94]

[is] cóir [iad sin tuar] do ċomardad.[95]
Atá cuid de na coinroinib, an uair teagṁar i bfocair conroineaḋ d'airite iad at[h]ruigear a mbrig nó a

---

[82] O'M. adds linn.
[83] acc giodh gurab miann O'M.
[84] Thus K.: my MS. reads foirceroil.
[85] This orra is inserted from K.
[86] roiceam O'M.
[87] MS. coiṁtear.
[88] sic MS. D.O'M. dtugtar N. dtuigread K.
[89] i niomadaṁlaċt K. a nionraṁlaċt N.D.
[90] coṁpromar K. coodromar N. D. cudpamaigear O'M.
[91] sic N. and K. my MS. has nac iarraid.
[92] tengṁar O'M.
[93] acc go raib coiṁteaċt ann. N.D.
[94] MS. adds m. taom here, but this is surely a mistake, though O'Mulloy gives it also.
[95] cóir do ċomardad is a fixed formula but D. always writes comárdad with long á.

ndúip oileap féin do cum comapda do déanaṁ, ap a laibeópam apíp.

Apeaḋ ap Comapdaḋ Ḃpiṛḋe ann, dá focal do ḃeiṛ coiṁteaċt d'a ċéile i n-uiṁip piollaḋ [⁊] i n-ionaṁa-laċt ġutaiḋe aġup pinteaḋ map an ġComapdaḋ Slán, ġiḋeaḋ naċ dáan[96] conṽap[97] pa ċonṛoiniḃ a dtaoḃ[98] ṛóipṛ na[99] nuiṁpe, aċt aṁáin naċ conṛoineaḋ foġnap do Ċomapdaḋ Slán ḃiop ann. Ní bacann ṛóp conṛoin do ḃeiṛ ap deipeaḋ focail, aġup deipeaḋ an focail eile do ḃeiṛ i nġutaiḋe, map ṛo:

"Ḃa : Ḃlap". [nó] "Cap : Tlaċt."
[nó] "Aoi : Aoiṛ." [nó] "Ḃlaoiṛġ : Ḃaoiṛ."[100]

Do'n Rinn aġup do'n Aiṛdrinn.

Apeaḋ ap Rinn aġup ap Aiṛdṛinn ann .i. dá focal, aġup focal díoḃ níoṛ faide d'aon ṛiolla iná an dapa focal do-ḃeiṛ coiṁteaċt map Comapdaḋ d'a ċéile ó'n[101] ġcéaḋ-ṛiolla amaċ de'n focal iṛ faide díoḃ, aġup goipteap Rinn do'n focal iṛ gioppa aġup Aiṛd-ṛinn do'n focal iṛ faide; map ṛo.

Rinn.	Aiṛd-ṛinn.
Ġlap	Sonap
Tacap	Cuaptaċaḋ
Ġabaiḋ	Fuaṛaḃaiṛ.

Uaitne. Ceann. Urlainn.
Do'n Uaitne.

Apeaḋ ap Uaitne ann, dá focal do-ḃeiṛ coiṁteaċt d'á ċéile, map an ġcómapdaḋ, aċt i n-ionannap na nġut[ai]te aṁáin, aġup iappaiḋ an t-Uaitne coiṁteaċt leitne aġup caoile ipna ġutaiḋiḃ aġup i ndeipeaḋ na ġcumapġ,[102] map ṛo.

"Caol, maol, tṛéan,[103] fal, fial," ⁊c. Aċt ċeana,

---

[96] ḃen conṽap, my MS. ḃéin connṫap, O'M. ionnuṛ ṛa conṛoine D. ḃéiḋiṛ ġuṛ "naċ ḋéan ionnanap ṛa ċonṛoiniḃ" an ceapt.
[97] ionannap N. [98] do taoḃ M.
[99] ná MS.
[100] perhaps these should be read in one line "ba ḃlap cap tlaċt aoi aoiṛ." ḃlaoiṛġ ḃaoiṛ.
[101] My MS. omits the ó'n making nonsense of the sentence. I supply it from O'M. and K.
[102] MS. "ccumapġ." [103] MS. tṛén.

PROSODIA NA GAEDILGE

má 's focal il-siollach bíos[104] ann, ní beag leis[105] coimhteacht caoile agus leithne do beith san triolla déigeanach díob, mar ro:

"Abba" agus "biobba"
"Inme" agus "doinme"[106]
"or-maille" agus "reanruige."[107]

DO'N CEANN.

Areadh is Ceann ann, focal én-siolla[108] iarras an ceathroma déigeanach de'n tSéona do beith 'na focal déigeanach aice.

DO'N URLAINN.[109]

Areadh ar Urlann ann, .i. focal bíos i dtús na céad-ceathroman se 'n ab eidir gan comardadh do chur.[110] Agus an uair nach bí Urlann san leath-rann, "Láin-déanamh" goirtear do'n leath-rann.

DE NA hAISTIB[111] AR TÚS, AGUS DO'N DEIBIDE CEADUS.

Areadh ar deibide ann .i. airte críochnuighear an céad-ceathroma dí i Rinn, agus an ceathrama déigeanach i n-Airdrinn; agus iarras comardadh ris gach focal de'n ceathramhain déigeanaigh,[112] ó rin amach, do beith san céad-ceathromain; óir ní bí aon focal i gceathramhoin déigeanaigh leath-roinn ar bit, taob amuigh de'n focal déigeanach, nach éigin comardadh do beith ris san céad-ceathromain, ná[113] aon focal san céad ceathromain, taob amuigh de'n Urlann, nach éigin comardadh nó Airdrinn do beith ris san ceathromain déigeanaigh.

---

[104] MS. biar.
[105] MS. lair.
[106] doinme O'M. Doimne O'Mulloy. nime, doimne D.
[107] This example is not in K. or N. O'Mulloy has reamroige.
[108] aointsiolla, O'M.
[109] MS. urlaind. D. has orlainn so the u would seem to be short.
[110] sic D. MS. vocair.
[111] K. adds "direacha an dána." Dairdadh an dána diris D.
[112] C.30 omits ó.
[113] MS. ina.

Act ceana, ní h-iarrtar¹¹⁴ ran t-reólad act Rinn agur
dírorinn amáin do comardad ar bit, mar ro.

Óglác do bí ag Muire móir
Nac dtug eiteac na honóir
Leir nár b'áil¹¹⁵ do'n uile ban¹¹⁶
Amáin act Muire Mátar.¹¹⁵

DO'N TSEÓNA.

Áread ar Seóna ann, airde ag a mbí oct riolla ran
céid¹¹⁶—ceatromain de'n leatrann agur a react ran
dara ceatromain, agur críocnuigear an gcéad
ceatromain¹¹⁷ i brocal dá riolla, agur an gceatromain
ndéagéanuig¹¹⁸ i brocal én-riolla i ndiaid rocail
dói-riollaid.¹¹⁹ ⁊c. Ní gnát againn an doiriolla tuar
go deriolladac.¹²⁰ Adeir Uraiceart¹²¹ go neimin-
meadonac muna raibe iarmbéarla eatorra, mar ro:

Rí na ndúl an rí do roigne
Do-ní úr de'n coinnle críon,

nó

Maigre geal rá eitib eala
D'eitil re brear treagá¹²² céid.

Agur ir do'n rocal én-riolla rin goirtear Bráige.¹²³
Agur an uair bíor iarmbéarla eidir an mbrágaid
agur an rocal doi-riollac rin roime adeirtear Bráige
brirte¹²⁴ rir, agur tógtar mar binib gion go gcuirtear¹²⁵
mar lоct ar an tSeóna é, ut:

Cuimnig go bruil a rí 'do' rolla
Fuil na dtrí gColla ar do cúl.

Gídead, má 'r iarmbéarla é c[h]eangaltar re bátad
na¹²⁶ ngutaide ran brocal én-riolla rin bíor ar

---

¹¹⁴ na haartar MS.
¹¹⁵ Thus O'Mulloy & O'M. bean and mátair, my MS. bain and mátair D. but I think I have met this verse reading bean, and maigdean which would be less strange. bad é Domnall Mac Daire do rgríob é reo do réir 23 K. 25.
¹¹⁶ ¹¹⁷ MS. céid, but in other places céad : K. O'M. reads less archaically an céad ceatrama.
¹¹⁸ ndéigéanac K. an ceatroma déadnac O'M.
¹¹⁹ do rilladh O'M. K. adds " go neiminmedonac act mana mbiad iarmbéarla eatorra." go neiminn meadónac muna raib O'M.
¹²⁰ deriolladac MS.
¹²¹ The last eleven words which are apparently corrupt occur in my MS. only.
¹²² ttreagateid MS., ttreagá O'Mulloy, O'M.
¹²³ My MS. omits the accent. What is called bráige is the stressed monosyllable preceded by a dissyllable that ends the fourth line.
¹²⁴ brirte inserted from N. and D.
¹²⁵ ccurtar, MS.
¹²⁶ na inserted from K.

prosodia na gaedilge

deiread, rognaid amail nac biad ann ar én-cor, mar ro:

    Ir iongnad ag rior i bromoir[127]
    Ciod rá ttiobrad onóir d'Aod.[128]

nó

    Iomda rile 'gá bruil eige[129]
    'Gá rige i dtoig oide d'eóin.[130]

Ir amlaid bíor Seolad na Sédna .i. Oct riolla ran céd-ceatromain, agur rocal doi-riolac ar deiread, agur[131] react riolla ran dara ceatromain agur rocal én-riolla rá deiread innti, gan cúntar créad é an rocal bíor roime[131] (ni h-ionann agur an leat-rann) agur an Uaim roir[132] én-riolla béigeanac an tSeólta do coimteact i gcomarda[133] rír an mbrágaid mar ro, ⁊c.

    Trí gárta ir gnát 'na dúnad
    Dúnad árd 'n a[134] n-ibtear corm,
    Gáir na rtéad i ndáil na ndeigfear
    Gáir téad 'r gáir na ngeimeal[135] ngorm.

DO'N RANNUIGEACT MÓIR.

Aread ar Rannuigeact Mór ann .i. Airde críocnuigear gac ceatroma i bfocal én-riolla, ⁊ in a mbí coimteact Uaitne ag dá focal béigeanac an dá ceatromain, agur comardad re h-Uaitne na céd ceatromain ran ceatroma[in] béigeanaig, mar ro:

    Do beir baing[135] béime ar mo blad[136]
    Druim do car[137] re féile[138] ag rior.

---

[127] My MS. reads act iongnad rior a bromoir. K. L. & M. read as above, ag riorraid romóir O'Mulloy, which seems a better reading.
[128] deoinn. MS. onóir dó O'M.
[129] oige MS. gá bruile aige O'M.
[130] deoinn MS. deoin O'M
[131] The last eleven words omitted in my MS. The first three are inserted from K. and the rest from M. K. & M.
[132] roir roclaib com toruinn an dara ceatroman ⁊ an rocal aoinrriolla déadanac ⁊c. O'M.
[133] Thus N.
[134] My MS. reads "air a." N. reads as above, a nibtear M.
[134] MS. gáir ngeimeal ngorm. O'M. has gáir geimeal ngorm. O'Mulloy has first line trí gárta ar gnátac 'na dúnad. so M.
[135] C. 30. reads buing. N. boing.
[136] K. reads bloid.
[137] car for cur to rhyme with blad. Another MS. reads cur.
[138] MS. reile.

158 prosodia na gaedilge

[nó]

Ní héidir don guide[139] gnát
Trát éigin nac bfuige fiac.[140]

[nó]

Tar air mar do féuc Coll
Breac na barr lair ón lionn.[141]

Ir amlaid cuirtar Seoladh fir .i. dá ceatramoin do cur re céile 7 focal déigeanac gac ceatroman diob ag teact re céile mar Uaitne, agur Comardad Slán nó Bridhe, fir gac focal eile do'n dara ceatrom[ain] do beit ran céd-ceatromain, agur focal déigeanac do dara ceatromain an [t]Seoladh[142] do teact i gcomardad an leat-roinn mar ro

File dá gcarann Cloinn[143] ttáil
Ní anann ag dfoing da deoin.

Maigre tagaill mara móir
Foill ar adainn tana[144] a treóir.

[nó]

Dealg atáloid otrar Taidg,
Dar n-antrátaib[145] tocta an tuilg,
Créact oile ar feól-fogail ndeilg
Loige an deirg beó-gonaig buirb.

Act ceana, ní dlig Uaitne na céad ceatroman don tSeoladh coimteact a gcomardad ré haon focal don rann uile.

Don Chasbhairnn.

Aread ar Carbairnn ann .i. airde críocnuigear gac ceatroma a bfocal trí riollad, c[h]oimtig re aroile d'uaitne, mar ro.

Puirt ríog Acaid Fionnloga
Siod Catail a gcomlada,
Dá goin d'airm í Iugaine
Do mairb roin an ríoduige.

Ir amlaid cuirtear[146] reolad ria .i. dá ceatroman

---

[139] *Sic* C. 30. My MS. reads "a nguide." M. an guide.
[140] K. & C. 30, read *fuil*. M. as here.
[141] These lines are only in my MS. and M. They are not Rannuigheacht Mhor.
[142] Elsewhere we have met the genitive reólta. These nine words from don dara to gcomardad are from C. 30. Don dara ceatromain do beit ran céd ceatromain 7 focal déadnac an leatroinn, mar ro M.
[143] ttana my MS. & M : D. has faill for foill, and máir for móir.
[144] *sic* O'Mulloy & M. Dar ran tra toib MS.
[145] cairtair MS.

PROSODIA NA GAEDILGE

do cur re céile aga mbia uaitne agus do nós na Rann-uigeachta Móire .i. focal déigeanach an[147] dara ceat-ramhan don tseólad do teacht re focal déigeanach an leatrainn, mar comardad, mar ro:

Is í an eaclais[148] aoibneara
In meadhrois[149] a miangura
Sriod[150] tre toilcib taoibglara
Na artain[151] d'fíor fiadhrara.

DON RANNUIGHEACHT BHIG.

Ir ionann déanam don Rannuigheacht móir agus don Rannuigheacht bhig, mar adubramar; acht gur[151] ab focal doisiollach bhíos ar deiread gach ceatramhan don Rannui-geacht bhig, ut

Do teannad re dig ndrúchta[152]
Id lúbtha um ceangal gcéacht[a].

[nó]

Sread go bruach na bron maighread
Do luach trailgead n-óir d'ionlad.

[nó]

Bás ó Gearóid ban gornga
Cror comdha feansóid Sadba.[153]

Ionann mod air a gcurtar feolad fia ⁊ fir an Rannui-geacht Mhóir acht eidirdheiliughad[154] na bhfocal n-aoin-siollad [⁊] doisiollach i ndeiread[155] na gceatramhan [mar ro. M.].

Roga na cloinne Conall
Toga[156] na droinge a bheadam,
Toig dar feolad rug romam [reomhainn M.]
Conall tug d'Eogan fearann.

---

[147] in MS.
[148] eaglair M. eaclair lr. eile.
[149] meadhragad C. 30.
[150] sréam C. 30.
[151] reartuin M.
[152] Tá na ré línte seo rgríobhta mar próir ran MS. Tá siad truail-ligthe. Seo mar tá siad ran MS. "Do teannaidhe dig ndrúchta: id lúbtha uimcheangal cceachta: Sread gó-bruach nabron maighred dol uach trailgead noirdhionnlad barogearroid ban gornga crorcomdha rean-roid Sadba." Ar so mar tá siad ag 23, K. 25.

M. reads
Do teannad ré dig ndrúchta
Id lúbtha um ceangal céachta
Sread go bruach na bron maighre
Do luach trailgead nóir dionnlad.
Do tennad ré dig ndrúchta
Id lúbtha um ceangal céachta
Sread go bruach na bron maighread
Do luach trailgead nóir dionnlad.

[153] im rgríbhinnre amháin agus in M.
[154] act a neidirdhealbad K.
[155] rin rin déiread MS. a ndeire K.
[156] doga MS. Tá 41 rainn ran dán so, do rgríobhad é le Giolla Brighde Mac Con Mide.

PROSODIA NA GAEDILGE

Atá ní eile a deirtior do beit 'na riacdanur ar dán .1. dúnad nó iadad, an[157] uair curtar nuimir rann re roile, mad a nduan nó a n-admad[158]. Agur ir ead ar dúnad ann, .1. gid bé ran[n], leatrann, nó ceatromad,[159] focal nó cuid de, (mad aonriolla nó nira lia) nó litir [le] a dtionrgain an dán, a críocnugad ran ní céadna 7c.

Do na conroinid ar ar labraman, c[h]udramaigear[160] nó do ní áit conroine d'aonrórt.[161]

Atáid conroinid dairide ann an uair teagmar re cnear conroine dairide eile iad atruigear [a mbrig nadúra féin, K. 7 M.] a mbrig conroinead do fórt oile, mar laideóram[162] rior an[n] ro.

Act ceana rul laideóram orra tadair na riaglaca ro rior do t'aire[163], ar an leabair cearaireacta[164] (?)— mar fúndamént.

1. Ar ttúr ní cóir conroine [comarda K.] 'na aonar act[165] re conroine dá aicmc féin.

2. Ní bí [reidm M.] comardad do conroineid[166] ar ní ra lia 'ná dá conroine ar gat taod, mar ro : " Na lúibrean " agur " drúictrgream," cóir do comardad re a[167] roile.

3. Act ro rior. Fuilngid dá conroine [eadroma K.] a brocal [gat M.] a mbí ran brocal eile do conroinid teanna 7 ettroma do comardad rir. Ut. " Fogmar " agur " gormglan."[168] Cóir do comardad.

4. Ní téid S na conroine bog do barr a comardad[169] mar ir follur orra ro rior atá lotdat.

Nír loirg don toirg rin na tigte
Loirgrid don [toirg] oile iad.[170]

---

[157] in MS.
[158] andúan ro anadmad [a nduain nó an agmad M.] 7 arear dunad ann MS.
[159] ceatramad focal nó cuid de go mo aontriolla nó niara lia no litir le a ttionrcnórar dán gur romolta a críocnúgad ran ní céadna K.
[160] comíeromar K.   [161] ele K. do aon tórt M.
[162] =Laideáram MS.   [163] dotáire MS. dod haire M.
[164] Sic M. Cearaireacta ? MS. leabar Caraireacta an dána mar bunaigear K.
[165]" ar " MS. ní'l na hailt reo ón uimir 1 go dtí deiread uimir 9 ag D.
[166] reidm comarda conroine K.   [167] e MS. ré céle K.
[168] M. omits this example.   [169] a ccomardad MS.
[170] Tá ré reo rgríobta mar rrór ran MS. " nír loirg do toirg rin na tigte loirgrid donoile iad daoine dán ccairgrin gan crod : ran Raierin craoib cruadanruil .1. iarmbár craoibe cruacanrin. 7 ar olc baoi a bromanadair." Tá line tarraingte fá'n brocal " cruadanruil."

PROSODIA NA GAEDILGE

[nó]

Daoine ḃan gcáirġin gan croḋ
San ṗáitrin craoiḃ Cruaċan ḟuil.[171]

.i. iar mbár craoiḃe cruaċan rin.[172] ⁊ ar olc ḃaoi a ḋromanaċ air.[173]

5. Fuilngiḋ an Conroine ḃog conroine cruaiḋe, teanna nó éttroma, mar aon rir. (Dá ṁéaḋ ḋíoḃ teagṁar 'na focair a ḃfocal don ċoṁardaḋ)[173] ⁊ do níḋ coiṁteaċt re conroine mbog[174] ⁊ giḋ ḃé ar bit conroine [ete K.] é [aċt K.] naċ p [ḃiaḋ K.] na focair mar ro "Seaċtṁain" "teantar," cóir do [don, M.] ċoṁardaḋ, "geangtnúit" ⁊ "reantuir."

6. Ḃris conroine éttroime[176] ḃíor ag conroine garḃ[176] re cnear conroine ḃuig,[177] mar ro falc[176*] "taċṁong,"[178] "rlatċoll.."

7. Gaċ áit in a mbí conroine cruaiḋe ⁊ conroine garḃ re cnear a ċéile, ar eaḋ ḃíor ag an gconroine cruaiḋ ḃris conroine ḃuig,[179] agus ag an gconroine gairḃ ḃris conroine éttroim, mar ro: "gaḋċor," "ḃratroḋ," [ḃratraḋ M.].

8. Gaċ áit a mbí .ċh. re cnear S., roimpe nó na ḋiaiḋ, ḃris conroine éttroim ḃíor aig[e][181] mar ro. "An teaċtro" agus "an feartro"; cóir mar[181*] ċoṁardaḋ iaḋ. "Cneartaoṁ" ⁊ "trearlaog"[182] cóir mar ċoṁardaḋ iaḋ aṁlaiḋ.

9. Do ní S cuṁaċta oile mar ro; boguiġ rí na cúig conroine, mar atá ḋh, ċh,[183] ḃ, ḋ, g, roimpe, agus cruaiḋiġiḋ rí trí conroine na ḋiaiḋ go neiṁinṁeaḋḋonaċ, .i. ċh ṫh ⁊ c.[184] a n-én ċár, ḋa ngoirtear " c.[185] cumairg,"

---

[171] "Daoine ḃan gcáirġin gan cruḋ San ṗáitrin ċraoiḃe Cruaċon" O'Mulloy. Daoine rá'n ccáirġin ran ċroḋ ran ṗáitrin Craoiḃe Cruaċon K. Daoine ḃan ccáirġin gan cruḋ: gan ṗait rin Craoiḃe Cruaċuinn. M.
[172] Cruaċanrin MS.
[173] níl na 11 focla ro aċt im' rġríḃinn-re, ní ṫuigim iaḋ.
[174] Tá an ċuiḋ eile de'n líne reo gan líonaḋ ran L. r.
[175] Dá ṁeaḋ ḋíoḃ do ní na Cóiṁteaċta ṗé conroine ḃog. K.
[176] eaḋroim eaḋroim M. K.
[177] gairḃ K. ḃog K.
[176*] im rġríḃinn-re aṁáin ⁊ M.
[178] taċṁong MS. & M. Toċmong K.
[179] C.K.
[181*] sic K. MS. : do. M.
[181] aici K.
[182] aliter trearlaoċ.
[183] ḃ. t.—K.
[184] Tá leaṫanaċ ḃán gan daḋa air, ag teaċt irteaċ ann ro im láiṁrġríḃinn-re, aċt níl aon ḃearna inrna téacrannaiḃ eile: níl "go neiṁinṁeaḋḋonaċ" ag K.
[185] Coll Cumurg K.

agus iré ar "c. cumairg"¹⁸⁵ ann an tan téid .g.
deirid focail a ndiaid S¹⁸⁶ go neiṁinṁeadonaċ, ⁊ .c.
toraig¹⁸⁷ an focail eile a n-én ċoll¹⁸⁸ ran coṁ-focal
do réir riagla na gcoṁfocal.¹⁸⁹ Cruaidaigid an S an
C¹⁹⁰ cumairg rin, mar ro "fleargorr," [flear-
góir, M.] uata ro "fleargg" agus "corr."¹⁹¹ do
ḋruim an ḃogta¹⁹² [rin M.] do ní S roimpe, ir cóir na
focail-ri uile do coṁardaḋ ne roile .i. an "leatro"
⁊ an "fleadro," an "cearro" agus "cearro."
Agus ní cóir aon dá focal diob [do comarda. K.]
re céile rul otig an S na ndiaid, mar ro "leat"
"flead,"¹⁹³* "cear" "cead,": lodac [iad K.] uile
mar coṁardad.

Cuirtear¹⁹³ S deirid focail agus S [an r : M.] ḃairr¹⁹⁴
tig [na ndiaid K.]¹⁹⁵ air a gcoṁardad le haon S [aṁáin
mar ro K.] an "glarra" agus na "ḃara," ⁊ cuirtear¹⁹³
conroine cruaid agus conroine gard re haon ċonroine
mbog .i. an uair tig .t. deirid focail re carad a lár
an focail andiaid .th. mar ro "iota" na "diotda"¹⁹⁶
naċ ndearna "iota" "iongna."

Cuirtear mar an gcéadna dá ċonroine éttroma an
uair ar¹⁹⁷ a gcarad tig conroine éttrom aca agus aon
ċonroine éttrom a gcoiṁteaċt coṁardad mar ro.

"dol¹⁹⁸ uaidib ní ḃa díor ḋaṁ
for¹⁹⁹ guailnib ríog ar ríogan."

Mar an gcéadna an uair tig²⁰⁰ (da) (sic), an trarṁluigte
andiaid .t. nó .n. ar ċonroine teann do ċur rir a
gcoiṁteaċt ag iompod an .d. rin an (da) (sic) a litir
iondainn, agus an litir rin deirid an foca[i]l mar ro.

"Urra" mar rinn re "raogallda"²⁰¹ ag déanaṁ
"raogalla" de, nó conroine éttrom nó trom, agus

---

¹⁸⁶ r. K.
¹⁸⁸ an aon ċuid K.
¹⁹⁰ S. agus C. K.
¹⁹² tá an dá focal ro ggríobta fá dó ran MS. "ḃogta ra" K.
¹⁹³ cairtair MS. "cuirtair." lr. eile.
¹⁹³* fleargg K.
¹⁹⁴ sic K. An barr MS.
¹⁹⁵ sic K. tig air MS
¹⁹⁶ iodta iota ⁊c K.
¹⁹⁷ ir K. ar accarad M.
¹⁹⁸ do K. dul, M.
¹⁹⁹ sic K. a MS. ar M.
²⁰⁰ tá an "da" ro ggríobta agus lúibíní na timceall: (da). im l. r. féin ⁊ K. ⁊ M.
²⁰¹ "⁊ an litir rin deirig an focal mur ro urra mair rinn re" etc., MS. raogalda mar airorinn re urra K.
¹⁸⁷ ⁸ c a ttoraċ K.
¹⁸⁹ cconroineaḋa K.
¹⁹¹ cóir K. & M.

pROSODIA NA ZAEDILZE

conroine cruaid do cup²⁰² ris. Az rulanz don (da) (sic) [conroin K] na²⁰³ riocc réin mar ro "orda" mar rinn re "raozalda".²⁰⁴

Ó do labramar an uiread rin air na conroinib do caoib na zcomarvad, a deuram an beazán ro ar na zucaidib, 7c.

An uair ceazmaid dá zucaide re cnear aroile²⁰⁵ zearr ir cóir an céad zucaide diob, mar zucaide do bi zearr ariam iad, mar ro .1. "An Laud" an "zaud," cóir do comarvad.²⁰⁶ "An laud" "an diaud," locvad do comarvad.

Do zeuba²⁰⁷ an roglamac (má do rinnemair dearmad) a nznácuzad²⁰⁸ leuzca oibread na ruad.

don bhRuilinzeacc.

Ir é ir bruilinzeacc²⁰⁹ an[n] .1. dán iarrar zac ní iarrar an dán direac zan do dealuzad eacorra in a ndéanam acc nac broznann²¹⁰ ran Bruilinzeacc acc comarvad brirde, ra²¹¹ a dcuizcear Rinn azur Áird-rinn, azur Uaicne brirde mar ro.

Aize²¹² coimealca na zcloza d
An cloideamra az Cacal 7c.

Níor labramair ar Uaicne brirde mar do labramar ar an zComarvad brirde, do briz nac raibe áic ran dán direac az an Uaicne mbrirde, zideav ni fuil ann acc do nór an comarvad brirde ra na conroinib²¹³; do nicear an Bruilinzeacc ar²¹⁴ zac airde, mar an ndán ndireac. .uc.

[Acá an c-ózlac[h]ar nar rmuain an c-uzdar ofázbail amuiz a ndiaid an dara duilleóize, azur da mad olc leir an léizceóir an licir nó ceazan, cuizead nac earbaid dúcracca acc deirir ro deara 7c.]²¹⁵

---

²⁰² cair. MS. ²⁰³ don (da) rinna riocht. MS.
²⁰⁴ sic K. ord do rin re raozallda MS. (orda) do rinn ré raozalda) M.
²⁰⁵ re céile K.
²⁰⁶ mar ro ir cóir a ccomarvad ré céile an lá úd an dia úd azur ir loccac do comarda iad re céle, K.
²⁰⁷ níl an dá líne reo ó "do zeuba" zo "ruad" acc im l. r.-re. 7 M.
²⁰⁸ má ofázbamair dearmad a nzucaidib leazca oibread na ruad M.
²⁰⁹ Bruiclinzeacc K. ²¹⁰ mbí K.
²¹¹ Oize Cuimealca na cclozad an cloideam ro az Cacal K. Aize coimealca na cclozad: an claideam ra az Cacal M. Ir-ionann "azaid nó aiz cuimealca" azur *a file* i mbéarla. Níl an focal ro az an Duinnineac acc cualar zo minic é.
²¹² rna Conronaib. Do snícear 7c. K.
²¹³ sic K. air da MS.
²¹⁵ níl an 82 focail reo acc im l. r. ro amáin.

don oglaċas.

Is eaḋ as óglaċas ann, gné ḋána in naċ mbí aċt rgáile ḋána,²¹⁶ a gcompráiḋ an ḋána ḋíriġ, naċ mór [an K.] ceapt iaspas. Is éiḋis a ḋéanaṁ as aitsir gaċa h-aisḋe. As a son sin is iaḋ Aisḋeaḋa²¹⁷ se na gnáitiḋe beit ag ḋiallaḋ ḋon óglácus .i. Deiḃiḋe, Seaḋna, Rannuiġeaċt Ṁór²¹⁵ agus Rannuiġeaċt Ḃeag, agus gné eile in a mbí an céaḋ ċeatroṁa corṁail se Carḃaisn, agus an ḋasa ceatsaṁa corṁail se Rannoigeaċt mḃig, mas so:

    A Ḋuiḃġil an gcluin tú an ġáis
    Sa toiġ-se amuiġ go mór-ḋáil?
    Ní binn lais gaċ cluais ḋo ċluin
    Ġáis ḃainnse Ṁic í Ḋálaiġ.²¹⁸

An uais ḃíos as losg Deiḃiḋe ní iassann²¹⁹ ḋo ċeast aċt Rinn agus Aisḋsinn aṁáin, agus is ionann lais beit ḃpisḋe no slán, agus is é ainm goistear ḋioḋ-san [san] Óglácas amus; agus bí [an t-amus K.] as uaisib i n-áit seanna agus aisḋseanna, go mór-ṁór san tSeólaḋ. Ḋá ḟocal soġnas ḋ'amus,²²⁰ mas so:

    Ḃuan a ṁaisg ḋo Ċosc Cláise
    Is ḋo mós s[h]luaġ na Máiġe.

agus as uaisib eile bí an Rinn 'na focal én-siolla ag teaċt mas amus se siolla ḋéiġeanaċ focail tsí siolla mas aisḋsinn, mas so:

    Ḃosḃ a tseatan as²²¹ gaċ tsáiġ
    Niall mac Eaċaċ Muiġṁeaḋáin.

cuiḋ oile ḃíos ḋe as aitsir Séḋna, iassaiḋ amus an ḋá ḃsáġ[h]aḋ²²² agus ḋá gcustas amus se focal an ḋá siolla is seis[s]ḋe é, agus ḋo niḋeas gan é, mas so:

    Gaḋ a Síle anaġaiḋ haignḋ
    Ionas sallaing seiléḋ²²³ ssóil
    Lean ḋon ċeasḋ as as ċsom Áine
    Tuill bonn taille mas naċ cóis²²⁴

---

²¹⁶ ḋon ḋán ḋíssioċ K.
²¹⁷ a aisteaḋa neiṁġnáta .i. beit ag giallaḋ aon óglácas se Ḋeiḃiḋe, Séḋna, K.
²¹⁸ is sann ó seo aḋeis seasḃlaiḋ le n-a buime, san sgéal sin "Toċmasc seasḃlaiḋ." Na sainn atá cuста i mbéal Ċeasḃaill Uí Ḋálaiġ san sgéal so tá siaḋ i ḃsaḋ níos cispte 'ná na cinn eile!
²¹⁹ sic K. & M. ní as sann MS.   ²²⁰ san amus K.
²²¹ tas K.   ²²² ḃsíġ K.   ²²³ silléaḋ M.
²²⁴ sic Seán Ó Ḋonnaḃáin ina ġsaiṁéas lċ. 425, aċt " asḋo tó in " gaċ l.s. eile : cuis ḋo ṡúisín sa ḋo ċóin M.
Tá an cuiḋ eile ḋen tsáċtas so as psosoḋia caillte in M.
Tá beag naċ 4 leataṅaiġ bána ann so insan ls. sin.

prosodia na gaedilge

An cuid bíos ar aitir Rannuigeact[a] Móire ní iarrann act focal éigin soinriolla air nac gcuireann beann a beit 'na uaitne bíride nó rlán, nó gan a beit, (act nac rabaid 'na n-amur) do beit ar deiread gac ceatroman, agur gac leatrann.²²⁵ Gideag caitrid amur do beit re focal déigeanac na céd-ceatroman a n-áit éigin a gcreatig²²⁶ na ceatroman déigeanaig[e]. *ut*

> Do beurad Seaán a bál²²⁷
> A cead do cac beit amuig.

Act ceana dá raib Seolad rir caitrid focal déigeanac an dá leatrann teact re céile a n-amar *ut*.

> Dá leigtí go ruaimneac do
> Dá dig nó trí d'ól dá cuid,
> Do beurad Seaán a bál.²²⁸
> A cead do cac beit amuig.

An cuid de leanar Rannuigeact mbig, ionann déanam di agur don cuid leanar Rannuigeact Mór, act gur²²⁹ ab focail dá rolla bíos ar deiread gac ceatroman diri mar ro:

> Ní cluinim rin a²³⁰ cláirreac
> Fuarar paideag²³¹ am' éirteact
> Do beir Dia a n-íoc a docair
> Roinn rocair do gac éinneac.
> [no mar ro]²³²
> Ar do cláirrig go ndunne²³³
> Ní bí mo ruile act druite
> Ionann leam ⁊ a clairdin
> Do lama draicrin uirre.

An cuid don óglacar ag a mbi an céad ceatroma cormail le Carbairn, ⁊ an dara ceatroma ré Rannaigeact mbig, ní bruil do déanam uirre act an dá

---

²²⁵ act 'na amar do beit ar deiread gac ceatraman do gac leat rann K.
²²⁶ a lár nó a náit égin don ceatromain dégenaig.
²²⁷ ní'l na línte reo ag K.
²²⁸ reaán do bál K. Seaán abal, MS. Tá dá rolla i Sea-án.
²²⁹ gor focal K.
²³⁰ rágann K. an t-"a" ro amac.
²³¹ bácad K.
²³² tá na rocla ro ar K. Cuireann K. an céad rann ran áit a bruil an dara rann ann ro.
²³³ go ndunne K.

focal tréṁíollaċ²³⁴ ṡin an ṗoinn do teaċt ṡe ċéile
d'amaṡ, aguṡ an dá ḟ[h]ocal deṡiollaċ²³⁵ do teaċt
ṡe ċéile d'amaṡ maṡ an gcéadna. *ut.*

    Slán uaim don dá aoḋaiṡe
        Go ḃḟuil a n-eaṡṡ 'na dtoṡaċ²³⁷
    D'uaṁain ḟiṡ na ṡaoḃtuicṡi
        Ní ḃiú ní aṡ ṡia dá noċtaḋ.²³⁶

        Finit.

---

²³⁴ tṡíṡillaċa K.   ²³⁵ dóiṡillaċa K.   ²³⁶ nodaḋ, K.
²³⁷ b'éidiṡ guṡ toṡuiġ a ṡloinnte le "eaṡ" maṡ "Ó heaṡnáin" nó "Ó
heaṡcáin." Saoilim guṡab é deaṡḃṡátaiṡ aṫaṡ Taiḋg óig Uí Uiginn, .i. Aiṡo
eaṡbog Tuama, do ċeap an ṡann ṡin tuaṡ. "Ae ḟṡeṡliġe," nó "Ae ḟṡeṡliġe"
iṡ ainm coitċeannta do'n ṁeaḋaṡaċt ṡo.

Aguisín I.

ar 23. K 25. amáin, leatanac 22.

[Ní ḃfuair mé an méid leanas acc ran lr. reo amáin].

Atáid a n-eġmair a n-duḃramar airteada aile ar a 'n-déntaoi dán a nalló'd: ġideaḋ ní laiḃeóram orta ann ro, act amáin an Droiġneac an Ceanntrom ⁊ Séadna an earball.

An Cenntrom.[1]

Bíd oct rillada ran ccetramain don Cenntroim, ⁊ ceitre rillada a n-dereaḋ ġac cetraman, pir an ccoiméd atá ir na hairtedaiḃ aile, amail atá ran rann ro ríor.

Ré cian pa cuing Féinnideacta,
Ó iat Flainn don leaġainn-ealta;[2]
Deiġrġeul pait na ró-oirḋeacta,
Mait deireaḋ na deoraideacta.

Don Droiġniġ.

Ir amlaid bíor an Droiġneac, bíd ó naoi rilladaiḃ go naoi déġ in ġac cetramuin di, ⁊ trí rillada a n-dereaḋ ġac cetramuin; caitrid focail ḃeit in ġac cetramuin aġ freagraḋ dá céile a ccomtrom rillad, a n-gutaid, a ḃroġar cluaire, amail atá ann ro.

Imda rompla úr ar óireangaiḃ,
'Sluit ar fróilleapraiḃ corcra ór caoilpennaiḃ
Ġáir aġ reilġ, bionnġáir aġ buadḃallaiḃ,
Fá'n leirġ nuaḋḃallaiġ lionnḃáin laoiġeangaiġ.

---

[1] Fuair mé nóta do rinne an file Seán Ó Murcada na Ráitíneac ar an meadaract ro. Deir ré "A ré déanam iarrur an Céanntruime ocht rollaiḋe ann ġac coir don rainn: focal ceitre riolla ar deireaḋ ġac coire, uaitne direac aġ na ceitre roclaiḋ-re re céile. Comarduġa direac fór aġ dá focal déiġionac an tSeolaid nó na céad leat[rainne], aġur focal déiġionac an comaid nó na dara leatrainne le céile: Amar on ccuir[a] a céile don tSeolad, comarduġa direac ran comad. Fíor uaim nó uaim ġnúire ir na trí ceadcoraiḃ ⁊ ríoruaim ġan eirgeact ran coir déiġeanaiġ. Atáid rin uile ġo mait ran admad ro fuar." 22° lá 7 1744. Féac RIA. 23 L. 17.

[2] Leaġainn ealta MS.

[a] Tá rud éiġin nac léir tar éir "ccois" ann ro.

[425]

séadna an earbaill.

Bíd naoi rillada ran ccéaccetramhuin, ⁊ aon rilla déz ran dara cetramuin, ⁊ Uaim na Sédna inte ran uile áit, amail atá ran rann ro inar ndeazaid .i. rann Sédna an Earbaill.

Tiocraid leamra ar lorz mo críce
Clann éizri zo niomad ríoc 'r dá rredmannaid:
Ir teanzta mar na rleaza réanta,
Sceana bearrta déanta dit le na ndezrannaid.

[Leantar na rainn rin tuar ran téacr, leir na romplaid reo.]

Rann Deibide ar leabar Eozain Uí Caoim.³

Ní Criortaide nac creid roin,
Zo ttiz Críort le cúiz briatraid;
Na duine mar do bí a mbroinn,
Riz na nuile ran Abloinn.

Rann Deibide ar leabar oile.

Ir ionann beantar Dia de,
An riz ran t-é⁴ ir táire,
Cá mó cion an creac ir mó
Dá ndeac ón rior an aonbó.

Rann Séadna ann ro:

Ar t'raoram dam a Dé atar,
Adaim mrialar mar rear zaoil:
Atá ron[n] az rúr do zrára,
Zlún nar crom zo trátra daoib.

Rann Rannaideacta móire:

Oruid a nall a leabair biz,
D'aonmuinntir mere ir rid féin:
Ionann zalar damra ir daoib,
Tuiz zo rruilim mar 'taoi a ppéin.

---

³ Dad é reo, ir dóiz, an razart ⁊ an rile cluṁaṁail, an t-At. Eoẓan Ó Caoiṁ 1656-1726.
⁴ an te MS.

Aguisín I

nó mar ro
Truag a Rirtird Art a núir,
Art dar leam nár dutair gné:
Art a ruadact nár tair treoir,
Art ream ló do rad mé a ppéin.

Rann Rannaideacta Bige:

Bean na cciab ffada ffionncar,
Tréide na ttriat aigte dfoilcear:
Coir ar ccean ir í ceilfear,
Deigcnear geal na ttrí ttoircear.

Rann Carbairne ronn:

Mitir Éire dfoir[i]tin,
Gac re bireac biod agaid:
Mitid do beinn i dfóiritin, beann .i. grád. [sic].
Dá doig ni nuadeirmin. [sic].

Rann Séadna* ronn

Dfear cogaid comailtear ríodcáin
Sean focal nac rároigtear,
Ní fagba riot act fear foglad
Fead Banba na mbánfoitread.

Foirceann.**

---

* Ní Séadna é reo, act Séadna Mór. "Dian Mdreng" an rean ainm do bí air. Féac Thurneysen, Mittelirische Verslehren. Lc. 32, an áit a dtugann ré rompla eile dúinn. Tadg Dall O Huigínn do rinne an rann. Féac a dánta iml. I. lc. 108, tug Eilionóir Knott amac.
** Dad é Maoilreacloin Ó Comraide do rinne an lrs. reo. Tornuigeann ré le prorodia Gaedilge rgríobta i mBéarla "Irish prosody from Lloyd." Dad é rin an file Seán Lloyd, ir dóig, do rgríob an rár-abrán rin "Coir Leara dam go huaigneac" timceall na bliadna 1773. B'ar condae an Cláir dó. Leanann Ó Comraide rin le prorodia i nGaedilg "Tráct ar fileadact nó rearact dána na Gaedilge" atá beag nac mar an tráctar im lr. féin. Ir aige-rean amáin tá cur-ríor an "Ceanntrom" "Droigneac" agur "Séadna an Earbaill," agur tar éir rin tugann ré romplaí eile dúinn ar na meadaractaid coitceannta, mar atá tuar.

Aguisín II.

Cuideóċaiḋ sé le luċt-léiġte láimḣsgríḃinní má cuirim síos ann so dá móḋ do ḃíoḋ ag na filiḋ cum a gcuid smaointe do ċeilt ar ḋaoiniḃ eile. Ba ḋ iad sin an móḋ sgríoḃnóireaċta ar a dtugaidís "Ogam Coll" agus an ceann eile "Ogam consroineaḋ."

Seo rann múineas dúinn cionnas sgríoḃtar Ogam Coll.

    Ceiṫre coill ar eaḋa áin
    Cúig coill ar ioḋa iomlán
    Eancoll ar ailm nḋata ndonn
    Agus dá coll ar ċaoṁonn.
    Sor [=ar] ur orḋa mbinn mblarḋa,
    Trí coill croḋa caoṁ-garḋa.

Is léir ón rann so go sgríoḃtar Coll [=c] nó coill i n-ionad gaċ gutaiḋe, agus méaduiġtear nó laġduiġ-tear uimir na gColl do réir leiṫne nó caoile na cúláire 'g á laḃairt, mar so. A=C. O=CC. U=CCC. E= CCCC. I=CCCCC.

Ar uaireanntaiḃ bíonn A i n-áit C agus C i n-áit A, mar srcnn=crann. Má ḃíonn an C ar a ḋruim bun-os-cionn (mar ⊃) is ionann agus EA é. Má cuirtear dá C le ċéile ḋruim le ḋruim, ceann aca agus a aġaiḋ siar, agus an ceann eile agus a aġaiḋ soir, mar so, ⊃C, is ionann agus IA iad. Nuair ḃíonn C aṁáin ann agus a aġaiḋ siar mar so ⊃ is OI é. Is ionann ⊃⊃ agus UA agus C=AO. Ag so cúpla líne ran Ogam Coll so:

Lercn cngrocn cccccccr br⊃ntcccr bcrcḋ cn ṁcccntcccccccg ccccccr ccngtcccccccccḋ rrocṁ dcc rricċṁ nc gcrcnc ccccccrta.[1]

i.e. Laran[n] angrian [=an grian] air ḃréantar darad [=darra] an ṁúnluig.
Is canglud [=ceanglaiḋ] rriaṁ [=rréaṁ] do rrioṁ na gcran[n]a ccúrta [=gcúḃarta].

Saoilim go ḃfuil an sórt eile .i. "Ogam Consroineaḋ" níos coitċeannta. Aċt is "Ogam Beiṫ" tugann an

---

[1] Ar lr. do fuair mé an iasaċt ón ċarad Miċeál O Caṫáin, bráṫair. Dáiḃí de Barra do sgríoḃ. 1824.

Aguisín II

t-Atair O Maolmuaid air peo. Seo rann ag cur fíor air, ag tairbeánt cionnar déantar é.

Beit agus uat ailm deuna,[2]
Duir luir onn gan aitméula,
Fernn tine for ur ampa
Suil coll eada fíor-calma
Niatol[3] deuna don iod
Ir cuir iad a n-éinionad.

Ir é ir ciall don rann ro, b agur h má cuirtear iad le céile ir ionann iad agur a. D agur l ir o iad. F agur t ir u iad, s agur c ir e iad, agur ir ionann Niatol [=ng] agur l.
Ag reo dán beag eile, ó 23 K. 25. Ag míniughad na rún ro. Ní atruigim aon litir dá bfuil ran téacr.

Coll ar ailm a n-ogam,
Ir dá coll ar caomonn,
Ar úr óróda go méin mblarta
Trí coill cróda comcarta.

Ceitre coill ar eada áin
Ní meala* duinn a deagdáil
Coll ar a cúl d'eadad áin
Cúig coill ar ioda iomláin.

Dá coll d'ifin go leire
Cúl re cúl go ccoigeile,
Uilleann dá coll cuir ar a ccrod
Coll buinrcionn d'oir na haonar.
Ir coll d'amncoll cúl or cionn
Ní niúl gnát gid tá innioll.

Cum rin do tuigrint caitfimid fíor a beit againn gurab ionann Amancoll agur dáfogar ir é rin dá-gutac nó divocalir (mar tugann an t-At O Maolmuaid air) .i. an litir a agur gutaide eile 'na diaid mar " daor "

---

[2] i.e. déanfaid beit 7 uat [=bh] ailm [=a.]. Do bain mé ó reo ar ir. Maoilfeacloin Uí Compaide. 23, K, 25, agur tá ré i leabar an At. O Maolmuaid, leir.

[3] aliter ngiotal nó ngedal: tugann an proronia béarla do rgríob Stiopán Rígir ran mbl. 1718 "ngeadal vulgo giolcac vel raid, calamus, arundo, canna," ar an litir reo. H. 3, 23.

*níl aon " meala " i " ngaedilg, act ir é méala an focal. Mar rin de, ir dóig nac " eada " an focal act " éada "=" e."

[429]

aguisín II

nó críofoġar, trivocalis, mar "ḋaoi." Ir ionann
eaḃaḋ agus ḋáfoġar (ḋá-ġutaċ) .1. " e " agus gutaiṫe
eile na ḋiaiḋ mar "fear." Ipin ir é an ruḋ céaḋna
é ag tornuġaḋ le I, mar "triat," agus Uilleann an
ruḋ céaḋna, ag tornuġaḋ le U, mar " ḃuan."
Ir imeasg na nua-fili, ir mó ġeiḃimiḋ an t-oġam
ro, aċt ní h-iaḋ tug irteaċ leó é. Ḃí ré i n-úráiḋ i
ḋfaḋ rompa. Féaċ mar rompla an connraḋ ḋo rinn
MacEoċagáin leir an Sionnaċ ran mḃl. 1526. Ḋo
rgríoḃ an t-ollaṁ, Séamur Ó Cionga, an connraḋ ro
ar píora meamraim ran mḃliaḋain 1526, ⁊ ḋo rgríoḃ
ré cúpla line ḋe " ċoloṗon " inr an oġam ro.⁴
An fear ḋo rgríoḃ leaḃar Uí Ċoncuḃair Ḋoinn ḋo
Ċaiptín Saṁairle Mac Ḋoṁnaill inrna Tioptaiḃ
Íoċtaraċa ran mḃl. 1631 ḋo rgríoḃ ré a ainm mar ro
" mng rng ḃhrḋḋh⁵ ḋol rgrngoḃhn " i.e. " miri Aeḋh ḋo
rgríoḃ." Fear eile ḋo rgríoḃ leaḃar eile atá agam
cuir re a ainm ríor mar ro: Folngċrcḃhnn Lngolmrḃh
rrcḃhgḃhn Nrcmbhnn=" foi[r]ċeann liom-ra Seaġan
Numan." Seo alt atá rgríoḃta ar an móḋ ḋorċa ro:
ḃng folnggḣrcḃhn ḃng fcrmḃolr rcngrngolnnḃc
ḃhr chrḃhḋḃhḋh=ḃí fóigean ag urṁór Eirionnach ar
Cráḃaḋ.⁶
Inran ḋán ḋarab toraċ " a ḃean na gcíoċ gcorr-
folar " tá an rann ro ag line 65.

  Coll ir Nion go nuaġloine
  Ir ḋá ċoll ar n-a gceangal,
  Ruir ir coll go cruaḋfnoigte,
  Ainm na mná ro ḋom ṁeallaḋ.

Coll=a. Nion=n. Ḋá ċoll=O. Ruir=r. Coll=a.
Ainm=Anóra.

  Toirre ir an tinne⁷ ḋá ḋít
  Ainm na mná le ḃfuit mo rún,
  Ní tiocfaiḋ⁸ uirti aċt mar rin
  Ir cuirtear liḃ ruir 'na túr.

Ḃain an T ḋe Toirre agus beiḋ Oirre againn. Cuir
R leir (agus ḃain R ḋé, ir ḋóig) agus tá ainm na mná
againn .1. Róire.

---

⁴ Féaċ Miscellany of the Irish Archaeological Society, vol 1, p. 197.
⁵ i n-áit." ḃhrcḋh " ir ḋóiġ.
⁶ tá ré reo i leaḃar ṁic Uí Ċomraiḋe.
⁷ tinne nó tine=teine=t. ḋeirtear gurab ionann terre agus aitinn.
⁸=ní tiocfaiḋ ríḋ uirri=ní ḃfuiġriḋ ríḋ amaċ í.

Aguisín II

Inrsna dántaib grádá tug Tomás Ó Raitile amaċ, ní luġa 'ná oċt ndánta orra a bfuil ainmneaċa fá ċeilt mar ro ionnta.

Cíḋmíd an úráid do ḃain na Gaeḋil ar an litir C cum nodanna do ḋéanaṁ. Laḃrann an t-Átair Ó Maolṁuaid go ciallṁar anagáid na nod so, agur 'ran am céadna—ruḋ iongantaċ go leór—anagáid na rean-litreaċ Gaeḋealaċ agur i bfádar na litreaċ Románaċ. Ag so mar ċuireann ré síor aír, agur ir léir gur truag leir gur ċleaċt aitreaċa a Uird féin ċló do bí ċoṁ corṁuil rin le rgríoḋnóireaċt. An céad leaḃar nó dó do clóḃuaileaḋ i ngaeḋilg i n-aimrir Elirebet bí riaḋ ar feaḋar, do bí an ċló ċoṁ roiléir roiléigte rin. Aċt na leaḃra do ċuireaḋ amaċ i Loḃán agur ran Róiṁ tá riaḋ ar nór na láimgríbinn, lán de nodannaib, agur tá na litreaċa féin uilleannaċ ceárnaċ ionnta. "Contracta scribendi methodus," adeír an t-Át Proinriar, seu abbreviationes apud omnes inolevit ante praeli usum, immo et post manet apud multos, maxime autem apud Hibernos, nedum in manuscriptis sed etiam in praelo, et libris typo datis : inde autem oritur magna ex parte difficultas, et tarditas legendi expedite hoc idioma. Equidem, si a me res dependeret, pro faciliori captu, et modo legendi addiscendiue hanc linguam, hunc prorsus abolerem e medio usum ; specialiter in praelo, sicut aliae nationes jam coeperunt facere respective ad suas linguas, eo tantum relicto manuscriptis ad celerius scribendum, immo Latinis plane uterer characteribus utpote facilioribus magisque-obviis ubique, et ad parcendum expensis, relictis Hibernicis, antiquitatis gratia pro solis manuscriptis ad optionem scribentis. Ad quid enim obscuritas ?*

---

* i.e. an móḋ rgríoḋnóireaċta so, tre nodannaib nó "áċmuireaċt," bí ré i n-úráid ag gaċ éinne rul a dtáinig leaḃra clóḃuailte irteaċ, agur maireann ré anoir, féin, imeárg mórán daoine, go móiṁór imeárg na n-Éireannaċ, ní aṁáin i láimrgríbinnib aċt i leaḃraib clóḃuailte, leir. Mar geall air rin bíonn deacraċt agur moill ann, ag léigeaḋ na teangan so. Aċt, dá mbuḋ orm-ra do bí ré, do ċuirfinn deireaḋ, ar fad, leir an móḋ so, ċum go mbéarfaoi greim ar an teangaid, agur go bfoglannóċtaí í, níor fura. Go mór-ṁór do ċuirfinn deireaḋ leir, inr na leaḃraib clóḃuailte, ruḋ do tornaíg tíorta eile ar a ḋéanaṁ ċeana, in a gcuid teangaḋ féin. D'fágfainn na nodanna do na láimrgríbinnib mar ċongnaṁ ċum a rgríoḃta gu luaċ. Ruḋ eile: do ḃainfinn úráid ar na litreaċaib Románaċa, óir ir roiléire inr gaċ aon áit, agur ir luġa ċortar iaḋ, agur d'fágfainn na litreaċa Gaeḋealaċa, ar son a n-árruigeaċta, do na láim-rgríbinnib aṁáin, do réir tola an rgríoḋnóra: óir caḋ é an ṁait é a beit go dorċa ?

Aguirín III.

Transcribed by Miss Agnes Young (Úna ní Ógáin) from a MS. in Lord Drogheda's Library at Moore Hall.

GRAMMATICA ANGLO-HIBERNICA
or
A Brief Introduction to the Irish Language
composed and first written by
Fr. Francis Walsh, Lr. Jub. of Divinity.
In the Year 1713.

and transcribed by John Heyden in the year 1732. All Christian Readers are desired to pray for the author and transcriber.

Lingua altera loquetur ad populum istum—Isa. 28.11.

The Preface.

SINCE the time printing has been introduced not only the study, but also the publick use and practise of the Irish Language has either been laid aside, or utterly discouraged in this our Catholick nation of Ireland, that so the most ancient monuments of this Kingdom the Lives of our Saints, the traditions of our Church, and Religion itself, might, in success of time, be buried in eternal oblivion, and no memory left to posterity of the ancient Records and Chronicles of this nation; whence it is, the commonalty of the Kingdom hearing a language which they understand not, are dayly deceived and mis-led into an infinite number of Errors; such as have any Irish books and are versed in the language do neglect them; Parents choose rather to send their children to learn English than their own native Speech; and others suffer taylers to cut the leaves of those Irish books written in Vellum, or parchment, which their ancestors held in great esteem, to make their measures of, that posterity is like to fall into more ignorance of all things happened before their time, but which other men, and those perhaps ill affected to the ancient glory of our nation are pleased to record with scorn. Wherefore I, tho' but an idiot in regard of others most learned in our language, being lead with some little zeal for my native Country, and willing, as far as my capacity reacheth, to prevent such mischief, have composed this little grammar for the use of all such Irish, English or Scotch gentlemen who may perchance be desirous not only to learn, read, write and pronounce the Irish language, but also to preserve it in its own lustre and perfection.

I hope it may be usefull and beneficial to some, and especially in those malignant times, to the Relicks of the Orthodox believers of Ireland, who in hatred to their Religion are not only deprived of their estates and fortunes, but even of the benefit of their native

Language. I doubt not but several before me did undergo this task; but alas, where are they now? Where are their works? All reduced to ashes by the enemies of our Religion and Language: for having made a diligent search and enquiry after the works of our Irish Grammarians, I could find none, besides the Latin Irish Grammar of the R.F. Francis Molloy, printed in Rome in the Year 1677, that might at present give me a helping hand, but a certain Latin manuscript, written in Rome 1637, by one Philip Clery, of the order of S. Francis, with this title prefixed to it. Grammatica Hiberniae and this same (which I have by me) very difficient; for great part of the 4th chapter and all the 5th and 6th chapters of the parts of speech, as likewise part of the 10th chapter and all the 11th and 12th chapters are wanting, with another book intitled the Archaeologia Brittanica printed at Oxford in the year 1707, the author being Edward Lluid a Welchman, where Tit. 9 he has a brief introduction to the Irish or ancient Scottish language, as he calls it; and what he has is but a bare abridgement of the R. Francis Molloy's Grammar. These alone I could find that might be any help to me in compiling this little Grammar.

I have done it in English, now the most common and most prevailing Language with the learned and unlearned of our Country, that what was designed for the publick use, might the easier be perused, and understood; and what examples are brought down in the Irish, I thought fitt likewise to translate them into English. If the style be rude or vulgar I desire to be excused, having rather studied what than how to write,—endeavoured more to be clear than elegant. A perfect Irish Grammar ought not to be expected from me, and be it as imperfect, or as much deficient as you please, it is but reasonable to think it enough, as coming from a Fingallian. I have done what I could, if not what I would; at least I think I have given Occasion and opened a way for others, that by correcting this little work they may make up a more perfect one, which is much wanting to our country. In the mean time, till a better be published, the Courteous Reader will be pleased to accept of these the endeavours of

his most humble servt.
FRANCIS WALSH.

UILIOG Ó CÉIRÍN

CÚPLA bliain ó shoin fuaireas ar iasacht ó dhuine dhem dhaltaí láimhsgríbhinn Gaedhilge atá le fada ar coimeád i dtigh a athar .i. ó Liam de Nógla, Lios Ceallaigh, Cill na Mullach, Co. Chorcaighe. Do cuireadh urmhór an leabhair sin le chéile i dtosach an naomhú aois déag. An tAthair Labhrás Ó Mathghamhna do sgríbh é. *Format* beag atá air .i. $5' \times 3\frac{1}{2}'$; 168 lch., gan aon áireamh ortha; clúdach leathair air, agus cnaipe airgeata dá iadh; dáta 1801 i n-áit amháin ag an Ath. Labhrás ann; cúpla cín i ndeireadh an leabhair agus iad ceangailte bunoscionn; lámha iasachta ionntasan.

Isé tosach an leabhair an chuid is sine dhe, dar liom. Obair an Athar Labhrás é sin.

Seo liosta gearra dá bhfuil san leabhar:

1. Sgéal: is dóigh liom gurab é *Purgadóir Phádraig* é. A thosach ar easnamh.
2. *An Teanga Bhiothnua.*
3. *Sgiathlúireach na Maighdine Muire.*
4. Amhráin agus ceathrúna. Dóibh sin a bheam annso. Isé mo thuairim gurab iadsan an chuid is déadhnaighe dhen leabhar (1838).
5. *Beatha Mherlino*, i láimh Shéamuis Mhic Innreachtaigh éigin, 1 Sept., 1802.
6. Aistriú i mBéarla ar *Uimhir* 1 tuas. Táid a 4, 5, 6 sgríbhte bunoscionn leis an sgríbhinn san chéadchuid den leabhar, nó neachtraca, trasna an leathnaigh ó bhun go barr. Samhlaoid ar an trasna san phictiúir.

Isé uimhir a 4 a bheidh i gceist agamsa annso. Tá malairt eile láimhe ann ón dá cheann tuas, agus ar shon ná hinnisetar díreach dúinn cia sgríbh é, ní misde bheith deimhin de gur dhuine dena filíbh féin é .i. Uiliog Ó Céirín, mar adeir sé féin ' chum úsáide an Athair Labhráis Í Mhathghamhna, an cúigmhadh lá de Mhí Jany., A.D. 1838.'

Níl aon tuairisg agam ar an Ath. Labhrás Ó Mathghamhna acht a bheith ar an bhéaloideas i dtuaisceart Cho. Chorcaighe, gur shagart é nur ' baineadh an chasóg ' de, agus go mbíodh sé ag siubhal ó áit go háit ag lorg a choda.

Saothar an dá Chéiríneach iseadh a bhfuil ann, geall leis. Tá a urmhór sgríbhte trasna an leathnaigh i n-ionad anuas.

Is suimeamhail an sgríbhinn é mar gheall ar an bhreis eólais a gheibhmíd ann ar shaoghal agus ar shaothar na gCéiríneach. B'fhéidir gurbh fhearr dham ar dtúis a chur síos annso, chomh fada agus is eól damhsa é, ughdair an eólais a bhí le fagháil go dtí so ortha:

(a) *Seanaimsireacht*, ó Dhiarmaid Ó Foghludha (Fearghus Finnbhéil): *Banba*, Nodlaig, 1901.

(b) *Párlaimint na bhFigheadóirí*, le Dáibhidh de Barra, ó Éamonn Ó Foghludha: *Banba* Bealltaine, 1902; do., Nodlaig, 1902.

(c) *Freagra ar Phárlaimint na bhFigheadóirí*, le Uiliog Ó Céirín: *Banba*, Lughnasa, 1904.

(d) *Is brónach dubhach atuirseach*, le Uiliog Ó Céirín, Ó Mhuiris Ó Chlaochluighe: *An Lóchrann*, Iúil, 1931.

(e) *Uiliog Ó Céirín agus an Sagart*, ó Mhuiris Ó Chlaochluighe: *An Lóchrann*, Lughnasa, 1931.

(f) *I gCoill Ruis im aonar*, le Uiliog Ó Céirín, ón Athair Tadhg Ó Cúrnáin: *An Lóchrann*, Meadhán Foghmhair, 1931.

Deir Diarmaid Ó Foghludha gur ag an nGeata Bán i bparóiste na Cille, laistiar de Chaisleán na Mainge a bhíodh comhnuidhe ar Mhuinntir Chéirín, Donnchadh an t-athair, agus Uiliog an mac, agus gur aistrigheadar as san go dtí Cúil Ó Socht i n-aice le hOileán Ciarraighe. Figheadóirí dob eadh iad araon do réir dheallraimh, acht má's fíor don bhéaloideas, do théighidís "síos amach" ag sglábhuíocht uaireanta. Ar chuaird dena cuardaibh sin a cheap an bheirt "An Cnuicín Fraoigh." Tá san i gcló san aiste ar *Sheanaimsireacht* ag Fearghus Finnbhéil. Agus deirtar ann leis gurbh é Donnchadh Ó Céirín a dhein an t-amhrán úd " Ceapadh Dánta" 'na bhfuil an chéad cheathramha dhe i gcló ann. Dhá amhrán iadsan a bhí sgaipithe ar fuid na Mumhan le linn ar n-aithreach is ar seanaithreach. Leathsmuigh dhen Fhreagra ar *Párlaimint na bhFigheadóirí* agus dena giotaí eile atá áirmhithe thuas ní dócha go bhfuil a thuilleadh de shaothar na gCéiríneach i gcló, ar shon nach fuláir ná go bhfuil tuilleadh ann. Badh chóir é sholáthar agus é thabhairt amach i bhfuirm leabhair.

Dob é tuairim Dhiarmada Uí Fhoghludha gur i dtigh Sheáin Uí Thuama a ceapadh "An Cnuicín Fraoigh." Acht is follus ósna dátaí atá againn dona Céirinigh go raibh éigeas "Chroma an tSubhachais" ag tabhairt an fhéir abhfad sara ndeaghadar súd go Co. Luimnigh. Agus do bhí filí i gCo. Luimnigh tar éis Seáin Uí Thuama. Do bhí file de mhuinntir Chruadhlaoigh (Diarmaid ab ainm dó, má's buan mo chuimhnese air) 'na chomhnuidhe i nEas Géibhtine, circa 1830, agus bheadh seisean comhaimsireach leis an dá Chéiríneach, dar liom. Is deallraithighe dhósan, pé sgéal é, 'ná do Sheán Ó Thuama.

Do réir an bhéaloideasa a fuair Fearghus Finnbhéil, do bhí Donnchadh Ó Céirín tugaithe dhon ól. Tá dearbhú air sin insna giotaí beaga uaidh annso. Do bhí béas an tsnaoisín aige leis, rud is follus ón chonachlann a dhein sé ar an mbosga a dhearmhaid sé.

Tá fiadhnaise air annso go mbíodh Uiliog Ó Céirín "ag léigheadh an Bhíobla," isé sin go mbíodh sé ag múineadh sgoile dhon "Kildare St. Society." Is greannmhar mar a mheas sé a chur 'na luighe ar an sagart, agus ar an easbog féin, gurbh fhéidir leis an dá thráigh do fhreastal.

Ó tharla ná raibh Uiliog róchruinn ar litriú na Gaedhilge dob éigin dam an láimhsgríbhinn do cheartú ar mhaithe le léightheóirí na haimsire seo. Ní dheinim aon tagairt d'urmhór an cheartúcháin sin, de bhrígh nach gádh san. Mar sin féin cuirim insna nótaí ag bun an leathnaigh gach leithleachas a mheasas a nochtfadh canmhaint nó comhréir an sgríbhneóra. Cuimhreacha cearnógacha [ ] ar rudaí uaim féin.

Tá dhá leathnach den láimhsgríbhinn féin san phictiúir a ghabhann leis an aiste seo, mar shamhlaoid ar sgríbhinn Uiliog Uí Chéirín—an té chuirfidh suim ann.

Mo bhuidheachas do Thomás Mac Conraoi, B.Sc., Leabhrlannuidhe an Choláiste Ollsgoile i gCorcaigh, do ghrianghraif an pictiúir dham; agus do Chormac Ó Chadhlaigh, M.A., Léigheachtuidhe san Ghaedhilg insan áit chéadna a thug eólas luachmhar dham.

—Torna.

I.

Donnchadh Ó Céirín,[1] ag geata séipéil an Oileáin,
annso :

Mar chluinim is mar léighim, tar éis na n-ughdar nglic
na n-abstal is na naomh tá [i] réim san chúirt indiu,[2]
nár chuíbhe[3] don chléir dá mhéid a n-urnaighthe
geata séipéil Mhic Dé do dhúnadh orainn.

II.

Uiliog[4] Ó Céirín leis na sagairt, nuair bhí ag ól[5] 'na
bhfochair :

[A] eagailsigh[6] nach taitneamhach an t-ól
is chuireann an domhan mór fé smacht,
gan ól acht oiread[7] libh féin
déanfa mé libh é mar acht.

Deir an eaglais[6] nach taitneamhach é an t-ól,
is ní fheadur fós nach aca thá an ceart ;
acht deirim an méid seo gan ghó
ná faghaid[8] siad féinig bás don tart.

III.

Freagra Uilig[9] [Uí Chéirín] ar Bhiocáire Thráighlí,
annso :

Faillighe[10] faoisdine síorthabhairt móide,
briseadh saoire agus cuing[11] mo phósta.
go minic a bhím gan puinn[12] im póca,
is ní bhíonn eaglais síodhach le daoine 'an tsórt san.

IV.

Donnchadh Ó Céirín leis an Athair Nioclás de Muar
annso, nuair do thárlaig 'na chuideachtain ag ól,
agus an uair do loirgthí[13] *price* mór ar *whiskey* :

Is truagh mar sgéal san réal ar chnaigín
's gan é 'na spridí[14] acht lánlag ;
is na stileanna néadh[15] dúinn saor an *whiskey*
iad dá rith síos láithreach ;

---

[1] céiridhin.	[2] anuimh (? i neimh).	[3] chaoidhe.
[4] Uillag.	[5] oll.	[6] Aguilse.
[7] iarriad.	[8] fiaid.	[9] Uilliaig.
[10] Failíghth.	[11] cuínn.	[12] bhíodhaim gan painn.
[13] iáirge (?).	[14] spriodigh.	[15] ndeach.

cad do dhéanfam araon, a shéimhfhir dheaghchroidhigh,
's gurb é ár dtaithighe cárt de ?
ni mhairfeam ar aonchor i ndéidh ár gcleachtaí ;
is baoghal go gceapfaidhear bás dúinn.

V.

Mac Cárrtha Cinn Mara cct. :
Táilliúir[16] píopaire is gabhar
an triúr is aeraighe ar domhan.

An Fear céadna :
Figheadóir,[17] úcaire is muc
an triúr is gráinne amuigh.

VI.

Donnchadh Ó Céirín cct., nuair do dhearmhad[18] a
bhosga snaoisín, annso :

A Bharraigh mhuair[19], is suairce dá bhfeaca i dtíortha,
do cheapas duanta le fuaimint is ranna líomhtha
lá tar éis Luain cois cuain an droichid bhíomair,
tríod mhearaidhe sguabais uaim mo bhosga snaoise.[20]

Ní hí an snaoisín[21] is díth linn má dh'imthigh ar fad
ná d'fhúig m'intinn dúrchroidheach[22] fé osna is fé chnead
i gcúil tighe gan dúil grinn a fliuchadh mo dhearc,
acht cúrsaí mo chúis caoi mo bhosga ródheas.

Ba dheas an bosga le [h]osgailt é ar lá aonaigh,
nó i gceartlár phobail is follus gur bhreágh an péarla é,
is 'mó soilbhfhear, go mbeadh a chogansach i ngábhadh
    réidhtigh,
do chuirfeadh go fonnmhar[23] socair a dhá mhéir ann.

Is ann do bhíodh an tsnaois ná tigeadh fuarbh'laith
is go mb'fheárr ná líonta fíonta *pinch* lá fuar de ;
ná bronn, ná díol, ná smaoin[24] ar a thabhairt uaitse,
is cuir chugham é arís gan mhoill,[25] a Bharraigh uasail.

---

[16] Táilúair.   [17] Fiodóir.   [18] dhearbhúad.
[19] mhóir.   [20] snítse.   [21] snaoisighin.
[22] dúrchroídeach *i n-áirde ar charet agus* dúbharchroídheach *ar an chliathán deas.*
[23] fonabhar, *agus* socair *i n-áirde ar charet.*
[24] smuin.   [25] mhaoil.

VII.

Fallsacht mná go bráth ná claoidheadh do chiall;
is fann[26] a ngrádh 's is fánach síleach iad;
dream[27] atá ó thárla an díle[28] riamh,
's gur cam an áit 'nar thárla croidhe 'na gcliabh.
  Aodhgán[29] Ó Raithille ar mhnáibh mináireacha.

VIII.

Uilliog Ó Céirín leis an Athair Diarmuid Ó Laoghaire:
A phlannda nach crannda de sheanstoc Uí Laoghaire
d'réir dheallraimh[30] tug annsacht tré cheannsacht don
  Naomhspriod,
dámadh cheann tu ar an dteampoll níor chall duit gan
  éisteacht
dá meallfainnse[31] an gallda 's ná dallfainn[32] an gaedhlach.
Cé is deimhin gur ghlacas a leabhair 's a bh*fees*
cuirim ar m'anam nach ar mhaithe[33] leó bhíos,
acht dá dtigeadh lem acmhaing[34] an aicme chur síos,
go dtabhrfainn[35] gach nduine don chuimreasg chraosach
ar úrla do Licifer liosda le léasadh.
Dá bhrígh sin a ghroidhfhir 's a phríomhpholla 'en[36]
  chléir ghluin,
ná bíse ar mo dhruimse[37] an bíobla dá léighfinn;
is dá n-innseadh na naoimh dham gur dhíth dham a
  dhéanamh
ar an intinn 'na mbímse[38] don ní sin ní ghéillfinn.
Ni leinibh gan téagar ná éagain ar baois[39]
ach fuirionn i n-éifeacht i n-éirim 's i n-aois,
fearaibh ná géillfeadh do chlaonchleasa Liútair
go gcailleadh an rae agus na réilteanna a lunnramh.

Críoch; sgríobhtha chum úsáide an Athar Labhráis
Í Mhathúna an cúigmhadh lá do mhí Jany., A.D. 1838.

---

[26] fan. [27] drá*mm*. [28] daoile.
[29] Eagán. [30] deáraibh. [31] meam*h*alfinnse.
[32] mealfinn, me 'na thosach do sgrios, agus d do chur in' ionad i n áirde ar charet.
[33] mhatha. [34] dtigeach leam acfuinn.
[35] ttúrfinn. [36] an. [37] dhruighimsi.
[38] mbiaimsi. [39] line ar easnamh 'na dhiaidh seo.

IX.

Uiliog Ó Céirín, le hEasbog Cille hÁirne:[40]

A thighearna easbuig ná damuin me neamhchionntach
is na hiarr me leagadh is me cheana[41] go hanmhúinneach
gur chian me [ag] seasamh i n-easnamh go neamh-
chongantach[42]
stiall gur bhaineas le cleasaibh do Shagsúnaigh.

Iarmhais[43] amharcaim aca go hanfhlúirseach,
's a bhféadfainn bhainfinn don aicme le [h]anchúinseacht;
'na dhiaidh san leanfainn an Bhanartla ghlan ionnraic
's a[n] chliar do sheasaimh ar charraig na canúinge.

Dom thighearna geallaim[44] nár ghabhus le clann Liútair
is riamh nár ghlacus aon taitniomh don chlamhcho-
mplacht;
má iarraid casadh bhaint asam bead dearmhadach[45]
'na dhiaidh san[46] braithfidh an aicme mo neamhdhúth-
racht.

A thighearna ort aitchim[47] ó dhearcuir me leanúnach
do chliair chirt Pheadair, is gan aigne ar athrú agam,
ná féachsa[48] feasda ar a mbainfeadsa d'allmhúraigh,
is Dia dod sheasamh faoi ghradam abhfad dúinne.

X.

Tuigthear ar thoradh na gcraobh
  uaisle na bpréamh[49] óna bhfásaid,
gach géag mar an ngéag ó dtig
  go dtéigheann leis an dtréad ó dtáinig

Mo thiubaist is fann mo cheann is mo ghnaoi níl breágh;
d'imthigh[50] mo mheabhair 's is canntlach bhím gach lá,
an tráth chluinim gach am mar ghreann le maoidheamh[51]
ag cách
gur meirgeach mall mo pheann is gníomh mo láimhe.[52]

---

[40] le easbog Chillitháirne. [41] hanadh. [42] neabhchúantach.
[43] iarmuis. [44] gealuim. [45] dearbhúadach.
[46] nn dhíagh sadh. [47] aichim. [48] ná feach sadh.
[49] bpréabh. [50] dimig. [51] maoíbh.
[52] lámha.

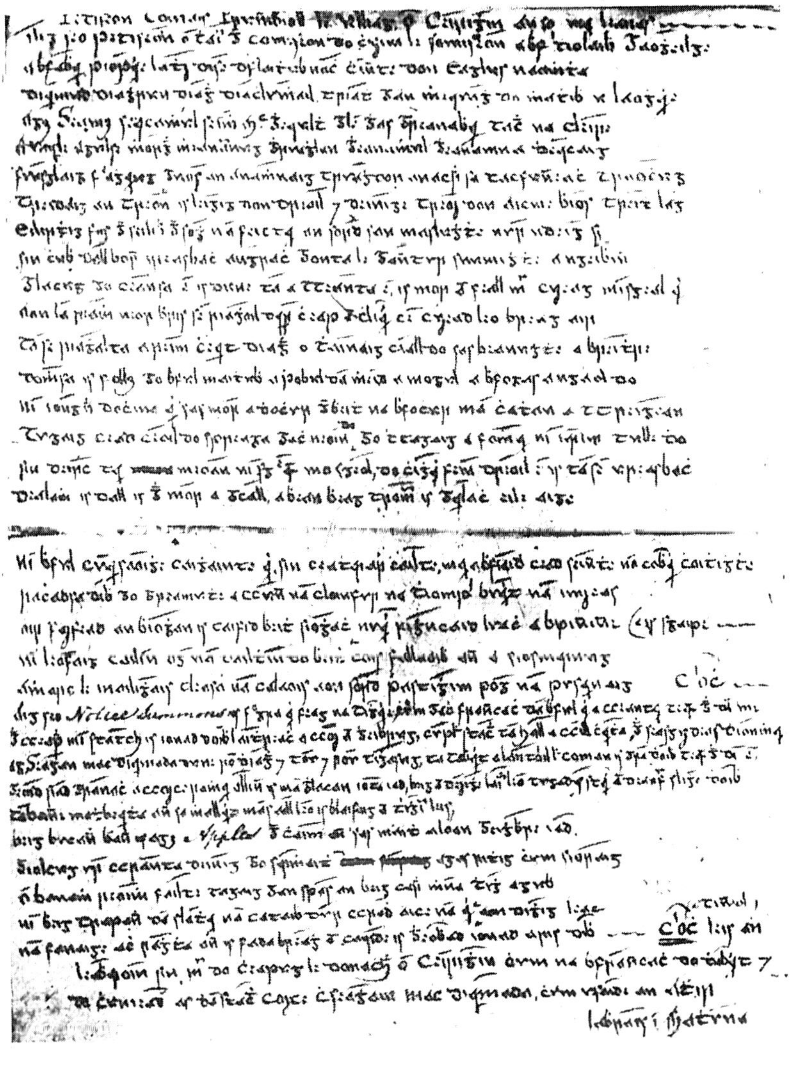

Ceist ó Dhúlainn,[53] Inspector of the Kildare St. Society :

Ba.a is duine ba.a gan K.L me
K m ar tháipleis beart
 n
 m
is fada is n
  muir tír[54] dam
ag lorg céile agus searc.

Réiteach na ceiste annso síos :
  Is duine idir dhá bhaile gan chéile me,
   cé imrim féin ar tháiplis beart ;
  is fada ar muir is ar tír[54] dam féin
   ag lorg céile agus searc.

XI.

Petition[55] Thomáis Pruinnibhíol le Uiliog Ó Céirín annso mar leanas :

Ag seo *petition*[55] ó tháim gan *commission*[56]
  do chuirim le *submission*[57] i bhfriotalaibh Gaedhilge,
 i bhfábhar[58] píopaire, [i] láthair díse
  do fhlaithibh[59] nach cinnte don eaglais naomhtha :
Diarmuid deaghrúin diadha deaghchlúmhail,
  triath gan mhearú do mhaithibh Uí Laoghaire,
agus Séamus searcamhail séimh Mac Gearailt,
  gléghas greannmhar[60] taca na cléire.

A uaisle eagailse mhuardha[61] mheanmnaigh
  ghruadhghlain gheanamhail gheanmnaigh dhéarcaigh,
fuasglaidh freagraidh guais an anbhfannaigh,[62]
  truagh don anacra, 's an t-acmhuingeach[63] traochaidh ;
troididh[64] an treón, is leigidh don dreóil,
  is deinidh[s]e treóir don aicme bhíos tréith lag,
Oilirthigh[65] fós gan seilbh gan sógh
  ná feictar an sórd san masluighthe 'nbhur ndéidhse.

---

[52] Dhúalainn.
[53] petiseon.
[57] somiseon.
[59] dflaithuibh.
[61] mhórg*adh*.
[63] sa tacfuin*n*each.
[65] Eilirthig.

[54] tigheai*r*.
[56] comiseon.
[58] a bfabhar.
[60] greanabhar.
[62] anamhnaig.
[64] treidaig.

Sin chughaibh dall bocht uireasbach amhgrach,
  gonta le ganntur, snuidhmithe i ngéibhinn,
glacaidh go ceannsa é, is duine atá i dteannta é,
  is mór an feall mar cuireadh mísgéal air;
aon lá riamh níor bhris sé riaghail
  dár cheap an chliar, cé cuireadh leó bréag air;
Tá sé riaghlta i réim cheart diadha
  ó tháinig ciall dó, 's is beannuighthe a bhréithre.

Damhsa is follus go bhfuil maithibh a[n] phobuil,
  dá mhéid a moguil, i bhfogus i ngaol do;
ní [h]iongnadh dochma air 's is mór a dhochur
  gan bheith 'na bhfochair má chaitheann a dtréigean;
tugaidh cead ceóil do spreagadh gach nóin[66] dó
  go dtagaidh a[n] foghmhar ní iarraim tuilleadh dhó;
sin déirc thar meadhón,[67] ní sgréach[68] mo sgeól,
  do-chír[69] féin dreóil é is tá sé uireasbach,
dealbh[70] is dall, is go mór i gcall,
  a bhean bheag trom is gárlach eile aige;
níl cúrsaí cainnte[71] air, sin ceathrar caillte
    mara bhfaghaidh[72] cead seinnthe nó cabhair cothuigh-
      the.

Rachadsa dhíbh go greamuighthe i gcuing[73]
  na cluinfear[74] 'na thimcheall buairt ná imreas,
óir fairfead an bhuidhean,[75] is caithfid bheith síodhach,
  is sgaipe nuair ringcid luach a bpinginne;
ní leómhfaidh[76] cailín óg ná dailthín
  do bheith cois fallaíbh ann ag siosmharnaigh,
Amharc le mailís, cleasa ná calaois,
  aon[t]sórd fastaím,[77] póg ná pusarnaigh.

XII.

Ag seo *Notice, Summons* is *Fógra*
  ar feadh[78] na tíre
chum gach frangcach dá bhfuil ar a[n] gceanntar
  teacht go dtí me,

---

[66] neoin.
[68] agréacht.
[70] dealamh.
[72] bhfíaidh.
[74] cloinfur.
[76] leofaig.
[78] feag.

[67] meóan.
[69] do chighair.
[71] Ní bhfuil cúarsaoighe caighainte.
[78] a ccuinn.
[75] bhíoghan.
[77] phastíghim.

go gceapa mé stáitse[79] is ionad dóibh láithreach
  i gcóir an gheimhridh
cúpla stáca atá thall[80] i gCill Chártha
  go seasgair deas díonmhar,
ag Seán[81] mac Diarmada, duine ró-dhiadha
  agus togha agus rogha tigheasaigh;
tá [ag] tabhairt a lántoil le cumann is grádh dhóibh
  teacht go dtí é.
Gheóbhaid[82] siad gránach i gcoirce reamhar áluinn,
  is má ghlacann íota iad
beidh an déirighe[83] láimh leó, tugaidís stáir ann,
  déanfar slighe dhóibh;
tá bainne maith beárrtha ann, 's a mhalairt má's áil leó,
  is blaisidh an t-im leis;
beidh bucanna[84] bána agus *apples* gan cháim ann,
  's is maith an lón geimhri' iad.[85]
Giolcaidh bhur gcránta,[86] deinidh go sármhaith,
  agus rithidh chun síolraigh
ó b'annamh róibh[87] fáilte tagaidh gan spás ann,
  beidh cara mhná tighe agaibh;
ní bheidh trapanna dá soláthar ná cataibh d'bhur gcrádh
                                                        aici,
  ná ar tinneall aon díg[88] leac;
ná fanaidhse ach ráithe ann, is fada breágh an cáirde,
  is gheóbhad ionad arís díbh.

Críoch leis an leabhar-eóin[90] sin, mur do ceapadh[91] le Donnchadh Ó Céirín chum na bhfranncach do dhíbirt agus do choimeád as dhá stáca coirce Sheáin Mac Diarmada; chum úsáide an Athar Labhráis Í Mhathúna.

[Mar bhuille sguir cuirim annso Ceapadh Dánta mar do fuaireas féin é ó Shéamus Ó Ríordáin (R.I.P.) ar an Mhaoilín i gCarraig na bhFear, Co. Chorcaighe:]
Mo chéad slán leat a cheapadh dánta
  Ó anocht go bráth go dtréigfead,

---

[79] státch.
[81] Séaghan.
[83] .i. *dairy*.
[86] geighbhre iad.
[87] reóimh.
[89] fanaige.
[91] cheapuig.
[80] háll.
[82] geóid.
[84] .i. cineál prátaí.
[86] úr ccránta.
[88] díghig.
[90] leabharóin.

Mar is minic d'fhágais i dtigh an tábhairne
　im amadán gan chéill me;
bhínn la'r n-a bháireach go brúite tnáitte
　's gan neart agam náid do dhéanamh;
'M'osnaí gátair, 's nár neartaighe an t-ádh leat,'
　murb é sin rádh mo chéile.

Is mór dob fhearr léi tuartha dánta
　a bheith dá rádh 's dá léigheadh dhi,
'ná bheith ionáirithe a cruach 's a stáca
　's a cuigean ghnáith do dhéanamh.
" Is mór dob fhearr liom mo chruach s mo stáca
　's mo chuigean ghnáith á déanamh,
Agus bheith ionáirithe me chur ó ghátar
　'ná a bhfuil do dhánta id phlaosgsa."

" Is geárr an tslighe uait 'bhfuil an stáidbhean chaoin
　　　　　　　　　　　　　　　　　　　deas
　　thug searc a croidhe 's a cléibh dham,
's gur sásta shuidhfeadh tigh 'n tábhairne taoibh liom
　's gur túisge ag díol ná ag glaodhach í."
" Má tá Dia baodhach díot ní raghad chun strae leat
　mar ní thabhrfá réal ná a luach dam
Agus gur mé féinig do cheannuigh an béabhar·
　do baineadh indé dhod chluasaibh."

" Badh gheal an lá liom 's é bheith ag cáitheadh
　sneachta i mbárr na gcraobh ghlas,
tú theacht láithreach 's a thabhairt féd láimh dham
　ná tiocfá go bráth am éileamh."
" Mhuise 'á dtagadh an naoidhin seo tá óg i gcríonnacht
　i neart i ngaois 's i gcéill chugham,
do phas do sgríobhfainn, 's go gcaithfá stríocadh,
　is go bráth ní shínfinn taobh leat."

" Má'sé sin t'intinn dein gan mhoill é
　faid a bheadsa óg nó éasgaidh,
agus anois arís shara dtéighinn san aois
　go dtuillinn luach na dighe 's an éadaigh."
" Isé is mó chráidh is do mhill thar bárr me
　bualadh an chláir is glaodhach puins,
is ná bac aon rásta, acht fan mar atháann tú,
　agus beam gach lá mar fhéadfam."

"Déan[92] do chomhairle tar 'éis gurab eól dam
cailín óg agus spré aici
lem ais an bóthar ag dul go hEóchaill
a bhuail an bórd 's a ghlaeidh puins."
" Ní bheadh cúram seóid orum dar ndóigh
ná duas gach nóin ar mo ghéagaibh,
t'réis gur leór liom fuireach let shórtsa
ag ceannach lóin gach lae dhuit."

---

[92] .i. Déanfad.

Séipéilín Gallapair

Do¹ bí² ag séipéilín Gallapair i n-a cómnaide naom, cuig a dtagad a beata³ ó neam⁴ agus ap⁵ teact⁶ de lá aip⁷ agus anaite do cuaid sé trátnóna go dtí an dopar agus ap⁸ cur a dá lám tall agus abur le dá ursain an dopair, d'féac⁹ sé amac agus ap ficrin rguabad fraocmar na gaoite muaipe agus cátad na báirtige, do¹⁰ tuigead¹¹ do¹² ná¹³ tiocfad aon biad cuigir an lá ran, agus dubairt sé— "Ir olc an lá é."

Ní túirge do bí¹⁴ an focal ran ar a béal¹⁵ ioná¹⁶ dubairt gut inmeádonac a cubair leir gur peacuig¹⁷ sé, agus do¹⁸ táinig¹⁹ aitreacar²⁰ air uim²¹ a aigne do²² léigean²³ ar²⁴ fán²⁵ có fada ran ó Dia, agus gur léig sé cuimne a gráda ar a meabair,²⁵ agus nár tug sé buideacar leir go h-ipiréac²⁷ pé cuma²⁸ do bí²⁹ an lá.

Ar³⁰ mbeit go³¹ h-aitméalac³² mar rin do³³,

a*	b
Do³⁴ buail cuigir irteac³⁵ i gcann-tráit an lae a aingeal-teactaire³⁶, agus lón an lae rin³⁷ aige, agus taiféir compáid dóib le céile, dubairt an t-ain-	Do³⁴ cait sé ar a glúinib é féin agus bí sé ag iarraid a tearbánad Dó cad do déanfad sé gur cualaid sé gut ag rád leir, dul³⁹ go⁴⁰ rrután⁴¹

L.S.

¹Du. ²bíd. ³beata. ⁴neim. ⁵aip. ⁶teact. ⁷áirr. ⁸aip. ⁹d'féc. ¹⁰Du. ¹¹tuigead. ¹²dois. ¹³nác tiocfad. ¹⁴bíd. ¹⁵bél. ¹⁶indá. ¹⁷peacaig. ¹⁸Du. ¹⁹táinaig. ²⁰aitreacar. ²¹imb. ²²Du. ²³léigan. ²⁴aip. ²⁵rágan. ²⁶meabair. ²⁷h-ipirác. ²⁸combad. ²⁹bíd. ³⁰aip. ³¹gu. ³,²h-aitméalac. ³³doir. *[Ir é leagan A a rcríob ré ríor ar dtúir: anran tairring ré a peann treárna tríd go dtí go dtáinig ré go dtí an focal, dul. Leanann an leagan air áimtac go dtí an focal, Dé⁶⁴; anro do cuir ré ríor an uimir 2, agus leagan b; cóm fada lé, leir. ³⁴Du. ³⁵irteč. ³⁶aingal-teactaire. ³⁷ran, tá rin rcríobta lartuar de. ³⁹dul, tá teig rcríobta lartuar de. ⁴⁰gu. ⁴¹ . . . , tá ainm an t-rrután i n-earnam.

ʒeal³⁸ leir ʒur b'í breit a tuʒað air,—

ðul³⁹ ʒo⁴⁰ rrután⁴¹ . . . aʒur ruireac⁴² i n-a feararh⁴³ ann ʒo⁴⁴ ḃfárrað biolar ar a cleit.

Ð'imtiʒ⁴⁵ an t-ainʒeal⁴⁶, aʒur láitreac⁴⁷ ar⁴⁸ a ḃonnaib⁴⁹ ð'imtiʒ⁵⁰ an naorh ʒo h-urhal átarac lán ð'irir i nʒráð Ðé⁵¹ aʒur ðe rhuinʒin i n-a trócaire, aʒ cúitiuʒað⁵² trí rhór-luac na fola Ðiaða i n-a coir.

. . . .aʒur ruireac⁴² i n-a feararh⁴³ ann ʒo⁴⁴ ḃfárrað biolar ar a cleit.

Ðo⁵³ ḃí⁵⁴ an oiðce titte an uair ránʒaiʒ ré an rrután aʒur ðe ḃarr nác ðocma a ḃí⁵⁶ aʒ cur aon tinnir⁵⁷ air, ðo⁵⁸ cuaið ré ʒan rhoill⁵⁹ irteac in a cuilite, aʒur ar⁶⁰ ʒcur a cleite i n-a teannta⁶¹ ðo⁶² tóʒ ré a aiʒne aʒur croiðe ruar aʒ mactnarh ar⁶³ ʒráð aʒur ar⁶⁴ ʒráðmaire Ðé.⁶⁵

Níor ḃfaða in ran mball⁶⁶ ran ðo,⁶⁷ ʒur ḃuail cuiʒir fear⁶⁸ aʒur bó roimir amac aiʒe 'á⁶⁹ tiomáint ar⁷⁰ ʒreað-faotar,⁷¹ aʒur an uair cualaið⁷² [t-]iománaiðe na bó eirean⁷³ aʒ corruiʒe⁷⁴ inran uirʒe ðo⁷⁵ rtað ré, aʒur ð'fiarruiʒ⁷⁶ ré—" Cé tá annran "?⁷⁷

Ð'freaʒair⁷⁸ an naorh ʒur b'é féin, aʒur ar⁷⁹ cainntiuʒað⁸⁰ ðóib le céile, ð'innir an naorh ðo'n ðtairðealac⁸¹ cað uim⁸² a raiḃ ré inran t-rruit. Ar⁸³ n-a clor ðo'n riubalaiðe ðo táiniʒ⁸⁴ crit cor a'r lárh air, aʒur ʒan bac ð'on mḃuin, riúð irteac⁸⁵ inran t-rrután⁸⁶ leir féin, aʒur ar⁸⁷ cur a cleite i n-a teannta⁸⁸ ðo⁸⁹ crom ré ar⁹⁰ ʒníorhartaib⁹¹ a ḃeata, ðo rʒéiðeað⁹²

---

³⁸ainʒal. ⁴²ruireac. ⁴³fearam. ⁴⁴ʒu. ⁴⁵ð'imtiʒ. ⁴⁶ainʒal. ⁴⁷láitreac.
⁴⁸air. ⁴⁹ḃonnib. ⁵⁰ð'imtiʒ. ⁵¹Ðéi. ⁵²cúitaʒað. ⁵³ðu.
⁵⁴ḃíð. ⁵⁶ḃíð. ⁵⁷tinnair. ⁵⁸ðu. ⁵⁹rhaill.
⁶⁰air. ⁶¹tennta. ⁶²ðu. ⁶³air. ⁶⁴air. ⁶⁵Ðéi.
⁶⁶mall. ⁶⁷ðoir. ⁶⁸for. ⁶⁹áʒ-a. ⁷⁰air. ⁷¹ʒreað-faetar.
⁷²cualaiʒ. ⁷³eiran. ⁷⁴coraiʒað. ⁷⁵ðu. ⁷⁶ð'fiarruiʒ.
⁷⁷in ran. ⁷⁸ð'freʒair. ⁷⁹air. ⁸⁰caintaʒað. ⁸¹utairrualac.
⁸²aimḃ. ⁸³air. ⁸⁴táinaiʒ. ⁸⁵irteac.
⁸⁶iunor frután. ⁸⁷air. ⁸⁸tennta. ⁸⁹ðu.
⁹⁰air. ⁹¹ʒníorhartib. ⁹²rʒéiðað.

amac do'n naoṁ. Cum rgéil geapp do⁹³ déanaṁ⁹⁴
de⁹⁵, biteaṁnac⁹⁶ do⁹⁷ beaḋ⁹⁸ é ó n-a óige, a ḃí⁹⁹ riaṁ
le n-a cuiṁne ag goid, ag roga agur ag ruadac gac
ní dár tárluig¹⁰⁰ leir nó ar an ḃféidir leir teact,¹⁰¹
agur ir aṁlaiḋ¹⁰² do¹⁰³ goid ré an bó a ḃí¹⁰⁴ aige an
oidce reo leir an uair a tárluig¹⁰⁴ᵃ ré ar¹⁰⁵ an naeṁ.
Do crom an naoṁ annran ar¹⁰⁶ innrint uim¹⁰⁷ Dia agur
crutugaḋ¹⁰⁸ an domain, agur duine do; ar¹⁰⁹ ríolrugaḋ¹¹⁰
creidiṁ¹¹¹ go Críort; ar¹¹² beata¹¹³ agur¹¹⁴ ar¹¹⁵ ḃár
Críort;¹¹⁶ ar craoḃrgaoileaḋ¹¹⁷ an creidiṁ;¹¹⁸ ar¹¹⁹
obair Pádruig i n-Éirinn, agur ar¹²⁰ aingliḋe a naoṁ;
agur mar rin dóiḃ gur ḃreac¹²¹ ruin[n]eóga an lae¹²²
ór cionn cnuic Cille Máilcéadair; agur ar¹²³ neap-
tugaḋ¹²⁴ de rolar an lae, do¹²⁵ connacadar¹²⁶ rlamár
borḃ biolair tiompal a gcleat; agur ar¹²⁷ a dtar[r]ang
aníor dóib, ní raiḃ ruainne de n-a raiḃ ran uirge díoḃ,
ná gur raiḃ gar borḃ biolair ag rár ar amac.

---

⁹³du. ⁹⁴déanaṁ. ⁹⁵deir. ⁹⁶bitaṁnac. ⁹⁷du.
⁹⁸beḋ. ⁹⁹ḃíḋ. ¹⁰⁰tárlaig. ¹⁰¹tect. ¹⁰²aṁalaig.
¹⁰³du. ¹⁰⁴ḃíḋ. ¹⁰⁴ᵃtárlaig. ¹⁰⁵air. ¹⁰⁶air. ¹⁰⁷imb. ¹⁰⁸crutagaḋ.
¹⁰⁹air. ¹¹⁰ríolragaḋ. ¹¹¹creidaiṁ. ¹¹²air. ¹¹³beta.
¹¹⁴agar. ¹¹⁵air. ¹¹⁶Críort, tá, an t-Slánaigtóra, rcríoḃta lartuar
de. ¹¹⁷craeḃrgaoilaḋ. ¹¹⁸creidaiṁ. ¹¹⁹air. ¹²⁰air.
¹²¹ḃrec. ¹²²lae, tá, na maidne rcríoḃta lartuar de. ¹²³air.
¹²⁴nertagaḋ. ¹²⁵du. ¹²⁶conarcadar. ¹²⁷air.

Séipéilín Gallapair

Tá an scéal so le fághail i lr XVI de Lámhscríbhinní Pádruig Feircéar i gColáirte na h-Ollrcoile i mbaile Átha Cliat. Baineann ré leir an eaglair bis fuirmeamhail úd atá tiar i nGallapur, i bparóirte Cill Mailceádain, seact nó h-ocht de mhílte lairtiar de Daingean Uí Chuire. Tógail fuirmeamhail i scúpraí áprardeacta ir eath an tógáil céadna, agur géobaid an mac-léighinn cunntar uirte inr an leabar úd—The Archæology of Ireland, leir an Ollam Mac Alartair.

I scúpraí béal-oidir baineann an scéal leir an gcinéil atá clápuigte ré Aarne-Thompson 756A—The Self-righteous Hermit.

Arne-Thompson 756A.	Séipéilín Gallapair.
I. A hermit says of a man, who is being taken to the gallows that he has been punished justly.	I. Naoṁ go dtagann a beaṫa ó neaṁ ċuige ; tagann lá an-fiaḋain agur géilleann ré ná tiocfaid a beaṫa ċuige an lá ran, agur deir ré—"Ir olc an lá é."
II. For this he must do penance by wandering as a beggar until three twigs grow on a dry branch.	II. Ir éigean dó leór-gníom a ḋéanam 'n-a ṁí-ḃóċar—dul go srután agur fanact ann go bfárfaid biolair ar a ċleit.
III. He converts a band of robbers with the story of his misfortunes. The three twigs grow on the dry branch.	III. Tugann ré biteamhnac cun creidim tri innrint fáṫ a ḃeit ag ḋéanam leór-gníṁ in rán t-rrut. Fárann biolair ar cleit an naoim agur an biteamhnaig.

Mar ir léir, ir beag an deirir atá roir an dá innrint. Ir léir leir amhaċ, nár scríod Pádruig Feircéar an scéal fíor díreac tar éir é 'á ċlor ; mar ḋeimniugad ar rin, tá—1) ainm an t-rrután do ḃeit i n-earnam, 2) an dá innrint A, agur D, atá ar ċuid de'n scéal. Bí ré ar aigne, gan amrar, ainm an t-rrután do ċur ircead, mar d'fág ré rlige de. Níl aon amrar ná go raid an scéal coitceann ran am úd, agur breir agur leagan amháin air. Cualaid Pádruig é go minic, ir dealltamac, agur tréimre na diaid ran, scríod ré fíor é. Ir fíor gur fág ré a fnar féin anro agur anrúd air, mar cuir i gcár ra fad—"Gut inmeadonac a cubair," ac ní mór é an fad, agur tá sian na canamna trí fíor. Dá bríg rin níor cuirear-ra nómam téċt do ḃunugad ; ir é ḃí im' aigne ná an canamain do leanamaint cun a léirigte ; anro agur anrúd amtać déinear atruigte, ac táid go léir minigte. Bí litriugad neam-gnátać ag Pádruig, agur leir rin b'éigean dom, anro agur anrúd, atruigte a ḋéanam a bí riaċtanać, cun a dtuirgeana. Tuigead an léigtcóir gur b'é a bí ó Pádruig féin ná gac aon ní a clápugad cóm mait agur do b'éidir leir é, agur ná fágad éinne loct ar a flige, óir " ir leor ó ṁóir a díceall." Cait ré a faogal, a fláinte agur a maoin faogalta ag

[449]

séipéilín ṡallarais

iarraiḋ ġaċ ní a ḃain le Ḡaeḋealaċar a ḟáḋáil. Má ḋéin ré atruġaḋ anṛo agus anṛúḋ tar an ċualaiḋ ré, is cun flacc, ḋan leis a ḋéin ré é.

An Litriuġaḋ.

1) Noḋ a ḃ'eaḋ aige *a* a ḟágaint ar lár :—
   ḃeta, neṁ, etc.

2) (a) D'ḟág ré *a* ar lár, trí ṗoinnt áiriġte a ḋéanaṁ ar an ḃfocal:
      ḃonnaiḃ : ḃon(n)-iḃ, in-ionaḋ é point, ḃo-(n)naiḃ.
   (b) Ġníoṁartaiḃ : ḋ'ḟéaḋfaḋ an *l*. ḃeit caol nó leatan.

3) Cuir ré *a* isteaċ trí ṗoinnt na ḃfocal ar ḟliġe áiriġte
   (a) tinnis, sg. < tinneas ; tin(n)-ais, i n-ionaḋ, ti-(n)nis
   (b) táinig ; táin-aig i n-ionaḋ, tái-nig
   (c) creiḋṁ sg. < creiḋ-eaṁ, creiḋḋaim i n-ionaḋ, crei ḋiṁ, etc.

4) D'ḟág ré *e* ar lár ar an ḟliġe céaḋna
   (a) tuigeaḋ : tuig-aḋ, i n-ionaḋ, tui-ġeaḋ
   (b) aitṗeasċar : ait(i)r-aċar, i n-ionaḋ, ait-reasċar
   (c) leigean : leig-an, i n-ionaḋ, lei-gean, etc.

5) An ainm Ḃriataraḋa
   (a) -uġaḋ (< uġuḋ) : scríoḃann ré—aġaḋ
        crutaġaḋ : ríolraġaḋ, etc. ; crutuġaḋ ; ríolruġaḋ, etc.
   (b) -uiġe, scríoḃann ré, -aiġaḋ ; coraiġaḋ, (corruiġe).

6) Scríoḃann ré i n-a lán áiteanna an Réaṁfocal, *ar*, mar, *air*.

7) Tá raġar litriuġaḋ fosṗuirḋeaċta leis i n-uráiḋ aige :—
   ḋois = ḋo, ḋó
   ḋeis = ḋe
   aimḃ, imḃ = uim, um
   áġ-a = ġá ('á) < aġ a
   ḋu-, = (ḋo-, Réaṁ-Ḃriatar)
   ġu = ġo
   mḋá = ioná, ná ; coraṁail agus ḋá mbaḋ mar céile é agus,
       i n-ḋá.
   ḋéi = sg. < Ḋia.

Ġramaḋaċ.

An Ainm :

(1) Tuireal :—
   (a) Dsg. ḃoin, (fuirm náċ gnáṫaċ).
       Gsg. ḃeata, (i n-ionaḋ, ḃeataḋ, toirc an -ḋ leatan, ḃeit
       caillte ra n-Ainm.
       Dsg. ḃeata, (i n-ionaḋ ḃeataiḋ).

(2) Innṛcin :—
   (a) tráċ f. Dsg. tráit (cf. cann-tráit).
   (b) rruit f. Dsg. rruit (cf. inṛan t-rruit).

Urḋuḃaḋ.

An Réaṁ-focal ḋo, + an t-alt
   (a) le h-urḋuḃaḋ—ḋo'n ḋtairtealaċ
   (b) gan urḋuḃaḋ—ḋo'n riuḃalaiḋe.

séipéilín ġallarais

an ainm briaṫarḋa.

ḟicrin (< do-ċim, ċim, cim) ; i n-ionad, ḟeicrin ; 'n-a lán ḟocal ní ḟuaimiġtear e.

an rannġaḃáil ċaitte.

Titte (< do-tuit, tuit) i n-ionad, tuitte ; ní cloiṡtear an u ; mar an gcéadna : tit, (tuit) ; ag titeam, (ag tuiteam), ṡá ċanaṁain.

an aidiaċt.

Mór : (a) mór-luaċ.
     (b) Gsg. muaire (rcuabaḋ ḟraoċṁar na gaoite muaire).

Sa ċanaṁain :—N. mór, muar   iṡ coitċianta,
     Gsgf. móire, muaire   muar, muaire,
     Gsg.m. móir, muair   muair.

an réamḟocal

I. ar : (a) = on.
     (b) mearcaiġte lé Sean-Ġaeḋilg, iar = after
         (1) ar mbeiṫ[30]
            ar gcur[60]
            ar n-a ċloṡ[83]
     Tá an mearcaḋ ṡo ṡoiléir go maiṫ, go mór-mór,
        (a) ar cur a cleite[57]
        (b) ar gcur a cleite
Iṡ deacair a ráḋ an mbaineann ṡé leiṡ an gcanaṁain ; iṡ dóiġ liom gur iarraċt liteaṙḋa ó'n ṡcríoḃnóir úraḋ (b.)
2. go, = to : go Críoṡt.

an ḟorainm réamḟoclaċ.

(a) dó : 3 sgm.n. scríoḃann ṡé, do ; tá an guta 'o' gearr ṡá ċanaṁain
(b) do, de ; 3 sgm.n. mearcann ṡé iad, ṡé mar mearctar ṡá ċanaṁain iad.
(c) cuigir : 3 sgm. (= cuige) ; tá an ḟuirm ṡeo an-ċoitċeann.

an ḟorainm coiḃneasta.

Dat. cuig a (dtagaḋ).

an briaṫar.

(a) -iġ > -ig. 3 sg. -uiġ ; scríoḃann ṡé -aig ; peacaiġ : d'ḟiaṡraiġ : táṡlaiġ
     3 sg. -iġ, scríoḃann ṡé -ig ; d'imṫig.
     Nuair a leanann an ṡorainm iad ṡo, ní cloiṡtear go minic an -iġ ; cf. do peaca' ṡé ; d'ḟiaṡra' ṡiad.
(b) -iḋ > -ig ; cualaiḋ : cualaig ; (an ḟocal aṁlaiḋ, scríoḃann ṡé, aṁalaig).

séipéilín ʒallarais

an réam-mír, cóṁ—

coṁ-ráḋ ; tá an ġuta o ġearr, toirc ruaim rrónac (= ô) beit aige ar nór i n-a lán focal eile.

ruirmeaća lasmuiċ de'n ċanaṁain.

(a) náċ (tiocfaḋ)¹³ ; ná, an fuirm atá i n-uráid

(b) (do) conarcadar¹³⁶ ; (do) connacadar, (do) connaiceadar, na fuirm a h-uráiḋtear ; cloirtear leir anoir aġur arír, (do) connaiciġeadar, trí cóṁact na mbriatar -uiġ.

roclóir.

Níl aon focal ann ná fuil lé fáġail ra ḃroclóir (Dinneen) tar—

(a) cann-tráit. Dsg. < cann-tráċ, f = (Oineen) ceann-tráċ, m. (fuirm atá ra ċanaṁain leir)

(b) imṁeaḋonaċ = (Oineen) imṁeaḋónaċ.

An Síoguidhe Románach.

Ní facaidh an dán so an solus ó cuir Séamus O hArgadáin, nó Hardiman, i gcló é, san mbliadhain 1831, go bhfeadh céad bliadhan ó shoin. Tá sé le fagháil san dara imleabhar d'á shaoth Minstrelsy, lc. 306. Do ceapadh é mar is léir ón dán féin, san mbliadhain 1650, an bliadhain tar éis bháis Eoghain Ruaidh Uí Néill.

Deir an file go raibh sé 'na sheasamh ins an Róimh ar an uaigh in ar adlacadh Aodh Ó Néill, Iarla Tíre Eoghain, agus Ruaidhrí Ó Domhnaill deartbhráthair d'Aodh Ruadh Ó Domhnaill. Nuair bhí sé ann sin ag machtnamh ar a mbás agus ar stáid na hÉireann, do connaic sé bean álainn iongantach ag teacht anuas ó thaoibh an tsléibhe, agus tosnuigh sí ag gearán le Dia i dtaoibh cúise na hÉireann, agus ag fiafruighe cad fáth a raibh na fíreana sgriosta agus na droch-dhaoine fá onóir agus gradam.

Ní airling an dán so, ar nós na n-airling do bhíodh coitcheannta céad bliadhan 'na dhiaidh sin, óir ní fiafruigheann an file dí cia hí féin, agus ní abrann sise aon rud 'na taoibh féin. Ní dhéanann an file aon rud acht an méid adubhairt sise do cur i ndán. Labhrann sí le Dia ar dtús, acht tar éis tamaill tarraingeann sí cuici stair na hÉireann ó aimsir Eilíse, bainríoghan, go dtí bás Eoghain Ruaidh, agus nuair atá a cuid cainnte críochnuighte aici, imthigheann sí ar a radharc:

'Do chuaidh sí suas de ruaig go néallaibh,"

adeir an file.

Is é sin an fráma do cheap an bárd féin cum a cuid smuainte ar stair na hÉireann ar feadh an céad bliadhan caitte d'innsint, agus pictiúr do thabhairt dúinn ar Éirinn mar bhí sí nuair bhí an dán dá dhéanamh.

Bhadh é an duan so ba bhun do dhá dhuan eile, "Tuireadh na hÉireann," agus "Seanchus na Sgéice" le Raistéri.

Ní'l cóipeanna de'n phíosa so ró líonmhar. An cóip is sine d'á bhfuair mé badh é 23, K. 36 san Acadamh Éireannach é. Do sgríobhadh an cóip seo san mbl. 1704 ceithre bliadhna ar chaogaid tar éis an dán do ceapadh. Muiris Mac Thaly (sic) ainm an sgríobuidhe. An dara cóip is sine, dar liom-sa, is cosamhail le sgríbinn ó chúige Uladh í, 23, K. 16, acht ní bhfuair mé ainm ná dáta ins an lr. Tá cóip mhaith eile ann do rinne an sgríobuidhe Muimhneach Diarmuid Ó Mulcaoine "cum urráide a charad ionmhuin .i. Aindrias Mac Mathghamhna" san mbl. 1766 (M.) Do bain mé urráid as dhá lámhsgríbinn eile F. V. 2, Stowe (St). Do rinneadh san mbl. 1788, agus ceann eile do rinne Miceál óg Ó Longáin (L) timcheall na bl. 1812. Ní fiú mórán an ceann deiridh seo óir bíonn sí ar aon dul, nach mór, le M.

An Síoguide Rómánach

Tá ceitre lrr. i gCol. na Tríonóide. An ceann is sine aca H.4. 19 do rinne Aod Ó Dálaig é, ran mb. 1742. Is é an t-aon rgríobuide amháin do cuir ainm leir an dán, óir deir ré " do péir Eogain ruaid meic an Báird, Doctuir ran diadact 7 earbocc oirdeirce." Níor maiṫ an rgríobuide an Dálac ro. Tá ceann eile H. 6. 21 do rinne James Chambers éigin (ní tugann ré aon floinnead Gaedilge air féin), idir 1774 agus 1781, act ní mór le rád é : Tá 73 rainn aige. Tá dá cóir eile ann, H. 6. 24, agus H. 6. 26, 1798 agus 1753 (blod amháin) act is olc agus is ruaróc an dá ceann ro, 7 ní fiú tráct orra. Ní abrann Mac Uí. Argadáin cia an láimrgríbinn ar ar bain ré féin an dán. Is dóig gur irran Brítish Museum le n-a láimrgríbinnib eile atá rí anoir. Ba rí-maiṫ an cóir do bí aige rin agus ní bfuair mé aon cóir eile do bí—tríd ríor—níor fearr nó níor cirte 'ná í. Do tóg mé a téacr-ran (H) mar bun-téacr, act níor mór é do leargad i n-áiteacaib ar na rgríbinnib eile, cum na línte do déanam aníor binne, níor ro-rgannuigte nó níor ro-tuigreanaige In ran gceatramad béarra, mar rompla, tá na línte reo ag an Argadánac, línte gur b'fearrde a leargad iad :

" Cia do chidhfinn de Mhaoilinn an t-Sléibe
Acht maighdean bhráighid-gheal phéurlach."[1]

Act ir binne iad má ceartuigimid ar na láimrgríbinnib eile iad.
Cia do cidfinn do maoilinn tsléibe
Act fíor-maigdean bráigid-geal péarlac.

nó arír geibmid corr-líne mar i reo,
" Biadh an buadh ag rluagh na n-Gaedhal-fhear.
Air Chláinn Chailbhín chlearaich, bhradaich, bhréagaich."[1]

Fág amac ceann de na haidiactaib irran dara líne agus beid rí i gceart. Ní gád a rád nár cuir mire aon rud irteac agus nár fág mé aon rud amac gan ugdarár na láimrgríbinní. Saoilim go bfuil téacr againn anoir com maiṫ agus ir féidir liom é do déanam.
D'éigin dam litriugad H d'atrugad cum é do tabairt ar gnát-litriugad an lae indiu. Sgríobann ré, mar rompla, an tuireal geineamnac uatad fear-inrcne agus an tuireal ainmneac iolrаid d'foclaib a críocnuigear i n-" ac " mar " aich " i n-áit " aig," c.f. " Brugh an Mhuraich bhréugaich," " na Sacranaich " etc. Sgríobann ré " ae " i n-áit " ao," " Laech " " raepthar " 7c i n-áit " Laoc " " raortar " agus ar uaireanntaib " Aoi " i n-áit " ao " mar " naoimta " i n-áit " naomta." D'atruig mé rudaí beaga eile, do rgríob mé " beid " nó " biaid," " im'," " fearam," " déanam," " nár,"=nac ro, " bíonn," " mian," " an creidim " " ionann," i n-áit " biadh," " a'm'," " fearad," " déanad," " n'ár," " bidhean," " miann," " an creidme," " ionadn," etc.

---

[1] Ní cuireann Mac Uí Argadáin ponc or cionn aon litre. Sgríobann ré i gcómnuide an " h " go hiomlán.

An Síoguiḋe Románaċ

Ba ḃreáġ an rsoláire Séamus Ó hAnṅgaḋáin agus ní ḟéaḋamuid beit ró-ḃuiḋeaċ dé ar ucṫ a ndeaṅnaiḋ ré ar son na Gaeḋilge agus na hÉireann. Aċt anois agus arís, saoilim, gur rsior corr-loċt uaiḋ mar "naċ clóḋaoḋ" i n-áit "nár clóḋaḋ," "nár d-táir-ṁ-baoġhlaċ"="na d-táir maoṫalaċ," "na loċannaiḃ croiḋeaṙg" ="na loċannaiḃ craoras," óir ní déanfaiḋ "croisoirs" an ḟuaim atá ag teastáil. Cuireann sé síor Colmán "Aḋla" i n-áit Colmán "Éile," an naoṁ cliúṫaċ sin. Sgríoḃann sé san tuireal ainmneaċ "marcaċ nuailleaċ n-uaiḃneaċ n-éiḋeaċ," ṙúd naċ féidir. Cuirim isteac, leis, corr-ponc ⁊ lúiḃíní ar uairibanntaiḃ cum an téacs do ḋéanaṁ níos roiléire.

Tá 320 líne san dán so, agus críoċnuiġṫear gaċ líne aca ar an ḃfuaim céadna, .i. ar ḟuaim "é" insan ṙiolla roiṁ an ṙiolla déiriḋ. Focla dá-ṙiolla (dé-ṙiollaċa) is mó atá ag deireaḋ gaċ líne, agus ḟuaim "é" insan gcéad ṙiolla. Is mór an tour de force é sin, aċt, mar sin féin níor ċuir sé craplugaḋ dá laigeaḋ ar an ḃfile. Do ṙinne Mac Uí Conaill, do ceap "Tuireaḋ na hÉireann," an cleas céadna, ar an litir "é." Maidir leis an Reaċtaḃras, fear naċ raiḃ rsríoḃaḋ ná léigeaḋ, aige, do ċeap sé "Seancus na Sgéice" (dán atá, ar a ṙlige féin, an-ċormáil leis an dán so) ar an meaḋaraċt céadna, aċt gurab é ḟuaim "á" i n-áit "é" atá aige insna 112 línteiḃ tosaig. Tá dá líne ar ḟeaċtmóġaid aige ann sin ar ḟuaim "é". Tagann meargaḋ ann sin, "á" "é" agus "í" tré n-a céile aċt tá na céad agus trí fiċid agus oċt lince deiriḋ aige ar ḟuaim "é" arís.

Tá ruḋ eile le ráḋ i dtaoiḃ meaḋaraċta an dáin seo, is é sin naċ ḃfuil mé cinnte gur ċeap an t-ugḋar é i rannaiḋ fá leit, a ḃfuil ceitre línte inr gaċ rann aca. Óir dá ḃfáġtaoi trí línte anois agus arís san ṙann, nó cúig línte i rannaiḃ eile, b'ḟearr an ciall do bainfiḋe arta. B'éidir go dtáinig na línte i ndiaiḋ a céile ó béal an ḟile, gan aon ṙoinnt ná geaṙṙaḋ do ḃeit orra, agus gurab' iad luċt rsríoḃta leaḃar do ṙaoil go mba ceart rainn do ḋéanaṁ díoḃ. Maidir leis na línteiḃ féin is beag líne aca naċ mbíonn dá ḟocal ar aon ḟuaim i láṙ na líne, ar nós na gcaointe. Ní ḃíonn an ḟuaim céadna ag na ḟoclaiḃ seo, b'éiḋir go mbéaḋ dá ḟocal ar ḟuaim "á" san gcéad líne, agus dá ḟocal ar "é" nó "ú" nó "ó" san dara líne, a dtuitean béim an ġoṫa orra. Insan gcéad rann mar ṡompla tá "síor ⁊ síor" "rúile ⁊ dúinn-ne," "cluasaiḃ ⁊ ċualas," "deirim ⁊ ceilim." Insan dara rann tá "raḃar (laḃair mar raiḃeas?) agus maidin," "Róiṁ ⁊ ór" "leic (*lege* lic ?)[2] agus rilleaḋ," "gruaim ⁊ uaig," agus mar sin de.

---

[2] Is "lic" atá ag H. 6. 21.

AN SIOGUIDE RÓMÁNACH.

Innsim fíor agus ní fíor bréige
Le ár súilib dúinn-ne da léir é,
Le mo cluasaib cualas féin é,
An nid adeirim ní ceilim ar aon-cor.¹

Lá d'á rabas ar maidin im aonar
Ins an Róim ar ór-cnoc² Chépair,
Lán de gruaim ar uaig na nGaedeal-fear,³
Sinte ar leic ag sileaḋ déara;

Faoi a ḃfuil dias do ḃ'fial fá féadaib
Le nár gnáḋṁar aoḃar m'eagnaig,⁴
Iarla⁵ mór Tíre Eógain Néill-ṁir,⁶
A'r Ó Dóṁnaill na n-ór-lann ḃfaoḃraċ.

An trát do saoilear sgít do ḋéanaṁ
Cia do ċíḋfinn de ṁaoilinn tsléiḃe⁷
Aċt fíor ṁaigdean⁸ ḃrágaid-geal péarlaċ
Do ḃain bárr go brát de Ḃénus,

A'r de Minérḃa i ndeilḃ 'r i ndéanaṁ;
Is mait do sníoṁaḋ a braoite caola,
Do ḃí an t-ór i meóḋan a céiḃe,
Do ḃí an sneaċta a'r lasair⁹ 'na h-éadan.

Adubairt sí liom san mball gcéadna
De glór ṁilis ba binne 'ná téada,
"Opuideam suas¹⁰ ó uaig na dtréin-fear,"
Ba fada a caoiḋ¹¹ 's a croide d'á séadaḋ.

---

¹ Innsim deirim ní ceilfead
is déarfad. M.L. An nid
adeirim ní ceilim, déarad K. 16.
St.
² mór-cnoc M. aṁáin.
³ 'ré seo an tsreas líne de'n
ḃéarsa insna lsgríbinnib go léir,
aċt aṁáin H.
⁴ leo gean gruamaċ muail is
méagna M. L.

⁵ iarflaiṫ H.
⁶ Néill ṁur M. K. 36. Néill
ṁeas K. 16. L.
⁷ 'n tsléiḃe H., agus l.s. eile.
⁸ sic M. K. 16, K. 36. L.
⁹ 's a lasair H., air lasair M.
¹⁰ opuideaḋ suas H. mise do sgríoḃ
"opuideam" in áit "opuidim."
¹¹ acliġ St.

[456]

an siogaidhe Romanach

Fá deireadh-fiar, i ndiaidh a raotair
Do tóg rí uaill ba truaġ liom[12] éirteact,
Do baintead deóir go leór ar cléir'caib
'S do baintead orna ar[13] clocaib dá' mb'éidir.

Leir an maoidead[14] rin fin[15] rí a ġéaġa
'S a deanca ruar go cruaid ar néallaib,
Do labair rí le rig na rpéire
Lán de canntlam[16] inr an péim-re.

A Dhé[17] móir an deóin lib m' éirteact?
Nó an mirde lib-re[18] ceirt beag éigin[19]
Do cuaid i ndaingean[20] ar macaib-léigin
D'fiarruiġe Dib, ó'r Daoib[21] ir léir í?

Ó táim ar mearball i n-aindrior rġéala,
Óir, má'r ionann[22] do tuill[23] gac éinne
Coir na rinnrear (do rinne an céad-fear
Ádam ár n-atair do meallad le h-Éaḋa),

Créad fá ndioltar pian[24] na péine[25]
Ar aon pór nior mó 'ná céile?[26]
Créad fá raortar gac daor-éigceart
A'r nac mbíonn raor nac ndaortar é real:

Créad fá gcroctar[27] doict gan aon coir
Agur rlioct na loct i dtoice an traogail-ri?
Créad é an tóbact[28] nac rġriortar éircig?
'S gur buan a dtóir i ndeóid na gcreidmeac.

---

[12] sic K. L. M. K. 36. "le" H.
[13] sic M. L. St. "agur orna ar na clocaib" H.
[14] sic H., mod St. Tar éir rin K. 16. Leir an mnaoi rin do rin rí K. 36. maidim rin L.
[15] do rín MSS. (act amáin in L.)
[16] cantol. St.
[17] Dia. M. K. 16, L.
[18] "lib-re" in L. amáin.
[19] leat-ra ceap beag éigin L.
[20] i neagan K. 16. An daigen St.
[21] oib H.
[22] inaon H.
[23] tarraing K. 16, K. 36. Tuillead M.
[24] n-iarrtar trian K. 16.
[25] créad na baintear le brain cleit éigin. M. brinncleact.
[26] ir crann an toraid (na torad) dá crocа i' da raobud M. L.
[27] screactar M. L. Croictear H.
[28] tuigre M. tioct K. 36. tioct K. 16. tioct St.

an síoguíðe románach

Créad nac bfeanntar²⁹ Clann Lútéir?³⁰
(A'r clann Críost dá gclaoideað go n-éagaið!)³¹
Créad nac truag na h-uain d'á gcréactað?³²
'S na mic-tíreada ag ingreim'³³ an tréada.

Créad an ceart fá leagtar Éire?
A'r le n-a gleó go deó ná héirtír?³⁴
Créad an cóir nac dtógtar Gaedeala?
(Dream nár diúlt do'n Dúileam géilleað).

Óir³⁵ ó táinig Pádraig naomta
Leis an gcreideam go h-Inis Éilge
Níor bain traocað, gaot, ná sréipling,³⁶
Fóirneart eactrann, ná leat-trom d'á géire,³⁷

Creideam Críost ar croide na nGaedeal-fear:
Do bí a gcoinneal³⁸ mar loinnear³⁹ na gréine,
Do bí an t-aitinne⁴⁰ mar aingeal ag srréacað
A'r níor tuit smál na cáið na aen-sroc,⁴¹

Fead na Fódla ar⁴² pór Mílésius,
Uch a Críost ir fíor an méid sin.
Créad tá uait nó an rún leat m'éirteact,
Nó an é ir áil leat go brát gan féacainn,⁴³

Ar an gcuaine ir buan do d' fléactain,
Fá na⁴⁴ Gallaib d'á bfeannað le h-éigceart,
'S gur b'é an t-álmac⁴⁵ glafarnac béarlac
Luct an feill⁴⁶ do tuill a dtréigean,

---

²⁹ créad fát saortar L. na féanair M.
³⁰ Lútéir. H. amáin.
³¹ gac laé agad M. L.
³² ttraocað M. L.
³³ a mbeinn. a mbinn L.
³⁴ nac mór go n-éirdtear H.
³⁵ anoir L.
³⁶ pleið na gaot na éclipr.
³⁷ dá géire M. L. feroir H.
³⁸ g-coingeal H. againn L.
³⁹ lunrað M. L.
⁴⁰ aitne ar coigilt mar srné aca M. an t-aðanne gan coigilt ag srréite St.
⁴¹ níor bain smól ná ceó na aonsroct M. L. Ir níor tuit smál no cáið K. 36. K. 16. St.
⁴² do. M. L.
⁴³ duaine géarsmact M. L. duaine dreim leat K. 36. duan K. 16. adreim leat St.
⁴⁴ na, in M. amáin.
⁴⁵ anagallam M. ana gallam K. 16. na gallaim K. 36. St.
⁴⁶ an fill K. 36. na feille K. 16.

an síoguíde Románach

Do cuir druim le cuing na cléire,
Dognid cnáid fá mácair an aen-Mic,
Le nac mian don Dia ceart géilleaḋ,⁴⁷
Aċt an creideaṁ do ṛgriorad le h-éirceaċt.⁴⁸

Ní áirṁidim Hannraoi,⁴⁹ an céad-ḟear
Do cuir go truailliġte uaiḋ⁵⁰ a céile,
Ar Anna a ingin féinig⁵¹
Ar d'imtiġ ó'n Eaglair ar teagarg Lutéruir.

Cuirim-re leir Elirabéta,⁵²
Nár pór fear, 'r nár rtad ó aen neac,
Ir iomḋa dream air ar feall an méirdreach,
Do rinne rí fárac de Clár Éiḃir.

A mná 'r a ḃrir⁵³ do ṛgriorad léiti,⁵⁴
Do tug rí bár do Máire Stéaḃard.
I ndiaiḋ na mná ro táinig Séamar
Mar tuar fáraig⁵⁵ do Clár Féidlim.

An fear do leag⁵⁶ a ḃrón 'r ḃfréaṁa
A'r d'órduiġ a dtalaṁ do tomar le téadaiḃ,
Do cuir Sacranaig i n-ionad⁵⁷ na nGaeḋeal-ḟear,
A'r creideaṁ cam i dteamplaiḃ cléire.⁵⁸

Ir geirr na diaiḋ gur tionnrgain Séarlur,
Ar nór a atar, le cealg 'r le bréagaiḃ,
Ar leat Cuinn, an cuing do ḃ'éigceart,
'S ar leat Móga d'á ḃrógairt⁵⁹ go h-aon-ḟear.

Do bain ré diob a gcíor 'r a mbéara,
A maoin⁶⁰ 'r a gclann, a n-airm 'r a n-éadac,
Trian a ḃfearainn 'r a ngairme i n-éinḟeact,
Leir do h-iarrad⁶¹ Dia do tréigean.

---

⁴⁷ sic M. real dia do géilleaḋ K. 36. K. 16. do Dia real H.
⁴⁸ sic K. 36. K. 16. Sgrior le niṁ éirceact' H.
⁴⁹ an t-ottmad h- M. K. 16. K. 36. enrig St.
⁵⁰ uaiḋ go truaillißte H.
⁵¹ sic L. céadna H. féin í M.
⁵² ellizabeth péirteac M. L. feurtac. St.
⁵³ a ḃfearaiḃ M.
⁵⁴ lere, leiri, léir, léire MSS. léiti H.

⁵⁵ raoirri do criocaiḃ M. L. K. 16. túir raoirre K. 36.
⁵⁶ sic H. tóg̊ḃaig K. toigeac M. togaṁ St.
⁵⁷ i leabaiḋ L.
⁵⁸ ir draig plantation ar cac le céile K. 16. K. 36. tranrplantation L. Supplantatrio St.
⁵⁹ ḃfograK. 16. fogairt H. lomaḋ i n-éin feact L.
⁶⁰ mbuidean. L.
⁶¹ orta-ran iaran. M. L.

AN SÍOGUIDE ROMÁNACH

Fairce maireann, gan aifreann d'éisteacht,⁶²
'S gan urlabra i dteangain⁶³ na Gaedilge,
Agus gan, 'na h-áit, ag cách, acht Béarla,
Ord a'r aifreann do bacad leis d'éisteacht.

Tré gach grain d'á ndearnaid ar Éirinn
Ba buan a mallacht ag fearthain, gur éag air.⁶⁴
Smal a ndearnaid is leór, mar leán air,⁶⁵
Muna b é is cionntach ní h-aitne dam féin sin.⁶⁶

Créad ba⁶⁷ cúis, ar dtúis, d'á féin-druid,
Fá 'r deóin⁶⁸ Dia an triat ro féanad⁶⁹
Leis an lucht do⁷⁰ tug dó géilleaḋ,
Parlementáiride na dtárr maetlac.⁷¹

Le r baineaḋ a ceann de⁷² le lainn faobraig⁷³
De'n rig báin-gin ceannfionn céadna.⁷⁴
Is le n-a linn do múrgail Éire
'S i gCúige Ulad do tionnsgain⁷⁵ an céad-fear.

Mac Uidir Iogair,⁷⁶ fuigeall na féinne,
A'r Mac Matgamna amail ba béas do,
An dá leógan cróda méinn-mait,
Nár cuir ruim i maoin an tsaogail-se.

'S nach ndearnaid ceangal le danaraib saoba⁷⁷
No gur dortaḋ leó, i n-éinfeacht,
A gcuid fola 'na locannaib craoraig,⁷⁸
De ghráḋ an Chreidim ba leirge leó 'tréigean.⁷⁹

---

⁶² ní'l an líne seo ag K. 16. K. 36. L. M. ná St. fairce maireann H.
⁶³ do labairt M.
⁶⁴ sic M. L. ag fearad go héag air H.
⁶⁵ sic M. buan a mhallacht go breara go héag air. K. 16. Is buan a mallacht go bráth s go héag air K. 16. Is buan mallacht ag fearad go héag air.
⁶⁵ ní'l an líne seo ag K. 16. K. 36. na M.
⁶⁶ rúd H.
⁶⁷ sic M. fá H.
⁶⁸ deonuig K. 36. deonad M.L.
⁶⁹ tréigean.
⁷⁰ an lucht ro na M.
⁷¹ parlemeintib na dtárr maetla. K. 36. Pairliament an óctair mialaig K. 16. na dtárr-mbaoclac meadlac H. Is leis an bPairliament ba lan do méirlicc. St.
⁷² "de" ar M.
⁷³ sic K. 16. K. 36. Lann faobrach H.
⁷⁴ don rig do baineaḋ an ceann céadna K. 36. ni'l "ceannfionn" acht ag H.
⁷⁵ copruig L. [ag] éirge fuar a fuargail a ngéidinn M.
⁷⁶ ni'l "iogair" ag H. ná St. bainim ar L é. aoiguir M.
⁷⁷ ar fradid (rnaid K. 16) lúndun na ttonn tsaorgac M.
⁷⁸ mar loc creamas K. ? croidears H.

an síoguíðe Romanach

Uċ !⁸⁰ ní le fuaṫ naċ luaḋaim féiḋlim
An t-óg uaṡal ruaḋ-ġeal péacac,
Fear lér baineaḋ ar eaċtrannaiḃ méi[ġ]leaċ,⁸¹
A'r lán na gcartaċ ar Albanaiġ ḃaoṫlaċ'.⁸²

Ag ro an uair do ġluair an tréin-ḟear
Ar an Spáin faoi lán éarmaiḋ,⁸³
Eóġan ruaḋ glan⁸⁴ na rluaġ mḃaoġalaċ,
Laoċ na gcreaċ, Mac Airt éaċtaiġ.

Mac mic óirḋeirc Corḃmaic Néillṁair,⁸⁵
Láṁ⁸⁶ ġairgiḋeaċ⁸⁷ nár rápuiġeaḋ i n-aon-ġoil,⁸⁸
Bioḋ ar m'ḟallaing⁸⁹ gur dearḃta an rgéal rin,
Iomḋa guair in a ḃfuair ré féaċain,⁹⁰

Ó'n lá ba eól dó a ṡróin do ṡéiḋeaḋ,
Nó gur críoċnuiġ Críorṫ a téarma,
Cuirim a fiaḋain⁹¹ ar Día naċ bréag rin,
A'r ar an Spáin tá lán d'á ġéar-ġol,

A'r ar an Almáin, Leannán Saérair,
Ar a'r an ḃFrainc ba teann ag dréim leir,⁹²
A'r ar Tír-fo-toinn tá tinn d'á éagmair,
A'r ar clannaiḃ Mileaḋ i ríoġaċt Éireann.⁹³

Leat a gníoṁ a ríoṁ⁹⁴ ní féadaim,
Do ċúige Ulaḋ ċug furtaċt ar éigean,⁹⁵
Do ċuir ré Gaill de ḋruim a gcéille,
A'r Lerlie⁹⁶ ar teiteaḋ go h-éargaiḋ.

---

⁸⁰ "uċ" ar M.
⁸¹ maeḋlac St.
⁸² 7 lán na gcartaċ ar albanaiġ
ġaoleaċ [i.e. ġaeḋealaċ] K. 16.
ir lan no gcartaċ or albun …
ní ro-leigṫe é reo. K. 36.
or albuin daoṁleaċ St. ir a lan
da ccaṫracaiḃ L. ir a lán dá
gcaprtaḋa ḋalbanaicc ġaoḋlaċ.
M. Albanċaiḃ H.
⁸³ sic H. raoṫair M. téarma K.
16. K. 36. erma St.
⁸⁴ ruaḋ-ġlan H.
⁸⁵ Neill ṁir M. L.

⁸⁶ Sé an ġ. L.
⁸⁷ gairgiḋe St.
⁸⁸ aon ḋul M. L.
⁸⁹ mannam M. L.
⁹⁰ gurab iomḋa guair in a ḃfuair
ré géille. M. feaċaint K. 16.
a féaċaire M.
⁹¹ fiaḋnaire M.
⁹² ce teinn an rgéal leo L. ba
fann ag dreim leir St.
⁹³ na héireann. K. 16.
⁹⁴ sic K. K. L. do ríoṁaḋ H.
⁹⁵ iar n-éigean H.
⁹⁶ Lestly. L. Larliar, St.

an síoguide Romanach

Do cuir, ar coraid Montgomaraide, géimleac,
Cuir ré meatact ar Alban'aib maola,⁹⁷
Do cuir ré a n-daoine tré n-a céile,
'S do bris ré brúg an Mhúraig bréagaig.⁹⁸

Baile-át-cliat d'iad⁹⁹ an tréin-fear,
Ir leir do rgiúrad an cúndae céadna,
'S an Mide meadlac Gallda Gaedealac,
I bport-leartair¹⁰⁰ do treargair ré céadta.

Bain re giodar ar Bíorra¹⁰¹ 'r ar Aonac,
Agur ar rúd ruar go Tuat-Muman Éibir,
Do rug ré creac gan cead do'n mBéarla,
Go hInnri-Cuinn¹⁰² tar beinn an tríéide.

Tug Portláirge a láim go léir leir,
A'r Dún-Canáin¹⁰³ na gcanál dtaorgac,
Loc Gormáin na n-arm braobrac,
Ror-Mic-Triúin¹⁰⁴ a'r Dún Beinn'-Éadair,

A'r de Cill-Cainnig¹⁰⁵ bain urraim d'foiréigean,
Coir na Sionna¹⁰⁶ ba neartmar a géaga,
Coir Abann-móire a'r Feórac¹⁰⁷ i n-éinfeact,
Coir na Bearba mearda méirgnige;¹⁰⁸

Coir na Siúire a trúir ba faotrac¹⁰⁹
A'r ó rin ríor arír go h-Éirne,¹¹⁰
Do rinne re átar i Rát Méidbe
'S ó Baile-át'-luain do fuair ré géillead.

---

⁹⁷ eirionn. M. L. meadlac. St. Gaedealac K. 16. meala K. 36.
⁹⁸ aliter meadlaig. Cuir ré bruit ar an muir braonaicc. M. L.
⁹⁹ d'iadad .H. do iad, K. 36. Diag, St. Baile-áta-Cliat na cliarad craorag m.
¹⁰⁰ sic H. K. 16. K. 36. St. port laoidre M. L.
¹⁰¹ urruim do Bíorra r do Leitruim L.
¹⁰² go hInnri Cuinn .M. aliter do rug ré creac gan cead do méirlicc. "Ó inir Coinn," na rgríbinní, eile, ┐ H.
¹⁰³ Dungainnuinn M. aliter Dún Conán.
¹⁰⁴ Triúin M.
¹⁰⁵ cuinge L.
¹⁰⁶ sic K. 36. L. na reanaine K. 16. na rionnaba H.
¹⁰⁷ cor Aémoire ir feoire K. 36. feoire L. abain bíorra ir feoir K. 16.
¹⁰⁸ Cor na bearugad, St. ag marbad meirlicc. M.
¹⁰⁹ faobrac. M.
¹¹⁰ ir ó rúd ruar go cuantaib bearra. St.

an síoguiḋe Románaċ

A'r ó rin riar go h-íoċtar Béara ;[111]
Do ḃrir ré an balla ag Baile-Séamair,
Cuir ré Sligeaċ ar criteaḋ le n' ḟeaċain,
Is leis do ceanglaḋ Gallaiḃ le céile.[112]

Dar mac Duaċ ba ruairc an sgéal sin
Ar gaċ cuan de ċuantaiḃ Éireann,
'Gá ráḋ, 'gá luaḋ, 'gá tuar, 'gá léigeaḋ,
Gur cuireaḋ ruas ar uaċtar an Béarla.[113]

Eóġan Ruaḋ ar ġuailniḃ Gaeḋeal-ḟear,
An t-óg-uasal uaiḃreaċ[114] aeḋearaċ,
Bratac, buaḋaċ, buannaċ,[115] béimneaċ,
Creaċaċ, cuartaċ, cuantaċ, créaċtaċ.[116]

Dreaċaċ,[117] dualaċ, duanaċ,[118] véirseaċ,
Fearaċ,[119] fuaḋraċ, fuaḋuigeaċ,[120] féartaċ,
Gairgiḋeaċ[121] gluaireaċ,[122] gruaġaċ[123] gléarta,
Lannaċ, luaṫṁar,[124] luaimneaċ, léimneaċ.

Marcaċ mórḋa, muaḋ-ġlan,[125] maorḋa,
Neartṁar, nuailleaċ,[126] nuaḋ-ċreaċ, néata,[127]
Raċtṁar, ruairgeaċ[128] ruaigteaċ, péimeaṁail,
Searcaċ ruairseaċ, rubailceaċ, réanṁar.[129]

Déanaim d' aitne[130] dá mairfeaḋ an t-Éan so[131]
Naċ mbéaḋ an ealta so i leabain na Bréinsi,[132]
'S naċ ḃfaġaḋ[133] Galla ná Cromfuil géilleaḋ
Aṁail mar fuair ó'n uair a d' éag ré.

[111] Bréirne M. K. 16. K. 36.
[112] sir do ceangla an Gaille se
  céile. St. an Gaillim M. An
  Gailliḃ K. ⁊ na gallaiḃ. K. 16.
[113] na méirliaċ L.
[114] sic M. uaṁaċ H. K. 16. K. 36.
  aliter uaimneaċ.
[115] Duanaċ. H. M.
[116] Tá dá líne eile ag L. "Flait
  gan sruaim ba ruairc le heisre
  is do ḃí rial failteaċ Déaġtaċ.
[117] Dreasaċ M.
[118] Duaġmar. M.
[119] Feargaċ M.
[120] Fuaimneac M.
[121] Gairgeaṁail. L.
[122] Gluarta H.
[123] Guairṁur M. Guaireaċ St.
[124] luṫṁar M. Luaiṫṁear L.
[125] mbuaḋ K. 16. K. 36. muaḋaċ, St.
[126] nuallaċ K. 36.
[127] sic M. n-uaiḃreaċ n-éirdeaċH.
[128] ruatar-ċreaċ H.
[129] tá ḃéarsa eile ag L. ann so, ⁊
  ceann corṁail leis ag M.
  Roḋar rasmar rannaċ ríġrinċ,
  Cróḋa creaċaċ caṫaċ céaotaċ,
  Searṁaċ ruaimneaċ rtuaḋaċ
  rteaḋaċ,   Teasaċ   tuartaċ
  truaġaċ tréanṁar.
  [129] 1 n-áit an ċeatraṁaḋ líne tá
  "fiaraċ ruarglaċ fuait gaċ aon
  olc." ag M.
[130] do nim daitne K. 36. do ṁion a
  K. 16. Is fuisir aitne M.
  Do nim Daineaṁ. St.
[131] sic H. St. an taon so M. K. 16.
  an tenso K. 36:
[132] bréinniaḋ M.
[133] na paigeaċ M. St.

An Síoguide Rómánach

Acht gidh cráḋ liom a dtárg-ran d'éirteacht
Liom ní cás a bás ar aen-ċor,
Ó[134] naċ le Gallaiḃ do gearraḋ a laéte,
Aċt le Dia le 'r mian a ḟaoraḋ.[135]

Is gearr 'na ḋiaiḋ go dian gur éirig
An leóṁan caṫaċ an t-easbog Eiḃir,
Fear an ċloiginn ċoṁtroim eaċtaig,[136]
Do rug bárr ar cáċ ran léigeanntaċt.

An fear ba ḋíreaċ croiḋe de Ġaeḋealaiḃ,
Do ḃris meirneaċ a'r dligṫe na méirleaċ,[137]
Do ḃain ceannas de Ġallaiḃ i n-Éirinn[138]
'S do ċuir an ruaig ar ḟluaġtaiḃ Séarluis.

Is mór mo ċreaċ gur[139] gearraḋ a laéte:
Tre easbog[140] Ḋúin ní lúġa m'eagnaċ,
'S tré uairliḃ Ulaḋ na gcuraḋ laoċḋa,
A'r Ḣenri ruaḋ dar[141] ḋual tréine.

Mac Uidir sroiḋe[142] an croiḋe Ġaeḋealaig,[143]
A'r Ó Caṫáin, an coileán léimneaċ,[144]
Laoċ na ruag Mac Tuaṫail, Féidlim,
Beannaċt leó! a gcóṁaireaṁ ní ḟéadaim.

A'r ó táim cráiḋte fágta cearta
Fiafruiġim díb arís a Tréin-ṁic,
Cá 'r ġaḃ tarngaireaċt Ṗáoraig naoṁta,
Ráḋ Ḃearċáin, no Seanáin[145] féim ḋil,[146].

---

[134] ar M. "is" K. 36. St.
[135] Tá líne eile "ra ġairm ar neaṁ ameasg na naoṁa." M. K. 36. K. 16. St.
[136] níl an líne seo ag .M.
[137] do ḃris boineáḋ an ḃroiméin meaḋluiġ do ġearr guta an ċuta ġaoṫuig. St. do ḃris boineḋ ḃroimein meitiḋ do ġearr guta an ċuta ġaoḋluiḃ. K. 36. do ḃris beiniḋ anḃroimin 7 an mella. Do ġearr guta an ċutaiḋ eaċtaiḋ K. 16. níl na línte seo ag M. ná H.
[138] do ġearr a leatar 's a mbatar go haorga M.
[139] Sé mo ċreaċ mar do ġearraḋ H.
[140] easba ḋúin K. 36 M.
[141] Sic M. K. 16. dar ba H. Dan Dual K. 36. Da ma ḋual. St.
[142] "sroiḋe" in M. aṁáin.
[143] sleġil. M. L.
[144] na scoileán leimneaċ K. 36.
[145] rionnáin M.
[146] ġlic M. ġil K. 36.

An síoguiḋe Románaċ

Ciaráin Cluana do ḟuair géilleaḋ,
Choluim-cille an oinig aeḋearaiġ,[147]
Ráḋ Caillín, nó Ultáin ṗaotraiġ,[148]
Nó Colmáin éile[149] dá 'r[150] ḃeata dó ḟear glar.

Uċ ón óch[151]! mo ḃrón géar é!
Mo ġol! mo ċaoi! mo ḃit-ċéille!
Mo lom! mo gleó! mo ceó! mo léan guirt!
Mo nuar! mo ṁilleaḋ! mo ṁire! mo péin-ḃroid!

Trian a ngalar go follur ní léir ḋam,
Aċt na Gaeḋil dá rníoṁaḋ 'r dá ngéar-ġoin,
D'á gcur ríor, dá gclaoiḋeaḋ, 'r dá réaḃaḋ,
Le pláig, le gorta, le cogaḋ 'r le léirrgrior.

Cóir do Ḋia gan iad do ṡaoraḋ,[152]
Ní ṗaiḃ a mḃara i ngleacaiḃ a ċéile,
Ní ṗaiḃ an tuat go ḟuaigte d'aon-toil,
A'r ní ṗaiḃ an ċliar ariaṁ aċt réaḃta.

Do ḃí cuid líonta, díoḃ, de ḃréagaiḃ,
A'r cuid no dó le pór na n-Éirceaċ,
Dá cuid eile le Gallaiḃ[153] ag géilleaḋ,
Cuid le cléaraiḃ ag meallaḋ na nGaeḋeala[154].

Cuid ór-ártd i bpáirt na h-Éireann,
A'r iad do ġnáṫ[155] faoi láiṁ gá tréigean,
Cuid ag fearaṁ 'n aġaiḋ Sacran de'n taoḃ-'muiġ,
Agur iad[ran] leó[156] faoi ċóin méire.

---

[147] aoruicc L. aeruiġ. St.
[148] traoraiċ H.
[149] aḃla H. K. 16. alaḃ K. 36 .ee. [=eile] L.
[150] d'ár ḃa ḃeata féur glar H. rr [=dár] ḃeata an féar glar L. tá béarra eile ag M.
   S gaċ faiḃig fearaċ do laḃair ar Oiṫinn,
   Do ċuir folaċ ar rolur na rṗéine [gṗéine?]
   Cuir buairt ir gruaim ar rpeirtiḃ

Do ċuir an eorar re ceó éclirr.
Ní'l an béarra ro in a áit ċeart féaċ oċt béarraí *infra*.
[151] na h-oċt béarraí ó " uċ ón óċ " go dtí " ag ro an ċúir " ní'l riad in M. ná L. na an dá béarra rin féin.
[152] ní hiad nár raoraḋ K. 36.
[153] le Gallaiḃ K. 36.
[154] na nGaeḋeal ro K. 36.
[155] go bráṫ K. 36. St.
[156] a'r iad 'na ḃiaiḋ rin leó. H.

an síoguide Romanach

Buan mo mallact ag fearad ar an gcléir rin,
A'r ar a gcuaine go luan an tríeide,
Lucc gan dilre croide dá céile,¹⁵⁷
Do rinne rárac de¹⁵⁸ Clár Éidir.

Do cuir ruar d'uairlib Gaedealac'
Ar an tuit contract an Nunciur¹⁵⁹ deigeanaig.
Eóin-bairte árd-earbog Féarma,¹⁶⁰
Aon¹⁶¹-fear-áite an Pápa i n-Éirinn.

Ag reo an cúir ir cúir do m' dearaid,
Ag reo an cár do cráD go léir mé,
Do cuir folac ar folur na gréine,
Do cuir gruaim a'r buaidread ar rréartaid.

'S do cuir an Eóraip faoi ceó éclirr,
A'r creideam Críort arír faoi néallaid,
Mallact go deo¹⁶² ar pór na bfaol-con!
—— Gidead, fór, mo dóig ní tréigfead.¹⁶³

Mairid fór de pór Míléiriur
An t-aod¹⁶⁴ buide de fuigeall na Féinne,
Fear air ar tarngair fáid nac bféagac,
A cuirfear gaill tre n-a céile.¹⁶⁵

Mairid an ruad-fear gruaid-geal Féidlim,
A'r Connail¹⁶⁶ feargaill an gairgideac éactac,
A'r Aod Ó Bruin* le a dtuitfead céadta,¹⁶⁷
Mairid Caománaig a'r Tuatal laocda.

---

¹⁵⁷ Lucc an dirle dirle breige.
K. 16. An dirle dirle St.
¹⁵⁸ do tug náire do. K. 16. St.
¹⁵⁹ nunriur. St. Nunciur. K. 36.
Nuncio H. Nuinriur. K. 16.
¹⁶⁰ fearna K. 16. K. 36. fearma
St. [*i.e.* Fermo].
¹⁶¹ Eoin fear áite. K. 36. K. 16.
¹⁶² mo feact mallact leó. K. 16.
St.
¹⁶³ Dom dóit mor treigior K. 36.
Tá dá líne eile ann ro ag K. 16.
K, 36 agur St. *i.e.*ᵉ "ní dia miri
gan meirnece eigion ir treiri
Dia na pian (nóriann) an beaṗla."
¹⁶⁴ Fágann St. "an t-" amac.

¹⁶⁵ a nearam an péice K. 16.
i *ndeiradh* na péice L. *aliter*
aneaṙr an péice. Fágann K. 36.
amac é.
¹⁶⁶ Colonel. St. Mairpeann O' fear-
gaill L.
¹⁶⁷ ir tigearna an Cláir le a ccait-
fear mearllcc. L. agur tá dá
líne eile ag L. " Darpicc
Brunaicc Burcaig Leirig Síol
ccleallaig Breatnaig ir Paor-
aig."
* Tá nóta ar bruac an Leacanaig
ag St. *i.e.* "Colonel Hugh
Byrne."

an síoguiḋe Románaċ

Mairiḋ an cóir nár clóḋaḋ i n-aon-ċor,¹⁶⁸
Ruarcaiġ, Raġallaiġ, 'r Ḃrianaiġ¹⁶⁹ le céile,
Síol gCeallaiġ¹⁷⁰ nárḃ fann i n-aon-ġoil,¹⁷¹
Agur ríol gConċoḃair rtairéaṁail¹⁷² rtéaḋṁar,

Agur Síol gCárταiġ¹⁷³ naċ nḋearnaiḋ clé-ḃeart,
Dál gCair na ngníoṁ, a'r Síol gCinnéiḋe,
Sliocṫ Éireaṁóin a'r mór-fliocṫ Éiḃir,
Agur Leaṫ-Ṁoġa roġa na h-éigre,

A'r Leaṫ-Ċuinn¹⁷⁴ mór¹⁷⁵ le r' ḃuaḋaḋ céaḋ caṫ,¹⁷⁶
O Maoileaċlainn an preaḃaire laoċḋa,
O Maolṁuaiḋ na ruaṫar n-éigneaċ,¹⁷⁷
Mac Coċláin¹⁷⁸ na gCairleán nglégeal,

O Díomuraiġ an faol-ċú léimneaċ,¹⁷⁹
O Cearḃaill trúpaċ ó ḋuiṫċe éile,
O Súilleaḃáin ó Clár¹⁸⁰ Ḃéara,
O Móróa, O Flainn, 'r O Ḋoinn-ḟléiḃe.¹⁸¹

Déanfaiḋ an ḋáiṁ reo go gearr aon-ċorp¹⁸²
A'r cuirfiḋ a láṁa i láṁaiḃ a céile,
Buaiḋ ar Ġallaiḃ i Saingil doḃéarfaiḋ,¹⁸³
Ag Mullaċ Mairtin ar Ḋanaraiḃ réaḃfaiḋ.¹⁸⁴

Ní ḃéiḋ ceangail le Sacraiḃ ag aon neaċ,¹⁸⁵
Ní ḃéiḋ caiḋreaṁ le h-Alban'aiḃ maola,
Ní ḃéiḋ martain ar Eaċtrainn i n-Éirinn,
'S ní ḃéiḋ coimirce ar teangain an Ḃéarla.¹⁸⁶

---

¹⁶⁸ an corp naċ doiġ daonneaċ K. 36. naċ doiġ deinneaċ St. naċ doiḋ deiḋneċ K. 16.
¹⁶⁹ Ḃranuiġ K. 16. K. 36.
¹⁷⁰ uí ċealla K. 36.
¹⁷¹ Dar ḃrannaḋ beiḋ trelag K. 16. St. nar fionna boiṫ treiċlag K. 36.
¹⁷² rturnúḋail K. 16. rcurruil K. 36. Sτurnóeil St.
¹⁷³ na ccartaċ L. Ṁaccartá St. maġcarrṫṫeaġ K. 36. mic Carrṫá K. 16.
¹⁷⁴ Coín H.
¹⁷⁵ móir H. ṁuair. K. 36.
¹⁷⁶ do ḃuaḋaḋ an ceaḋ caṫ K. 36.
¹⁷⁷ sic K. 36. n-éigin H.
¹⁷⁸ macolain K. 16. Mac Col-láin M.
¹⁷⁹ níl focal ar O Díomuraiġ aċt ag H. aṁáin.
¹⁸⁰ ceartlár M. L.
¹⁸¹ O Doin (ḋuinn) O Floin an tréiḃe M. St. O ḋuinn an tréiḃe K. 36. Tá line eile ag K. 16 agur L, ann ro i.e. "ir mórán eile na cuirim am ḃearra."
¹⁸² Déanfaiḋ an drong ro foġail ir baoġal. L.
¹⁸³ Bualaḋ daingean do Ġallaiḃ do ḃéarfaiḋ M. L. A raingiol. K. 36. a raingil. St.
¹⁸⁴ níl an line reo aċt ag H. aṁáin. D'aṫruiġ mó a "air ḋainfearaiḋ" mar aτá ṫuar.
¹⁸⁵ ní beiḋ inna gcarruiḋ ag Sagranaiġ meirḋe na le hAlbannaiġ ṁalluiġte ṁaola biaḋ na fannaċir ceangailte i nDomḃruiḋ M. L.
¹⁸⁶ ir biaiḋ céaḋ coimire H. (comairc K. 16 St.) i dtoin luċt ḃearla. K. 36.

Beid an buad ag rluag na ngaedeal-fean
ar clainn cailbín clearaig bréagaig,¹⁸⁷
Béid a n-uairle i n-uaccar an éircid,¹⁸⁸
A'r gáir fá coll i dcoll luicéruir.¹⁸⁹

Béid a gcreideam gan milleadh gan craochadh,
Béid an eaglair ag ceagarg¹⁹⁰ a créada,
Bráicre, earboig, ragairc, a'r cléirig,¹⁹¹
'S beid ric go deó 'na deóid ag éirinn.¹⁹²

Guidim-re Dia má'r mian leir m'éirceacc,
Guidim[re] íora a¹⁹³ cidear an méid reo,
A'r an Spiorad naomta arír d'aon-coil,
Muire mácair a'r pádraig glégeal,¹⁹⁴

Colum croide,¹⁹⁵ agur brigid naomta,
Go ndaingnige riad gaoidil d'á céile,
'S go dcigid díob an gníom ro déanam,
Gaill do marbad¹⁹⁶ a'r banba¹⁹⁷ 'raorad.

*   *   *   *   *   *

An crác críocnuig an c-Síd-bean péacac¹⁸⁹
(Mar adubrar ar dcúr) an méid reo,
Iar mbualad a bar go ррab¹⁹⁹ fá céile,
Do cuaid rí ruar de ruaig go²⁰⁰ néallaib.

A'r d'fág rí mire ar leic²⁰¹ im' aonar
Since ar cuama ar²⁰² uaig na ngaedeal-fean,
Gan rpracad gan glór gan creóir gan aon-cor,²⁰³
Lán de brón cré rgeóin a rgéalca.²⁰⁴

*   *   *   *   *   *

---

¹⁸⁷ clearaid bradaic bréagaic H.
an clearuide craorac M. K.
16. St.
¹⁸⁸ aliter éirceacc.
¹⁸⁹ gáir faoi coll a ccoll lúcerur
L. mo coll a ccoll. K. 16.
aliter faoi coll accoll ina
(no "ina") coll a dcoll. K.
36. St.
¹⁹⁰ ceagargad a dcreada H..
¹⁹¹ cleir'caib H. déaconr M. L.
¹⁹² ag rád a prálin ra gcanticler
naomta. M. níl an líne reo
ag K. 36 ná K. 16.
¹⁹³ do cid St.
¹⁹⁴ sic M. déid-geal .H. K. 16.
¹⁹⁵ cille K. 16. K. 36. croidegeal
M. leanann an líne reo in

L. amáin "ir na naoim uile na
gcuideacc léigim."
¹⁹⁶ sic K. 16, K. 36. M. do díbirc H.
¹⁹⁷ críoc banba H.
¹⁹⁸ aliter ruogan maoruda.
¹⁹⁹ rrar .M. rrar M.
²⁰⁰ ar M.
²⁰¹ lic K. 16. K. 36. M.
²⁰² sic K. 36. K. 16. ar cuama uaig H.
²⁰³ gan rpraca glór rpror no
aoncor K. 16. gan glór gan
friotall gan mirneac gan
éireacc M. gan rpraca gan
próinri St.
²⁰⁴ níl an líne reo acc ag H.

an síoguiḋe Románaċ

Aoir an Tiġearna i mbliaḋnaiḃ ḋéarfaḋ;
Tráṫ ḃíos ran Róiṁ im' ḋeoraiḋe ḋéarac;
Míle go leiṫ, cúig ḋeic, a'r céaḋ leis.
Ag rin ḋaoiḃ-re críoċ mo rgéil-re.

Go mbuḋ rlán ḋon ṁnaoi ḃí araoir ar uaiġ Uí Néill,
Le cráḋ a ċroiḋe ag caoineaḋ uarál Gaeḋeal,
Giḋ ḋ'ḟág rí mo ċlí go ruaitte tréiṫ
Mo ġráḋ i 'r gaċ niḋ ḋ'á gcualaiḋ mé.

críoċ.

Ag reo mar tá an ḋá ḃéarra ḋéiriḋ ag K. 36 : an l. rgríḃinn ir rine, raoilim.

Aoir an tiġearna amblaġna ḋéaraḋ
Míle guilleit cuig ḋeic ir ceaḋ leis
O ḋfuiling go craiḋte an páir nar ḋtaoḃna
Go maiḋin an laoiri, críoċ mo rgeilre.

Slán ḋon ṁnaoi ḃí ráoir ar uaiġ i Néill
Le cráḋ ċroiḋe a caoine uairle gaoḋal
Cioḋ ḋfág rí mo ċroiḋe (mo ċlí. St mé rínte M).
    go ruaite tréiṫ
Mo ġráḋ i r gaċ ní ḋa gcualuiġ me.

Cuireann an rgríoḃnóir an nóta ro ar ḃruaċ na ḋuilleóiġe, " guiḋim an leiġteoir ra gan airear ḋo tabairt ar an rgríḃneoir oir ma tá loċt annra rgríbinn rin ní hé ar cionntaċ." Do rgríoḃ na ḋiaiḋ rin ḋuine mí-ḟárta éigin " aċt ḋeirim go ttug tú ḋo bréag a ṁic na cille (?) . . . gráinne o ḋa ḃriġ gur tu ba cionntaċ ní ḋearnaḋ tu na . . . ḋo cur le ceile . . ." Níl an cuiḋ eile roiléiġte.

Tuireaṁ · na hÉireann

Tá an "Tuireaḋ" nó an "Tuireaṁ"* ro coṡṁail, ar a fuiġe féin, leis an Síoġuiḋe Rómánaċ. Is at-innrint ar rġéal na hÉireann é. Cuireann ré in ar ġcuiṁne an tsailm ṗada sin ṡailm 77, a ḃfuil at-innrint ar rġéal Israel innti. Tá an ḋán ro níos fuiḋe 'ná an Síoġuiḋe, óir tá 125 rainn ann, aġus ġaċ líne ḋe'n ċúiġ ċéaḋ crioċnuiġṫe le focal ar ḟuaim "é." Tá áḋḃar na hairte ġo mór níos leitne 'ná ran ḋán eile, óir téiḋeann ré riar ar rtair na hÉireann ġo dtí an ḋíle:

Cia rḃ' é an Seán Ó Conaill do rġríoḃ é? Isreaḋ a duḃairt Mártain Ó Braonáin, an Connaċtaċ tuġ amaċ an ḋán ar dtúr, ġo mba easboġ Árofeartṫa aġus Aċaiḋ Ḋeó é; aġus is fíor ġo n-aḃrann muinntir Ciarraiḋe fós ġo mba ċléireaċ é, aċt níl ré sin cinnte. Deir an Braonánaċ ġur ċuir ré ceist 'na taoiḃ ar ṡagart ṗaráirte (ní tuġann ré ainm an tsagairt ḋúinn) aġus ġur ċuir an ṡagart ro an ċeist ar ḋeirḃṡiúir Ḋóṁnaill Uí Ċonaill, an ḟuairġealtóir, do ċaraḋ air aġ Cúl-Ó-ḃFinn i ġConḋae Slíġiġ, aġus do laḃair Gaeḋilġ ġo blasta. D'ḟiafruiġ ré den ḃean-uasail cia an ġaol do ḃí iḋir Ḋóṁnall aġus an t-easboġ. Duḃairt sise nar ḃreas ḋí cia an ġaol do ḃí iḋir Seán Ó Conaill do rinne an ḋán aġus a ḋearḃráṫair Ḋóṁnall, aċt. ġo ḃfiasróċaḋ sí d'á ḋearḃráṫair Ḋóṁnall, ar dteaċt ar ais ḋí ġo Ḋoireḟionnáin. Rinne sí sin 7 sġríoḃ sí ċum an t-sagairt ġo mba sean-oncal mór ḋá n-aṫair féin an file, aġus ġo raiḃ an t-easboġ (.i. an file) aġus an ḃanríoġain Anna, coṁ-aimsireaċ le ċéile. Duḃairt an ṡagart céaḋna ġur insan mbl. 1704 do ċeapaḋ an ḋán, aċt saoilim-re ġur ċeapaḋ é roiṁe sin. Deir Éaḋḃard Ó Raġallaiġ, an foclóiriḋe, in ran ġclár nó catalog sin na sġríoḃnóirí Gaeḋilġe do cuireaḋ amaċ 1820, ġur "tiṁceall an ama ro (1650), do ṁair an Doċtúir Seán Ó Conaill easboġ Caitiolcaċ Árd Ḟearta nó Ciarraiḋe" do ċeap an ḋán ro.

Ní aḃrann aon ċeann de na láiṁrsġríḃinnib d'á ḃfaca mire, ġo mba rsagart nó easboġ do ḃ'uġdar don Tuireaṁ. D'éiḋir naċ ḃfuil aon ċóir níos cirte 7 níos fearr 'ná an ceann atá in H.4.13 i ġColáirte na Tríonóiḋe do sġríoḃ Ḋóṁnall mac Ġiolla Ċoṁġail san mbl. 1710. Aġ so an colopon atá aige: "ar na sġríoḃaḋ le Doṁnall Mac Ġiolla Ċoṁġail a nḊoire Taiḃ an toċtmaḋ lá déuġ do Mí Xber. an ḃliaḋan ḋaois Cr. 1710." Ní aḃrann reisean aċt "Sean Ua Connuill." Ba ḋuine a raiḃ foġluim aige an Ḋoṁnall ro, óir deir ré ar folio 249 Haec scripta fuera[n]t pro Sanitate animae et corporis Donaldi Congalli. Deir an lr. H.4.19 "Sean Mac Muiris Uí Conail cct." An té do rinne an ċóir den ḋán san lr. H.4.19 Stiofán Riġir 1718, tuġann ré "Aċtra Séaġain Uí Ċonaill" air.

---

*Is dóiġ ġur fearr "tuireaṁ" 'ná "tuireaḋ," óir deir lr. Béarla "Mr. John Connell's composure called Tiriv [Elegy] of Ireland." Tuġaḋ "tuireaḋ" "tuireaṁ," "airde," aġus "eaċtra" ar an ḋán ro.

Bí Aoḋ Ó Dálaiġ éiġin 'na rġríoḃuiḋe do Ṗroinriar Ó Súilleaḃáin FTCD, do ḃí 'na fellow i ġCol. na Tríonóiḋe. Tá cóip den ḋán ro aiġe, H. 4. 19. Deir ré féin ar lc. 225 " finit a leabar Proinriair oiġ Uí Suilṁain oiḋe et eiḋirtteal (sic) a ccalairte Áta Duiḃlinn per Aoḋa Ó Dálaiġ." Torṅuiġeann an Dán ar lc. 226 aġur deir ré ġurḃ' é "Seán Mac Muirir Uí Conaill" do ceap é. Rinne James Chambers cóip de, lr. H. 6. 21. timċeall na bliaḋna 1774 aġur deir reirean "Seaġan O Connuill cct," aġur or a cionn rin do rġríoḃ duine éiġin, "this copy of airḋe CS Uí C is not true nor genuine at all : " Tuġann H. 6. 24, lr. ar Orraiġe, " airte cSeaġuin i Conaill" air. Tá 4 lrr. eile i ġCol. na Tríonóiḋe aġur ní tuġann aon ċeann aca aċt Seán Ó Conaill ar an úġḋar.

Do ċuir Corcaiġeaċ éiġin Béarla air, rinneaḋ cóip de ran mbl. 1823, ġan aċt "John Ó Connell" do luaḋ. Aġ ro mar deir an rġríoḃuiḋe " air na ġraifneaḋ re Páttturicc Ḃruġan a ccillmiċaéil an deitmuġh la do mí reir a Raitear December . . . mar fuaireir faoi laiṁ Ṁuirir Ó Ġorman an ruḋaire." Seo an tioḋal atá ar an mBéarla : John O'Connell's Elegy correctly translated by Daniel Cantlan, Dromkoliher, Coy. Cork.

Aġ reo mar torṅuiġeann an cóip Béarla ro :

> Irish Heroes when I remind
> Our weal and church how thrown behind
> Our Friends how lost, how thrown behind
> My heart within to rend's Inclined.

> After the Deluge had swept the land
> There was not one on legs to stand
> But what was drown'd and beset
> But Noah his sons Sem Cham Japhet.

Seo é an rann deiriḋ de.

> Holy Mary we you salute
> Our Lord is with thee without dispute
> Pray for us Sinners we you implore
> And you will be heard for evermore.

B'éidir ġurḃ é Seán Mac Soiliġ do rinne an cóip ir rine d'á ḃfuair mé, timċeall na bliaḋna 1702 ? Mar rin de, ní'l aon cóip níor uġdaráraiġe 'ná Ġiolla Comġaill [MC] 1710 aġur Mac Uí Soiliġ 1702¹ [S]. Do léiġ mé ġo cúramaċ mar an ġċéaḋna, aġur do ċuir mé i ġcomprái iaḋ le cóip do rinne Miċeál Ó Longáin,² 1800 ? [O'L] aġur le ceann do rinne Donnċaḋ Ó Rinn ar rean-rġríḃinn eile ['D.R.] atá im feilḃ féin, ċuir mé an téaċr i ġcomprái le lr. eile do fuair mé ar iaraċt óm ċaraiḋ Páḋraiġ Ó Dálaiġ [O'D.] ⁊ le lr. do rinneaḋ in America do fuair mé óm ċaraiḋ an t-at Ó Murċaḋa [M]. Do toġ mé an téaċr do ċuir Mártain O Braonáin i ġcló [O'B.] mar ḃun-téaċr, aġur do ċearcuiġ mé é ar na láiṁ-

---

¹ 23 D. 13 ran Acaḋaṁ. ² 23E 15

ρϲρίbιnnιb ϲuaρ. Ní'l aon uιρeaρbuιb lρρ. oρραιnn. D'ḟéaϲ mé ϲρίb an ϲuιb ιρ mó aca, ʒan aon ρub nua b'ḟáʒaιl ιonnϲa.
Níoρ ḟéab mé ʒan ϲéacρ an Dρaonánaιʒ b'aϲρuʒab. Támuιb ʒo léιρ ḟá ϲomaoιn aιʒe aρ ρon an bán bo ϲlóbualab aρ ϲoρ aρ bιϲ, aϲϲ bí a ḟuιʒe ḟéιn aιʒe ϲum ʒaebιlʒ bo ρʒρίobab, aʒuρ maρ ριn ιρ beaʒ ρann aιʒe naϲ bḟuιl ρub éιʒιn ann ʒuρ ḟeaρρ ϲρoϲ eιle bo ϲuρ aιρ. Do ϲuιρ Máρϲaιn Ó Dρaonáιn ι ʒϲló é ρan mbl. 1855, ρaoιlιm, ιn a leabaρ Antiquities. Ní bóιʒ lιom ʒuρ ϲlóbuaιleab ριam ó ϲoιn é, aϲϲ amáιn ϲuιb be ι bρáιρéaρ nuaιbeaϲϲa. Aρ an abbaρ ριn ιρ ριú é an bán b' aϲ-ϲuρ ι ʒϲló anoιρ, aʒuρ ϲéaϲρ ϲom ϲeaρϲ aʒuρ ιρ ḟéιbιρ lιom bo ϲabaιρϲ bon léιʒϲeóιρ. Aʒ ρeo an ϲéab ρann maρ ϲlóbuaιleann an Dρaonánaϲ é,

An-uaιρ* ρmuιn'm aρ ḟaoιϲιb na h-Éιρeann,
Sʒριoρ na ϲ-ϲιoρϲa^d ιρ bιoϲ* na ϲléιρe ;^f
Dιoϲ'ab a baoιne, ιρ leaʒab n-ʒρéιϲe,
Dίon mo ϲρίob-ρa a' m'^g ϲlιab b' a^h ρeubab.

Ba ρʒolaιρe maιϲ ʒaebιlʒe, aρ a ḟuιʒe ḟéιn, an Dρaonánaϲ, aϲϲ bí ρé ρó móρbalaϲ aρ a ϲuιb eólaιρ, aʒuρ ba mιnιϲ b'ιmϲιʒ ρé amuʒa nuaιρ náρ lean ρé na láιmρʒρίbιnní. An ϲ-eólaρ bo bí aιʒe aρ ϲeanʒϲaϲaιb eιle, níoρ ϲuιρ ρé aρ a leaρ é.* Ϲuʒaιnι ϲéacρ an Dρaonánaιʒ [O'B.] ʒo mιnιϲ ιnρna nóϲaιb, aϲϲ b'aϲρuιʒ mé ʒo mιnιϲ é aρ na láιmρʒρίbιnníb eιle nuaιρ ḟaoιl mé ʒo ρaιb ʒáb leιρ, ʒan aon ρub bo ρáb. Bab é ϲéacρ an baρa ϲuρ-amaϲ,** 1858, b'á nbeaρna mιρe úρáιb. Iρ lιonmaρ aʒuρ ιρ luaϲmaρ na nóϲaí aϲá aʒ an bḟeaρ-eaʒaιρ aρ an ρϲaιρ bo baιn leιρ an bán, aρ aιnmneaϲaιb áιϲeaϲa

---

¹Seo ϲuιb bίob aϲá ρan Acabam ʒaebealaϲ. 23 M. 23. Aob Ó Maolmuaιb 1728 no 1718. 23. L. 35 Dιaρmuιb O Maolϲaoιne 1766. 23 I. 25. Peabaρ Ó Conaιll 1782. 23. L. 28. Seán O Ϲιnnéιbe 1752. 23. G. 4. Seán O Ϲaϲáιn 1722. Do leιʒ mé mo ḟúιl ϲρίoϲa ρo 7 ϲρe ρé nó ρeaϲϲ ʒϲιnn eιle, aϲϲ ní bóιʒ lιom ʒo bḟuιl aon ρub ρρeιριalϲa ιonnϲa.

*Seo maρ ḟompla ϲuιb be na nóϲaιb aϲá aιʒe aρ an ʒϲéab ρann ριn ϲuaρ.
^a an uaιρ=the hour. An-uaιρ when. b aρ is also written aιρ when the next word has in its first syllable a slender vowel. c of (the) Ireland, "The" is used either for the sake of metre ; or pre-eminence, denoting glorious Ere as we say in Greek, ὁ Θεος, The God, literally, though there is but one God. d. ϲϲ, b, bϲ. D mortifies or eclipses ϲ, hence the word ϲ-ϲιoρϲa pronounced ttheera. e for bίoϲuaιʒab. f the n in this place is for euphony, the possessive pronoun is left out for sake of metre. g a'm', an mo in our copy was um contraction for an mo. h b' for bo it would appear to be used for the sake of euphony in some plans (sic) in others arbitrarily. It means to, of, bó, to him, to it, also, too, not, in, un, as bó-beuρaϲ, not mannerly. Aʒ ριn éιριm 'na nóϲa ρo óιρ bo ρίn ρé ιab amaϲ ʒuρ líon ρé níoρ mó 'ná ϲúpla leaϲanaϲ leó !

** Dubaιρϲ an Dρaonánaϲ ρan baρa ϲuρ-amaϲ 1858. In the former edition the author felt timid to attempt an extensive radical improvement in Irish orthography, but the demands made on him by eminent dignitaries of the Church and sound Irish scholars all approving of the few changes he had effected have given him a pleasing confidence to boldly undertake a complete reform of the hitherto vicious orthography. His close study of the philosophy of the language (especially during the last two years) having diligently compared it with the structure of the Greek, which is itself only a species of the Pelasgic, once the language of Iran or Persia, has enabled him to comply with the wish of friends in this instance.—

agus daoine ⁊c. Acht ní mór dúinn an grán do dealughadh on lócán.
Ciadh' é ar bit an file, do cum an dán is cinnte go mba Muimhneach
é, agus is cosmhail go mba Ciarruidheach é, leis. Tugann sé " mo
thriath " nó " mo tigearna saoghalta " ar Mhac Cárthaigh Mór. Deir sé
i dtaoibh Cromail gur díbir sé " nidh do céas mé
    Prionnsa na nGaedheal, mo thriath saoghalta
    Mac Cárthaigh Mór 'r a shliocht i n-éinfeacht."
agus deir sé go mbadh é Fianán no Fionán a naomh féin,
    Fionán Locha Laoich mo naomh-sa
    Do rug ó pláigh Uibh-ráthach raor leis.
Is cosmhail mar sin go mba ar Uibh-ráthach don file, acht teip orm
Loch Laoich nó Loch Laoigh d'fhághail amach. B'éidir gur b' é an
Fionán é tug a ainm do áit Domhnaill ui Conaill " Doire-Fhionáin,"
acht badh é sin Fionán Cam.* Tugadh Cam air mar bí sé fiar-shúileach.
Deirtear fós " Dia'r Muire agus Pádraig agus Fionán duit"
timcheall Cill-Áirne. Féach : " An Seancaidhe Muimhneach, lc. 51.

An CRAOIBHÍN.

An uair smuainighim ar shaoithibh na h-Éireann,
Sgrios na dtiortha a'r dith na cléire,
Díotughadh a daoine a'r laigheadh a ngréithe
Bíonn mo chroidhe in mo chliabh dá réabadh.

Taréis na díleann, faoi¹ mar léightear
Níor mhair puinn de'n chine daonna,
Nár bháith neart na tuile² tréine
Acht Naoi 'r a clann, Sem, Cam, 'r Iaféthus.

Acht amháin go raibh³ i n-Éirinn
Fionntain⁴ fadh gan bádhadh 'ran déirlinn,⁵
Ní h-é a shnámh ná a rith tug saé dó
Acht toil an Árd-righ, ré sin éireacht.⁶

An uair cait Naoi gan baois gan bréaga
Mórán aoise a'r críoch a shaoghail,
Do cuaidh go liombó d'féachain Éabha,
A'r d'fág ag a cloinn⁷ an domhan braonach.

---

* Feilipe Ui Ghormáin lc 363.
¹ feadh O'B.   ² tuinne ⁊c.
³ gur mhair O'C.   ⁴ Parrtolán O'C., O'L.
⁵ san baluing O'L. Déliug MS. eile, ar aon chor O'D. a héilge O'C.
" Daor-linn " an ceart is dóigh, agus tá sin ag S. Acht deir ⁊c. agus ls. eile
" gan bár is ealga," *aliter* éilge.
⁶ mar sin ins gach aon l.s. =a éireacht=sin é brigh an sgéil.
⁷ *aliter* tug da mhic.

216 tuiReaṁ na héiReann

An Ária-ṫoir⁸ ruair Sem mar céad-cuid,
'S an Aiffric-tear ruair Cam nár naoṁad,
Do tuit an Eoróip⁹ cum Iaféṫur,
—— Roġa na ranna an roinn déideanaċ.¹⁰

Caṁ mac naoi¹¹ nár ḃ'aoiḃinn tréiṫe,
Ir uaid do ġineaḋ na h-aṫaiġ ġan ḃéara,
Aṫlar ar a mḃíoḋ leaṫ na rréire,
A'r aon-trúil-i-ġceann¹² Poliféimur.

Briarur ar a raiḃ céad láṁ méirrġeaċ,¹³
Arġur 'na ceann,¹⁴ rear céad léir-rorġ¹⁵
Titan d'alpaḋ deiċ dtaiḃ ar ḃéile¹⁶
Ġoġ mac Ġoiġ a'r a ċorp¹⁷ ġan léine.

Ciclopr, Centaurúr, Cerberúr, Émicr¹⁸
Ġorġon do ġníoḋ cloca de céadtaiḃ¹⁹
Minotaurúr d'iteaḋ na Gréaġaiġ,
Nimrod, ceann aġur riġ na Féinne.

D'eaġla arír ġo dtiucraḋ an Dile²⁰
Do ṁear Nimrod torr²¹ do ḋéanaṁ,
Buḋ h-áirde²² ceann 'ná na péalta,
Niḋ nár críoċnuiġ, d'éir a ṛaotair.

Cruinniġiḋ múrtruinn²² de na raoraiḃ
Ar cnoc Olimpur Orra a'r Pélion,
—— Ní h-iad do ḃíoḋ ġo h-oidċe²³ ar aon-cuid
Aġ cur rotátaí²⁴ i nġarrḋa féarṁar!

---

⁸ Aria toir, aġur Airric tear ġc. ⁹ eóruir O'L. euroir O'C.
¹⁰ Do réir an cuid ir mó de na láiṁrġríḃinniḃ " do ġlacruinn mar
roinn an cuid déiġionaċ." Tá rann eile ann ro aġ O'B. aġur aġ S aċt fáġaim
amaċ é, .i. iar ccruṫuġaḋ an doṁuin a ḃroġur na ḋiaiġ rin.
    Ní raiḃ na marṫuinn aċt ceaṫrar ran tréimṡe biṫ.
    Aḋaṁ ir Cáin, Aḃeil ir Eaḃa.
    S do ṁarḃ Cain Aḃéil ġan éanċoir.
¹¹ ó Cam. ġc. ¹² *sic* O'C, ġc. i ccion S.
¹³ meirġreaċ O'L. mearrġmor S. ¹⁴ na cceann O'C, O'L. ccionn S.
¹⁵ leaṫrorġ, leiṫ ruirġ O'C. laoġrorġ ġc. ¹⁶ air méile O'B.
¹⁷ ġoġ ma ġoġ S. ġoġmaġoġ aġur bod ġan léine ġc.
¹⁸ erix O'L. S. O'C. ġc. ḃ'éidir ġur aḃ é eiur an ceart.
¹⁹ daoiniḃ O'B. do raobaḋ O'C.
²⁰ deirling O'L. Deirlinn S. Déirlinn DR.
²¹ túr DR toḃar O'D. *aliter* torr.
²² na maḋ aoirde a ceann O'L. O'C.
²² murtaruin O'C. maiġertir ġc.
²³ Día háoine O'L. ġaċ aoine M.O'D. ġaċ oiḋċe S.
²⁴ rataoi ġc. rataoi O'L. rotátaí M.O'D. ratuiġe O'B.

TUIREAṀ NA hÉIREANN

Bí Dia foṡurta roiṫiṁ²⁵ le daonnaċt
Ar an talaṁ ó ḟlaiṫeas dá ḃṙeaċain,
Do ṙinne ġáire faoi na péirtiḃ
Níor ḃeaġ leis a ḟad²⁶ do ḃí sé aġ éisteaċt.

Do leaġ sé síos le n-a sṁéideaḋ
Iad féin 's a ġcnuic²⁷ ar ṁuin a ċéile,
A's tá siad fós aġ luarġaḋ²⁸ a nġeaġa
[aġ] caraḋ se h-éiġin, aġ sneaḋ 's aġ béiciġ.²⁹

An máiġistir leaṁ do ḃí ar na saoraiḃ
Aġ Tor Neaṁṙuaiḋ³⁰ 's a luċt-saoṫair,
Nuair d'iarraḋ cloċ³¹ do-ḃeirtí cré dó,
Nuair d'iarraḋ crann do-ḃeirtí aol dó.

Sġuiriḋ ġo tapa a's sġaraiḋ le³² ċéile,
Bí caint fo leiṫ i mbéal ġaċ éinne,
Ní raiḃ roiṁe sin aca aċt aon-ġut,
An teanġa Eaḃra³³ do ṁúin Eḃer.³⁴

Do ḃí fo'n aṁ sin prionnsa tréiteaċ
Insan Scitia, Niúl mac Ṗéinir,³⁵
Do ċuir sé dis a's fiċe a's caoġad
Aġ tóġḃáil teanġta an túir³⁶ i n-éinḟeaċt.

Rinne sé coinne riú ar ṁaċaire Séanar,
Ann sin do ċruinniġ sé sġoil ġo saoṫraċ,
Da lia ealaḋa³⁷ teanġta a's tréiṫe,
Ġréiġir, Eaḃrais,³⁸ Laidion a's Ġaeḋilġe.

Do ċualaiḋ Ṗaraon tárġ ṁic Ṗéinir,³⁹
D'iarr, air, dul leis féin do'n Éġipt,
Tuġ sé a inġean dó, mar ċéile,
Ainnir an ór-ḟuilt, Scóta déiḋ-ġeal.

---

²⁵ feitioṁ O'L. roċma S.   ²⁶ nír ḃeiṫ a lear an fad ġc.
²⁷ a ttor S.   ²⁸ lorġaḋ O'B.
²⁹ a sneaḋaḋ sa béicaḋ O'B. aġ caraḋ le héiṙġe S. O'C. aġ sġreaḋas O'L. sneaḋa is béice O'D.
³⁰ an tor O'B. O'C. S. nimroid ġc.
³¹ an tan d'iarraḋ crann do tuġtaoi O'L. O'C.
³² ó ġ.c.   ³³ eaṁra O'L. aḃra S. O'C
³⁴ heḃer O'C. ġc.   ³⁵ ṗenuir O'L.
³⁶ sic S. O'C. ġ.c. M. O'L. na dtiorta O'B.
³⁷ eallaid ġc. eóluiġe O'B.
³⁸ eaṁra O'L. aḃrais S. eaḃra ġc. O'C.   ³⁹ ṗenuir O'L. ġc.

TUIREAṀ NA hÉIREANN

Is uaiti tugaḋ "Scoti" ar Ġaeḋealaiḃ,
['S] "Scotia" i laiḋion mar ainm ar Éirinn,
Do ruġ rí mac ró-ṁaiṫ, Ġaeḋlur,
Is é rin "Ġaeḋeal Glas"⁴⁰ rinnrear Éireann.

Seo é⁴¹ an t-am do ḃí Maoir 'ran Éġipt,
A'r poball Irrael fá ḋaor-ḃruiḋ,
Faraoh fallra ríoċṁar ḋaor air,⁴²
A'r Scóta ceannra, lán de ḋaonnaċt.

Do ruġ Maoire a ṁuintir féin leir
Tríḋ an Ṁuir Ruaiḋ, rlán gan éirlinn.
Do ṁear an rí a ḃrilleaḋ 'r a ḋtraoċaḋ,⁴³
Gur ḃáiteaḋ é féin 'r a ḃuiḋean i n-éinfeaċt.

Do ġlac rgrubal⁴⁴ mór Ġaeḋlur⁴⁵
Cóṁnuiḋe⁴⁶ do ḋéanaṁ ar an taoḃ rin,
Do ġluair⁴⁶ a gcaḃlaċ trom go gleurta
'S níor rtaḋ gur froiċeaḋar⁴⁷ Críoċ na Gréige.

Do ḃí riaḋ real i gcataír na Téibir⁴⁸
Ḃa leó cataír na h-Aitne i gceart ṁic Fénir,⁴⁹
Do ċuaiḋ ar rin go Lacaḋémon
A'r do ġluair ar rin le⁵⁰ morán Gréaġac.

D'imṫiġ roir leó gur an Scitia
S ann d'éiriġ imrear⁵¹ roir a ngaoltaiḃ,
D'fill riaḋ tre oileánaiḃ na Gréige
Agur reólaiḋ go h-Éġipt ar Ibéri.

---

⁴⁰ ṡaoilġlar ṠC. ⁴¹ aġ ro ṠC.
⁴² leir O'B. O'C. O'L.
⁴³ dtraoċaḋ O'C. O'D. don eiġipt ṠC. O'D. a milleaḋ ra.
⁴⁴ rgrupall O'L. O'C. S.
⁴⁵ clann Ġaeḋlur O'B.
⁴⁶ do ġaiḃ O'C. ġleuraiḋ O'B.
⁴⁷ roiċaoir O'B. noċtaḋar ḊR. gur ruiġ ré aġ O'D. gur fearaiṁ ré i ccrioca M. : mire d'aṫruiġ é.
⁴⁸ Téiḃe ḊR.
⁴⁹ ḃa leir Athens a cceart fénuir, O'L. S. O'C. ṁic Penuir ḊR. mire d'aṫruiġ an líne.
⁵⁰ leir O'L. O'C. tar éir an rainn reo tá rann eile aġ ṠC. O'L. O'C. i.e
    bile mac ḃreoġuin an triaṫ 'r a ġaolta
    'S a reirear mac do ḃí 'na Laoċaiḃ
    Do rineaḋar ioḋḃairt do na ḋéiṫiḃ
    Is do ġlacaḋar fairprinġe macaire tétir.
⁵¹ urrán O'B. aġ ro mar atá an dá líne leanar clóḃuailte aġ O'B.
    'D'fille' ar air trí h-oileáin na Gréiġí (sic)
    Or rinḋ reóle' g' an hEġipt ir h-Iḃéri (sic)
mire d'aṫruiġ iaḋ ar l.rr. eile.

CUIREAṁ NA ḣEIREANN

D'éiriġ rtoirm a'r d'árdaiġ ġaot orra,
I ḃléiḃtiḃ ġCaḃiri⁵² ṁic Alcuména,
Idir Melor⁵³ aġur Eperur
Idir Ortiġia a'r Oileán Créta.

Idir Scilla na dtonn dtaorġaċ
A'r Caribdir ḃaġaraċ ḃaoġalaċ,
Do ḃí an murraḃaċ⁵⁴ ġo ḃinn taoḃ leir,
A ġruaġ rġaoilte aġur í ḋá péidteaċ.

Do ġlacadar talaṁ i ġcalaḋ Irpéria,
Aġur inr an mḃriorġáin⁵⁵ do ġairmeaḋ Réċr dé,
Fuair, tre ġairġe, mar ainm, Milériur,⁵⁶
"Mile Earpáine" inr an nġaeḋilġ.

Gaot a'r anfa a'r mearḃall rréire
Do ċuir ġo Banba, tamall roiṁ Ġaeḋealaiḃ,
Ó h-Eidirrġeóil⁵⁷ cróḋa aġur Ó Laoġaire,
A'r Ó Coḃtaiġ ḃinn do feinneaḋ ar téaḋaiḃ.

Bile⁵⁸ mac Breoġain an triat 'r a ġaolta
'S a feirear mac do ḃí 'na laoċraiḃ,
Do rinneadar ioḋḃairt do na déitiḃ
'S ġlacar ſot rairrinġe ṁacaire Tétir.

Íot mac Breoġain, mile tréiteaċ⁵⁹
Ó'n mBraġanria⁶⁰ tiġ d'á ḃféaċain,
Tuat Dé Danann ġan taire ġan daonnaċt
Ir iad do ṁarḃ na leaḃaiḋ é i n-aonar.⁶¹

Do ráiniġ tárġ a ḃáir a ġaolta
Ir fioċmar feargaċ ġlacaid na rġéalta,
Tuġadar mile mionna nár ḃréaġaċ
Ġo ḃfuiġidír ríoġaċt a'r fuil i n'éiric.

---

⁵² Idir Carbin mac Alcumanur S. Piramiḋer mac Alcména M.
⁵³ Miliḋ O'B.
⁵⁴ an Momunġa ġC.
⁵⁵ Errpáin S. miorcain O'C. miorrainġ O'D.
⁵⁶ Miletur M. Miletius O'C.
⁵⁷ O hoidirrġeóil. O Ḋirceól M.
⁵⁸ níl an rann ro inr an dá láiṁrcriḃinn ir rine, i.e. S. 7 ġC.
⁵⁹ Mac mait mile té ir aondá S. ḃille tċe 7 aendá, ġC.
⁶⁰ Baġtonia ġC. Bárona M. O'L. Miġdonia O'C. O'D.
⁶¹ é do ṁarḃadar lé h-aḃuiḋ an aon-fear O'B.

tuiream na héireann

Glacaid a n-airm 'r a loingear go gléarta,
Octar⁶² mac Mearda, clann Milériur,
Seirear⁶³ mac Bile nár bporur a dtraocad,
Ar' clann mic Ir⁶⁴ do cailleadh do'n céad-dul.⁶⁵

A rínrír eile, gan amhar Éibear
Éireamhón ruair rat, a'r Éanda⁶⁶
Colpa buan⁶⁷ a'r Aimirgin tréiteac,
A'r Donn do cailleadh i n-iartar Béarra.

I gcondae Ciarraide i n-iartar Éireann
Do glacadar calad ag Innbear Sgéine,
Tá ag bun Cappáin⁶⁸ fór gan traocad
An carraig ler cailleadh go reacmallac Éanda.⁶⁶

Do bí triúr bainríogan ar an taeb-rin,
D'iarr gac bean díob ar a céile
A h-ainm féin, ar fead a réime,
Do tabairt mar ainm ar Inr Éilge.⁶⁹

"Fódla" ['r] "Banba" a n-ainm, a'r "Éire."
A dtriúr fear do tuit i n-éinfeact,
Mac Cuill, Mac Céact, a'r Mac Gréine,
I gcat Tailteann do cailleadh go léir iad.⁷⁰

O cúir an domain go maidin an laé rin
Trí míle bliadan rarra⁷¹ cúig céadta
Ní deacaid ón ngleó de cloinn Milériur
Act Éireamhón, clann⁷² Ir, a'r Éibear.

Na Muimnig uile do geinead ó Éibear,
Ó Éireamhón Clanna Néill re céile,⁷³
Ó fliocht Ir ba mór géille
Clanna Rugraide do riarad éigre.

---

⁶² reirear M. S. riorior mac Mearda macanta O'B.
⁶³ octar mac míle. ⁶⁴ mic íte S. O'L.
⁶⁵ ran céad caic. O'C. O'D. don céad cac S. ní léir téacr gc.
⁶⁶ éanna S. éanna gc. Aondá M. tugann an "ropur feara" ainmneaca
38 taoireaca do bí ar fluag clann milid act ní'l aon éanda na aonda orra.
⁶⁷ an claidim M. S. Doinne O'C. gc.
⁶⁸ ceapráan O'C. Cuirinn gc.
⁶⁹ feirdlim S. ealga gc.
⁷⁰ ig caic T. óra laocda. O'L. ora laoidac gc.
⁷¹ rara gc. fá re O'L. farre S.   ⁷² mac O'C.
⁷³ bo mór tréice gc. géille S. O'L.

TUIREAṁ NA HÉIREANN

Is iomḋa ríġ nó ratṁar réimeaċ[74]
Tiġearna tíre, a's daoine naoṁta,
Fáiḋ a's flait a's file faoḃrac
Táinig ar gaċ taoḃ de'n ṁéid sin.

Is uata fiolraiġ Fianna[75] Éireann,
Fionn Mac Cuṁail mic Airt mic Treunṁoir[76]
Diarmuid do-ġníoḋ lúṫ agus léimneaċ
A's rinfear mic Áilin[77] ó Ḋún Eaḋain.

Goll mac Mórna do-ġníoḋ éifleaċ,
Caoilte, Orgar, a's Oisín eaċtaċ,
Glas donn mac aonċearda Béarra[78]
Agus Conán[79] Maol, fear millte na Féinne.

Tar éis an ríogaċt do tiġeaċt ar aon-ċor[80]
A's Tuata Dé Danann do leaġaḋ 's do tsaoċaḋ,
D'éiriġ imreas eatorra a's céad olc,
—— níḋ, fasaor! do lean do Ġaeḋealaiḃ.

Idir Eóġan Mór a's Conn na gCéad gCat[81]
An uair do rinneaḋar dá leit d'Éirinn,
D'éiriġ gleó nár ḃfusar a réidteaċ
Is ann do cailleaḋ gan airioc na céadta.

Bioḋ go raḃadar lán de daonnaċt
Corantaċ caḃartaċ taḃartaċ tréiteaċ,
Ní raiḃ roillse an Creidiṁ i n-Éirinn,
Aċt draoideaċt a's deaṁnaiġeaċt 's fallsaċt déiṫe.

Do ġaḃ[82] Iupitir iomad géille
Mar Ḋia flaitis a's talaiṁ i n-éinfeaċt,
Neptúin 'na Ḋia ar an muir ḃraonaiġ,
Plúto i n-ifrionn, a's ní an aonar.[83]

---

[74] raċṁar reiṁeċ 5C. roiḋneċ S. roiḋneaċ O'B.
[75] Fiannuiḃ O'B. S. O'C. 7 an ċuid is mó de na L.rr.
[76] tréine S. O'C. 5C. M.
[77] Calḃin ! 5C. Áilinn O'C. Alín M.
[78] mac aoin cearda Bearra O'L. mac einċéird do Béara. DR.
[79] Connán 5C.
[80] do ċur ar aon ċoir aliter aon ċor. 5C. S. L. M.
[81] tug c. ċat, 5C.
[82] do ġlaċ O'C. O.D. Geaḃat M. S.
[83] 7 ní ann aonir M. O'D. Anaonfer S. ní an aon fer 5C.

D'adhradh cuid díobh⁸⁴ dia na Gréine
Cuid eile díobh an Ráe 's na Réalta,
Marr [agus] Baccus, Cúipid a's Phoebus,⁸⁵
Apollo glic mar dia na céille.

Dia na ngaibhne⁸⁶ Bulcan béal-dubh,
Pan dia buachaillí na gcaorach,
Iúno, Pallas, Bénus, Tétir,⁸⁷
Aoibheall⁸⁸ bean-fáidh na Carraige léite.

D'éis Críost do teacht i gcolainn daonna
Dá bhliadhain, trí deich, a's ceithre céadta⁸⁹
Muicidhe Milco rígh Dáilreuda
Do gluais ó'n Róimh tar ais d'ár saoradh.⁹⁰

Celestínus an Pápa naomhta
Do chuir Pádraig chugainn 'r a cléire,
Is é do teagarg diadhacht ['s] daonnacht
Íosa Críost i gcríochaibh Éireann.

Do dhíbir draoidheacht a's deamhain a's déithe,
Do bhairt a leinbh 's a ndaoine aorta,
Do claoidh an rígh,—gé r' deacair⁹¹ a dhéanamh—
Mac Leirge⁹² Néill Naoi-giallaigh, Laogaire.

Is cruaidh an connradh air ar féidheadar
Duine ó'n nduine do chur⁹³ i n-éin-tigh,
Dá cheann an tighe do lasadh i n-éinfheacht,
'S an té nach dóighfidhe—d'á Dhia [do] géilleadh.

D'eagla geara do bheith 'na n-éadach
Seansalaidh⁹⁴ bhruit le n-a chéile,
Dóigheadh an draoi, 's níor dheargh⁹⁵ ar Bhenin⁹⁶
A's ann sin tugadh breith ceart naomhta.⁹⁷

---

⁸⁴ aca O'C.
⁸⁵ Venus O'C.
⁸⁶ ngabhann S. ngabhannaigh O'C.
⁸⁷ temir gc.
⁸⁸ Íobal gc. S. Ibéul! O'B. Sybil M.
⁸⁹ cuig bl. ar fichid is ceithre ceda S.
⁹⁰ níl an líne seo ag S.
⁹¹ sic gc. S. g'd gur O'B.
⁹² leirg gc. O'L. lears O'C.
⁹³ duine aca do chur gc. O'L.
⁹⁴ sic roinnseluid gc. feonsalaid O'C. M. dr.
⁹⁵ sic O'B. dearsadh gc. M. O'C.
⁹⁶ bhreannuin O'C.
⁹⁷ ar sin tugadh bearrseart naomh fair gc. beirioctairt naomhta O'C.

cuireaṁ na héireann

Do bí roiṁ Pádraig⁹⁸ 'ran Muṁain go raotrac
Ceatrar⁹⁹ d'earbogaid beannuiġte naoṁta,
Ailbe Imle, a'r Deaglán¹⁰⁰ Déire,
Ibear úṁal,¹⁰¹ a'r Ciarán Cléire.¹⁰²

Do labair Íora béal ar béal leir,
Tug dó leabar a'r bacall mar ġréitrib,¹⁰³
Tug dó a beit in a ḃreiteaṁ ar Ġaedealaib,
Ar rliaḋ Síon¹⁰⁴ luan an léirġrír.

Tug dó ceatrar d'anmannaib Ġaedealac'
Do ḃreit go rlaitear gac Sátarn raor leir,
Dearḃaiḋ Éiḃin do bí naoṁta
Gur trí¹⁰⁵ ceatrair do tug Mac Dé dó.

D'eagla¹⁰⁶ clear a'r bearr a'r baoġal
Anticrirt do luiġe ar Ġaedealaib,
Do ġeall an dile do cur ar Éirinn,
Seact mbliaḋna roiṁ laraḋ na rpéire.

Do ġeall,—an dán do rinneaḋ¹⁰⁷ dá naoṁact¹⁰⁸
I bpunc an ḃáir, gac duine adéarraḋ
Nó (dá mbéaḋ i gcár)¹⁰⁹ na trí rainn déiḋeanac'¹¹⁰
A anam¹¹¹ do ḃreit ó ifreann raor leir.

Imuinn¹¹² Pádraig a h-ainm i nGaeḋilge,
Do rinne Seacnall¹¹³ mac Dairéarca,
Atá rí agam-ra de ṁeaḋair ré céile
A'r orduiġim¹¹⁴ a beit ag fearaib Éireann.

---

⁹⁸ "ran Muṁan roiṁe," na l.rr. go léir nac mór. mire d'atruiġ an líne.
⁹⁹ míle ! ᵹC.   ¹⁰⁰ *aliter* Diaglan O'B.
¹⁰¹ umla ᵹC.   ¹⁰² cleireac ᵹC.
¹⁰³ *aliter* ġnéitib, ġrcite, ġreiġtib, bacall ⁊ leabar na ġréite ᵹC.
¹⁰⁴ rair rir air renn luan ᵹC. rarraír ar Síon, O'B.
¹⁰⁵ ceitre O'C.
¹⁰⁶ ní'l an rann ro ná na ceitre rainn leanar ag S. an lr. ir rine.
¹⁰⁷ *sic* ᵹC. doriġne'-d'ar O'B do rin ḋa n. O'D.
¹⁰⁸ le naoṁtact O'L. air n. O'C.
¹⁰⁹ ag a mbeit cár ᵹC. dá mríú an cár O'L. no do mbia an cár ran aitriġe ḋeanac M.
¹¹⁰ *sic* ᵹC.   ¹¹¹ an t-anam O'B. ⁊ lrr. eile.
¹¹² Hymen O'C. himen ᵹC. Hymn O'L.
¹¹³ reacnaiḋ ᵹC. Senelaur O'C.
¹¹⁴ doiveéoin ᵹC. dorveóin S. deardoṁáin M. dorvócainn O'L. truaġ na fuil O'C. O'B.

Dá céad¹¹⁵ trí fichid easbog gan céile
Cúig míle ragart, diadá, déirceach,
Seacht gcéad eaglair¹¹⁶ do rinne an naomh-ra,
Trí fichid bliadhan do mhair ré i n-Éirinn.

Dá fichid a'r deichneabhar tar éis a n-éaga¹¹⁷
D'aitbeodaig ó'n mbár cum beata raoghalta,¹¹⁸
Do tóg ré naoi bfir déag i n-éinfeacht,
Ó bliadain go bliadain duine 'r cúig caogad.¹¹⁹

Ir iomdha maighdean bhrágaid-gheal béarach
Do glac rtóil 'r do rinne trédeanar,
Deagánach¹²⁰ canónach cléireach
Do rinne an fear¹²¹ do fugad cum déig-beart.¹²²

An ríoghacht uile do filleadh cum naomhtacht¹²³
Bí eagla gach lá agur grád Dé aca,¹²⁴
An faid¹²⁵ do mhair tear an creidimh gan traochad
" Oileán na naomh " do b'ainm¹²⁶ ar Éirinn.

Sin mar do caiteabhar realad go réanmhar,
Nó gur caradar Danair dá n-éileamh,
A loingear láidir, lán de laocaib,
Do buaid tamall ceannar na h-Éireann.

Do faor Brian Boroimhe Banba ó daor-bruid,
I gcat Cluain'-tarb,¹²⁷ daoine an Cearta,
Ir ann do mhaib (gid cailleadh é féin leir)
Laochra Loclann a'r Clann Tuirgériur.¹²⁸

Tar éis na ríoghacht' arír do faorad
A'r buannacht¹²⁹ Loclann do rtorad i n-aen-cat,
Tug clann na gcarad a n-airm¹³⁰ d'á céile,
Ag dógad na mbailte, dá gcreacad 'r dá réabad.

---

¹¹⁵ míle ! O'D. ní'l an rann ro ag gC.   ¹¹⁶ aliter easbog.
¹¹⁷ dá fichid trí deich duine d'éir éaga O'L. M. O'D.
¹¹⁸ cum a beit ar an traoghal gC. beata daonda O'L.
¹¹⁹ duine 7 caogad gC. M. O'L.
¹²⁰ sic gC. Diaganach S. O'D. Deaganac O'L. Deaganach O'B.
¹²¹ do bairteadh on bfear gC.
¹²² le naomhtacht gC.   ¹²² tuilleadh do naoimhaib gC.
¹²⁴ do bí grád 7 eagla Dé orra gC.   ¹²⁵ fead S. an fead O'L.
¹²⁶ do goirridh S.   ¹²⁷ cluana S.
¹²⁸ aliter uile le h-aon cat.   ¹²⁹ buannar O'B. bundacht gC.
        ¹³⁰ airr M. O'L. O'D.

ᴄᴜɪʀᴇᴀṁ ɴᴀ ʜÉɪʀᴇᴀɴɴ

Nór ba ṁeara[131] 'r ba ṁallaiġte, ʙá mbḟéroir,
Do ḃeiṫ aṅ talaṁ,—ʙí ṛealaḋ aġ Ġaeḋealaiʙ ;
Mná ʙo ṁalarṫuġaḋ[132] aṅ a ċéile,
'S a mná pórta ḟéin do ṫréiġean.[133]

Mac Ṁurcaḋa Laiġean is mar sin ʙ'éiġniġ
Bean Ṫiġearnáin[134] Uí Ruairc ríġ na Bréiḟne ;
Cuir sin ḟearġ aṅ ḃ́rd-ríġ Éireann,
Ġur ʙain ʙé a ṫalaṁ[135] 'r a ḃailte i n-éiric.

Do cuaiḋ Ríġ Laiġean ġo h-uaiḃreaċ leanṁar
I ġcionn Ríġ Sacran, aġus cuir é ḟéin air,[136]
D'iarr air caḃair i n-aġaiḋ a ġaolta,
'S ʙo ġeall ʙó Banʙa mar luaċ-saoṫair.

An dara Hannraoi do b'ainm do'n ṛéis sin,
Do ḟuair ó'n ḃPápa bulla le h-éireaċt
Ceart a'r creiḋeaṁ do ḟearaṁ i n-Éirinn,
A'r ḃ́rd-ċíor Peaʙair do ḃíol ġaċ ḟéile.

Tiġ[137] Maoil na mbo ṫar air do'n ṫaeḃ-se,[138]
Tuġ leis sir Sacran ṛo armaiḋ ġléarta,
An t-Iarla Sṫranġbo[139] leó mar léaḋer,
—— Críoċ an sġéil, do ġaḃaʙar Éire.

Míle oċt ḃḟiċid bliaḋan a'r aon-ʙeiċ
Do b'aois do Ċríoṫ ann sin, ġan ḃréaġa ;
Do ḃíoʙar caoin síḃialta tréiteaċ,
Ba ṁait a ndliġeaḋ a ġcreiḋeaṁ 'r a mbéara.

Ġaċ ʙuine d'úṁlaiġ do ḃí a cuiḋ ḟéin leis ;
Do ḃíoʙar ceannsa mar ceann[140] cléire,
Do ṗiolṗaiġ[141] a ḃḟuil tré n-a ċéile,
Bí an Ġaeḋeal Ġallda 'r an Ġall Ġaeḋealaċ.

---

[131] ɪs ṁeara. ꜱᴄ.   [132] ʙá malasṫuġaḋ ṫar a céile ꜱᴄ. ᴍ. ᴏ'ʟ.
[133] ʙá ttreiġion ꜱ. ᴏ'ʟ. ġa ʙt. ꜱᴄ.   [134] muisir ! ᴏ'ʟ.
[135] a ṫalaṁ ꜱ. ᴏ'ʟ. a ḃaile sa ṁoġaċt ꜱᴄ. a ḃeaṫa ᴏ'B. 7 l.ss. eile. ḃeaṫa=
slíġe ḃeaṫa, maoin ?
[136] ʙaċair é ḟéin air ꜱ. ʙaiṫcuir ᴏ'ʟ. ʙuiṫcuinġ ꜱᴄ. ʙaċar ᴍ. ʙaiġur ᴏ'ᴅ.
[137] mac maoil ꜱ.   [138] ṛaoi ḟéinṛe ᴏ'ʟ.
[139] sṫranġuil ᴏʀ. ní'l an rann ro aġ ꜱᴄ.   [140] ċuiḋ ꜱ.
[141] ṛiolaḋ ꜱ. Siollaiġ ꜱᴄ. ṛ́ioltaiġ ᴏ'ʟ. ṛioleaʙair ᴏ'ʙ.

A gcreideaṁ 'r a ndligead ra deiread gur claoclaiġ
Cailḃin colnaide¹⁴² a'r Lúter craorac,
Diar do tréig a gcreideaṁ ar ṁeiṁriġ,
'S i n-aġaid dliġe Críorta¹⁴³ rgríoḃ go h-éigceart¹⁴⁴.

Prionnraí na Sacran—olc deiread an rgéil rin—
An t-octṁad Hannraoi 'r Elirabéta,
Riġ na Breatan¹⁴⁵ a'r Alban—Séamur—
Lúter leanaid 'r an t-aifreann réanaid.

Do rinnead de'n riġ ceann na cléire,
Do tógbad a ndaingin 'r a mbailte¹⁴⁶ i n-éinfeact,
h-iompuiġead an Bíobla ó Laidion go¹⁴⁷ Béarla
Agur rinnead¹⁴⁸ act gan aifreann d'éirteact.

Uairle Breatan a'r Clanna na h-Éireann¹⁴⁹
An creideaṁ ro glacaid, an t-aifreann tréiġid,
Ir iad ro coṁartaí deirid an traoġail,
D'forġail an ġeata cum peacaid do déanaṁ.

Stad ó'n aifreann Dóṁnac ġréine¹⁵⁰
Bean arteac 'r amac ar aonac¹⁵¹
Iomad mionna agur mórán éitiġ,
Goid a'r broid, a'r breit re h-éigin.¹⁵²

Aoine na Páire—feóil a'r féarta,
Biġil¹⁵³ na nárrtal—gan trorġad¹⁵⁴ ar aen-cuid,
Ir duine 'ran gcéad¹⁵⁵ do 'glacad mar béile¹⁵⁶
Arán eórna, biolar a'r caol-deoc.

Craor a'r meirġe i n-ionad an tréideanair,
"Seo cuġad," "rúd ort," "Dia dod' réidteac,"
Rinnc, mar ambeir dearaiġ do béadór,¹⁵⁷
Airġead teann tar ceann¹⁵⁸ na cléire.

---

¹⁴²collad S. Coiṁteac M. Coinġioll baite O'D.
¹⁴³na heaglairí, O'B. S. ġC.   ¹⁴⁴go héigneac ġC.   ¹⁴⁵ Bruotaine S.
¹⁴⁶do tóg a ttalam r a mbeata S. ġC. a mbeata r a ttailiṁ O'L.
¹⁴⁷cum ġC. O'B.   ¹⁴⁸do ġnío S. O'L. níod ġC.
¹⁴⁹ár poball ran Saxan r a ġarapad ġaolac DC. M. O'D. níl an rann ro
aġ S.   ¹⁵⁰ na ġréine ġC.
¹⁵¹bean ar eac ra mac gan aon eac O'D. baintreabac ra mac a ġac
aonac ġC. aliter ban ra teġ ra mac aneinfeact, bean ra teac 'ra mac ann-
éinfeact O'B.   ¹⁵²ar éigin S. ġC.
¹⁵³uiġill ġC.   ¹⁵⁴rearaṁ ġC. O'L.   ¹⁵⁵duine leaṁ ġC.   ¹⁵⁶ṁéile S.
¹⁵⁷rainc mur ṁéir deiriġ do beauar ġC. mar mbéir S.
¹⁵⁸ar ceann S. a ceann O'L.

TUIREAṁ NA hÉIREANN

Fuil gan cúis d'á dórtad 'r dá taorgad,¹⁵⁹
Doict d'á gcreacad agur cealla dá réabad;
An baintreabac claoidte ag caoinead a céile,
'S an dilleacta 'ran tig¹⁶⁰ a' béicig.

Ir doct na dligte do pinnead d'ár ngéar-goin,
Seiriúin, cúirteanna,¹⁶¹ 'r téarmaí daora,
Bhárdrir, libré, 'r cúirt Ecrécuir,¹⁶²
Cior coláirte,¹⁶³ 'r rub nomine poenae.

Grín-bacr, capiar, writ, reiplébin,¹⁶⁴
Dannaí, diotáil, fíonáil, éigceart,
Probort, ruffeid, portréa, méara¹⁶⁵
Sirriam, mararcáil, renercail¹⁶⁶ claona.

Dlige beag eile do pinnead do Ġaedealaib,
Surrender ar a gceart do déanaṁ.
Do cuir rin leat Cuinn tré na céile,
Glacaid a n-airm gid cailleaḋ iad féin leir.

An t-Iarla Ó Néill fuair bárr féile,
'S an t-Iarla Ó Domnaill ba ṁór géille
Ó Catáin na n-eac mbán 'r na n-éide,
A'r Ó Ruairc uaral tigearna Bréifne.¹⁶⁷

Maguidir Gallda 'r Maguidir Gaedealac,
O Ceallaig, O Baoigil, O Raigillig,
Glairne mac¹⁶⁸ Matgaṁna agur Mag Aongara¹⁶⁹
Niall gard ran tur, a'r a ṁac Maognar.¹⁷⁰

Mac Donncada ó Corainn na Céire,¹⁷¹
A'r a raib ó rin ar fad go h-Éirne,¹⁷²
O Dúbda na gCairleán aolta,
Mac Samairle Buide—cid gur raorad.¹⁷³

---

¹⁵⁹ réideaḋ S. O'L. ¹⁶⁰ oig S. oiġ M.
¹⁶¹ *aliter* cuiptid, ríoron, cuirte. Daprorir libreaḋ ir cúirt execuir S.
¹⁶² wardships. Livery Exchequer. Libré O'L. Exchequer gc.
¹⁶³ callairte gc.
¹⁶⁴ green wax capiar writ repléibi S. writt Replevin, O'L. replevy gc.
¹⁶⁵ probár rufnead portread meire S. portraig roriġte ┐ méire gc. portray robré O'L. ¹⁶⁶ reana rcáil O'L. ¹⁶⁷ na Bréifne O'L.
¹⁶⁸ glairne [*aliter* glar] ṁagṁatgaṁna S. glairne mac ṁ, gc.
¹⁶⁹ magnaora gc. Mac Aongur O'L.
¹⁷⁰ ran tor ir ṁac ṁagnura O'B. 'r a mac ṁagnur gc.
¹⁷¹ curad na céire S.
¹⁷² tá "ar fad go" rgriorta amac ag O'L. ┐ "go mag éirne" curta na n-ionad. ¹⁷³ *sic* S. ┐ gc. gion gur raorad, M.

228 cuiReaṁ na héiReann

Síol gConcuḃaiṙ fuaiṙ clú le daonnaċt,
Na tṙí Meic Suiḃne naṙ oḃ¹⁷⁴ ṙféiṗlinn,
Na tṙí Muṙcaiḋe ḃa leaḃaiṙ ġéaga,¹⁷⁵
Muṙcaḋ na dtuaġ, na mḃuaḋ¹⁷⁶ 'ṙ na méit-ṁaṙt.

Uaitne do cuiṙ an ṙop aṙ ṙéideaḋ
Ó iaṙtaṙ Laiġean aṙ faḋ go h-Éiṙne,
Dṙanaiġ ḃeóḋa, Caoṁánaiġ caoṁa,
Ridiṙe¹⁷⁷ an ġleanna 'ṙ an Ridiṙe gléiġeal.

Iaṙla na Sionnaiḋe¹⁷⁸ Callaine 'ṙ Méine
A'ṙ iaṙla Dúnaḃuiḋe¹⁷⁹ na gcaol-ḃaṙc,
Ó Doċaṙtaiġ an t-Oiṙin¹⁸⁰ taṙ éiṙ na Féinne,
Do tóg coġaḋ náṙ coṙain aṙ aon-coṙ.¹⁸¹

Sin maṙ d'imtiġ an donaṙ aṙ Éiṙe,
Ḃioḋ náṙ imtiġ an tuḃaiṙt le céile,
Nó guṙ toṙnaiġ an coġaḋ ṙo féidlim¹⁸²
In aṙ caill a teann 'ṙ a ceann Séaṙluṙ.

'Sé ṙeo an coġaḋ do cṙíoċnaiġ Éiṙe
Do cuiṙ na milte ag iaṙṙaiḋ déiṙce,
An tṙát do diḃṙeaḋ an Nuncio¹⁸³ Naoṁta
Do leatnaiġ¹⁸⁴ pláiġ a'ṙ goṙta i n-éinfeaċt.

Tóġḃaim finné¹⁸⁴ᵃ Riṙteaṙd Béilinġ
Naċ diṫ¹⁸⁵ daoine ḃid ná éadaiġ
Ná neaṙt náṁad¹⁸⁶ do ḃain díoḃ Éiṙe,
Aċt iad féin do caill¹⁸⁷ aṙ a céile.

---

¹⁷⁴ sic O'L. O'D. ⁊c. náṙ ḃa ! O'B.   ¹⁷⁵ mic Muṙcaiḋ ba léiṙ ġéaga ᴌC.
¹⁷⁶ maoṙ ᴌC. M. O'L. Tá dá ṙann eile ag ᴌC. annṙo
   Ua Seaċnaṙaiġ flait na féile
   Slioċt Guaiṙe fuaiṙ ḃaṙṙ féile
   Tṙiat na caiṙge dalta na daonaċt
   Mac Diaṙmada fial na cléiṙe

   Slioċt Aoḋa ba móṙ tṙéiṫe
   Ó cnoc Leaṁna go cnoc Dṙenoinn,
   Clann nDoṁnuill finn fuaiṙ clú Éiṙionn
   Muintiṙ Connuill clann Cṙiotmoinn ṙa ġaolta.

¹⁷⁷ ṙuidiṙe M. Ridiṙe geall ! ᴌC.   ¹⁷⁸ na Sionna S. Seannaiḋe ᴌC.
¹⁷⁹ sic S. Dúnaċa ḃuiḋe ᴌC.   ¹⁸⁰ a Oiṙin deiṙ ᴌC.
¹⁸¹ naċ aṙ coṙṙain a naonaċ ᴌC. fnaṙ coiṙin é M. coṙuin é O'L. coṙnaiṁ O'B.
¹⁸² le Siṙ Phélim M.   ¹⁸³ nuinnṙio S. nuntius ᴌC.
¹⁸⁴ᵃ ṙioṫ S.   ¹⁸⁴ fiaġnuiṙe S.   ¹⁸⁵ ḃiṫ ᴌC.
¹⁸⁶ láiṁe ᴌC.   ¹⁸⁷ d'feall S.

TUIREAṀ NA hÉIREANN

Ᵹeneral Ᵹallda a'r armáil Ᵹaeḋealac
Armáil Ᵹallda a'r Ᵹeneral Ᵹaeḋealac,
Sers a'r tacs ar fí-ṗeréiḋer,[188]
Do ᵹníḋ poḃáil caoc gan aonta.[189]

Do ḃí cáil aṁsuir—act ní ḃfuil ḃréaᵹ[190] ann,
Ᵹo raiḃ Donncaḋ Mursaḋ a'r Séamas
A'r Uillioc a ḃúrc ᵹo húṁal raotṗac[191]
Ar ṁáiᵹ an Stancairḋ aᵹ imirt na h-Éireann.

Do rᵹeinn eatorra an ciondáiᵹ rpéirioc[192]
Do ṗuᵹ an bun 'r a nᵹoin[193] i n-éinfeact.
Oliḃir Cromuil curaḋ na féinne
'S a ṁac Henri ᵹo cróḋa taoḃ leir.

Fleetwood Ludló Ḃoller a'r Érton[194]
Sluaᵹ teann na n-eac 'r na n-éiḋe,
A claiḋeaṁ 'r a riortal i láiṁ ᵹac aen-fir,
Carḃin cuirte a'r 'fineloc'[195] ᵹléarta.

Ir iad ro críocnuiᵹ concair[196] Éireann
Do ᵹaḃ a mḃailte 'r a nḋainᵹin le céile,
Ó Innir-ḃo-finne ᵹo dtí Binn-Éadair
'S ó Cloic-an-Stocáin ᵹo Ḃaoi[197] Ḃéarra.

Níḋ nac mearraiḋe[198] dóiḃ a ḋéanaṁ
Ir iad do ḋiḃir na rean-Ᵹaill réiṁe,
Búrcaiᵹ, Buitléaroiᵹ,[199] a'r Déiriᵹe,
A'r tiᵹearnaí[200] na Míḋe ba ṁór féile[200]

---

[188] rice ṗereiuer ᵹc. rer S., réir ᵹc. *aliter* Scess tax Fees receiver.
[189] *sic* O'B. do ní feaḃaill cáic le ceile ᵹc roḃail caic ᵹan aonta S. ᵹan éireact O'D.
[190] ní ḃfuil act bréaᵹ ann S. aᵹur ní ḃréaᵹ é ᵹc.
[191] ulleᵹ ḃúrc ó Coul ḋearra ᵹc. ar cúl daora S. O'B. *aliter* a ccuil ḃaorṫa ar cúl daoraċ M.
[192] do rᵹinᵹ eatorra an cináiᵹ rpéire S. do rᵹinn orra ciannaiḋ rpeirad ᵹc.
[193] a bun ra ᵹuin S. a bunn ra ᵹuinn ᵹc. a ṁun ra ᵹoin O'L. O'D. M.
[194] ireton S. Fleetḃud L Ḃh. ⁊ Íearton ᵹc. Fleetwood Ludlow Waller Fairfax O'L.
[195] *sic*. S. Carḃin rtoruiᵹ ⁊ fiplod ᵹc. rtoraiᵹte, O'L.
[196] conqust ᵹc. cónᵹcur O'L concuert O'B. ṗuᵹ ḃuaiḋ ar S.
[197] cuanta ᵹc.   [198] mearruinn DC.
[199] Builtéaraiᵹ S. O'L.   [200] tiᵹearnua O'B. Tiᵹearnaiᵹ S.
[200a] ealiḃ ᵹc. éiliom O'L.

cuireaṁ na héireann

Ḃarraiġ óġa, a'r Ḃarraiġ aorta,
'S an-Róirteac flaiteaṁail nac dtuġ éiteac,²⁰¹
Ġearaltaiġ Laiġean a'r Ġearaltaiġ Ṁéine,²⁰²
Úrdáraiġ²⁰³ Plúincéadaiġ a'r Paoraiġ.²⁰⁴

An Ḃaġóideac²⁰⁵ mór eórnac déaraċ, §
Cantlúnaiġ Stundúnaiġ Raiġeallaiġ,²⁰⁶
Ririġ Treantaiġ Múraiġ²⁰⁷ Méaċaiġ²⁰⁸
Ġailliġ²⁰⁹ Ġulaiġ Cúrraiġ Craétiġ.²⁰⁹ᵃ

Ḃrúnaiġ Tuirc a'r Ḃrúnaiġ Féile,²¹⁰
A'r Condúnaiġ²¹¹ na Cloiċe Léite,
Puirrealaiġ, Suiréaloiġ, Léiriġ
Searlóġaiġ,²¹² Ciorógaiġ, Céitiniġ.²¹³

Ir iad do ḋíbir príoṁ-ḟuil Éiḃir
Síol mBriain²¹⁴ na n-eaċ léimneaċ,
Mac Conmara²¹⁵ ó'n gCreatalaċ²¹⁶ ġléġeal,
Tiġearnaí Corca-Ḃaoirġne a'r Claodac.²¹⁷

Ir iad do ḋíbir (nid do ćear mé)
Deireaḋ de'n diogruir²¹⁸(?) rinnrear Éireann,
Prionnra na nGaeḋeal mo triaṫ²¹⁹ raoġalta
Mac Cárrtaiġ Mór 'r a ḟliocṫ i n-éinfeacṫ.

Mac Donncaḋa, porta na cléire,
'S na trí mic ríoġ do ḃí taoḃ leir,²²⁰
Tiġearna Mortaid²²¹ Múrcraide méite,
A'r Mac Cárrtaiġ Riaḃac ó Cúl Ṁéine.

---

²⁰¹ naċ tuġ éiteaċ S. O'L. eura gc. fleaḋaċ feutaċ M.
²⁰² mide gc.   ²⁰³ *aliter* eurtaraiġ, iuirtaraiġ, urtaraiġ etc.
²⁰⁴ *aliter* Pueraiġ.   ²⁰⁵ Ducoideaċ moriornaċ gc. ornaċ S.
²⁰⁶ Conndúnaiġ dunġanaiġ (rcantunaiġ O'B) Ceitiġ gc. Reallaiġ O'L. Reilliġ OD.   ²⁰⁷ Trantaiġ S. Muiriġ gc.
²⁰⁸ *aliter* Meiċe, M. Meadaiġ OR.   ²⁰⁹ ġailliġicc O'L. gc.
²⁰⁹ᵃ *aliter* Ġuḃlaiġ Craoċaiġ, Craḃacuiġ gc. Crecuid S. Créaċaiġ OR.
²¹⁰ eille S. éile gc. O'L.
²¹¹ cuntunaċ O'B. candúnaiġ S.   ²¹² rcorilogiġ gc.
²¹³ ceitiniġ O'B. céitiġ gc. Ceitniġ O'L.
²¹⁴ ríol na m-Brian feanda na n-eaċ léimneaċ O'B. ríol mbrian teann gc. Síol mbriain S.   ²¹⁵ Mac na mara gc. O'L.
²¹⁶ na gcreallaiġ gc. ngreetlaċ ngléġeal S. Mac Conmara Greatalaiġ gléġeal O'B.
²¹⁷ Corca Bairene ir claonaḋ S. cleanaċ gc.
²¹⁸ diogruir O'B. Diogarur S. O'L. Diġrair go huile ar eirinn M. O'D.
²¹⁹ *aliter* tiġearna.   ²²⁰ raoirion S. feirin M.
²²¹ *sic* gc. Mur mur S. múraiġ O'B.

TUIREAṁ NA hÉIREANN

O Súilleaḃáin Ḃealaiġ Ḃéime²²²
A'r Domnall O Súilleaḃáin Ḃéarra,
Mac Finġin ó uċt an Éinġil²²³
Finín reaḃac na ruaġ, a'r Féidlim.

Tiġearna Coire Mainġe na méit-ḃreac,
A'r Domnall Mac Cárrtaiġ ó' Ċill-éiġe,²²⁴
'S Mac Ġiolla Coda²²⁵ calma ó'n maol-lior,
Na ġcruaċ n-árd ar a ḃfáraid caora.

Domnall Dún-a-ġoill 'r an Aonaiġ,²²⁶
S a raiḃ i ġceannar o Ċaireal ġo Cléire,
Sliocṫ Aoid Ḃinneáin²²⁷ ba mór tréiṫe
Ó ḃruaċ Leaṁna ġo cnoc²²⁸ Ḃréanainn.

Clann Domnaill finn ó'n Lior-craoḃaċ,²²⁹
Muintir Conaill, clann Críoṁtainn 'r a nġaolta,
Créad naċ ġcaoinfinn raoi²³⁰ na féile
Piarar Feiritéir ba mór tréiṫe.

Concuḃar, Tadġ, 'r an t-earḃoġ Daoġalaċ²³¹
Do crocad ó croiċ²³¹ i ġCnocán-na-ġcaorać,
Ceann ui Concuḃair ar an tréice,
Transplant, transport ġo Iaméica.

---

²²² sic O'B. Ḃealḃuide ḃeine ġC.
²²³ Ainġil ġléġil S. an ein ġill ġC. aliter "Domnall dúna buide ran aonaiġ ir Domnall don ḃear ó rruit ġréine. OR. ni'l na lince reo aġ M.
²²⁴ cill-éide O'L.   ²²⁵ Cada O'B.
²²⁶ 'r a naonaiġ O'B. aliter ra neuna.
²²⁷ aliter Aoda bunnán.
²²⁸ ni'l an focal cnoc aġ S.
²²⁹ sic S. O'L. c-craeḃaċ O'B.   ²³⁰ ríol S.
²³¹ tar éir an rainn darab deiread "Finín reaḃac na ruaġ a'r Féidlim," tá na cúiġ ranna ro leanar aġ ġC. an l.r. ir feanr.

An (?) tiġearna coir Mainġe na meitḃreac
Ir Domnall Mac Carta o Cilleaġa
Domnall Dun ġeil flait a neiniġ
Ir Domnall dun ḃear o rrut ġréine.

O Doncaḋa mór an ruir ba treiteaċ²¹⁷
O Donoċad an ġrinn an ġleanna ra ġaoitre,
Mac ġillċoda coda (sic) collum on maol lior
Na ccruaċ ar ionnad a ḃfaraid caora.

Sliocṫ Aoda brian ba mor treite
Ó ḃruaċ Leaṁna ġo cnoc Ḃreanoin
Clann Domnaill finn on Lior ćraoḃać
Muinntir Connuill clann Criomċuinn ra ġaolta.

Mac Donncaḋa an Rosa do díbreaḋ²³² i n-éinḟeaċt
a'r Ó Donncaḋa an Ġleanna doġníoḋ pléiriuṁ,²³³
Dún-ġio, Dún-ḋaġ, a'r Dún-aonair²³⁴
Gan ḟíon gan ceól gan dán dá éirteaċt.

D'éis ar cuireaḋ²³⁵ tar Sionainn fa daor-ḃruid,
'S an méid ruair Pilip gan filleaḋ re rġéala,
Cugainn na mionna do cumaḋ ċum léirsgris,
Atá gan ṁiotal aċt iomarcaiḋ éitiġ.²³⁷

Cá ngeoḃam anois,²³⁸ nó cad do-ġéanam?
Ní díon dúinn coillte cnuic ná sléiḃte,
Ní ḃfuil ár léiġeas ag liaiġ i nÉirinn,
Aċt Dia do ġuiḋe a'r na naoiṁ i n-éinḟeaċt.²³⁹

A Ḋia do ḋealḃuiġ rae agus réalta
Do ċum talaṁ flaiṫeas a'r srearta,
Do ḃí, agus tá, agus ḃéas²⁴⁰ gan traoċaḋ,
Aon Ḋia aṁáin tu a'r ní trí ḋéite.²⁴¹

An ḃfuil tu boḋar, no cá ḃfuil t'ḟéaċain,²⁴²
Naċ tú do leag na h-ataiġ leo' rṁéideaḋ?
Cá beag duit an ḟaid atáir²⁴³ ag éirteaċt,
D'imtiġ ár gcreideaṁ, ní ṁaireann aċt srré dé.

    Cad nac ċaoinfinn raoiċ na féile
    Piarus Feirtear ba ṁor treiċe
    Conncaḃar Taḋg ra teasbucc baolaċ
    Do crocaḋ a sgcroiċ a ccnocán na ccaorac.

    Ceann Uí Concuḃair air an sreice
    Transplant transport go laméco
    Dun Sio Dúndaiġ is Dún Aonfir
    Gan ḟíon gan ceól gan dán dá éirteaċt.

²³²tréigeaḋ O'L.
  ²³³d'a sniteaḋ plairiuṁ O'B.
  ²³⁴D. ġiod, D. Deaġaid 'r D. aon ḟear O'L.
  ²³⁵ar ccur ġC.
  ²³⁶Cugainn na mionna do cumaḋ cum léirsgris S. ġC. O'L. is measa an
ruireann loinne [=do lonnaiġ?] i nÉirinn D.R.
  ²³⁷le deanḃaḋ mionna is iomarcaiġ éite D.R.
  ²³⁸ sic ġC. O'L. ḟearda O'B.
  ²³⁹ sic S. ann-éinḟeaċt, O'B;   ²⁴⁰ ḃiar S.
  ²⁴¹um trí deeċe ġC.
  ²⁴² teirdeċt ġC. trecain S. Cá ḃfuil tu ḟéacain O'B.
  ²⁴³ cá beag duit fad atá tú ġC.

TUIREAṀ NA hÉIREANN

An é ro do ġeallair do Pádraiġ naoṁta
Ar cnoc Hermon[244] aġ teaċt ġo h-Éirinn?
Nó ar an ġCruaiċ tar éir a ċréideanair?
Nó an t-aingeal Victor an tan do péid leir.

O! ní h-aṁlaid atá, ní ḃfuil tú ḃréaġaċ,
Ní móide d'aoir, ar ċaitir de d'ḟaoġal[245]
Níl poll id' rtór,[246] cid mór do daonnaċt,
—— Sinn féin do tuill[247] ġaċ nid tá déanta.

Cá ḃfuil Muire ḃráġaid-ġeal ḃéaraċ,
Maiġdean ġlan a'r máṫair Éin-Ṁic?
Eóin do ḃairt a'r Eóin ba ġaol di?
Aindriar, Peadar, Pól a'r Séamur?

Miċeál ár n-árd-aingeal[248] naoṁta,
Pádraiġ árd-artal na h-Éireann,
Dáiḃí an Ḃreatnaċ ó Ḃinéra[249]
Ó 'rí a máṫair do ḃí do Ġaedealaiḃ.

Colum mac Críoṁtainn a'r Colum mac Féidlim,[250]
Ailḃe Imle a'r Deaġlan[251] Déire,
Ioḃar úṁal[252] a'r Ciarán Cléire,
'S an té do ḃeannaiġ In-Árainn, Eanda.[253]

Eiḃin, Áinne, aġur Fiaċa Sléiḃte,[254]
A'r Sionán[255] Inir Caṫa[256] na péirte,
Conall a'r Caoṁán,[257] Faolán Léitġlinn,[258]
A'r manaċ[259] Aċa-deo[260] na Gréine.

Furra mac Fionntain ṁic Ġilġéiri,
Ḃréanainn Árdfearta ba ṁór naoṁtaċt,
Ḃréanainn Ḃiorra, a'r Colmán Eile
Do ḃí reaċt mbliadna aġ iarraid déirce.[261]

---

[244] Hermon ċionn ṫeaċt S. Hermond O'B. *aliter* Hermón.
[245] *sic* S. ġC. faeġailra O'B. [246] Pol ar torr ġC.
[247] ir do ci do fúil ġC. [248] Arcaingel na hÉirionn.
[249] Dinn eara ġC. Dinn Eadair! O'L. Dún Eaḃa DR.
[250] ir Colmán éile O'L. [251] Diaġlan O'B.
[252] Ciarán Cluana O'L. Ioḃar Úṁla ġC.
[253] D ḃ. an Árainn naoṁta S. ġC. [254] Aoiḃin Áine Fiaċa Sléiḃe ġC.
[255] Sionnan S. [256] Inre Caṫa. [257] Coṁán O'B. S.
[258] Léitċlinn O'B. [259] *sic* S. ġC. Muineaċ O'B.
[260] ó cadeo S. eaṫaċ deo ġC. [261] déanaṁ treaġnair. ġC.

Conn mara na gcuan²⁶² fuair buaid féile
Brátair Guaire do bí 'na aonar,²⁶³
Mochuda, Molaige,²⁶⁴ Lactnin,²⁶⁵ Bénen,²⁶⁶
Brigid na Mide agus Gobenéta.²⁶⁷

Fionán²⁶⁸ Cluan Iorairo 's a cléire,
Fionán²⁶⁹ Faitlinn²⁷⁰ ar an Léin-loc,
Fianán Loca Laoi²⁷¹ mo naom-ra,
Do ruig ó pláig Uid-pátac²⁷² raor leir.

Guidide-re 's guidim-re Dia na nDéite
An t-Atair an Mac 's an Spiorad Naomta,
Ar breacaid uile do maiteam i n-éinreact,
[a's] a gcreideam 's a gceart d'airioc²⁷³ ar Gaedealaib.

Pater noster qui er in coélir
Nomen²⁷⁴ tuum ranctificétur
Débita nortra fearta ná h-éilig²⁷⁵
Sed libera nór ó tuilleaḋ²⁷⁶ péine.

Abe Maria gratia pléna,
Benedicta tu, Dominur técum.
Ora pró nóbir a cara 'n-am éigin²⁷⁷
Nunc et remper—— 's go ngeobam²⁷⁸ éirteact.

Críoch.

---

²⁶² *aliter* Colum Mac Duac.
²⁶³ do bí in Éirinn S.
²⁶⁴ *sic* S. gC. *aliter* molaire ; molaga O'B.
²⁶⁵ Lactan gC. Laictín O'L.
²⁶⁶ Breanuinn gC. beinionn S. béining O'B. mire d'atruig é. Benen = Benignus.
²⁶⁷ Gobnett naomta. gC.
²⁶⁸ Fínan gC. Finín DR. *recté* Finnén.
²⁶⁹ Finnán gC. Fionáin S.
²⁷⁰ Failtion S. gC.
²⁷¹ *sic* S. O'B. *aliter* Laoic, Loclaoig gC.
²⁷² Mobratac S.
²⁷³ d'airioc O'B. d'airioc S. *aliter* d'airiog.
²⁷⁴ " *sic* nomen " O'B. O'L. S. et nomen gC. mire d'fág amac é.
²⁷⁵ eilid gC. éilim O'L. ²⁷⁶ tuile O'B.
²⁷⁷ na héigne gC. na heigri O'L.
²⁷⁸ *sic* S. do geabair gC. O'L. go ngeabaim O'B.

AN LIAIGH I n-EIRINN A n-ALLOD
UIMH IV
23 p. 10, p. 11 b. R. A. 698.

DE FEBRIUM SYMPTOMATIBUS, *concluded*.

IN the last number of *Lia Fáil* I stated that I hoped to complete the concomitant symptoms of fever in a later issue. These are contained in the following nine items, along with the section on the six non-naturals referred to by Gaddesden in the opening words on the cure of Tertian Fever (p. 115, *Lia Fáil*, no. 3).

The MS. is badly damaged on pp. 19/20, 21/22 where O'Curry suspects it had been chewed by some animal (a rat ?) but a piece has also been deliberately cut out with a knife or a pair of scissors on pp. 19/20. As a good many words are missing on these pages I have supplied them from Brit. Mus. MS. Harl. 346, in square brackets, and have also added the words of the Latin original in footnotes. The glossary contains such words as were not discussed in that of the last issue (pp. 123–125).

Mí na Nodlag, 1931.   ÚNA DE BHULF.

1. (11b) A NAGAID IN .UII. MAD AICid neoch adubrumar .i. a naghaid an fhasdaidh[1] donither isin fiabras, dentar cleistir do hocus ⁊ do shail cuach ⁊ do mercuirial ⁊ do hocus mor maillire holaidh coitcind ⁊ re bran ⁊ beagan salaind, no maillire blonaig uir (12a) muice, no maillire him ⁊ is cleistir coitceann glanta[2] sin ⁊ is fearrdi mil do cur ann no trid no meadhg eigin, ⁊ mad ail linn a denam go loisgeach curthar moran salaind ann maillirisna neichi adubrumar ⁊ dedga ⁊ uormont ⁊ surrumunt, ⁊ madh ail lind a miniugad curtar camamilla ⁊ aineid ann ; ⁊ madh ail lind a cur do greannugad an fuail curtar cailemeint ⁊ buathfallan, ⁊ madh ail lind an gaethmair-

---

[1] constipatio ventris R.A. 698.   [2] mundificativum.

eacht do cnamh³ do curthar ruib ⁊ cuimin ann, ⁊ madh ail lind tarraing on ceann ⁊ on ghaili do denam do curtar iara pigra Gailieni ann, ⁊ mad on churp uili curthar catoilicon⁴ ann, ⁊ madh ail leat linn ruad do glanadh cuiri caisia fistola and, ⁊ madh ailt linn finn cuir agairg, ⁊ madh ailt linn ruad cuiri sene and, ⁊ madh ail leat tarraing ona dubhanaib a cuis fuair, cuir benedicta ann, ⁊ madh ail a⁵ cuis teasaidhi⁵ cuir lictubairi do sugh na roisi and, ⁊ mad ail cleistir cneasaithe⁶ do denam de cuir cruach Padruig ⁊ lus an sparain ⁊ ros ⁊ a cosmaili ⁊ methradh gabar and, ⁊ madh cleistir aileamna na mball as ail lind do denamh an trath na fedand duine biadh na deoch do caitheamh cuir isin cleistir cuilis arna denam do chearcaib ⁊ do chabunaib, ⁊ da neanbruithe, oir is meinic do chondmasa daine na beathaid caeicis leisin, noch na fedadh biadh na deoch do caitheam indus eili .i. mar⁷ da ceangailti cos duine a nairdi da curthea biadh ana bel, acht gu fedadh se a chaitheam do rachadh brighi an bidh suas, do reir [C]osantin, is mar sin aderimsi and seo an biadh do teilgthear isin timthireacht a naimsir ghorta ⁊ folmaithe an cuirp go leir, gu fedand a brigh dul chum an gaili, oir teid an cleistir uair and gu nuige in inde re nabar ieiunium gengub cleistir aileamnach e ⁊ tarrngid an naduir on chorp uili an uair rig a leas ; ⁊ is mo an tingantais an leanum daileaain a meadhon a mathar trina imlican na sin.

2. ITEM do fetar supositoiri do denam do mil arna berbadh no gu diubaidhi si ⁊ a cur ar clar ⁊ a cuma mar mher ⁊ beagan salind da cur trid ⁊ curthar a nuisgi fhuar da cruadhughad hi ⁊ cuireadh (12b) ana timtireacht hi ⁊ snaithe reamar trithe ⁊ ceangailter ama sliastaib an snaithe, indus gu feda a buain amach madh eigean do. ITEM do fedaiter supoisitoiri do denam do gallunaidh ar an corugad cedna ⁊ seanblonag muice do coimilt de no im no ola coitceann. ITEM donither supoisitoiri do laeghan⁸ sdupoige praisge no hocais arna tuma a mil, no da blonaig arna cuma mar ceann coinnli pairisi⁹ arna cur a nuisgi fuar da cruadhughad.

---

³ si consumptionem ventositatem.   ⁴ chatholicon.
⁵ si de capite.   ⁶ consolidativum.
⁷ sicut enim homo qui suspenditur pedibus & cibus eius insertitur, posset comedere, & cibus ascenderet ad ventriculum secundum Constantinum R.A. 699.
⁸ de caule excorticato, vel de corta malvae.
⁹ ad modum extremitatis candelae.

3. FECHAM ANOISE DONA NEIchibh neoch lagas, mar ceirin no arna coimilt no arna caitheam, ⁊ lagaidh moran do neichibh mar ceirin .i. mar ata domblas ae tairb arna cur ar sgarthaigh ⁊ da curthar ar an imlican e, lagaidh. ITEM gab comor do shugh an da luib seo: an tathaba ⁊ laibriola ⁊ curtar deannach[10] trithu ⁊ mil no blonag ur muice, ⁊ madh suas is ailt a lagadh, cuir ar an gaili ⁊ madh sis cuir ar an imlican. ITEM dena iubar craige dfiuchadh ⁊ methrad ⁊ began aloe trid ⁊ domblas ae tairb no daimh no cailig ⁊ a cur ar an imlican ⁊ lagaidh.

4. ITEM is iad so na neiche noch lagas arna coimilt mar uendimint .i. gab comor de gach ni dib seo .i. sugh prem an balauird ⁊ coirt meadhonach an truim ⁊ prema no duillcoga an spiuirsi[11] ⁊ proma an hocus mhoir ⁊ duilleabar an mhercuiriail ⁊ laibriola ⁊ tathaba ⁊ prema sgime, ⁊ dentar a fhiuchadh ⁊ im ⁊ ola trithu ⁊ began degredium.. sbeorna ⁊ do ceir trithu ⁊ denthar uinnimint dib ⁊ gan chuntabairt lagaidh da coimilter don imlican.

5. ITEM is iad so na neiche noch lagas ara nol .i. eanbruithe cailigh ar cur sgeama ann ⁊ sugh praisge ⁊ meadhg arna glanad, ⁊ madh ail leat oibriugad ni is laidiri na sin, cuir caisia fistola and ⁊ lagaidh gan baeghal ⁊ doni reubarbarum an ni cedna. ITEM is iad so na neiche lagas arna caitheam .i. mar atait lectubairi iumdha .i. catoilicon ⁊ diatuirbid do lucht leanna finn ⁊ a naghaidh leanna finn, ⁊ diasene ⁊ seine do lucht leanna duib, ⁊ siucra na biola ⁊ ola na roisi do lucht leanna ruaidh. ITEM lagaidh sgamoinia gu maith da mberbtar a nuball (13a) e, uair da connacsa fein neach do cuir se amach re .x. nuairib .xx.ed,[12] ⁊ is inand an diagreidium ⁊ an sgamoinia arna bearbadh.[13] ITEM do fedaiter potaitsi do denam do shail cuach ⁊ do hocus ⁊ do mercuiriail ⁊ do borraitsi ⁊ do glaisin cailli, ⁊ madh laidir e curtar ni do duilleogaib an craind re nabar labruis trithe.

6. ITEM lagaid sil an spuirsi ⁊ trid sin is maith an sil do tirmugad ⁊ a cur tri bainne almont, oir is lughadh a urcoid.

---

[10] cum farina volatili molendini R.A. 700—*mill dust*
[11] tithymalli seu lotice—*old name for spurge or wolf's milk.*
[12] Laxatur tridies, seu triginta vicibus, R.A. 701.
[13] cf. *Sinon. Bartol.* Diagredium .i. scammonia cocta.

7. ET ni healadhnach an leigeas lacach da tabairt a mbiad acht muna tucai do dhainib anbanna no do dainib noch na fedann a caitheam indus ele, ⁊ as amlaid as du a tabairt: sealad fada roim an cuid da caitheam, oir muna tucai mar sin e do tairrngfeadh an leigeas an biadh go ro-aibeil gan dileagad. ITEM ag seo pudar lacach arna derbadh damsa fein .i. gab .ii. 3 do reubarbarum ⁊ da 3 da tuirbid ⁊.3. da sheindser ⁊.3. do shene.3. dagairg ⁊ is pudar gan ghuasacht sin, is maith da gach uili duine noch rig a leas lagadh ⁊ gan acht lanleighe no ni is mo no ni is lughad do gabail de do reir a riachtanais a leas.

8. A NAGAIDH AN OCHTMAD AICID danubrumar .i. a naghaidh an galuir bhuidhi;[14] tuig gurub olc a theacht roime an seachtmadh la isna heaslaintib gera ⁊ a crith fuair, gidh ead da di se an cuigeadh la a crich theasaidhi ⁊ a naimsir teasaidhi ⁊ a choimplex theasaidhi fedaidh se teacht cum maitheasa, ⁊ da di se tar eis comarta dileatha do beith isin fual is eigean leigheas dordugad do gin gu bia fiabrus air maillireis ⁊ madh gearr o thainig se, dentar an leighis so air .i. gab glac do premaib an teilidonia ⁊ glac de gach ni dib seo .i. andibi ⁊ aé aba ⁊ samadh ⁊ cruach Padruig, ⁊ leth glac de gach ni dib seo .i. dubcosach se hur ⁊ lactuca, ⁊ leth unsa de gach ni dib seo .i. an da shandail ⁊ na ceitri sila fuara mora ⁊ na .iiii. sila bega fuara ⁊ unsa do shnas iuboiri ⁊ 3 do spicanairdi ⁊ da unsa do sugh sheilidonia ⁊ misaidhi[15] ⁊ leath funt do siucra ⁊ dentar deoch dib ; ⁊ gnathaigheadh annsein an lectubairi seo .i. da unsa da triasandaili ⁊ unsa do shiucra (13b) roiseagadh ⁊ leath unsa do cnaim iuboiri arna losgad no da campora. (⁊) Tabair an purgaid seo do da heis .i. unsa da chaisia fistola ⁊ unsa do thamaireindi ⁊ da 3 do reubarbarum ⁊ unsa do merbolaini sitrini, ⁊ ullmaither iad mar adubrumar le neichib ana mberbeochar ae aba ⁊ samadh ⁊ andibi ⁊ sgagtar ⁊ tabair do. Gab andsein da eisi sin sugh an mighaidh[16] ⁊ na cruaiche Padruig ⁊ uisge na roisi, ⁊ finegra ⁊ indibi, ⁊ coimilter don taeb deas gu minic e no tumtar edach lin ann ⁊ curtar arna haeb e, ⁊ athraiter gu minic e.

---

[14] Icturus R.A. 701. [15] misach ? linaria. [16] morella.

9. ITEM mad fada o tainig in galuir buidi dentar na duinte doslugad leo seo .i. prema feneil ┐ sdoinsi cruind ┐ meirsi ┐ seilidonia ┐ emer sleibi ┐ dubcosach ┐ searban[17] ┐ indibi, ┐ ae abha ┐ spicanairdi ┐ sandaili ┐ siucra ┐ borraitsi (┐). Glantar leo so e .i. tri 3 dagairg ┐ .3. do reubarbarum ┐ leth 3 masdix ┐ oxisacra. No gab leth unsa dagairg, .ii. 3 do reubarbarum ┐ .3. do caisia fistola ┐ tabair le meadg arna glandadh iad no le ni ele ara berbtar seledoinia ┐ indibi, iubar sleibi ┐ ae aba ┐ millsiter le siucra ┐ caiter, ┐ is coir agairg da tabairt isin easlainte seo, oir adeir Misue gu tabair se gne mhaith ar an neach caitheas e ; ┐ tabair an lectubaire so do da eisi sin .i. leth 3 do reubarbarum ┐ .3. de gach ni dibh seo .i. rois ┐ snas iuboiri ┐ adann ┐ 3 diuboire loisge ┐ leth 3 do spicanairdi ┐ .3. do nutumaic, ┐ dentar lectubairi dib maillire leathfunt siucra ┐ is inann sin ┐ diareubarbarum.

10. ITEM dona neichib derraidi dilsi do reir Auidseanna .i. gab .3. do pudar cuideog[18] arna tirmugad maillire hunsa indibi no meadhg arna glanadh, oir is dileas do sin an galar so dfoirithin a ceadoir. ITEM foiridh sugh an tseledonia maillireis an pudar sin gach uili duine noch arna mbia an easlainte sin, acht gu madh hindleighis iad ┐ doni gach ni aca ar leith sin. ITEM doni an ni ara mbearbtur an liathlus[19] an ni cedna. ITEM doni an midhaige ar ndenam pudar de an ni cedna. ITEM atait tri cuisi ana maith do neach a fual dol[20] .i. isin ghalar buidhi ┐ isin atcomall ┐ a neaslainte na seilge, ┐ madh ar son an ghalair (14a) buidhi ibeas, curthar snas an iuboiri trid ┐ is moidi foireas. ITEM molaid daine an croch do tabairt isin cuis seo ┐ gallunach da tabairt gan fis do, ┐ aderimsi gu foireand sug na cruaiche Padruig ar ndenam siroip di isin cuis seo ┐ a nidroipis teasaidhe. (┐) As eigean da neisi seo uili an leathar do glanadh le finegra find ana mbearbtar dubcosach ┐ iubar shleibi ┐ eorna ┐ coimilter a linedach garb da neisi sin don corp uili, ┐ curthar enbraen isna suilib de, no sugh an tamaidh, no licter deathach feola uiri mairt futha ┐ coimedadh a sron ar an deathach. ITEM doni uisge do blath an fonaire[21] no do raib no

---

[17] cum rostro porcino.
[19] *mouse ear hawkweed* pilosella ?
[21] de floribus fabarum R.A. 704.
[18] lumbrici.
[20] cf. R.A. 297.

do bran an ni cedna arna coimilt gu minic, oir bacaid siad an drochgne do beith ar an leathar leath amuith ⁊ is uimi sin ghnathaigid na mna na tri huisgeada sin do gealad a naitheadh.

11. A NAGAID AN NAEMAd aicid adubrumar romaind .i. a nagaidh tirmaideachta ⁊ losgaid na teangad.[22] Dentar an bel gu meinic do nighe le huisge ⁊ le finegra, ⁊ coimiltear sliseog crom thanaidhi don teangaid ana ndheaghaidh ⁊ glantar hi le linedach min ⁊ dentar mill bega do laeghan casia fistola ⁊ do siucra ⁊ connmadh ana bel iad ⁊ is maith sin a nagaidh lasaidh ⁊ tirmaid na teangadh ; is maith dragantum arna cur a nuisge na roisi ⁊ do fetur de sin ⁊ do caisia fistola pilloilidha do denam ⁊ is maith sin isin cuis sin ⁊ a nalgaib na teangad, ⁊ is maith in tsail cuach faru sin. ITEM is fearr uisgi te ana cuirfither beagan finegra a nduibi ⁊ a losgadh na teangadh na an tuisgi fuar, ⁊ is maith an caindi in gach uili tirmaidheachta mar sin.

12. A NAGAID AN .X.MAD Aicid da nubrumar .i. a nagaidh alg ⁊ bainneadh na teangad[23] ⁊ an beil, ⁊ tuig gurub olc sin da did siad isin fiabrus roim comarta an dileatha ⁊ is maith da disidis da eisi ⁊ is leigeas (14b) coitceand so orro : gab dragantum ⁊ bruigh e ⁊ cuir a nuisgi na roisi e, ⁊ coimilter le cleite dona halgaib iad. ITEM gab almont arna bruidh gu maith ⁊ faisg tri edach lin e ⁊ da di sugh as coimilter dona halgaib e ⁊ muna thi coimilter an linedach fein dib mar bes ⁊ foirid. ITEM glanaidh mil roiseaca na halga bis isin bel ⁊ is fearr foghnas an siucra roiseagdha a naghaidh na teangad ar ndul a croicind di. ITEM coimilter buighean uighe gan beith rochruaidh dalgaib an beil ⁊ foirid. ITEM gab ugh arna bearbadh gu cruaidh ⁊ cuir an sicne bis aturu ⁊ an gealan ar algaib ⁊ ar bainneadhaib an beil ⁊ foiridh, ⁊ doni an teinegal an ni cedna.

13. A NADAIGH AN AENMAD AICID deg da ndubrumar .i. a naghaidh na sgeathraighe[24] tig isin fiabras : tuigh da di si tar eis comartha an dileatha no a tosach

---

[22] Siccitas & adustio linguae.   [23] Nigredo & ulcerae linguae R.A. 706.
[24] vomitus.   R.A. 106.

na haicsisi nach incoisge hi, muna bia gu himarcradach ⁊ guma holc an tadbar o tig si, amail ata coileargha praisina no coilera erusilensa, uair is olc an sgeatrach sin an gach aimsir don easlainti, uair ge roib dath dub ar an sgeathraidh fedaigh si teacht cum maitisa a ndeiread fiabrais cartana no easlainte na seilge, gid ead dleaghar ann sin an gaile da comfortacht le spongc[25] no le fadarcan da coimilt de arna tuma a finegra no a fin te. An tia lerab ail gan sgeathrach do denam .i. gabadh balath neicheadh noch bacas an turrlugad, amail ata balath mintais ⁊ ruibi ⁊ meirsi ⁊ roisi ar crothadh aigeidi orro, ⁊ balath uisge na roisi, balath arain ghoirt arna rostail re teine ⁊ began aigeide do crothadh air. Et itheadh maistix ⁊ sidhubal ⁊ coriandra arna cur a naigeid ⁊ nutumaig ⁊ lignum aloeis, ⁊ coimilter ⁊ ceangailter na baill imeallacha gu laidir. ITEM is maith a pudar so gu coitceand an gach uili sgeathraidh ⁊ a mbiadh as du a cur .i. gab tri 3 de gach ni dib so .i. lignum aloeis ⁊ maistix ⁊ coriandra ⁊ sandaili geal, ⁊ dentar pudar dib sin. (19a) ITEM foiridh campora an sgeathrach a cuis teasaidhi ⁊ in gach uili flux coileargdha, ⁊ foiridh maisdix ⁊ nutumaig an gach uili cuis fuaraidhi. ITEM is maith na baill imeallacha do teghad, uair tairrngidh an teas an tadhbar da ninnsaidhi, ⁊ adeir Auidseanna gurub maith a fuarad a cuis teasaidhi mar is maith a tegadh a cuis fuaraidhi.

14. ITEM dentar plasdra coitceann dona neichib seo ⁊ curthar uman gaili .i. gab mintas ⁊ uormont ⁊ rois ⁊ aran ruadh arna rostail[26] ar smeroidib, ⁊ mad ailt a denam ni is fearr 7 ni is laidiri cuir sidubal ⁊ maistix trid a cuis fhuaraidhi ⁊ calumus aromaticus ⁊ cruel ⁊ sandaili a cuis teasaidhi. ITEM gab .3. do lignum aloeis ⁊ .3. da nutumaig ⁊ da cainel ⁊ .3. dainis ⁊ leath 3 do shidubal ⁊ leath 3 do clobus ⁊ do rois ⁊ .3. [do] blath camamilla ⁊ .ii. 3 do sugh uoruont ⁊ da 3 do shugh mintais ⁊ .3. do cruel ⁊ mheacan maith do gailingein ⁊ began ciara maillire holaidh na roisi, ⁊ is maith an plastra sin do dainib saidhbri ⁊ fedaidh an liaigh desgrideach a denam don bloidh as ail leis fein dib do reir an breitheamnais is fearr do cifear do fen. ITEM doni an fin ara mberbtar

---

[25] spongia.   [26] ex pane nigro tosto.

masdix an dileaghad dfurtacht ⁊ coisgidh an sgeathrach.
ITEM curtar ar lic the e no gu leagha ⁊ dentar edach
lin do tuma and ⁊ curtar ar an gaili ⁊ comfortachtaidh
sin gaili na ndaine neoch ei[r]igheas a heaslainteib fada
ag na bi dileagad no algus bidh. ITEM berbtar rois ⁊
uormont a naigeid ⁊ a nuisgi fearthana a haithle a tuma
ann ⁊ coisgidh an sgeatrach ⁊ in flux. ITEM is maith
iuboiri arna losgad a nagaid ata (*sic*) an gaile ⁊ na
sgeathraidhi coilearghadh.

15. A NAGAID AN DARNA HAicid[27] .x. danubramar
.i. a naghaid easbaid brighc tochlaichi, no a naghaid a
hainmainni is maith na neichi adubrumar isin naicid
dereannaig .i. mar ata an plasdra coitceand ⁊ balach an
arain goirt do gabail ⁊ is maith ann sin cearc arna rostail
⁊ ar chrothadh uisgi na roisi uirri ⁊ clobus dithi maillire
. . . ⁊ is maith nutumaig ⁊ balath na roisi do gabail.
(19b) ITEM greannaid an pibar cas ⁊ an pi [bar fada . . .
an tochlugad] ⁊ a ningnais fiabrais is maith [so ⁊ is
maith spica] naird da mbia an aicid seo . . . eigean
oibriugad do denam . . . .i. rois ⁊ aran goirt ⁊ uormont
[arna berbad an] aigeid ⁊ a nuisgi ⁊ a cur ar an [gaile
⁊ edach lin do] tuma intu. ITEM seachantar an croch[28]
isin cuis [so oir marbaid] se an tothlugad. ITEM
[dentar sabsa do] cardamomum ⁊ do sugh an mintais
. . . iad a cuis fuaraidhi ⁊ do nutamuic [⁊ do shamad]
a cuis teasaidhi, ⁊ seachnadh . . . neichi metha ⁊
neichi raigne noch le[nas] . . . dona meraib an trath
glacaiter iad.

16. A NAGAID AN TREAS AICID [deg][29] adubrumar
.i. a nagaid an allais : fech an fuil easbaidh an allais isin
fiabrais no an fuil imarcaidh. Madh [ium]arcach e ⁊
gu cuireann se an brigh a nanbaindi coisgther e le
bolgaib[30] gabann no ccarda do sedead fai ⁊ linedach do
togbail suas anairdi ⁊ a ligean sis aris go hoband, ⁊
gnaithigher sin gu minic do denam. ITEM neach
lerab ail an tallus do cosg na coimleadh se enraod de,
oir oslaigeadh an coimilt na poiri, oir adeir **Auidseanna**

---

[27] Appetitus caninus. R.A. 708. Harl. p. 63.
[28] Cave crocum.   [29] sudor.
[30] cum flabellis. Cf. R.A. p. 60.

gu ngreandaigeand coimilt an allais an tallas ag oslugud na poire.[31] ITEM teilgter uisgi fuar uma aghaidh ⁊ curtar a cosa a nuisgi fuar ⁊ crothar pudar na roisi ara colaind no ar an [brath] lin bis fae. ITEM dentar[32] uisgi don raib uisgi ⁊ dona cruaiche Padruig ⁊ . . . e ⁊ coimilter edach lin dona haeb ⁊ don gaili sealad beg ⁊ c[oisgid an tallus] ⁊ adeir Auidseanna no berbtar duilleoga [na darach ⁊ tab]air a sugh da ol do no crothar air [e ⁊ doni] pudar na roisi an ni cedna [⁊ a crothad air]. ITEM madh a dosach na heaslainte[33] [no na haicisisi] tig an tallas ni nadurda e ⁊ madh [tar eis] comartha an dileatha no a sdaid na heaslainte as lugha as olc e, oir as nadurdha and . . . ir nadurdha na brighe indarbtaighe ⁊ d . . . nadurdha an gnathaighthe, oir is gnathach [don n]aduir allus dinarbadh an trath sin ⁊ gid . . . minadurdha e do reir an adbair, oir is olc (20a) . . . an teaslan a fulang gu maith . . . air a ceili de gu ngaba an gh . . . [Muna feda an teas-]lan allus do cur de[34] ⁊ gurub [ail] leat a tiacht dena mar adeir [Auidseanna] . . . oslugad na poiri le holaidh an cama(milla) . . . is i bog ⁊ leisin colaind do . . . an coimilt ⁊ oslaigidh na poire . . . [Tabuir ai]ndsein fin find de is e bog ⁊ . . . sin ⁊ tirmaiter e ⁊ curtar edach tairis . . . is mo furaileas an collad an tallas . . . le gan collad.

17. [Furai]lidh an tuisgi ara mberbtar ros lin an tallus do tiacht ⁊ in ros fein is e te . . . do cur ar an gaili. [ITEM curtar] meirsi ⁊ cuimin ⁊ cailiment ⁊ bitointe ⁊ athair losa[35] ⁊ ualobord [⁊ pair]itairi do berbhad a nuisgi ⁊ curtar a soitheach uma [7 a] mairille craind[36] iad re cosaib an easlain ⁊ cludaither e gu maith ⁊ connmhadh a anal fon edach [no go] dena allus. [ITEM ber]btar luibi teasaidhi and da crocan criadh arna folach gu maith ⁊ dentar [da] poll doib isin leabaid ina cuirfither iad ⁊ laigead an teaslan atarru, ⁊ beantar a

---

[31] Non aspergatur sudor, quia tunc deoppilavit pori abstersio sudoris; aperiondo poros sudorem provocat.
[32] facit . . . aqua Nenupharinis & plantaginis operatur vel pulvis fol. quercus.
[33] Estque naturalis naturalitatis virtuti expulsivae: est tamen innaturalis, quia mala. a naturali consuetudine est est naturalis; quia natura est assueta expellere sudorem tum temporis critice.
[34] Si patiens non possit sudorem tolerare.
[35] hedera terrestris—*ground ivy*.   [36] baci ligneum.

folach doib ⁊ donid sin an tallas. ITEM curtar luibi teasaidhi da mbearbad a crocan ⁊ curtar feadan fada on chrocan . . . e an leabaid ana mbia an teaslan ⁊ doni . . . allus.

18. [ITEM curtar] pudar cuimin ⁊ ola tri na cheili ⁊ tum olann inntu ⁊ cuir sin um bonnmaidib ⁊ ar . . . tumandandaib an easlain a leabaidh te ⁊ furailid an tallas. [ITEM berbtar] peiletra ⁊ calamint ⁊ ros neantoige a nolaidh no gebe acu do gebtar [⁊ coim]ilter don corp uili e ⁊ do beir sin an tallas.

19. A NAGAID AN CEATHRA[mad] aicid deg danubrumar [.i. a] naghaidh flux fola na srona[37] . . . mor is infechsana[38] ara shon sin . . . a cuisi ar dus ⁊ a comartadha andsein ⁊ a taisgelta andsein ⁊ a leigeas [fa deo]igh. IS mor do cuisib on dentar [an easl]ainte seo .i. o imarcraidh na fola [no ona s]eimideacht no ona geiri no ona huisgeamlacht [doni]ther hi a leith na mball .i. mar ata fiuch[ad na] fola ar son teasbaidh na nae no ar son dumaidh [na s]eilge an uair nach fedand si an fuil reamur (20b) do gabail cuice, no ar son fiuchaidh na fola isin chorp uili, mar bis isin crith ger ⁊ da di an flux a tosach na heaslainte ni nadurdha sin ⁊ da di se tar eis na sdaidi so-fhaothugad tig ⁊ uair and tig se o umarcaid in cind ⁊ uair ele o linad an cind no o rema ⁊ uair ele ar son tanacht no edluis na cuislean isin sroin, ⁊ uair eili ar son sgoltaigh no oslaice no loisgte amail teagmaim isin lubra, ⁊ uair ele ar son briste airtiread na hinchindi ⁊ is annam leighistear sin, ⁊ uair ele tre fhastadh na fola noch do gnathaigh sileadh tre cuisleannaib na timtirechta no an mbreith no tri gnathugad na cuisleann do ligean, ⁊ uair ele ar son biadhann nger do chaitheam, amail atait uindeamain ⁊ lus ⁊ gairleog, ⁊ neithi furaileas ar an fuil fiuchadh do denam mar ata feoil lachan ⁊ ghanndal, ⁊ uair ele ar son neici mbruidearnach nger do cur isin [sroin] amail ata guairi muice no le tochas eigeantach, ⁊ uair ele tar eisi na brighi indarbthaighe no ar son anbainni na brighi fasdothaigh, ⁊ cuirid Isidorus aen[n]i coitceann .i. gurub eigean in gach uili easlainte adhbardha tri neichi do smuaineadh .i.

---

[37] Fluxus sanguinis narium. R.A. 719. Not in Harl. to § 27.
[38] consideranda.

lind ⁊ brigh ⁊ ball, ⁊ da reir na tri neicheadh sin athraither cuisi, ⁊ signidh ⁊ leageas na heaslainte no bacaither iad no donither.[39] (*sic*).

20. FECHAM ANOIS DO SIGHNIB NA heaslainte seo, madh o iumad fola derge donither hi beith an puls is e lan ⁊ an fual tuigh derg. Madh o uisgeamlacht bes, biaidh an aghaidh is i ban ag dul cum datha luaighe ⁊ saillsighidh (*sic*) folad na folasain.[40] Mad o geiri na fola biaidh an aghaidh is i buidhi ⁊ tig an dortadh fola maillire bruidearnaigh ⁊ maillire losgadh[41], indus gurub beg na tig si guna mothugad. Madh o iumarcraid fola derge beth an aghaidh is i dearg.

21. Madh ona haeib is on leith deis sileas. Madh on teilg is on leith cle sileas, oir gebe leath o sileand taisbenaidh tromdacht an leatha sin ⁊ is mar sin do teindeas an chind. Madh o faethogad sighnighter sin o easlainte do beith roime ⁊ gurub a la an faethaighthe maillire hedrumagad an fhothair. Mad ar son rema an cind a cuis teasaidhi is moidi thig sin ⁊ beith an ceann is e te re glacadh ⁊ an aghaidh gu derg no gu buidhi maillire mialgas bidh ⁊ (21a) re saint dighe air. Mad o rema fuar tig, a contrardha sin is comarta ann. Mad ar son edluis no tearcacht na cuisleann isin sroin ni fuil da loigead cuis mina sileann ⁊ bith leathar an cuirp is e tanaidhi ⁊ is furusa a sgoltadh, ⁊ garbaid an gaeth fuar tirim e ⁊ tig si o tshraeghaid ann sin ⁊ a coimilt na srona gu laidir ⁊ teagaim sin gu minic a lucht na lubra ⁊ isin lucht bis ullam cuice. Madh iad na hairtireadha bristear isin inncinn, tig an fuil and sin maillire leimnidh ⁊ bith sisi cubranach dondnderg.[42]

22. Mad o fosdadh na fola do cleacht sileadh tig si, no tre easbaidh baill eigean,[43] do gebtar a fis ag an easlan ⁊ ar an corugad cedna do fetar a fis dagbail uatha fein mad da caithidar biadha gera mar adubrumar. Madh o neart na brighi innarbtaidhi tig, do geib an teaslan etrumagudh le. Mad o anbainne na brighi fasdothaidhi tig ni faghann edromugudh le ⁊ aithnither sin trid na

---

[39] penes quae cura varietur.
[40] substantia sanguinis illud demonstrat.
[41] Si sit à phlegmate, est quasi insensibilis.
[42] rubicundior. R.A. 721.
[43] spuriosus.

heaslaintib ana raibi se ag sileadh na fola mar adeir Auidseanna.

23. LABRUM ANOIS DO TAISGELT[aib] na heaslainte seo, oir adeir Auidseanna gurub e faethugad is geiri ⁊ is neasa do sgaramain na heaslainte re neach flux fola na srona, oir tig innarbad na heaslainte a ceadoir da heis ⁊ flux fola an meadhoin annsein ⁊ sgeatrach andsein ⁊ fual andsein ⁊ allus andsein ⁊ na neasgoide tig tre faetugad annsein. Et adeir Auidseanna aris gu traethann flux fola na srona adhbar na heaslainteadh luamneach gu minic ⁊ tig slainte a ceadoir da heis. (⁊) Adeir gu grichnaither neasgoid droma na nae tre flux fola na srona don leith deis no tre allus no tre fual mar crichnaither an neasgoid bis ar an leath asdeach dona haeb tre flux an meadhoin no tre allus no tre sgeatraig. (⁊) Adeir gu crichnaither causon gu minic tre flux fola na srona no tre allus, gidh eadh an fiabras donither o neasgoid an chind ni crichnaither tre flux na srona no no neasgoid na sgaman na litairgia ⁊ uair ann crichnaither an neagoid cleib tre flux fola na srona[44] ⁊ is trid aithnither gu crichnaither causon (21b) tre flux fola na srona . . . tri fogar do beith isin cluais ⁊ tre bi. . . il moir do beith fona asnach . . . gan teinneas ⁊ o chuimgi anala an . . . an naduir an tadhbar cug na mball [uachtarach] ⁊ aithinter e o lasadh an cind . . . ⁊ o aislingtib teintighe dfaicsin . . . deirge na sul ⁊ na haithe ⁊ o bruth do beith [fon] sroin. (⁊) Cuirid Ipocraid da comarta ele as . . . srona ann sin .i. teinneas an edain . . . faiceand do gnath ainminteagha dul . . . nam no ag siubal no ag eteallaighe . . . is coirmilta ⁊ gu hairithe isin neach [bis leath] asdig do .u. bliadan deg . . . gurub iumdha ni fu . . . gurub tren an brigh ⁊ gurub . . . noch na fedand f . . . maith doib fuil op te . . . Et is trid sin aithnither o tein[neas an cind . .

---

[44] Si praecesserint lachrymae, tinnitus aurium, surditas, tensio hypocondriorum in utroque lateri, dolor, constrictio anhelitus ; quoniam natura pellit materiam ad superiora ; item nonnumquam coniuncta his sunt, inflatio capitis, splendor anti oculos ; imagines similis flammis, igneae, citrinae, rubedo oculorum & faciei, pruritus narium. Hipp . . . . addit alia duo signa fluxus sanguinis narium : numirum dolor in frontis, & vertiginem : & hoc in eo, qui est infra 35 annum ; quia sanguis in illa aetate est multus, virtus fortis & caliditas multa . . . . Sed vomitus significatur ex dolore capitis, ex imaginatione musicarum volantium, vel alicuius nigra quod ante oculos volat : si dolor circa os stomachi & titubatio labii inferioris, rigor, & frigitas in hypocondriis fuerit . . . .

rao]daib ele duba da thaisenadh . . . siubal roime no ag eiteallaigh ⁊ tig . . . chleib ⁊ an bel ichtarach ar . . . iad isan agaidh a doilicaitidh (?) . . . ar an aghaidh. (⁊)

24. Adeir Auidseanna an trath nach [crichnaither an fia]bras sin tre [flux fola na sro]na gu crichnaither a nallus[45] ⁊ bid . . . an fiabras an trath sin ; ⁊ an phuls [go tond]mar ⁊ an leathar is e braen . . . [arna gla]cad ⁊ an fual gu hard ag dul cum [ringeacht ⁊ bi] fasdadh ar an fual ⁊ ar an fearadh ⁊ do . . . aisligntib dabach ⁊ fotrugud ⁊ gu hairithe . . . isna heaslaintib raigni fada, ⁊ an uair bi an fiabras rotren ⁊ an brigh laidir maillire comartaib maithe ele tig an faethugad tre allus. Madh uilidhi an easlainte [bh]u huilidi an tallus ⁊ madh rannaigh [bh]adh rannaidhi[46] an tallus mad docum maitheasa tig. (⁊)

25. Aderim gurub uatha so donither an faethugad .i. flux fola na srona ⁊ sgeatrach ⁊ allus ⁊ fearadh ⁊ seile ⁊ neasgoid ⁊ fual. Madh trid an fual donither an faethugad bidh fasdadh ar an allus ⁊ ar an fearadh ⁊ ar flux fola na srona, oir an trath medaither enni dib seo laigditer (22a) . . . loigditer aenni medaither . . . Bit tromdacht isin les ann sin ⁊ lasadh [isin ball fer]dha

---

[45] (723) Sed febres intensivae, quando non terminantur fluxu narium, terminantur sudore ; ut inquit Avicenna : & tunc praecedit rigor, pulsus est undosus, & cutis corporis apparet rorida ad tactum, calida intensive, & rubra plus quam facit : urina est tincta, tendens ad crassitiem . . . urina & egestio retinentur ; & patiens in somno imaginatur balneum & tinam : similiter in aegritudine chronica quando rigor sit fortis, vehemens, & febris sit vehemens cum virtute forti, & aliis signis bonis, tunc expectandus est sudor universalis in morbo univarsali : particularis in particulari, si sit ad bonum.

[46] Quia ista augmentata se diminuant & diminuata se augmentant. Si sit gravitas in vesica, & ardor virgae, crassities urinae ; & sedis in diebus decretoriis. tunc expecta crisin per urinam. Si debeat fieri crisis per egestionem : tunc sit retentio urinae & sudoris, & vomitus, & signarum illorum & superfluitas non est sanguinea, & est punctura in toto ventre, gravitas in inferiori illius parte, rugitus & inflatio hypocondriorum & egestio valde tincta ante illa, & altitudo illius quod est sub hypocondriis, & permutatio rugitus ad dolorem dorsi, & pulsus aliquando coarctatur, tunc expecta communiter laesionem. Item sciendum quod secundum Isaac raro in principio simul fiunt in acuta rigor, & fluxus sanguinis narium ; quia rigor ostendat materiam circa vasa magna ; & fluxus infra. Sanguis igitur per nares exius . . . si in die critico apparet tamen si fit secundum virtutem patientis, & quantam necesse fuerit, & maxime in fine morbo : & ante apparuerint signa concoctionis in urina, & egestione, laudabilis erit, salutem nuncians. Si vero contrarium accidat, videl. ut non veniat in critico concoctio & sic parum guttatimque fluat aut plus, quam tolerare possit, malus erit, & formidabilis, praecipue si sit in initione morbi, & ante signa digestionis & ideo haec scribit Isaac quod exitus sanguinis per nares & die aegritudinis sit illaudabilis, & nuncians timorem ; quia est ab acrimonia nimia & a pravitate aegritudinis ; & non a regimine naturae.

⁊ reime isin fual. Mad on fearadh donither an faethugad bidh fasdadh ar an fual ⁊ ar an sgeathraigh ⁊ ar a comartaib ann . . . [bruid]earnach isin meadhon gu leir ⁊ tromdacht ina iachthar ⁊ gairfeadhach ⁊ at fana cliabanaib ⁊ comarta berbta moir ana fearadh . . . gairfeadhach ag claechmodh cum teindis an droma. Ni tic faetugad trid an seile acht a neaslainte na sgaman no an ochta. [ITEM do reir Isag ni tic dri] uch ⁊ an greann ⁊ flux fola na srona is . . . [don]ither a naeineacht iad isin crith gher . . . driuch sin ⁊ an greann an tadhbar . . . na soitigib masead . . . srona an tadhbar do . . .maseadh an trath . . . gc da na faethaitib hi . . . the do reir an fothair . . . as eigean do teacht di an . . . easlainte ⁊ gur taisen an fual comarta dileatha roime, is maillire flux fola na srona sin ⁊ geallaidh slainte. [Da di la in] faethaithe ⁊ gan acht began do . . . is mo na fedann an brigh du . . . is baeghlach ⁊ gu hairithe da . . . na heaslainte no roim comarta an . . . sin adeir Isag nach inmolta an fuil, as an sroin an dara la don easlainte, oir as cuis eagla hi uair is o geire . . . iumarcaidh tig ⁊ o olcas na heaslainte ⁊ ni ho . . . [foll]amnugad na nadurha. (⁊)

26. Gidh eadh da di si la an faethaithe is maith hi lo ata si gan . . . teinneas maillire hedromugad ⁊ is diumarcaidh in treas dileatha hi mar adeir Auidseanna an uair bis ni is mo and di na mar rigid na baill a leas ⁊ ni mar sin ata dan fuil tig tri cuisleannaib na timtireachta ⁊ trid an ball ferrda, ⁊ fecham ar son an focail adeir Ipocraid : an fuil teid suas is olc hi ⁊ is fir sin madh tar an mbel teid ⁊ an fuil teid sis tig si gan olc madh dubh hi, is fir sin mad trid an mbreith no tre cuisleannaib (22b) na timtirachta tig si, oir is inadh don treas dileagad sin ⁊ is dimarcaidh an treas dileagad hi ⁊ ni fuil dileagad comlan uirri acht ullmugad[47] cum a hinnarbta tre shligtib nadurdha ⁊ trid sin ata red eigin minadurdha innte do reir Gailigen. ITEM adeir Auidseanna gurub iad daine is ullma cum flux fola na srona an lucht ana treisi lind ruadh ⁊ dath buidhi orra ⁊ fuil teim inntu ⁊ furtachtaidh iad an trath na sileann acht gu measardha ⁊ an trath shileas gu hiumarcach is baeghlach anbaindi na nae ⁊ atcomall ⁊ easlainteadha as cosmail ru do

---

[47] excepta prima digestione, quae est praeparatio ad expulsionem.

teacht, ⁊ bidh buidhecht intu nis mo na mar da gnathaidhidar no dath an luaighe no riabchi o buidheacht ⁊ o duibi⁴⁸ ⁊ iumarcaid truaighi ⁊ bidh fuaraidacht isna ballaib imeallachaib ge fastaiter fa deoigh hi. ITEM is mor in faetugad isna heaslaintib gera flux fola na srona ⁊ gu hairithe isin bolgaigh ⁊ isin bruitinigh. ITEM fedaig flux fola na srona teacht cum maithisa gu ceann ceitri punt⁴⁹ acht muna ti gu hoband ⁊ gu luaimneach ⁊ da neacha tar .xx. punt no tara .iiii. xx.id ni fedann beith maillire beathaidh ⁊ da mbeiri cum anbainni cridhi e is comarta bais, oir adeir Gailigen 'a duine eagnaidh mothaidh na gaba anbaindi craidhi tothar fad lamaib'⁵⁰ ⁊ da di dath ban no riabach no dath an luaige no dath uaine a ndiaidh an fhluxa sin is comarta bais, acht gu mbeid na baill imeallacha ar fuaradh mailliru sin adeir Gailigen.

27. LABRUM ANOIS DA LEIGEASAib na heaslainte seo⁵¹ ⁊ as eigen ceitri nechi cuige sin : an cedni dib, an drochcoimplex datharrach ⁊ uisgeamlacht ⁊ geire na fola do sgaramain ria. An darna ni, an fuil da tarrang chum na cos isa cuis seo. An treas ni, na slighthe trina deid si isin nedan ⁊ isna hairgib do ceangal innas na sile si triuthu. An ceathramad ni, oibriugad randaidhe do dhenam da cosg ⁊ is mor iarthar cuige sin amail adubrumar romaind. Comlintar an cedni dib sin le biadhaib ⁊ le deochaib fuaraidi do reir leighis mar ata sumag ⁊ airneadha bega (23a) ⁊ pereadha arna fuaradh a sneachta ⁊ smera anaibchi arna tirmagad ⁊ cruach Padruig ⁊ a cosmailli gemmadh a potaitsi no gebe hinnas ara tiubartar iad, no da ndoirti ni dib isin sroin, no da ndearntai fothrugad a nuisgi ⁊ se fuar tar eis a mberbti sin and ⁊ suighe and no da cuirthi plasdra arna haeb dona neichib fuara gu firinneach .i. mar ata aigeid no sug na cruaiche Padruig no in midhaigh no na gafainne ⁊ gu hairithe da tumtar edach lin intu sin ⁊ a cur arna haeb no ar an seilg, madh uatha tig si ⁊ arna huirgib⁵² agna fearaib ⁊ arna cichib agna mnaib ⁊ arna ballaib imeallachaib ⁊ mar sin aga natharrach tar eis a ceili, ⁊ dentar sin maillire

---

⁴⁸ offuscatio cum citrinitati & nigretudine.
⁴⁹ usque ad 4 libras. Si verò exeant 2 librae, plus quam 4 non est comun :
⁵⁰ cf. R.A. p. 30.   ⁵¹ Harl. p. 64.
         ⁵² super testiculos. R.A. 726.

glicus na deachadh a rofuaraideacht ⁊ is maith an leigheas so arna huirgib ⁊ arna cichib isin meisge ⁊ a neasbaidh ceilli ⁊ a flux na srona ⁊ na breithe. ITEM da ndoirter moran duisgi fuar gu hoband ar an agaidh, reamraidh ⁊ coisgid an fuil.

28. AN DARNA ni adubrumar tuasana .i. in fuil da tarraing cum na cos, gcoimlintar e le ceang laidir da thabairt arna cosaib maillire cuislind do ligean asa laim is sia on leath don tsroin asa sileand an fuil ⁊ madh eigean leagar cuisle an cind do as an laim as neasa don leath o sileann in fuil muna foghna began di, legar hi no gu tinnsgna anbainne do gabail acht gu ti an ais ⁊ an coimplex ⁊ na neichi rannaidhi ele le ceile, ⁊ curtar adharc[53] arna haeb madh isin leath shroin deis tig an fuil ⁊ ar an seilg madh isin leath shroin cle, ⁊ da di uatha ar aen curthar ara leith asdigh dona cosaib ⁊ arna luirgnib ⁊ arna sliastaib ⁊ muna coisgid sin hi curtar adharc idir an da (na) shlinnen maillire fuiliugad anband, ⁊ dentar comailt laidir arna ballaib imeallacha ⁊ ar uirgib na fer ⁊ ar cichib na man ⁊ ara ndearnannaib ⁊ ara mbonnaib.

29. COMLINTAR an treas ni adubrumar le neichib fuara sdipeagdha do coimilt don edan ⁊ dona hairgib amail ata ros ⁊ (23b) a sil ⁊ mill na darach ⁊ bolus[54] [⁊ fuil] dreagain ⁊ ailim ⁊ mirra ⁊ sugh [duilleog na s]aileach ⁊ sugh duilleog na finemna [⁊ is mar] seo[55] oibrighimsi leo so .i. ni eigin dib . . . ⁊ ni is mo do gabail ⁊ geal uighte no bainni ci[ch] no ni eigein do cur trid ⁊ edach lin da tuma and ⁊ a cur ar an edan ⁊ arna hairgib ⁊ ceanglaidh[56] sin iad no do fedaither oibriugad do denam leisin ngafaind amain, ⁊ na leg in ceangal sin and no gu cruaghaidhi gu leir, oir do cuimgeochadh se gu romor na slighthe [⁊ d]ubad (?) cuis don teinneas[57] sin ⁊ do tarrongad an teinneas an tadhbar cum an inadh sin [ni is] mo acht an trath as ail, athraithear ⁊ coimilter bainne cich de ⁊ curtar air aris e . . . an trath as ailt da eis.

---

[53] cucurbitula. R.A. 722.
[54] Similiter bolus, sanguis draconis. R.A. 723.
[55] Modus operationis in hoc casu est.
[56] distemperentur cum albumine ovi & hoc vocatur strictorium.
[57] & dolor attraheret materiam plus ad locum : sed debet humectari.

30. AN CEATHRAMAD NI AERDHA[58] ADUBRumar romaind .i. oibriugad rannaidhi do donam do cosg na fola ⁊ coimlintar e le .u. neichib .i. le neichib ceanglas[59] mar ghlae ⁊ le neichib sdipeaga ⁊ le neichib fuaras ⁊ le neichib togas lesa[60] ⁊ doirsi ar an mball ⁊ le neichib aga fuil do dileas an fuil do cosg. Comlintar an cedni dib seo le deanna[61] na mini bis isin muileann ⁊ le lin an damhain allaith ⁊ le gealan uighe ⁊ le pic ⁊ le tuis ⁊ lena neatach ⁊ le cac asail ⁊ le binid ⁊ le finnfad mil, oir coisgidh sc an fuil gebe hinadh asa dig g[e mad] mar plasdra curtar ar an inadh asa dig no ge madh e a shedeadh do dhentar isin sroin, madh aisde dig, ⁊ mothaigh na bia cosa an damain allaith na ball da ballaib ameasg na neicheadh so, oir da mbiadh do millfeadh an neach re cuirfi. An darna ni rannaidhi adubrumar romaind .i. na neichi sdipeaca adubrumar iad isin treas ni aerda iarthar cum an leigis [is] na cuisi seo. An treas ni randaidhi adubrumar .i. na neichi fuaras .i. neiche iadsein furaileas, ar an fuil techtadh[62] mar ata campora ⁊ sugh na gafainde ⁊ in foboil[63] ⁊ an foipin ⁊ losa na leadhan[64] ⁊ is sdipeagda leis he.

31. (24a) [AN CEATR]AMAD NI RANDAIDI Adubrumar .i. na neiche togbas lesach, coimlintar [e le h]ael ⁊ uma arna losgadh ⁊ blath an uma no co[i]piros, oir is inand sin ⁊ dentar mair seo riu .i. gab . . . 3 de gach ni dib seo .i. ael ⁊ tuis ⁊ fuil dreagain ⁊ gealan uige gu lor ⁊ curtar ar an inadh asa sileann in fuil ⁊ gan doras do denam isna feichib na gealan [do cur] orro, oir da cuirfeadh a rofuaraideacht iad. COMLINTAR an .u. ni randaidhi adubrumar le gnathugad incinneadh cearc . . . dithe ⁊ gu hairithe an trath tig sileadh na srona o airtirib na hincinne ⁊ is maith sugh losa ⁊ againni ⁊ columpin do dortadh isin sroin ⁊ cac muice 'se tirim no 'se fliuch ⁊ a balath do gabail.

32. Is mair seo oibrigimsi leo so .i. le neichib glanas an ceann ⁊ le neichib seidither isin sroin ⁊ le neichib coimilter

---

[58] principali. R.A. 728.
[59] glutinativa.
[60] cauterisantia.
[61] farina volatilis molendini.
[62] congelant.
[63] poball *butterbur* H. St. C. 63.
[64] virga pastoris, *tansy*.

dhi ⁊ le neichib ghabtar balath ⁊ le neichib lintar hi.⁶⁵ Glantar an inchind leo so .i. sugh na cruaiche Padruig ⁊ lus na leadan mor ⁊ campora arna mbrudh gu maith maillire huisgi na cruaiche Padruig ⁊ sugh caca muici 'se hur do cur inte, oir da connac mar nar foghain leigeas ele a naghaid dortadh fola gur coisg pudar do cac muici air na cur isin cneidh he. Gaib tuis ⁊ findfadh mil arna gearra gu min ⁊ gealan uighe ⁊ curtar trid na ceili iad no gu meid mar thighe meala [⁊ cur]thar lin an damain allaidh no cadas maille riu sin ⁊ curthar isin sroin iad no madh cneadh hi curtar ceirin ina timcheall dib ⁊ licther greas do laethib gan atharrach e, uair is maith sin an gach uili dortadh fola gebe cneadh ona mbiadh acht gu fetur ceirin do cur ria. ITEM is maith sugh losa ana cuirfiter pudar mintais ⁊ lin an damain allaith no deannac mine muillind ⁊ is maith sugh duilleog an losa ⁊ na neantoige arna cur imeasg a ceili no blaesg uigeadh arna losgad ⁊ dub ⁊ mill na darach trid. Is iad so na neiche curtar le hanail⁶⁶ isin sroin .i. blaesg uigeadh arna mbrugh gu min ⁊ rois ⁊ mirr ⁊ seiditer tri feann isin sroin iad ⁊ duntar an tron feadh enuair amain ⁊ an ni tuitfeas cum an beil de curtar amach he. ITEM an fuil shilfeas as tirmaither ar slind te hi ⁊ (24b) seiditer an pudar isin sroin hi ⁊ duntar an tron ⁊ ardaither an ceann ⁊ doni sugh caca na muc an ni cedna. IS iad so na neiche coisgeas an fuil maillire comilt .i. gab leath unsa do min ponairi ⁊ .ii. 3 dfuil dreagain ⁊ gealan uighe ⁊ sugh cruaiche Padraig ⁊ lus an sparain ⁊ cuir edach lin intu no dentar plasdra dib ar in edan ⁊ arna hairgib, oir ni abraim acht a chormilt an trath tumthar edach lin ann ⁊ plasdra an trath curthar a foladh reamar thiugh and ⁊ do fedaither mar sin a denam do duilleogaib na saileach ⁊ na fineamnach ⁊ in losa. IS iad so na neiche coisgeas fuil na srona lena mbalath⁶⁷ do gabail .i. cac muici 'se hur no 'se tirim arna losgadh ⁊ a deathach do gabail ⁊ doni cac na muici allaith⁶⁸ an ni cedna. ITEM loisg plaesgach uigheadh le caindill ⁊ a balath do gabail ⁊ foiridh. IS iad so na neiche coisgeas fuil na srona le linadh⁶⁹ .i. an bel do linadh le huisgi fuar ⁊

---

⁶⁵ Cum caputpurgijs, insufflationibus, lenitivis, odoramentis, impletionibus. R.A. 729.
⁶⁶ insufflationes. R.A. 730.
⁶⁷ Odoramenta.
⁶⁸ fumus apri.
⁶⁹ impletiones.

a connmail and gu fada ⁊ an tron do dhunadh ⁊ a linadh le cadas[70] no le blath saileach no le hedach ndub arna tuma a sugh an curradain[71] ⁊ a ndub, oir ni du do sin edach dearg daicsin, oir do furailfeadh se am fuil sileadh.

33. DA DI fuil na srona maillire teinneas cind no baill ele coisgthar an teinneas ar dus le holaidh donither do camamilla no do ros no do ni is cosmail riu, oir ni fuil ni is urcoidi nas mo furaileas ar an fuil sileadh na an teinneas ⁊ adeir [Galienus][72] nach du neiche fuara do cur reisin mball o sileann an fuil muna hiumpaiter cum ball ele ar dus hi maillire ceangal na mball imeallach no le hadhairc gan fuiliugad do cur fona cichib ⁊ is romaith ann sin na luirgne do ceangal ⁊ na sliasda gu cruaidh ⁊ na uirgi ⁊ na cluasa agna fearaib ⁊ na cluasa guna mnaibh. ITEM coisgidh uisgi fuar dol gu hoband sileadh na fola madh o dasacht na fola tig ⁊ curtar adharc maillire fuiliugad ar cul an cind ⁊ gan fuiliugad fa cich an leithe o sileann an fuil, ⁊ licter began fola a cuislind an cind asa leith cedna. (⁊) IS iad biadha is imcubaidh a cuis teasaidhi a nuabar fola ⁊ ana comcumasg re linn ruadh .i. caisi ur fliuch, oir furailidh an seanchaisi ar an fuil silead ⁊ coisgid (25a) bainne arna berbadh no gu tiughaidhi gach uili sileadh fola donither o fiuchadh na fola, ⁊ uair and is olc neiche goirte inte, maseadh na caitear acht beagan dib. ITEM is maith uighe arna mbearbabh ⁊ arna mbriseadh ⁊ arna inberbabh a nuisgi ann ⁊ raisi[73] ⁊ bainne almont, oir anbainniter an brigh an gach uili flux acht gu madh mor e ⁊ an lucht ara mbi dortadh fhola o dtuitim no o bualadh caitheadh inchinneadha cearc ⁊ moran dib ⁊ gu minic ⁊ madh anbund an brigh ibeadh began dfin maillire huisgi, oir ni du moran dol de acht munba sdipeaca e ⁊ da fedaither a denam sdipeaca maillire healadhain madh ail .i. mill na darach ⁊ rois ⁊ lus an sparain[74] do berbadh and ⁊ iarann te do muchadh gu minic and no a nuisge cuirfiter and.

34. DA DUite an fuil cum an gaili no cum na sgaman ⁊ gu techtfa si and sin da fetar a híndarbabh maillire sgeatraigh noch doniter le mil ⁊ le sugh meirsi ⁊ le huisgi te no le haigeid ar cur uisgi te trithe ⁊ ibeadh ana deochannaib ⁊ ana bolgamaib iad ⁊ sealad aturru, oir adeir

---

[70] cum cotto.
[71] in succo caudae equinae—*horsetail*.
[72] scribit Gal. R.A. 731.
[73] oryza , . ova elizata.
[74] sanguinaria.

Galienus gu sgaileann sin an fuil techtas isin sgaman ⁊ adeir Auidseanna gurub beg nach neimh an fuil techtas isin gaili ⁊ trid sin is eigean leigheas aibeil[75] do denam uirri sul techtas si an trath moitheochair gu sileann si sis, oir adeir Galienus an trath bis fuil isin corp leth amuith da ninnadh fein gu niumpaigeann si cum silidh no cum truaillnidh ele, dentar maseadh clisdiri tren do ana racha sugh losa ⁊ calamint ⁊ dedga, oir tairrngidh sin an fuil ⁊ curtar edach ar an gaili arna tuma a fin te, ⁊ da techta si ibeadh fin te ⁊ siroip aigeidite ⁊ aithnither an fuil do techta trid an puls do beith go ro-anband ⁊ tri fuaraidhecht do beith isin corp ⁊ tri atmairecht isin gaili ⁊ tri anbainne an cridhi ⁊ an trath do cifither na comartadha sin dentar na leighis sin a cedoir do innus na deacha dég[76] gu hoband.

35. FECHAM ANOISI na hurcoisg noch foireas an dortadh fola : eirigh gu nuig an inadh ana fasand lus an sparain ⁊ abair tri hAue Maria ⁊ tri Paidreacha ar do gluinib ann ⁊ an fearsa so .i. Guidhmid tu a Thigearna innus gu foiri tu an dortadh fola so ata ar do banoglach no ar toglach fein (25b) noch . . trid fhuil na sail fein ⁊ aga radh sin duit boin an [lus]radh fein ⁊ madh ail leat a do de do buain abair mar sin guma dho ⁊ madh ailt nis mo abair no mar sin ⁊ cuir an lusradh um braigid antia o sileand an fuil andsein no uman mball o sileand ⁊ da mbia comnaidhi air ann gan cuntabairt coisgidh an fuil ⁊ madh ailt gan an lusradh daithne bris gu maith e ⁊ cuir asteach e fo braighid anti o sileann an fuil ⁊ coisgid.[77] ITEM is inand brigh don lusradh sin ⁊ da sugh ⁊ ge madh ma[r emp]lasdra no arna coimilt no arna ol bias ⁊ da connmair ad laim e ⁊ a fechain ⁊ a balath do gabail fod tron an trath thilfeas an fuil ⁊ foiridh. ITEM doni an perbingc[78] arna cognum an ni cedna. ITEM doni prema na neantoige an ni cedna. ITEM curthar braen don fuil tsileas ar cruaidh no ar

---

[75] festinanter.
[76] ne patiens moriatur. R.A. 733.
[77] Bursa pastoris habet nomen a re, quia substantia eius, & succus valet sive illinita, sive emplastrata, sive potata post decoctionem & praeparationem debitam ; imo etiam terere in manu, & aspicere eam quum sanguis effluit, & odorari eam, stringit fluxum sanguinis. R.A. 733.
[78] provenga quid si esset pervinca. Old form of periwinkle.

ingingain[79] ⁊ mar tindsgnas tirmugad tinnsgnaidh an fuil cosg ⁊ mar tirmaidheas uili coisgidh an fuil uili acht muna thi si o briseadh cuisleann no airtiri ⁊ ibeadh sil pibracais[80] ann sin ⁊ foiridh. ITEM curtar buigheacan uighe arna rosdail gu cruaid isin scroin ⁊ foiridh.

36. ITEM da mbe dortadh fola o chneidh gab cuideoga ⁊ curtar ar slind te iat da tirmugad ⁊ dentar pudar dib ⁊ lin an cneadh dedach lin gu laidir ⁊ dib sin ⁊ coisgidh. ITEM curtar an pudar cedna sin ⁊ tuis ⁊ gealan uighe trina ceili ar an edan ⁊ arna hairgib ⁊ coisgidh fuil na srona. ITEM doni findfadh mil arna miniugad gu min maillire gealan uighe an ni cedna. ITEM an fuil noch sileas tre faethugad tuig nach du a cosg acht muna thi si gu ro-imarcach. ITEM coisgid duilleoga na heillindi arna cur mar flasdra gach uili dortadh fola.

37. FECHAM ANOIS cum na neiche[81] noch furaileas ar fuil na srona sileadh, mar is eigean in uair bis in naduir gu leasg cum an faethaithe do denam tri fuil na srona, gab guaire muice ann sin ⁊ curtar gu heigintach isin sroin ⁊ oslaigidh sin na cuisleanna. ITEM curtar mathair thalman[82] gan brudh isin sroin ⁊ furailidh sileadh ar an fuil ⁊ ibh hi no gab a balath ⁊ coisgid. ITEM curtar neantog isin sroin ⁊ doni si alga inte ⁊ coimil (26a) . .ige don edan ⁊ dona hairgib[83] ⁊ coisgidh an fuil. Et da tochasair an tsron dod tinginib leth asdig ⁊ dath dearg fechain duit greannaigh an fhuil. [ITEM co]nnmadh an anal gu laidir ⁊ ceangailter an muinel ⁊ silidh an fuil ⁊ seachnaid an lucht bias ullumh cum sginainnsia sin . . . greannaigh suurbund arna cur isin sroin an fuil. Coisgidh sugh na ruibi arna cur isin sroin in fuil ⁊ da sedthear pudar inte greannaigh an fuil. ITEM coisgidh pudar edaigh duib ⁊ clum cearca caille gach dortadh fola maillire ceangal maith.

38. A NAGAID AICIDI ELE Da ndubrumar .i. a nagaid rotruime an codalta[84] tig trid an fiabras sin ⁊ tuig gurub du comradh ard do denam ana fiadhnaisi sin ⁊ na baill

---

[79] super cuspidem vel silicem.
[80] s. nasturtij.
[81] Fluxus sanguinis quomodo sit provocandus. R.A. 735.
[82] millefolium.
[83] & succus eius illitus, super frontem ac tempora constringit.
[84] Profunditas Somni. R.A. 735.

imeallacha do ceangal gu cruaidh le neichib ara cuirfiter snadhmanna iumdha [bh]us[84a] deacair do sgaileadh ⁊ coimilter a buind ⁊ a dearnanna ⁊ faisgter a sron ⁊ tarraingter a folt ⁊ faisgther gu cruaidh meir a cos ⁊ a lamh ⁊ tabair clisdiri ger do ⁊ curtar adharc idir an da hlinnen ⁊ loisgter folt duine arna gearradh ⁊ gabadh a balath ⁊ gluaister an ceann do gnath. ITEM coimilter folt duine arna gearradh gu min don edan ⁊ dona hairgib ⁊ a cur tre finegra ⁊ bacaidh an codladh. ITEM curtar craidhi no suil sbidcoige uchtdeirge[85] fo cind adhairt an fothair ⁊ fa braighid ⁊ ni choidcoladh. ITEM furailidh domblas mil arna tabairt ar fin an codladh ⁊ doni sal cluaisi con maillire fin an ni cedna, ⁊ duiscidh an aigeid lucht an codalta sin. ITEM curtar pibar isin sroin duraileam sreghaidhi ⁊ edach loisge no cleite loisge ⁊ tumthar cleite circe a finegra ⁊ dingthar co domain isin sroin c ⁊ duisgidh sin an locht aga mbind an neasgoid re nabar litairgia no subeth no codladh rotrom uair is inann sin, no an lucht aga mbind muchadh na breithe no anbainde cridhi.

39. LABRUIM ANOISI DON CUIGEDH ni oireadha adubrumar[86] a dosach na heaslainte seo .i. daileamain (26b) bidh ⁊ dighe lucht an fiabrais ⁊ is cigean neiche coitceanna da gach uile fiabras dfechain cuige sin .i. na se neiche nach nadurdha .i. mar ata aer ⁊ biadh ⁊ gluasacht ⁊ linadh ⁊ gairdeachas ⁊ colladh. (⁊) Tuig ma samradh and ⁊ an taeir is e te gurub du a claechmodh le duilleogaib saileach ⁊ fineamhnach ⁊ le blath ruibi uisgi ⁊ le huisgi fuar arna dortadh ar fud an tighe. Et mad geimreadh and ⁊ an taer is e fuar fliuch as du a tirmugad do denam le teinidh gan deathach ⁊ na bidh fear an fiabrais a ngairi di ⁊ gabtar deathach neicheadh neadhbalaith ar fud an tighe, mar ata tuis da mbia rema arin othar no da mbe an taer is e nellach buaidhirthe. Et madh fuaraidhi tirim an taer is du teine mor do denam do connadh fuindseann ⁊ a sgaileadh a ceadoir na rothirmaidheadh sin an teach. Et os oband[87] marbas an taer truaillnithe trina dig an flaidh an lucht bis ullum cuice, trid sin a truaillneadh na leandand maillireis

---

[84a] Note curious use of ' u ' for bhu etc. [85] philomelae.
[86] Curatio Febris Cholericae de diaeta tractandum est. R.A. 736.
[87] si aër sit turbidus, nebulosus, pestilentialis. R.A. 737.

in drochaer ge madh shamradh no geimreadh and is maith comtrom tri ngrainne no ceathair gach lae do gabail do campora.

40. AN DARNA NI NACH NADURDA adubrumar romaind .i. biadh ⁊ tuig do reir Ipocraid gurub biadha fliucha is maith in gach uili fiabras ge madh mo chintaigheas se do reir a theasaidheachta no do reir a tirmaidheachta gidh eadh o tirmaidheas gach teas an uair bis se gu fada ⁊ o dani an fliuchaidheacht an teas sin do muchadh mar geraigheas an tirmaidheacht hi trid sin is biadha fliucha is maith no is fearr intu. (⁊) Tuig ge ta fiabras fliuchaidhi gu hadhbardha and .i. mar ata sinocus ⁊ coididiana, gidh eadh is teasaidhi tirim gach fiabras ⁊ trid sin is biadha fuaraidhi fliucha is maith doib. (⁊) Tuig ara hon sin gu mbind biadh reamar ⁊ biad seim ⁊ biadh meadhonach ⁊ fogailter an biadh ramar, uair bidh biadh is reime na sin ann ⁊ biadh roreamar, ⁊ bidh biadh seim ann ⁊ biadh is seime na sin ⁊ biadh roseim ⁊ bidh biadh meadhonach ann ag dul cum reimhe ⁊ do reir Auidseanda. Et adeir se gurub he (27a) is biadh reamar gacha dirgha and biadh na ndaineadh slan noch na denann enchuid. Et adeir Ipocraid gu dabar biadh dona dainibh slana o da modhaib .i. ag coimed do reir a ngnathaithchi no ag medugad, innas gu comfurtachtaidhi se an brigh, meideochaid maseadh an biadh reamar an brigh da ndileatar gu maith e, ⁊ coimedfaid an biadh measardha ⁊ laighdeochaid an biadh seim ⁊ trid sin ni foghnaid siad dona dainib slana acht do lucht na neaslainte nger mar a ndligheann in brigh cinelach laigdithe do denam, uair ni le moran do biadha reamra dleagar a coimed. Maseadh da mbia easlainte and is coir do crichnugad an treas la no an ceatramadh la da fuilnge an brigh he na tabair acht biadha roshemi inte ⁊ ni mor nach inand sin ⁊ gan enred da tabairt inte ⁊ da faidighi an easlainte gu nuig an .iii.mad la reamraither e ni is mo acht gu di an ais ⁊ an aimsear ⁊ an gnathugad le ceili. (⁊) Gidh eadh adeir Auerroes nach inand ordaither biadh dona dainib anois ⁊ roime seo ar son a nghinaidhi[88], oir is e is biadh roseim ann ana thir sin .i. uisgi eorna ⁊ mir[89] arna nighe

---

[88] propter hominum gulositatem. [89] mica panis.

a huisgi te mar meid da unsa no a tri ar an lucht aga
fuil coimplex teasaidhi ⁊ do gnathaidh biadh da caitheam
gu madh dho no gu madh tri isin lo ni fedaidh siad gorta
dulang, gidh eadh an lucht aga mbind coimplex fuar-
aidhi ⁊ gnathaigeas began bidh da chaitheamh ⁊ iad
gu sean fedaid gorta dulang, oir adeir Ipocraid gurub
urusa leisna dainib seana cedlongad dulaing ⁊ an lucht
aga mbind teinneas cind ⁊ gaili ni fedaid siad gan urcoid
do beith gu fada a negmais bidh ar son comceangail an
dana ball sin re ceili.[90]. IS cora maseadh biadha reamra
da tabairt do lucht an fiabrais na haimsire seo na do
lucht na seanaimsiri .i. ceinelach potaitsi arna denam do
coirce no deorna ⁊ cearca ⁊ ein cearc, ⁊ na tabair ein
cholum doib, oir is deacair a ndileaghad ⁊ is fada bid
isin gaili do reir Auidseanna ⁊ da fetar cuilis do denam
dib sin no pastae[91] ⁊ na caitheadh an taran bis umpo
na fhetar na neiche sin da rosdail madh aimsir (27b)
gheimridh and ⁊ an fiabras do beith o linn find bean[tar]
dib na neiche loisgebis leth amuith dib.[92]

41. Et ni mholaim cosa na muc da tabairt inte ann . . .
gu fetar potaitsi do denam dib,[93] uair is cruaidh raighin
a fhola ar son a fheithidi, ceadaither a dabairt maillire
haigeid gu madh geiridhi an tochlugad, uair cuiridh beagan
dibh ar lucht na heaslainte aga nithe ⁊ trid sin is beg an
urcoid, oir is beg caitear dib, oir tairsitear a cedoir iad.
Ni mo molaim fos na hein bega inte mar ataít na finseoga[94]
a ningnais gu fedaiter pastaethadha do denam dib ⁊ dona
pertrisi ⁊ dona henaib aga mbid guib fada[95] ⁊ dona
henaib lathach[96] aga mbid cosa sgoiltithe ⁊ do chailchib
feadha[97], is maith inte feoil coinineadh ⁊ meannan ⁊ uan
⁊ banum ⁊ oglaegh,[98] gidh eadh ata ceinelach reime intu
so, dentar maseadh a rosdail innus gu cnaitear an rand
uisgeamlachta[99] ata intu no ma tirim iad berbtar iad ⁊
ni maith doib enbiadh da ndentar do cruadhugad le
salann. Gidh eadh ma fiabras leanna find he tabair feoil
droma muc do, ⁊ tuig gurub amlaidh is fearr an feoil
muice arna berbadh a naigeid uair sgaraidh sin a raig-

---

[90] propter consensum istorum duorum ad invicem. R.A. 739.
[91] panis pastillorum. [92] pars adusta auferri.
[93] nisi quod eorum gruellum valet. [94] alauda.
[95] cum longo rostro. [96] aves lacunales.
[97] grassus sylvestris. [98] cuniculi, haeduli, agnelli, porcelli.
[99] partem aquosam. R.A. 740.

neacht ⁊ a methradh ria ⁊ is seime don corp daenna adeir Auidseanna,¹⁰⁰ ⁊ da fetar a rosdail isin fiabras sin. (⁊) Tuig gu nabair Isidurus an lucht eirgeas a heaslainte ⁊ iarras biadh is urcoideach doib nach ineithig iad acht dentar intleacht uman ni is luga do fetar da tabairt doib de, uair ata sgribta : an ni iarrus an teaslan ge madh contrardha do e a tabairt do, oir is moidi eirgeas brigh isin naduir in uair coimlintar a toil.¹⁰¹ (⁊)

42. DLEAGAR biadha an lochta bis ar fiabras leanna ruaidh dullmugad le sail cuach ⁊ hocus ⁊ le hadhainn, ⁊ a fiabras leanna find le hisoip [⁊] le peirsille ⁊ a fiabras leanna duib le crim muc fiadh ⁊ le tim ; ⁊ is iad eisg is iumcubaidh doib .i. eisg ara mbid lanna ⁊ bis a ninadh clochach ⁊ da fetar leathogad¹⁰² dithe ann sin acht muna beidh siad rote ⁊ do fetar uighe ⁊ caibdel ina cuirfitear samadh do caitheamh a ndighbail an fiabrais sin ⁊ is fearr na huighe arna mberbad na arna rostail, oir dunaidh an luaith a poiri in trath donither [a ros (28a) t]ail ⁊ is amlaidh is fearr na huighe arna mbriseadh a nuisgi te, ⁊ a mbearbadh gan a mbeith rocruaidh gan a mbeith robog ⁊ samadh¹⁰³ no aigeid da caitheam leo muna baca anbainne gaili no cumga ochta he, ⁊ na caitheadh feoil mairt na ghandal na lachan na mil muighe na fiadh na feoil mheth ele a negmais gu fedaidh feoil raithe is i ur do caitheamh, oir ata si fliuchaidhi teasaidhi gu measardha ⁊ na caitear hi a deasbach na fiabras ⁊ seachnadh croch ⁊ cuimin.

43. Et curtar borraitsi ⁊ glaisin cailli ⁊ hocus ⁊ sail cuach ana potaitsi maillire heanbruithe feoladh [uiri m]airt, ⁊ a laethib eisg do fetar peirsilli da cur fara and ⁊ curthar bainne almont maillire lind no maillire sisan, ⁊ du bud fearr gu curtai siucra and ⁊ do fetar a fiabras leanna find neichi teasaidhi da tabairt ar son a remcuisi ge teasaidhi a cuis comcheangail, oir adeir Auidseanna gu dug Gailien sa cuis sin sisan maillire pibar ⁊ is maith bitoine da tabairt a fiabras coitidiana ⁊ dairghin ⁊ calamint a fiabras chartana.¹⁰⁴ Tuig ceana nach du aeniasg da tabairt a fiabras choididiana, oir is fuaraidhi uili iad ge tait neichi

---

[100] & nulla est humanae carni similior, quam porcina, ut asserit Avicenna
[101] ' *Quae petit aegrotans, quamvis contraria, dentur :*
Nam potius natura viget, & vota replentur.' R.A. 740.
[102] merlingus.   [103] agresta. R.A. 741.   [104] quartana.

is fuairri na cheili dib ⁊ ni maith oisreada den duine, acht
do dhaine slan[a] aga mbia gaili roteasaidhi, oir fedaidh
sin a nithe om, oir ni teo gaili fo cinn ana gaili ⁊ an
lucht bis mar sin loisge siad na biadha seime ⁊ dileagaid
gu maith na biadha ramra. (⁊)

44. Tuig gurub i uair is coir don lucht ara mbi fiabras
nach contineoideach biadh da caitheam a la na haicisisi
.i. madh deigheanach tig si caitheadh tri huairi roimpi
innus gu fadha an fiabras an gaili 'se folam ⁊ ni du acht
began da chaitheam ann sin gu madh usaidi a dileagad,
⁊ ni dligheann an gaili ann sin beith folum o gach uile
biadh acht o biadh omh amain, oir adeir Auidseanna
gu mbind an biadh ana comnaidhi isin ghaili da uair
dheg ge adeir Auerroeis gu coimlintar an dileagad an
gach uili ball re nae nuairibh ⁊ is fir sin tar eis an dileatha
do denam isin gaili, oir is cuige sin is mo iarthar daimsir,
oir is ann sin is anumhla an biadh munba hedrom e ⁊
began da caitheam de tar eis na (28b) haicisisi no ana
dighbail ⁊ is maith do a chuid da caitheam ⁊ is coir do
do caiteam an la sin na an gach la ele ar son med na
buaidhearta doni an aicisis do, ⁊ da di an aicisis co
hobann is fearr do gan a beg do chaitheam no gu mbia
ar dighbail nono gu crichnaithear hi, ⁊ muna bia an
bhrigh gu hanbann na caitheadh biadh na deoch isin
naicisis fein, gidh eadh a nanbaindi na brighe fedaid
biadh do caitheam in gach uair is ail ⁊ isna laethibh bis
idir in aicisis caitheadh mar chleachtas gidh eadh ceana
is fearr na huair dimdugad na an meid, caitheadh maseadh
began ⁊ gu minic ⁊ mad fiabras contineoideach e caitheadh
a naimsear is mo do gebadh cumsanadh[105] ⁊ mothrach
⁊ a ndeireadh lae is fearr a denamh muna bia ni bacas e
mar ata rema no faisgeathrach,[106] uair ann sin ni du
enred suipeir do denam no da ndearntar firbegan.

45. Tuig gurub du cuid fir an fiabrais do beith ullam do
gnath fa chomair, ⁊ ni du ein no eisg bearbthar mothrach
do ligean a soitheach umha[107] gu maidin no la caithe acht
dleagar a cur a soitheach crainn .i. a soitheach fuindseann
a fiabras chartana, no a masal[108] a fiabras coididiana ⁊
a soitheach airgid a fiabras tersiana ⁊ teigter aris iad

---

[105] hora maioris quietas.
[106] nausea.
[107] in vasu aeneo—ligneo.
[108] in vasu mazeno. R.A. 743, *mazer*.

maillire heanbruithe ┐ ar an gorugad cedna don cuilis, oir an trath donid na biadha sin fuaradh gabad siad raighneacht cucu ┐ ni maith neiche raighne mar ata easgumain ┐ a cosmaili a fiabras.

46. Et madh anband an tothar ┐ na fetfa se feoil do caitheam na ni donither di curtar aran edrom arna rostail ┐ arna sgoltadh gu tanaidhi a neanbruithe chabain no a nuisgi ana mberbtar pis ┐ caitheadh e ┐ muna feda a caitheam mar sin brister ar enlighe[109] iad ┐ licter tri edach lin iad indus gu mbia brigh an arain ann ┐ neartochaidh an naduir trid sin ┐ dleaghar sin do denam, oir aderaid lucht na haimsiri seo na denaid na leagha acht biadh do bacail don othar ┐ trid sin innus na tucar cin anbainni an othair ar an liaigh is beg nach eigean an gach uili easlainte biadha arna nullmugad gu maith do ceadugad do, oir is fearr sin na miclu[110] daghbail don liaigh, ┐ trid sin is faididi bid na heaslainteadha (29a) gan chrichnugad isin naimsir seo ┐ ni du sin do dhenam gu leir acht adeir Gailighen[111] an tia doni toil an othair gu leir nach ail leis slainte daghbail don othar, uair is eigean an tothar do beith gu humal ┐ an liaigh do beith dichra cum an leighis ┐ a locht frithalma do denam a seirbisi gu maith.

47. IS e aran is coir isin fiabras donither o leanna ruad : aran eorna no coirce no aran cruithneachta gona bran[112] ┐ aigeid no saland gu measardha trid, oir muna be se mar sin do denadh duinte ┐ ni maith aran eorna a fiabras tersiana no chartana, acht aran cruithneachta edrom noch bis urusadh do dileagad trina cuirfiter pudur calamint no cainel no ainis,┐ is maith a fiabras cartana[113] tim do cur trid, ┐ a fiabras leanna find bitoinne no isoip, ┐ a fiabras tersiana cruach Padruig maillire snas imhoiri indus gu madh biaidh do reir leigis gach enbiadh caithfid[114] ┐ is mair sin do fedfaidhi moran do dainib do leigheas a moran deaslaintib maillire folamhnugad maith

---

[109] late incisus.   [110] quam ut medicus diffametur.
[111] Gal. 12. Meth. med : inquit ; qui tantum in id incumbit, ut placeat infirmo, is non quaerit ipsius salutem ; quia oportet ut infirmus sit obediens Medico in omnibus ; minister diligens, fideliter serviens.
[112] & est hoc quod Avicenna vocat Kist hodie ; quia nullus comedit pastem.
[113] in quarta panis ozymus plus valet. R.A. 744.
[114] ut omnis eorum cibus sit Medicinalis.

bidh ⁊ dighe ⁊ ma saint leo gan ni da caitheam rena leigis ⁊ gu faictear ni nua do denam don liaigh, oir is truagh[115] an tindtleacht gan aenni nua daghbail ⁊ is daer don liaigh in uair nach eol do beatha an othair dordugad na dullmugad. (⁊) Gabadh mar deochaib na neiche adubrumar romainn a caibidil an tarta ⁊ as maith ann linn anbann ar tuitim da dheasgaib arna denam deorna na do coirce ⁊ gan pis na ponairi ann, uair is gaethmhar an lind ⁊ an taran doniter dib sin mar as eadh gach aran te ⁊ trid sin is inteachanta e ⁊ is maith and cathbruith eorna ⁊ siroip aigeidithe, uair ni rotheasaidhi hi ⁊ coisgidh an tart ⁊ da ducar maillire huisgi e doni sgeathrach ⁊ is maith fin seim gan beith ronua no ro-arrsaidh a fiabras leanna find no leanna duib, ⁊ fin uisgeamail[116] ⁊ do fetar fin uisgeamail do tabairt a ndighbail fiabrais leanna ruaidh ⁊ a naimsir na haicisisi na hibeadh acht ni is lugha fetfas acht connmadh caindi no siucra na bel.

48. AN TREAS NI NACH NADURDHA ADubrumar romaind .i. gluasacht ⁊ cumsgugad[117] ⁊ is amlaidh seo dleaghaidh beith .i. gluasacht aderumh do denam sealad roimhe a cuid an la na tig an aicisis a ninadh (29b) an begain thaethair [bh]u choir do denam dinarbadh na niumarcradh noch dfag an fiabras idir feoil ⁊ leathar a ndeireadh na haicisisi ⁊ is coir sin do denam gu hairithe an trath na tainig sgeatrach na allus na dul amach isin naicisis, oir arna maireach da eisi sin is du an gluasacht anbann sin do denam, ma measarda an aimsir gan gaeth gan fearthain, acht madh samrad and ni dingnadh began fearthana urcoid do acht munba buaidhirte an taer. IS fearr cheana la na haicisisi ⁊ isin naicisisi fein comnaidhi do denam na siubal, oir comgluaisidh an gluasacht na leanna, ⁊ o ceinelach gluasachta an comradh[118] ni dleaghar acht began do denam de, uair tirmaigh se an teanga ⁊ ni dleaghar an tia bis isin naicisisi dfisrugad no guma deircadh di ar teitheadh gu diubradh se da airi doibsean, ⁊ gu madh lughaidi do denadh an naduir a hoibriugad ⁊ ni dleaghar do radh reis acht ni

---

[115] Nam miseri est ingenij nihil invenire.   [116] vinum lymphatum.
[117] *an leg*, cumhsanad ? Motus, & ex opposito quies.   R.A. 745.
[118] Et quoniam sermo est quidam motus, non debet patiens nimium loqui, quin hoc desiccat linguam.

uma ngeba gairdeachas e ⁊ ni dleagar comradh rofada do dhenam reis, oir teighidh moran an comraidh ⁊ na sgelaidheachta an taer ⁊ cuiridh [an] leabur so caidhi an comfurtacht do beir comradh alaind[119] an leagha ar an othar ⁊ caidhe an midhochas a cuireann drochcomradh gruamdha an leagha e, oir adeir Damasenus is eigean slainte do gealladh don othar ⁊ gona chur o dhocas eirghe ge roib midhocas agud fein as.

49. DA mbia drochanal ag an liaigh no ag an lucht fhisraideas an teaslan no madh duadar gairleag no ma ta drochbrucht[120] acu doni sin urcoid fuinnidheach don easlan, ge theagaim uair ann gu ndeirgheann neach bis a fiabras fada ara dabar saint gegh ⁊ gairleog ⁊ fhina ⁊ caitheas iad, gidh eadh is tri aicid ata sin, oir ata eiri ar an naduir[121] ann sin gurub eigean gu gluasaidfear hi nono gu claife si an tadhbar, na tabair maseadh taeb reisin, oir adeir Auidseanna na bi gairdeochas ag an lucht do beir drochfollamhnugad orro fein, uair gen ga gortaithear iad ar lathar ni reachaid siad on builleadh fa dheoigh.[122]

50. (30a) AN CEATHRAMADH ni nach nadurdha .i. linadh ⁊ dighbail, ⁊ tuig na dligheann neach slan na easlan a linadh gu hiumarcrach, oir adubairt Arasdotail[123] reh Eilsdront, tarraing da lam genbes ni dot algas agud ⁊ adeir Auidseanna na caith an urdail sin na mera fuigleach talgais agud. Ar an corugad cedna don dig, oir adeir Auerroes da nibter deoch gu minic gu mind si mar do doirti uisgi fuar a crocan ag fiuchadh, oir coisgid sin a fiuchadh a ceadoir. Ni mo is du dfir an fiabrais toradh dithe, ach toradh leis nach urusa impodh cum uilc, mar atait ubla geirneil ⁊ caisia fisdola ⁊ tamareindi da mbe meadhon lacach ag an othar, oir is mo is leigeas na toraidh sin nas biadh, gidh eadh is urcoideach doib na hubla ⁊ na pireadha ⁊ na sirineadha ⁊ na subha ⁊ na cno, oir adeir Auidseanna gurub urcoideach do lucht an fiabrais gach uili

---

[119] Quamvis aeger, in febre chronica, accipiens aromatica cum alijs, & vinum . . . evadit . . . quia tunc natura onerata, vel vicit statim, vel vicitur; nec illis est fidendum . . . Caveant illi qui se male resunt. R.A. 746.
[120] qui patitur eructationes maleodentes.
[121] natura onerata.   [122] tamen in futuram benè percipient.
[123] quia scribit Aristoteles in Epistola ad Alexandrum; Dum adhuc durat appetitus, manum retraho. R.A. 746.

thoradh[124] lena fiuchadh fein ⁊ lena truaillneadh isin gaili ⁊ is dona toraib is mo is biadh ann la bras seann sin ⁊ ni dona toraib is mo is leigheas, oir ge donid siat umlacht don ceddileaghad ni denaid don dileagad thanaiste na don treas dileaghad ar son an uisgeamlacht mar adeir Isidurus ⁊ ni du do lucht an fiabrais a cur a ndighbail gu hiumarcrach, oir easlainte dhighbalach ata acu ⁊ ni maith doib dighbail a ceann na digbala, gidh eadh dleagar a cur a ndighbail la na haicisisi, uair cuiridh an fiabras fein a ndighbail iad, ⁊ da fuilnge a mbrigh e, ni du doib a beg da caitheam an la sin ⁊ ni is lugha da caitheam gach lae na mar da caithfidis ana slainte, oir ni fedann an brigh anbann a dhileaghad mar do denadh ana shlainte ⁊ is eigean an tadbar dfolmugad maillire leigheas ⁊ is dighbail sin, oir gach ni thig inadh slanaidh a folmughad e, do reir Gailighen.[125]

51. AN CUIGEADH NI NACH NADURDA .i. aicidi na hanma mar ata gairdeochas ⁊ modaracht. Bid lucht an fiabrais a ngairdeachas do gnath ⁊ dentar an gach uili fiabras mar adeir Damasenus; tabair dod taire na neiche noch dab inmhain leis an easlan na na hlainte do reir a meanman mar ata canntaireacht[126] no cheolchaireacht ele, ⁊ do reir a cuirp mar ata biadh ⁊ edach ⁊ eich ⁊ or ⁊ airgead ⁊ a cuimniugad ana fiadhnaisi ⁊ da fedair a daisenadh[127] do no a radha gurub urusa a faghbail ⁊ mar sin aga cur a nochas gu brach, ⁊ gidh eadh ceana ni du do beith gu santach umcheann an taeghail na enred do smuaineadh acht Dia ⁊ an tlainte, oir is e Dia fein hlainaigheas gach easlainte, oir adeir Daibith da me dochas agum, a Dia, ni geba easlainte mhe. IS e an liaigh is seirbiseach do Dhia[128] ⁊ don naduir ⁊ ni he aileas a uagra isin margadh no sa naireachtas gurub maith e fein acht an liaigh aga fhuil modh oibrithe ⁊ do bi aga fhoghlaim gu fada ana leabraib, oir adeir Ipocraid gurub

---

[124] cum ebullitione. R.A. 747.
[125] evacuatio vel inanitio sanat. 2 part. Aph. Hipp. 22.
[126] ut instrumenta musica.
[127] veluti facies pulchras, seu formosas puellas & constanter affirmare atque polliceri aegro quod mox melius se habiturus: insuper etiam monere, ne sit sollicitus, aut curiosus circa res mundanas, sed neque alia de re cogitit, nisi de sua sanitate accipi. R.A. 747.
[128] Medicus autem minister est Dei, & naturae . . . non medicus sermones, qui praedicat scientiam suam, & proclamat eam per forum, & mundinas. R.A. 748.

fada an ealadha ⁊ an liaigh do connaic moran ⁊ doibrigh iad is do sin is coir creideamain, oir adeir Auidseanna in tia is mo re tabraid daine taeb gurub e is mo foireas ⁊ adeir se na fuil ni is mo foireas an tothar na med an dochais ⁊ na tairiseachta bis aige asa liaigh, ⁊ ni du dfir an fiabrais fearg do denam ge deir Galighen na teid neach deg tri feirg, gidh eadh oidh doni si fiuchadh a dimcheall in craidhi trid sin doni si urcoid osa easlainte cridhe gach fiabras, ⁊ dleaghar a cuid do beith ullam fo gomair do ghnath ⁊ a frithealeam gach uair ricfaid a leas, ⁊ iarfaidh munba haimsear a indleis denach madh tren an brigh, gidh eadh da mbe in brigh ar digbail tabair biadh gach trath iarfas do.

52. AN SEISEADH NI NACH NADURDHA .i. colladh: tuig gurub olc an colladh do denam a dosach na haicisisi ⁊ began roimpe, ⁊ is olc colladh fada tar eis na haicisisi ge deir Galighen co faethaigheann arna leanmhaib trina colladh[129] ⁊ is olc beith gu rofhada gan cholladh tar eis na haicisisi, oir bacaidh sin dileaghadh na heaslainte, oir adeir Galieghen go tabair in colladh doniter in trath fein furtacht ar in dileaghad ⁊ is iad so do beir ar duine beith gu fada gan chollad isin easlainte seo .i. biad do bacail do lucht leanna ruaidh ⁊ biadh do chaitheam in uair nach coir, oir adeir Galieghen gurub brigh do na dainib slana an biadh ⁊ gurub galar dona dainib easlana[130].

FINID AMEN.

VOCABULARY.

Numbers after each word refer to paragraph where it first occurs:

Words in Black Type = headword; words in Italic Type = English; words in Roman Type = Latin translation from R.A.

Adhairt ; *pillow ;* pulvinar. 37.
Adarc ; *cupping horn ;* ventosa, cucurbitula. 28.
Aerdha ; *principal ;* principalis. 30.
Aibeil ; *quick ;* velociter. 7.
Ailt ; = ail leat. 27.
Aineid ; *anetho ;* anethum. 1.
Ainis ; *anise ;* anisum. 14.

---

[129] Fiat crisis per somnum.
[130] Cibus est virtus sanis, & morbus infirmis. R.A. 749.

Algus bidh; *appetite; desire for food;* appetitus. 14. **Mialgus**; *disinclination.* 19.
Ard; *high-coloured* (of urine); tincta. 24.
Athair losa; *ground ivy;* hedera terrestris. 7.
Atcomall; *dropsy;* hydrops. 10. *v.* idroipis.

Baluaird; *wallwort;* cameactus ebulus. 3.
Benedicta (herba); *a mild laxative.* 1.
Bolg gaohann; *smith's bellows;* flabellum. 15.
Bolgach; *smallpox;* varioli. 27.
Bolgam; *mouthful.* 34.
Borraitsi; *borrage;* borrago. 5.
Breith; *womb;* matrix. 19.
Bruidearnach; *irritation;* punctura. 25.
Buaidhirte; *turbid, troubled;* turbidus. 49.
Buathfallan; b. liath; *mugwort, ragweed;* artemisia. 1.

Caban; *capon;* caponem. 46.
Cadhas; *cotton;* cottum. 32.
Caibdel; *custard;* candellum. 42.
Calamus aromaticus; *sweet flag.* 14.
Camomilla; *camomile;* camomillae. 1.
Cardamomum; *cardamom.* 15.
Cassia fistola; *pod of a species of herbs, highly laxative.* 5.
Ceirin; *poultice, plaster;* emplastrum. 2.
Clobus; *cloves;* garyophylli. 14.
Cnamh; *consuming; consumption.* 1.
Cneadh; *sore, wound;* ulcus, vulnus. 36.
Cneasuigheach, cneasugad; *healing, to heal;* consolidatio. 1.
Copiros; vitreolum. 31.
Complem; *complexion;* complexio. The combination of certain qualities hot, cold, moist and dry, in an animal body determining its nature.
Coriandra; *coriander.* 13.
Cosa scoiltithe; pedes fissi. 41.
Crim muc fiadh; *hart's tongue;* scolopendria. 42.
Crith ger; *ague.* 8.
Cruad; *flint;* silex. 35. *cf.* slind.
Cruel; *coral;* corallus. 14.
Cuideog; *flies;* cantharides. 10.
Cubranach; *frothy.* 22.
Cumsanad; *rest;* quies. 44.
Curradan; *horsetail;* cauda equina. 33.

Dabach; *vat;* tina. 24.
Dairgin; *germander;* chamadreos. 43.
Deannach muilind; *mill dust.* 4.
Dedga; *centaury;* centaurium. 1.
Diaturbith; *compound medicine made of turpeth, cf.* diasene, diareubarbrum, etc. 51.
Digbail; declinatio, *the final stage in a fever.* 44.
Domblas ae; *gall, gallbladder;* fel. 3.
Driuch; *shudder;* horripilatio. 25. *cf.* greand.
Drochbrucht; *sour eructation;* eructationes. 50.
Duadar; *(bad) smell.* 49.
Dubchosach; *maidenhair;* capillus veneris. 8.

Eanbruithe; *soup, broth;* brodeum. 1.
Easlainte adburda; *material sickness;* morbus materialis. 19.
Eillind; *elecampane;* enula. 35.

Fadarcan ; *knot in wood.* 13.
Faisgeathrach ; *nausea.* 44.
Faothugad ; *crisis.* 21.
Fasdadh ; *constipation ;* constipatio ventris. 1.
Fearad ; *foeces ;* egestio. 24.
Follamnugad ; *ruling ;* regimen. 25.
Fual ; *urine ;* urina. 8.

Gafann ; *henbane ;* iusquiamus. 31.
Gailingein ; *galingale ;* galanga. 14.
Gairfideach ; *a twisting of the bowels.* Cens. 1. (for this information I am indebted to Mr. Seamus O'Cassidy.) 27.
Gairleog ; *garlic ;* allium. 19.
Galar buidhe ; *jaundice ;* icterus. 8.
Gallunach ; *soap ;* 2. sapo.
Ginaidh ; *gluttony ;* gulositas. 48.
Glac ; *handful ;* manipulus. 8.
Glae ; *glue ;* refer, to glutinativa. 30.
Glaisin caille ; *boglus ;* boglossa. 5.
Greannugad ; *irritation ;* provoco ; *cf.* greand ; *rigor ; v.* driuch.

Hocus ; *mallows ;* malvos. 1.

Idroipis ; *v.* atcomall.
Inde ieiunum ; the gut called jejunum. 1.
Indles ; *meal.* 5.
Iubar craige ; *juniper ;* iuniperus. 3.
Iubar sleibhe ; *wild sage ;* eupatorium. 9.

Labriola ; *laurel ;* lauri. 4.
Lanleighe ; *cochleare ;* liquid measure = one tablespoonful ; cochlúir a nplu n = one fluid ounce. 7. *cf.* leatleighe, etc. c. mediocre.
Leagan ; *tansy ;* or *reduction.* 2.
Leas ; *bladder ;* vesica. 25.
Leathog : *flat fish, flounder ;* merlingus. 42.
Litargia ; *lethargy.* 22.
Liathlus ; *mouse-ear ;* pilosella. 9.
Lignum aloes ; *aloes, lign aloes.* 3.
Linn ruadh ; *cholor ;* one of the four humours, the others are : linn find, linn dubh and fuil dearg, phlegm, melancholy and sanguine humour. 1.
Loisgeach ; *burning ;* pungitivus. 1.
Lubra ; *leprosy* or other skin disease ; lepra. 19.
Lus ; *leek ;* porrum. 19.
Lus an leadan ; *tansy ;* virga pastoris. 3.

Masal ; *mazer* (N.E.D.) ; mazenus. 46.
Mathair thalman ; millefolium. 37. *v.* athair t.
Meirsi ; *smallage ;* apium. 9.
Mercuiriel ; *the plant mercury ;* mercurialus. 1.
Methrad ; *fat ;* adeps, pinguedo. 1.
Miniugad ; *reducing, lessening ;* minuere. 1.
Misaidhi ; *wild flax ;* linaria. 8.
Moduracht ; *depression, gloom ;* tristitia. 51.
Mormont ; *wormwood ;* absynthium. 1.

Neantog ; *nettle ;* urtica. 17.

Oisrida ; *oysters ;* ostrea. 43.
Oxisacra ; *a concoction of oximel.* 13.

Pairitari ; *parietory, pellitory* ; paritaria. 19. *v.* peledra.
Pastae ; *paste, pastry* ; pasta. 40.
Peledra ; *pellitory* ; pyrethrum. 18. *v.* pairitari.
Perbingc ; *periwinkle* ; pervinca. 35.
Pibrachas ; *nasturtium.* 35.
Pilloili ; *pills* ; pilula. 11.
Poball ; *butterburr.* 30.
Poire ; *pore* ; porus. 16.
Ponaire ; *bean* ; faba. 10.
Praisech ; *cabbage* ; caules. 5.

Raibe uisge ; *water rue* ; nenuphar. 39.
Rannaidhi ; *local* ; particularis. 27.
Ros lin ; *flax seed* ; semen lini. 17.

Sabhsa ; *sauce* ; salsamentum. 15.
Sail cuach ; *violet* ; viola. 1.
Sandaili ; *sandalwood* ; santala. 8. *v.* triasanduile
Scim ; *polypody* ; pollipodium. 4.
Sdaid ; *stasis, the third stage of a fever.* 17.
Seilidonia ; *swallow-wort*, chelidonia. 8.
Sgeathrach ; *vomiting* ; vomitus. 13.
Sicne ; *membrane, skin* ; peritoneum. 13.
Sidhubal ; *setwall* ; zedoaria. 13.
Sisan ; *tissane* ; ptisana. 43.
Slind ; *flint* ; silex. 32. *cf.* cruad.
Snas iboiri ; *ivory turnings* ; rasura eboris. 8.
Spica nairdi ; *spikenard* ; spica nardi. 8.
Spiursi ; *spurge* ; tithumalli. 3.
Stupog : coarse part of stalk of cabbage or similar plant ground down, stupa (Gr. στύπη) ? 2. *cf.* stup. 23. F. 19 buaicis: (cu n) stuppis canabis.
Subeth ; *lethargy* ; profunditas somni similis lethargo. 37.
Sumag ; chopped leaves of genus Rhus, *sumach.* 27.
Supoisitoir ; *suppository* ; suppositorium. 3.
Surrumont ; *southernwood* ; abrotanum. 1.

Tairisecht ; *trust, confidence.* 51.
Tathaba ; *hellebore, dropwort* ; helleborus. 4.
Tochlugad ; *appetite* ; appetitus. 15.
Tondmar ; *undulating* ; undosus. 23.
Triasanduile ; concoction of sanders. 8. *v.* sandaile.
Trom ; *elder* ; sambucus. 4.
Truailnithe ; *corrupt, pestilential.* 39. *cf.* truaillnead.
Tus ; *incense* ; thus. 3.

Uilidhe ; *universal* ; universalis. 24.
Uirge ; *testicles* ; testiculi. 27.
Unsa ; *ounce* ; uncia. 32. The mediaeval Irish scribes used the usual sign ⇒ for this, = a debased form of ℥ This sign is not known outside Ireland.
Urcoid ; *harm, injury* ; nocentia. 6.

Abbreviations.

Cens. I.—Census of Ireland for the year 1851.
N.E.D.—New English Dictionary.
R.A.—*Rosa Anglica* of John of Gaddesden. *cf. Lia Fail*, iii, p. 116.

FALCONER, PRINTER,
Crow Street,
Dublin.